捭闔 反應 內揵 抵巇 飛箝 忤合 揣情 摩意 量權 謀慮 決物

법가의 후흑학과 쌍벽을 이루는
종횡가 음모학의 결정판!

鬼谷子

귀곡자

捭闔 反應 內揵 抵巇 飛箝 忤合 揣情 摩意 量權 謀慮 決物

鬼谷子

귀곡자

책략과 유세의 고전

귀곡자 저
신동준 역주

국내 최초 완역본

인간사랑

|역자 서문|

지난 2005년 7월 12일 런던 크리스티에서 지방의 한 소형 경매회사가 거행한 '중국 도자 공예품' 경매에서 귀곡자하산도鬼谷子下山圖라는 이름이 붙은 원나라 때의 청화자기가 경매되었다. 경매가격이 무려 1,568만 파운드에 달했다. 약 3백억 원 가량에 해당한다. 통상 청화자기가 가격이 아무리 비싸도 200, 300만 파운드를 넘지 않는 점을 감안하면 파격 중의 파격이다. 실제로 이는 전 세계 경매시장에서 낙찰된 중국 공예품 가운데 최고의 경매가격이다.

왜 이처럼 높은 가격을 받은 것일까? 1950년대 미국의 중국 고대 도자기 학자 존 폽이 이란과 터키 박물관에서 수장하고 있는 원대 청화자기 등을 대조해 『14세기의 청화자기』를 펴내기 전까지만 해도 청화자기는 명대에 만들어지기 시작했다는 게 정설이었다. 원나라 역사는 명나라와 청나라에 비해 극히 짧아 채 1백 년도 안 된다. 게다가 청화자기는 원나라 중기 이후에 처음으로 나타난 까닭에 세상에 남아 있는 수량이 극히 적다. 원대의 청화자기가 희귀했던 게 천문학적인 경매가격을 만들어낸 셈이다.

주목할 것은 청화자기에 그려진 '귀곡자하산도'이다. 신선의 모습이다. 전국시대 말기에 활약한 것으로 알려진 귀곡자가 원나라 말기에 이르러 노자 및 장자 등과 더불어 도교의 신선처럼 추앙받고 있었음을 알 수 있다. 귀곡자에 대한 신비화 작업은 21세기 현재까지도 진행 중이다. 중국의 하남성 기현淇縣 소재 운몽산雲夢山 일대에 조성돼 있는 거대한 규모의 귀곡자 관련 관광단지가 그 증거다.

원래 운몽산은 춘추전국시대 당시 낙양 인근에 위치한 위衛나라 도성 조가朝歌의 배후에 있던 산이다. 하남성은 이곳이 중국 최초의 군사학교 '교장'으로 있던 귀곡자의 은거지라며 선전에 열을 올리고 있다. 중국의 인민해방군 군사과학원이 이곳을 '중국 고대 군사사상 연구 기지'로 인정했다는 게 근거다. '중화제일 고군교古軍校' 깃발이 펄럭이며 관광객을 유혹하는 이유다.

운몽산을 귀곡자의 은거지로 간주한 역사는 나름 연원이 깊다. 수렴동구水帘洞口에 명나라 관원 두문竇文이 쓴 '귀곡선생 은처隱處'라는 마애제기摩崖題記가 새겨져 있다. 청대 옹정제 때 중수된 사당 비문에는 "손빈孫臏과 방연龐涓, 소진蘇秦, 장의張儀 등이 여기서 귀곡선생의 가르침을 받았다"고 되어 있다. 소진과 장의는 전국시대 중기에 종횡가로 명성을 떨친 인물이다. 손빈과 방연 역시 군사전략가로 이름을 날린 당대의 병법가들이다.

그러나 이는 모두 전설에 지나지 않는다. 귀곡자가 손무孫武와 친교를 맺은 덕분에 비전秘傳의 병서를 보관하게 되었고, 이후 손빈에게 이를 가르쳐 『손자병법』과 『손빈병법』이 세상에 나올 수 있게 됐다는 전설이 대표적이다. 시간이 지날수록 귀곡자에 대한 신비화 작업이 극성을 부린 결과다. 지난 1973년 마왕퇴 한묘에서 백서帛書가 출토되면서 소진과 장의는 귀곡자 밑에서 함께 공부했다는 『사기』의 기록이 항간의 얘기를 옮긴 것에 지나지 않는다는 사실이 드러났다. 손빈과 방연이 귀곡자 밑에서 함께 공부했다는 것은 더욱 있을 수 없는 일이다.

귀곡자는 가공의 인물에 지나지 않는다. 다만 소진과 장의를 귀곡자의 제자로 내세운 것은 『사기』에 해당 기록이 있는 만큼 애교로 봐줄 수 있다. 그러나 손빈과 방연을 포함해 모수자천毛遂自薦의 주인공인 모수와 불사약 운운하며 진시황을 속여먹은 서복徐福까지 귀곡자의 제자로 내세운 것은 지나쳤다. 귀곡鬼谷은 귀신이 사는 계곡이란 뜻이다. 글자 그대로 사람들이 만들어낸 머릿속의 신비의 계곡이다. 믿을 바가 못 된다는 얘기다. 『귀곡자』가 오랫동안 위서僞書 시비에서 자유롭지 못했던 것도 이와 무관치 않다. 실제로 뒤에 나오는 잡편의 글들은 앞의 내편과 비교할 때 문체가 확연히 다르다.

필자는 일련의 저서를 통해 『손자병법』의 저자인 손무가 가공의 인물이라는 점을 누누이 역설한 바 있다. 귀곡자도 마찬가지다. 『손자병법』과 『귀곡자』의 관련 서적을 펴낸 학자들이 이들을 실존인물로 간주하는 것은 비과학적일 뿐만 아니라 '낙양의 지가'를 올리려는 얄팍한 상혼으로 매도될 소지가 크다. 손무와 귀곡자를 가공인물로 간주할지라도 『손자병법』과 『귀곡자』의 가치가 손상되는 게 아니다. 오히려 난세 타개를 위해 애쓴 여러 병가와 종횡가의 손을 거쳐 완성된 까닭에 그 의미가 더욱 크다.

『귀곡자』는 책사의 관점에서 난세지략을 풀이한 종횡가의 대표적인 저서에 해당한다. 병가의 관점에서 난세지략을 설명한 『손자병법』과 법가의 관점에서 난세지략을 언급한 『한비자』에 비유되는 이유다. 『귀곡자』를 읽을 때는 반드시 『전국책』을 곁들여야 한다. 『귀곡자』는 종횡학의 총론, 『전국책』은 종횡학의 각론에 해당하기 때문이다. 『귀곡자』와 『전국책』은 20세기 최고의 외교관으로 손꼽히는 키신저가 88

세의 고령에도 불구하고 2011년 초에 펴낸 외교 이론의 집대성인 『중국론』에 비유할 만하다. 키신저는 이 책에서 동서양의 외교전략을 체스와 바둑에 비교하면서 G2가 상생하는 이른바 공진共進방략을 제시하고 있다. 일설에 따르면 그는 『귀곡자』와 『전국책』을 늘 곁에 두고 읽었다고 한다.

그러나 중국 인민대학교 교수 냉성금冷成金은 지난 2004년에 펴낸 『종횡가 인간학』에서 정반대로 얘기하고 있다. 키신저가 『전국책』과 『귀곡자』를 읽었다면 자신의 초라한 지모에 자괴감을 느꼈을 것이라는 지적이 그렇다. 그의 지적이 사실인지 여부는 알 길이 없으나 21세기의 경제전쟁 시대에 외교관이 『전국책』과 『귀곡자』를 읽지 않은 것은 치명적이다. 『귀곡자』에는 구체적인 사례가 전혀 나오지 않지만 『전국책』에는 소진과 장의를 포함해 전국시대 중후기를 호령한 수많은 책사들의 활약상이 빼곡하게 실려 있다.

2011년 필자는 검은 속마음의 심흑心黑과 두꺼운 얼굴의 후흑厚黑을 군주의 통치술로 제시한 이종오의 『후흑학』을 재해석한 책을 펴낸 바 있다. 종횡학의 두 축은 책략과 유세이다. 『귀곡자』에 나오는 책략과 유세의 종횡술은 후흑술을 방불한다. 필자가 지난 2004년 국내 최초로 『전국책』 완역본을 펴낸 데 이어 근 8년 만에 종횡학의 총론에 해당하는 이 책을 펴낸 이유다. 기업 CEO를 비롯한 많은 사람들이 이 책에서 기업경영과 비즈니스 협상 차원에서 주도권을 쥐는 비책을 찾아내 '동북아 허브 시대'의 견인차 역할을 해주었으면 한다.

2012년 겨울 학오재學吾齋에서 저자 쓰다.

목차

捭闔 反應 內揵 抵巇 飛箝 忤合 揣情 摩意 量權 謀慮 決物

|부록편|

捭闔 反應 內揵 抵巇 飛箝 忤合 揣情 摩意 量權 謀慮 決物

법가의 후흑학과 쌍벽을 이루는
종횡가 음모학의 결정판!

역주편

捭闔 反應 內揵 抵巇 飛箝 忤合 揣情 摩意 量權 謀慮 決物

제1부 본경 내편

「벽합」은 마음의 문을 열고 닫는다는 뜻이다. 대부분 '한 번 열고 한 번 닫는다'는 식으로 해석하고 있으나 이는 반만 맞는다. 상황에 따라서는 시종 열어놓거나 닫아놓을 수 있다. 상대의 움직임과 반응, 심경변화 등에 따라 그에 맞는 벽합술을 구사해야 한다. 크게 보면 사람이나 사물 모두 하나의 추세 속에 있다. 그 변화의 흐름을 좇아 스스로 재빨리 변화하는 게 관건이다. 「벽합」은 이를 천지의 도와 더불어 변하는 음도陰道와 양도陽道의 이합집산으로 간주했다. 벽합술을 음양술陰陽術로도 부르는 이유다. 이를 제대로 구사하기 위해서는 음도와 양도의 적절한 배합을 능수능란하게 구사할 줄 알아야 한다. 일례로 이익을 극대화하면서 피해를 최대한 피하거나 최소화하는 게 요령이다.

제1편 벽합 |捭闔| 음양 이치를 깨우쳐라

1-1

粵若稽古聖人之在天地間也, 爲衆生之先, 觀陰陽之開闔以名命物, 知存亡之門戶，籌策萬類之終始，達人心之理，見變化之朕焉，而守司其門戶．故聖人之在天下也，自古及今，其道一也．

아, 역사를 되돌아보면 성인이 세상에 내려온 것은 중생衆生을 이끌려는 취지였다. 감춰진 음陰과 드러난 양陽이 열리고 닫히는 것을 보면서 사물에 명칭을 부여하고, 존망의 관건을 파악해 만물의 시작과 끝을 주관하고, 인심의 이치에 통달하고, 변화의 조짐을 읽었다. 존망의 관건을 지킬 수 있었던 이유다. 옛날부터 지금까지 천하에 성인이 늘 존재하는데 그 도는 오직 이익을 좇고 해를 피한다는 이치 하나일 뿐이다.

벽합捭闔의 벽捭은 벽闢과 통한다. 개開의 뜻이다. 두 손으로 치거나 내던진다는 뜻일 때는 '패'로 읽는다. 합闔은 문을 닫거나 간직한다는 뜻으로 폐閉와 통한다. '벽합'은 곧 마음의 문을 여닫는 개폐開閉를 의미한다. 유세 대상의 마음을 점령하는 비책을 모아놓았다는 취지에서 나온 것이다.

월약계고粤若稽古의 월粤은 문장을 이끌기 위한 발어사發語詞로 왈曰과 통한다. 주로 문두에 배치해 문장의 장중함과 엄숙한 분위기를 나타내고자 할 때 사용한다. 대략 감탄사 '아!'로 번역하면 된다. 약若은 따를 순順의 뜻이다. '월약'을 두고 윤동양尹桐陽은 『귀곡자신석鬼谷子新釋』에서 선치善治로 해석했으나 『서경』「요전」과 「순전」 등에 나오는 왈약계고曰若稽古 모두 발어사로 사용된 것이다. 계고稽古의 계稽는 고考의 뜻이다. 성인聖人은 종횡가에서 말하는 성인으로 유가의 성인과 다르다. 현실정치에 깊숙이 개입해 음양의 이치로 천하를 다스리는 사람을 말한다. 도홍경陶弘景은 선지선각先知先覺으로 풀이했다. 음양지개합陰陽之開闔은 『도덕경』 제42장의 다음 구절과 취지를 같이 한다.

"도는 음양이 분화되기 이전의 일기一氣를 낳고, 일기는 음양의 이기二氣를 낳고, 이기는 천지인의 삼원三元을 낳고, 삼원은 만물을 낳는다."

존망지문호存亡之門戶의 '문호'는 관건關鍵 내지 추축樞軸의 뜻이다. 주책籌策은 원래 고대의 계산 용구를 뜻한다. 이후 계책의 뜻으로 전용되었다. 변화지짐變化之朕의 짐朕은 조짐兆朕의 뜻이다. 수사기문호守司其門戶의 수사守司는 장악掌握의 의미다. 도홍경은 주수主守로 풀이했다. 기도일야其道一也는 그 어떤 유형의 계책과 유세일지라도 결국은 이익을 좇고 해를 피한다는 의미이다. 도홍경은 패망을 피하고 생존을 향해 내달리는 배망추존背亡趨存으로 해석했다. 종횡가가 추구하는 도가 법가와 병가 및 상가와 하등 다를 게 없음을 보여주는 대목이다.

1-2

變化無窮, 各有所歸, 或陰或陽, 或柔或剛, 或開或閉, 或弛或張. 是故聖人一守司其門戶, 審察其所先後, 度權量能, 校其伎巧短長.

겉으로 드러나는 만물의 변화는 무궁하지만 결국 이익을 향해 변화하는 것일 뿐이다. 상황에 따라 아무도 모르게 하는가 하면 때론 모두 알 수 있도록 드러내고, 부드럽게 행동하는가 하면 때론 강직하게 나아가고, 마음을 열어보이는가 하면 때론 닫아걸고, 여유로운가 하면 때론 긴장한다. 성인이 한가지로 존망의 관건을 온전하게 지키고, 사안의 선후를 면밀히 살피고, 사람들이 계책을 내는 지혜와 재능을 세심히 재고, 실력과 재능의 장단을 정확히 파악한 이유다.

각유소귀各有所歸의 귀歸를 도홍경은 패망을 피하고 생존을 향해 내달리는 배망추존背亡趨存으로 새겼다. 혹음혹양或陰或陽은 『귀곡자』에서 역설하는 음양 이기의 조화를 뜻한다. 『도덕경』에서 언급하고 있는 강유剛柔와 개폐開閉, 완급緩急, 공사公私 등의 대립과 조화가 바로 이에 해당한다. 종횡가 역시 법가와 병가 및 상가와 마찬가지로 도가의 무위지치를 최상의 치도로 간주하고 있음을 뒷받침한다. 도권양능度權量能의 권權은 권모술수를 뜻한다. 기교伎巧의 기伎는 기技와 통한다.

1-3

夫賢不肖, 智愚, 勇怯, 仁義, 有差. 乃可捭, 乃可闔, 乃可進, 乃可退, 乃可賤, 乃可貴, 無爲以牧之. 審定有無與其虛實, 隨其嗜欲以見其志意. 微排其言而捭反之, 以求其實, 貴得其指. 闔而捭之, 以求其利.

무릇 현자와 불초한 자, 지혜로운 자와 어리석은 자, 용맹한 자와 비겁한 자, 어진 자와 의로운 자 모두 각기 장단점이 있다. 대응방법도 달라질 수밖에 없으니 성인은 상대에 따라 마음을 열어보이는가 하면 때론 닫아걸고, 받아들이는가 하면 때론 물리치고, 천시하는가 하면 때론 존귀하게 대한다. 성인이 무위無爲로 이를 실행하면서 상대를 제어하는 이유다.

성인은 사람을 관찰할 때 상대의 장단점과 허실을 살펴 판단하고, 상대의 기호와 욕망에 근거해 그 의지와 의도를 읽는다. 또 상대의 말과 반대되는 측면에서 그 허점을 찾아낸 뒤 짐짓 자신이 알고 있는 것에 기초해 반문하는 방법으로 실정을 파악함으로써 상대의 속셈을 읽는다. 먼저 마음을 닫아걸었다가 이후 여는 식으로 상대가 말하는 바의 이로운 점이 무엇인지 알아내는 것이다.

현불초賢不肖의 '불초'는 무덕무재無德無才를 뜻한다. 무위이목지無爲以牧之의 목牧은 임의로 제어한다는 의미이다. 심정審定은 자세히 검토해 판정한다는 뜻이다. 미배기언이패반지微排其言而捭反之는 상대의 말과 반대되는 측면에서 그 허점을 찾아낸 뒤 짐짓 자신이 알고 있는 것에 기초해 반문한다는 의미이다. 도홍경은 군신간의 문답에 사용하는 것으로 풀이했다. 『한비자』「내저설 상」에서 본래의 뜻과 상반된 일을 말하고 반대되는 일을 해 의심스러운 것을 살핀다는 취지로 언급한 도언반사倒言反事의 취지와 같다. 그러나 꼭 군신간의 문답으로 한정해 해석할 필요는 없다.

1-4

或開而示之, 或闔而閉之. 開而示之者, 同其情也. 闔而閉之者, 異其誠也. 可與不可, 審明其計謀, 以原其同異. 離合有守, 先從其志. 即欲捭之, 貴周, 即欲闔之, 貴密. 周密之貴微, 而與道相追.

상황에 따라 마음을 열고 자신의 입장을 분명히 보여주는가 하면 때론 마음을 닫아걸고 속내를 드러내지 않아야 한다. 마음을 열어 보여주는 것은 실정實情과 지향하는 바가 상대와 완전히 같기 때문이고, 마음을 닫아거는 것은 진심과 지향하는 바가 상대와 다르기 때문이다. 마음을 여닫는 벽합술捭闔術은 우선 상대의 계모計謀를 명확히 파악한 뒤 그것이 자신의 의중과 부합하는지 여부를 검토해야 사용 여부를 판단할 수 있다.

상대와 함께 일을 하려면 반드시 적절한 시기時機가 오기를 기다려야 한다. 먼저 상대의 뜻을 좇아 상대를 만족시킨 뒤 때가 왔을 때 구체적으로 움직이기 시작한다. 마음을 열 때는 반드시 두루 포함해야 하고, 닫을 때는 반드시 은밀해야 한다. 두루 포함하고 은밀한 이른바 주밀周密은 안으로 깊이 숨기는 것을 귀하게 여긴다. 그같이 해야만 도와 합치하게 되기 때문이다.

동기정同其情의 정情은 실정實情, 이기성異其誠의 성誠은 실심實心, 즉 진심眞心을 뜻한다. 원기동이原其同異의 원原은 고찰 내지 탐구의 뜻이다. 귀주貴周의 주周는 모든 면에 두루 걸친다는 뜻의 주편周遍과 같다. 귀밀貴密의 밀密은 은밀隱密의 뜻이다. 주밀周密은 '주편'과 '은밀'을 합친 말이다. 귀미貴微의 미微는 안으로 깊숙이 감추는 은폐隱蔽를 뜻한다.

여도상추與道相追의 도道는 도가의 '도' 개념과 같다. 『도덕경』은 제25장에서 '도'를 이같이 풀이해 놓았다.

"형체가 없는 혼돈 속에서 뒤섞여 생겨난 것이 있으니 천지보다 먼저 생겨났다. 소리도 없고 형체도 없구나, 홀로 우뚝 서 고치지 않고 두루 돌아다녀도 위태롭지 않으니 가히 천하의 어미가 될 수 있다. 나는 그 이름을 알지 못한다. 대략 자字를 붙여 '도'라고 하고, 억지로 이름을 지어 '대大'라고 한다."

도가의 '도'는 우주의 본원을 뜻한다. 『귀곡자』가 도가의 '도'를 언급한 것은 종횡가 역시 법가와 마찬가지로 도가의 치도인 이른바 도치道治를 최상의 치도로 간주했음을 뒷받침한다.

1-5

捭之者, 料其情也. 闔之者, 結其誠也. 皆見其權衡輕重, 乃爲之度數. 聖人因而爲之慮, 其不中權衡度數, 聖人因而自爲之慮. 故捭者, 或捭而出之, 或捭而內之. 闔者, 或闔而取之, 或闔而去之. 捭闔者, 天地之道. 捭闔者, 以變動陰陽, 四時開閉, 以化萬物. 縱橫反出, 反覆反忤, 必由此矣.

마음을 여는 것은 상대의 허실을 변별하고, 닫는 것은 상대의 실정을 확정하는 게 목적이다. 상대방이 드러낸 경중완급輕重緩急을 토대로 그가 생각하는 바를 짐작하고, 이를 기준으로 하여 상대를 위한 계책을 마련한다. 성인은 사세事勢를 좇아 계책을 만들었다. 경중완급에 대한 판단과 그에 따른 계책이 상대의 의중이나 실정과 부합하지 않을 경우 곧바로 자신을 위한 계책을 마련해 퇴로를 확보했다.

마음을 여는 것은 상대의 실정과 속셈을 드러내게 하고, 상대로 하여금 마음을 열어 나의 관점을 받아들이게 하는 방안이다. 마음을 닫는 것은 내가 어떤 이익을 취하거나 화를 피할 수 있도록 만드는 방안이다. 마음을 열고 닫는 것은 천지의 도이기도 하다. 천지가 열리고 닫히면 음양의 조화가 변한다. 사계절이 열리고 닫히는 식으로 순환하고, 만물이 이에 따라 화육化育하는 이유다. 세상사가 종횡출입縱橫出入하는 식으로 변화무쌍하고 반복이합反覆離合하는 식으로 뒤집힐지라도 이 모든 것은 결국 음양의 조화를 뜻하는 벽합捭闔에서 비롯된 것이다.

요기정料其情의 요料는 짐작해 헤아린다는 뜻의 촌탁忖度과 같다. 여기서는 변별辨別의 의미로 사용됐다. 결기성結其誠의 결結을 윤동양은 규찰糾察로 해석했으나 도홍경은 마무리한다는 뜻의 계속系束으로 풀이했다. 위지도수爲之度數의 '도수'는 저울의 눈금을 말한다. 여기서는 기준 내지 근거의 뜻으로 사용됐다. 패이납지捭而內之의 납內은 납納의 뜻이다. 이화만물以化萬物의 화化는 화육化育의 의미이다.

종횡반출縱橫反出을 도홍경은 만물이 사라지거나 일어나는 폐기廢起로 풀이했다. 곧 음양의 조화에 따른 만물의 생장소멸을 뜻한다. 여기의 반反은 반返과 같다. 미나가와 네가이皆川願는 '종횡'을 '폐기'로 풀이한 도홍경의 해석에 반대하며 말 그대로 '종횡가'로 풀이했다. 어느 쪽으로 해석해도 뜻이 통한다. 반복반오反覆反忤를 두고 도홍경은 풀이하기를, "벽합의 도를 언급한 것이다. 저쪽에서 나왔다가 이쪽으로 들어가거나 이쪽에서 나왔다가 저쪽으로 들어가거나 하는 것을 뜻한다"고 했다. 유월兪樾은 연문衍文으로 보았다. 허부굉許富宏도 『귀곡자집교집주』에서 유월의 주장에 동조했다. 그러나 연문으로 보는 것은 지나쳤다. '반복반오'는 「반응」과 「오합」에서 '앞뒤로 오가며 실정을 파악하다'의 의미로 사용된 반복反覆으로 풀이하는 게 낫다. 여기의 오忤는 거스른다는 뜻으로 뒤집힐 복覆과 통한다.

1-6

捭闔者, 道之大化, 說之變也. 必豫審其變化. 吉兇大命繫焉. 口者, 心之門戶也. 心者, 神之主也. 志意, 喜欲, 思慮, 智謀, 此皆由門戶出入. 故關之捭闔, 制之以出入. 捭之者, 開也, 言也, 陽也. 闔之者, 閉也, 默也, 陰也. 陰陽其和, 終始其義. 故言長生, 安樂, 富貴, 尊榮, 顯名, 愛好, 財利, 得意, 喜欲, 爲陽. 曰始. 故言死亡, 憂患, 貧賤, 苦辱, 棄損, 亡利, 失意, 有害, 刑戮, 誅罰, 爲陰. 曰終. 諸言法陽之類者, 皆曰'始', 言善以始其事. 諸言法陰之類者, 皆曰終, 言惡以終其謀.

열고 닫는 것은 도의 위대한 변화로 유세의 변화를 뜻하는 것이기도 하다. 반드시 상대의 변화를 세심히 살펴야 하는 이유다. 길흉화복의 거대한 운명이 여기에 달려 있다. 입은 마음의 문이고, 마음은 정신의 주인이다. 지의志意, 희욕喜欲, 사려思慮, 지모智謀 모두 마음의 문을 통해 드나든다. 열고 닫는 것으로 관리하는 까닭에 출입을 잘 통제해야만 한다. 연다는 것은 마음을 드러내 보인다는 것으로 곧 언표言表를 뜻한다. 음양 가운데 양에 속한다. 닫는다는 것은 마음을 닫아거는 것으로 곧 침묵을 뜻한다. 음양 가운데 음에 속한다. 음양은 조화를 이뤄야 하고, 선후는 합당한 조리가 있어야 한다.

장생長生, 안락安樂, 부귀富貴, 존영尊榮, 현명顯名, 애호愛好, 재리財利, 득의得意, 희욕喜欲 등은 양에 속한다. 이를 일컬어 '시작'이라고 한다. 사망死亡, 우환憂患, 빈천貧賤, 고욕苦辱, 기연棄損, 망리亡利, 실의失意, 유해有害, 형륙刑戮, 주벌誅罰 등은 음에 속한다. 이를 일컬어 '끝'이라고 한다. 양에 속하는 사안에 대한 언급을 모두 '시작'으로 표현한 것은 좋은 면만 부각시킨 유세를 통해 사업개시를 재촉하면서 성공의 과실을 취하려는 취지에서 비롯된 것이다. 음에 속하는 사안에 대한 언급을 모두 '끝'으로 표현한 것은 나쁜 면만 부각시킨 유세를 통해 상대의 계책을 좌절시키고 실천으로 옮기려는 행동을 미리 저지하려는 취지에서 비롯된 것이다.

도지대화道之大化는 음양의 조화를 뜻한다. 세지변說之變은 유세의 임기응변을 말한다. 길흉대명吉兇大命의 '대명'은 목숨의 의미이다. 신지주神之主의 주主를 윤동양은 머물 주住로 해석했다. 관지벽합關之捭闔의 관關은 원래 빗장을 뜻하나 여기서는 제어의 의미로 사용됐다. 제언법양지류자諸言法陽之類者의 법法은 본받을 효效의 뜻이다. 양지류陽之類는 좋은 면만 부각시킨 유세를 의미한다. 그 반대는 음지류陰之類이다.

1-7

捭闔之道, 以陰陽試之. 故與陽言者, 依崇高. 與陰言者, 依卑小. 以下求小, 以高求大. 由此言之, 無所不出, 無所不入, 無所不可. 可以說人, 可以說家, 可以說國, 可以說天下. 爲小無內, 爲大無外, 益損去就倍反, 皆以陰陽御其事. 陽動而行, 陰止而藏, 陽動而出, 陰隱而入. 陽還終陰, 陰極反陽. 以陽動者, 德相生也. 以陰靜者, 形相成也. 以陽求陰, 苞以德也, 以陰結陽, 施以力也. 陰陽相求, 由捭闔也. 此天地陰陽之道, 而說人之法也. 爲萬事之先, 是謂圓方之門戶.

열고 닫는 이른바 벽합捭闔의 유세는 감추는 음과 드러내는 양을 적절히 섞어 사용하는 식으로 구사한다. 품행이 고상한 자에게 유세할 때는 밝게 드러내는 사안을 언급하고, 품행이 비열한 자에게 유세할 때는 은밀히 감춰야 하는 사안을 언급한다. 비소卑小한 것은 모두 음에 속하는 만큼 스스로를 낮춰 뜻이 협애한 자에게 부합하고, 고대高大한 것은 모두 양에 속하는 만큼 고상한 화법으로 뜻이 고원한 자에게 부합한다. 이리하면 원하는 바대로 출입이 가능해져 가지 못할 곳이 없게 된다. 개인이나 대부 및 제후는 물론 천자도 설득할 수 있다. 그 대상이 한없이 작기도 하고, 한없이 크기도 하다. 손익損益과 거취去就, 찬반贊 모두 음양의 원리로 통제할 수 있다.

양은 움직이며 실행하고자 하고, 음은 멈춰서며 감추고자 한다. 양은 움직이며 밖으로 나가고자 하고, 음은 숨으며 안으로 들어오고자 한다. 그러나 양이 극에 달하면 음이 되고, 음이 극에 달하면 양이 된다. 양의 방식으로 움직이는 자는 덕이 함께 생기고, 음의 방식으로 고요히 있는 자는 상대의 마음을 드러내게 한다. 양의 방식으로 움직이면서 음을 추구하면 덕으로 상대를 감싸고, 음의 방식으로 고요히 있으면서 양을 추구하면 은밀히 상대를 제압할 수 있다. 음양이 서로 조화를 이루는 것은 벽합에서 비롯된다. 벽합은 천지음양의 대도이자 사람을 설득하는 유세의 기본 원칙이다. 세상만사를 처리하는 근본이기도 한 까닭에 천지의 문호門戶로 부른다.

가이설가可以說家의 가家는 대부, 가이설국可以說國의 국國은 제후국의 군주, 가이설천하可以說天下의 천하天下는 주왕실의 천자를 상징한다. 배반倍反의 배倍는 등질 배背와 통한다. 포이덕苞以德의 포苞는 감쌀 포包와 같다. 포용한다는 뜻이다. 음양상구陰陽相求를 도홍경은 군주가 신하에게 덕을 베풀면 신하가 전력을 다해 충성하는 것으로 풀이했다. 원방지문호圓方之門戶의 '원방'은 천원지방天圓地方의 약자로 곧 천지를 상징한다.

종횡가와 제자백가

춘추전국시대는 그 기간도 길었지만 동서고금의 전 역사를 통틀어 사상적으로 가장 활발한 시기였다. 수많은 제자백가가 출현해 치열한 사상논쟁을 전개한 사실이 이를 뒷받침한다. 소위 백가쟁명百家爭鳴이 그것이다. 이들 제자백가 가운데 정치적 책략으로 국제외교상에서 활약한 유세객들을 흔히 종횡가縱衡家라고 한다. 횡衡은 횡橫과 같은 뜻이다. 종횡은 합종合縱과 연횡連衡의 줄임말이다. 선진시대 문헌 가운데 '종횡'이라는 말이 처음으로 등장하는 것은 『한비자』「오두」이다. 해당 구절이다.

"합종은 여러 약소국이 힘을 합쳐 강대국인 진나라에 대항하는 것이고, 연횡은 강대한 진나라를 섬겨 여러 약소국을 공격하는 것을 뜻한다."

소진의 합종과 장의의 연횡을 풀이한 것이다.

사마천은 한비자보다 1세기 반 뒤에 활약했다. 그가 『사기』「소진열전」과 「장의열전」에서 소진과 장의가 귀곡자 밑에서 함께 종횡술을 연마했다고 기록한 것은 전국시대 말기에 이미 귀곡자가 종횡가의 효시라는 설이 널리 퍼져 있었음을 암시한다. 앞서 살펴본 바와 같이 귀곡자는 『손자병법』의 저자 손무와 마찬가지로 가공의 인물에 지나지 않는다. 그러나 소진과 장의는 실존인물이다. 뛰어난 종횡가인 소진과 장의로 인해 가공의 인물인 귀곡자가 빛을 발하는 셈이다. 21세기 현재까지 귀곡자를 언급할 때 반드시 소진과 장의를 함께 거론하는 것도 이와 무관치 않을 것이다.

소진이 주장한 합종책은 당시 효산 동쪽에 있던 연燕, 초楚, 한韓, 위魏, 조趙, 제齊 등 소위 산동山東 6국이 연합하여 서쪽의 진秦나라에 대항하는 외교책략을 말한다. 장의가 내세운 연횡책은 이와 정반대로 진나라와 6국이 각각 손을 잡게 함으로써 진나라의 발전을 꾀한 책략이다. 진나라가 상앙의 변법을 통해 최강의 군사대국으로 부상한 이래 진시황의 천하통일까지 약 1백여 년 동안 천하의 모든 책략은 합종과 연횡의 반복反覆과 착종錯綜으로 점철되었다고 해도 과언이 아니다. 이를 주도한 대표적 인물이 바로 소진과 장의였다. 두 사람을 위시해 공손연公孫衍과 진진陳軫, 범수范雎 등 수많은 종횡가와 책사의 활약을 수록해 놓은 책이 『전국책戰國策』이다. 『귀곡자』가 종횡술의 기본 이치와 기교를 체계적으로 정리해 놓은 총론이라면 『전국책』은 여러 종횡가와 책사의 활약을 토대로 이를 역사적으로 증명해 놓은 각론에 해당한다.

그런 의미에서 합종과 연횡을 사상 최초로 구사한 소진과 장의의 활약을 일별할 필요가 있다. 다만 여기서는 『동주열국지』 등에 묘사되어 있는 것과 달리 장의가 죽은 뒤 소진이 활약하기 시작했다는 『전국종횡가서』의 기록을 좇아 두 사람의 행보를 살펴보고자 한다.

두 사람의 행보를 추적하기 전에 먼저 종횡가와 제자백가의 관계를 간략히 살펴보자. 제자백가의 논쟁은 기본적으로 천하의 통치방식에 관한 논쟁에 해당한다. 덕치에 기초한 왕도王道인가, 아니면 법치 내지 역치力治에 기초한 패도覇道인가 여부에 관한 논쟁을 말한다. 이를 통상 왕패지변王覇之辨이라고 한다. 21세기의 학문체계에 대입시켜 해석하면 국가공동체의 존재 이유 및 통치권력 발동의 정당성 등에 관한 논쟁으로 볼 수 있다. 전국시대 말기에 활약한 순자는 '왕패지변'

을 가장 체계적으로 정리한 인물이다. 『순자』「왕제」의 해당 대목이다.

"왕자王者는 백성을 부유하게 만들고, 패자霸者는 선비를 부유하게 만들고, 강자强者는 대부를 부유하게 만들고, 망자亡者는 군주 개인의 창고를 부유하게 만든다. 왕자는 사람을 얻고, 패자는 동맹국을 얻고, 강자는 땅을 얻는다. 싸우지 않고도 승리하고, 공격치 않고도 얻고, 무력동원의 수고를 하지 않고도 천하를 복종시키는 경우가 있다. 이 3가지 이치를 알면 왕자가 되고 싶으면 왕자, 패자가 되고 싶으면 패자, 강자가 되고 싶으면 강자가 될 수 있다."

원하는 바대로 왕자와 패자, 강자가 될 수 있다는 것은 가장 높은 단계의 치도인 노자의 제도帝道를 언급한 것이다. 제도는 도가, 왕도는 유가와 묵가, 패도는 상가商家와 법가와 병가 및 종횡가를 지칭한다. 이를 도표로 정리하면 다음과 같다.

〈제자백가와 치국평천하 방략〉

순위	치도	제자백가	요지	주창자	치술
1	제도帝道	도가	도道	노자	도치道治
2	왕도王道	유가·묵가	덕德	공자·묵자	덕치德治
3	부도富道	상가	리利	관중	이치利治
4	패도覇道	법가	법法	이회	법치法治
5	강도强道	병가·종횡가	역力	손무·귀곡자	역치力治

제자백가는 모두 7가家이지만 치도는 5가지로 정리할 수 있다. 제도와 왕도는 명예를 중시하는 인간의 호명지심好名之心과 선한 본성에 주목하고 있다. '도'와 '덕'을 통치의 근간으로 삼은 이유다. 이에 반해 부도와 패도 및 강도는 이익을 향해 질주하는 인간의 호리지성好利之性에 방점을 찍고 있다. 난세의 극한 상황에서 두드러지게 나타나는

인간의 이악스런 행보에 주목한 결과다.

여기서 주목할 것은 상가이다. 사상적 비조는 관중이다. 그의 중상주의 입장을 가장 잘 드러내고 있는 게 『관자』「경중輕重」이다. 여기의 '경중'은 원래 재화와 화폐 등을 관장하는 부서를 뜻한다. 일찍이 주나라는 경제정책을 총괄하는 태부大府를 비롯해 관할영역에 따라 옥부玉府와 내부內府, 외부外府, 천부泉府, 천부天府, 직내職內, 직금職金, 직폐職幣 등의 9개 부처를 설치했다. 관중은 이들 9개 부처를 중상정책의 산실로 파악하면서 '경중'을 재화로 풀이했다. 『사기』「화식열전」의 경중구부輕重九府 명칭은 여기서 나온 것이다. 『사기』「관안열전」 역시 관중의 부국강병 정책을 설명하면서 『관자』에서 유래한 '경중'의 용어를 그대로 사용하고 있다.

고금을 막론하고 농경지는 아무리 열심히 개간할지라도 일정한 한계가 있을 수밖에 없다. 중농의 기조로는 계속 늘어나는 인민을 모두 먹여 살리는 게 불가능하다. 유일한 해법은 중상밖에 없다. 기원전 7세기에 관중은 이미 이런 사실을 통찰하고 있었다. 상가 이론을 집대성한 사람이 사마천이다. 그는 『사기』「화식열전」에서 부도富道를 실현한 인물을 소왕素王으로 표현했다. 이는 원래 『장자』「천도」에서 나온 것이다. 제왕에 버금하는 무관의 제왕이라는 뜻이다. 「천도」의 해당 대목이다.

"무릇 마음을 비워 고요함을 지키는 가운데 편안하고 담백하며, 적막하고 무위한 것은 만물의 근본이다. 이것을 분명히 알고 남면南面하여 천하를 다스린 것이 바로 요임금의 군주 노릇이고, 이것을 분명히 알고 북면北面하여 군주를 섬긴 것이 바로 순임금의 신하 노릇이었다. 이것을 가지고 윗자리에 머무는 것이 제왕과 천자의 덕이고, 이것을 가지고 아래에 머무는 것이 깊은 덕을 가진 성인과 왕위 없는 왕자인 소왕의 도리이다."

후대인들은 성인에 필적하는 공자에게 '소왕'의 칭호를 올렸다. 사마천은 상가의 관점에서 장사를 통해 거만의 재산을 모은 부상대고富商大賈를 '소왕'으로 칭했다. 그 의미가 완전히 뒤바뀐 것이다. 사마천을 상가 이론의 집대성자로 간주하는 이유다. 21세기에 들어와 안방과 문밖의 구별이 사라지고 문득 거대한 글로벌 시장이 조성되면서 상가의 '소왕'을 뛰어넘는 무관의 황제가 등장했다. 이른바 소제素帝 내지 소황素皇이 바로 그것이다. 애플제국의 창업주인 잡스 등이 이에 해당한다. 잡스가 사망한 후 진정한 의미의 '소제' 내지 '소황'을 찾기가 힘들어졌다. 그러나 '소왕'은 현실적으로 대거 존재한다. 대략 세계 100대 글로벌 기업의 총수들이 이에 해당한다. 국가총력전 양상으로 전개되고 있는 21세기 글로벌 경제전쟁 하에서 국가흥망을 좌우하는 것은 바로 이들 '소제' 내지 '소왕'이 쥐고 있다고 해도 과언이 아니다.

최근 많은 기업 CEO들이 상가 이론을 처음으로 제시한 『관자』와 그 집대성에 해당하는 『사기』「화식열전」을 비롯해 법가 이론서인 『상군서』와 『한비자』, 병가의 성전인 『손자병법』을 위시한 무경십서武經十書, 종횡가의 총론과 각론에 해당하는 『귀곡자』와 『전국책』 등의 전략전술에 크게 주목하는 것도 이와 무관치 않을 것이다. 이는 21세기의 경제경영 전쟁이 그만큼 살벌하다는 사실을 반증한다. 고금을 막론하고 난세의 상황에서 활용되는 책략은 서로 통하는 바가 있다. 국가총력전 양상을 보이고 있는 21세기의 경제경영 환경을 경제전쟁으로 부르고 있는 현실이 이를 방증한다.

실제로 상가의 상략상술商略商術 이론은 병가의 전략전술戰略戰術과 종횡가의 유세책략遊說策略, 법가의 제신제민술制臣制民術과 하등 다를 바 없다. 「화식열전」의 다음 대목이 이를 뒷받침한다.

"전국시대 초기 위문후 때 이회는 토지의 생산력을 증대시키는 데 힘을 다했고, 백규白圭는 시기의 변화에 따른 물가변동을 살피기를 좋아했다. 백규는 세인이 버리고 돌아보지 않을 때 재화를 사들이고 세인이 취할 때 팔아넘겨 거만의 재산을 모았다. 그는 의복을 검소하게 하고, 부리는 노복과 고락을 함께했다. 그러나 기회를 잡으면 사나운 짐승과 매가 먹이를 보고 달려가듯 민첩했다. 그는 말하기를, '나는 장사를 하면서 손무와 오기가 군사를 부리듯, 상앙이 법을 시행하듯 했다. 이로 인해 그 지혜가 임기응변에 부족하거나, 그 용기가 결단하는 데 부족하거나, 그 어짊이 먼저 내주어 나중에 더 크게 취하는 수준이 안 되거나, 그 강인함이 지킬 바를 끝까지 지키는 수준에 이르지 못한 사람은 아무리 내 비술을 배우고자 해도 결코 가르쳐 주지 않았다'고 했다. 세상 사람들이 생업을 잘 운영하는 자를 말할 때 백규를 으뜸으로 꼽는 이유다."

사마천이 말한 '소왕'의 모델인 백규가 병가의 전략전술을 활용해 천하의 부를 거머쥔 사실을 새삼 발견한 사람은 메이지유신 당시의 일본 학자들이었다. 이들은 『전국책』과 『귀곡자』, 『한비자』, 『손자병법』 등을 깊이 탐구하면서 자본주의 논리와 맥을 같이하는 상가의 이론이 법가와 병가 및 종횡가 이론과 일맥상통하고 있다는 사실을 찾아냈다. 이들의 연구 수준은 매우 높았다. 주희의 이론을 금과옥조로 여기며 오직 사서삼경에만 매달린 조선조의 사대부와 대비된다.

일본이 메이지유신을 계기로 부국강병을 이룬 뒤 동아시아를 석권한 것도 결코 우연이 아니다. 법가와 병가 및 종횡가 이론을 정밀하게 탐사한 덕분이다. 패전 후 불사조처럼 일어나 G2 중국이 등장할 때까지 동아시아의 패자로 군림한 것도 같은 맥락이다. 메이지유신 때의 학구열을 그대로 이어받은 덕분으로 볼 수 있다. 실제로 패전 이후 일본의 내로라하는 학자들이 달려들어 일본식 비즈니스 이론과 모델을 만들어냈다. '도요타 방식'이 보여주듯이 일본이 전래의 역사문화에 기초한 독자적인 경제경영 이론과 모델을 만들어 세계를 진동시킨 배경이 여기에 있다. 요체는 법가의 부국강병 논리와 병가의 전략전술, 종횡가의 유세방략을 상가의 비즈니스 모델로 삼은 데 있다.

우리도 서두를 필요가 있다. 일본 및 중국이 그랬던 것처럼 동양 고전으로 돌아가 그 뿌리를 캐는 수밖에 없다. 비록 늦기는 했으나 속도를 빨리해 추격하면 고지를 선점할 수 있다. 관건은 법가의 부국강병 논리에 입각해 병가의 전략전술과 종횡가의 유세책략을 상가의 상략상술 이론으로 융해시키는 데 있다. '21세기 동북아 허브 시대'의 개막은 미국과 일본의 비즈니스 이론과 모델을 뛰어넘는 21세기의 새로운 이론과 모델의 창출에 있다고 해도 과언이 아니다. 법가와 병가 및 종횡가 등이 제시한 난세의 책략을 깊이 탐사할 필요가 있다. 이 책을 펴낸 이유이기도 하다.

범수의 원교근공 계책

전국시대 중기 이후는 가히 '종횡가의 시대'라고 부를 만하다. 그만큼 뛰어난 유세객들이 종횡무진으로 천하를 누볐다. 대표주자는 장의

張儀와 소진蘇秦이다. 당시 열국의 군주들은 이들의 계책을 이용해 나라의 보전과 발전을 꾀했다. '종횡가'인 유세객들은 병가 및 법가와 비교할 때 크게 3가지 면에서 특징적인 모습을 보였다.

첫째, 이들이 목표에 도달하는 방법은 직선적이지 않고 매우 우회적이다. 최상의 결과보다는 객관적 정세를 고려한 차선책에 만족한 결과다. 적절한 균형점을 찾아내는 능력을 중시하며 방법이나 절차에 따른 윤리 문제는 고려하지 않은 것은 바로 이 때문이다. 이상보다 현실을 중시하는 전형적인 '현실론자'의 모습이다. 종횡가가 법가 및 병가와 맥을 같이하는 것도 이런 관점에서 이해할 수 있다. 이는 당시 종횡가들 내에서 귀곡자의 존재 여부와 상관없이 '협상'을 종횡가의 종지宗旨로 내세웠음을 시사한다. 21세기의 정치 협상이나 군사외교 협상, 비즈니스 협상에 그대로 적용할 만한 논지다.

둘째, 이들은 열국을 자유롭게 오가며 사적인 인맥을 적극 활용했다. 요즘 말로 최고의 정보 네트워크를 구축한 것에 비유할 수 있다. 이들은 당시의 기준에서 볼 때 가장 풍부하고도 참신한 정보를 보유하고 있었다. 서로 우의를 다지면서 각자의 지식과 정보를 교환한 덕분이다. 군주가 마음에 맞지 않거나 자신을 제대로 대접해 주지 않으면 이내 다른 나라로 옮겨가 세 치 혀로 열국 군주의 기대에 부응할 수 있었던 이유가 바로 여기에 있다. 이는『귀곡자』「내건」의 다음 구절과 취지를 같이한다.

"군주 곁을 떠나고자 할 경우에는 자신이 계속 곁에 남아 있으면 군주에게 해가 될 수 있다는 얘기를 늘어놓아 군주 스스로 보내주도록 만든다. 남거나 떠나는 것 모두 굴렁쇠가 땅 위를 굴러갈 때처럼 주어진 상황에 따라 자연스럽게 변화하는 모습을 띠어야 한다. 그리하면 아무도 그 행하는 바를 알 수 없다. 이런 경지에 오르면 가히 몸을 온전히 보전하고 진퇴할 시기를 아는 자라고 이를 만하다."

당시 열국의 군주는 종횡가인 유세객을 비롯해 관록을 구하기 위해 열국을 돌아다니는 책사의 입국을 제한하지 않았다. 유능한 책사의 확보가 부국강병의 관건이라는 사실을 통찰한 결과다. 열국의 군주는 이들로부터 각 지역의 지리와 풍속을 위시해 일반 정세에 이르기까지 폭넓은 견문을 전해 들을 수 있었다. 이들 유세객들을 평가할 때 단순히 그들이 지닌 지식과 정보, 변설의 기교뿐만 아니라 열국 내에 구축된 정보망의 규모까지 아울러 감안해야 하는 이유다. 외교사절의 현대판 버전인 정통 외교관을 포함해 정상외교와 의원외교의 당사자인 위정자, 막후접촉을 통해 M&A를 추진하는 기업 CEO 등의 지도자들이 유의해야 할 대목이다.

셋째, 이들은 비공식적인 사행使行을 전담했다. 군주의 명을 좇아 사행에 나설지라도 비공식적 사행이 일반적이었고, 그들 스스로 사적인 사행을 자처한 경우가 매우 많았다. 현대의 '막후협상'을 방불한다. 이는 당시의 외교가 군사작전의 일환으로 행해진 사실과 무관치 않았다. 이를 뒷받침하는 『손자병법』「구지」의 해당 대목이다.

"전쟁이 결정되면 국경의 관문을 막고 통행증을 폐지하고, 기밀누설을 막기 위해 적국 사절의 왕래를 허락지 말아야 한다."

당시 최강국인 진나라는 외국 사절에 대해 매우 엄한 규제를 가했다. 정보유출을 우려한 결과다. 『사기』「범수채택열전」에 이를 뒷받침하는 일화가 나온다. 장의와 소진의 뒤를 이어 전국시대 말기를 화려하게 수놓은 대표적인 종횡가를 들라면 위魏나라 출신 범수范睢를 들 수 있다. 당초 그는 뛰어난 유세로 인해 오히려 질시의 대상이 된 나머지 제나라와 내통했다는 무함에 걸려 초주검이 되었다. 다행히 진나라 사자 왕계王稽를 좇아 함양으로 탈출하는 데 성공할 수 있었다. 왕계가 진소양왕秦昭襄王에게 복명復命한 뒤 이같이 천거했다.

"위나라의 지모가 출중한 천하의 기재를 만났습니다. 그가 말하기를, '계란을 쌓아놓은 것 같은 위기의 진나라를 구할 비책이 있으나 이는 글로 써 전할 수 있는 게 아니다'라고 했습니다. 신이 데리고 왔으니 대왕이 한 번 불러 보십시오."

누란지위累卵之危 성어가 여기서 나왔다. 「범수열전」은 진소양왕이 탐탁지 않게 생각해 범수를 객사에 머물도록 한 뒤 하객下客의 대우를 베풀게 했다고 기록해 놓았다. 한참 시간이 지났는데도 아무런 기별이 없었다. 진소양왕은 왜 범수를 탐탁지 않게 생각한 것일까? 사마천은 이같이 분석해 놓았다.

"당시 진소양왕은 보위에 오른 지 36년이 지났다. 남쪽으로 초나라를 격파한 데 이어 초회왕이 진나라에서 객사하는 상황이 빚어졌다. 동쪽으로 제나라를 격파하자 일찍이 칭제稱帝한 바 있는 제민왕齊閔王은 이를 거두게 됐다. 또 여러 차례 한, 위, 조 등 삼진三晋을 곤경에 빠뜨렸다. 그는 종횡가를 크게 꺼렸다. 믿음이 가지 않았기 때문이다."

당시 진소양왕이 잇단 승전으로 인해 커다란 자부심을 갖고 있었음을 보여준다. 그는 내심 무력이 뒷받침되지 않는 종횡가의 외교책략을 꺼렸다. 나름 일리가 있으나 당시의 진나라 내부사정에 비춰볼 때 이는 매우 위험한 것이었다. 당시 진소양왕은 양후穰侯를 포함해 동복동생인 경양군涇陽君 등 친인척들이 왕권을 잠식하고 있다는 사실을 간과하고 있었다. 이들을 철저히 다스리지 않는 한 천하통일 행보는 시작부터 삐걱거릴 수밖에 없었다. 종횡가인 범수는 이를 읽고 있었던 것이다. 실제로 진소양왕이 범수의 왕권강화책을 받아들이지 않았다면 진시황의 천하통일은 적잖은 어려움을 겪었을 공산이 컸다.

당시 범수가 진소양왕으로부터 아무런 연락이 오지 않자 적잖이 낙담했다. 진소양왕 36년(기원전 271) 진소양왕의 모후인 선태후宣太后의 동생 양후가 제나라의 강剛과 수壽 땅을 공략해 자신의 영지인 도陶 땅을 넓히고자 했다. 범수가 이 얘기를 듣고는 곧바로 상소문을 올렸다.

"양의良醫는 병자의 생사를 미리 알고, 성군은 일의 성패를 미리 헤아립니다. 이익이 있으면 행하고, 해가 있으면 그치고, 의심스러우면 시험해 보면 됩니다. 이는 요순이 다시 태어난다 해도 바꿀 수 없는 원칙입니다. 신이 어리석어 대왕의 마음에 들지 않는 것입니까? 그렇지 않으면 신을 천거한 사람이 비천해 들을 만한 가치가 없다고 여기는 것입니까? 그것도 아니라면 잠시 신에게 알현할 시간을 허락해 주십시오. 그러면 당면한 문제를 말씀드리도록 하겠습니다."

진소양왕이 곧 좌우에 분부했다.

"곧 전거傳車를 보내 이궁離宮으로 모셔오도록 하라."

'전거'는 왕명 등을 전할 때 사용하는 쾌속 수레를 말한다. 범수가 진소양왕을 알현하는 자리에서 이같이 말했다.

"진나라가 용맹스런 군사와 수많은 거기車騎를 가지고 제후들을 대적하는 것은 마치 한나라의 명견인 한로韓盧를 풀어 절뚝거리는 토끼인 건토蹇兎를 사냥하는 것과 같습니다. 진나라가 관문을 닫은 지 15년 동안 감히 산동으로 출병하지 못한 것은 승상 양후의 계책이 충성스럽지 못했기 때문입니다. 대왕은 패왕의 대업을 쉽게 실현할 수 있는 여건을 구비하고 있는데도 지금 정반대로 함곡관을 굳게 닫은 채 감히 산동의 제후국들에게 무위武威를 드러내지 못하고 있는 것입니다."

양후가 사적인 이익을 도모하기 위해 함곡관을 굳게 닫은 채 진나라의 천하통일 행보를 가로막고 있다는 지적이다. 당시 진나라에는 사자를 수행한 관원이 돌아오지 않을 경우 일족을 엄벌에 처하는 규정이 있었다. 기생충의 전파를 막기 위해 외국 사절이 타고 온 수레의 바퀴 등에 연기를 쏘여 예방하기도 했다. 진나라를 찾아오는 외국 사절 및 그 행장에 대해 얼마나 엄격한 검색을 시행했는지를 짐작하게 해준다. 진소양왕은 어린 나이에 보위에 올랐다. 모후인 선태후宣太后에게는 아버지가 다른 위염魏冉이라는 동생이 있었다. 그는 훗날 지금의 하남성 등현인 양穰 땅에 봉해져 '양후'로 불렸다. 양후가 함곡관을 틀어막은 것은 진나라의 정보유출에 대한 엄격한 규제를 악용한 것이기도 했다.

당시 범수가 제시한 가장 뛰어난 종횡술은 이른바 원교근공遠交近攻 계책이다. 먼 나라와는 친교를 맺고 가까운 나라를 치는 군사외교 책략을 말한다. 이는 장의와 소진의 연횡책 및 합종책에 비유할 만한 것이다. 범수는 진소양왕에게 이같이 건의했다.

"양후가 한·위 두 나라를 건너뛰어 제나라의 강과 수 땅을 공격하는 것은 잘못된 것입니다. 동원되는 병력이 적으면 제나라에 타격을 줄 수 없고, 많으면 진나라에 손상을 입히게 됩니다. 얼마 안 되는 병력을 동원하면서 한·위 두 나라의 병력을 이용하고자 하는 것은 적절한 계책이 아닙니다. 지금 한·위 두 나라는 비록 동맹국이라고는 하나 서로 친하지 않은데 그런 동맹국을 건너뛰어 다른 나라를 치는 것이 과연 가능하겠습니까? 전에 제나라 군신이 화목하지 못하고 백성들이 피폐하자 제후들이 합세해 제나라로 쳐들어갔습니다. 결국 제나라 왕은 욕을 당하고 군사는 여지없이 무너져 천하인의 웃음거리가 되었습니다. 이는 제나라가 멀리 있는 초나라를 치면서 가까이 있는 한·위 두 나라의 국력을 비대하게 만들어 주었기 때문입니다. 이를 두고 바로 '도적에게 무기를 빌려주고 도둑에게 식량을 준다'고 하는 것입니다. 대왕은 '원교근공' 계책을 쓰느니만 못합니다. 그리하면 한 치의 땅을 얻어도 대왕의 것이 되고, 한 자의 땅을 얻어도 대왕의 것이 됩니다. 지금 이런 계책을 버리고 오히려 정반대로 원공근교遠攻近交를 고집하는 것은 잘못이 아니겠습니까? 지금 한·위 두 나라는 중원에 위치해 가히 천하의 중추라고 이를 만합니다. 대왕이 패업을 이루고자 하면 먼저 중원의 이들 두 나라를 취해 천하의 중추로 삼은 뒤 초나라와 조나라를 제압해야 합니다. 조나라가 강해지면 초나라가 우리 진나라에 가까이 다가올 것이고, 초나라가 강해지면 조나라가 다가올 것입니다. 초나라나 조나라가 진나라에 다가오면 제나라는 틀림없이 진나라를 두려워할 것입니다. 제나라가 두터운 예물로 진나라를 섬기면 한·위 두 나라는 이내 무력해지고, 이내 천하의 중추를 쉽게 손에 넣을 수 있습니다."

현재 학계에서는 범수의 '원교근공' 계책에 대한 반론이 만만치 않다. 반론의 요지인즉 '원교근공'의 계책은 범수가 주창한 것이 아니라 이미 전국시대 초기 이래 진나라 외교의 기본 원칙이었다는 것이다. 양후가 한·위 두 나라를 가로질러 제나라의 강과 수 땅을 공략했을 때 이미 강한 비판이 제기되어 있었고, 범수가 이를 언급한 것은 전통적인 '원교근공'의 외교원칙을 재확인한 것에 불과하다는 게 이들의 지적이다.

과연 이런 지적이 타당한 것일까? 설령 기존 외교의 기본 원칙을 재확인한 것에 불과하다고 할지라도 당시 범수가 이를 진소양왕에게 새삼 깨우쳐 준 사실을 결코 과소평가해서는 안 된다. 고양이 목에 방울을 달아야 한다는 사실을 아는 게 중요한 게 아니라 실행에 옮기는 게 중요하다는 얘기다. 승상 양후가 막강한 위세를 부린 당시 상황에서 진나라 대신 중 과연 누가 이를 행할 수 있었을까? 아무도 없었다. 그럼에도 범수는 바로 진소양왕을 설득해 고양이 목에 방울을 단 것이다.

결국 양후는 쫓겨나고 범수가 재상의 자리를 차지하게 되었다. 뛰어난 언변으로 인해 죽을 지경에까지 이르렀다가 다행히 진소양왕을 만나 '원교근공책'을 제시함으로써 최강대국인 진나라의 재상 자리에 오른 범수는 여러모로 장의의 복사판에 해당한다. 장의 역시 죽을 고비를 넘긴 뒤 진혜문왕 앞에서 현란한 유세로 '연횡책'을 진언한 덕분에 진나라의 재상 자리에 올랐다. 두 사람 모두 말년에 이르러 각각 위나라와 연나라 등 외국에서 여생을 보낸 것도 닮았다. 경쟁이 그만큼 치열했던 것이다.

장의의 입신과 『사기』

현재 시중에 나와 있는 대다수의 전국시대 관련 서적들은 『사기』의 기록을 좇아 장의와 소진의 일대기를 묘사해 놓았다. 두 사람이 귀곡자 밑에서 함께 공부했고, 소진은 자신의 실력이 장의보다 못한 것을 절감했으며, 학업을 끝낸 후 소진이 먼저 조나라에서 입신양명에 성공했고, 뒤이어 장의를 격분하게 만들어 진나라로 들어가 입신하게 했다는 식이다. 이는 앞서 자세히 검토한 바와 같이 『전국종횡가서』의 기록과 배치된다.

『전국종횡가서』의 기록에 따르면 두 사람은 귀곡자 밑에서 함께 공부한 적도 없고, 장의가 소진에 앞서 당대의 종횡가로서 큰 명성을 떨쳤다. 이를 전제로 각종 사서에 나오는 장의 관련 기록을 종합해 그의 사적을 복원해 보기로 하자. 『사기』는 「소진열전」과 「진세가」 등에서 소진이 진혜문왕秦惠文王에게 유세를 시도했다가 실패한 뒤 장의가 소진의 박대에 격분한 나머지 진혜문왕을 찾아가 유세에 성공한 것으로 기록해 놓았다. 또 「연표」에서는 장의가 진혜문왕 10년(기원전 328)에 공손연을 대신해 진나라의 재상이 되었다고 했다. 소진이 장의보다 먼저 이름을 떨쳤다는 일화가 역사적 사실인 양 후대에 전해진 배경이다. 『사기』와 『자치통감』에 나오는 기록을 종합해 두 사람의 관계를 개략적으로 정리하면 다음과 같다.

"위양왕 5년(기원전 330) 진나라가 공손연公孫衍을 시켜 위나라를 치게 했다. 공손연이 위나라 군사 4만여 명을 대파하고 위나라 장수 용가龍賈를 포로로 잡았다. 소진은 진나라 군사가 조나라로 쳐들어와 자신의 합종책을 깨뜨릴까 걱정했다. 곧 장의를 격노하게 만들어 진나라로 들여보내고자 했다. 장의는 위나라 출신으로 소진과 함께 귀곡자를 섬기며 종횡술을 배웠다. 당시 장의는 제후들에게 유세했으나 특별한 신임을 얻지 못했다. 장의가 초나라에 체류하고 있을 때 소진이 장의를 조나라로 부른 뒤 짐짓 모욕을 주었다. 대로한 장의는 오직 진나라만이 조나라를 공벌할 수 있다고 생각해 진나라로 들어갔다.

이때 소진이 은밀히 가신을 보내 장의에게 많은 금품을 제공하면서 편의를 봐주었다. 덕분에 장의는 유세에 성공해 객경客卿이 되었다. 그러자 소진의 가신이 장의와 작별하면서 말하기를, '소군蘇君은 진나라가 조나라를 쳐 합종의 맹약을 깰까 염려했습니다. 그대가 아니면 진나라의 권력을 쥘 사람이 없다고 여겨 짐짓 그대를 격노하게 만든 뒤 저로 하여금 몰래 그대에게 금품을 주게 했습니다. 모두 소군의 계책입니다'라고 했다. 장의가 탄식하기를, '아, 나는 소진의 계책 속에 있었는데도 이를 깨닫지 못했다. 내가 소진을 따를 수 없다는 사실이 분명히 드러났다. 소진의 시대에 내가 어찌 감히 입을 열어 유세할 수 있겠는가?'라고 했다."

'장의를 짐짓 격노하게 해 진나라로 들여보냈다'는 내용의 「소진열전」 원문은 '격노장의激怒張儀, 입지우진入之于秦'이다. 21세기 현재까지 전국시대 관련 서적들이 하나같이 소진을 장의보다 앞서 활약한 인물로 묘사해 놓은 결정적 배경이 여기에 있다. 사마광은 『자치통감』에서 소진이 진혜문공을 만나 유세한 시점을 공손연이 진나라 재상으로 활약하기 훨씬 이전으로 보았다. 해당 대목이다.

"주현왕 36년(기원전 333) 한선혜왕이 즉위했다. 당초 낙양 출신 소진이 진혜문왕을 만나 천하를 아울러 가질 수 있는 방법을 가지고 유세했다. 그러나 진혜문왕은 이를 받아들이지 않았다. 소진이 이내 진나라를 떠나 연나라로 가 연문공燕文公에게 유세했다. 연문공이 이를 받아들여 수레와 말을 대주었다. 소진이 조나라로 가 조숙후趙肅侯에게 유세하자 조숙후가 크게 기뻐하며 후대했다. 조숙후는 소진이 각국을 유세하며 합종의 맹약을 맺도록 적극 도와주었다."

『전국종횡가서』의 기록을 토대로 볼 경우 모두 후대인이 만들어낸 항간의 얘기에 불과하다. 장의와 소진이 전혀 만난 적도 없고 장의가 병사한 이듬해에 소진이 비로소 연문공에게 유세해 재상이 되었다는 『전국종횡가서』의 기록과 통설을 좇아 두 사람의 사적을 살펴보기로 한다.

『사기』「장의열전」은 장의가 언제 태어났는지 입을 다물고 있다. 단지 "위나라 출신으로 일찍이 소진과 함께 귀곡선생을 섬기며 종횡술을 배웠다"고 기록해 놓았을 뿐이다. 소진의 경우도 유사하다. "낙양 출신으로 동쪽 제나라로 가 스승을 찾아 섬기면서 귀곡선생 밑에서 배웠다"는 내용이 전부다. 귀곡자 밑에서 함께 종횡술을 연마했다는 대목을 빼면 소진과 장의 모두 이리저리 다니며 학업을 연마했을 공산이 크다.

「장의열전」에 '소진과 함께'라는 구절이 나오는 데 반해 「소진열전」에는 '동쪽 제나라로 가 스승을 찾아 섬기면서'라는 구절이 나오는 점에 주목할 필요가 있다. 원문은 동사사어제東事師於齊이다. 당시 제나라는 천하의 학문 중심지였다. 이른바 제위왕이 설립한 직하학당稷下學堂 덕분이다. 맹자와 순자 모두 이곳에서 학문을 연마했다. 이는 소진이 제나라로 가 제자백가의 학문을 섭렵했을 가능성을 시사한다. 사마천이 「소진열전」에서 '장의와 함께'라는 구절 대신 굳이 '동쪽 제나라로 스승을 찾아 섬기면서'라는 표현을 사용한 것도 이런 맥락에서 이해할 수 있다. 「장의열전」에 나오는 '소진과 함께 귀곡선생을 섬기며' 구절은 항간에 나도는 후대인의 얘기를 그대로 옮겼다고 보는 게 타당하다.

그렇다면 장의는 언제쯤 태어나 종횡술을 연마한 것일까? 사망 시점과 당시의 상황, 사서의 기록 등을 종합해 판단해 볼 때 50여 세에 사망했다고 가정할 경우 대략 기원전 360년 어간으로 추정된다. 「장의열전」은 장의가 귀곡자 밑에서 종횡술을 연마한 후 여러 제후들을 찾아다니며 유세하던 중 초나라로 갔다가 커다란 봉변을 당한 것으로 기록해 놓았다. 이는 상당 부분 역사적 사실에 기초한 것으로 보인다. 『전국종회가서』의 기록을 살펴보기에 앞서 우선 사기 「장의열전」과 『자치통감』, 『전국책』 등의 기록부터 살펴볼 필요가 있다. 인구에 회자하는 많은 성어와 일화가 나오기 때문이다. 시간대별로 장의의 행적을 추적하면 다음과 같다.

장의는 귀곡자를 떠나 하산한 뒤 곧바로 자신의 고국인 위나라로 돌아갔다. 얼마 안 되는 가재를 모두 팔아 노자를 마련한 뒤 위나라에서 벼슬을 얻기 위해 백방으로 노력했다. 그러나 위혜왕魏惠王은 그를 등용하지 않았다. 위나라는 다른 나라와 싸울 때마다 매번 패하기만 했다. 장의가 위나라를 떠나 초나라로 갔다.

초나라에는 소양昭陽이 영윤으로 있었다. 소양은 장의를 보자 곧 그의 기재를 알아보고 자신의 문하에 두었다. 이후 소양은 군사를 이끌고 가 위나라를 크게 이기고 위나라의 양릉襄陵 등 7개 성읍을 빼앗았다. 초위왕楚威王이 소양의 공을 높이 사 화씨지벽和氏之璧을 하사했다. 이는 세상에 둘도 없는 보옥이다. 흔히 화씨벽和氏璧 또는 초나라에서 산출된 옥덩이라는 의미의 형박荊璞이라고 한다. 진소양왕이 15개의 성과 교환하려 했다는 의미에서 연성벽連城璧으로 쓰이기도 한다. 물건이 귀중하거나 값지다는 뜻을 지닌 '연성連城'은 '화씨벽'의 고사에서 나온 것이다.

초위왕은 어떤 이유로 영윤 소양에게 '화씨벽'을 하사한 것일까? 예로부터 이런 일화가 전해져 내려오고 있다. 초여왕楚厲王 때 변화卞和

라는 사람이 있었다. 그는 형산荊山에서 옥돌 하나를 주웠다. 변화가 옥돌을 바쳤다. 초여왕이 옥장玉匠에게 옥돌을 보이자 옥장이 한참 보더니 이같이 말했다.

"이것은 옥돌이 아니라 보통 돌입니다."

대로한 초여왕이 변화를 잡아들였다.

"군주에게 보통 돌을 옥돌이라고 속였으니 그 죄를 어찌 면하겠는가? 당장 저자의 왼쪽 다리를 끊어라."

변화는 왼쪽 다리를 잃고 말았다. 초여왕이 죽고 초무왕楚武王이 즉위했다. 변화가 초무왕에게 그 옥돌을 바쳤다. 초무왕이 이를 옥장에게 보이자 이번에도 옥장은 보통 돌이라고 했다. 초무왕이 변화의 오른쪽 다리마저 끊었다. 이후 초무왕이 죽고 초문왕楚文王이 즉위했다. 변화는 옥돌을 바치고 싶었으나 두 다리가 없어 움직일 수가 없었다. 형산 아래서 옥돌을 가슴에 품고 사흘 밤낮을 통곡했다. 눈에서는 눈물이 마르고 피가 흘렀다. 변화의 친구가 와서 말했다.

"그대는 두 번씩이나 옥돌을 바치고 두 다리를 잃었다. 다시 옥돌을 바쳤다가는 목숨을 부지하기 어려울 것이다. 그런데도 그대는 왜 울기만 하는가? 아직도 그 옥돌을 바치고 많은 상을 타고 싶은 것인가?"

변화가 정색했다.

"나는 상을 타기 위해 이 옥돌을 바치려는 것이 아니다. 이렇듯 좋은 옥돌을 보고 보통 돌이라고 한 자들을 원망할 뿐이다. 나는 정직한데도 그들은 나를 거짓말쟁이로 몰았다. 옳은 것을 그르다 하고 그른 것을 옳다 하니 어찌 원통하지 않겠는가? 나는 내가 옳고 그들이 그르다는 것을 밝히지 못해 슬퍼하는 것이다."

이 소식을 들은 초문왕이 사람을 보내 그 옥돌을 가져오게 한 뒤 옥장을 불렀다. 옥장이 옥돌을 쪼개고 보니 하자瑕疵 하나 없는 천하의 보배였다. 초문왕이 옥장을 시켜 둥근 고리 모양의 벽璧을 만들게 했다. '화씨벽'이 세상에 나온 배경이다. 초문왕은 앉은뱅이가 된 변화의 지조에 감동해 대부의 벼슬을 내렸다고 한다. 여기서 포박抱璞 성어가 나왔다. 재주는 있지만 때를 만나지 못한 인물을 지칭한다.

당초 초나라는 춘추시대 말기에 오나라에 의해 도성이 함몰된 이후 오랫동안 이전처럼 국세를 떨치지 못했다. 초위왕 때 문득 진나라와 더불어 천하의 패권을 놓고 다투는 수준으로 급부상했다. 전국시대 초기 중원의 패자로 군림하던 위나라의 위세가 땅에 떨어진 결과였다. 상앙이 위나라를 버리고 진나라로 간 게 결정적인 계기로 작용했다. 뛰어난 인물 한 사람이 천하의 판도를 간단히 뒤바꿔놓고 만 것이다.

이 '화씨벽'에 관한 일화는 후세인들이 만들어낸 것으로 짐작된다. 『전국책』「조책」에는 조나라 대신 이태李兌가 소진에게 명월주明月珠와 화씨벽和氏璧, 흑초구黑貂裘, 황금 1백 일鎰을 노자로 주었다는 기록이 나온다. '화씨벽'은 대략 대단히 귀한 옥구슬 정도로 이해하면 좋을 듯하다. 초위왕이 화씨벽과 같이 귀중한 보물을 영윤 소양에게 주었다는 것은 그가 세운 공이 간단치 않았음을 시사한다. 소양은 늘 자랑스럽게 화씨벽을 차고 다녔다. 하루는 소양이 수행원들과 함께 밖으로 놀러갔다가 화씨벽을 잃어버리게 되었다. 「장의열전」에 따르면 당시 소양을 따라간 빈객들과 수행원 모두 장의를 범인으로 지목했다.

"장의는 원래 빈천하게 산 데다 특별히 생업활동을 한 적도 없었습니다. 그 도적이 틀림없이 영윤의 구슬을 훔쳐갔을 것입니다."

소양이 이를 곧이듣고 장의를 잡아들였다. 장의는 훔친 일이 없으니 내놓을 게 없었다. 결국 곤장 수백 대를 맞고 기절했다. 소양은 장의가 거의 죽어가는 것을 보고서야 매질을 중지시켰다. 그날 밤 장의는 겨우 의식을 회복했다. 아내가 눈물을 흘리며 말했다.

"아, 당신이 글을 읽고 유세하는 일이 없었다면 어찌 이런 곤욕을 치르겠습니까?"

장의가 입을 벌려 아내에게 보이며 물었다.

"자세히 보시오. 내 혀가 아직 살아 있소?"

종횡가의 밑천은 권력도 금력도 아닌 '혀', 즉 언변에 있다는 장의의 이 한마디는 훗날 많은 유세객들을 격려하는 일화로 전해졌다. 그의 아내는 하도 기가 막혀 어이없다는 표정으로 웃으며 대답했다.

"아직 있기는 있습니다."

장의가 정색했다.

"그러면 됐소!"

「장의열전」은 몇 달 후 장의의 몸이 완쾌되자 조나라에서 출세한 소진의 가신이 장의를 찾아와 진나라로 들어가 유세하도록 부추겼다고 기록해 놓았다. 이에 따르면 당시 장의는 크게 반가워하며 소진의 가신을 좇아 조나라로 소진을 찾아갔다. 소진은 장의가 찾아올 것을 알고 미리 문지기들에게 명하여 장의를 따돌리게 했다. 장의를 격동케 만들려는 속셈이었다.

어렵사리 만나게 되었으나 정문 대신 쪽문으로 들어갔다. 장의가 계단 위로 올라가려 하자 좌우에서 저지했다. 뜰 아래로 내려가 당 위를 쳐다보니 아침 문안을 드리려고 들어가는 자들이 매우 많았다. 관속들의 문안이 끝나자 이번에는 공사公事로 찾아온 자들이 쉼 없이 들어갔다. 한참 만에 당 위에서 부르는 소리가 났다. 장의가 소진 앞으로 가 읍을 하자 그제야 소진이 겨우 일어나 뻣뻣이 선 채로 말했다.

"그간 별고 없었는가?"

장의가 치미는 분노로 말도 제대로 하지 못했다. 이때 좌우 사람들이 올라와 소진에게 점심식사를 올리겠다고 말하자 소진이 툇마루에 상을 차려주게 했다. 당 위에 차려진 소진의 상은 진수성찬이었다. 그러나 툇마루 끝에 차려진 장의의 상에는 고기 한 접시와 채소 한 접시가 전부였다. 장의는 소진으로부터 이토록 푸대접을 받을 줄은 상상도 못했다. 치미는 화를 꾹 참고 장의가 수저를 들었으나 자신의 초라한 모습에 몸을 떨었다. 점심시간이 끝나자 소진이 장의를 불러오게 했다. 장의가 가는데도 소진은 자리에 앉은 채 일어서지도 않았다. 장의가 드디어 치미는 분노를 더 이상 참지 못하고 이내 몇 걸음을 멈춘 채 손을 들어 소진을 꾸짖었다.

"나는 네가 우리의 옛정을 잊지 않은 줄 알고 먼 곳에서 찾아왔다. 그런데 이렇듯 나에게 망신을 주는 것인가?"

소진이 짐짓 태연스레 대답했다.

"그대처럼 뛰어난 재주를 지닌 사람이 이런 곤궁한 지경에 이른 것은 그대 책임이다. 나 또한 어찌 군주에게 그대를 천거하고 싶은 생각이 없었겠는가? 그러나 그대는 워낙 거두어 쓸 만한 인물이 못 된다."

그러고는 이내 몸을 돌려 안으로 들어갔다. 장의가 분을 참지 못해 밖으로 도망치듯 빠져나왔다. 수치를 설욕하기 위해서는 진나라를 설득해 소진이 득세하고 있는 조나라를 치는 수밖에 없다고 생각했다. 이내 진나라로 들어갔다. 이때 소진이 곧 가신을 시켜 이같이 말했다.

"장의는 천하의 현사이다. 나는 그를 능가할 수 없다. 요행히 내가 먼저 등용되었으나 장차 진나라의 실권을 잡을 사람은 장의뿐이다. 그는 빈털터리가 되어 천거될 기회를 만나지 못하고 있다. 나는 그가 작은 이익을 탐하여 장차 큰 뜻을 이루지 못할까 염려해 짐짓 그를 불러다 놓고 모욕을 주었다. 그를 분발시키고자 한 것이다. 그대는 나를 대신해 은밀히 그를 보살펴 주도록 하라."

그러고는 곧 조숙후에게 청해 금폐金幣와 거마를 내어주게 했다. 소진의 가신이 이를 갖고 가 신분을 숨긴 채 장의를 만나 물심양면으로 도와주었다. 내막을 까맣게 모르는 장의가 뇌물을 써 마침내 진혜문왕을 만나 유세하게 되었다. 이상이 『사기』와 『자치통감』 등에 나오는 내용이다. 이는 역사적 사실과 동떨어진 것임은 이미 밝혔으나 워낙 오랫동안 사실처럼 간주돼 왔다.

당시 특별한 인맥이 없을 경우 뇌물을 쓰지 않으면 군주를 만나기 어려웠던 게 사실이다. 그러나 꼭 불가능한 것만도 아니다. 장의처럼 뛰어난 언변을 가진 사람은 굳이 뇌물을 쓰지 않을지라도 얼마든지 유세할 수 있었다. 실제로 장의의 복사판인 범수는 뇌물을 쓰지 않고도 능히 진소양왕을 만나 자신의 계책을 속 시원히 털어놓았다. 열국 군주들 모두 뛰어난 책사를 조건 없이 만나고자 한 까닭에 뛰어난 책략과 언변을 지닌 종횡가를 소개하는 것은 군주의 신임을 얻을 수 있는 길이기도 했다. 굳이 뇌물을 받아가며 소개할 필요는 없었다. 후대인이 만들어낸 얘기로 보는 게 옳다.

장의가 진혜문왕을 알현하는 과정에서 나름 어려움도 있었을 터이나 이것이 큰 문제가 되지는 않았을 것으로 짐작된다. 「장의열전」에는 자세한 내용이 나오지 않고 있으나 『전국책』 「진책」에는 장의의 유세 내용이 그대로 실려 있다. 당시의 천하정세를 소상히 분석해 놓은 게 특징이다. 골자는 다음과 같다.

"신이 듣건대, '알지 못하면서 말하는 것은 부지不智이고, 알고서 말하지 않는 것은 불충不忠이다'라고 했습니다. 신하된 몸으로 불충이면 죽어 마땅하고, 상황을 잘 살펴 말하지 않는 것 또한 죽어 마땅합니다. 비록 그렇다고는 하나 신은 들어서 알고 있는 것을 모두 대왕에게 말씀드리고자 합니다. 왕은 신의 죄를 판단해 주기 바랍니다.

신이 듣기로, '산동의 6국은 북쪽으로 연나라, 남쪽으로 초나라와 연합해 제나라를 견고히 한 후 나머지 한나라까지 회유해 합종을 이루고 장차 서쪽으로 진나라와 대항하고자 한다'고 합니다. 신은 이 얘기를 듣고 속으로 웃었습니다. 세상에는 망국의 길이 3가지 있는데 산동 6국은 이를 모두 갖추고 있으니 이는 바로 이런 경우를 두고 이르는 것입니다.

신이 듣건대, '혼란한 나라가 잘 다스려지는 나라를 치고, 사악한 것으로 바른 것을 치고, 역리로써 순리를 치면 망한다'고 했습니다. 지금 천하의 부고府庫가 부실하고 곳집이 비어 있는데도 제후들은 부질없이 모든 사민士民을 동원해 수십 만에서 1백만 명이라고 자랑하고 있습니다. 이에 군사들은 시퍼런 칼날이 앞에 있고 허리를 끊는 작두와 작두받침이 뒤에 있을지라도 도망갈 궁리만 할 뿐, 나라를 위해 죽을 각오로 싸울 리가 없습니다. 그러니 어떻게 백성들이 목숨을 걸고 싸우려 하지 않는다고 죄줄 수 있겠습니까? 말로만 상을 준다고 해놓고 이를 시행치 않고, 말로만 벌을 주겠다고 으름장을 놓으면서 이를 시행치 않으니 상벌에 믿음이 없는 것입니다. 그러니 백성이 나라를 위해 죽으려 하지 않는 것입니다.

지금 진나라는 호령을 발포하여 상벌을 엄히 시행하고 있습니다. 이에 공이 있든 없든 모두 기꺼이 나라를 위해 목숨을 바치고자 하는 것입니다. 백성들은 부모의 품안을 떠나 아직 적을 구경하지 못한 상황에서조차 전쟁이 있다는 얘기를 들으면 맨발로 뛰어나가며 웃통을 벗어젖치고, 시퍼런 칼날에 맞서며 시뻘건 숯불도 밟아버릴 기세를 보입니다. 이들 모두 나라를 위해 죽기를 각오한 자들뿐입니다. 무릇 죽기를 각오하고 기필코 살고자 하는 것은 그 근원이 다른 것입니다. 그런데도 백성들이 단사를 택하는 것은 나라에서 그들의 분전奮戰을 귀히 여기기 때문입니다. 그러기에 한 사람이 열 사람을 이기고, 열 사람이 백 사람을 이기며, 백 사람이 천 사람을 이기고, 천 사람이 만인을 이기며, 만인이 천하에 이겨낼 수 있는 것입니다.

지금 진나라의 땅은 긴 것을 잘라 짧은 것에 이으면 사방 수천 리나 되고, 뛰어난 군사만도 수백만 명이나 됩니다. 진나라의 호령과 상벌, 지형의 이해관계 등에 비춰볼 때 천하에 진나라를 따를 나라가 없습니다. 이로써 천하의 제후들을 상대하면 천하를 모두 겸병할지라도 오히려 부족할 지경입니다. 실제로 진나라는 싸워서 이기지 못한 예가 없고, 공격해 함락치 못한 적이 없고, 대적하는 것을 모두 깨뜨리지 않은 적이 없습니다. 국토를 수천 리나 넓히는 일은 실로 커다란 업적입니다.

그러나 지금 군사는 지쳐 있고, 백성은 병들고, 저장한 것은 바닥이 나고, 전답은 황폐해지고, 곡물창고는 비어가고, 사방의 제후들은 복종하지 않고, 패왕의 명성도 이루지 못하고 있습니다. 이는 다름이 아니라 대왕의 모신들이 충성을 다하지 않기 때문입니다.

조나라는 중앙에 위치한 나라로 여러 나라 백성들이 뒤섞여 살고 있습니다. 더구나 조나라는 백성들이 경망해 부리기 어렵고, 법령은 잘 지켜지지 않으며, 상벌을 내려도 백성들이 잘 믿지 않고, 지형 또한 이웃 5국에 둘러싸여 있는데도 험고한 요새가 없어 불리한 나라입니다. 나아가 윗사람들은 민력을 십분 활용치 못하고 있으니 바로 망국의 형국입니다. 조나라를 쳐 멸망시키면 한나라도 망하게 되고, 한나라가 망하면 초나라와 위나라도 독립할 수 없습니다. 두 나라가 독립하지 못하면 일거에 한나라를 궤멸시킨 뒤 위나라를 조금씩 잠식해 들어갈 수 있습니다. 이어 초나라를 끼고 동쪽의 제·연 두 나라를 압박하면 능히 천하의 제후들을 모두 승복시킬 수 있습니다.

신이 죽음을 무릅쓰고 대왕을 알현한 것은 조나라를 들어낸 뒤 한나라를 멸망시키고, 초나라와 위나라를 신하로 삼고, 제·연 두 나라와는 친교를 맺어 마침내 패왕의 이름을 성취해 사방의 제후들로부터 조회를 받는 방책을 건의하기 위한 것입니다. 대왕이 만일 저의 건의를 좇았는데도 일거에 천하 제후들의 합종을 깨지 못하거나, 조나라를 함락시키지 못하거나, 한나라가 망하지 않거나, 초나라와 위나라가 복종치 않거나, 제·연 두 나라와 친교를 맺지 못하거나, 패왕의 이름을 이루지 못하거나, 사방의 제후들이 입조치 않거나 하면 대왕은 소신의 목을 베어 국내에 돌림으로써 불충한 계책을 낸 자를 징계하기 바랍니다."

「진책」의 원문은 장의를 소진보다 나중에 죽은 것으로 간주한 까닭에 진혜문왕이 아닌 진소양왕에게 유세한 것으로 기록해 놓았다. 『자치통감』도 이를 그대로 좇았다. 그러나 진소양왕에게 유세한 사람은 장의가 아닌 범수이다. 이 경우 장의와 범수가 거의 비슷한 시기에 진소양왕에게 유세한 셈이 된다. 역사적 사실과 동떨어져 있다.

진혜문왕은 태자로 있을 때 잘못을 저지른 일로 인해 비록 자신은 형벌을 받지 않았지만 그의 스승이 상앙商鞅으로부터 혹독한 형벌을 받는 수모를 당했다. 진혜문왕이 즉위한 후 상앙이 모반죄에 연루되어 거열형車裂刑을 당한 이유다. 진혜문왕의 처사를 두고 여러 해석이 있으나 불가피한 측면이 있었다. 상앙의 권력이 너무 강대해졌기 때문이다.

진혜문왕은 결코 암군이 아니다. 장의와 같이 뛰어난 인물을 전격 발탁한 게 그 증거다. 진혜문왕은 부왕인 진효공의 뒤를 이어 28년 동안 재위했다. 꽤 기간이 길다. 장의는 진혜문왕의 태자인 진무왕이 즉위하면서 이내 위나라로 망명 아닌 망명을 갔다가 그곳에서 여생을 마쳤다. 진무왕이 장의를 꺼렸기 때문이다. 이 또한 진혜문왕이 상앙을 꺼린 것과 같은 맥락에서 이해할 수 있다. 진혜문왕이 죽은 지 2년 뒤인 기원전 309년의 일이다.

진효공과 상앙이 운명을 같이했다면 장의 역시 진혜문왕과 생사를 거의 같이한 셈이다. 『사기』「연표」는 장의가 진혜문왕 10년(328)에 진나라의 상국이 되었다고 기록해 놓았다. 『자치통감』에 따르면 이해에 그는 진나라 공자 화華와 함께 군사를 이끌고 가 지금의 산서성 습현인 위나라의 포양蒲陽을 공략했다. 이때 장의는 진혜문왕에게 포양을 다시 위나라에 돌려주고 진나라 공자 요繇를 위나라에 인질로 보내는 방안을 제시했다. 더 큰 것을 손에 넣고자 한 것이다. 그가 위혜왕을 만나 유세한 내용이 이를 뒷받침한다.

"진왕은 빼앗은 땅을 돌려주고 더구나 공자까지 볼모로 보냈습니다. 이러한 은덕이 또 어디에 있겠습니까? 그러니 대왕도 진나라에 예의를 차리지 않을 수 없습니다. 진왕은 다른 무엇보다도 땅을 좋아합니다. 그러니 상군上郡의 15개 현을 진왕에게 바치도록 하십시오. 진왕이 틀림없이 크게 기뻐하며 위나라에 보답코자 할 것입니다. 진·위 두 나라가 서로 연합해 중원의 제후국들을 도모하면 장차 대왕은 진나라에 바친 땅보다 훨씬 많은 땅을 차지할 수 있을 것입니다."

위혜왕은 장차 더 많은 땅을 차지할 수 있다는 말에 귀가 솔깃했다. 이에 상군 땅을 진나라에 바치면서 공자 요를 진나라로 돌려보냈다. 장의가 진나라로 돌아와 경과를 보고하자 진혜문왕이 크게 기뻐하며 공손연 대신 장의를 상국으로 삼았다. 장의가 상국이 되자 공손연은 이내 진나라를 떠나 위나라로 갔다. 원래 공손연도 뛰어난 종횡가였다. 결과적으로 장의에게 밀린 셈이다. 장의가 강대국 진나라의 재상이 된 배경이 여기에 있다. 그가 진혜문왕에게 처음으로 유세해 객경의 벼슬을 얻은 것은 이보다 대략 4, 5년 전의 일로 추정된다.

장의의 종횡술

장의가 연횡책을 구체화한 것은 재상이 된 이후이다. 진혜문왕 16년(기원전 324) 군사를 이끌고 가 위나라를 치고 지금의 하남성 삼문협 서쪽의 섬陝 땅을 공략한 게 그렇다. 이해에 진혜문왕이 처음으로 왕을 칭했다. 그 이전의 호칭은 공公이었다. 『자치통감』은 이를 엄격히 분리해 기록해 놓았다. 그러나 「장의열전」을 비롯한 여타 사서는 처음부터 '진혜왕'으로 기록해 놓았다. 시호가 혜문惠文 두 자로 되어 있는 까닭에 줄여서 '진혜왕'으로 표현한 것이다.

『자치통감』은 이해에 연문공의 부인과 사통한 소진이 연역왕燕易王에게까지 이 소문이 알려지자 두려워한 나머지 연역왕을 설득해 거짓으로 죄를 짓고는 제나라로 달아났다고 기록했다. 『사기』「소진열전」의 기록을 그대로 좇은 것이다. 현존 『전국책』도 마찬가지다. 『전국종횡가서』의 기록을 좇아 이들 모두 역사적 사실과 동떨어진 것으로 보는 게 옳다.

이듬해인 진혜문왕 15년(기원전 323) 장의가 지금의 산서성 길현 서쪽의 황하 강변에 위치한 설상진齧桑津에서 제나라와 초나라 재상과 회동했다. 이를 계기로 장의의 연횡책이 진나라의 막강한 무력을 바탕으로 점차 구체화되기 시작했다. 당시 장의에게 밀려 위나라로 가 상국이 된 공손연은 장의의 연횡책을 저지하기 위해 합종책을 강력 추진했다. 그는 합종을 성사시키기 위해 먼저 위, 한, 조, 연을 비롯해 중산국 등 5국의 군주가 모두 서로 왕을 칭하는 것을 승인하는 방안을 시도했다. 진나라에 맞불을 지른 것이다. 한·연 두 나라가 적극 호응하고 나섰다. 그러나 조무령공趙武靈公은 홀로 이를 거부하면서 이같이 말했다.

"내용도 없이 어찌 감히 왕의 명호를 쓴단 말인가."

그러고는 조나라 신민들에게 자신을 국군國君으로 부르게 했다. 사서는 조무령공을 모두 '조무령왕'으로 기록해 놓았다. 사실상 왕호를 칭한 것으로 간주한 결과다. 조무령왕은 부국강병을 달성해 조나라의 국방을 튼튼히 닦은 명군이다. 그는 모든 나라가 왕을 칭하며 허세를 부릴 때 나라를 튼튼히 하는 데 전념했다. 실질을 숭상한 결과다. 조나라가 그의 치세 때 크게 국세를 떨치게 된 것도 이와 무관치 않다.

주목할 것은 진혜문왕이 재위 16년(기원전 322)에 설상진에서 회동을 마치고 돌아온 장의를 재상 자리에서 면직한 일이다. 장의는 이내 위나라로 가 상국이 되었다. 이는 연횡책의 일환으로 나온 것이다. 위혜왕을 설득해 위나라가 먼저 진나라를 섬기도록 만든 뒤 열국의 군주들로 하여금 이를 본받게 하려는 속셈이었다. 일종의 고육책에 가깝다. 그러나 뒤를 이은 위양왕魏襄王이 장의의 말을 듣지 않았다. 대로한 진혜문왕이 대군을 보내 위나라의 곡옥曲玉과 평주平周 일대를 빼앗았다. 장의는 계속 위나라 상국으로 있었다. 진혜문왕 19년(기원전 319) 위양왕이 죽고 태자가 위애왕魏哀王으로 즉위했다. 「장의열전」은 장의가 다시 위애왕을 설득했으나 받아들여지지 않자 은밀히 진혜문왕에게 연락해 위나라 토벌을 권했다고 기록해 놓았다.

진혜문왕 21년(기원전 317) 진나라 대군이 한나라 군사를 지금의 하남성 원양현 서남쪽인 수어脩魚에서 격파하고 8만 명을 참수했다. 당시까지만 해도 최대 규모의 참사에 해당한다. 이 소식을 들은 열국 군주들이 진나라를 크게 두려워했다. 당시 위나라 재상으로 있던 장의는 위애왕에게 이같이 유세했다.

"위나라 영토는 사방 1천 리도 못 됩니다. 또한 군사도 30만 명에 불과하고, 땅은 사방으로 평평해 명산대천이 경계를 이룬 곳도 없습니다. 그런데도 병사들은 초, 한, 제, 조의 경계에서 수자리를 서야 합니다. 지금 정亭과 장障 등의 진지를 지키는 사람은 10만 명에 지나지 않습니다. 게다가 지세 또한 전쟁터와 같습니다. 제후들이 합종의 맹약을 맺으면서 원수洹水에서 맹세하면서 장차 형제처럼 결속해 서로 도와주며 나라를 보위하기로 다짐했습니다.

지금 같은 부모 밑에서 자란 친형제도 오히려 돈과 재물을 놓고 서로 싸우며 죽이고 있습니다. 대왕이 진나라를 섬기지 않으면 진나라가 군사를 내어 황하 이남의 하외河外로 쳐들어와 권卷과 연衍, 산조酸棗 등지를 점령할 것입니다. 이곳을 거점으로 위衛나라를 위협하여 양진陽晉을 취하면 조나라는 남진해 위나라를 돕지 못하고, 위나라도 북쪽으로 올라가 도울 수 없습니다. 위나라가 북쪽으로 가 조나라를 돕지 않으면 합종의 도리는 끊어집니다. 그리되면 위나라가 위험이 없기를 바라더라도 그리할 수 없을 것입니다. 원컨대 군주는 심사숙고해 계책을 논의하기 바랍니다. 저 또한 재상의 자리를 사퇴하고자 합니다."

위애왕이 이를 받아들였다. 위애왕의 명을 받은 장의가 진나라에 강화를 청했다. 이내 진나라로 돌아와 다시 재상 자리에 오른 배경이다. 당시 장의의 경쟁자는 법가를 추종하는 대부 사마조司馬錯였다. 그는 부국강병의 방략이 장의와 달랐다. 진혜문왕 22년(기원전 316) 지금의 사천성 중경시를 중심으로 한 파巴와 성도시를 거점으로 한 촉蜀이 서로 싸우다가 동시에 진나라의 도움을 청했다. 진혜문왕은 내심 촉을 치고자 했다. 그러나 길이 험하고 좁은 게 마음에 걸렸다. 게다가 배후의 한나라가 틈을 노려 쳐들어올까 염려해 쉽게 결단하지 못했다. 대부 사마조가 속히 촉을 칠 것을 청하자 장의가 반대했다.

"한나라를 치느니만 못합니다."

"그같이 말하는 이유를 듣고 싶소."

장의가 대답했다.

"위나라와 가까이 지내고 초나라와 우호관계를 맺은 뒤 주왕실이 있는 낙양 일대로 출병해 신성新城과 의양宜陽을 치십시오. 천자를 옆에 끼고 제후들을 호령하면 감히 명을 듣지 않는 자가 없을 것입니다. 이것이 바로 왕업王業입니다. 제가 듣건대, '명성을 다투는 자는 조정에 있고, 이익을 다투는 자는 저자에 있다'고 했습니다. 지금 낙양 일대와 주왕실은 바로 천하의 저자와 조정입니다. 이를 다투지 않는 것은 왕업과 배치되는 길입니다."

사마조가 반박했다.

"그렇지 않습니다. 제가 듣건대, '부국을 꾀하는 자는 땅을 넓히는 데 힘쓰고, 강군을 꾀하는 자는 백성을 부유하게 만드는 데 힘쓰고, 왕업을 이루고자 하는 자는 덕을 쌓기에 힘써야 한다'고 했습니다. 지금 군주의 땅은 작고, 백성들은 가난합니다. 그러니 쉬운 일부터 해야 합니다. 촉나라는 서쪽에 치우쳐 있기는 하나 융적의 우두머리로 자리 잡고 있습니다. 지금 그 나라가 크게 혼란합니다. 이때 공격하면 마치 늑대를 시켜 양의 무리를 쫓는 것과 같습니다. 그 땅을 얻으면 땅은 나라를 충분히 넓힐 만하고, 그 재물을 취하면 백성들을 충분히 부유하게 만들 만합니다. 무기를 잘 정비해 전쟁을 하면 백성들을 크게 상하게 만들지 않고도 저들을 복속시킬 수 있습니다. 지금 한나라를 공격해 천자를 겁주면 악명이 따를 뿐만 아니라 반드시 이로운 것만도 아닙니다. 게다가 불의하다는 오명을 얻게 됩니다. 천하의 모든 나라가 바라지 않는 바를 공격하면 위태롭습니다. 아직까지 주나라는 천하의 종실宗室입니다. 또한 제나라와 한나라는 서로 가까운 동맹국입니다. 주왕실과 한나라는 제·조 두 나라를 통해 초·위 두 나라에 화해를 구할 것입니다. 이때 구정九鼎을 초나라에 주고 땅을 위나라에 내어줄 경우 군주는 이를 저지할 수 없을 것입니다. 이것이 제가 위태롭다고 말한 이유입니다. 촉나라를 치는 것으로 끝내느니만 못합니다."

진혜문왕이 사마조의 계책을 좇았다. 10개월 만에 촉 땅을 점령했다. 사천성 일대가 중국의 역사에 처음으로 편입된 계기다. 촉왕을 촉후蜀侯로 깎아내린 뒤 대부 진장陳莊을 촉상蜀相으로 보내 촉후를 견제하게 했다. 촉이 진나라에 복속하자 진나라가 더욱 부강해졌다.

당시 장의와 사마조의 논쟁은 부국강병 방략에 관한 종횡가와 법가의 차이점을 극명하게 보여주고 있다. 법가는 땅을 넓혀 군량을 충분히 확보한 뒤 이를 토대로 군사력을 강화해 천하통일에 나설 것을 주장했다. 이에 반해 종횡가는 장의의 주장처럼 천자를 옆에 끼고 제후들을 호령하는 이른바 '협천자挾天子, 영제후令諸侯'에 초점을 맞췄다. 훗날 삼국시대의 조조가 이를 수행해 막강세력을 자랑하던 원소를 물리치고 하북 일대의 패권을 장악한 바 있다. 장의의 계책도 나름 일리가 있다.

그러나 고금을 막론하고 외교책략은 반드시 강력한 군사력의 지원이 있어야 한다. 그렇지 못하면 도상계획圖上計劃에 그칠 수밖에 없다. 『한비자』와 『상군서』가 외교책략에 치우친 종횡가를 질타한 것도 바로 이 때문이다. 병가의 경우는 법가와 달리 종횡가의 외교책략에 우호적이었다. 법가가 외치보다 내치에 방점을 찍은 것과 달리 병가와 종횡가는 나라와 나라 간의 관계인 외치에 무게중심을 둔 사실과 무관하지 않다. 변화무쌍한 시변時變에 재빨리 적응해 주어진 상황 속에서 가장 유리한 선택지를 찾아내는 데 탁월한 재능을 발휘했다. 춘추시대 당시 싸움을 전문으로 한 무사와 대비되는 문사文士가 바로 종횡가의 주류를 이뤘다. 이들은 춘추시대의 무사와 마찬가지로 신분적으로는 귀족의 최하급에 속했지만 신분세습의 봉건질서가 무너진 시대상황 덕분에 일약 재상의 반열에 오를 수도 있었다. 소진과 장의, 진진陳軫, 범수范雎, 채택蔡澤 등이 대표적인 인물이다.

이들 종횡가들은 능란한 변설로 제후들을 설득할 경우 일거에 재상으로 입신할 수도 있었으나 자칫 말 한마디라도 실수할 경우 목숨을 내놓아야만 하는 위험부담을 안고 있었다. 나아가 아무리 뛰어난 지략을 지녔다 할지라도 군주를 직접 만나 유세하기가 그리 쉬운 일은 아니었다. 이들은 중개인 역할을 해줄 세가勢家에 몸을 의탁하며 기회를 엿보는 방법을 택했다. 이는 세객을 이용해 권력을 탈취 내지 유지하고자 하는 세가의 이해와 맞아떨어졌다.

그러나 유가의 관점에서 볼 때 법가와 종횡가는 별반 차이가 없었다. 맹자가 병가와 종횡가 및 법가를 싸잡아 비판한 이유다. 『맹자』「이루 상」편의 해당 대목이다.

"열국의 제후들이 땅을 빼앗으려고 전쟁을 하여 죽은 병사들의 시체가 들판을 가득 채우고, 성을 빼앗으려고 전쟁을 하여 죽은 사람들의 시체가 성을 가득 채우고 있다. 이는 영토를 빼앗기 위해 사람 고기를 먹은 것이나 다름없다. 그 죄는 사형에 처해도 용서받지 못할 것이다. 전쟁을 업으로 하며 군사에 능한 병가는 극형, 합종연횡을 업으로 하며 외교에 능한 종횡가는 그 다음의 극형, 통치술을 업으로 하며 백성에게 일하면서 싸울 것을 강요하는 법가는 그 다음 다음의 극형에 처해야 한다."

당시 진혜문왕은 당대 최고의 종횡가로 활약한 장의를 신임하면서도 법가인 사마조 또한 크게 총애했다. 진혜문왕은 재위 25년(기원전 313) 장의를 초나라로 보내 초회왕을 설득하게 했다. 제·초 두 나라가 남북으로 합종해 대적할 것을 우려한 결과다. 장의가 초회왕에게 이같이 유세했다.

"대왕이 실로 저의 말을 좇아 제나라와 단교하고 합종의 맹약을 끊는다면 상어商於 땅 6백 리를 바치도록 하겠습니다. 또 진나라 여자를 시켜 대왕의 첩이 되도록 하겠습니다. 그리고 진·초 두 나라가 서로 딸을 시집보내 부인으로 받아들임으로써 영원히 형제지국이 되도록 하겠습니다."

초회왕이 크게 기뻐하며 이에 동의했다. 신하들이 이를 축하했으나 오직 유세객 진진陳軫만이 홀로 상심한 표정을 지었다. 초회왕이 물었다.

"과인이 출병하지 않고도 6백 리의 땅을 얻게 되었는데 어찌하여 상심하는 것이오?"

"그렇지 않습니다. 제가 보건대 상어 땅을 얻을 수도 없지만 앞으로 제·진 두 나라가 연합할 것이니 그리되면 틀림없이 우환이 닥칠 것입니다."

"그 이유를 설명해 줄 수 있겠소?"

진진이 대답했다.

"무릇 진나라가 우리 초나라를 중히 여기는 까닭은 제나라가 있기 때문입니다. 이제 관문을 닫아 제나라와 단교하고 합종의 맹약을 끊어버리면 초나라는 고립되고 말 것입니다. 그리되면 진나라가 어찌 고립된 나라를 어여삐 여겨 상어 땅 6백 리를 주겠습니까? 장의는 진나라로 돌아가는 즉시 틀림없이 대왕을 등질 것입니다. 그리되면 대왕은 북쪽으로는 제나라와 단교하고 서쪽으로는 진나라로 인한 우환을 불러들여 틀림없이 두 나라 군사가 들이닥칠 것입니다. 군주를 위한 계책을 말씀드리면 제나라와 은밀히 교호하면서 겉으로만 단교하느니만 못합니다. 일단 장의에게 사람을 달아 진나라로 보낸 뒤 진나라가 우리에게 땅을 주면 그때 다시 제나라와 단교해도 결코 늦지 않을 것입니다."

초회왕이 목소리를 높였다.

"다시는 그 같은 이야기를 하지 마시오. 일단 과인이 땅을 얻는 것을 지켜보도록 하시오."

그러고는 마침내 초나라 재상의 인장을 장의에게 주고 후하게 상을 내렸다. 또 관문을 닫아 제나라와 단교한 뒤 장군 한 사람을 딸려 보내 장의와 함께 진나라로 들어가게 했다. 장의는 진나라로 돌아가자마자 거짓으로 수레에서 떨어진 뒤 3달 동안 조회에 나오지 않았다. 초회왕이 이 소식을 전해 듣고 이같이 말했다.

"장의는 과인이 제나라와 완전히 단교했다고 생각하는 것이 아닌지도 모르겠다."

그러고는 마침내 용사 송유宋遺를 시켜 북쪽으로 가 제민왕을 욕하게 했다. 제민왕이 이 소식을 듣고 대로했다. 제·진 두 나라가 우호관계를 맺은 이유다. 그러자 마침내 장의가 조회에 나와 초나라 사자에게 이같이 말했다.

"그대는 어찌하여 땅을 받지 않는 것이오? 모처에서 모처까지 6리나 되오."

6백 리 상어 땅이 졸지에 6리로 줄어든 것이다. 초나라의 사자가 곧바로 돌아가 초회왕에게 사실대로 보고했다. 대로한 초회왕이 곧바로 진나라를 치고자 했다. 진진이 간했다.

"진나라를 공격하는 것은 커다란 성읍 하나를 뇌물로 주느니만 못합니다. 그러고는 진나라와 힘을 합쳐 제나라를 치십시오. 이는 진나라에 잃은 땅을 제나라에서 보상받는 것입니다. 지금 대왕은 이미 제나라와 단교했습니다. 진나라에 속임수를 쓴 책임을 묻는다면 이는 제·진 두 나라를 서로 결속시켜 줄 뿐입니다. 그리되면 천하의 군사가 몰려오게 되어 우리 초나라가 반드시 크게 상할 것입니다."

초회왕이 이를 듣지 않았다. 대부 굴개屈匄에게 명해 군사를 이끌고 가 진나라를 치게 했다. 진나라가 군정대신인 서장庶長으로 있던 공자

장章을 시켜 이들을 영격케 했다.

이듬해인 진혜문왕 26년(기원전 312) 봄, 진나라와 초나라 군사가 지금의 섬서성과 하남성 사이를 흐르는 단강丹江 서북쪽 지역인 단양丹陽에서 접전했다. 초나라 군사가 대패했다. 병사 8만 명이 참수를 당하고 굴개를 포함해 70여 명의 장신將臣이 포로로 잡혔다. 진나라가 여세를 몰아 지금의 섬서성 한중시 일대를 손에 넣었다. 초회왕이 전군을 동원해 다시 쳐들어가 지금의 호북성 종상현 서북쪽인 남전藍田 일대에서 교전했으나 또다시 대패하고 말았다. 한·위 두 나라는 초나라가 곤경에 처하게 되었다는 말을 듣고 초나라를 습격해 지금의 하남성 언성현 동남쪽인 등鄧 땅에 이르렀다. 초나라 군사들이 대경실색했다. 초나라가 두 개의 성읍을 진나라에 할양하면서 강화를 청했다.

이듬해인 진혜문왕 27년(기원전 311) 진혜문왕이 사람을 초회왕에게 보내 섬서성 상락현 서남쪽 단강의 북안에 있는 무관武關 밖의 땅과 지금의 호남성 상덕시인 초나라의 검중黔仲을 바꾸자고 제안했다. 장의에게 원한을 품은 초회왕이 이같이 회답했다.

"땅 교환을 원치 않소. 원컨대 장의를 우리 초나라로 보내주시오. 그러면 검중의 땅을 바치겠소."

장의가 이 말을 듣고 초나라 행을 자청했다. 진혜문왕이 물었다.

"초나라가 그대를 잡아들여야만 만족할 터인데 어찌하여 굳이 그곳으로 가려는 것이오?"

장의가 대답했다.

"진나라는 강한데 초나라는 약하고, 게다가 대왕이 있는데 초나라가 감히 저를 어찌하겠습니까? 또한 저는 초왕의 총신 근상靳尙과 잘

사귀어 두었습니다. 근상은 초왕의 총희 정수鄭袖를 잘 섬기고 있습니다. 초왕은 정수의 말이라면 들어주지 않는 것이 없습니다."

마침내 장의가 초나라로 가자 초회왕이 대뜸 그를 잡아 가둔 뒤 죽이려 했다. 근상이 정수를 찾아가 말했다.

"진왕이 장의를 심히 아낀 나머지 장차 상용上庸의 6개 현과 미녀를 바치고 장의를 귀국시키려 합니다. 우리 초왕은 이들 땅을 중시하는 것은 물론 진나라의 의사도 존중하고 있습니다. 진나라가 바치는 미녀는 반드시 총애를 받을 것이니 부인은 속히 손을 써 미리 막기 바랍니다."

정수가 초회왕 앞에서 밤낮으로 울면서 하소연했다.

"신하가 된 자는 각자 그 주군을 위해 헌신할 뿐입니다. 지금 장의를 죽이면 진나라가 반드시 대로할 것입니다. 청컨대 저희 모자가 강남으로 옮겨가 진나라의 어육魚肉이 되지 않도록 해주십시오."

초회왕이 마침내 장의를 사면하고는 후대했다. 장의가 초회왕에게 유세했다.

"무릇 합종의 맹약을 맺는 것은 양떼를 몰아 맹호를 공격하는 것과 다름이 없습니다. 진나라에 저항할 수 없다는 사실은 명백합니다. 지금 군주가 진나라를 섬기지 않아 진나라가 한나라를 협박하고 위나라를 윽박질러 초나라를 치게 하면 초나라는 위험에 처하게 될 것입니다. 진나라는 서쪽으로 파촉을 소유하고 있고, 거기에서 선박을 대량 건조해 군량을 가득 채워놓고 있습니다. 민강泯江에서 배를 띄워 동쪽으로 내려오면 하루에 5백여 리를 달리게 되고, 10일이 채 안 돼 한관扞關에 이르게 됩니다. 한관이 놀라면 한관 이동의 초나라 전역이 모두 성을 굳게 지키고 경계태세에 들어가야 합니다. 그리되면 검중黔中

과 무군巫郡은 군주의 소유가 아닐 것입니다. 진나라가 갑사를 선발해 무관武關 밖으로 내보내면 초나라 북쪽 땅으로 가는 길이 끊어지고 맙니다. 진나라 군사가 초나라를 치면 위기국면은 3달 안에 나타나게 됩니다. 그러나 초나라가 제후국들의 구원을 기다리게 되면 반년 이상의 시간이 소요됩니다. 대왕이 저의 건의를 받아들이면 제가 진·초 두 나라로 하여금 영원히 형제지국이 되어 서로 공격치 않도록 만들겠습니다."

초회왕은 이미 장의를 손에 넣어 마음이 흡족한 데다 검중 땅을 아낀 나머지 이를 좇았다. 공교롭게도 장의가 보고 차 귀국하는 와중에 함양에 미처 당도하기도 전에 진혜문왕이 죽었다. 태자 탕蕩이 뒤를 이어 진무왕秦武王으로 즉위했다.

진무왕은 태자 때부터 장의를 좋아하지 않았다. 그가 즉위하자마자 군신들 대부분이 장의를 중상하며 그의 단점을 비난했다. 제후들 역시 장의와 진무왕 사이에 틈이 벌어졌다는 말을 듣고 모두 장의의 연횡책을 버리고 다시 합종책을 추구했다.

이듬해인 진무왕 원년(기원전 310) 장의가 진무왕에게 유세했다.

"대왕을 위해 계책을 세운다면 동쪽 나라에 변란이 있어야만 대왕은 많은 토지를 얻을 수 있습니다. 제가 듣건대, 제나라 왕이 저를 무척 미워한다고 합니다. 제나라는 틀림없이 제가 있는 곳을 칠 것입니다. 원컨대 불초한 이 몸을 위나라에 사신으로 보내십시오. 제나라는 반드시 위나라를 칠 것입니다. 제·위 두 나라가 일단 싸우게 되면 철병하기가 쉽지 않을 것입니다. 대왕은 그 사이에 한나라를 치고 낙양 일대로 들어간 뒤 천자를 끼고 지도와 호적을 살피십시오. 이것이 왕업을 이루는 길입니다."

진무왕이 이를 허락했다. 장의가 위나라로 가자 과연 제나라가 위나라를 쳤다. 위애왕이 크게 두려워하자 장의가 위로했다.

"너무 심려하지 마십시오. 제나라로 하여금 곧 철병하도록 하겠습니다."

장의가 곧 사인舍人을 초나라로 보냈다. 초나라 사자를 이용해 제민왕齊湣王을 설득하려는 속셈이었다. 장의의 사주를 받은 초나라 사자가 제민왕에게 말했다.

"군주가 진나라로 하여금 장의를 더욱 떠받들며 신뢰하도록 만드는 행위가 지나칩니다."

"그것은 무슨 연고요?"

초나라 사자가 대답했다.

"장의가 진나라를 떠나 위나라로 간 것은 본래 진왕과 짜고 한 것입니다. 제·위 두 나라가 서로 싸우는 틈을 타 진나라로 하여금 낙양 일대의 한나라 땅을 취하게 만들려는 것입니다. 지금 대왕이 과연 위나라를 치면 이는 안으로는 나라를 피로하게 만들고 밖으로는 동맹국을 치는 셈이 됩니다. 그러니 진나라 왕에게 장의를 더욱 믿도록 만드는 것이 아니겠습니까?"

제민왕이 이내 군사를 이끌고 귀국했다. 이듬해인 진무왕 2년(기원전 309) 진나라가 사상 처음으로 승상丞相제도를 두었다. 진혜문왕의 이복동생 저리질樗里疾이 우승상, 감무甘茂가 좌승상이 되었다. '저리'는 봉읍의 명칭이다. 『사기』「위세가」는 이해에 장의가 죽었다고 기록해 놓았다. 『자치통감』도 이를 좇아 "위나라 재상이 된 지 1년 뒤에 죽었다"고 했다. 병사했을 공산이 크다.

『자치통감』은 장의가 병사하기 8년 전인 진혜문왕 21년(기원전 317)

에 제나라 대부들이 제민왕의 총애를 놓고 소진과 다투다가 자객을 시켜 소진을 찔러 죽였다고 기록해 놓았다. 이 또한 「소진열전」과 『전국책』 기록을 그대로 좇은 것으로 역사적 사실과 동떨어져 있다. 소진은 통설을 좇아 장의가 죽은 지 1년 뒤인 연소왕 4년(기원전 308) 연나라의 재상이 된 것으로 보는 게 타당하다.

소진의 사적과 종횡술

『사기』 「소진열전」은 소진의 출생과 생장배경 등에 관해 아무런 기록도 남기지 않았다. 다만 장의와 함께 귀곡자 밑에서 학업을 마친 후 노자를 마련해 유세를 다녔으나 이내 실패해 형제와 처첩 등의 웃음거리가 되었다고 기록해 놓았다. 해당 대목이다.

"우리 주나라 사람들의 풍속을 말하면 생업에 뛰어들 경우 주로 상공업에 종사하며 10분의 2의 이익을 남기는 데 애쓴다. 지금 당신은 본업인 상공업을 팽개친 채 구설口舌의 업무에 애쓰는 까닭에 이처럼 곤궁한 것이다. 이 또한 당연한 일이 아니겠는가!"

주목할 것은 본업을 농업이 아닌 상공업으로 언급한 점이다. 주나라는 비록 농토도 거의 없고 명목상으로만 존재했으나 주왕실이 있는 낙양 인근은 천하의 물산이 모이는 상공업의 중심지였다. 농사 대신 상공업을 본업으로 언급한 이유다. 본업인 상공업을 팽개치고 종횡술을 이용해 출세의 길을 달리고자 한 소진을 좋게 평했을 리 없다. 『전국책』 「진책」은 당시 상황을 비교적 소상히 묘사해 놓았다.

이에 따르면 소진은 진혜문왕을 설득하기 위해 서신을 10통이나 올렸으나 채택되지 않자 크게 실망했다. 그 사이 입고 있던 갖옷은 온통 해지고 1백 근의 황금도 모두 비용으로 없어졌다. 생활비를 댈 길이 없게 되자 이내 고향인 낙양으로 돌아가게 되었다. 각반을 친 채 짚신을 신고, 등에 책 꾸러미를 이고 어깨에 짐을 멘 형용이 앙상할 정도로 수척하기 그지없었다. 게다가 얼굴은 까맣게 그을려 부끄러운 기색이 완연했다. 그러나 누구 하나 그를 반기지 않았다. 집안 식구들은 거지가 되어 돌아온 소진을 홀대했다. 형수가 빈정거렸다.

"집까지 팔아먹고 가더니 결국 거지꼴이 되어 돌아온 것이오?"

소진의 아내 역시 남편이 돌아왔는데도 베틀에 앉아 베만 짤 뿐 내다보지도 않았다. 소진은 배가 고파 형수에게 간청했다.

"몹시 시장하니 밥 좀 지어주시오."

형수가 퉁명스럽게 내뱉었다.

"땔나무가 없어 밥을 못 짓겠네."

소진은 눈물을 흘리며 탄식했다.

"내가 가난하고 천하니 아내도 남편을 남편으로 섬기지 않고, 형수도 시동생을 시동생으로 대하지 않고, 어머니도 자식을 자식으로 보지 않는다. 이 모든 것이 진나라 때문이 아닌가!"

이날 저녁 책을 찾기 위해 10개의 책 상자를 모두 뒤적인 끝에 마침내 태공망 여상이 지은 병서 『음부陰符』를 찾아냈다. 이 책은 사물의 조짐과 사람의 속마음을 췌마揣摩해 군주를 설득하는 비술을 담고 있었다. 소진은 이 책의 내용을 숙지할 때까지 읽고 또 읽었다. 소진이 스스로 이같이 다짐했다.

"제후들을 설득해 금옥金玉과 비단을 내놓게 하지도 못하면서 어찌 경상卿相의 높은 자리를 얻어낼 수 있단 말인가!"

1년의 세월이 지나자 소진은 드디어 췌마술의 묘리를 깨우쳤다. 소진이 크게 기뻐하며 이같이 외쳤다.

"이제 그 어떤 군주도 능히 설득할 수 있다!"

그러고는 이내 노자를 마련해 다시 천하유세의 길을 떠났다. 이상이 「진책」의 내용이다. 소진 역시 장의와 마찬가지로 유세에 성공하기 전까지 많은 어려움을 겪었을 것이다. 이 대목은 역사적 사실에 가까운 것으로 보는 게 옳다.

『자치통감』은 주현왕 36년(기원전 333)에 소진이 진혜문왕에게 유세했으나 받아들여지지 않자 연나라로 가 유세에 성공한 데 이어 조나라까지 설득해 합종책을 본격 구사한 것으로 기록해 놓았다. 「소진열전」과 『전국책』의 기록을 좇은 것이다. 그러나 『전국종횡가서』의 기록을 좇을 경우 이는 믿을 바가 못 된다. 다만 소진이 나름 열국을 주유하며 유세행각을 벌인 끝에 마침내 연나라와 조나라를 설득한 것만은 확실하다. 『자치통감』은 소진의 연나라 유세 내용을 이같이 요약해 실어놓았다.

"연나라가 침공을 받지 않고 군사 소요가 없는 까닭은 조나라가 연나라의 남쪽을 병풍처럼 가려주고 있기 때문입니다. 게다가 진나라가 연나라를 친다 해도 싸움은 1천 리 밖에서 이뤄질 것입니다. 그러나 조나라가 연나라를 치면 싸움은 불과 1백 리 내에서 이뤄질 것입니다. 1백 리 내의 일을 근심하지 않고 1천 리 밖의 일을 더 중시하니 잘못된 계책으로 이보다 더한 것은 없을 것입니다. 원컨대 군주는 조나라와 가까이 지내기 바랍니다. 천하가 하나가 될지라도 연나라는 반드시 아무런 우환이 없을 것입니다."

연나라 군주가 이를 받아들여 소진에게 거마를 대주었다. 이에 소진이 조나라로 가 이같이 유세했다.

"지금 산동에서 조나라보다 강한 나라가 없습니다. 진나라가 가장 꺼리는 나라로 조나라만한 나라가 없습니다. 그럼에도 진나라가 감히 군사를 일으켜 조나라를 치지 못하는 것은 한·위 두 나라가 혹여 자신들의 배후를 칠까 두려워하기 때문입니다. 진나라가 한나라와 위나라를 공격하면 그곳에는 명산대천의 험조險阻가 없어 조금씩 잠식하다가 끝내 도성에 이르러서야 그칠 것입니다. 한·위 두 나라가 진나라를 막지 못하면 반드시 진나라에 신복臣服할 것입니다. 진나라가 한·위 두 나라에 대한 우환이 없게 되면 화란은 곧 조나라에 떨어지고 말 것입니다. 제가 천하의 지도를 놓고 살펴보니 제후들의 영토는 진나라의 5배, 군사는 10배나 될 듯싶습니다. 6국이 하나로 합종하여 서쪽으로 나아가 진나라를 치면 진나라는 반드시 깨지고 말 것입니다. 무릇 연횡을 주장하는 자들은 모두 제후들의 땅을 베어 진나라에 바치려는 것입니다. 진나라가 목표를 달성해 부강해지면 열국 모두 진나라의 침략 위협에 시달릴 뿐이고, 진나라는 제후국들과 근심을 함께 나누지 않을 것입니다. 연횡을 주장하는 자들은 밤낮으로 진나라를 앞세워 제후들을 위협하며 땅을 베어 바칠 것을 요구할 것입니다. 원컨대 군주는 이를 숙계熟計하기 바랍니다. 제가 사적으로 대왕을 위해 계책을 세운다면 3진과 초, 연, 제 6국이 남북으로 결속해 진나라에 대적하느니만 못합니다. 천하의 장상將相들에게 명하여 원수洹水가에서 회동한 뒤 서로 인질을 교환하여 결맹케 하십시오. 맹약에 쓰기를, '진나라가 어느 한 나라를 공격하면 나머지 다섯 나라가 각기 정예군을 내어 진나라를 소란케 만들거나 공격받은 나라를 구원한다. 만일 이 맹약을 이행하지 않는 나라가 있으면 나머지 다섯 나라가 이를 공벌共伐한다'고 하십시오. 제후들이 남북으로 결속해 진나라를 치면 진나라 군사는 감히 함곡관을 빠져나와 산동을 해치지 못할 것입니다."

시기에 약간 문제가 있기는 하나 대략 이런 식으로 유세했을 것이다. 『전국종횡가서』에 따르면 소진은 기본적으로 장의가 병사하기 직전에 즉위한 연소왕燕昭王 때 활약한 인물이다. 그는 연소왕이 널리 인재를 구한다는 소문을 듣고 연나라로 가 중용됐다. 이후 연소왕의 밀명을 받고 제나라로 들어갔다. 제민왕 12년(기원전 289) 소진이 제나라의 상국에 임명됐다. 이때 진나라 승상 위염魏冉이 제나라와 맹약을 맺고 각기 동제東帝와 서제西帝를 칭하면서 조나라를 멸한 뒤 그 땅을 반분하고자 했다. 소진이 제민왕에게 조나라를 멸하는 것보다는 송나라를 멸하는 게 낫다며 진나라의 제의를 거절하라고 권했다. 제민왕이 이를 좇았다.

제민왕 14년(기원전 287) 소진이 조나라의 봉양군奉陽君 이태李兌와 협력해 5국의 군사를 일으킴으로써 진나라가 빼앗은 땅을 조나라에 돌려주게 만들었다. 조혜문왕이 크게 감격해 소진을 무안군武安君에 봉했다. 이듬해인 제민왕 15년(기원전 286) 제나라가 송나라를 멸한 뒤 제나라에 편입시켰다. 제민왕 17년(기원전 284) 연나라 장수 악의가 제나라를 공격하자 소진은 연나라를 위해 활동한 사실이 적발돼 이내 거열형에 처해졌다. 『전국책』「조책」에 소진이 죽기 직전 조혜문왕에게 올린 서신 내용이 실려 있다. 『전국종횡가서』 제21편에 나오는 「소진헌서조왕장蘇秦獻書趙王章」 내용과 거의 동일하다. 해당 내용이다.

"신이 듣건대, '옛 현군은 그 덕행이 전국에 시행된 것도 아니고, 교훈과 자애심이 백성에게 두루 미친 것도 아니고, 신령에 대한 제사와 시절에 따른 공향이 신령의 강림에 맞춘 것도 아니었습니다. 그런데도 감로甘露가 내리고 시우時雨가 내려 해마다 곡식이 잘 익어 농부들이 매우 풍성하게 되었습니다. 사람들이 모두 기뻐했으나 현군은 오히려 덕을 베풀지도 못했는데 복을 누리게 되었다며 두려워했다'고 들었습니다. 지금 대왕은 진나라에 대해 큰 노력을 기울인 것도 아니고, 큰 공을 세워준 것도 아닙니다. 또한 제나라는 대왕에 대해 큰 원한과 증오를 품은 것도 아닙니다. 그런데 신이 밖에서 듣건대 군신들 모두 논의하면서 말하기를, '조왕은 전부터 진나라가 조나라를 좋아하고 제나라를 증오하는 것으로 여기고 있다'라고 했습니다. 신이 실정에 비춰 판단하건대 진나라가 어찌 조나라를 사랑하고 제나라를 미워할 리 있겠습니까? 진나라는 본래 한나라를 멸망시키고 주왕실을 병탄하려는 생각을 갖고 있습니다. 그래서 제나라를 미끼로 삼고 있을 뿐입니다. 이에 우선 이런 소문을 천하에 퍼뜨려 이웃 나라들이 이 얘기를 듣고 방심하기를 바란 것입니다. 진나라는 자신들의 계책이 실패할까 두려워한 나머지 마치 제나라를 치는 것처럼 거짓으로 군사를 출동해 조·위 두 나라로 하여금 이를 눈으로 확인하게 한 것입니다.

또한 천하의 제후들이 제나라 공벌 소식에 경악하며 혹여 진나라의 속셈을 눈치챌까 두려워한 나머지 한나라에서 병사를 징발해 한나라를 병탄할 생각이 없는 양 가장함으로써 제후들을 어리둥절하게 만든 것입니다. 나아가 천하의 제후들에게 의심받지 않기 위해 제후들에게 인질을 보내 신의를 중시하는 양 가장하고 있습니다. 이는 겉으로는 동맹국에게 덕을 베푸는 것처럼 가장하면서 속으로는 고립무원의 한나라를 쳐 병탄하려는 것입니다. 신은 일찍이 진나라의 의도를 읽고 이들의 계책이 틀림없이 방금 언급한 것같이 전개될 것으로 짐작했습니다.

무릇 세객들의 계책은 모두 한나라가 삼천三川 일대를 잃고 위나라가 안읍安邑 일대를 함락시키면 한나라가 곤경에 처하기 전에 화가 조나라에 미칠 것으로 간주하고 있습니다. 그러나 일에는 그 형세가 다르면서도 똑같은 우환을 겪을 경우도 있고, 형세가 똑같은데도 겪는 우환은 전혀 다를 수 있습니다. 지난날 초나라가 오랫동안 진나라 등으로부터 공격을 당하자 조나라가 이 틈을 노려 중산을 멸망시켰습니다. 지금 연나라가 제나라의 하남을 탈취하면 사구沙丘에서 거록鉅鹿의 국경까지는 겨우 3백 리에 불과합니다. 조나라의 한관扞關에서 유중楡中까지는 1,500리입니다. 진나라가 한·위 두 나라 사이에 있는 상당上黨을 탈취하면 국경이 서로 접하게 되어 국경선이 7백 리에 이르게 됩니다. 진나라가 3군을 동원해 양장羊腸에 포진하면 조나라 도읍 한단까지는 120리에 불과하게 됩니다.

또한 진나라가 3군으로 대왕의 상당을 치고 그 북쪽을 위협하면 구주산句注山 이서는 대왕의 소유가 될 수 없습니다. 나아가 진나라가 구주산에 진주하고 상산常山을 장악한 뒤 지키면 3백 리에 걸쳐 연나라의 당唐과 곡오曲吾 땅과 통하게 됩니다. 그리되면 대代 땅의 말과 호胡 땅의 개는 동쪽으로 오지 못하고 곤륜산의 미옥美玉도 더 이상 나오지 않게 됩니다. 3가지 보물 모두 대왕 소유가 될 수 없는 것입니다. 지금 강한 진나라를 좇아 함께 제나라를 치면 신은 화난이 여기서 시작되지 않을까 우려됩니다.

지난날 5국의 왕들은 일찍이 동서로 연합해 조나라를 쳐 무너뜨린 뒤 조나라의 땅을 3분하기로 맹약하고 이를 큰 대접에 새기고 제사 때 사용되는 기록문에 명기했습니다. 5국 군사의 출병이 며칠 남지 않았을 때 갑자기 제나라가 맹약을 깨고 군사를 서쪽으로 보내 진나라를 공격했습니다. 이에 진나라를 대파하고는 진나라에 명하여 온溫과 지軹, 고평高平 땅을 위나라에 반환하고 왕공王公과 선유先兪 땅을 조나라에 반환케 한 적이 있습니다. 이는 대왕도 잘 알고 있을 것입니다.

본래 제나라는 조나라를 섬기는 것을 마땅히 최상의 외교책으로 삼아야 했습니다. 그런데 지금 도리어 문책을 받고 공격을 받는 처지가 되었습니다. 신은 앞으로 대왕을 섬기는 제후들이 자신감을 갖지 못하고 머뭇거리지 않을까 염려됩니다. 지금 대왕이 제나라를 끌어들이면 천하의 제후들은 필시 대왕을 유덕하다고 여길 것입니다. 제나라가 사직을 들어 대왕을 섬기면 천하의 제후들은 필시 대왕을 존중할 것입니다. 그러니 진나라가 의로우면 대왕은 천하 제후들과 함께 나아가면 되고, 진나라가 포악하면 대왕은 곧 천하 제후들을 거둬들이면 됩니다. 그리하면 천하의 명운이 장차 대왕의 손에 달려 있게 됩니다. 신은 원컨대 대왕이 군신들과 더불어 거듭 계책을 논의하면서 일을 행하기 전에 깊이 생각해 계책을 마련하기 바랍니다."

『전국종횡가서』의 기록을 토대로 연대를 추정한 결과 소진은 연소왕 28년(기원전 284)까지 활약한 것으로 되어 있다. 「소진열전」은 제나라의 대부들이 소진과 더불어 제민왕의 총애를 다투다가 이내 자객을 보내 척살을 시도했고, 소진이 간신히 목숨을 구한 후 죽기 직전 제민왕에게 이같이 건의한 것으로 기록해 놓았다.

"신은 이제 곧 죽게 됩니다. 부디 신을 거열형에 처한 뒤 저자에 내걸도록 하십시오. 그러고는 '소진은 연나라를 위해 작란作亂을 꾀한 자이다'라고 말하십시오. 이같이 하면 반드시 신을 척살코자 한 자를 찾아낼 수 있을 것입니다."

전국시대 초기 오기가 죽기 직전 초도왕의 시신 옆에 몸을 숨김으로써 자신에게 화살을 날린 자들을 일거에 제거한 일화를 방불한다. 항간의 얘기를 그대로 옮겨놓은 것으로 짐작된다. 「소진열전」은 소진 사후 간첩행위 사실이 드러났고, 제민왕이 연나라에 원한을 품자 이를 두려워한 연소왕이 소진의 동생 소대蘇代와 소려蘇厲의 계책을 좇아 열국과 함께 제나라를 친 것으로 기록해 놓았다. 이는 앞뒤가 뒤바뀐 것이다. 다만 연소왕이 소진 사후 소대와 소려를 총애하며 그들의 계책을 사용한 것은 역사적 사실에 부합한다. 훗날 유향은 『전국책』을 새롭게 편제하면서 소진을 이같이 평해놓았다.

"소진이 크게 활약하자 산동의 제후들이 모두 바람을 좇아가듯 그를 추종하면서 조나라를 크게 받들었다. 원래 소진은 토굴 같은 뒷골목에 있는 뽕나무 지게문에 나무로 만든 돌쩌귀로 된 집안 출신의 초라한 선비에 불과했다. 그러나 훗날 크게 성공하여 호화로운 수레에 고삐를 잡히고 천하를 마음대로 역방歷訪하며 제후들에게 유세하게 되자 간단히 열국 군신들의 입을 틀어막을 수 있었다."

소진에 대한 극찬이다. 사실 『전국책』에 실려 있는 내용 중 상당 부분이 모두 소진의 활약에 관한 것이다. 이는 유향이 소진을 매우 긍정적으로 평가한 사실과 무관치 않았을 것이다. 사마천은 『사기』 「소진열전」에서 소진 삼형제를 이같이 평해놓았다.

"소진 삼형제 모두 제후들에게 유세하여 이름을 빛냈다. 그들의 학설은 권모와 변설에 뛰어났다. 소진이 제나라에서 반간反間의 죄목으로 죽임을 당한 후 천하 사람들 모두 그를 비웃은 까닭에 사람들은 이들의 학설을 내놓고 익힐 수 없었다. 세상에 퍼진 소진의 사적에는 이설이 매우 많다. 시대를 달리하는 사적이라도 모두 소진에게 끌어다 붙였기 때문이다. 소진이 평민의 신분에서 입신하여 6국을 연결시켜 합종을 맺게 한 것은 그의 재지才智가 일반 사람을 훨씬 뛰어넘는다는 것을 말해준다. 내가 그의 행적을 시간대별로 차례로 나열한 것은 그가 악평만 받는 것을 막으려는 취지이다."

나름 소진을 높게 평가했음에도 사마천이 활동할 당시 소진에 관한 악평이 주류를 이뤘음을 짐작할 수 있다. 사실 종횡가에 대한 이러한 부정적인 견해는 이후 더욱 강화되는 경향을 보였다. 특히 성리학이 생긴 이후에는 더욱 그러했다. 그러나 난세에 대한 정확한 이해는 종횡가에 대한 이해 없이는 불가능한 일이다. 국가총력전 양상으로 전개되는 21세기 경제전쟁 시대에는 더욱 그러하다. 일각에서는 합종책으로 전국시대를 풍미했던 소진의 유세술을 크게 7단계로 정리하고 있다. 21세기의 경제전쟁 시대에 그대로 적용할 만하다.

첫째, 열지이예說之以譽이다. 이는 『귀곡자』 「비겸」에서 말하는 것처럼 먼저 상대방을 칭찬하여 기분을 띄워주는 것을 말한다. 소진의 유세 내용을 보면 '나라의 강성함과 대왕의 현명함'이라는 말이 상투어처럼 거론된다. 예외가 없다. 유세할 때는 반드시 상대방을 띄워준 뒤 말문을 열어야 한다.

둘째, 협지이해脅之以害이다. 이는 '열지이예'와 정반대되는 것이다. 『귀곡자』 「오합」에서 말한 것처럼 이익으로 유혹한 뒤 자신의 충고를 좇지 않을 경우 어떤 해가 미칠 것인지를 언급하며 은근히 협박하는 것을 말한다. "대왕이 진을 섬기면 진은 반드시 의양과 성고를 요구할 것입니다. 금년에 그것을 떼어주면 내년에 또 다른 땅을 요구할 것입니다. 떼어줄 땅이 더 없는데도 진은 계속 요구할 것입니다. 그러다

줄 것이 없게 되면 진은 쳐들어올 것입니다. 진나라를 섬겨 땅을 떼어 주어도 기다리는 것은 파멸 밖에 없습니다"고 언급한 게 그렇다.

셋째, 시지이성示之以誠이다. 이는 『귀곡자』「벽합」에서 상황에 따라 자신의 마음을 열어 정성을 보여주어 상대가 속마음을 털어놓도록 만드는 계책이다. 소진은 유세할 때 단락이 끝날 때마다 '대왕을 위해 애석하게 생각한다', '대왕을 위해 부끄럽게 생각한다', '대왕을 좀 더 일찍 만나지 못한 것이 후회스럽다'는 등의 표현을 구사했다. 상대는 이런 얘기를 들으면 자신을 위해 정성을 다한다는 느낌을 받게 된다.

넷째, 명지이세明之以勢이다. 이는 『귀곡자』「양권」이 언급한 것처럼 천하 대세를 명확히 파악한 뒤 유세함으로써 유세를 주효하게 만드는 계책이다. 지세와 군사력의 현황을 구체적으로 분석한 뒤 시의에 부합하는 건의를 할 때 효과적이다. 소진은 초나라에서 유세할 때 "진나라에 대해 초나라만큼 위협적인 나라는 없다. 초가 강해지면 진은 약해지고, 진이 강해지면 초가 약해진다. 두 세력은 절대 양립할 수 없다"는 식으로 언급했다. 이것이 정확한 정세분석에 기초한 것임은 말할 것도 없다. 초나라가 합종책에 동의한 배경이다. 상대방이 스스로를 과대평가할 때 정신을 차리게 만드는 효과가 있다.

다섯째, 유지이리誘之以利이다. 이는 『귀곡자』「마의」에서 언급했듯이 상대를 이익으로 유혹하는 계책이다. 소진은 합종에 동의할 경우 구체적으로 어떤 이익이 뒤따를 것인지를 은근히 암시하는 수법을 구사했다. 『사기』와 『전국책』의 기록에 따르면 그는 조나라 군주가 목욕을 즐기며 휴양하는 것을 좋아하자 열국의 휴양지 시설을 언급하며 은근히 부추겼다. 초나라 군주가 음악과 여자를 좋아한다는 것을 알고 각 나라의 뛰어난 음악과 미인들을 거론하며 침을 삼키게 만들었다.

여섯째, 격지이언激之以言이다. 이는 『귀곡자』 「췌정」이 강조하듯이 자존심을 건드려 격동시키는 계책이다. 병법의 격장지계激將之計와 닮았다. 소진은 한나라에서 유세할 때 "이제 대왕이 서면하여 진나라를 섬기니 바로 쇠꼬리가 된 것이 아니고 무엇입니까"라고 말했다. 이렇게 말로 한나라 군주를 분격시켰다. 한나라 군주는 칼을 뽑아가며 진나라를 더 이상 섬길 수 없다고 고함쳤다.

일곱째, 결지이력決之以力이다. 이는 『귀곡자』 「결물」에서 역설했듯이 상대가 우물쭈물하며 결단하지 못할 때 강하게 밀어붙여 결단하게 만드는 계책이다. 대개 일이 마무리될 즈음 방심하거나 긴장을 풀어버려 그간의 노력이 허사가 되는 경우가 많다. 결심을 확고히 하지 못한 탓이다. 소진은 마지막 순간까지 상대가 결단하지 못하고 망설이는 눈치를 보이면 그 속셈을 읽고 거듭 설득해 자신의 뜻을 관철시켰다.

소진이 보여준 일련의 행보가 『귀곡자』에 나오는 책략 및 유세술과 서로 긴밀히 통하고 있음을 알 수 있다. 일각에서 『전국종횡가서』를 두고 소진의 유저인 『소자』의 일부일 것으로 추론한 것도 전혀 근거 없는 것은 아니다. 『사기』 「소진열전」과 『전국책』에 수록된 그의 유세 행보가 그만큼 뛰어났다. 21세기 경제전쟁에 그대로 써먹을 만하다. 『귀곡자』의 총론에 해당하는 「벽합」의 다음 구절에 21세기 경제전쟁 시대를 살아나가는 요체가 담겨 있다.

"성인은 사람을 관찰할 때 상대의 장단점과 허실을 살펴 판단하고, 상대의 기호와 욕망에 근거해 그 의지와 의도를 읽는다. 또 상대의 말과 반대되는 측면에서 그 허점을 찾아낸 뒤 짐짓 자신이 알고 있는 것에 기초해 반문하는 방법으로 실정을 파악함으로써 상대의 속셈을 읽는다. 먼저 마음을 닫아걸었다가 이후 여는 식으로 상대가 말하는 바의 이로운 점이 무엇인지 알아내는 것이다. 이는 상황에 따라 마음을 열고 자신의 입장을 분명히 보여주는가 하면 때론 마음을 닫아걸고 속내를 드러내지 않아야만 가능하다."

「소진열전」에서 주목할 것은 사마천이 "세상에 퍼진 소진의 사적에는 이설이 매우 많다. 시대를 달리하는 사적이라도 모두 소진에게 끌어다 붙였기 때문이다"라고 언급한 대목이다. 해당 자료의 진위에 대한 판단을 유보한 채 항간에 나도는 얘기까지 모두 그러모아 「소진열전」을 편제했음을 보여준다. 일각에서는 이를 토대로 『전국종횡가서』 역시 여러 이설 가운데 하나에 불과하며 「소진열전」의 기록이 오히려 역사적 사실에 가깝다는 주장을 펴는 사람이 있다.

그러나 소진이 재상을 역임한 곳은 연나라가 아닌 제나라였다. 제민왕이 연소왕의 밀명을 받은 그의 거짓 망명을 사실로 믿은 결과다. 진혜문왕이 죽기 직전에 보위에 오른 제민왕 때 활약한 소진이 진혜문왕이 죽은 지 2년 뒤에 죽은 장의를 만날 일이 없었다. 소진이 합종책을 성사시켜 6국의 재상이 되었고, 이로 인해 진나라가 15년 동안 함곡관 밖으로 나올 생각을 하지 못했다는 그간의 통설은 대대적인 수정을 요한다.

제2편 반응 |反應| 나를 알고 상대를 알라

「반응」은 일반적인 의미의 반응을 뜻하는 게 아니다. 통상적인 흐름을 뒤집어서 상대가 반응하는 내용을 토대로 상대의 속셈을 읽는 계책을 말한다. 대화 밖의 얘기를 들을 줄 아는 반청反聽과 말없이 말하는 반사反辭 등이 구사되는 이유다. 주목할 것은 「반응」이 지기知己와 지피知彼를 같은 비중으로 취급한 『손자병법』과 달리 '지기'가 '지피'보다 앞서야 한다고 역설하고 있는 점이다. '지기'를 토대로 '지피'를 행하는 것이 정응正應, '지피' 위에 '지기'를 가미하는 것이 반응反應이다. 「반응」은 병법에서 적의 허를 찌르는 출기불의出其不意를 역설한 것과 취지를 같이한다. 이에 성공하기 위해서는 상대가 겉과 속을 다르게 표현하는 허허실실을 정확히 읽을 줄 알아야 한다. 병법에서 말하는 성동격서聲東擊西와 닮은 이유다. 상대의 시선을 딴 곳으로 돌린 뒤 은밀히 그물을 치고 상대가 그물에 걸려들기를 기다리는 점 등이 그렇다.

2-1

古之大化者, 乃與無形俱生. 反以觀往, 覆以驗今. 反以知古, 覆以知今. 反以知彼, 覆以知己. 動靜虛實之理, 不合於今, 反古而求之. 事有反而得覆者, 聖人之意也, 不可不察.

옛날 만물을 화육化育하는 이른바 대화大化를 이룬 성인은 모두 무형의 도를 갖추고 있었다. 그들은 되돌아가 지난 일을 살필 줄 알았고, 되돌아와 다가올 일을 증험해낼 수 있었다. 성인이 되돌아가 과거를 알고, 되돌아와 현재를 알게 된 배경이다. 되돌아가는 반反을 통해 상대를 알고, 얘기를 뒤집거나 되돌아오는 복覆을 통해 나를 아는 것도 같은 맥락이다. 성인이 늘 동정動靜과 허실虛實의 이치가 현재와 부합하지 않으면 과거로 돌아가 그 원인을 구한 이유가 여기에 있다. 모든 사물을 대할 때 이른바 반복술反覆術을 통해 자세히 살필 줄 알아야 한다. 성인이 우리들에게 가르치고자 한 것이 바로 이것이다. 자세히 살피지 않을 수 없는 이유다.

「반응」의 원래 이름은 「반복反覆」이다. 반反은 돌아갈 반返과 통한다. 복覆은 크게 4가지 뜻을 지니고 있다. 첫째, 사물을 덮는다는 뜻이다. 하늘이 만물을 뒤덮고 땅이 모든 것을 가린다는 뜻에서 은택이 깊고 두텁다는 의미로 사용되는 천복지재天覆地載와 천지를 상징하는 복재覆載가 그 실례다. 둘째, 전복되거나 뒤집힌다는 뜻이다. 앞사람의 실수는 뒷사람의 교훈이 된다는 뜻의 복거지계覆車之戒와 전군이 전멸한다는 뜻의 복군覆軍이 대표적인 사례다. 셋째, 자세히 살핀다는 뜻이다. 심審과 통한다. 재심사한다는 뜻의 복핵覆核이 그 실례다. 넷째, 반返처럼 돌아간다는 뜻이다. 오가며 돌이켜본다는 뜻의 반복反覆이 그 실례다. 여기의 '반복'은 두 번째와 세 번째, 네 번째 의미를 중의적으로 내포하고 있다. 이야기의 흐름을 뒤집거나 화제를 이전으로 돌렸다가 되돌아오거나 하는 식으로 상대의 반응을 구한 뒤 그 언사를 자세히 살펴 상대의 속셈과 실정을 파악한다는 뜻으로 사용된 것이다. '반응'을 통상적인 의미의 반응으로 해석해서는 안 되는 이유다.

대화자大化者를 도홍경은 옛날 성인聖人으로 풀이했다. 윤동양은 대도로 만물을 화육하는 이대도화물以大道化物로 해석했다. '반이관왕反以觀往, 복이험금覆以驗今' 구절을 두고 유염兪棪은 『귀곡자신주鬼谷子新注』에서 "『도덕경』은 제40장에서 '근원으로 돌아가는 것이 도의 움직임이다'라고 했고, 제16장에서 '만물이 무성하게 일어나지만 나는 그 근본으로 돌아가는 것을 본다'고 했다. 이것이 반복설反覆說의 근본 취지이다"라고 풀이했다. 문의文意에 부합한다.

'반이지고反以知古, 복이지금覆以知今' 구절은 『논어』「위정」의 온고지신溫故知新, '반이지피反以知彼, 복이지기覆以知己' 구절은 『손자병법』「모공」의 지피지기知彼知己와 취지를 같이한다. 동정허실動靜虛實의 '동정'을 도홍경은 행동거지行動擧止로 풀이했다.

2-2

人言者, 動也. 己默者, 靜也. 因其言, 聽其辭. 言有不合者, 反而求之, 其應必出. 言有象, 事有比, 其有象比, 以觀其次. 象者象其事, 比者比其辭也. 以無形求有聲. 其釣語合事, 得人實也. 其猶張罝網而取獸也, 多張其會而司之. 道合其事, 彼自出之, 此釣人之網也, 常持其網驅之.

상대방이 뭔가 말하는 것은 동動이다. 내가 침묵하며 말하지 않는 것은 정靜이다. 상대의 말을 토대로 그 말 속에 있는 진의를 파악할 줄 알아야 한다. 언사言辭와 모순되는 점이 있을 때 반문해 반응을 구하면 반드시 상대가 반응하기 마련이다. 통상 말은 상징, 일은 비유로 나타난다. 상징과 비유 속에 감춰진 진실한 의도를 읽을 줄 알아야 한다. 상징은 형상화의 수법으로 어떤 사물을 비유한 것이고, 비유는 같은 부류의 언사로 맞대어 비교한 것이다. 나를 전혀 드러내지 않는 가운데 상대가 말하는 바의 속셈을 파악해야 한다. 이는 미끼로 물고기를 낚듯이 말을 주고받으며 상대방이 말하는 바가 실제 상황과 맥이 닿는지 여부를 파악하는 이른바 조어합사釣語合事의 술책으로 상대의 진의를 파악하는 길이다. 그물을 만들어 짐승을 잡는 이치와 꼭 같다. 짐승들이 자주 출몰하는 길에 그물을 많이 설치해 놓고 기회를 엿보다가 때가 왔을 때 포획하는 식이다. 그 대책이 상대방이 사용하는 방법과 관련해 나름 사리에 부합하면 상대는 자신도 모르는 사이 자연스럽게 그 속셈을 드러내기 마련이다. 이것이 바로 사람의 마음을 낚는 그물인 이른바 조인지망釣人之網이다. 항상 이런 그물을 갖고 다니다가 상대에게 구사해 자신을 위해 일하도록 만들 필요가 있다.

언유불합言有不合은 상대의 언사 속에 담겨져 있는 의도가 자신의 생각과 다른 경우를 지칭한 것이다. 언유상言有象의 상象을 도홍경은 법상法象으로 풀이했다. 남북조시대의 불가사상에 입각한 해석이다. 그냥 '상징'으로 풀이하는 것이 문의文意에 부합한다. '반이구지反而求之, 기응필출其應必出'은 반문하여 반응을 구하면 반드시 상대의 반응이 뒤따른다는 뜻이다. 이는 『손자병법』 「허실」의 다음 구절과 취지를 같이한다.

"짐짓 도발해 자극하면 적의 반응을 통해 적이 움직이고 멈추는 배경을 알 수 있다. 짐짓 움직이며 정탐하면 적의 급소가 어디에 있는지 알 수 있다."

사유비事有比는 크게 두 가지 뜻이다. 하나는 비유比喩, 다른 하나는 고금의 유사한 사례를 맞대어 비교하는 유비類比이다. 도홍경은 비례

比例로 풀이했다. '유비'의 취지로 해석한 것이다. 조어합사釣語合事는 낚시질의 비유로 반복술의 방법론을 언급한 것이다. '조어'를 두고 유월은 풀이하기를, "사람들이 마음속 깊이 감춰둔 채 말하지 않는 바를 '조어술'을 이용해 밖으로 끄집어내는 것이다"라고 했다. 조인지망釣人之網을 도홍경은 군주의 용현用賢에 비유했다. 그물을 설치해 현신賢臣에 해당하는 신하들을 포획한 뒤 자신을 위해 일하도록 해야 한다는 것이다. 이에 대해 유월은 "언사의 분석을 통해 실제 일과 부합하는지 여부를 알아내는 식으로 상대의 실정을 파악하는 것을 말한다"고 해석했다. 이게 문의에 부합한다.

2-3

其不言無比, 乃爲之變. 以象動之, 以報其心, 見其情, 隨而牧之. 己反往, 彼覆來, 言有象比, 因而定基. 重之襲之, 反之覆之, 萬事不失其辭. 聖人所誘愚智, 事皆不疑. 故善反聽者, 乃變鬼神以得其情. 其變當也, 而牧之審也. 牧之不審, 得情不明. 得情不明, 定基不審.

상대방이 말을 하지 않아 유추할 단서가 없을 경우 즉시 말하는 방식을 바꿔야 한다. 상징을 바꿔 상대의 심리에 암합暗合함으로써 상대가 스스로 실정을 드러내게 한 뒤 이에 올라타 상대를 조종해야 한다. 상대와 이런 식으로 몇 차례 말을 주고받으며 상대의 말 속에 있는 상징과 비유를 토대로 그 진의를 파악한다. 이를 토대로 해야만 기본 책략을 정할 수 있다. 앞뒤로 오가며 실정을 파악하는 반복反覆의 접근방법을 구사하면 그 어떤 사안일지라도 상대의 말을 통해 해당 사안의 실정을 정확히 파악할 수 있다. 실제로 성인은 그 어떤 인물과 사물이든 이런 '반복'의 접근방법을 통해 그 실정을 파악해냈다. 이는 상대가 전혀 의심하지 않도록 하면서 일을 성사시킬 수 있는 길이다.

'반복'의 방법으로 상대방의 말을 주의 깊게 듣고 분석하는 이른바 반청反聽에 능한 자는 마치 귀신처럼 변화하면서 상대의 실정을 파악한다. 상대의 반응에 따라 상징과 비유의 접근방법을 달리하며 부응하는 까닭에 상대의 실정을 깊이 살필 수 있다. 살피는 것이 깊지 못하면 상대의 본심을 제대로 파악할 수 없고, 상대의 본심을 제대로 파악치 못하면 상대의 움직임과 반응에 제대로 된 계책을 낼 길이 없다.

불언무비不言無比의 '무비'를 윤동양은 상대의 심정을 헤아릴 길이 없는 것으로 풀이했다. 이보기심以報其心의 보報를 도홍경은 합合으로 풀이했다. 은밀히 부합하는 암합暗合으로 보는 게 낫다. 중지습지重之襲之는 반복反覆과 같다. 여의 습襲은 이전의 방식을 좇는 인습因襲 내지 답습踏襲의 의미이다. 반청反聽을 두고 도홍경은 『장자』「대종사」에서 외물에 얽매이지 않고 스스로를 잃어버리는 경지로 언급한 좌망坐忘으로 풀이했다. '반청'을 변귀신變鬼神으로 풀이한 후속 구절에 비춰 문의에 부합한다. 『장자』는 '좌망'과 반대되는 것으로 좌치坐馳를 언급했다. 몸은 가만히 앉아 있지만 마음은 바쁘게 움직인다는 뜻이다. 목지불심牧之不審은 상대방의 실정을 제대로 파악치 못한 경우를 언급한 것이다. 『손자병법』「모공」에서 적정敵情을 제대로 파악하지 못한 부지피不知彼의 상황이 이에 해당한다. 승부를 예측하기 어렵게 될 뿐만 아니라 부지기不知己의 상황까지 겹치게 되면 이내 위기에 처하게 된다. 정기불심定基不審은 바로 이를 언급한 것이다. 상대방의 움직임에 제대로 대응치 못하게 된 상황이 그것이다.

2-4

變象比, 必有反辭, 以還聽之. 欲聞其聲反默, 欲張反瞼, 欲高反下, 欲取反與. 欲開情者, 象而比之, 以牧其辭. 同聲相呼, 實理同歸.

만일 상대의 실정이 명확히 드러나지 않을 경우에는 상징과 비유를 바꾸는 방식을 구사해야 한다. 상대의 변화에 따라 쉬지 않고 자신의 언사로 드러나는 상징과 비유를 바꾸는 게 관건이다. 이때 상대가 반드시 언사로 반응하는 이른바 반사反辭가 나올 때마다 거듭 냉정을 되찾아 세밀히 경청해 분석할 줄 알아야 한다. 이를 위한 구체적인 방안으로 크게 4가지를 들 수 있다. 첫째, 상대방의 진심을 들으려면 자신은 오히려 먼저 침묵해야 한다. 둘째, 상대가 속내를 드러내도록 만들려면 자신은 오히려 먼저 스스로를 수렴해야 한다. 셋째, 상대방의 감정을 고조시키려면 자신은 오히려 먼저 침잠해야 한다. 넷째, 상대로부터 뭔가 얻으려면 자신이 오히려 먼저 내줘야 한다. 상대방의 진심을 속속들이 알고자 하면 먼저 상징적이고 비유적인 말이나 역사적인 사례로 그의 언사를 이끌어내고 조종한다. 같은 소리가 서로 호응해 공명하듯 속셈과 이치가 같으면 같은 곳으로 함께 귀결되기 때문이다.

반사反辭는 상대방이 언사로 표현한 반응을 뜻한다. 환청還聽을 도홍경은 냉정을 되찾아 경청하는 환정이청還靜以聽으로 풀이했다. 곧 반복反覆의 방법으로 상대방의 말을 주의 깊게 듣는 반청反聽을 뜻한다. 상이비지象而比之는 유비類比 내지 사실史實 등의 언급으로 상대방이 속셈을 드러내도록 유인하는 것을 말한다. 동성상호同聲相呼를 도홍경은 심야에 학들이 서로 공명해 우는 이른바 학명어음鶴鳴於陰,

명대의 고금체高金體는 『귀곡자평점鬼谷子評點』에서 개구리가 울자 자라가 호응한다는 뜻의 와명별응蛙鳴鱉應으로 해석했다. 유유상종을 뜻하는 오명별응鼇鳴鱉應과 같은 의미다.

2-5

或因此, 或因彼, 或以事上, 或以牧下. 此聽眞僞, 知同異, 得其情詐也. 動作言默, 與此出入, 喜怒由此以見其式. 皆以先定爲之法則. 以反求覆, 觀其所託, 故用此者. 己欲平靜以聽其辭, 察其事, 論萬物, 別雄雌. 雖非其事, 見微知類. 若探人而居其內, 量其能射其意. 符應不失, 如螣蛇之所指, 若羿之引矢.

반복의 방법으로 상대방의 말을 주의 깊게 듣는 '반청'을 혹자는 이곳에서 사용하는가 하면 혹자는 저곳에서 사용하기도 하고, 혹자는 윗사람을 섬길 때 사용하는가 하면 혹자는 아랫사람을 부릴 때 사용하기도 한다. 이것이 상대방 말의 진위眞僞를 가려듣고, 나와 같은 부류에 속하는지 여부인 동이同異를 구별하고, 본심인지 아니면 속임수인지 여부에 관한 정사情詐를 구분하는 방법이다. 상대의 모든 움직임과 희로애락 등의 감정표현이 '반청'의 대상이다. 이 방법을 동원하면 상대가 움직이는 규율을 훤히 알 수 있다. 이는 '반청'을 스스로 철저히 준비한 뒤 하나의 법칙으로 삼아야만 주효할 수 있다.

반복의 방법을 써야만 상대방의 진의를 정확히 관찰할 수 있다. 사람들이 반복의 방법으로 '반청'을 행하는 이유다. 이때 자신은 평정平靜한 상태로 상대의 언사를 잘 듣고, 그들이 한 일을 살펴보고, 만물을 논하고, 호오와 우열 등의 자웅雌雄을 구별해야 한다. 설령 꼭 소관 사항이 아닐지라도 사소한 징조를 보고 즉각 유사 사안의 실정과 그 추세를 읽을 줄 알아야 한다. 이는 사람의 속마음을 탐구해 그 속내를 들여다보고, 능력을 헤아리고, 의중을 꿰는 것과 같다. 부절이 서로 호응하듯 실수하는 일이 없는 까닭에 마치 뱀이 먹이를 채듯, 전설적 명궁인 예羿가 활을 쏘아 적중시키는 것과 같다.

정사情詐는 진성眞誠과 위장僞裝을 통칭한 말이다. 동작언묵動作言默의 '언묵'은 단순히 상대의 언사와 침묵을 지칭한 게 아니라 상대방이 보여주는 모든 언행으로 곧 음양陰陽을 상징한다. 「벽합」에서 언言을 양陽, 묵默을 음陰으로 표현한 게 그 증거다. 관기소탁觀其所託의 탁託은 상대의 언사 배후에 있는 실정實情을 의미한다. 별자웅別雄雌의 '자웅'은 우열을 뜻한다. 부응부실符應不失의 '부응'은 천명과 인사人事가 일치한다는 뜻이다. 여기의 부符는 원래 군사동원의 신표인 부절符節을 뜻하나 여기서는 조짐의 의미로 사용되었다. 등사螣蛇는 구름과 안개를 일으키는 전설적인 뱀이다. 『순자』「권학」에 이에 관한 설명이 나온다.

"사방으로 통하는 갈림길에서 헤매는 자는 목적지에 이르지 못하고, 두 군주를 섬기는 자는 누구에게도 용납되지 못한다. 눈은 두 가지를 한꺼번에 보지 않기에 밝고, 귀는 두 가지를 한꺼번에 듣지 않기에 밝은 것이다. '등사'는 발이 없어도 하늘을 날지만 날다람쥐인 오서梧鼠는 5가지 재주를 갖고도 곤궁하다."

예羿는 전설적인 명궁이다. 『춘추좌전』「노양공 4년」조에 '예'에 관한 전설이 실려 있다. 이에 따르면 옛날 하나라가 쇠퇴했을 즈음 예가 서鉏나라에서 태어났다. 이후 궁석窮石나라로 와서는 하夏나라 백성들의 지지를 얻은 뒤 하나라를 대신해 유궁有窮나라를 세웠다. 그러나 활을 잘 쏘는 재주만 믿은 예는 정사에 힘쓰지 않고 수렵에만 몰두했다. 또 현신을 버리고 한寒나라의 착浞을 등용했다. 착은 백명伯明의 못된 아들로 남을 잘 헐뜯었다. 예는 착을 받아들여 크게 신임한 나머지 재상으로 삼았다. 착은 안으로는 궁중 사람들에게 아첨하고 밖으로는 여러 신하를 뇌물로 매수한 뒤 백성을 우롱하면서 예를 사냥에만 몰두하게 만들었다. 이어 사특한 짓을 일삼아 예의 나라와 첩실 등을 빼앗았다. 예가 사냥을 끝내고 돌아가려고 하자 착에게 매수된 자들이 그를 잡아 죽여 삶은 뒤 예의 아들에게 이를 먹게 했다. 예의 아들이 차마 이를 먹지 못하자 그를 유궁나라의 성문에서 죽였다. 이에 예를 모시던 미靡가 유격有鬲나라로 달아났다. 착은 예의 처첩을 차지해 요澆와 희豷를 낳았다. 착은 간악한 사술詐術만 믿고 백성들에게 덕을 베풀지 않았다. 그는 아들 요에게 명해 짐관斟灌과 짐심斟尋 두 나라를 병탄케 했다. 그러고는 요는 유과有過, 희는 유과有戈나라에 살게 했다. 이때 달아났던 미가 유격나라에서 멸망한 짐관과 짐심 두 나라의 백성들을 수습한 뒤 착을 공격해 멸망시키고 하나라 후예인 소강少康을 새 군주로 세웠다. 소강이 요와 희를 멸망시켰다. 이로써 예가 세운 유궁을 찬탈했던 착의 유궁나라는 완전히 멸망했다.

2-6

故知之始己, 自知而後知人也. 其相知也, 若比目之魚. 其見形也, 若光之與影. 其察言也不失, 若磁石之取鍼, 如舌之取燔骨. 其與人也微, 其見情也疾. 如陰與陽, 如陽與陰, 如圓與方. 如方與圓. 未見形, 圓以道之. 既見形, 方以事之. 進退左右, 以是司之. 己不先定, 牧人不正. 事用不巧,是謂忘情失道. 己審先定以牧人, 策而無形容. 莫見其門, 是謂天神.

상대를 아는 지피知彼는 자신을 아는 지기知己로부터 시작한다. '지기' 이후에 비로소 '지피'를 할 수 있다. 이같이 하면 넙치인 비목어比目魚가 그런 것처럼 사물의 두 측면을 동시에 파악하며 병행해 나아갈 수 있다. 상대방이 모습을 드러내면 빛에 그림자가 생기듯이 곧바로 상대방의 실정을 파악할 수 있다. 상대방의 말을 헤아릴 때 실수하지 않는 것이 마치 자석이 쇠를 잡아당기고 혀끝으로 구운 고기에서 뼈를 발라내는 것처럼 쉽다.

내가 남에게 제공하는 정보는 적고 내가 남의 실정을 알아내는 정보는 양도 많고 신속해야 한다. 은밀히 감춰진 음陰 또는 겉으로 드러난 양陽의 정황에 적용하든, 둥근 원圓 또는 각진 방方의 모습을 지닌 사물에 적용하든 모든 그 핵심을 꿰어 적절히 대응할 수 있다.

상대방의 실정을 아직 제대로 파악치 못했을 때는 상대의 말에 영합하는 식으로 대화를 이끌면서 상대가 스스로 실정을 얘기하도록 유도한다. 상대의 실정을 알아냈을 때는 미리 마련해 놓은 계책을 좇아 일을 추진해 나간다. 나아가거나 물러나거나 또는 승진하거나 좌천하거나 그 어떤 상황이든 이런 식으로 대처한다. 한마디로 말해 스스로 미리 계책을 마련해 놓지 못하면 상대방을 제대로 조종할 수 없고 일 또한 교묘하게 추진할 수 없다. 스스로 미리 계책을 마련해 놓지도 못한 채 일을 추진하는 것을 두고 상대의 실정을 파악해 상황을 유리하게 이끌어가는 도리를 잃었다는 뜻의 망정실도忘情失道라고 한다. 심사숙고해 미리 적절한 계책을 마련한 가운데 상대를 조종하면 계책이 감쪽같아 흔적을 남기는 일이 없다. 그 누구일지라도 내가 구사하는 계책의 흔적을 찾아볼 길이 없다. 이를 일컬어 최고의 경지에 달했다는 뜻의 천신天神이라고 한다.

'지지시기知之始己, 자지이후지인自知而後知人'은 『손자병법』「모공」의 '지피지기'와 취지를 같이하는 것이다. 다만 『손자병법』은 '지피'와 '지기'를 같은 차원에서 논한 데 반해 『귀곡자』는 '지피'보다 '지기'를 강조한 것이 약간 다르다. 이를 두고 도홍경은 풀이하기를, "지인知人에 능한 자는 지혜롭고, 지기知己에 능한 자는 사물의 이치에 밝다. 지혜는 사물의 이치에 밝은 뒤에 나온다. '지인'에 앞서 '지기'를 해야 하는 이유다"라고 했다.

현형見形의 현見은 나타날 현現의 뜻이다. 취침取鍼의 침鍼은 의료용 침으로 침針의 원래 글자이다. 번골燔骨은 구운 고기의 뼈를 뜻하는 말로 여기서는 혀를 이용해 구운 고기에서 발라낸 뼈의 의미로 사용됐다. 번燔은 제사에 사용하는 고기인 번膰과 같은 뜻이다. 원이도지圓以道之의 도道는 인도할 도導의 의미이다. 방이사지方以事之의 사事는 일을 행한다는 뜻의 동사로 사용된 것이다.

진퇴좌우進退左右의 '좌우'를 도홍경은 좌천左遷과 승직升職으로 풀이했다. 한나라 때는 오른쪽을 높이고 왼쪽을 낮췄다. 『한서』「주창전周昌傳」의 안사고顔師古 주는 풀이하기를, "한나라 때는 존우비좌尊右卑左의 관행이 있었다. 관질官秩을 낮추는 것을 '좌천'이라고 표현한 이유다"라고 했다. 송대 대식戴埴도 『서박鼠璞』에서 "한나라 때는 오른쪽을 높였다. 그래서 폄질貶秩을 '좌천', 황제가 아닌 제후를 모시는 자를 좌관左官, 고위직에 있는 것을 우직右職이라고 부른 것이다"라고 했다.

'존우비좌'는 한나라 때 이후에 생긴 관행으로 전국시대에는 이와 정반대였다. 병거兵車의 좌석배치가 이를 뒷받침한다. 보통 주인이 왼편, 마부가 가운데, 호위병인 거우車右가 오른편에 위치했다. 군주나 장수가 탈 경우에는 마부가 왼쪽, 거우가 오른쪽에 위치했다. 좌측을 상석으로 삼은 결과다. 참승驂乘으로도 불린 거우는 모두 용력이 뛰어난 자들로 칼과 창을 잡고 적을 방어하거나 수레가 나아가지 않을 때 수레에서 내려 수레를 미는 역할도 담당했다.

특이하게도 춘추시대 초기 초나라는 중원과 달리 왼쪽보다 오른쪽을 높였다. 그러던 것이 중엽에 들어와 제환공과 진문공의 뒤를 이어 사상 세 번째로 패자의 자리에 오른 초장왕 때부터 오른쪽보다 왼쪽을 높이기 시작했다. 이는 기원전 597년 중원의 패자인 진晉나라와 접전을 벌인 데서 비롯됐다. 당시 초장왕은 좌광左廣에서 독전했다. 그는 우광右廣의 병거가 오는 것을 보고는 우광의 병거로 갈아타려고 했다. 오른쪽을 왼쪽보다 높인 결과다. 그러자 대부 굴탕屈湯이 만류했다.

"군왕이 좌광의 병거를 타고 출전했으니 끝맺음도 좌광의 병거로 하는 것이 옳습니다."

초장왕이 이를 좇았다. 초나라는 이 일을 계기로 중원과 마찬가지로 오른쪽보다 왼쪽을 높이게 되었다. 그 이전까지만 해도 초나라는 오른쪽을 왼쪽보다 높이는 관행이 있어 우광을 좌광보다 앞세웠다. 무형용無形容을 도홍경은 깊고 그윽한 풍취인 현풍玄風으로 풀이했다. 남북조시대에 풍미한 현학玄學의 영향을 받은 탓이다. 말 그대로 "사물의 형상과 모습이 없다"로 풀이하는 게 옳다.

병가와 종횡가의 지피지기

「반응」은 상대를 아는 지피知彼는 자신을 아는 지기知己로부터 시작한다고 했다. '지기' 이후에 비로소 '지피'를 할 수 있다고 역설한 이유다. 이는 병가에서 역설하는 '지기지피'와 맥을 같이한다. 『손자병법』과 『오자병법』 등 모든 병서는 전략전술의 대원칙을 '지피지기'에 두고 있다. 『손자병법』 「모공」의 해당 구절이다.

"적을 알고 나를 알면 매번 싸워도 위태롭지 않다. 적을 알지 못하고 나를 알면 승부를 예측할 수 없다. 적도 모르고 나도 모르면 매번 싸울 때마다 위험에 처하게 된다."

「모공」은 크게 지피지기知彼知己, 부지피지기不知彼知己, 부지피부지기不知彼不知己 등 3가지 경우로 나눠 얘기하고 있다. 주목할 것은 상대를 모르고 자신을 아는 '부지피지기' 경우이다. "승부를 예측할 수 없다"는 구절의 원문은 일승일부一勝一負이다. 당나라 때 두우杜佑를 포함한 많은 주석가들이 이를 두고 "승률이 절반이다"라고 풀이했다. 21세기 현재까지 대다수 주석가들이 이를 "한 번 이기고 한 번 패한다"는 식으로 해석하고 있다. 이는 『손자병법』이 말하고자 하는 취지와 동떨어진 것이다.

동전을 던지면 앞 또는 뒤가 나올 확률은 각각 2분의 1이다. 그러나 막상 실험을 하면 내리 10번 계속 앞면만 나올 수도 있다. 확률 이론의 핵심은 단순한 사실을 그러모은 데 있다. 동전이 땅에 떨어졌을 때 어떤 면이 위로 향할지는 아무도 확언할 수 없다. 극단적인 경우로 앞면만 연달아 백 번이 나올지라도 그 다음을 예측하는 능력은 조금도

향상되지 않는다. 그러나 확실히 말할 수 있는 게 하나 있다. 동전을 천만 번 던지면 거의 절반은 앞면이 나오고 거의 절반은 뒷면이 나온다는 사실이다. 횟수를 많이 하면 할수록 그 확률은 더욱 정밀해진다.

문제는 무력을 동원하는 전쟁을 동전을 던지듯이 할 수 없다는 데 있다. '일승일부'를 결코 한 번 이기고 한 번 진다고 해석해서는 안 되는 이유가 여기에 있다. 바꿔 말하면 적을 모를 경우 승패의 확률은 통계학적으로 2분의 1인 것이 분명하지만 현실에서는 10번을 넘어 극단적인 경우로 백 번까지도 연이어 패할 수 있다는 것이다. 프로스포츠나 바둑 게임 등에서도 왕왕 두 팀의 전력은 분명 어슷비슷한데도 어떤 때는 한 팀이 내리 연승을 거두고 다른 팀은 내리 연패를 당하는 경우를 볼 수 있다.

이는 비슷한 실력의 경우에 한한 것도 아니다. 압도적인 무력 차이를 보일지라도 마찬가지다. 객관적으로 모든 면에서 우세했던 원소가 조조에게 패하고 당대 최고의 용력을 자랑했던 항우가 유방에게 패한 것도 바로 이 때문이다. 초한전 당시 항우는 싸울 때마다 사실 백전백승의 승리를 거두었다. 그러나 그는 진평 등이 구사한 반간계에 넘어가 최고의 책사인 범증을 내치는 등의 실수를 범한 데 이어 마침내 최후의 결전에 해당하는 진하陳下싸움에서 패해 스스로 삶을 마감하고 말았다. 이 대목을 깊이 연구한 모택동도 「지구전론」에서 이와 유사한 경계를 한 바 있다.

"우리들은 전쟁현상이 다른 어떤 사회현상보다 더 파악하기 힘들고 승률의 개연성이 적다는 것을 인정해야만 한다. 전쟁은 신이 하는 게 아니다. 『손자병법』이 '지피지기' 운운한 것은 여전히 과학적 진리이다. 그러나 전쟁은 속성상 여러 상황 등으로 인해 상대방을 완전히 아는 게 불가능하고, 단지 대체적인 것만을 알 뿐이다. 여러 정찰을 통해, 그리고 지휘관의 총명한 추론과 판단에 의해 과오를 적게 하는 게 승리의 관건이다.”

모택동의 지적은 현실에서 동전을 10번 던질지라도 매번 앞면 또는 뒷면만 나올 수 있는 가능성을 언급한 것이나 다름없다. 전쟁터에서 장수는 늘 세심한 정찰을 통해 적정敵情의 상황변화를 면밀히 파악하고, 적장敵將의 의도를 여러 정황을 종합해 추리하고 판단해야 하는 이유다. 그런 점에서 모택동이 “과오를 적게 하는 것이 승리의 관건이다”라고 지적한 것은 탁견이다. 20세기 최고의 군사전략가 면모를 유감없이 드러낸 대목이다.

지난 2007년 금융공학자 데이비드 오렐도 『거의 모든 것의 미래』에서 동전의 확률에 기초한 투자 및 수익모형 자체가 잘못되었다고 지적한 바 있다. 그는 기상 예측이 자주 빗나가는 이유를 카오스의 나비효과에서 찾는 기존의 견해를 비판하면서 날씨 예측의 모형 자체가 잘못되었다고 지적했다. 자연현상조차 이러한데 수많은 상황변수에 휘둘릴 수밖에 없는 인간의 투자행태를 동전의 확률 이론에 의해 분석하고 전망하는 것 자체가 잘못이라고 지적한 것이다.

예측이 우리가 기대한 것만큼 정확하지 않다면 불확실한 미래 앞에서 이제 어디로 가야 하는가? ‘우리는 모른다’가 답이다. 그는 예측 불가능한 게 결코 나쁜 일이 아니고 오히려 살아있는 생명의 본질이자 창의성의 원천이라고 역설한다. 비록 정확성은 떨어질지라도 예측모형은 그 나름대로 현재를 이해하고 미래를 설계하는 데 유용하다는 것이다. 예측모형의 오류를 인정하고 겸손해지자는 게 요지이다.

모택동과 오렐의 지적 모두 『손자병법』의 ‘일승일부’를 한 번 이기고 한 번 진다는 식의 산술적인 확률로 해석해서는 안 된다는 것을 경고한 셈이다. '일승일부'는 승부를 예측할 수 없다는 의미로 풀이하는 게 옳다.

『손자병법』이 '부지피지기'에 따른 승패 전망을 '일승일부'로 표현한 것은 모택동과 오렐이 지적했듯이 승패 여부를 한 치도 예측할 수 없다는 의미로 풀이하는 게 옳다. 그렇다면 '부지피지기'의 정반대로 적을 알고 자신을 모르는 이른바 지피부지기知彼不知己의 경우도 '일승일부'로 표현해도 좋은 것일까? 「모공」은 아무런 언급도 하지 않았다. 그러나 「지형」에 해답이 제시되어 있다. 해당 대목이다.

"아군이 적을 공격할 수 있다는 것만 알고 적이 아군을 공격할 수 없다는 것을 모르면 승부를 예측하기 어렵다. 적이 아군을 공격할 수 있다는 것만 알고 아군이 적을 공격할 수 없다는 것을 모르면 이 또한 승부를 예측하기 어렵다. 적이 아군을 공격할 수 있고 아군도 적을 공격할 수 있다는 것을 모두 알지라도 지형이 불리하다는 사실을 모르면 이 또한 승부를 예측하기 어렵다."

'아군이 적을 공격할 수 있다는 것만 알고 적이 아군을 공격할 수 없다는 것을 모르면'은 곧 부지피지기不知彼知己를 말한다. 마찬가지로 '적이 아군을 공격할 수 있다는 것만 알고 아군이 적을 공격할 수 없다는 것을 모르면'은 지피부지기知彼不知己의 뜻이다. 양자 모두 승부를 예측하기 어렵다는 것은 곧 '부지피지기'와 '지피부지기' 사이에 아무런 차이가 없음을 지적한 것이다.

'승부를 예측하기 어렵다'는 구절의 원문은 승지반勝之半이다. 승률이 절반인 까닭에 승부를 예측하기가 매우 어렵다는 뜻이다. 「모공」에서 언급한 '일승일부'와 같은 뜻이다. 현존 『손자병법』에 해당하는

『손자약해』를 펴낸 조조는 "승률이 절반이라고 한 것은 승패 여부를 알 길이 없다는 뜻의 미가지未可知의 뜻이다"라고 풀이했다. 모택동과 오렐의 해석과 닮았다.

주목할 것은 『손자병법』이 승리를 견인하는 데 가장 확실한 '지피지기'조차도 불완전한 것으로 보고 있는 점이다. '지피지기'에 따른 승부의 전망을 '매번 싸워도 위태롭지 않다'는 뜻의 백전불태百戰不殆로 표현한 게 그렇다. 아무리 '지피지기'를 행할지라도 위태로운 상황에 빠지지 않을 가능성만 높을 뿐 승리를 담보하는 것은 아니라고 언급한 것이다. 사실 전쟁터에서는 모든 것이 급변하는 까닭에 설령 만반의 '지피지기'를 행할지라도 패할 수 있다. 스포츠 경기에서 흔히 단판승부를 치를 경우 만년 하위 팀이 최상위 팀을 격파하는 이변이 속출하는 이유다. 그렇다면 '백전불태'의 차원을 넘어 필승을 기할 수 있는 조건은 무엇일까? 『손자병법』은 「지형」에서 그 해법을 이같이 제시하고 있다.

"전쟁을 아는 장수는 일단 출격하면 과단성 있게 행동하고, 작전 또한 적의 내부사정 변화에 따라 무궁히 변화시킨다. 그래서 말하기를, '적을 알고 나를 알면 승리를 거두는 데 어려움이 없고, 천시와 지리까지 알면 적을 온전히 한 채 굴복시키는 전승全勝이 가능하다'고 하는 것이다."

상황 및 지형에 따른 임기응변과 과감한 결단이 해답이다. 이를 지천지지知天知地로 표현했다. '지피지기' 위에 천시天時와 지리地利를 깨달아야만 승리를 기약할 수 있다고 지적한 것이다. 『손자병법』의 위대한 점이 바로 여기에 있다. 이는 인화人和를 천시와 지리보다 높게 평가한 『맹자』「공손추 하」의 주장과 반대되는 것이다. 해당 구절이다.

“천시는 지리만 못하고, 지리는 인화만 못하다. 내성의 둘레가 3리, 외성의 둘레가 7리에 불과한 작은 성을 포위공격할지라도 이기지 못하는 경우가 있다. 대개 포위공격을 가하는 경우는 반드시 천시를 얻었기 때문이다. 그럼에도 이기지 못한 것은 천시가 지리만 못하기 때문이다. 성이 높지 않은 것도 아니고, 해자가 깊지 않은 것도 아니고, 무기와 갑옷이 견고하고 예리하지 않은 것도 아니고, 군량이 많지 않은 것도 아닌데 성을 포기하고 도주하는 경우가 있다. 이는 지리가 인화만 못하기 때문이다. 그래서 이르기를, ‘백성을 영토 내에 안치하면서 영토의 경계에 기대지 않고, 나라를 방위하면서 산천의 험고險固에 기대지 않고, 천하에 위엄을 떨치면서 무기와 갑옷의 견고함에 기대지 않는다’고 하는 것이다. 덕정의 이치를 얻은 자는 도와주는 자가 많고, 그렇지 못한 자는 도와주는 자가 적은 법이다. 도와주는 자가 적게 되어 극한에 이르면 친척조차도 배반하고, 도와주는 자가 많게 되어 극한에 이르면 천하 사람이 따르게 된다. 군자는 천하 사람이 따르는 상황에서 친척조차 배반하는 자를 공격하는 까닭에 비록 싸우지 않는 것을 기치로 내세우지만 일단 싸우면 반드시 승리를 거둔다.”

맹자는 덕치를 역설하기 위해 천시는 지리만 못하고 지리는 인화만 못하다고 했다. 나름 일리 있는 지적이기는 하나 병가의 관점에서 볼 때는 지나치게 고답적이고 사변적이다. ‘지피지기’를 언급한 『손자병법』의 「모공」과 ‘지천지지’를 역설한 「지형」의 논리에 따르면 오히려 정반대로 해석해야 한다. 인화가 기본이고, 그 위에 지리와 천시를 더해야만 반드시 승리를 거둘 수 있다는 논리가 성립된다. 이를 통해 『맹자』가 역설한 인화는 『손자병법』의 ‘지피지기’를 달리 표현한 것임을 알 수 있다.

『귀곡자』가 역설하는 책략과 유세의 비술 역시 '지피지기'와 '지천지지'에서 출발한다. 다만 『귀곡자』는 『손자병법』과 달리 '지피'와 '지기'를 같은 비중으로 다룬 『손자병법』과 달리 '지기'를 '지피'보다 중시한 것이 약간 다르다. 「반응」의 해당 대목이다.

"사람을 아는 것은 자신을 아는 것부터 시작한다. 스스로를 알고 난 연후에 비로소 남을 알 수 있다."

「반응」은 '지기'를 자지自知, '지피'를 지인知人으로 표현해 놓았다. 같은 말이다. 주목할 것은 '지기'가 이뤄져야 '지피'도 가능하다고 역설한 점이다. '지기'가 전제되지 않으면 '지피'도 불가능하다고 언급한 셈이다. 이를 두고 도홍경은 이같이 풀이해 놓았다.

"지인에 능한 자는 지혜롭고, 지기에 능한 자는 사물의 이치에 밝다. 지혜는 사물의 이치에 밝은 뒤에 나온다. 지인에 앞서 지기를 해야 하는 이유다."

맹자가 『대학』에 나오는 수제치평修齊治平을 두고 '수제'가 이뤄져야 '치평'이 가능하다고 역설한 것과 닮았다. 인화가 천시와 지리보다 중요하다고 역설한 것도 같은 맥락이다. 이와 정반대로 『한비자』는 '치평'이 이뤄져야 '수제'도 가능하다고 역설했다. 『한비자』 「오두」의 해당 대목이다.

"요즘 버릇이 좋지 않은 자식들은 부모가 나무라도 그 행동을 고치려 하지 않고, 마을 어른이 꾸짖어도 움직이려 하지 않고, 스승이 가르쳐도 전혀 변함이 없다. 부모의 사랑, 마을 어른의 지도, 스승의 지혜라는 3가지 도움이 더해져도 끝내 움직이지 않고 털끝만큼도 고치지 않는다. 그러나 고을의 관원이 병사를 이끌고 나라의 법령을 집행하며 간사한 짓을 하는 자를 색출하러 다니면 이내 두려워하며 그 태도를 바꾸고 행동을 고친다. 부모의 사랑으로는 자식을 가르치기에 부족한 까닭에 반드시 고을 관원의 엄한 형벌에 기대야만 한다. 백성은 본래 사랑에는 교만하지만 권세에는 복종하기 때문이다."

『손자병법』이 '지피지기'의 인화로는 단지 위험에 빠지지 않을 뿐 승리를 기약할 수 없고, 반드시 천시와 지리를 아는 '지천지지'를 해야만 승리를 기약할 수 있다고 언급한 것과 닮았다. 모든 병서가 하나같이 임기응변을 역설한 이유다. 그런 점에서 『귀곡자』「반응」이 '지기'를 '지피'보다 앞세운 것은 유세의 특성으로 인한 것이다. 이를 뒷받침하는 「반응」의 해당 대목이다.

"스스로를 안 연후에 비로소 남을 알 수 있다고 한 것은 그리해야 비목어比目魚가 그런 것처럼 사물의 두 측면을 동시에 파악하며 병행해 나아갈 수 있기 때문이다. 상대방이 모습을 드러내면 빛에 그림자가 생기듯이 곧바로 상대방의 실정을 파악할 수 있다. 내가 남에게 제공하는 정보는 적고, 내가 남의 실정을 알아내는 정보는 양도 많고 신속해야 한다."

이는 남의 실정을 알아내는 것 못지않게 자신의 속셈을 철저히 숨기는 것이 매우 중요하다는 사실을 역설한 것이다. 『귀곡자』가 '지기'를 '지피'에 앞세운 근본 이유가 여기에 있다. '지기'와 '지피'를 정보학 내지 경제경영학의 관점에서 접근하면 쉽게 이해할 수 있다. 아무리 수입이 많을지라도 지출이 수입보다 많으면 적자를 면할 길이 없다. '지피'를 통해 상대의 정보를 아무리 많이 파악할지라도 '지기'를 제대로 하지 못하면 자신의 상대에게 제공하는 정보는 이보다 많게 된다. 논리적으로 보면 손해보는 장사를 한 셈이다. 『귀곡자』가 음모

陰謀를 역설한 근본 이유가 여기에 있다.

장량과 역이기의 왕패도

「반응」에서 역설하고 있는 것은 앞뒤로 오가며 실정을 파악하는 반복反覆의 접근방법이다. "반복술을 구사하면 그 어떤 사안일지라도 상대의 말을 통해 해당 사안의 실정을 정확히 파악할 수 있다"고 언급한 게 그렇다. 상대가 전혀 의심하지 않도록 하면서 일을 성사시킬 수 있는 길이 여기에 있다. 이를 위해서는 상대방이 말로 반응하는 이른바 반사反辭에 대해 세밀히 경청하는 환청還聽을 잘 해야 한다. 「반응」은 '환청'의 구체적인 방안으로 모두 4가지 요건을 들고 있다. 첫째, 상대방의 진심을 들으려면 자신이 오히려 먼저 침묵해야 한다. 둘째, 상대가 속내를 드러내도록 만들려면 자신이 오히려 먼저 스스로를 수렴해야 한다. 셋째, 상대방의 감정을 고조시키려면 자신이 오히려 먼저 침잠해야 한다. 넷째, 상대로부터 뭔가 얻으려면 자신이 오히려 먼저 내주어야 한다. 이는 노자의 도치道治사상을 그대로 도입한 것이다. 이를 뒷받침하는『도덕경』제36장의 해당 대목이다.

"상대방의 날개를 접게 만들려면 반드시 먼저 날개를 펼칠 수 있게 해주고, 상대방을 약하게 만들고자 하면 반드시 먼저 강하게 해주고, 상대방을 폐하고자 하면 반드시 먼저 흥하게 해주고, 상대방을 빼앗고자 하면 반드시 먼저 주어야 한다."

이른바 유약승강강柔弱勝剛强의 이치이다. '환청술'은 이런 이치를 종횡술에 그대로 도입한 것이다. 관건은 상대방과 정반대 입장에 서서 차분히 상대방을 설득하는 데 있다. 상대방이 흥분한 상태일수록 이런 자세가 더욱 필요하다. 대표적인 사례로 장량이 유방의 성급한 마음을 달랜 일화를 들 수 있다.

『자치통감』에 따르면 기원전 204년 겨울, 초나라 군사가 수차례 한나라 군사의 보급로를 공격한 까닭에 한나라 군사는 식량이 크게 모자랐다. 유방이 역이기酈食其와 함께 이 문제를 논의했다. 역이기는 원래 집안이 가난한 탓에 뜻을 얻지 못하고 향리의 문지기로 있다가 발탁된 인물이다. 유가사상에 조예가 깊었다. 역이기가 말했다.

"옛날 탕왕이 걸桀을 친 뒤 그 후손을 기杞 땅에 봉하고, 주무왕이 주紂를 친 뒤 그 후손을 송宋 땅에 봉했습니다. 지금 진나라가 덕을 잃고 의를 버린 채 제후들을 침벌侵伐하여 그들의 사직을 훼멸하고 송곳을 간신히 꽂을 정도의 극히 작은 땅조차 없게 만들었습니다. 대왕이 실로 6국의 후예들을 다시 세울 수 있다면 모든 신민이 반드시 대왕의 은덕에 감격해하며 신첩臣妾이 되기를 원치 않는 자가 없을 것입니다. 덕의가 시행되어 대왕이 천하를 호령하면 초나라는 반드시 옷깃을 여미며 한나라에 조현朝見할 것입니다."

유방이 말했다.

"훌륭한 말씀이오. 빨리 인장을 새긴 뒤 선생은 이를 갖고 가 제후들에게 나눠주도록 하시오."

역이기가 아직 출발하지 않았을 때 장량이 밖에서 들어와 알현했다. 유방은 마침 식사 중이었다.

"자방子房, 어서 오시오. 손님 가운데 나를 위해 초나라를 깨뜨릴 계책을 마련한 사람이 있소."

그러고는 역이기의 계책을 그대로 장량에게 전했다.

"이 계책이 어떻소?"

장량이 크게 놀랐다.

"누가 그런 계책을 세웠습니까? 그리하면 대왕의 일은 끝나버릴 것입니다."

유방이 물었다.

"왜 그렇다는 것이오?"

장량이 대답했다.

"청컨대 대왕을 위해 상 위의 젓가락을 빌려 그 계책의 잘못을 그려 보이겠습니다. 옛날 탕왕과 무왕이 걸과 주의 후예를 제후로 봉한 것은 그들의 운명을 능히 제어할 수 있다고 생각했기 때문입니다. 지금 대왕이 항우의 목숨을 제어할 수 있습니까?"

"할 수 없소."

"이것이 불가한 첫 번째 이유입니다. 주무왕은 은나라로 쳐들어간 뒤 현자로 유명한 상용商容의 마을을 표창하고, 기자箕子를 석방하고, 비간比干의 묘에 봉분을 만들어 주었습니다. 지금 대왕이 그리할 수 있습니까?"

"할 수 없소."

"이것이 불가한 두 번째 이유입니다. 주무왕은 은나라 곡식창고인 거교巨橋를 헐어 곡식을 풀고, 은나라 도성에 있던 녹대鹿臺의 돈을 풀어 빈궁한 사람들에게 내려주었습니다. 지금 대왕이 그리할 수 있습니까?"

"할 수 없소."

"이것이 불가한 세 번째 이유입니다. 주무왕은 은나라 정벌을 마친 뒤 전차를 일반 수레로 바꾸고 방패와 창을 뒤집어 쌓아둠으로써 다시는 용병하지 않을 뜻을 천하에 보여주었습니다. 지금 대왕이 그리할 수 있습니까?"

"할 수 없소."

"이것이 불가한 네 번째 이유입니다. 주무왕은 전마戰馬를 화산華山 남쪽에서 쉬게 하여 할 일이 없음을 보여주었습니다. 지금 대왕이 그리할 수 있습니까?"

"할 수 없소."

"이것이 불가한 다섯 번째 이유입니다. 주무왕은 도림桃林의 그늘에 소를 방목해 다시는 군량미를 운송해 쌓아둘 뜻이 없음을 보여주었습니다. 지금 대왕이 그리할 수 있습니까?"

"할 수 없소."

"이것이 불가한 여섯 번째 이유입니다. 지금 천하의 용사들이 그들의 친척을 떠나고, 조상의 분묘를 버리고, 옛 친구를 버리고, 대왕을 좇아 사방으로 참전하는 것은 단지 밤낮으로 한 뙈기 땅이라도 얻기를 바라기 때문입니다. 지금 6국의 후예를 다시 세우면 용사들은 각기 그들의 군주에게 돌아가고, 그들의 친척을 따르고, 옛 친구와 조상의 분묘로 돌아갈 것입니다. 그리되면 대왕은 누구와 더불어 천하를 취하려는 것입니까?"

"이것이 불가한 일곱 번째 이유입니다. 지금 초나라보다 강대한 세력이 없는 상황에서 다시 옹립된 6국의 군주는 이내 다시 약해져 초나라를 좇을 터인데 대왕이 어찌 그들에게 칭신稱臣을 요구할 수 있겠습니까?"

"할 수 없소. 이것이 불가한 여덟 번째 이유입니다. 실로 그의 계책을 채택하면 폐하의 대업은 일거에 끝나버리고 말 것입니다."

유방이 이 말을 듣자마자 곧바로 식사를 그치고 먹던 음식을 내뱉으며 욕을 해댔다.

"이 유생 놈이 하마터면 대사를 거의 망칠 뻔했다!"

그러고는 곧바로 명을 내려 인장을 녹여버리게 했다. 장량이 유방을 설득한 유세술은 흥분한 상태의 상대와 정반대로 차분한 입장에서서 조목조목 불가한 이유를 나열하며 설득한 경우에 속한다. 일종의 반복술을 구사한 셈이다. 「반응」은 그 효과를 이같이 요약해 놓았다.

"반복술을 구사할 때는 자신은 평정平靜한 상태로 상대의 언사를 잘 듣고, 그들이 한 일을 살펴보고, 만물을 논하고, 호오와 우열 등의 자웅雌雄을 구별해야 한다. 이는 사람의 속마음을 탐구해 그 속내를 들여다보고, 능력을 헤아리고, 의중을 꿰는 것과 같다. 부절이 서로 호응하듯 실수하는 일이 없는 까닭에 마치 뱀이 먹이를 채듯, 전설적인 명궁인 예羿가 활을 쏘아 적중시키는 것과 같다."

당시 역이기는 나름 언변이 뛰어난 까닭에 유방의 밀명을 받고 종횡가로 활약하기는 했으나 방략이 없었다. 진정한 종횡가가 아니었던 것이다. 이에 반해 장량은 비록 종횡가로 활약하지는 않았으나 종횡술의 이치를 꿰고 있었다. 똑같은 사안일지라도 상황에 따라 전혀 다른 결과를 가져올 수 있다는 사실을 통찰한 게 그렇다. 훗날 순자의 후손으로 후한 말기 대학자로 활약한 순열荀悅은 『한기漢紀』에서 역이기와 장량의 대책을 이같이 비교 평가해 놓았다.

"무릇 정책을 세워 승리를 결정짓는 술책에는 크게 3가지가 있다. 형形과 세勢, 정情이 그것이다. '형'은 대체大體의 유리 내지 불리한 상황을 말하고, '세'는 임기응변과 진퇴의 관건을 말하고, '정'은 의지에 따른 가부결정을 말한다. 정책과 사안이 동등한데도 이룬 공적이 다른 것은 바로 이 3가지 술책이 다르기 때문이다.

당초 장이張耳와 진여陳餘는 진섭陳涉에게 6국을 다시 세우고 그곳에 자신의 무리를 심을 것을 설득했다. 역이기도 유방에게 비슷한 권유를 했다. 말한 내용이 같은데도 득실이 다른 것은 때가 달랐기 때문이다. 진섭이 일어날 때는 천하가 모두 진나라의 패망을 바랐다. 그러나 천하가 초·한으로 나뉘어 장차 어떻게 평정될지도 확연히 드러나지 않은 지금은 천하가 모두 반드시 항우의 패망을 바라는 것이 아니다. 그래서 6국을 다시 세우는 것이 진섭에게는 "자신의 당파를 많이 심어 결과적으로 진나라의 적을 더 많게 만든다"는 이치에 부합했다. 게다가 당시 진섭은 천하를 마음대로 움직일 만한 땅이 없었다. 진섭이 6국을 세우는 것은 이른바 "자신이 소유치 않은 것을 취해 다른 사람에게 주고 명목상의 은혜를 베풀어 실제상의 복을 얻는다"는 취지에 부합했다. 그러나 지금 6국을 세우는 것은 유방에게 소위 '자신이 소유한 것을 잘라 적에게 보태주고 헛된 명성을 세워 실제상의 화를 입는 것'이다. 이것이 바로 동일한 사안일지라도 때에 따라 다른 득실을 초래하는 동사이형同事異形이다.

항우에게 죽임을 당한 초나라 장수 송의宋義가 진·조 두 나라가 싸우다가 모두 쓰러지기를 기다린 것은 취지 면에서 옛날의 전설적 용사인 변장자卞莊子가 서로 싸우다 지친 두 호랑이를 찌르고자 한 것과 같다. 이 술책은 전국시대만 하더라도 통할 수 있었다. 전국시대는 여러 나라가 건립된 후 오랜 세월이 흐른 까닭에 한 번의 승부가 반드시 나라의 존망을 좌우한 것은 아니었다. 당시의 형세는 적국을 멸망시키는 긴급한 형세에 비교할 만한 것은 아니었다. 전진하여 이로운 형세를 올라타고, 퇴각하여 스스로를 보전하면서 힘을 축적하는 식으로 때를 기다리며 적의 피폐를 틈타 움직일 수 있었던 이유다. 그러나 지금은 초·조 등이 흥기해 진나라와 형세상 함께 존재할 수 없는 형세가 조정되었다. 안위의 기미가 숨 쉬는 사이에도 수시로 변하는 까닭에 전진하면 성공을 거두고 퇴각하면 화를 입을 수밖에 없다. 이것이 바로 동일한 사안일지라도 때에 따라 다른 형세를 초래하는 동사이세同事異勢이다.

조나라를 공벌할 당시 한신이 저수泜水의 강가에 주둔하자 조나라 군사들은 이들을 깨뜨릴 수 없었다. 그러나 팽성彭城의 싸움 당시 유방은 수수睢水의 강가에서 싸우는 바람에 병사들이 모두 수수에 빠져 죽고 초나라 군사는 대승을 거두었다. 어째서 그러한가? 조나라 군사는 자기 나라를 벗어나 전투를 한 까닭에 유리하다고 판단되면 전진하고 곤경에 처하면 퇴각하는 자세로 임했다. 자기 목숨을 돌아보는 마음을 품은 까닭에 죽음을 무릅쓰고자 하는 의지가 없었다. 반대로 한신의 군사는 강을 등진 채 고립되어 있었다. 병사들은 필사의 각오를 다지며 두 마음을 품지 않았다. 한신이 승리한 이유다. 유방은 적국에 깊숙이 들어왔는데도 술을 받아놓고 연회를 베푼 까닭에 병사들이 편히 즐기며 결전의 마음이 견고하지 못했다. 반대로 초나라는 강대한 위엄을 갖고 있는데도 도성인 팽성을 잃은 까닭에 병사들 모두 분개하는 기운이 넘쳐 급히 달려가 패망을 구하고자 하는 마음을 품고 있었다. 한나라가 패한 이유다. 한신은 선별된 정예병으로 지키고, 조나라는 자기 목숨을 돌아보는 군사로 공격했다. 항우는 선별된 정예병으로 공격하고, 유방은 나태한 병사로 응했다. 이것이 바로 동일한 사안일지라도 때에 따라 다른 결과를 초래하는 동사이정同事異情

이다.

그래서 이르기를, '임기응변의 방도는 미리 확정할 수 없고, 국면의 변화는 미리 계모計謀할 수 없다'고 하는 것이다. 시변時機에 따라 옮기고 사물의 변화에 따라 변하는 것이 바로 책략을 세우는 관건이다."

장량이 유방이 먹던 밥상 위의 젓가락을 빌려 역이기의 봉건封建 계책이 잘못된 것을 그려 보인 것을 두고 흔히 화저조봉畫著阻封이라고 한다. 순열의 지적은 장량의 '화저조봉'이 똑같은 사안일지라도 상황에 따라 동사이형同事異形과 동사이세同事異勢 및 동사이정同事異情의 3가지 다른 모습으로 나타날 수 있다는 사실을 통찰한 것임을 뒷받침한다.

개혁개방과 소프트웨어

한동안 중국에서는 '번신불망모택동翻身不忘毛澤東, 치부불망등소평致富不忘鄧小平'이라는 말이 유행했다. 인민들을 정치적으로 해방시켜 준 것은 모택동의 은공이고, 인민들을 부유하게 해준 것은 등소평의 은공이니 이를 잊지 말자는 뜻이다. 인민들이 두 사람에 대해 공히 감사해하고 있음을 보여준다.

모택동은 득천하得天下에 남다른 재주가 있었다. 천하를 삼키려는 기백과 뛰어난 정치 재능과 전략, 중국의 고전을 두루 꿰는 해박한 지식, 기존의 가치에 얽매이지 않는 문학적 상상력, 거칠 것이 없는 천마행공天馬行空의 행보 등이 그를 '신 중화제국'의 초대 황제로 만드는 근본 요인으로 작용했다. 실제로 문장과 서예, 시문, 강연 등에서 그 누구도 감히 그를 추월하지 못했다. 독보적인 존재였다. 게다가 그의 무공 또한 화려하기 짝이 없다. 항일과 국공내전, 한국전쟁의 항미원조抗美援朝, 중소분쟁 등 세기사적인 싸움에서 그는 한 번도 패하지 않았다. 중국의 역대 황제를 통틀어 문무 양면에서 이런 위업을 이룬 사람은 그리 많지 않다. 진시황과 한무제, 위무제 조조, 강희제 등 몇 사람에 지나지 않는다.

등소평은 모택동과 완전히 다른 유형의 사람이다. 고전과 시문에 특별한 재능이 있었던 것도 아니고, 모택동처럼 호언장담을 즐겨 하지도 않았다. 그러나 그는 나름대로 뛰어난 덕목을 지니고 있었다. 성격이 침착하고, 일에 과단성이 있었고, 말보다 실천을 중시하고, 명색보다 실리를 추구하는 등의 실사구시實事求是를 추구한 게 그것이다. 모택동은 이를 중국 고전과 버무려 '모순론'과 '실천론'이라는 그럴듯한 '모택동 사상'을 주조해냈지만 그는 이런 복잡한 일을 하지 않았다. 대신 모든 것을 간명한 슬로건으로 통합시켰다. 흑묘백묘黑猫白猫 구호가 그렇다.

그가 모택동과 달리 '살생'을 즐겨하지 않은 것도 이와 무관치 않다. 그는 부득이 반격을 가할 때도 최대한 지나치게 하지 않으려고 애썼다. 화해의 여지를 남긴 것이다. 그의 치세 때 화국봉, 호요방, 조자양 등이 비록 실각했지만 천수를 누린 이유가 여기에 있다. 이는 원하는 목표인 실리를 챙길 수만 있다면 방법론에 해당하는 명목은 그다지 중요하지 않다는 '흑묘백묘'의 논리가 적용된 결과로 볼 수 있다. 모택동이 21세기 버전의 법가라면 등소평은 21세기 버전의 종횡가에 해당한다.

그의 이런 특징은 3권으로 이뤄진 『등소평문집』이 잘 보여준다. '실천론'과 '모순론' 등 복잡한 사상론을 담은 5권짜리 『모택동문집』보다 볼륨도 적고 내용 또한 주로 그의 담화로 꾸며졌다. 그는 모택동과 달리 전고를 인용하지도 않았고, 어려운 말은 더더욱 사용하지 않았다. 모든 게 일반인이 쓰는 통상적인 용어였다. 모택동이 여색을 밝히며 역대 왕조의 '황제'처럼 군림한 것과 달리 그는 말 그대로 평범한 서민적인 삶을 즐겼고 가정을 중시했다.

지향하는 바도 달랐다. 모택동은 모든 것을 '정치'의 관점에서 바라보았다. 먹고사는 '경제'도 뒷전이었다. 경제는 어디까지나 정치를 위해 복무하는 종속물에 지나지 않았다. 그가 1952년의 부패와 낭비 및 관료주의 타파를 내세운 소위 '삼반운동三反運動'을 비롯해 1956년의 '명방운동鳴放運動', 1958년의 '대약진운동', 1964년의 '사청운동四淸運動', 1966년의 '문화대혁명' 등 죽는 순간까지 부단히 정치혁명 운동을 전개한 이유다. 그가 '득천하'에 성공하고도 '치천하'에서는 철저히 실패한 것도 바로 이 때문이다.

원래 '경제'와 '정치'는 불가분의 관계에 있다. 우선순위로 보면 오히려 '경제'가 '정치'보다 선결되어야 한다. 공자가 이른바 선부후교先富後敎를 역설한 이유다. 그러나 모택동은 공자를 봉건반동의 표상으로 비판하며 이런 평범하면서도 중대한 진리를 애써 무시하거나 간과했다. 머릿속에 있는 한정된 지식을 마치 불변의 진리인 양 착각하는 독선과 아집의 결과로 볼 수밖에 없다.

등소평은 이와 정반대되는 모습을 보였다. 그는 '정치'보다 오히려 '경제'에 관심이 많았다. 이는 그의 이력과 무관치 않다. 그는 '중화제국' 창건 후 경제 관련 국무원 부총리를 맡았다. 일정기간 재정부장도 맡았다. 1962-1966년 사이에는 당면한 경제 문제 해결에 열정을 쏟았다. 1973년 다시 중앙무대에 복귀했을 때는 경제를 중시한 일로 인해 다시 쫓겨나기도 했다. 당시 어떤 사람은 그를 단순한 경제주의자라고 비난하기도 했다. 경제를 중시하는 그의 신념은 천하를 거머쥔 1978년 이후 그 빛을 발하기 시작했다. 오늘의 중국이 있게 된 배경이다. 1989년 그의 '개혁개방' 정책에 대한 강한 의문이 제기되자 그는 단호하게 말했다.

"중국은 반드시 중국 특색의 사회주의 시장경제의 길로 나아가야 한다."

경제 우선의 기본 노선은 결코 흔들릴 수 없다고 못 박은 것이다. 그가 이런 노선을 견지했기에 중국인의 먹고사는 문제가 해결되고 부강의 길로 들어설 수 있게 되었다. '창조적 파괴'가 요구되는 난세의 시기에는 기존의 전통과 질서, 가치에 얽매이지 않는 모택동과 같은 혁명가가 필요하다. '경제'보다 '정치'를 우선할 수 있는 이유다. 그러나 일단 나라가 들어선 뒤에는 '경제'를 '정치'보다 앞세워야만 한다. 그래야 맹자가 갈파했듯이 인민이 항산항심恒産恒心을 가질 수 있기 때문이다. 모택동은 이를 간과했다.

등소평은 21세기의 종횡가답게 모든 면에서 현실에 기초한 '실사구시'의 원칙을 철저히 지켰다. 늘 회의석상에서 과묵한 표정으로 앉아 있으면서 요청이 있을 때에 한해 마지못한 듯이 한두 마디 한 것도 이와 같은 맥락에서 이해할 수 있다. 무수한 고전을 끌어들여 현란한 논변을 구사한 모택동과 극명한 대조를 이룬다. 그러나 그의 말은 모두 사안의 핵심을 찌르는 촌철살인寸鐵殺人의 명구였다.

이런 일화도 전해진다. 1935년 10월 모택동은 장개석의 총공세에 몰려 이른바 '대장정'으로 미화된 퇴각행보 끝에 중국 북부의 연안에 도착했다. 주은래를 최측근 보좌관으로 임명하고 장문천을 당 대변인, 팽덕회를 군 책임자로 삼았다. 등소평은 임표가 지휘하는 제1군단의 선전부 주임으로 일했다. 이듬해인 1936년 등소평은 모택동의 지시를 좇아 동정東征에 나섰다. 산서군벌 염석산이 목표였다. 이해 5월 논공행상이 이뤄졌다. 그는 제1방면군 정치부 부주임으로 승진했다. 모택동의 신임이 그만큼 두터워졌음을 시사한다. 이해 10월 모택동이 등소평에게 주은래를 수행해 무사히 대장정을 마치고 연안으로 오는 제2방면군과 제4방면군을 영접하게 했다. 두 사람이 출발하기 직전 모택동이 이들을 자신의 동굴 숙소로 불렀다. 임무에 대해 몇 가지 지시를 내린 모택동이 문득 말머리를 돌렸다.

"그래, 두 사람은 프랑스에서 뭘 배웠소?"

등소평이 대답했다.

"전 5년 동안 공장을 전전하며 일만 했습니다."

모택동이 신이 난 듯 물었다.

"프랑스 여자들이 그렇게 예쁘다고 하던데 과연 어땠소?"

언변이 뛰어난 주은래가 모택동의 짓궂은 농담에 잠시 주춤했다. 등소평이 대신 대답했다.

"별것 없습니다. 여자는 다 똑같습니다. 특히 어두운 데서는 말입니다!"

동굴 숙소가 떠날 정도로 세 사람의 입에서 홍소哄笑가 터져나왔다. 등소평은 주은래가 갖지 못한 장점이 있었다. 5척 단군에 동안을 한 그는 재치 있는 육담肉談으로 사람들을 즐겁게 만들어 긴장을 풀어주는 특이한 재주가 그것이다. 직관이 뛰어난 사람만이 이런 재주를 부릴 수 있다. '형이상의 위트'에 뛰어난 주은래가 꾸준한 학업을 통해 진리에 이르는 교문敎門 출신이라면 '형이하의 재담'에 뛰어난 그는 직관을 통해 단박에 깨달음에 이르는 선문禪門 출신에 가까웠다. 공식 석상에서조차 특별한 일이 없으면 입을 다물고, 진지하게 남의 말을 경청하고, 꼭 필요한 말만 하고, 한마디 할 때는 정곡을 찌르는 촌철살인의 화법을 구사하는 게 그의 장점이었다. 「반응」의 다음 구절과 부합한다.

"나를 전혀 드러내지 않는 가운데 상대가 말하는 바의 속셈을 파악해야 한다. 이것이 바로 사람의 마음을 낚는 그물인 이른바 조인지망釣人之網이다. 항상 이런 그물을 갖고 다니며 상대에게 구사할 필요가 있다."

나를 드러내지 않기 위해서는 말을 많이 해서는 안 된다. 상대가 말하는 바의 속셈을 파악하기 위해서는 경청을 해야 한다. 등소평은 '조인지망'을 들고 다녔던 셈이다. 개혁개방을 상징하는 '흑묘백묘'의 명구가 나오게 된 배경이다.

오너가 경청을 잘해 초일류 글로벌 기업으로 우뚝 선 대표적인 사례로 삼성을 들 수 있다. 이는 창업주인 이병철 전 회장 때부터 내려온 전통이기도 하다. 이병철은 아들 이건희에게 남의 말을 열심히 들으라는 취지의 경청과 사업보국事業報國의 외길을 의연하게 걸어가라는 취지의 목계木鷄를 좌우명으로 내려준 바 있다. '목계' 일화는 『장자』 「달생」편과 『열자』 「황제」편에 나온다.

이에 따르면 하루는 주나라 대부 기성자가 투계鬪雞를 좋아하는 주선왕을 위해 싸움닭을 길렀다. 열흘 후 왕이 물었다.

"닭을 이제 싸움판에 내놓을 만한가?"

"아직 안 되었습니다. 헛되이 교만하여 자기 기운만 믿는 상태입니다."

열흘 후 다시 물었다.

"아직 안 되었습니다. 다른 닭만 보면 싸우려 드는 상태입니다."

열흘 후 또 물었다.

"아직 안 되었습니다. 상대방을 노려보며 기운이 성한 상태입니다."

열흘 후 재삼 묻자 마침내 이같이 대답했다.

"다 됐습니다. 닭이 비록 주변의 변화에 민감하게 반응해 소리를 내지르는 짐승이라고는 하나 이제 변화가 없게 되었습니다. 저놈을 바라보면 마치 '목계'와 같습니다. 다른 닭들이 저놈을 보면 감히 도전하지 못하고 이내 꽁지 빠지게 달아나고 있습니다."

'목계'는 외부의 크고 작은 변화에 아랑곳하지 않고 의연하게 자신이 나아가야 할 길을 걸어가는 것을 상징한다. 신속하면서도 통이 큰 과단果斷과 일단 결단하면 반드시 일을 성사시키고야 마는 투지鬪志, 스스로를 쉼 없이 채찍질하며 전진하는 『주역』의 자강불식自强不息과 취지를 같이한다. '경청'은 먼 미래를 내다보는 원모遠謀와 사안의 본질을 꿰뚫어 보는 견식見識, 상식의 허를 찌르는 독보적인 창견創見을 위한 대전제에 해당한다. 고금을 막론하고 리더가 자만심이 지나친 나머지 경청을 소홀히 할 경우 예외 없이 독선에 빠져 자멸하고 말았다.

삼성이 장차 소프트웨어마저 석권할 경우 이는 아편전쟁 이래 근 200년 만에 동양이 세계경제의 주도권을 되찾아오는 상징적 사건이 된다. '목계' 행보를 변함없이 견지하면 애플을 제압하고 하드웨어와 소프트웨어를 망라해 명실상부한 IT제국의 최강자로 부상할 수 있다. 일각에서 격변하는 21세기 동북아를 제대로 파악하고자 하면 삼성의 홍기배경을 알아야 하고, 그러기 위해서는 사령탑인 이건희의 '경청 리더십'부터 알아야 한다는 주장이 설득력을 지니는 이유다. 모든 것이 급변하는 21세기의 '스마트 시대'에는 '경청 리더십'이 더욱 절실하다.

제3편 내건 |內揵| 상대와 굳게 결속하라

「내건」은 군주에게 간언을 하거나 계책을 올릴 때 구사하는 술책이다. 상대와 굳건한 내부결속이 이뤄지지 않은 상황에서 함부로 간하거나 헌책했다가는 오히려 의심을 사는 등 낭패를 보기 십상이다. 상대가 사안의 반면反面을 읽으면서 의구심을 품기 때문이다. 평소 사적인 결속을 통해 상대의 취향과 의중 등을 세밀히 분석해 두어야 하는 이유다. 상대가 간절히 원하는 게 무엇인지 제대로 헤아리지 못할 경우 유사시 출구를 찾기 힘들다. 영화관 등에서 유사시를 대비해 비상구를 미리 확인해두는 것에 비유할 수 있다. 매사에 이같이 임할 경우 불측의 위기에서 쉽게 벗어날 수 있다. 비즈니스 정글에서도 그대로 통용된다. 시장 전체의 흐름을 파악한 가운데 상관과 부하직원, 회사 안팎의 상황을 정확히 읽을 줄 알아야 자신의 계책이 통용될 수 있다. 유사시 진퇴를 분명히 하기 위해서라도 반드시 상대와 굳건한 내부결속이 전제되어야 한다. 상대에 대한 분석이 정확하면 정확할수록 진퇴의 절도를 찾을 수 있다.

3-1

君臣上下之事, 有遠而親, 近而疏. 就之不用, 去之反求. 日進前而不御, 遙聞聲而相思. 事皆有內揵, 素結本始. 或結以道德, 或結以黨友, 或結以財貨, 或結以采色. 用其意, 欲入則入, 欲出則出, 欲親則親, 欲疏則疏, 欲就則就, 欲去則去, 欲求則求, 欲思則思. 若蚨母之從子也, 出無間, 入無朕. 獨往獨來, 莫之能止.

군신君臣의 상하관계를 보면 소원한 것 같으면서 친밀한가 하면 친근한 것 같으면서 소원한 경우가 있다. 곁에서 충심으로 보필하는데도 중용되지 못하는가 하면 조정을 떠났는데도 오히려 부름을 받는 경우도 있다. 매일 군주 곁에 있지만 발탁되지 못하는가 하면 멀리서 명성만 듣고도 군주가 크게 사모하며 발탁하고자 하는 경우도 있다. 이는 마음으로 굳건하게 결합하는 이른바 내건內揵의 정도 차이에 따른 것이다. 평소 군신이 서로 맺고 있는 결속의 수준이 이런 차이를 낳는다.

'내건'의 유형을 보면 도덕으로 결속하는가 하면 붕당의 동료인 당우黨友관계처럼 결속하기도 하고, 재화로 결속하는가 하면 여색과 오락으로 결속하기도 한다. 군주의 의도를 정확히 헤아릴 수만 있다면 신하는 생각하는 바에 따라 8가지를 행할 수 있다. 첫째 임의로 들어가고 싶을 때 들어가고, 둘째 나가고 싶을 때 나가고, 셋째 친해지고 싶을 때 친해지고, 넷째 멀어지고 싶을 때 멀어지고, 다섯째 자리를 얻고자 할 때 얻고, 여섯째 자리를 떠나고자 할 때 떠나고, 일곱째 징소徵召를 받고자 할 때 받고, 여덟째 군주로 하여금 자신을 그리워하게 만들고 싶을 때 그리워하도록 만들 수 있다. 마치 파랑강충이 모자가 서로 좇으며 헤어지지 않는 것과 같다. 임의로 들어오고 나갈지라도 서로 틀어질 틈이나 조짐이 전혀 없다. 홀로 판단해 임의로 오가는 이른바 독왕독래獨往獨來를 행할지라도 제지할 사람이 없는 이유다.

내건內揵은 안으로 걸어 잠근다는 의미로 여기의 건揵은 문빗장을 뜻하는 건楗 내지 건鍵과 통한다. 거지반구去之反求의 구求는 징소徵召를 뜻한다. 소결본시素結本始의 '소'는 평소, '본시'는 본원의 뜻이다. 부모지종자蚨母之從子의 부蚨는 매미보다 약간 작고, 더듬이는 길고 홑눈이 두 개이며 농작물의 진을 빨아먹는 파랑강충이, 즉 청부靑蚨를 말한다. '모지종자'는 모자가 서로 붙어다니며 떨어지지 않는 것을 의미한다. 남북조시대 동진東晋의 간보干寶가 편찬한 『수신기搜神記』는 묘사하기를, "파랑강충이는 풀잎에 알을 낳는다. 자라면 누에만 하다. 새끼를 잡으려고 하면 어미가 원근을 막론하고 날아온다. 몰래 다가갈지라도 어미는 반드시 이를 알아챈다"고 했다.

3-2

內者, 進說辭也. 揵者, 揵所謀也. 欲說者, 務穩度. 計事者, 務循順. 陰慮可否, 明言得失, 以御其志. 方來應時, 以合其謀. 詳思來揵, 往應時當也.

내內는 군주에게 유세하는 것이고, 건揵은 계책을 건의해 난국을 타개함으로써 군주의 신임을 얻는 것을 말한다. 유세하는 자는 반드시 먼저 시세時勢를 깊이 헤아린 뒤 은밀히 군주의 의중을 헤아리는 데 힘써야 한다. 계책을 건의하고자 하는 자 또한 반드시 먼저 군주의 의중을 좇아 건의해야 한다. 스스로 은밀히 시행할 수 있는지 여부를 따져본 뒤 군주 앞에서 사안의 득실을 공개적으로 설명한다. 군주의 의중에 영합해 신임을 얻는 비결이다. 이때 건의한 계책은 반드시 적절한 때인 시기時機와 맞아떨어져야 하고, 군주의 의중에도 부합해야 한다. 이는 반드시 먼저 상세하고 주밀周密한 계책을 세워두었다가 군주가 요구할 때 곧바로 응하는 방식을 취해야 한다. 이같이 하면 어떤 경우든 합당하지 않은 경우가 없다.

무은탁務穩度의 '은탁'은 은밀히 남의 마음을 미루어 헤아리는 암중췌탁暗中揣度을 말한다. 무순순務循順의 '순순'은 수순을 좇아 행한다는 의미이다. 음려陰慮를 도홍경은 은밀히 생각을 거듭하는 은려隱慮로 풀이했다. 이와 반대되는 것이 공개적으로 떠드는 명언明言이다. 방래응시方來應時의 '방'은 계모, '응시'는 시의에 부합하는 것을 의미한다.

3-3

夫內有不合者, 不可施行也. 乃揣切時宜, 從便所爲, 以求其變. 以變求內者, 若管取揵. 言往者, 先順辭也, 說來者, 以變言也. 善變者審知地勢, 乃通於天, 以化四時, 使鬼神, 合於陰陽, 而牧人民. 見其謀事, 知其志意. 事有不合者, 有所未知也. 合而不結者, 陽親而陰疏. 事有不合者, 聖人不爲謀也.

무릇 건의한 계책이 군주의 의중과 부합하지 않을 경우 그 계책은 시행될 길이 없다. 이때는 시기時機에 가장 적의適宜한 사항이 무엇인지 세심히 헤아린 뒤 시행하기에 가장 유리한 쪽으로 계책을 바꿔야 한다. 현실에 바로 적용할 수 있는 생생한 내용으로 임기변통臨機變通해야만 군주의 마음을 얻을 수 있다. 이같이 하면 마치 열쇠를 들고 자물쇠를 여는 것처럼 그 입장을 수동에서 능동으로 일변시킬 수 있다.

군주에게 유세할 때 이미 지나간 일을 언급할 경우에는 군주의 말을 그대로 수긍하는 이른바 순사順辭로 말한다. 앞으로 다가올 일을 언급할 경우에는 암시적으로 변통의 여지가 많다는 점을 강조하는 이른바 변언變言으로 말한다. 변통에 능한 자는 각국의 지리형세에 밝고, 천문과 사시의 변화에 정통하다. 이같이 하면 귀신도 부릴 수 있고, 음양의 이치에도 부합할 수 있고, 사람들도 능히 손에 넣어 임의로 부릴 수 있다.

신하는 군주가 행하는 일의 가시적인 조치와 계책을 보고 군주의 의지와 의중을 읽을 줄 알아야 한다. 만일 자신이 행하는 일이 군주의 의중에 부합하지 않는 게 있다면 이는 뭔가를 제대로 알지 못했기 때문이다. 이 경우 아무리 군주의 뜻에 영합할지라도 군주의 마음속으로부터 우러나는 진정한 신임을 얻을 수 없다. 군주가 겉으로는 친한 척하면서 내심 멀리하는 이유다. 군주의 의중에 부합하지 못할 경우 아무리 성인일지라도 계책을 성사시킬 도리가 없다.

납유불합內有不合의 납內은 군주에게 올린 진언進言 내지 계책을 뜻한다. 췌절시의揣切時宜의 '췌절'을 도홍경은 남의 마음을 헤아려 짐작하고 서로 격려하면서 수양하는 췌량절마揣量切磨로 풀이했다. '절마'는 옥을 비비면서 갈아 빛나게 한다는 의미인 절차탁마切磋琢磨의 줄임말이다. 절마切摩로도 쓴다. 약관취건若管取揵의 관管과 건揵은 각각 자물쇠와 빗장을 뜻한다. 함께 쓸 경우 관건關鍵과 같은 의미가 된다. 순사順辭는 군주의 의중에 부합하는 언사를 구사한다는 뜻이고, 변언變言은 군주에 영합하기 위해 언사를 바꾼다는 뜻이다. 『귀곡자』가 역설하는 이른바 변언술變言術의 근본 취지가 바로 '변언순사'에 있다. 각국의 지리형세에 밝고 천문과 사계의 변화에 정통한 지지통천知

地通天은 '변언순사'의 선결요건으로 제시된 것이다. 사유불합事有不合을 도홍경은 둥글게 장붓구멍을 뚫은 뒤 각진 장부촉을 끼우는 원착방예圓鑿方枘로 풀이했다.

3-4

故遠而親者, 有陰德也. 近而疏者, 志不合也. 就而不用者, 策不得也. 去而反求者, 事中來也. 日進前而不御者, 施不合也. 遙聞聲而相思者, 合於謀待決事也. 故曰, 不見其類而爲之者見逆, 不得其情而說之者見非. 得其情乃制其術, 此用可出可入, 可揵可開. 故聖人立事, 以此先知而揵萬物.

군신의 관계가 외양상 소원한 듯 보이는데도 친한 것은 당사자와 군주가 은밀히 서로 통하는 이른바 음덕陰德이 작용하기 때문이다. 관계가 외양상 가까운 듯 보이는데도 소원한 것은 의지가 서로 합치되지 않기 때문이다. 군주의 곁을 지키고 있는데도 중용하지 못하는 것은 계책이 군주의 마음을 얻지 못하기 때문이다. 조정을 떠났는데도 오히려 부름을 받는 것은 건의한 계책이 결국 옳다는 사실이 증명되는 응험應驗이 이뤄졌기 때문이다. 매일 군주 곁에 있는데도 발탁되지 못하는 것은 행하는 일이 군주의 의중에 부합하지 않기 때문이다. 멀리서 명성만 듣고도 군주가 크게 사모하며 발탁하고자 하는 것은 계책이 군주의 의중과 맞아 떨어지고 군주가 그가 올 때를 기다려 결책決策하고자 하기 때문이다. 그래서 말하기를, "군주가 어떤 사람인지 모른 채 일을 추진하는 자는 반드시 배척을 당하고, 군주의 의중을 모른 채 유세하는 자는 반드시 비난을 받는다"고 하는 것이다. 먼저 상대의 의중을 헤아려야만 적절한 계책을 마련해 실행에 옮길 수 있다.

이것이 임의로 조정을 드나들며 군주와 깊이 결속하고 의도하는 바대로 군주의 마음을 여닫을 수 있는 길이다. 성인은 일을 도모할 때 이런 방법으로 미리 객관적인 정황을 훤히 파악해 실행 여부를 판단한 뒤 만물을 제어하는 이른바 선지건물先知揵物을 시행했다.

음덕陰德을 도홍경은 은밀히 사적으로 서로 이득을 보는 음사상득陰私相得으로 풀이했다. 견역見逆은 배척을 당한다는 뜻으로 견見은 피동의 뜻으로 사용된 것이다. 득기정내제기술得其情乃制其術은 군주의 의중에 부합하기 위해 임기응변으로 언사를 바꾸는 변언순사變言順辭와 취지를 같이하는 것이다. 여기의 정情은 군주의 실정實情, 제制는 제정, 즉 구체적인 정책 및 법제의 수립을 뜻한다. 실정을 먼저 정확히 파악해 시행 여부를 판단한 뒤 해당 사안을 장악한다는 취지의 선지이건만물先知而揵萬物도 같은 맥락에서 나온 것이다. '건만물'의 건揵은 만물을 빗장 속에 가둬 떠나지 않도록 만든다는 뜻으로 곧 제어制御를 의미한다.

3-5

由夫道德仁義, 禮樂忠信計謀. 先取詩書, 混說損益, 議論去就. 欲合者用內, 欲去者用外. 外內者, 必明道數. 揣策來事, 見疑決之. 策無失計, 立功建德,

군주에게 유세할 때 도덕道德과 인의仁義, 예악禮樂, 충신忠信, 계모計謀 순으로 진언하면서 『시경』과 『서경』의 인용구절 속에 자신의 의중을 끼워 넣어야 한다. 이때 인용구절을 늘이거나 줄이는 식으로 시국을 논하면서 군주의 반응을 보며 떠날 것인지 아니면 남아서 보필할 것인지 여부를 결정한다. 남아서 보필하고자 하면 군주의 마음에 부합하는 식으로 신임을 얻고, 떠나고자 하면 군주의 마음에 영합할 필요가 없다. 어느 경우든 모두 반드시 군주의 의중과 부합하는 유세술의 기본 이치 위에 서 있어야 한다. 진퇴 결정의 판단이 쉽지 않을 때는 앞일을 미리 헤아린 후 다시 계책을 내 결단한다. 그리하면 계책을 수립할 때 실수하는 일이 없고 공덕 또한 크게 세울 수 있을 것이다.

도덕인의道德仁義와 예악충신禮樂忠信은 군주에게 진언할 때 군주의 실정을 파악한 뒤 유세하는 내용의 순서를 차례로 언급한 것이다. 한마디로 득정행도得情行道로 요약할 수 있다. 선취시서先取詩書의 '시서'는 『시경』과 『서경』을 지칭한 것이다. 춘추전국시대만 해도 『시경』은 통상 『시』 또는 『시삼백詩三百』으로 불렸다. 『서경』 역시 『서』로 통칭됐다. 혼세손익混說損益의 '혼세'는 유세 도중 『시』와 『서』 등의 글귀를 인용하면서 슬쩍 자신의 의중을 담은 언사를 끼워 넣은 것을 말한다. '손익'은 시사時事에 대한 논평을 뜻한다. 의론거취議論去就는 시사논평을 행하면서 군주를 보필한 것인지 아니면 곁을 떠날 것인지 여부를 스스로 결정하는 것을 말한다. 필명도수必明道數의 '도수'는 유세술의 기본 이치를 지칭한다.

3-6

治名入產業, 曰揵而內合. 上暗不治, 下亂不寤, 揵而反之. 內自得而外不留, 說而飛之. 若命自來, 己迎而御之. 若欲去之, 因危與之. 環轉因化, 莫知所爲, 退爲大儀.

군주가 군신의 직분을 명확히 세우고 백성들을 다스리는 것을 돕고자 할 경우 먼저 백성들이 일정한 산업에 종사하는 풍토를 조성한다. 이를 일컬어 군주의 마음 깊은 곳에서 결속한 건이내합揵而內合이라고 한다. 윗사람이 크게 어두워 제대로 다스리지 못하면 아랫사람이 전횡하는데도 깨닫지 못한다. 이때는 뒤로 물러나 두 번 다시 계책을 내지 않는 이른바 건이반지揵而反之 방안을 적극 고려해야 한다.

군주가 스스로 옳다고 자만하며 주변의 말을 듣지 않을 경우 칭찬하는 말로 띄워주며 환심을 사는 수밖에 없다. 만일 자신을 부르는 명이 내려지면 먼저 받아들인 뒤 자신의 의중을 구체화하는 방안을 강구한다. 군주 곁을 떠나고자 할 경우에는 자신이 계속 곁에 남아 있으면 군주에게 해가 될 수 있다는 얘기를 늘어놓아 군주 스스로 보내주도록 만든다. 남거나 떠나는 것 모두 굴렁쇠가 땅 위를 굴러갈 때처럼 주어진 상황에 따라 자연스럽게 변화하는 이른바 환전인화環轉因化의 모습을 띠면 아무도 그 행하는 바를 알 수 없다. 이런 경지에 오르면 가히 몸을 온전히 보전하며 물러나는 유세의 대원칙을 안다고 할 만하다.

치명입산업治名入産業의 '치명'은 군신간의 명분과 직분의 확립을 뜻하는 군신지의君臣之義의 의미이다. '입산업'은 치민治民을 통해 나라의 기틀을 튼튼히 하는 흥업興業을 뜻한다. 건이내합揵而內合은 군주를 빗장 안에 가둬 한마음이 되는 것을 의미한다. 이와 반대되는 것이 건이반지揵而反之이다. 군주가 혼암昏暗하고 신하들이 작란作亂하는 상황을 뜻한다. 유세가 제대로 먹히지도 않을 뿐만 아니라 자칫 목숨을 잃을 수도 있다. 세이비지說而飛之는 군주의 환심을 사기 위해 크게 띄워주는 것을 말한다. 크게 칭찬하거나 높이 추어올린다는 뜻으로 사용되는 우리말 속어 '비행기를 태우다'와 취지를 같이한다. 도홍경은 크게 띄워주어 군주의 마음을 낚는 비양조심飛揚釣心으로 풀이했다. 영이어지迎而御之의 영迎은 접수, 어御는 시봉侍奉의 뜻이다. 인위여지因危與之를 두고 도홍경은 장차 위기가 도래한다는 식의 언사로 풀이했고, 윤동양은 벼슬길을 떠나는 불사不仕로 풀이했다. 이에 대해 유월은 위危를 궤詭의 고자古字로 간주하면서 거짓으로 군주를 대한다는 의미로 풀이했다. 이같이 해석해도 뜻이 통한다. 환전인화環轉因化의 '환전'은 굴렁쇠가 굴러가는 것을 뜻하고, '인화'는 주어진 상황에 따라 자연스럽게 변화하는 임기응변을 의미한다. 퇴위대의退爲大儀의 '대의'를 도홍경은 기본 법칙인 대법大法으로 풀이했다.

관중과 제환공

「내건」은 상대의 의중에 부합하는 유세와 건의를 통해 군주의 신임을 얻는 것을 말한다. 역사적으로 볼 때 '내건'에 성공한 가장 대표적인 인물로 관중管仲을 들 수 있다. 관중은 제나라 출신이다. 그가 태어날 때 제나라는 매우 어지러웠다. 그러나 원래 제나라는 그런 나라가 아니었다. 시조는 주나라 건국의 일등공신인 여상呂尙이다. 그의 원래 성은 강姜이고 이름은 상尙이다. '여'는 그의 봉지에서 나온 것이다. 중국에 출현한 책사의 시조로 일컬어진다. 낚시꾼의 별칭으로 불리는 강태공姜太公은 바로 그를 지칭한다. 위수 가에서 낚시를 드리우고 자신을 알아주는 사람을 기다리다가 마침내 주문왕을 만나 주나라 건국의 일등공신이 됐다는 고사에서 나온 말이다. 여상의 또 다른 별칭인 태공망太公望은 주문왕이 여상을 만났을 때 자신의 조부인 태공이 원래부터 여상을 기다렸다고 말한 고사에서 나온 것이다. 일각에서는 '내건'의 가장 대표적인 사례로 주문왕과 강태공의 경우를 들고 있으나 전설적인 내용이 너무 많아 사례로 들기에 부적합하다.

다만 제나라가 건국 초부터 강태공의 나라를 자부한 것만은 확실하다. 그러나 불행하게도 시간이 흘러 관중이 태어날 때는 나라가 매우 어지러웠을 뿐만 아니라, 이웃한 소국 노나라에 업신여김을 받을 정도로 국력이 극도로 쇠약해져 있었다. 제양공齊襄公이 여색을 너무 밝힌 나머지 음행淫行의 풍조가 널리 만연한 게 크게 작용했다.

당시 관중과 포숙아는 각각 제양공의 이복동생인 공자 규糾와 소백小白의 스승으로 있었다. 포숙아는 장차 소백에게 화를 입힐 것을 우려해 이내 소백과 함께 거莒나라로 달아났다. 거나라는 소백의 외가 나라였다. 관중은 무도한 제양공이 살해되는 등의 급변사태가 일어나면 공자 규가 보위계승 1순위인 점에 주목해 마지막까지 도성인 임치성에 머물렀다.

기원전 686년 겨울 12월, 제양공이 사촌인 공손 무지無知 일당에게 살해당했다. 관중이 예상했던 사태가 일어난 것이다. 제나라 대부들은 제양공을 시해한 공손 무지를 토벌하기는커녕 오히려 받들고 나섰다. 일시적인 현상이기는 했으나 관중이 전혀 예상치 못한 일이었다. 보위에 오른 무지가 곧바로 손을 써 공자 규를 제거하려고 들자 관중은 공자 규와 함께 황급히 노나라로 달아났다.

망명 이듬해인 기원전 685년 봄, 제나라 대부 옹름雍廩 등이 주왕실에서 파견된 상경上卿 고혜高傒 등과 손을 잡고 공손 무지를 제거했다.

보위에 앉을 자격을 가진 사람은 먼저 거나라로 망명한 공자 소백과 뒤늦게 노나라로 망명한 공자 규 두 사람밖에 없었다. 원래 적자와 달리 서자는 나이의 순서가 그다지 중요하지 않았다. 나이는 공자 규가 소백보다 약간 많았지만 이는 아무 도움도 되지 않았다. 중요한 것은 대부들의 지지였다. 객관적으로 볼 때 공자 규가 유리했다. 공손 무지를 제거하는 데 앞장선 대부 옹름 등이 그를 지지했기 때문이다. 노장공魯莊公이 제나라 대부들과 만나 공자 규를 옹립하는 데 적극 협력하기로 약속하고 나서면서 공자 규의 승계는 거의 확정적이었다. 사서에는 자세한 기록이 나오지 않고 있으나 여기에는 관중의 역할이 적지 않았을 것으로 짐작된다.

그러나 제나라 대부 옹름과 공자 규 등이 간과한 게 하나 있다. 바로 무지를 제거하는 데 동참한 원로대신 고혜 등이 공자 소백과 매우 절친한 사실을 계산에 넣지 못한 점이다. 실제로 초기만 해도 이들은 고혜 등이 은밀히 사람을 거나라로 보내 소백에게 속히 귀국해 보위에 오를 것을 재촉한 사실을 전혀 눈치채지 못했다.

제나라 수도 임치를 기준으로 할 때 거나라는 노나라보다 훨씬 가까웠다. 제나라 대부들 가운데 대부 옹름을 좇는 사람이 수적으로는 훨씬 많았으나 권위 면에서 옹름은 고혜에 비교가 되지 않았다. 만일 소백이 지리적 이점을 최대한 활용해 먼저 귀국하고 고혜가 적극 나서 대부들을 설득할 경우 얼마든지 역전이 가능했다. 실제로 역사는 그런 쪽으로 진행됐다. 이처럼 중차대한 시기에 공자 규와 관중은 유사시에 대비한 대책에 소홀했다고 평할 수밖에 없다. 돌아가고 있는 주변상황에 대한 지나친 낙관이 역전패를 자초한 꼴이다. 보위를 놓고 다투는 경쟁에서 패하는 경우 목숨을 부지하기가 어려웠다. 생사의 갈림길에서 패착을 둔 셈이다.

초한전 때도 유사한 일이 빚어졌다. 한고조 유방이 진제국의 수도인 함양에 먼저 입성했다. 당시 항우는 제후들을 이끌고 진제국의 정예군과 정면으로 맞서 싸우는 바람에 뒤늦게 함양의 동쪽 관문인 함곡관에 이르게 되었다. 관문은 이미 꽉 닫혀 있었다. 유방이 군사를 보내 빗장을 건 것이다. 객관적으로 볼 때 '새치기'를 한 유방에게 여러 죄목을 뒤집어씌워 목을 칠 수 있는 상황이었다. 분을 삭이지 못한 항우는 이내 지금의 섬서성 임동현 동북쪽에 있는 음반성陰盤城의 동쪽 문인 홍문鴻門에 영채를 차렸다. 그는 곧 책사인 범증과 숙의하며 홍문의 연회 자리에서 유방의 목을 치기로 약속했다. 그러나 막상 연회 자리에서 도적들의 침공을 막기 위해 관문을 닫았다는 유방의 되지도 않은 사과에 이내 화를 풀고는 범증의 거듭된 재촉에도 미적거리며 결단을 내리지 못해 결국 역전을 허용하고 말았다.

20세기 초 『후흑학厚黑學』을 쓴 이종오는 낯가죽이 두껍고 속마음이 시꺼먼 소위 면후심흑面厚心黑 면에서 항우는 유방의 적수가 되지 못한 까닭에 결국 패하게 되었다는 분석을 내놓았다. 홍문의 연회 자리에서 유방의 목을 가차없이 베었어야 했는데도 후대인의 비판이 두려운 나머지 그리하지 못해 역전패의 빌미를 제공했다는 것이다. 타당한 지적이다.

당시 한 발 앞서 귀국한 소백이 제환공으로 즉위하자 제나라와 노나라 사이에 전운이 감돌았다. 노장공이 소백의 즉위를 인정하지 않은 탓이다. 공자 규와 그를 모시던 관중과 소홀召忽의 심경은 그보다 더했을 것이다. 『춘추좌전』의 기록이다.

"노장공 9년(기원전 685) 가을, 노나라 군사가 간시乾時에서 제나라 군사와 접전했다가 패했다. 노장공이 패해 전차를 잃고 다른 전차를 타고 돌아왔다."

이는 제나라가 이미 노나라 군사가 밀고 들어올 것을 예상해 철저히 준비했음을 시사한다. 실제로 『춘추좌전』에는 노장공이 허둥지둥 달아나던 상황을 상세히 기록해 놓았다. 『사기』「제태공세가」는 이때 제환공이 여세를 몰아 노장공에게 속히 공자 규를 죽이고 관중과 소홀을 제나라로 압송하라는 내용의 국서를 보낸 것으로 기록해 놓았다.

"공자 규는 나와 형제이나 죽이지 않을 수 없소. 청컨대 노나라 스스로 그를 죽여주기 바라오. 소홀과 관중은 나의 원수이니 장차 그들을 내 손으로 직접 죽여 젓을 담금으로써 마음을 통쾌하게 하고자 하오. 이를 좇지 않을 경우 장차 노나라 도성을 포위할 것이오."

관중을 제나라로 보내달라고 압박한 것은 포숙아의 계책이었다. 포숙아가 제환공에게 건의한 내용이 이를 뒷받침한다.

"관중의 정치적 재능이 상경인 고혜보다 뛰어나니 그를 재상으로 발탁해 쓰는 것이 가할 것입니다."

그러나 당시까지만 해도 제환공은 관중을 잘 몰랐다. 「제태공세가」에 나오는 포숙아의 건의 내용이 이를 뒷받침한다.

"군주가 장차 제나라를 다스리는 것으로 만족한다면 고혜와 저로서도 족할 것입니다. 그러나 장차 패왕이 되고자 한다면 관중이 없으면 안 됩니다. 그가 보필하는 나라는 반드시 패권을 차지할 것이니 그를 놓쳐서는 안 됩니다."

『국어』「제어」에 나오는 내용은 이보다 더 구체적이다.

"신은 단지 군주의 평범한 일개 신하에 불과할 뿐입니다. 군주가 신에게 은혜를 베풀려 한다면 제가 헐벗고 굶주리지 않게만 해주십시오.

이는 군주의 막대한 은혜입니다. 만일 나라를 잘 다스리고자 하면 이는 제가 능히 할 수 있는 일이 아닙니다. 그리하고자 하면 오직 관중이 있을 뿐입니다. 신은 5가지 점에서 그를 따라갈 수 없습니다. 백성이 편히 살며 즐거이 생업에 종사하게 할 수 있는 점에서 신은 그만 못합니다. 나라를 다스리면서 근본을 잃지 않는 점에서 그만 못합니다. 충성과 신의로써 백성의 신임을 얻는 점에서 그만 못합니다. 예의 규범을 제정해 천하 인민의 행동법칙으로 삼는 점에서 그만 못합니다. 영문營門 앞에서 북을 치며 전쟁을 지휘하여 백성들을 용기백배하도록 만드는 점에서 그만 못합니다."

『관자』「대광」편의 기록 등을 종합해 볼 때 당시 포숙아가 제환공에게 관중을 재상으로 전격 발탁할 것을 건의한 것은 거의 확실하다. 노나라로 보낸 국서에 속히 관중을 '압송'하라고 주문한 것은 말할 것도 없이 노나라의 의심을 벗어나기 위한 고육책이었다. 당시 소홀은 공자 규가 노장공이 보낸 사람에 의해 살해되자 곧바로 그의 뒤를 따라 스스로 목숨을 끊었다.

그러나 관중은 포숙아에게 자신을 묶어갈 것을 청했다. 이는 포숙아와 관중이 서로 교신하고 있었음을 암시한다. 『국어』「제어」에 따르면 당시 제환공은 친히 교외까지 나가 관중을 영접해 함께 수레를 타고 임치성으로 들어온 것으로 되어 있다. 파격이었다. 관중을 천하의 책사로 간주한 결과다. 자리에 앉자마자 제환공이 곧바로 치국방략을 물었다. 마음이 급했던 것이다. 관중이 대답했다.

"예禮, 의義, 염廉, 치恥 사유四維는 국가의 4가지 근본입니다. 나라의 기강을 세우고자 하면 반드시 이 네 가지 근본부터 펴야 합니다."

이는 『관자』의 첫 편인 「목민」의 앞 대목에 나오는 내용이다. '예의

염치'는 관중사상의 핵심을 이룬다. 「목민」편의 해당 대목이다.

"4유를 널리 베풀면 영이 잘 시행된다. 나라를 보존하는 법도는 바로 4유를 밝히는 데 있다. 천시天時에 힘쓰지 않으면 나라의 재물이 늘지 않고, 지리地利에 힘쓰지 않으면 창고가 차지 않는다. 4유가 베풀어지지 않으면 나라는 이내 멸망하고 만다."

제자백가 사상의 효시인 관중사상 가운데 유가사상과 맥을 같이하는 게 바로 '4유'이다. 덕으로 천하를 다스리는 왕도王道에 해당한다. 당시 제환공의 생각은 딴 데 있었다. 무력으로 천하를 호령하는 패도霸道가 그것이다. 「내건」의 관점에서 보면 관중의 첫 유세는 초점을 벗어난 셈이다. 제환공은 관중으로부터 '4유'에 관한 얘기를 듣고는 단도직입적으로 부국강병의 패도방략을 물었다.

"어떻게 해야 능히 백성을 동원할 수 있소?"

다짜고짜로 무력증강 방안부터 물은 것이다. 그러나 관중은 계속 왕도를 얘기했다.

"먼저 백성을 사랑해야 합니다. 연후에 백성이 처할 길을 열어주어야 합니다."

「내건」에서 군주에게 유세할 때는 도덕道德과 인의仁義, 예악禮樂, 충신忠信, 계모計謀의 순으로 진언해야 한다고 언급한 취지에 부합한다. 온통 부국강병의 패도에 관심을 기울이고 있던 제환공이 인내심을 갖고 물었다.

"그렇다면 어찌해야 백성을 사랑할 수 있는 것이오?"

관중은 기본적으로 왕도와 패도의 차이가 종이 한 장 차이밖에 없다는 생각을 갖고 있었다. 이는 그의 다음 언급에 확연히 드러나고 있다.

"항상 백성과 함께 서로 손을 잡고 일하며 그 이익을 나눠주면 백성과 서로 친할 수 있습니다. 일단 선포한 법령은 경솔하게 고치지 않고 공평하게 집행해야 합니다. 그러면 백성들은 절로 정직해집니다."

이는 관중사상 가운데 법가사상과 맥을 같이하는 대목이다. 이익을 향해 무한질주하는 인간의 호리지성好利之性에 주목한 부국강병 방안이다. 한마디로 요약해 백성을 이롭게 하는 이민利民이 패업을 이루는 지름길이라고 설파한 것이다. 법가사상의 요체에 해당한다. 강병은 부국에서 출발한다. 귀가 솔깃해진 제환공이 재정확충 방안에 관해 물었다.

"재정은 어찌해야 효과적으로 조달할 수 있겠소?"

여기서 관중은 그 유명한 산왕론山王論과 해왕론海王論을 설파했다.

"산에 있는 광물을 녹여 돈을 만들고 바다를 이용해 소금을 구우면 그 이익이 천하에 유통됩니다. 천하의 모든 물품을 거두어 두고 때 맞춰 무역하게 하면 장사하는 사람들이 모여들고 자연히 재화도 모일 것입니다. 그들로부터 적당한 세금을 징수해 군용을 돕는다면 어찌 재용을 걱정할 것이 있겠습니까?"

이는 관중사상의 재정경제 사상을 요약한 것이다. 「내건」에서 "군주가 군신의 직분을 명확히 세우고 백성들을 다스리는 것을 돕고자 할 경우 먼저 백성들이 일정한 산업에 종사하는 풍토를 조성한다"고 언급한 취지에 부합한다. 관중이 말한 '산왕'과 '해왕'은 염철鹽鐵의 국가관리를 통한 재정확충으로 천하를 호령하는 것을 의미한다. 역대 왕조가 빠짐없이 도입해 온 염세鹽稅와 철세鐵稅의 기원이 여기에 있다.

당시 기준으로 볼 때 이는 혁명적인 것이었다. 그는 국가가 일반세에 의존함으로써 경제 흐름이 왜곡되는 것을 염려했다. 염세와 철세를 통해 국부를 쌓은 뒤 패업을 이루어야 한다는 의미로 '해왕'과 '산왕' 표현을 쓴 이유다. 인민의 일상생활에서 빠뜨릴 수 없는 것은 소금과 철이다. 오직 이 두 가지에 한해 세금을 부과할지라도 국가세입은 충분하다고 주장한 것이다. 온갖 종류의 잡세를 완전 철폐한 가운데 조세의 종목을 염세와 철세로 단순화한 그의 이와 같은 재정확충 방안을 통상 염철론鹽鐵論이라고 한다.

관중의 이런 부민부국 정책은 농업증산을 토대로 상업적인 유통경제를 가미한 일종의 복합경제複合經濟 사상으로 규정할 수 있다. 농업과 상업을 공히 중시한 농상병중農商幷重이 요체이다. 그를 상가商家의 효시로 보는 이유다.

관중은 자신의 이러한 부민부국 정책을 성공적으로 실시하기 위해 강력한 사치억제 정책을 병행 실시했다. 지배층의 자기 절제가 선결되어야 한다고 보았기 때문이다. 『관자』「팔관八觀」에 이를 뒷받침하는 대목이 나온다.

"나라를 다스리는 데 사치하면 국고를 낭비하게 되어 인민들이 가난하게 된다. 인민들이 가난해지면 간사한 꾀를 내어 나라를 어지럽히게 된다."

생산과 유통의 안정성을 확보하기 위해 금은 등이 곡물보다 비싸지 않도록 조절하면서 재화의 고른 분배를 역설한 이유다. 이는 땅과 노동력의 균배를 의미하는 균지분력均地分力과 인민을 고루 잘 살게 만드는 여민분화與民分貨로 구체화했다. 『관자』「치미侈靡」에서 그 이유를 다음과 같이 밝혔다.

"지나치게 부유하면 부릴 수가 없고, 지나치게 가난하면 염치를 모르게 된다."

빈부의 격차가 적어야만 통치가 제대로 이뤄질 수 있다고 지적한 것이다. 그의 이러한 주장은 공자가 『논어』「안연」에서 "적은 것이 걱정이 아니라 고르지 못한 것이 걱정이다"라며 균배均配를 정치의 요체로 내세운 공자의 주장과 맥을 같이한다.

제환공이 관중의 '산왕론'과 '해왕론'을 전폭 수용한 것은 말할 것도 없다. 곧 구체적인 강병방안에 관해 물었다.

"군사는 어찌 조직하는 것이 좋겠소?"

관중이 대답했다.

"원래 군사란 정예한 것을 중시할 뿐 숫자가 많은 것을 중시하지 않습니다. 군사는 힘보다 마음이 강해야 합니다. 만일 군사를 기르고 무기를 준비하면 천하의 모든 제후들도 군사를 기르고 무기를 준비할 것입니다. 그같이 해서는 승리를 거둘 수 없습니다. 군사를 강하게 하려면 먼저 실속을 튼튼히 해야 합니다."

부국이 이뤄져야 강병이 가능하다는 논리를 전개한 것이다. 제환공과 관중은 사흘 밤낮을 논의했다. 크게 탄복한 제환공은 관중을 상국으로 삼은 뒤 그의 천거를 받아들여 습붕과 영월, 성보, 동곽아, 빈수무 등의 인재를 대거 중용했다.

관중은 이들과 함께 먼저 제나라의 내정을 가다듬은 뒤 화폐를 만들고 제염과 광물제련 등의 이용후생利用厚生의 조치를 취했다. 빈궁한 자들을 구제하고 능력 있는 현사를 두루 발탁하자 제나라 백성들이 모두 기뻐했다. 이후 군사제도를 대대적으로 개편해 부국강병을 실현했다. 제환공이 사상 최초로 패업을 이룬 배경이 여기에 있다. 이는 관중이 추진한 일련의 부국강병책에 대한 제환공의 전폭적인 신임과 지지가 있었기에 가능했다.

「내건」의 관점에서 볼 때 관중이 제환공을 설득한 비결은 먼저 제환공의 의중을 헤아려 시기時機에 부합하는 부국강병 계책을 건의한 데 있다. 평소 치국평천하 방략을 깊이 탐사했기에 가능한 일이었다. 「내건」이 "미리 주도면밀한 계책을 세워두었다가 군주의 요구가 있을 때 곧바로 응할 수 있어야 한다"고 언급한 취지와 부합한다.

송미자의 내건술

「내건」에서 주목할 것은 군주 곁을 떠나고자 하는 경우의 유세방안이다. 구체적인 방안으로 군주 스스로 보내주도록 만드는 방안을 제시했다. "남거나 떠나는 것 모두 굴렁쇠가 땅 위를 굴러갈 때처럼 주어진 상황에 따라 자연스럽게 변화하는 모습을 띠어야 한다"고 역설한 이유다. 역사적으로 「내건」의 이런 충고를 가장 잘 지킨 인물로 춘추시대 송나라의 시조 미자微子를 들 수 있다. 『서경』 등에는 은나라 마지막 왕 주紂의 배다른 형으로 나온다. 『논어』에도 「미자」가 편제돼 있다. 군자의 난세 처신술인 출처진퇴出處進退의 문제를 집중 논의하고 있다. 「미자」의 첫머리에 이를 상징하는 구절이 나온다.

"미자는 은나라를 떠나가고, 기자箕子는 머슴이 되고, 비간比干은 간하다가 죽임을 당했다. 이를 두고 공자가 말하기를, '은나라에는 3명의 어진 사람이 있었다'고 했다."

공자는 항간에 전해져 내려오는 은왕 주의 서형인 미자를 비롯해 은왕 주의 숙부인 기자와 비간 등 이른바 삼인三仁을 칭송한 것이다. 삼은三隱 내지 삼현三賢이라고도 한다. 이들 가운데 오직 미자의 행보만이 공자가 역설한 군자의 난세 처신술인 출처진퇴出處進退에 부합한다. 미자의 원래 이름은 계啓이다. 생모가 정실이 아닌 까닭에 보위를 잇지 못했다. 미微 땅에 봉해져 '미자'로 불렸다. 봉작과 이름을 합쳐 미자계微子啓로 칭하는 경우가 많다. 한대의 사서에는 한경제 유계劉啓의 이름을 피해 '계'가 '개開'로 표기되어 있다. 춘추시대 송나라의 시조가 된 까닭에 송미자宋微子라고도 하고, 송나라가 자子를 국성으로 삼은 까닭에 자계子啓라고도 한다.

전설에 따르면 미자는 이복동생인 은왕 주의 폭정에 대해 여러 차례 간했으나 받아들여지지 않자 이내 예악을 담당하는 태사太師 및 소사少師 등과 상의한 뒤 아우인 자연子衍과 함께 봉지로 내려갔다. 기원전 1046년 은왕 주가 주무왕과 치른 최후의 결전인 목야牧野 전투에서 패하고 자진하자 미자는 주무왕을 찾아가 투항했다. 두 손을 뒤로 묶은 채 왼손으로 양을 끌고 오른손으로 띠풀을 잡고 죽은 목숨을 자처하는 항복의례를 치르며 은나라 제사를 지낼 수 있도록 해줄 것을 간청했다. 주무왕이 이를 받아들여 은왕 주의 아들인 무경武庚으로 하여금 은나라 도읍으로 있던 지금의 하남성 안양 일대에 봉해 제사를 잇도록 허락했다.

기원전 1043년 주무왕이 죽고 어린 주성왕이 즉위하자 주무왕의 동생인 주공周公 단旦이 섭정을 하게 되었다. 무경을 감시하기 위해 제후로 봉해진 주공의 동생 관숙管叔과 채숙蔡叔, 곽숙霍叔 등이 이에 불만을 품고 무경과 함께 반란을 일으켰다. 이를 '삼감三監의 난'이라고 하는데, 반란은 3년 만에 진압되었고 무경은 주살되었다. 주공은 반란을 진압한 뒤 무경의 영지를 지금의 하남성 상구商丘를 중심으로 한 송나라와 지금의 하남성 기현淇縣을 거점으로 한 위衛나라로 양분했다. 위나라는 자신의 막내 동생인 강숙康叔을 봉해 은나라 유민을 통제하게 했고, 송나라는 미자를 봉해 은나라의 제사를 잇도록 하였다. 미자는 은나라 문화전통을 계승해 송나라를 잘 다스렸다. 자식을 남기지 않아 아우인 자연이 그 뒤를 이었다. 미자의 행보는 「내건」에서 "윗사람이 어두워 제대로 다스리지 못하고, 아랫사람이 전횡하는데도 깨닫지 못하면 뒤로 물러나 두 번 다시 계책을 내지 않는 방안을 고려해야 한다"고 언급한 취지에 부합한다.

사마천과 역린

『사기』의 저자 사마천은 미자와는 정반대의 모습을 보인 까닭에 궁형宮刑을 받은 경우에 속한다. 원정 4년(기원전 113) 한무제는 지금의 산서성 만영현인 분음汾陰으로 가 후토后土 지신에게 제사지냈다. 분하는 물이 맑아 예로부터 술의 고장으로 이름난 곳이다. 분주汾酒가 그 증거이다. 한무제의 나이 44세였다. 당시의 평균수명에 비춰 이는 장수한 경우에 해당했다. 한무제는 인생의 허망함을 한탄하는 「추풍사秋風辭」를 지었다.

가을바람 소슬히 불어오니 흰 구름 피어나고	秋風起兮 白雲飛
초목 누렇게 물드니 기러기 남쪽으로 돌아가네	草木黃落兮 鴈南歸
난초는 빼어나게 아름다우니 국화는 향기롭고	蘭有秀兮 菊有芳
절대가인 생각나니 차마 잊을 수가 없다네	懷佳人兮 不能忘
누선을 강물에 띄우고 분하를 건너는데	泛樓船兮 濟汾河

강 한가운데를 가로지르니 흰 물결 일어나네	橫中流兮 揚素波
퉁소 불고 북 울리며 장단 맞춰 뱃노래 부르고	簫鼓鳴兮 發棹歌
환락이 극에 달하건만 오히려 슬픔만 밀려드네	歡樂極兮 哀情多
젊음은 몇 해나 되는가, 늙는 것을 어찌하리	少壯幾時兮 奈老何

후대의 『문선』은 「추풍사」를 명문으로 선정해 수록했다. 그가 「추풍사」를 지을 당시 총애하던 곽거병은 4년 전에 24세의 나이로 요절했고, 숙모인 관도공주는 5년 전, 생모인 왕태후는 6년 전에 죽었다. 평균수명보다 오래 산 부친 한경제도 48세, 조부 한문제도 46세로 죽었다. 44세의 한무제가 「추풍사」에서 '늙음을 어찌하리'라고 읊은 것은 당시 기준으로 볼 때 하등 이상할 게 없다.

주목할 것은 「추풍사」에 나오는 가인佳人이다. 그녀는 이부인李夫人을 말한다. 사마천의 굴절된 삶은 그녀와 불가분의 관계를 맺고 있다. 「추풍사」를 짓던 해에 한무제는 태자비를 맞아들였다. 위衛황후가 낳은 황태자 유거劉據가 만 15세가 되자 사씨史氏 집안의 딸을 배필로 맞이한 것이다. 고금을 막론하고 자식의 혼사는 나이를 실감케 만든다. 한무제가 진시황처럼 불로장생을 추구한 배경이다.

도교의 선술仙術에 관심이 많았던 한무제는 제사에 열성이었다. 도교의 방사方士가 횡행한 이유이다. 지신에게 제사지낸 효력이 곧바로 나타났다. 7개월 만에 분음 후토의 경내에서 대정大鼎이 나왔다. 이를 종묘와 상제에 바친 뒤 감천궁甘泉宮에 깊숙이 감췄다. 방사들이 조작했을 공산이 크다.

한무제는 분음의 후토사로 가 제사를 올린 뒤 자주 먼 길을 나섰다. 이는 태산에 봉선封禪을 올리기 위한 사전조치였다. 사방으로 이민족을 평정한 그는 자신이야말로 봉선을 올릴 수 있는 유일한 황제라고 생각했다. '봉'은 옥으로 만든 판에 기원문을 적은 뒤 돌로 만든 상자에 봉해 천신天神에게 비는 것이고, '선'은 토단土壇을 만들어 지신地神에게 비는 일이다. 기원전 219년 진시황이 지금의 산동성 태산泰山의 산꼭대기에서 천신에게 제사를 올리고 부근의 양보梁父라는 작은 동산에서 지신에게 제사를 올린 게 효시다.

한무제는 내심 진시황의 봉선은 진나라가 이내 패망한 까닭에 진정한 봉선으로 볼 수 없다고 생각했다. 이는 그의 생각만도 아니었다. 당대의 문장가 사마상여司馬相如가 봉선을 올릴 것을 적극 권한 게 그 증거다. 명목은 유가의 이상을 구현하기 위한 민정 시찰의 순수巡狩이나 속셈은 진시황처럼 황제의 권위를 천하에 널리 과시하고자 한 것이다.

원봉 원년(기원전 110) 흉노가 변경을 시끄럽게 하는 일도 없고 남월도 평정되어 제국의 판도에 들어왔다. 더구나 대정까지 출토되는 길조도 나타났으니 더 이상 봉선을 늦출 이유가 없었다. 이때는 아직 진제국의 월력을 사용하고 있었다. 이해의 첫째 달인 10월에 한무제는 운양雲陽에서 북쪽으로 상군上郡과 오원五原을 순력한 뒤 장성 밖으로 나가 선우대單于臺에 오르고 다시 삭방朔方까지 가는 대장정을 했다. 이는 이미 세력을 상실한 흉노에 대한 무력 과시의 성격도 있으나 실은 봉선의 예비행사 성격이 짙었다.

봉선은 천하태평을 전제로 한 것이다. 병력을 정리하고 군대를 해산하는 진병석려振兵釋旅가 전제되어야만 한다. 실제로 그는 순행의 와중에 삭방에 있던 군대 10만여 명을 철수시켜 수여須如라는 곳에서 해산시켰다. 이해 정월에 구씨현緱氏縣으로 가 숭산嵩山 내 태실산太室

山에 제사지낸 뒤 군신들을 이끌고 동쪽 바닷가를 순례했다. 이해 4월 마침내 태산에 올랐다. 그는 단 한 사람의 신하를 데리고 태산에 올라가 봉선을 거행했다. 한무제를 따라 올라간 사람은 곽거병의 아들인 봉거도위奉車都尉 곽자후霍子侯였다. 모든 일이 극비에 붙여진 와중에 곽자후는 봉선 직후 급사하고 말았다.

귀로에 오른 한무제는 갈석碣釋에서 요서遼西로 간 뒤 다시 거기서 내몽골의 구원을 경유해 이해 5월에 감천궁으로 돌아왔다. 봉선을 위한 여정은 1만 8천 리에 달했다. 비록 군신들을 이끌고 나서기는 했으나 대장정에 해당하는 까닭에 수행원은 극히 제한되었다. 봉선이라는 전무후무한 성사盛事에 수행하는 것은 개인은 물론 가문의 영광이었다.

다른 사람은 몰라도 응당 태사령太史令으로 있는 사마담司馬談은 수행원에 포함시키는 게 옳았다. 태상太常의 보좌관인 태사령은 박사와 같은 6백 석의 관직이다. 원래 사마씨 집안은 주나라 시대부터 천문과 기록을 담당해 왔다. 사마담은 이런 가업에 대단한 긍지를 지니고 있었다. 봉선에 관한 일을 기록해 보관하고 고대의 관례를 이어가는 것이 자신의 가장 중요한 역할이라고 믿었다. 그런데도 뜻하지 않게 명단에서 빠진 것이다. 낙양에 남게 된 그는 울분을 참지 못해 이내 분사하고 말았다. 그는 『사기』「태사공자서」에서 당시의 상황을 이같이 기록해 놓았다.

"이해에 천자가 봉선을 행했다. 태사공은 낙양에 남게 되어 수행하지 못했다. 이에 분통이 터져 다 죽을 지경에 이르렀다. 마침 아들 사마천이 심부름 갔다 돌아오는 길에 아버지를 황하와 낙수 사이에서 만났다. 태사공이 사마천의 손을 잡고 울면서 말하기를, '한실이 일어나 전국이 통일되었는데 나는 태사가 되었어도 논해 게재하지 않고 천하의 역사기록을 중지했다. 나는 심히 두려워한다. 너는 이를 명심하라'고 했다."

태사령은 천문과 역사기록을 모두 담당했다. 당시는 천문 쪽에 치우쳐 역사기록을 상대적으로 등한시했다. 태사령이 달력을 만드는 전문가로 여겨진 배경이다. 실제로 달력을 제작하기에 바빠 명군과 충신, 의사에 관한 이야기를 제대로 기록하지 못했다. 목간이나 죽간에 문자를 써서 철해야 한 까닭에 저술작업도 속도를 내기가 쉽지 않았다. 사마천이 궁형을 받은 후 더욱 분발해 부친이 쓰던 『사기』를 마침내 완성시킨 배경이 여기에 있다.

한제국은 공교롭게도 태산의 봉선 이후 내리막길로 치달았다. 조선을 평정한 지 2년 뒤 대장군 위청이 죽었다. 그의 죽음은 위청과 곽거병, 위황후 등으로 상징되는 한무제 시대의 종언을 고하는 것이었다. 당시 위황후는 황태자의 생모로서 궁정에 건재했으나 한무제의 총애를 받을 나이는 이미 훨씬 지나 있었다.

그녀를 대신해 한무제의 총애를 입은 여인은 중산 출신 이부인이었다. 『한서』「외척전外戚傳」과 「이부인전李夫人傳」에 따르면 지금의 북경 약산 서남쪽에 있는 중산中山에서 생장한 그녀 역시 위황후와 마찬가지로 가기歌妓 출신이다. 중산은 원래 한무제의 형인 유승劉勝의 봉지였다. 지난 1968년 훈련 중인 인민해방군 병사가 우연히 발견한 고분이 바로 유승의 묘였다. 당시 이는 마왕퇴 고분과 함께 세계 고고학계의 화제가 된 바 있다. 유승은 아이를 120명이나 낳았다고 한다.

이부인이 궁중으로 들어간 것은 이연년李延年으로 인한 것이다. 이연년은 한무제의 친누이인 평양공주의 소개로 궁정음악장인 협률도위協律都尉가 된 인물이다. 가무에 뛰어났던 그는 신성변곡新聲變曲이라고 해서 새로운 곡을 작곡해 청중을 감동시킨 것으로 유명하다. 「이연년열전」에 따르면 그는 일찍이 서역의 악곡을 바탕으로 신곡 23곡을 지었고, 신곡 모두 군악으로 쓰였다. 이연년은 노래는 물론이고 편곡이나 작곡에도 뛰어났다. 당시 한무제는 마침 봉선을 거행한 터라 사마상여 등에게 명해 이를 기리는 시와 송頌을 짓게 했다. 이연년은 이들이 지은 시를 악기로 반주하거나 노래하면서 새 가곡을 만들었다. 한무제의 총애를 받은 이유다. 『한서』 「외척전」에 따르면 그는 한무제 앞에서 춤을 추며 이런 노래를 발표했다.

북방에 한 가인이 있으니 절세미인으로 홀로 서 있네
北方有佳人, 絶世而獨立
한 번 돌아보면 경성, 두 번이면 경국이라네
一顧傾人城, 再顧傾人國
어찌 '경성경국'을 모르랴, 가인은 다시 얻기 어렵다네
寧不知傾城與傾國, 佳人難再得

여기서 절세가인絶世佳人과 경성지미傾城之美, 경국지색傾國之色 등의 성어가 나왔다. 당시 한무제가 이 노래를 듣고 무심코 한숨을 쉬면서 '세상에 어찌 그런 사람이 있겠는가?'라고 중얼거리자 곁에 있던 평양공주가 이연년에게 누이동생이 있다는 사실을 일러줬다. 집안의 가기로 있던 위황후를 천거한 것도 평양공주였다. 전속 악단을 거느렸던 평양공주는 악단 중에 재색을 겸비하고 가무에 능한 자가 있으면 궁중에 밀어넣었다. 이부인이 궁중으로 들어와 한무제의 총애를 받게 된 이유다.

황제가 말년에 젊은 여인을 총애하면 반드시 후사 문제로 사달이 나기 마련이다. 한무제도 예외가 아니었다. 사실 한무제는 호색한에 가까웠다. 후궁만 1만 8천 명이 넘었다는 얘기도 있다. 『구당서』「식화지」에서 "궁궐에 후궁이 수만 명이 있는데도 오랑캐를 한번 토벌하면 궁궐 내부에 여자들이 넘쳐났다"고 언급한 게 그 증거다. 해당 대목이다.

"한무제는 능히 3일 동안 아무것도 먹지 않은 채 지낼 수 있다. 그러나 단 하루도 부인婦人 없이는 지낼 수 없었다."

여기의 '부인'은 후궁을 말한다. 이부인에게는 이연년 외에도 이광리李廣利라는 오빠가 있었다. 한무제는 이광리도 제후로 발탁하고자 했다. 그러려면 먼저 위청 및 곽거병처럼 전공을 세우도록 뒤에서 도와줘야 했다. 이광리가 이사장군貳師將軍에 임명돼 서역 원정에 나선 이유다. '이사'는 장건이 월지에 사신으로 갔을 때 잠깐 들른 대완大宛의 한 도시 이름으로 명마의 산지다. 지금의 러시아령 중앙아시아 일대이다.

공교롭게도 이광리가 이사장군에 임명되었을 때 이부인이 세상을 떠났다. 당시 한무제는 너무 애통해한 나머지 방사에게 부탁해 저승에서 이부인을 불러내 만나려고 시도하기도 했다. 그가 판단할 때 이부인의 영혼을 달래주기 위해서라도 이광리가 속히 공을 세울 필요가 있었다. 후대 사가들은 이를 비난했다. 이광리가 장군으로 유능하지 않았기 때문이다. 예능인 집안에서 태어나 노래와 춤 가운데 자란 이광리가 군사에 능할 리 없었다.

그러나 한무제가 굳이 이광리를 '이사장군'에 임명한 데에는 또 다른 이유가 있다. 명마 때문이었다. 그는 개인적으로 명마를 극도로 좋아했다. 사절을 보내 '이사'의 말을 원했으나 대완의 왕은 이를 거절했다. 명마를 '이사' 성에 숨겨둔 채 내놓지 않은 것으로 짐작된다. 마구 욕설을 퍼부은 한제국의 사절은 돌아오는 길에 대완의 병사에게 피살되었다.

이광리가 출정한 때는 태초 원년(기원전 104)이다. 이해에 달력이 개정되었다. 10월을 세수歲首로 하던 진나라의 월력을 폐기하고 현재의 음력과 마찬가지로 정월을 세수로 삼는 조치를 취했다. 이는 태초 2년부터 시행되었다. 이 월력은 이후 중간에 약간의 변화가 있기는 했으나 청나라 말기까지 기본 골격을 그대로 유지했다.

이미 한나라는 경기병 7백 명으로 누란을 공격해 누란 왕을 사로잡은 적이 있었다. 누란과 대완 등은 상업국가인 까닭에 군대가 그리 강하지 못했다. 한무제는 상대가 약소국이므로 죽은 이부인의 오빠가 손쉽게 군공을 세울 것으로 생각했다. 그러나 원정하는 길은 멀었다. 원정군의 주력부대는 투항군 기병 6천 명이었다. 각지의 '불량소년' 수만 명이 부속부대로 추가되었다. 일정한 직업이 없는 부랑배와 죄수들이 그들이다.

이 소식은 곧바로 서역국에 전해졌다. 성문을 굳게 지켰다. 원정군은 굶다시피 했다. 대완 동쪽 경계에 있는 욱성성郁成城에 이르렀을 때 따라온 병사는 겨우 수천 명에 지나지 않았다. 욱성은 대완의 외성이다. 원정군은 이 외성도 함락시키지 못하고 오히려 크게 패했다. 되돌아올 수밖에 없었다. 사서의 기록이다.

"길은 멀고 식량은 부족했다. 사졸들은 싸움을 근심하지 않고 굶주림을 근심했다."

대로한 한무제는 옥문관으로 들어오는 자는 목을 베라는 엄명을 내렸다. 이광리를 비롯한 원정군은 불가불 돈황敦煌에 머물 수밖에 없었다. 두 번째 원정은 주도면밀하게 준비되었다. 우선 식량을 충분히 준비했다. 10만 마리의 소를 이끌고 가는 방안을 구사했다. 병력은 6만 명이었다. 여기에 사적인 종자까지 딸려 있었다. 이들은 한몫 잡으려고 스스로 식량을 짊어지고 종군한 자들이었다. 연도의 각국은 성문을 열어 환영하며 식량을 공급했다. 다만 윤대성輪臺城만이 저항하다가 도륙을 당했다. 대완의 수도는 귀산성貴山城이다. 최대 약점은 물이었다. 귀산성의 숨통인 성 밖의 강물 수로를 바꾸는 수공을 가하자 40일 후 대완 사신이 왕의 목을 바쳤다. 이들은 항복을 받아들이지 않으면 명마를 모두 죽이고 강거국의 지원을 기다리며 최후의 결사항쟁을 전개하겠다고 말했다. 이광리가 친한파親漢派인 매채昧蔡를 대완의 새 왕으로 삼은 뒤 철수했다.

개선 도중 오아시스 각국은 모두 왕의 자제를 한제국의 군사에 딸려 장안으로 보냈다. 자발적인 볼모였다. 가장 큰 전리품은 대완의 명마였다. 이는 피땀을 흘리는 한혈마汗血馬로 유명하다. 이광리의 형제 이연년이 한무제의 명을 받아 노래를 지었다. 이 전공으로 이광리는 해서후海西侯에 봉해졌다. 이사장군 이광리의 원정군에 재무관과 유사한 수속도위搜粟都尉로 종군한 상관걸上官桀도 전공을 인정받아 소부少府가 되었다. '소부' 9경九卿의 하나로 일본의 관방장관에 가깝다. 상관걸은 이를 계기로 승승장구하면서 이후 한무제로부터 뒷일을 부탁받을 만큼 총애를 입었다.

대완 원정의 승리는 물량전의 결과였다. 아사하는 자가 속출해 개선한 자는 1만여 명에 불과했다. 장교들이 식량을 가로챈 결과였다. 한무제는 이를 불문에 붙이고 계속 이광리에게 군직을 맡겼다. 이때 한제국과 흉노의 관계가 다시 험악해졌다. 흉년으로 인한 것이었다. 태초 원년 무렵 이상기후가 계속되었다. 큰 한발에 이어 해마다 메뚜기 피해가 심했다. 비축이 없는 유목민에게 더 큰 피해가 났다. 예선우兒單于는 포학했다. 다음해에 예선우가 죽고 숙부인 구리호呴犁湖가 선우가 되었다. 구리호도 이듬해에 죽자 동생 저제후且鞮侯가 선우가 되어 억류하고 있던 한나라 사신들을 송환했다. 불과 5년 사이 선우가 세 번 바뀐 데서 알 수 있듯이 내홍이 심했다.

이런 때 한제국의 공격을 받는다면 치명타다. 한나라 사신들을 송환하면서 겸손한 내용의 국서를 보낸 이유다. "한나라 천자는 나의 장인 항렬과 같다"는 내용의 국서를 받아본 한나라도 천한 원년(기원전 100)에 중랑장 소무蘇武를 사절단장으로 삼아 흉노 사신을 돌려보내면서 예물을 보냈다. 그러나 흉노는 그를 억류하고 말았다. 기대에 미치지 못했기 때문이다. 소무는 투항하라는 흉노의 위협에 굴복하지 않다가 결국 지금의 바이칼 호인 북해 부근에서 양을 치게 되었다. 이듬해인 천한 2년(기원전 99) 한무제는 이광리에게 흉노 정벌을 명했다. 기도위騎都尉 이릉李陵이 자원했다. 막역지우인 소무의 생사를 알고자 한 것이다. 그의 부친은 한나라 초기의 명장 이광李廣의 아들이다. 이릉은 부친이 일찍 죽은 까닭에 유복자로 태어났다. 한무제 때 기도위가 되었다. 이릉은 한무제에게 5천의 보병으로 직접 흉노를 공격하겠다고 호언해 허락을 받았다.

이해 가을, 이릉의 군사가 지금의 몽골 내 항가이산 남쪽 준계산에서 흉노왕 선우의 8만 대병과 마주쳤다. 사력을 다해 싸웠으나 겹겹이 둘러싸인 포위망과 중과부적으로 이릉은 결국 포로가 되고 말았다. 이로 인해 소무를 흉노 땅에서 자주 만날 수 있었다. 소무는 19년 동안 억류되어 있다가 한소제 시원 6년(기원전 81) 한나라와 흉노가 화친한 것을 계기로 석방돼 한나라로 돌아왔다. 「답소무서答蘇武書」는 소무가 귀국해 관직에 오른 뒤 이릉이 그에게 써보낸 편지이다. 여기서 당시의 격렬했던 준계산 전투상황을 이같이 술회했다.

"흉노는 전쟁에서 패하자 온 백성들을 동원하고 정예병을 다시 훈련시켜 그 수효가 십만을 넘었다. 흉노 왕이 선두에서 직접 지휘했다. 우리 군대와 비교할 바가 아니었다. 보병과 기병의 실력 차이 또한 매우 컸다. 지친 병사들은 다시 일어나 싸웠지만 한 사람이 천 명의 적병을 상대해야 했다. 죽은 병사들의 시체가 광야를 뒤덮었고, 살아남은 자는 겨우 100명에 지나지 않았다. 그들 또한 모두 부상을 당해 더 이상 싸울 수 없었다. 그러나 내가 팔을 들고 한 번 외치자 모두 떨치고 일어났다. 내가 칼을 들어 흉노를 가리키자 흉노의 왕은 내가 항복하지 않으리라 생각해 이내 군대를 돌려 가버렸다. 하지만 첩자가 우리의 피폐한 상황을 흉노 왕에게 알리자 그들이 다시 공격해 왔다. 나는 그들의 공격을 더 이상 막아낼 수가 없었다. 운운."

이릉은 한소제 원평 원년(기원전 74) 흉노 땅에서 병으로 죽었다. 이릉이 투항할 당시 이광리는 후원군의 도움으로 가까스로 사지에서 탈출했다. 자세한 전황을 알게 된 사마천은 이광리의 잘못된 작전과 최선을 다한 이릉의 행동을 진솔하게 상주했다. 이릉을 변호할 하등의 친분관계도 없었지만 사관으로서 오직 진실을 말하고 싶었던 것이다.

그러나 당시 한무제는 처남 이광리의 변명과 거짓 보고를 듣고 이릉에게 패전의 책임이 있다고 판단했다. 격한 감정에 휘말린 한무제는 이릉을 두둔한 사마천에게 사형을 명했다. 사마천은 죽음을 앞둔 옥중에서 고뇌에 빠졌다. 부친의 유업인 『사기』의 저술을 마무리지어야만 했다. 사형을 대신해서 궁형宮刑을 자청한 이유다. 한무제가 이를 허락했다. 궁형은 죽음보다 더한 혹형酷刑이었다. 이는 기본적으로 「내건」에서 역설한 유세의 이치를 거스른 데 따른 것이다. 「내건」의 통렬한 지적이다.

"군주 곁에서 충심으로 보필하는데도 중용되지 못하는가 하면 조정을 떠났는데도 오히려 부름을 받는 경우도 있다. 매일 군주 곁에 있지만 발탁되지 못하는가 하면 멀리서 명성만 듣고도 군주가 크게 사모하며 발탁코자 하는 경우도 있다. 이는 마음으로 굳건하게 결합하는 '내건'의 정도 차이에 따른 것이다. 평소 군신이 서로 맺고 있는 결속의 수준이 이런 차이를 낳는다."

사마천은 한무제와 마음으로 굳게 결속하지 못했는데도 '무엄'하게도 의중을 거스르며 이광을 옹호하고 나선 것이다. 한비자가 경계한 역린逆鱗을 범한 셈이다. 유세의 어려움을 논한 『한비자』 「세난」은 이같이 경고하고 있다.

"무릇 용이란 동물은 유순한 까닭에 잘 길들이면 능히 타고 다닐 수 있다. 그러나 그 턱 밑에 한 자나 되는 역린逆鱗이 거꾸로 박혀 있다. 사람이 이를 잘못 건드리면 용을 길들인 자라도 반드시 죽임을 당하게 된다. 군주에게도 역린이 있다. 유세하는 자가 역린을 건드리지 않고 설득할 수만 있다면 거의 성공을 기할 수 있다."

사마천은 '유세'는커녕 오히려 '역린'을 자초한 셈이다. 그가 『사기』를 저술하기 위해 죽음보다 못한 궁형을 청한 것은 불행 중 다행이었다. 당시 그는 옥중에서도 저술을 계속했다. 태시 2년(기원전 95) 한무제의 신임을 회복하여 환관의 최고직인 중서령中書令이 되었다. 중서령은 황제의 곁에서 문서를 다루는 직책이다. 하지만 그는 환관 신분이 된 까닭에 일부 사대부들의 멸시를 받아야만 했다. 이런 어려움 속에서도 그는 마침내 『사기』를 완성하는 위업을 이뤘다.

『사기』의 완성 연대를 정확히 알기는 어렵지만 정화 2년(기원전 91) 친구인 임안任安이 옥에 갇혔다는 소식을 듣고 보낸 서한인 「보임안서報任安書」를 통해 대략 추정할 수는 있다. 그는 여기서 자신이 옥에 갇히고 궁형에 처한 경위와 그에 더욱 분발하여 『사기』를 저술하는 데 혼신의 힘을 쏟은 심경을 고백했다. 이를 토대로 추정하면 대략 『사기』의 완성 시기는 한무제가 사망하는 후원 2년(기원전 87) 전후로 보인다. 당시 그의 나이 59세였다. 그는 『사기』 완성 2년 뒤 사망한 것으로 추정되고 있다. 원래의 명칭은 『태사공서太史公書』였으나 후한 말기부터 『사기』로 불리게 되었다.

열전의 맨 마지막 권인 「태사공자서太史公自序」는 사실 『사기』 전체의 머리말에 해당한다. 이것이 중시되는 것은 집안 내력과 학문적 배경 및 경력 등을 소상히 소개하고 있어 『사기』를 이해하는 데 큰 도움을 주기 때문이다. 특히 『사기』 130편에 대한 간단한 해제가 붙어 있어 전체 내용을 일목요연하게 파악할 수 있다. 역사적 사실에 대한 깊이 있는 이해와 통찰력이 돋보인다. 사마천의 인간적 면모가 잘 드러나는 부분이기도 하다. 그는 이곳에서 『사기』 저술을 완수한 배경을 이같이 밝혔다.

"태사공은 이릉의 화를 당해 감옥에 갇히자 깊이 탄식하기를, '이것이 내 죄란 말이냐, 이것이 내 죄란 말이냐, 몸은 궁형을 당해 쓸모없이 되었구나!'라고 했다. 그러나 물러가 깊이 생각한 뒤 말하기를, '무릇 『시경』과 『서경』이 간략하나 뜻이 깊은 것은 그 마음속의 뜻을 실현하고자 해서였다. 옛날 주문왕은 유리羑里에 갇힌 몸이 되어 『주역』

을 풀이했고, 공자는 진陳과 채蔡 사이에서 고생한 까닭에 『춘추』를 지었고, 굴원은 추방당하고 나서 『이소離騷』를 지었고, 좌구명은 실명하고 나서 『국어』를 남겼고, 손빈은 다리를 잘리고서 『손빈병법』을 지어 병법을 논했고, 여불위는 촉 땅으로 쫓겨나고서 『여씨춘추』가 세상에 전해지게 되었고, 한비자는 진나라 옥중에 갇히고 나서 「세난說難」과 「고분孤憤」편을 지었다. 『시경』에 나오는 시 삼 백 편도 성현이 발분하여 지은 것이다. 이들 모두 마음에 울분이 쌓였으나 그 도리를 표출해낼 수 없었던 까닭에 지난 옛일을 서술하는 방식으로 후진들을 생각했던 것이다."

울분과 고독한 슬픔 속에서 오직 저술에만 매달린 배경과 심경을 가감 없이 기술해 놓았다. 당시 기준으로 하찮은 인물이 대서특필되는가 하면 의리를 숭상한 자객과 유협遊俠들의 활약상을 담은 「자객열전」과 「유협열전」이 따로 편제된 이유다. 사마천은 비록 「내건」에서 역설하는 유세의 이치를 거부하는 바람에 죽음보다 못한 궁형을 당하기는 했으나 결과적으로 천고의 명저인 『사기』를 남기게 되었다. 전화위복을 이룬 셈이다.

유방과 숙손통

전한 초기에 활약한 숙손통叔孫通은 사마천과 정반대로 역린의 발언에도 불구하고 오히려 황제의 존중을 받은 경우에 해당한다. 「내건」에서 말한 다음 구절을 충실히 좇은 결과로 볼 수 있다.

"군주에게 유세할 때 이미 지나간 일을 언급할 경우에는 군주의 말을 그대로 수긍하는 이른바 순사順辭로 말한다. 앞으로 다가올 일을 언급할 경우에는 암시적으로 변통의 여지가 많다는 점을 강조하는 이른바 변언變言으로 말한다."

유방은 원래 시골 아전 출신에 지나지 않는다. 그가 초나라 명문가 출신인 항우와 천하의 패권을 놓고 다툰 끝에 사상 두 번째로 천하통일의 위업을 이루게 된 데에는 장량張良과 소하蕭何, 한신韓信 등의 보필이 결정적인 공헌을 했다. 이들을 흔히 한나라 창업의 '3대공신'이라고 한다. 이들 가운데 장량이 최고의 책사로 꼽히고 있다. 법가를 위시해 병가와 종횡가 등 난세의 제왕지술을 모두 터득한 덕분이다. 수천 년 동안 많은 사람들이 그를 최고의 지낭智囊으로 손꼽는 이유다. 난세에는 『한비자』의 제왕지술과 『귀곡자』의 종횡술이 유가의 덕치술보다 훨씬 유용하다는 사실을 입증한 셈이다.

여기서 주목할 것은 전한 초기에 제국의 통치이념과 체제를 정비한 숙손통의 역할이다. 엄밀히 따지면 한제국이 전한과 후한을 합쳐 중국 역사상 가장 긴 4백 년의 왕업을 이을 수 있었던 데에는 그의 공이 컸다. 숙손통은 비록 겉으로는 유가로 행세했으나 사실은 당대의 법가에 해당한다. 진제국의 패망을 계기로 유자들 내에서 법가에 대한 비판이 고조된 까닭에 유가를 자처했을 뿐이다. 숙손통은 유방에 합류하기 전까지 여러 명의 군주를 섬겼다. 유가는 그의 이런 행보를 못마땅하게 생각했다.

『사기』「숙손통열전」에 따르면 지금의 산동성 등현인 설薛 땅 출신인 그는 당초 진제국 말기 학문이 뛰어나다는 소문이 난 덕분에 이내 부름을 받고 함양으로 가 박사 임용을 기다렸다. 이때 문득 진시황이 급서하고 뒤이어 진승이 거병하자 2세 황제 호해胡亥가 그를 포함한 여러 명의 박사와 유생들을 소집했다.

"초 땅의 수자리를 서던 병사들이 진陳 땅에 이르렀다고 하니 공들은 이를 어찌 생각하시오?"

박사를 포함한 여러 유생들이 앞으로 나와 이같이 말했다.

"신하가 감히 군사를 일으킨 것은 반역이고, 그 죄는 죽어 마땅하며 결코 사면할 수 없습니다. 원컨대 폐하는 급히 발병發兵하여 그들을 치십시오."

2세 황제 안색이 문득 붉게 변했다. 숙손통이 앞으로 나서 이같이 말했다.

"저들의 말은 모두 틀렸습니다. 이미 진제국을 세우면서 천하를 하나로 통합해 일가를 이루고, 각 군현의 성을 허물고, 무기를 녹여 다시는 그것을 사용치 않겠다는 뜻을 천하에 보였습니다. 게다가 위로 영명한 군주가 있고 아래로 법령이 구비되어 있어 모든 것이 중앙으로 몰려들고 있습니다. 어찌 감히 반기를 드는 자가 있을 수 있겠습니까? 지금 저들 도적들이 일어난 것은 마치 쥐새끼가 곡식을 훔치고 개가 물건을 물어간 것에 불과합니다. 어찌 족히 언급할 가치가 있겠습니까? 현재 각 군의 군수와 군위郡尉가 그들을 잡아들여 논죄하고 있으니 어찌 족히 우려할 일이겠습니까!"

숙손통의 말이 끝나기 무섭게 박사와 유생들이 '반역설'과 '도적설'로 나뉘어 치열한 논쟁을 벌였다. 2세 황제 호해는 자신의 시대를 태평성대로 규정한 숙손통의 '도적설'을 지지했다. 곧 어사에게 명해 '반역설'을 주장한 자들은 형리에게 넘겨 조사하게 하고 '도적설'을 언급한 자들은 모두 용서하게 했다. 이어 숙손통에게 비단 20필과 옷 1벌을 하사하고 박사에 제수했다. 숙손통이 출궁하여 숙사로 돌아오자 유생들이 그를 맹비판했다.

"선생은 어찌하여 그토록 아첨하는 말을 한 것이오?"

숙손통이 대답했다.

"그대들은 모르고 있소? 나는 하마터면 호구虎口를 빠져나오지 못할 뻔했소!"

그러고는 이내 설 땅으로 달아났다. 그러나 설 땅은 이미 항량項梁이 이끄는 초나라 군사에게 항복한 뒤였다. 설 땅에 항량이 오자 곧 그의 뒤를 따랐다. 얼마 후 항량이 정도定陶에서 패사하자 반군의 상징적 지도자인 초회왕楚懷王을 섬겼다. 유방과 항우 모두 초회왕의 휘하 장수로 있었던 까닭에 반드시 초회왕을 섬겼다고 보기도 어렵다. 초회왕이 항우에 의해 명목상의 황제인 의제義帝로 높여져 장사로 옮기게 되었을 때 초회왕을 따르지 않고 그대로 남아 항우를 섬긴 사실이 이를 뒷받침한다.

이후 유방이 5제후를 이끌고 지금의 강소성 서주시인 항우의 본거지인 팽성彭城에 입성하자 곧바로 유방에게 항복했다. 주목할 것은 유방이 전투에서 패해 서쪽으로 퇴각하자 이번에는 항우를 좇지 않고 끝까지 유방을 좇은 점이다. 유방의 승리를 점친 까닭이다. 사실 다시 항우를 좇을 경우 그간의 전력으로 인해 제대로 된 대우를 받기도 어려웠다. 자칫 목숨을 잃을지도 모를 일이었다.

당시 그는 유생들이 입는 긴 소매의 옷을 입고 있었다. 유방은 유생들의 허례허식을 극도로 싫어했다. 이를 눈치챈 그는 곧바로 소매가 짧은 초나라 옷으로 갈아입었다. 유방이 초나라 출신인 것을 감안한 것이다. 유방이 크게 기뻐한 것은 물론이다. 더구나 그의 휘하에는 많은 제자들이 있었다. 그가 유방에게 항복했을 당시 그를 따르는 유생 및 제자가 100여 명이나 되었다. 숙손통은 그들을 유방에게 천거하지 않고 오로지 전에 군도群盜로 있던 자와 힘센 장사들만 천거했다. 제자들 모두 뒤에서 숙손통을 욕했다.

"우리는 선생을 섬긴 지 여러 해가 지났다. 다행히 한왕 유방에게 항복해 따르게 되었는데 지금 선생은 우리들을 천거하지 않고 오로지 크게 교활한 자만을 천거하고 있다. 어찌 이런 일이 있을 수 있는가?"

이 말을 전해 듣고 숙손통이 이같이 말했다.

"한왕은 지금 화살과 돌 등을 뒤집어쓰며 천하를 다투고 있다. 유생들이 어찌 능히 전장에서 싸울 수 있겠는가? 그래서 우선 적장을 베고 적기를 뽑아낼 수 있는 자를 천거한 것이다. 그대들은 잠시 기다리도록 하라. 나는 그대들을 잊지 않고 있다."

유방이 곧 숙손통을 박사로 임명한 뒤 '직사군稷嗣君'으로 호칭했다. 숙손통의 도덕과 학문이 전국시대를 풍미한 제나라 직하학당稷下學堂의 학풍을 계승할 정도로 뛰어나다는 취지에서 나온 것이다.

기원전 202년 유방이 항우를 제압한 뒤 명실상부한 전한제국의 황제 자리에 오르자마자 진나라의 가혹한 의례를 모두 없애고 법도 간략하게 했다. 그러나 예제가 아직 정립되지 않은 까닭에 궁정은 그야말로 가관이었다. 공신들은 술을 마시다 공을 다툴 때면 마구 외치며 칼을 뽑아 궁궐의 기둥을 때리곤 했다. 유방이 이를 크게 혐오하자 숙손통이 유방에게 건의했다.

"무릇 유자는 천하를 거머쥐는 진취進取를 함께하기는 어려우나 천하를 지키는 수성守成은 함께할 수 있습니다. 원컨대 신은 공자의 고향인 옛 노나라 땅의 유생들을 불러들여 신의 제자들과 함께 조정의 의례를 만들고자 합니다."

"어렵지 않겠소?"

"오제五帝는 서로 다른 음악을 사용했고, 삼왕三王도 동일한 예제를 쓰지 않았습니다. 예제는 시대와 인정에 따라 형식을 자르거나 보태는 것입니다. 원컨대 고례古禮를 두루 채택한 뒤 진나라의 의례를 섞어 새롭게 만들고자 합니다."

"한번 만들어 보도록 하시오. 다만 알기 쉽고 내가 능히 실행할 수 있는지를 헤아려 만들도록 하시오!"

숙손통이 사자에게 명해 노 땅의 제생 30여 명을 불러들였다. 두 명의 유생이 이를 거부했다.

"그대는 진시황에서 지금의 황제에 이르기까지 섬긴 군주만도 7명이나 되오. 매번 면전에서 아부하여 군주의 친애와 존경을 받았소. 지금 천하가 막 안정되었으나 죽은 자의 장례도 아직 치르지 못하고 부상당한 자 또한 아직 일어나지 못하고 있소. 이런 상황에서 다시 예악을 일으키려 하는 것이오? 원래 예악이 일어나려면 덕을 쌓은 지 100년이 지나야 가능한 것이오. 나는 차마 공이 한 일을 하지 못하겠소. 공은 이곳을 떠나 더 이상 나를 더럽히지 마시오."

숙손통이 웃으며 말했다.

"그대들은 실로 비루한 유생이오. 시변時變의 이치를 모르고 있소."

마침내 부름을 받은 30명의 유생과 함께 서쪽으로 간 뒤 황상의 좌우 학자와 자신의 제자 100여 명과 함께 야외에서 예제를 실습했다. 1달쯤 뒤 유방에게 고했다.

"가히 시험 삼아 관찰할 수 있습니다."

관람 후 만족감을 표한 유방이 곧 군신들에게 이를 열심히 익히게 했다. 기원전 200년 겨울 10월, 장락궁長樂宮이 완성됐다. 제후와 군신들이 모두 찾아와 하례하게 되었다. 당시만 해도 정궁인 미앙궁은 아직 착공되지 않았던 까닭에 장락궁이 유일한 궁전이었다. 다음날 문무백관이 도열한 가운데 황제가 궁궐에 들어오는 의식이 엄숙하게 진행됐다. 먼저 신하들이 서열을 좇아 전문殿門 안으로 들어간 뒤 차례로 시립했다. 호위군사가 섬돌 양쪽에 늘어섰다. 이들 손에는 모두 무기가 들려 있어 마치 깃발을 벌려 세운 듯했다. 이어 유방이 행차의 예비 경계警戒가 있은 뒤 유유히 수레 밖으로 나왔다. 알자謁者가 제후왕 이하 녹봉이 6백 석에 이르는 관원을 차례로 이끌어 경하하게 했다. 사마천은 엄숙한 분위기에 두려워하지 않는 자가 없었다고 기록해 놓았다.

예의가 끝나자 법주法酒가 차려졌다. 법주는 취하지 않게 마시는 예주禮酒를 말한다. 모두 땅 위에 엎드려 머리를 숙인 뒤 존비尊卑의 차서를 좇아 차례로 일어나 술잔을 들어 상수上壽했다. 여러 순배가 행해진 뒤 알자가 '파주罷酒'를 전했다. 이때 의례를 따라하지 않는 자를 어사가 곧바로 집어내 밖으로 끌어냈다. 조하의 의례가 끝나고 주연이 진행되는 동안 감히 시끄럽게 떠들거나 예를 잃는 자가 없었다. 유방이 크게 기뻐하며 말했다.

"내가 오늘에야 비로소 황제가 귀하다는 사실을 알게 되었다!"

이내 숙손통을 예제를 담당하는 태상太常에 제수하고 황금 500근을 하사했다. 숙손통은 새 예제를 만들 때 군주를 높이며 신하를 낮추는 진제국의 이른바 '존군억신尊君抑臣'의 정신을 예제의 기준으로 삼았다. 천자의 칭호에서 시작해 신료와 궁실, 관직의 명칭에 이르기까지 약간만 손질한 이유다. 당시 숙손통은 유방이 자신을 태상에 임명하며 황금을 하사하자 이 기회를 틈타 이같이 진언했다.

"신의 제자 및 유생들이 신을 따른 지 이미 오래되었습니다. 그들은 신과 함께 의례를 만들었습니다. 원컨대 그들에게도 관직을 내려주십시오."

유방이 이들을 모두 황제를 곁에서 시봉하는 낭관郎官에 임명했다. 숙손통은 출궁한 후 하사받은 황금 500근을 모두 노나라 땅에서 초빙한 유생 및 제자들에게 고루 나눠주었다. 이들이 크게 기뻐하며 이내 이같이 칭송했다.

"선생이야말로 실로 성인이다! 당대의 중요한 일을 모두 알고 있으니 말이다."

변절과 아부를 일삼은 숙손통에 대해 내심 못마땅하게 생각했는데 그가 노력한 덕분에 벼슬을 하게 되자 모두 입에 침이 마르도록 칭송하고 나선 것이다. 유방이 죽기 1년 전인 기원전 196년 말, 숙손통이 태자인 한혜제 유영劉盈의 태자태부太子太傅로 있었다. 장량은 임시로 태자소부太子少傅의 직책을 맡았다. 비록 임시직이기는 하나 장량이 숙손통의 밑에 있었던 점에 주목할 필요가 있다. 이는 말년에 이르러 유방의 숙손통에 대한 신임이 장량보다 컸음을 시사한다. 당시 유방은 총희인 척희戚姬의 소생 유여의劉如意를 태자로 세우려고 했다.

기원전 195년 말, 유방이 경포黥布를 격파하고 귀경한 뒤 병이 더욱 심해졌다. 이에 태자를 바꾸려는 생각이 더 심해졌다. 장량이 간곡히 간했으나 유방이 듣지 않았다. 장량이 병을 칭하며 두문불출했다. 이 문제를 궁극적으로 해결한 사람은 숙손통이었다. 그가 곧 유방을 찾아가 이같이 간했다.

"춘추시대 중엽 진헌공은 총애하는 여희驪姬로 인해 태자 신생申生을 폐하고 여희 소생의 해제奚齊를 후사로 세웠습니다. 이로 인해 진나라는 수십 년간에 걸쳐 큰 혼란을 겪고 그 또한 천하의 웃음거리가 되고 말았습니다. 진제국은 부소扶蘇를 태자로 확정하지 않은 까닭에 이내 환관 조고趙高가 호해를 사술로 옹립하도록 만들어 마침내 제사가 끊어지고 말았습니다. 이는 폐하도 친히 본 바입니다. 태자가 어질고 효성스럽다는 것은 천하가 모두 듣고 있는 바입니다. 여후와 폐하는 함께 고생을 참으며 맛없는 음식을 먹었는데 어찌 배신할 수 있겠습니까? 폐하가 필히 적자를 폐위하고 어린 서자를 세우려 한다면 신부터 먼저 주살하십시오."

"더 이상 말하지 마시오. 나는 단지 희언戱言을 좀 했을 뿐이오."

"태자는 천하의 근본입니다. 근본이 한 번 흔들리면 천하가 진동합니다. 어찌하여 천하의 근본을 희언의 대상으로 삼는 것입니까?"

자칫 목숨을 잃을 수도 있는 '역린'의 언사였다. 당시 그는 죽음을 각오하고 간언을 한 것이다. 그러나 유방은 결국 그의 간언을 좇아 유여의를 태자로 세우려던 당초의 생각을 버렸다. 『사기』 「여태후본기」는 당시의 상황을 이같이 기록해 놓았다.

"유방은 척희를 사랑해 아들 여의를 얻게 되자 태자 유영이 갈수록 꼴 보기 싫어졌다. 유방은 그가 나약해 자신의 성격에 맞지 않는다고 불만을 터뜨렸고, 반면에 어떻게 해서든 태자를 바꾸려 했다. 유방은 외출할 때마다 젊고 아름다운 척희를 데리고 다녔고, 여후는 늙어서 독수공방했으므로 남편 얼굴을 보기가 힘들었다. 이런 까닭에 태자가 몇 번이나 바뀔 뻔했으나 그때마다 대신들이 극구 반대한 덕에 유영은 겨우 태자 자리를 유지할 수 있었다."

똑같은 충언인데도 사마천은 '역린'으로 몰리고 숙손통은 황제의 존중을 받았다. 한무제와 유방이 질적으로 다른 인물이기 때문일까?

그렇지 않다. 시기時機와 헌책獻策의 내용이 달랐기 때문이다. 「내건」은 이같이 경계하고 있다.

"신하는 군주가 행하는 일의 가시적인 조치와 계책을 보고 군주의 의지와 의중을 읽을 줄 알아야 한다. 만일 자신이 행하는 일이 군주의 의중에 부합하지 않는 게 있다면 이는 뭔가를 제대로 알지 못했기 때문이다. 이 경우 아무리 군주의 뜻에 영합할지라도 군주의 마음속으로부터 우러나는 진정한 신임을 얻을 수 없다. 군주가 겉으로는 친한 척하면서 내심 멀리하는 이유다. 군주의 의중에 부합하지 못할 경우 아무리 성인일지라도 계책을 성사시킬 도리가 없다."

숙손통은 사마천과 달리 당시 유방이 바라는 바가 무엇인지를 정확히 통찰하고 있었다. 제국을 안녕하게 만드는 기반을 다지는 게 그것이다. 태자 폐립은 그 관건에 해당했다. 유방도 이를 통찰하고 있었다. '역린'에 걸릴 이유가 없었던 것이다. 전한제국이 건국 초기에 나름 태자 폐립 문제로 인한 혼란을 피할 수 있었던 것은 전적으로 숙손통의 공이었다.

그럼에도 후대 사가들의 숙손통에 대한 평은 매우 신랄했다. 상황에 따라 변신을 일삼았다는 게 가장 큰 이유였다. 그나마 중립적인 입장에 선 인물이 『자치통감』을 쓴 사마광이다. 그는 일면 높이면서 일면 깎아내린 일포일폄一褒一貶의 입장을 취했다.

"예제가 사물을 만드는 것을 보면 참으로 대단하다. 이를 한 개인에 적용하면 움직임에 법도가 있어 모든 행동이 갖춰지고, 한 집안에 적용하면 내외가 구별돼 9족이 화목해지고, 한 마을에 적용하면 장유의 질서가 생겨 풍속이 아름다워지고, 한 국가에 적용하면 군신간에 서열이 분명해져 정치가 완성되고, 천하에 적용하면 제후들이 순복해 기강이 바로 서게 된다. 그러나 당시 한고조가 대유大儒를 얻어 그와 더불어 예로써 천하를 다스리고자 했다면 그 공로와 위엄이 어찌 여기에 그쳤겠는가. 아 슬프다, 숙손통의 그릇이 작았으니! 한낱 물정과 시속을 좇아 예의의 찌꺼기와 쭉정이에 불과한 진제국의 예제를 훔쳐 황제의 총애를 얻었을 뿐이다. 결국 삼왕의 예를 떨치지 못하게 만들었으니 지금에 이르기까지 어찌 그 아픔이 극심하지 않겠는가!"

숙손통이 예제를 정비한 사실을 칭송하면서도 삼왕시대의 예제로까지 나아가지 못한 것을 비판한 것이다. 그러나 사마광의 '일포일폄'에서 '일폄'은 비약이 심하고 논거가 약하다. 당시의 상황을 제대로 감안하지 않았기 때문이다. 진나라가 15년 만에 역사무대에서 사라진 상황에서 한나라마저 황권이 확고히 정립되지 않았다면 춘추전국시대와 유사한 군웅의 할거割據로 인해 천하는 늘 시끄러웠을 것이다.

당시 상황에서 숙손통이 진제국의 예제를 참조해 황권皇權을 확고히 하지 않았으면 한제국도 전한과 후한을 합쳐 4백 년 동안 이어지기는 매우 어려웠다. 중국의 역사를 개관하면 알 수 있듯이 왕조교체기 때마다 기득권 세력은 지방분권적인 봉건체제를 선호했고 신흥세력은 중앙집권적인 강력한 제왕체제를 주장했다. 숙손통이 진제국의 법제를 참조해 통치제도와 예제를 정립한 것은 높이 평가할 만하다. 사마광의 비판은 지나치게 왕도의 관점에 기울어졌다는 지적을 면하기 어렵다.

나아가 숙손통은 결코 시세를 좇아 변절을 일삼은 인물도 아니었다. 그는 상황에 따라서는 목숨을 걸고 직언을 했다. 건국 초기에 후계 문제로 인한 혼란을 방지하고 태자 유영이 무사히 후사가 된 것은 전적으로 그의 공이다. 사마천은 이런 입장에 서 있었다. 그의 숙손통에 대한 평이다.

"옛말에 '천금에 이르는 갖옷은 여우 한 마리의 가죽으로 만들 수 없고, 높은 누대의 서까래는 나무 한 그루로 만들 수 없고, 삼대의 성세도 재사 한 사람의 능력으로는 구현할 수 없다'고 했다. 무릇 한고조가 미천한 신분에서 몸을 일으켜 천하를 평정한 것은 수많은 사람들의 지혜가 합쳐진 결과이다. 숙손통은 당대의 보기 드문 인재로 사물의 이치를 잘 알아 예제를 바르게 정했고, 진퇴의 처신 또한 시기의 변화를 좇아 바르게 행함으로써 마침내 한나라 유가의 으뜸이 되었다. 옛말에 '참으로 곧은 것은 굽어보이며, 길은 원래 구불구불한 것이다'라고 했다. 이는 숙손통을 두고 한 말이다."

"참으로 곧은 것은 굽어보이며, 길은 원래 구불구불한 것이다"라는 표현은 노자사상의 정수를 언급한 것이다. 원문은 '대직약굴大直若詘, 도고위이道固委蛇'이다. '대직약굴'은 『도덕경』 제45장에 나오는 대직약굴大直若屈을 차용한 것이다. '도고위이'는 『장자』「응제왕」편에 나오는 허이위이虛而委蛇 구절을 약간 돌려 표현한 것이다. 이는 마음을 비우고 욕심이 전혀 없는 모습을 뜻한다.

사마천이 숙손통을 높이 평가한 것은 바로 그의 행보가 도인의 모습을 닮았기 때문이다. 험한 난세를 살다보니 본의 아니게 여러 명의 군주를 섬길 수밖에 없었다. 세인들은 이를 탓했으나 사마천은 이를 당연시한 것이다. 상가의 이론을 집대성한 사마천이 한비자의 법가사상과 맥을 같이하는 대목이다.

원래 왕도를 상징하는 붓과 패도를 상징하는 칼은 상호 보완적인 것이다. 붓에서 지면 명분을 잃게 되고, 그리되면 병사들의 사기는 이내 꺾일 수밖에 없다. 모든 나라가 전쟁을 할 때마다 예외 없이 자신들이야말로 의전義戰을 치른다고 떠벌이는 이유이다. 공자는 『논어』「헌문」편에서 이같이 갈파한 바 있다.

"관중은 제환공을 도와 패업을 이루고 일거에 천하를 바로잡았다. 관중이 없었다면 우리 모두 오랑캐가 되었을 것이다."

아무리 '붓'에서 이길지라도 최후의 승부는 결국 '칼'로 결판날 수밖에 없다. '칼'의 우열은 곧 국가의 존망과 직결된다. 전쟁이 나면 총력전을 펼칠 수밖에 없는 이유이다. 이는 병법이 숭상하는 '궤도'를 전면 수용할 수밖에 없음을 의미한다. 유방과 항우가 천하를 놓고 다툰 초한지제楚漢之際 당시 정황상 총력전의 양상을 띨 수밖에 없었다. 전한제국 초기 숙손통을 비롯한 많은 법가가 맹활약을 한 배경이 여기에 있다. 그러나 전후 행보를 종합해 볼 때 숙손통은 『귀곡자』가 역설하는 종횡술을 정확히 터득한 당대의 종횡가이기도 했다.

제4편 저희 |抵巇| 작은 틈새를 미리 메워라

「저희」는 불완전할 수밖에 없는 인간관계의 미흡한 면을 보충하기 위한 술책이다. 인간관계를 맺다보면 자신도 모르는 사이 상대와 크고 작은 틈새가 만들어지기 마련이다. 이를 사전에 찾아내 일이 커지기 전에 미리 봉합하는 게 요체이다. 사람은 그 누구를 막론하고 완전할 수 없다. 반드시 실수가 있게 마련이다. 이를 방치할 경우 결국 사달이 난다. 관건은 작은 틈새를 찾아내 재빨리 봉합하는 데 있다. 그러나 무턱대고 성급하게 봉합해서는 안 된다. 봉합도 기술이 필요하다. 엉성하게 봉합했다가는 오히려 더 큰 화를 부를 수 있다. 틈새가 벌어지게 된 배경과 틈새의 크기 및 방향 등을 종합적으로 판단해 철저히 봉합해야 하는 이유다. 봉합이 불가능할 정도로 틈새가 벌어졌을 때는 스스로 진퇴를 결단해야 한다. 옛것을 버리고 새것을 취하는 것도 한 방법이다. 그것이 진퇴의 절도를 찾아 스스로를 보호할 수 있는 길이다. 유가에서 말하는 역성혁명과 반정 등도 종횡술의 관점에서 보면 저희술의 일종에 지나지 않는다.

4-1

物有自然, 事有合離. 有近而不可見, 有遠而可知. 近而不可見者, 不察其辭也, 遠而可知者, 反往以驗來也.

모든 사물은 저절로 그러한 이치가 있고, 모든 일은 통합과 분열의 시기가 있다. 가까이 있어도 보지 못하는 것이 있는가 하면 멀리 있어도 알 수 있는 경우가 있다. 가까운데도 보지 못하는 것은 상대방의 말을 잘 살피지 못하기 때문이다. 멀리서도 잘 알 수 있는 것은 지난 일을 거슬러 올라가 검토해 교훈을 얻고, 이를 토대로 오늘을 읽고 앞날을 증험해내기 때문이다.

저희抵巇의 저抵는 두 가지 뜻이 있다. 하나는 깨뜨릴 격擊의 뜻이다. 『한서』「두주전」에 나오는 저희抵隵가 실례이다. 안사고는 풀이하기를, "저抵는 격擊, 희隵는 훼毁이다. 일설에 따르면 희隵는 희巇로 읽는다. 험險의 뜻이다. 『귀곡자』에 나오는 「저희」편이 그것이다"라고 했다. 안사고의 주석에 따를 경우 '저희'는 곧 상대의 빈틈과 약점을 공격해 목적을 이루는 것을 말한다. 다른 하나는 막을 색塞의 뜻이다. 윤동양은 저抵를 저坻로 간주해 그같이 풀이했다. 이같이 해석할 경우 '저희'는 틈을 막는다는 의미가 된다. 두홍경은 풀이하기를, "담이 무너지는 것은 틈이 생겼기 때문이고, 그릇이 깨지는 것은 금이 생겼기 때문이다. 틈이나 금이 생겼을 때 이를 곧바로 막으면 담이나 그릇이 망실되는 것을 방지할 수 있다. 곧바로 막을 수 없다면 아예 새것으로 바꿔야 한다. 인사를 행사는 것도 꼭 이와 같다"고 했다. '저희'를 틈이나 금을 봉합하는 격실擊實로 풀이한 것이다. 「저희」의 취지에 부합한다.

물유자연物有自然은 모든 사물에 저절로 그러한 이치가 있다는 의미로 인위가 배제된 무위無爲를 뜻한다. 이선李善은 『문선주文選注』에서 "『귀곡자』에서 '물유자연'이라고 했다"며 이 구절을 인용했다. 이는 도가에서 말하는 무위자연無爲自然과 통한다. 『도덕경』 제64장은 만물지자연萬物之自然으로 표현해 놓았다. 해당 대목이다.

"성인은 사람들이 모두 바라는 욕망을 뛰어넘는 단계를 추구하고, 보화를 귀하게 여기지 않고, 사람들이 배우지 않는 도를 배우고, 사람들이 간과한 근본으로 되돌아가는 것을 행한다. 성인이 만물의 자연을 도울 뿐 감히 억지로 행하지 않는 이유다."

반왕이험래反往以驗來는 과거를 잘 알면 역사와 인간관계의 이치를 토대로 앞날도 미리 예측할 수 있다는 뜻이다. 여기의 반反은 반返, 험驗은 증험證驗의 의미이다.

4-2

巇者, 罅也. 罅者, 㵎也. 㵎者, 成大隙也. 巇始有朕, 可抵而塞, 可抵而卻, 可抵而息, 可抵而匿, 可抵而得, 此謂抵巇之理也.

희巇는 작은 틈새이고, 작은 틈새는 중간 크기의 틈새로 커지고, 이는 마침내 커다란 틈새로 변한다. 틈새가 생기기 전에 미세한 조짐이 있기 마련이다. 대처방법은 모두 5가지이다. 첫째, 틈새의 조짐이 안에서 비롯된 것이면 곧바로 봉합하는 저희술抵巇術로 틀어막는다. 둘째, 만일 외부로부터 비롯된 것이면 저희술로 제거한다. 셋째, 공개적으로 드러나면 저희술로 그 싹을 없앤다. 넷째, 아직 맹아 단계면 희술로 은폐한다. 다섯째, 이미 커져 어쩔 수 없는 단계면 아예 저희술로 새로운 대체물을 찾는다. 이를 일러 틈새를 봉합하는 이치인 저희지리抵巇之理라고 한다.

하罅는 작은 틈새를 뜻한다. 간㵎은 산과 산 사이에 있는 틈으로 간澗과 같다. 중간 크기의 틈새를 지칭한다. 진眹은 눈동자를 뜻하나 기미幾微, 즉 조짐의 뜻도 있다. 짐朕과 통한다. 저희지리抵巇之理는 가저이색可抵而塞 이하 5가지 방안을 말한다. 저희술의 구체적인 활용을 언급한 것이다. 이들 가운데 5번째로 거론된 가저이득可抵而得은 아예 새로운 대체물을 찾는 점에서 틈새를 봉합하는 앞의 4가지 방안과 약간 차원을 달리한다. 그러나 크게 보면 이 또한 저희술의 일환으로 볼 수 있다.

4-3

事之危也, 聖人知之, 獨保其身. 因化說事, 通達計謀, 以識細微. 經起秋毫之末, 揮之於太山之本. 其施外, 兆萌牙蘖之謀, 皆由抵巇. 抵巇之隙, 爲道術用.

상황이 위급해지는 조짐을 보일 때 오직 성인만이 이를 미리 알고 조치를 취해 자신을 보전한다. 이후 상황변화에 따라 그에 맞는 계책을 수립해 미세한 조짐이 일어나는 배경을 파악한다. 모든 일은 털끝만한 조짐에서 시작하지만 이후 태산의 뿌리까지 뒤흔들 정도로 커진다. 계책을 밖으로 시행하는 경우를 포함해 사안이 맹아의 단계에 있거나 틈새를 보이기 시작해 새로운 계책으로 이를 봉합해야 할 경우 모두 반드시 저희술을 좇아야 한다. 저희술로 틈새를 봉합하는 것이 바로 성인이 행한 도술의 활용이다.

사지위事之危의 위危는 위험한 조짐을 뜻한다. 인화설사因化說事는 객관적인 정황변화를 좇아 사물을 분석하는 것을 의미한다. 여기의 설說은 설복說服의 뜻이다. '경기추호지말經起秋毫之末, 휘지어태산지본揮之於太山之本'은 우리말 속담의 '티끌 모아 태산'과 취지를 같이 하는 것으로 여기의 경經은 시始, 휘揮는 발發의 의미이다. '추호지말'은 가을철에 털갈이하여 새로 돋아난 짐승의 가는 털끝을 말한다. 추호반점秋毫半點과 같다. 도홍경은 한고조 유방이 평민의 몸으로 천자의 자리에 오르고 은나라 탕왕이 작은 나라에서 시작해 천하를 아우르게 된 것을 구체적인 사례로 들었다. 조맹아얼兆萌牙蘖의 '조맹'은 징조와 싹, '아얼'은 작은 싹을 말한다. 아牙는 아芽의 가차假借이다. 그루터기에서 돋은 움을 뜻하는 얼蘖은 서자를 뜻하는 얼孼과 뜻이 통한다.

4-4

天下紛錯, 上無明主, 公侯無道德, 則小人讒賊. 賢人不用, 聖人竄匿, 貪利詐僞者作, 君臣相惑, 土崩瓦解而相伐射, 父子離散, 乖亂反目, 是謂萌牙巇罅. 聖人見萌牙巇罅, 則抵之以法. 世可以治, 則抵而塞之, 不可治, 則抵而得之, 或抵如此, 或抵如彼, 或抵反之, 或抵覆之. 五帝之政, 抵而塞之, 三王之事, 抵而得之. 諸侯相抵, 不可勝數, 當此之時, 能抵爲右.

천하가 혼란스럽고, 위로 명군이 없고, 공후公侯에게 도덕이 없으면 소인이 현량賢良을 헐뜯거나 해친다. 현자는 등용되지 못하고, 성인은 쥐처럼 은둔해 숨어버리고, 이익을 탐하고 거짓을 일삼는 자가 횡행한다. 군신이 서로 의심해 나라는 흙더미가 무너지고 기와가 흩어지듯 토붕와해土崩瓦解하고, 서로 삿대질하며 공격해 싸우고, 부자지간이 서로 이산하고, 마침내 반란이 일어나 서로 대립한다. 이를 일컬어 조짐이 싹트고 틈새가 갈라지는 맹아희하萌牙巇罅라고 한다. 성인은 '맹아희하'를 보면 곧바로 저희술을 구사한다.

세상이 다스릴 만하면 저희술로 틈새를 막아 세상을 정상화하고, 그렇지 못하면 저희술로 아예 새 세상을 만든다. 어떤 때는 이런 식 때론 저런 식으로 저희술을 구사한다. 또 어떤 때는 저희술로 과거를 되새기는가 하면 때론 과거를 뒤엎어 버린다. 오제五帝의 시기는 천하가 청명해 저희술로 틈새를 막았고, 삼왕三王의 시기는 천하가 혼란해 저희술로 새 세상을 만들었다. 지금은 제후들이 서로 상대방의 틈새를 이용해 벌리거나 봉합하는 일이 수를 헤아릴 수 없을 정도로 많이 일어난다. 이런 때는 저희술을 구사하는 게 최상이다.

분착紛錯은 분란紛亂과 같은 뜻이다. 성인찬닉聖人竄匿의 '찬닉'은 쥐가 쥐구멍 속으로 들어가듯 몸을 숨긴다는 의미이다. 오제지정五帝之政은 전설적 성군인 오제가 다스리던 시절을 말한다. 황제黃帝, 전욱顓頊, 제곡帝嚳, 요堯, 순舜이 그들이다. 황제 대신 소호少昊를 넣기도 한다. 삼왕지사三王之事의 3왕은 하나라 우禹, 은나라 탕湯, 주나라 문왕文王과 무왕武王을 말한다. 능저위우能抵爲右의 우右는 상上 내지 우優의 의미이다.

4-5

自天地之合離終始, 必有巇隙, 不可不察也. 察之以捭闔, 能用此道, 聖人也. 聖人者, 天地之使也. 世無可抵, 則深隱而待時. 時有可抵, 則爲之謀. 可以上合, 可以檢下. 能因能循, 爲天地守神.

천지만물은 합쳐졌다 헤어지거나 시작했다 끝나는 사이에 반드시 틈새가 나타나기 마련이다. 자세히 살피지 않을 수 없다. 벽합술捭闔術로 틈새를 살피고 저희술抵巇術로 틈새를 봉합할 줄 아는 사람이 있다면 그는 성인이다. 성인은 천지를 임의로 부리는 자이다. 세상의 틈새를 막을 일이 없으면 깊숙이 은둔해 때를 기다리고, 틈새를 막을 일이 생기면 천하를 위해 계책을 세운다. 이런 방법을 구사하면 위로 은밀히 군주와 결속해 보필할 수 있고, 아래로 백성과 약속하며 난국을 수습할 수 있다. 천지자연의 순환 이치를 좇아 변통하는 저희술이 요체이다. 그리하면 천지간의 모든 순환과 변화의 이치를 장악할 수 있다.

합리종시合離終始를 두고 윤동양은 '합리'를 개폐開閉, '종시'를 음양陰陽으로 풀이했다. 가이검하可以檢下의 검檢은 약속의 뜻이다. 능인능순能因能循은 병법에서 말하는 임기응변臨機應變과 취지를 같이한다. 여기의 인因은 『귀곡자』에서 매우 중요한 개념이다. 객관적인 실제 정황을 좇아 행동하는 것을 뜻한다. 『한서』「사마천전」은 "도가는 도를 체體, 인순因循을 용用으로 삼았다"고 했다. 안사고는 '인순'을 자연에 맡기는 임자연任自然으로 해석했다. 천지수신天地守神의 '수신'은 『도덕경』 제29장에서 "천하인은 신기神器인 까닭에 유위로 다스릴 수 없다"고 한 구절과 취지를 같이한다. '신기'는 신묘한 기물을 뜻한다. 윤동양은 대보大寶로 풀이했다.

조조와 광무제 유수

「저희」는 인간관계의 벌어진 틈새를 봉합하는 것을 말한다. 틈새는 어느 경우에나 존재한다. 「저희」에서 "천지만물은 합쳐졌다 헤어지거나 시작했다 끝나는 사이에 반드시 틈새가 나타나기 마련이다"라고 언급한 이유다. 인간관계는 아무리 가까운 부부나 부자지간일지라도 상황에 따라서는 이해관계가 충돌하는 까닭에 반드시 틈새가 벌어지기 마련이다. 이를 미연에 봉합하지 않으면 점차 커져 나중에는 감당할 수 없게 된다. 한비자가 갈파했듯이 보다 노골적인 이해관계로 얽힌 군신관계의 경우는 더 말할 것도 없다. 한비자는 군신관계를 협조와 견제로 파악한 유가와 달리 시종 대립 및 상하관계로 이해했다. 신하에게 이로운 것은 군주에게 불리할 수밖에 없다는 게 대전제이다. 신하의 발호를 미연에 차단할 수 있는 6가지 기미를 소상히 풀이해 놓은 이유다. 『한비자』「내저설 하」의 해당 대목이다.

"신하들에게는 6가지 감춰진 기미가 있다. 첫째, 군주의 권력이 신하의 손안에 있는 권차權借이다. 둘째, 군주와 신하의 이해가 달라 신하들이 외국의 힘을 빌리는 이이利異이다. 셋째, 신하가 유사한 부류에 의탁해 군주를 속이는 사류似類이다. 넷째, 군주와 신하의 이해가 상반되는 유반有反이다. 다섯째, 신하들의 세력이 서로 비슷해 권력다툼을 벌이는 참의參疑이다. 여섯째, 적국이 대신의 폐출과 등용에 간여하는 폐치廢置이다. 이들 6가지 기미야말로 군주가 자세히 살펴보아야 할 일이다."

「저희」에서 "벽합술捭闔術로 틈새를 살피고 저희술抵巇術로 틈새를 봉합할 줄 아는 사람이 있다면 그는 성인이다"라고 말한 취지와 부합한다. 역사상 군신간의 틈새를 미리 봉합해 신하들의 충성을 유도한 대표적인 사례로 삼국시대 당시 조조가 수행한 이른바 분소밀신焚燒密信 사건을 들 수 있다.

건안 5년(200) 말, 조조가 관도대전에서 원소를 깨뜨렸다는 소식이 전해지자 기주의 성읍 대부분이 조조에게 투항했다. 조조는 노획한 금은보화와 주단 등을 전 장병들에게 차등을 두어 골고루 나눠주었다. 중원의 패권을 놓고 벌인 건곤일척의 싸움에서 승리를 거둔 장병들에게 논공행상의 차원에서 당연히 베풀어야만 하는 조치이기도 했다. 난세일수록 신상필벌의 원칙은 엄수되어야만 한다. 이때 원소의 참모 저수沮授는 원소를 좇아 강을 넘지 못하고 조조의 군사에게 사로잡히게 되었다. 저수가 이내 조조 앞으로 끌려오게 되었는데 오히려 큰소리로 이같이 외쳤다.

"나는 투항하지 않는다. 단지 잡혔을 뿐이다."

조조가 그와의 옛정을 생각해 이같이 위로했다.

"머무는 곳이 달라 서로 떨어져 있었는데 오늘 군이 나에게 잡힐 줄이야 어찌 생각이나 했겠소."

그러자 저수가 분하다는 듯이 말했다.

"원소는 계책을 잘못 쓴 나머지 스스로 무너져 북쪽으로 도망간 것이나 나는 지혜를 제대로 펴지 못해 사로잡힌 것이오."

조조가 웃으며 말했다.

"원소는 본래 지략이 없어 군의 계책을 사용할 위인이 못 되오. 지금 전란이 아직 평정되지 않았으니 군은 응당 나와 함께 힘을 합쳐 이 난을 평정토록 합시다."

이에 저수가 큰소리로 대꾸했다.

"나의 숙부와 외숙의 목숨이 원소의 수중에 있소. 공이 나에게 은혜를 베풀고자 한다면 속히 죽이는 것이 오히려 은혜를 베푸는 길이오."

조조가 탄식했다.

"내가 조금만 일찍 군을 얻었어도 천하에 염려할 일이 없었을 것이오. 내가 군을 풀어줄 터이니 다시 한 번 깊이 생각해 보도록 하시오."

이에 조조가 저수를 사면하고 매우 후하게 대우했다. 그러나 얼마 안 되어 저수는 조조의 영채를 빠져나가 원소에게 돌아가려고 하다가 조조의 군사에게 붙잡히고 말았다. 조조는 그가 원소에게 돌아가면 필경 원소를 위해 계책을 낼 것이고, 그리되면 원소를 제압하기가 어려울 것으로 생각해 이내 눈물을 머금고 그의 목을 베게 했다.

저수의 비극은 물론 소인배들의 참언 때문이기도 하지만 근본적으로는 주인을 잘못 만난 데 있었다. 원소는 도량이 좁아 충신과 간신을 구별하지 못했다. 이로써 뛰어난 지략을 지닌 저수는 제 능력을 충분히 발휘할 수가 없었던 것이다. 저수는 사실 이때라도 소의를 버리고 대의 차원에서 자신을 알아주는 조조에게 투항해 자신의 기량을 마음껏 펼쳤다면 무의미하게 죽지는 않았을 것이다. 그가 자신을 알아주지도 않는 원소를 찾아가기 위해 무모하게 탈출을 감행하다 죽임을 당한 것은 전적으로 그 자신이 불러들인 화가 아닐 수 없다.

당시 조조가 수거한 원소의 서신 가운데 허도許都에 있는 인사는 물론 자신의 휘하에 있는 일부 장령이 원소 측과 은밀히 교신하면서 보낸 서신도 있었다. 좌우에서 입을 모아 건의했다.

"그 이름들을 일일이 조사해 모조리 잡아 죽여야 합니다."

조조가 반대했다.

"원소가 강성할 때에는 나 또한 스스로를 보호할 길이 없었다. 하물며 다른 사람들이야 더 말할 게 있겠는가!"

그러고는 이내 이들 밀신들을 모두 불태우도록 했다. 이를 두고 후세 사가들은 흔히 '분소밀신' 또는 '분서불문焚書不問' 사건이라고 칭했다. 이 '분소밀신' 사건으로 인해 몰래 원소와 교신을 했던 허도의 인사들과 일부 장령들은 조조의 관인寬仁한 도량에 크게 감복했다. 더욱 충성을 다짐한 것은 말할 것도 없다.

『삼국지』「무제기」는 조조가 편지들을 불태웠다는 얘기만 간략히 기록해 놓았으나 배송지 주에 인용된 『위씨춘추魏氏春秋』는 당시 조조가 한 말을 자세히 인용해 놓았다. 『자치통감』은 이를 역사적 사실로 보아 이를 그대로 인용해 놓았다.

원래 조조의 '분소밀신'은 후한제국을 세운 광무제光武帝 유수劉秀의 행보를 흉내 낸 것이었다. 『후한서』에 따르면 갱시 2년(24) 5월, 황제를 칭하며 하북 일대를 호령했던 왕랑王郎의 부하들은 유수의 포위공격을 견디지 못해 마침내 성문을 열고 항복했다. 왕랑은 도주하다가 죽임을 당했다. 왕랑이 한단에 세운 궁에 머물던 유수는 부하들에게 모든 문서를 조사하도록 했다.

대부분 각 군현의 관원과 지방 유지들이 왕랑과 주고받은 서신이었다. 왕랑을 칭송하고 유수를 헐뜯는 내용이 주를 이뤘다. 심지어 유수와 그 무리를 어떻게 소탕하면 좋을지를 적어놓은 서신도 있었다. 유수는 서신들을 보지도 않은 채 모두 궁 앞 광장에 쌓아놓은 후 관원과 호족들을 전부 불러들여 그들이 보는 앞에서 불살라 버렸다. 곁에 있던 막료가 깜짝 놀라 유수에게 물었다.

"왜 이러십니까? 저희를 반대하던 자들이 모두 이 안에 기록돼 있는데 이제 이름조차 알아볼 수 없게 되었습니다."

"내가 이것들을 불사른 이유는 더 이상 과거의 은원을 문제삼지 않겠다는 의지를 보여주고자 하는 것이다."

비밀이 밝혀질까 가슴을 졸였던 지방 호족과 관원들은 증거물이 불태워지자 안도의 한숨을 내쉬었다. 유수는 문서를 태움으로써 그들이 보복을 두려워하여 반反유수 진영에 들어가는 일을 사전에 차단한 것이다. 조조의 분소밀신과 같은 맥락이다. 간첩행위를 했거나 잠재적 배신자를 제거할 수 있는 절호의 기회였음에도 불구하고 짐짓 아무것도 아닌 것처럼 소각을 명령한 분소밀신은 난세의 득인술이 어떤 것인지를 극명하게 보여준다.

조조는 난세에 능력 있는 자들이 강한 편에 붙어 일신의 안전을 보전할 수밖에 없는 인간의 약점을 깊이 이해하고 있었다. 대개 재능이 많은 자는 어느 곳에서도 중용될 수 있으므로 지조를 가벼이 여기는 경향이 있다. 이런 태도는 바람직하지 못한 것이 사실이나 동시에 능력 있는 사람이 목숨을 보존하는 방법이기도 했다. 조조는 인간의 이런 습성을 통찰하고 이를 오히려 당연한 것으로 간주한 것이다. 그는 한마디로 말해 그릇이 큰 인물이었다.

사마의의 저희술

삼국시대 당시 위명제 조예曹睿가 8세의 어린 조방曹芳을 위해 고명대신顧命大臣으로 임명한 대장군 조상曹爽과 태부 사마의司馬懿는 완전히 대비되는 인물이었다. 조상은 부친 조진의 후광에 힘입어 최고의 자리에 오른 평범하기 그지없는 고량자제膏粱子弟에 불과했다. 고량자제란 부귀한 집에서 기름진 음식만 먹고 고이 자라나 고생을 전혀 모르는 젊은이를 말한다. 이에 반해 사마의는 오랜 세월 동안 전쟁터를 누비며 온갖 궤계를 구사한 노회하기 그지없는 인물이었다.

조상은 심복인 하안何晏과 등양鄧颺 등을 발탁해 조정의 중추기관을 장악한 후 사마의를 태부로 올려놓았다. 태부는 직위만 높을 뿐 아무런 실권이 없었다. 이어 동생 조희曹羲를 중령군中領軍으로 임명해 황궁의 경호부대인 금군禁軍을 통솔하게 했다. 『자치통감』은 당시 상황을 이같이 기록해 놓았다.

"정시 8년(247) 초, 대장군 조상이 하안과 등양 등의 계책을 받아들여 태후를 영녕궁永寧宮으로 옮긴 뒤 홀로 조정의 정사를 독단하면서 친당親黨을 심고 여러 차례 제도를 변경했다. 태부 사마의가 이를 제어하지 못하고 조상과 틈이 생기게 되었다. 이해 5월 사마의가 칭병하여 정사에 불참하기 시작했다."

「저희」에 따르면 미세한 '틈'이 벌어지기 시작한 셈이다. 조상이 유능했다면 어떤 식으로든 이를 막았을 것이다. 그러나 그는 고량자제에 불과했다. 사마의가 조씨의 위나라를 뒤엎을 생각을 품게 된 결정적인 배경이 여기에 있다. 빌미는 조상이 제공했다. 그는 미세한 틈이 벌어졌을 때 이를 전혀 눈치채지 못한 채 방자한 모습을 보였다. 이를 뒷받침하는 『자치통감』의 기록이다.

"정시 9년(248) 대장군 조상이 교사驕奢하기가 그지없었다. 음식과 의복이 황제와 유사했고, 상방尙方에서 만든 진기한 보물이 그의 집에 가득 찼다. 사사로이 선제의 궁녀를 기녀로 삼고 지하실을 만들어 사방에 화려한 주단으로 장식한 뒤 여러 차례 하안 등의 무리들과 어울려 질탕하게 음주하며 놀았다. 동생 조희가 이를 심히 우려하여 여러 차례 눈물로 저지했으나 조상이 듣지 않았다."

사마의와 틈이 더욱 벌어지게 된 빌미를 스스로 제공한 셈이다. 한 번은 사농司農으로 있던 환범桓范이 간했다.

"만기를 총람하고 금병禁兵을 관장하는 사람은 출성해서는 안 됩니다. 만일 성문을 닫는 일이 일어나면 누가 다시 안으로 들어갈 수 있겠습니까?"

조상이 크게 웃으며 말했다.

"누가 감히 그리한단 말이오!"

게다가 그는 이런저런 일로 원한을 품고 반목하게 된 사람이 많았다. 기주자사 손례孫禮가 대표적인 인물이다. 정시 9년(248) 가을, 손례가 병주자사가 되어 태부 사마의를 찾아가 인사하면서 만면에 화난 얼굴로 말을 하지 않았다. 사마의가 의아해하며 물었다.

"경은 병주의 크기가 작아 불만이오?"

기주에 비해 병주는 크기도 작고 상대적으로 변방에 치우쳐 있었다. 손례가 대답했다.

"내가 비록 덕행은 없지만 어찌 자리 문제를 놓고 불만을 품겠습니까? 나는 본래 명공이 가히 이윤 및 여상의 뒤를 이어 위나라 황실을 바로 보좌하여 위로는 명제의 탁고유명託孤遺命에 보답하고 아래로는 만세의 공훈을 세울 것으로 생각했습니다. 지금 사직이 장차 위험에 빠지려 하고 천하 또한 흉흉하기만 합니다. 이것이 것이 바로 내가 백성된 자로서 심려하는 것입니다."

말을 마친 후 하염없이 눈물을 흘리자 사마의가 위로하며 말했다.

"상심하지 마시오. 참을 수 없는 일도 참아야만 하오!"

사마의의 속셈이 드러나는 대목이다. 사마의는 조상의 세력을 일거에 뒤엎을 계책을 마련해 놓고 때를 기다리고 있었던 것이다. 하남윤 이승李勝이 경성을 나와 형주자사를 맡게 돼 인사 차 왔을 때 구사한 이른바 사병계詐病計가 이를 웅변한다.

이해 겨울, 이승이 인사 차 오자 사마의는 두 명의 시비에게 자신을 부축하게 했다. 옷자락이 땅에 질질 끌렸다. 손가락으로 입을 가리켜 목마르다는 표시를 하자 시비가 죽을 올렸다. 사마의가 그릇을 손으로 잡지 못하고 입을 내밀어 마시는 모습을 보였다. 죽이 모두 흘러내려 앞가슴을 적셨다. 이승이 안타깝다는 표정으로 위로했다

"모두들 명공에게 중풍이 도졌다고 말하고 있지만 어찌 존체尊體가 이 지경에 이를 줄 생각이나 했겠습니까!"

사마의가 가까스로 화를 다스리는 모습을 보이면서 당부하는 어투로 말했다.

"늙고 병들어 죽음이 눈앞에 있소. 군이 몸을 굽혀 병주로 가고자 하니 병주는 호인들과 가까이 있어 그들을 잘 막아야만 할 것이오. 내가 군을 다시는 못 볼까 두려우니 나의 두 아들 사마사司馬師와 사마소司馬昭 형제를 잘 부탁하오."

이승이 사마의의 말을 정정했다

"저는 본주本州로 돌아가려는 것이지 병주로 가려는 것이 아닙니다."

이승은 형주 소속의 남양군 출신이다. 고향이 속해 있는 주를 '본주'로 표현한다. 사마의가 고의로 말을 잘못 알아들은 양 가장했다

"군이 정말 병주로 가려는 것이오?"

이승이 답답한 듯 다시 크게 말했다.

"형주에 가는 것입니다."

사마의가 그제서야 제대로 알아들은 듯한 표정을 지으며 말했다.

"나이를 먹어 머리가 혼란스러워 그런지 군의 말을 제대로 알아듣지 못했소. 지금 '본주'로 간다 하니 웅성한 덕행과 장렬한 기개로 큰 공훈을 세우도록 하시오."

이승이 인사하고 나와 이를 조상에게 고했다

"사마공은 거의 시체와 다름없이 간신히 숨을 붙이고 있습니다. 몸과 정신이 완전히 분리되어 있으니 심려하지 않아도 좋을 듯합니다."

조상은 내심 쾌재를 부르며 다시는 사마의를 방비하지 않았다. 『자치통감』은 이같이 기록해 놓았다.

"태부 사마의가 몰래 아들 중호군 사마사와 산기상시 사마소와 함께 조상을 죽일 계책을 세웠다."

사마의의 '사병계'가 얼마나 무서운 암수인지를 보여준다. 사마의는 때가 오기만을 기다리고 있었다. 시간은 얼마 걸리지 않았다. 이듬해인 가평 원년(249) 1월 6일, 황제 조방이 선황인 명제의 능묘인 고평릉高平陵을 찾아 제를 올리기 위해 출성했다. 대장군 조상과 그의 동생 중령군 조희, 무위장군 조훈曹訓, 산기상시 조언曹彦 등이 모두 그 뒤를 따라나섰다. 사마의가 곧바로 행동에 들어갔다. 태후의 명을 내세워 각 성문을 닫고 군사를 이끌고 가 무기고를 점거하여 무기를 나눠준 뒤 출성해 낙수洛水의 부교浮橋를 지켰다. 이어 사도 고유高柔를 불러 부절을 준 뒤 대장군의 직무를 대행하면서 조상의 영채를 장악하게 했다. 또 태복 왕관王觀에게는 중령군의 직무를 대행하면서 조희의 영채를 점거하게 했다. 모든 게 전광석화 같았다. 사전에 치밀하게 준비했기에 가능한 일이었다. 이어 황제 조방에게 조상의 죄를 열거

한 상소문을 올렸다

"지금 대장군 조상이 고명顧命을 저버리고 국법을 어지럽혀 안에서는 참월하게도 군주의 의례를 모방하고 밖에서는 홀로 대권을 휘두르고 있습니다. 이로써 각 군영을 훼손하고 금병과 백관의 요직에 모두 측근들을 배치하여 궁 안의 숙위宿衛를 모두 그의 졸개로 채우게 되니 그 무리의 뿌리가 깊어져 방자함이 날로 더해가고 있습니다. 이는 선제가 고명을 내린 본의가 아닙니다. 신은 비록 늙고 굼뜨나 어찌 감히 지난날의 맹서를 잊을 수 있겠습니까? 태위 장제蔣濟 등이 모두 조상이 군주를 무시하는 마음이 있어 그들 형제가 숙위하는 병사를 장악치 못하도록 해달라고 상주하자 태후가 신에게 하령하여 상주한 바대로 시행하게 했습니다. 신이 곧 해당 관원 등에게 명하여 '조상과 조희, 조훈의 관직과 병권을 파하고 열후의 신분으로 사제로 돌아갈 것을 명하니 어가를 막지 말라. 감히 어가를 막으면 군법으로 처단한다'고 했습니다. 신은 병든 몸으로 군사를 이끌고 나와 낙수 부교에 주둔하면서 비상사태에 대비하고자 합니다."

조상은 사마의의 상주문을 받고도 이를 조방에게 통보하지 않았다. 형세가 궁박해 어찌할 바를 몰라 어가를 이수伊水 남쪽에 머물게 하면서 나무를 베어 방책을 세운 뒤 둔전병 수천 명을 보내 어가를 방어하게 했다. 사마의가 시중 허윤許允과 상서 진태陳泰를 조상에게 보내 응당 빨리 자수하여 죄를 인정하도록 설득하게 했다.

이때 조상과 가까웠던 환범이 중령군 직무를 대행해달라는 사마의의 부탁을 거절하고 조상이 있는 곳으로 달려갔다. 사마의가 태위 장제에게 염려스런 표정으로 말했다.

"지낭智囊이 조상이 있는 곳으로 갔소!"

꾀주머니를 뜻하는 '지낭'은 뛰어난 책사를 지칭한다. 유방의 책사 장자방이 대표적인 인물이다. 장제가 장담했다

"환범은 지략이 있는 사람입니다. 노마駑馬는 마방의 마판에 떨어진 콩에 연연하는 법입니다. 조상은 필경 그의 계책을 받아들이지 않을 것입니다."

조상을 노마에 비유한 것은 조상이 성 안에 있는 집안 식구들의 안위를 걱정해 심모원려하지 못할 것이라는 뜻이다. 작은 일에 연연해 큰일을 도모할 수 없다는 것을 의미한다. 환범이 도착한 후 조상 형제에게 천자를 모시고 허창으로 가는 동시에 사방에서 군사를 초모해 거가를 보위하는 방안을 제시하자 과연 조상은 머뭇거리며 결단하지 못했다. 환범이 조희에게 말했다.

"이는 뻔한 일인데 경은 책을 읽었다가 어디에 쓰려고 하는 것이오? 필부조차 사람 하나를 인질로 하여 목숨을 구하려고 하는데 하물며 경은 천자와 함께하며 천하를 호령할 수 있는데 누가 감히 이에 응하지 않겠소?"

황제를 옆에 끼고 있는데 무슨 염려할 게 있냐는 뜻이다. 그런데도 모두 입을 다물고 아무 말도 하지 않았다. 환범이 거듭 조희를 다그쳤다.

"경이 거느리는 별영別營은 궁궐 남쪽에 있으니 가히 임의로 그들을 부를 수 있소. 지금 허창으로 가면 다음날 저녁까지는 걸리지 않을 것이오. 허창의 무기고에 있는 무기를 병사들에게 나눠주면 되오. 다만 식량이 걱정되기는 하나 대사농의 인장을 내가 가지고 있으니 이 또한 큰 문제는 없소."

조희 형제가 계속 묵연히 침묵만 지킬 뿐 그의 건의를 받아들이지

않았다. 심야부터 논의하기 시작해 아침까지 계속했으나 결단하지 못했다. 마침내 조상이 칼을 땅에 내던지며 말했다.

"관직과 작위를 버리면 부가옹富家翁으로 살 수 있다."

'부가옹'은 돈 많은 노인을 말한다. 고량자제의 한계가 극명하게 드러나는 대목이다. 환범이 울며 탄식했다.

"조진이 훌륭하다고 하더니 오히려 돈독豘犢을 키운 것에 지나지 않았구나. 내가 어찌하여 당신들에 연루되어 멸족되어야 한단 말인가!"

'돈독'은 돼지새끼와 송아지를 말한다. 개새끼를 뜻하는 견자犬子나 마찬가지다. 만사가 끝났다는 뜻이다. 조상이 마침내 사마의의 상주문을 황제에게 고하면서 자신의 관직을 면제한 뒤 궁중으로 돌아갈 것을 청했다. 조상 형제가 집으로 가자 사마의가 군사를 보내 그들의 집을 포위해 지키도록 했다. 얼마 후 조상과 조희, 조훈, 하안, 등양, 이승, 환범 등이 모두 잡혀가 대역부도의 죄명으로 탄핵당한 뒤 3족이 멸하는 화를 당했다.

조상이 죽은 다음에 사마의는 승상이 되어 위나라 군정 대권을 모두 장악했다. 이후 16년이라는 세월 속에 사마의, 사마사, 사마소 등 사마씨 부자에 의한 경영이 이어지면서 두 차례의 폐립과 살육전 끝에 마침내 조씨의 위나라는 사마씨의 진나라로 바뀌고 말았다. 빌미는 조상이 제공한 만큼 조씨의 위나라가 전복된 것을 두고 사마의만 탓해서는 안 된다. 사마의는 「저희」의 다음 구절을 충실히 좇은 셈이다.

"틈새가 생기기 전에 미세한 조짐이 있기 마련이다. 대처방법은 모두 5가지이다. 첫째, 틈새의 조짐이 안에서 비롯된 것이면 곧바로 저희술로 봉합한다. 둘째, 만일 외부로부터 비롯된 것이면 저희술로 제거한다. 셋째, 공개적으로 드러나면 저희술로 싹을 없앤다. 넷째, 아직 맹아 단계면 희술로 은폐한다. 다섯째, 이미 커져 어쩔 수 없는 단계면 저희술로 대체물을 찾는다. 이를 일러 틈새를 봉합하는 이치인 저희지리抵巇之理라고 한다."

'저희지리'의 다섯 번째 술책을 구사한 셈이다. 당초 조조는 사마의를 크게 경계하며 중용하지 않았다. 이는 그의 눈매가 늘 매처럼 먹이를 응시하듯 날카로운 모습을 띠고 있는 데다가 말을 할 때에도 몸을 돌리지 않은 채 고개를 뒤로 돌리며 늘 주변을 경계하는 모습을 본데 따른 것이었다. 이는 관상학에서 말하는 응시낭고鷹視狼顧의 상이다. 장차 권력을 장악하게 되면 반역을 저지를 상을 뜻한다.

삼국시대에 군략 면에서 조조에 버금할 정도의 수준에 오른 인물로는 사마의 정도밖에 없다. 가후는 비록 호흡이 짧은 전술 면에서는 당대 최고였다고 할 수 있으나 전략 차원에서는 조조나 사마의보다 한 수 아래였다. 『삼국연의』는 제갈량을 최고의 군략가로 묘사하고 있으나 여타 사서의 기록에 비추어 보면 그는 군략 면에서 이들보다 몇 수 아래였다.

사마의의 뛰어난 용병술은 맹달을 포획하는 데서 절정을 이룬다. 『삼국연의』는 제94회 '사마의금맹달司馬懿擒孟達'에서 제갈량이 북벌에 나서 농우를 빼앗은 후 사마의가 맹달의 목을 벤 것으로 묘사하고 있으나 맹달은 그 이전에 죽었다. 『삼국연의』는 또 제갈량의 제1차 북벌 때부터 사마의를 제갈량과 지혜를 겨루는 위나라 장수로 묘사하고 있으나 이 또한 사실과 다르다. 사마의는 맹달을 참한 후 곧바로 주둔지인 완성으로 돌아갔다. 사마의가 제갈량과 직접 부딪치게 된 것은 제갈량의 5차 북벌 때부터였다.

사마의는 병법의 핵심인 궤도詭道의 달인이었다. 궤도의 핵심은 『손자병법』이 역설한 바와 같이 허허실실虛虛實實에 있다. 허허실실은 상황에 따른 임기응변이 요체이다. 사마의는 매사에 적을 제압하기 위해 취할 수 있는 모든 수단을 동원하여 필승지세를 만들어 나갔다. 사마의가 구사한 전략전술이 상황에 따라 속전속결과 지구전을 병용하는 변화무쌍한 모습으로 나타난 이유다. 맹달의 목을 벨 때 사용한 전술은 그야말로 전광석화와 같은 속도전이었다. 그러나 요동의 공손연을 토벌하고 제갈량과 접전할 때에는 지구전을 구사했다. 공손연을 토벌할 당시 제장들이 이의를 제기할 때 사마의는 이같이 말했다.

"전쟁이란 시종 변법을 쓰는 것이다. 정황이 다르면 작전 또한 달라져야만 한다. 지금 저들은 수가 많다. 날씨 또한 악천후로 인해 비까지 내리고 있다. 저들은 식량부족에 허덕이고 있다. 이때는 굳이 싸울 필요가 없다. 이쪽이 꼼짝도 하지 못하고 있는 모습을 보여 상대방을 안심시키는 것이 상책이다. 눈앞의 이익에 끌려 덤비다가는 아무런 성과도 거두지 못하고 말 것이다."

'허허실실'의 묘리를 통달한 사람만이 할 수 있는 말이다. 공손연이 궤멸당한 것은 말할 것도 없다. 사마의가 구사한 지구전 술책은 제갈량과의 접전에서 절정에 달한다. 사마의는 두 차례에 걸친 제갈량과의 접전에서 시종 지구전을 구사했다. 공격하는 입장에 서 있던 제갈량은 시종 결전을 서둘렀지만 번번이 사마의의 지구전에 의해 좌절되고 말았다. 결국 제갈량은 제6차 북벌 당시 뜻을 이루지 못하고 오장원에서 병으로 쓰러져 진중에서 죽고 말았다. 제갈량은 사마의의 지구전 술책에 걸려 제풀에 죽고 만 셈이다.

사마의는 전쟁뿐만 아니라 사람을 대할 때에도 '허허실실'의 궤도를 구사했다. 시기가 불리하면 모욕을 견디며 때가 도래하기를 기다렸다. 때가 오면 사전에 주도면밀하게 세운 계획을 좇아 일거에 상대방을 궁지로 몰아넣어 궤멸시켰다. 전쟁터에서 구사하는 전술전략과 하등 차이가 없었다. 조상의 무리를 일거에 제거하고 위나라의 대권을 거머쥔 게 그 실례다.

삼국시대에 나타난 뛰어난 '탁고유명'을 들라면 유비의 경우와 위명제 조예의 경우를 들 수 있다. 두 사람의 탁고유명은 전혀 다른 결과를 낳았다. 유비의 탁고유명을 받은 제갈량은 어린 유선을 끝까지 돌보며 갈충보국竭忠報國했다. 이에 반해 사마의는 어린 조방을 폐위하고 시군찬위弑君簒位의 길을 열었다. 두 사람은 왜 정반대의 길을 걸은 것일까?

두 사람이 처해 있던 상황과 인물유형이 다르기 때문이다. 유비로부터 지우지은知遇之恩을 입은 제갈량은 기본적으로 찬위를 꿈꿀 입장에 있지 못했다. 그가 유선을 옆에 끼고 천하를 제패했다면 상황이 달라질 수 있었을 것이다. 그러나 그럴 가능성이 전혀 없었다. 이에 반해 사마의는 출발 자체가 제갈량과 정반대였다. 그는 억지로 출사했다. 청류 사대부로서의 자부심과 뛰어난 지략에 대한 자만심 등으로 인해 유사시에는 자신이 세상을 평정하고자 하는 야심을 지니고 있었다. 음험하고 교활하며 냉혹하고 무자비한 인물로 묘사해 놓은 사서의 기록이 그 증거다. 『진서』「선제기」의 해당 대목이다.

"사마의는 속으로는 꺼리면서도 겉으로는 너그러운 척하며 의심과 시기가 많고 임기응변에 능했다."

조조가 사마의를 쓰면서도 일정한 거리를 둔 이유다. 그의 충성을 의심했기 때문이다. 사마의도 이런 사실을 잘 알고 있었다. 임종 직전

두 아들을 병상 앞으로 불러 당부한 내용이 이를 뒷받침한다.

"내가 위나라를 오랫동안 섬겨 벼슬이 태부에 이르렀으니 남의 신하로서 그 지위가 더할 나위 없다. 그러나 사람들이 모두 나에 대해 다른 뜻을 품고 있지나 않은지 의심하고 있다. 내가 두려운 마음으로 지내야만 했던 이유다. 내가 죽은 후에라도 너희 형제는 힘을 합해 국정을 잘 다스리되 부디 삼가고 또 삼가기 바란다."

사마의의 이런 당부는 겉만 보면 위나라 고명대신으로서의 충언에 가깝다. 그러나 그 이면을 읽어야 한다. 그는 아들 사마사와 사마소에게 위나라를 빼앗을 만반의 준비를 갖추라고 주문한 것이다. 이종오가 『후흑학』에서 사마의를 후흑술의 달인으로 간주한 이유다. 그 수준이 조조나 유비보다도 높다. 「저희」의 관점에서 보면 사마의는 상황이 이미 커져 어쩔 수 없는 단계에서는 새로운 대체물로 상황을 일변시키는 저희지리抵巇之理를 퀜 셈이다. 후흑술에 이어 저희술의 대가에 해당하는 셈이다.

도르곤과 청조 입관

사마의 못지않게 저희술을 이용해 새 왕조의 기틀을 확고히 세운 대표적인 인물로 청나라 건국 초기 섭정으로 일한 청태종 홍타이지皇太極의 이복동생 도르곤多爾袞을 들 수 있다. 도르곤은 만주어로 '오소리'의 뜻이다. 청조의 역사는 명조 말기에 발흥해 '후금'을 건설하면서 세력을 확장시켜 '대청'으로 발전하는 소위 입관전사入關前史와 북경 입성에 성공해 중원을 통치하는 입관후사入關後史로 뚜렷이 구분된다.

이 두 시기는 통치권력의 발동배경 및 통치제도, 통치행태 등 여러 면에서 커다란 차이가 있다. 이는 한족이 대종을 이루고 있는 중원을 지배한 데 따른 불가피한 변화이기도 했다.

'입관전사'도 누르하치 시대와 홍타이지 시대가 뚜렷이 구별되고 있다. 누르하치는 만주를 중심으로 한 여진족의 나라를 세운 것으로 만족했다. 그는 내심 장성을 경계로 한족과 구별되는 '후금'의 건설로 소기의 성과를 거뒀다고 생각했음에 틀림없다. 그러나 홍타이지의 생각은 달랐다. 그는 만, 몽, 한을 아우르는 세계제국으로의 도약을 꿈꿨다. 이는 중원정거를 전제로 한 것이었다. 홍타이지의 이런 구상은 만주 8기 및 몽골 8기에 이은 한인 8기의 완성으로 기본 틀이 마련되었다. 그러나 그는 입관 전에 급사하는 바람에 자신의 생전에 이를 완성하지 못했다. 이를 완성시킨 인물이 바로 도르곤이었다.

당초 홍타이지는 자신만이 쿠빌라이의 뒤를 이어 만주족과 몽골족, 한족 등 3족을 주축으로 한 다민족의 세계제국을 세울 수 있을 것으로 자신했다. 천총 10년(1636) 3월에 만, 몽, 한 3족의 대표가 심양에 모여 몽골식 쿠릴타이를 연 뒤 홍타이지를 '황제-칸'으로 선출했다. 당시 내몽골의 16부 족장들은 홍타이지에게 칭기즈칸의 천명이 내린 것을 인정해 몽골어로 '복드-세첸-칸'이라는 존호를 바쳤다. '성스럽고 현명하고 인자한 황제'라는 뜻으로 한자로는 관온인성황제寬溫仁聖皇帝로 번역된다. 원제국 패망 이후 근 3백 년 만에 다시 '황제-칸'이 등장한 셈이다.

홍타이지는 곧 국호를 '후금'에서 청淸, 연호를 숭덕崇德으로 바꿨다. 당시 홍타이지는 47세였다. '황제-칸'으로 즉위한 이상 원제국의 쿠빌라이와 마찬가지로 중원을 제패하지 않으면 안 되었다. 남은 것은 간신히 숨을 쉬며 잔명을 이어가고 있는 명나라를 제압해 천명이 바뀐 사실을 확인하는 일뿐이었다. 이는 혼인을 통한 만몽연합을 전제로 한 것이었다. 홍타이지는 원제국의 부흥을 기치로 내걸고 쿠빌라이의 환생을 주장하며 대칸大可汗을 자칭한 바 있는 링단林丹의 아들 에제이에게 자신의 차녀를 보냈다. 이 결혼은 내몽골과 만주족의 결합을 상징했다. 사실 홍타이지가 취한 5명의 몽골 여인 중 2명은 링단의 미망인이었고 나머지 3명은 코르친부 출신이었다. 홍타이지는 12명의 딸을 내몽골의 부족장에게 시집보냈다. 내몽골의 16부가 홍타이지를 아무 이견 없이 '복드-세첸-칸'으로 받든 것도 이와 무관할 수 없다.

홍타이지가 즉위식을 올릴 당시 축하 사절로 온 조선의 나덕헌羅德憲과 이곽李廓 등은 만, 몽, 한 3족의 왕공대신들이 홍타이지에게 존호를 올릴 때 배례를 거부했다. 정묘호란 때 맺은 맹약은 어디까지나 '형제지맹'일 뿐 결코 '군신지맹'이 아니었다는 게 그 이유였다. 조선은 명을 종주국으로 삼고 있는 까닭에 불사이군不事二君의 기본 윤리에 어긋난다는 논리가 제시되었다. 당시 홍타이지가 '황제-칸'으로 등극하는 자리에서 배례를 거부한 것은 오직 조선의 사절뿐이었다. 좌우에서 이들을 베려고 하자 홍타이지가 만류했다. 그는 왜 만류한 것일까? 『청사고』「태종본기」에 나오는 해당 기록이다.

"조선의 왕은 원한을 품고 있다. 짐이 그 사신을 죽임으로써 그 구실을 갖고자 하는 것이다. 그들을 풀어주도록 하라."

홍타이지는 이들을 귀국시키면서 인조를 책망하는 서한을 보냈다. 여기에는 조속한 시일 내에 인질을 보내라는 위압적인 요구가 담겨져 있었다. 조선의 조정은 이를 묵살한 채 회답을 보내지 않았다. 홍타이지는 '황제-칸'의 위신이 크게 손상된 것으로 판단했다. 조선에서 병자호란이 일어난 이유다. 청나라 입장에서 볼 때는 중원을 점령하기 전에 후방의 위협인 이른바 후고지우後顧之憂를 미리 제거하는 의미를 띠고 있었다.

그러나 홍타이지는 북경 입성 직전인 1643년 병사하고 말았다. 9번째 황자인 푸린福臨이 그 뒤를 이었다. 그가 바로 순치제順治帝이다. 당시 순치제의 나이는 6세였다. 예친왕睿親王 도르곤과 정친왕鄭親王 지르갈랑濟爾哈朗이 공동 섭정을 했으나 이는 형식에 지나지 않았다. 모든 책임은 도르곤의 몫이었다. 이듬해인 1644년 도르곤이 지휘하는 군대가 마침내 명나라 수도인 북경에 입성했다.

당시 남경에는 패망한 명나라의 망명정권이 자리 잡고 있었다. 명나라 대신들은 남경으로 쫓겨내려 와 있는 상황에서도 청류와 탁류, 동림당東林黨과 엄당閹黨 등으로 나뉘어 당쟁을 일삼았다. 망명정권의 수장으로 옹립된 복왕福王 주유숭朱由崧은 연일 연회를 열고 관원들은 엽관운동을 부추기며 금품을 그러모았다. 청군이 언제 남하할지 모르는 상황에서 복왕은 궁녀의 선발을 독려했다. 황후를 고르기 위한 것이었다. 환관 이국보李國輔가 소주와 항주 일대를 이 잡듯이 뒤지고 돌아다녔다.

이 소식을 접한 북경의 도르곤은 한족의 사대부들에게 숭정제의 유조를 근거로 남경의 복왕은 가왕假王에 불과하다는 취지의 포고문을 널리 살포했다. 숭정제의 죽음으로 명조는 사실상 끝났다는 점을 논리적으로 뒷받침하기 위한 작업이었다. 실제로 숭정제는 이자성의 반란군이 북경에 입성했을 때 뒷산으로 올라가 목을 매면서 남겨놓은 유조遺詔에서 후계자에 대해서는 단 한마디도 언급하지 않았다. 그러나 아무리 그럴지라도 망한 명나라를 부흥시키겠다는 것까지 이론적으로 제지할 수는 없는 일이다. 왕조교체의 정당성은 궁극적으로 무력을 통해 이뤄지는 만큼 이를 소탕해야만 했다.

순치 2년(1645) 5월, 청군이 장강을 도강하여 남경을 쳤다. 당시 복왕은 한창 연회를 즐기던 중이었다. 그는 밤마다 이원梨園에 이름난 가무단을 불러 향연을 즐겼다. 원래 '이원'은 당현종이 장안의 궁정에 있는 배밭에 설치한 가무단에서 나온 말이다. 도강을 끝낸 청군이 진격하고 있을 때조차 복왕은 마음에 드는 여인이 없는 것만을 탓하고 있었다.

"아무리 보아도 이원에는 예능에 능한 자가 없다. 어디 가서 데려왔으면 좋겠다."

거나하게 취해 있던 그는 청군이 도강했다는 보고를 받고서야 비로소 정신이 번쩍 들어 황급히 말에 올랐다. 남경을 빠져나와 간신히 무호蕪湖까지 달아났으나 이내 그곳에서 붙잡혀 이해 9월에 북경에 송치된 뒤 이듬해에 주살되었다. 명조의 패망은 청조에 의한 게 아니었다. 스스로 자멸했다고 보는 게 옳다. 이자성의 반란군이 북경의 자금성으로 진공하자 숭정제가 스스로 목숨을 끊은 사실이 이를 뒷받침한다. 청조의 북경입성은 무혈로 이뤄진 것이다. 숭정제를 죽음으로 몰아간 것은 어디까지나 청군이 아닌 이자성군이었다.

주목할 것은 도르곤이 북경으로 입성할 즈음 안팎으로 여러 개의 '틈'이 동시에 존재했던 점이다. 그 틈의 종류와 크기도 매우 다양했다. 도르곤은 이런 여러 틈을 동시에 봉합해 청나라 건국의 기틀을 확고히 다진 것이다. 도르곤을 중심으로 이를 도식화하면 다음과 같다.

남인 ← (작은 틈) → 인조 ← (작은 틈) → 서인
⇑
(큰 틈)
⇓
순치제 ← (작은 틈) → 도르곤 ← (작은 틈) → 지르갈랑
⇑
(큰 틈)
⇓
이자성 ⇐ (큰 틈) ⇒ 명나라 조정 ← (작은 틈) → 오삼계

당시 국호를 대순大順으로 정한 이자성이 자금성을 차지하고 천하의 주인 행세를 한 것은 40일 가량 되었다. 그러나 아직 명나라에 대한 충성을 다짐하는 지방관들이 남아 있는 데다 오삼계吳三桂가 지휘하는 명나라 정예군단이 산해관山海關에 건재하고 있었다. '대순'의 황제 이자성은 각지의 행정관과 군이 보내는 충성서약을 접수하면서 투항을 적극 권유했다. 산해관을 지키고 있는 오삼계는 중요한 포섭 대상이었다. 당시 오삼계의 부친 오양吳襄은 북경에 있었다. 이자성은 오양을 시켜 아들에게 투항을 권하는 편지를 보내게 했다. 이때 오삼계는 북경과 서신을 주고받는 와중에 북경에 남겨두었던 애첩 진원陳沅이 포로로 잡히고 부친이 얻어맞았다는 얘기를 듣게 되었다. 진원은 흔히 진원원陳圓圓으로 불린 당대의 명기 출신이었다. 격분한 그는 항복하려던 당초의 뜻을 번복하고 그때까지 대치하고 있던 청군의 힘을 빌려 이자성을 치기로 결심했다.

한족 지상주의에 입각할 경우 오삼계는 민족의 배신자가 될 수밖에 없다. 그러나 다민족의 세계제국을 전제로 할 경우 그 평가는 달라질 수밖에 없다. 당시 북경을 간단히 점령한 이자성의 '대순' 군사는 크게 들떠 있었다. 이는 우금성牛金星 등의 책사들이 자금성에서 다시

위용을 갖춰 새로이 등극의 예식을 거행하는 게 민심수습에 도움이 될 것으로 판단한 데 따른 것이었다.

1644년 초 이자성은 오삼계가 끝내 투항할 뜻을 밝히지 않자 이내 10만의 대군을 이끌고 오삼계 토벌에 나섰다. 틈을 더 벌린 셈이다. 이때 그는 포로가 된 숭정제의 태자를 데리고 갔다. 오삼계의 부친 오양은 물론 진원원도 함께 갔다. 이 소식을 접한 오삼계는 마침내 섭정왕 도르곤에게 원군을 청하는 문서를 보냈다.

"유적流賊이 하늘의 뜻을 거역해 궁궐을 범했습니다. 좀도둑이 장차 오합지졸로 어찌 일을 성취하겠습니까? 힘을 합쳐 유적을 멸하고 대의를 중국에 보인다면 응당 땅을 찢어 보상할 것입니다."

당시 승세를 탄 '대순'의 군사를 제압하려면 청나라 철기鐵騎군단의 힘을 빌릴 수밖에 없었다. 실제로 이자성이 대군을 이끌고 산해관으로 오고 있을 당시 거용관 총병으로 있다가 이자성에게 투항한 당통唐通은 별동대를 이끌고 오삼계를 협공할 움직임을 보였다. 도르곤은 오삼계의 서신을 받자 곧 대학사 범문정范文程 등과 숙의했다. 송대의 대문호 범중엄范仲淹의 18세손이기도 한 범문정은 생전에 누르하치와 청태종, 순치제, 강희제 등 4명의 군주를 모시는 최고의 문신으로 활약했다. 실제로 그는 청조의 역대 재상 중 최고의 명상名相으로 평가받고 있다. 도르곤은 범문정이 기안한 투항 촉구 답서를 보냈다.

"지금 군중을 이끌고 귀순하면 반드시 번왕에 제수될 것이오. 그리하면 나라의 원수를 갚을 수 있고 일신과 가문을 보전해 세세손손 부귀를 누릴 수 있소."

그러고는 병력의 희생을 최소화한 가운데 대공을 세울 복안을 세웠다. 이자성과 오삼계가 격렬히 싸울 때 마지막에 가서 도와주는 계책이었다. 도르곤은 장차 중원을 빼앗기 위해서는 인심을 얻는 게 중요하다는 사실을 숙지하고 있었다. 그는 출진에 앞서 이런 명을 내렸다.

"국경을 넘어가는 날 귀순하는 자를 살해하지 말라. 치발薙髮 이외에 추호도 다치게 해서는 안 된다."

'치발'은 머리 둘레를 쳐내 변발辮髮을 만드는 것을 말한다. 당시 청군은 치발을 귀순으로 간주했다. 당시 이자성 군의 선봉대는 산해관 근처의 일편석一片石에 와 있었다. 도르곤의 주력군이 곧 일편석을 돌파했다. 이해 4월 23일 오삼계가 산해관의 성문을 활짝 열고 이들을 맞이했다. 도르곤은 오삼계 군에게 어깨에 흰 천을 두르고 치발할 것을 요구했다. 장발을 당연시한 당시 상황에서 '치발'만큼 확실한 투항의 의사표시는 없었다. 오삼계가 이를 순순히 좇았다.

싸움이 시작되자 도르곤은 오삼계에게 명해 관문을 열고 출격해 이자성 군의 중군을 격파하도록 했다. 사투는 다음날까지 계속되었다. 마침내 오삼계가 관문을 열고 출격하자 이자성 군은 양쪽 날개를 접으면서 포위태세를 취했다. 이때 갑자기 모래먼지가 일어났다. 사진이 가라앉을 때 북변에 철기군단이 가득 차 있었다. 이자성 군이 대경실색했다. 철기군의 출현을 예상치 못한 이자성 군은 황급히 서쪽으로 궤주했다. 오삼계는 보병과 기병 2만 명을 이끌고 이들을 추격했다. 이자성은 영평永平까지 달아난 뒤 사자를 보내 화의를 청했다. 군중에 오삼계의 부친 오양이 있으니 능히 화해할 수 있다고 생각한 것이다. 오삼계가 이를 일축하고 추격을 계속하자 대로한 이자성이 오양을 주살한 뒤 북경까지 허겁지겁 달아났다.

마침 북경에서는 우금성 등이 등극의 예식에 필요한 모든 준비를 마쳐놓고 있었다. 이자성은 북경에 오자마자 오삼계의 일족을 주살했다. 모두 30여 명이었다. 오삼계를 앞세운 청군이 북경을 향해 진격하는 와중에 이자성은 청군에게 대패한 지 채 10일도 되지 않은 이해 4월 29일에 자금성 무영전武英殿에서 즉위식을 치렀다. 이때는 이미 청군이 도성에 거의 육박해 왔을 때였다.

성 안에는 즉위식에 사용된 보관을 비롯해 수많은 금제품과 보물이 있었다. 이자성은 이를 녹여 금괴로 만들었다. 즉위식이 치러지고 있는 동안 금괴가 된 보물이 수레에 실리는 상황이 연출되었다. 이날 밤 이자성은 불을 질러 궁전과 성루를 태우고 이튿날인 30일 새벽에 군대와 백성을 이끌고 서쪽으로 줄행랑을 쳤다.

청군이 입성한 것은 이자성이 도주한 다음날인 5월 1일이었다. 명의 유신들이 성 밖 50리까지 나와 이들을 영접했다. 도르곤은 이틀 전에 이자성이 즉위식을 올린 무영전의 그 자리에서 명조 유신들의 배례를 받았다. 다음날에 그는 경산에서 자진한 숭정제를 위한 발상發喪을 발표하고 3일간의 복상을 명했다. 의례에 따라 개장한 뒤 능묘를 사릉思陵이라고 했다. 명조의 관원에게는 속히 원래의 자리로 복귀할 것을 명했다. 한족 관민들을 초무招撫하기 위한 사자가 각지로 급파되었다. 만주족의 정복 왕조와 한족 사이의 '큰 틈'을 봉합하기 위한 전광석화 같은 조치였다.

당시 북경 입성의 대공을 세운 도르곤은 능히 어린 황제를 폐한 뒤 스스로 보위에 오를 수도 있었다. 그는 왜 즉위하지 않은 것일까? 순치제의 생모인 홍타이지의 부인 장황후莊皇后를 자신의 비로 들여놓은 점에 주목할 필요가 있다. 일설에 따르면 홍타이지가 죽은 후 순치제의 생모가 도르곤에게 자식의 즉위에 협조해달라고 접근해 시동생과 재혼했다고 한다. 원래 몽골족과 만주족 모두 형이 죽으면 시동생이 형수를 취하는 소위 형사취수兄死娶嫂의 전통이 있다. 조카는 친자식과 하등 다를 바가 없었다. 도르곤은 형수인 순치제의 생모를 부인으로 삼은 만큼 순치제는 곧 자기 자식이나 다름없는 셈이 된다. 게다가 도르곤에게는 자식이 없었다. 순치제의 사실상의 '부친'이 된 데다 친자식이 없는 상황에서 굳이 보위를 차지할 필요가 없었던 셈이다.

도르곤의 칭호가 순치 5년(1648)에 '황숙부皇叔父 섭정왕'에서 '황부皇父 섭정왕'으로 격상되고 사후에 의황제義皇帝로 추존되어 성종成宗이라는 묘호까지 받은 사실이 이를 뒷받침한다. 조선의 『인조실록』에 따르면 이듬해인 인조 27년(1649) 2월 13일에 조선의 군신들이 만나 이 문제를 논의한 바 있다. 이들도 도르곤의 칭호가 격상된 것에 커다란 의문을 갖고 있었다. 인조가 청국 사자를 접견한 김자정 등에게 물었다.

"청국의 자문咨文 가운데 '황부皇父 섭정왕'이라는 표현이 나오니 이것은 어떤 거조인가?"

'자문'은 국가기관 사이에서 오가는 공문서를 말한다. 김자점이 대답했다.

"신이 청국 사신에게 묻자 그가 대답하기를, '이제는 숙叔 자를 제거하고 조하朝賀하는 일도 황제의 예와 마찬가지로 한다'고 했습니다."

정태화가 말했다.

"칙서 중에는 그 말이 없으나 이미 태상황이 된 듯합니다."

정태화의 추론이 대략 사실에 부합했다. 유가윤리가 중국보다 엄격했던 조선에서 황태후가 시동생과 재혼했다는 말을 차마 하지 못한 게 거의 확실하다. 조선의 군신들은 내심 이를 오랑캐의 비루한 관습으로 치부하며 삼강오륜의 유가윤리를 엄수하는 자신들의 행보를 매우 뿌듯하게 생각했을지도 모를 일이다. 그러나 이는 몽골족과 만주족 전래의 풍습일 뿐 크게 문제 삼을 일은 아니었다.

도르곤은 섭정왕으로서 순치제의 친정 기반을 확고히 다져놓아야 하는 자신의 소임을 다했다는 점에서 높이 평가받을 만하다. 청조가 입관할 당시 남명뿐만 아니라 이자성 등의 반란군이 잔존해 있었다. 이자성은 서안을 근거지로 삼고 있었고, 장헌충張獻忠은 사천에서 사실상의 독립국을 만들어 군림하고 있었다. 당시 청군은 자력으로 주조한 대포를 적극 활용했다. 오삼계 등이 이끄는 토벌군이 서안을 협공하자 이자성 군이 서안에 불을 지른 뒤 무창武昌으로 도주했다. 청군이 계속 추격하자 이자성은 마침내 순치 2년(1645) 윤 6월에 자진하고 말았다. 지방민들이 가래로 쳐 죽였다는 얘기도 있다.

당시 이자성의 핵심 막료로 있던 우금성은 이내 아들과 함께 투항해 중용되었다. 실제로 우금성 부자는 유능했다. 이자성 집단을 유적에서 혁명군으로 변모시킨 것은 그의 공이었다. 도르곤은 이를 높이 평가한 것이다. 이는 이른바 옹치선후雍齒先侯 계책이었다. 한고조 유방이 한제국을 세운 뒤 장량의 계책을 좇아 자신을 배신한 옹치를 제후에 봉함으로써 불안에 떨던 공신들을 안심시켰다는 고사에서 나온 것이다. 조조가 원소를 제압한 후 밀신을 불태운 것과 닮았다.

도르곤은 남명의 잔존세력이 반란세력과 합세할 것을 우려해 이자성 군을 소탕한 직후 곧바로 장헌충을 치기 위한 토벌군을 사천성으로 출진시켰다. 장헌충은 부장 유진충劉進忠을 보녕保寧으로 보내 관문을 지키게 했으나 유진충은 대세가 기울어졌다고 판단해 곧바로 투항했다. 순치 3년(1646) 정월에 우금성 등이 투항해 우대받고 있다는 소식이 사천에까지 들려오자 장헌충의 부하들이 크게 동요했다. 당시 장헌충은 유진충의 배신을 모르고 있었다. 장헌충은 결국 이해 11월에 토벌되었다. '옹치선후' 계책이 주효한 결과다. 「저희」의 관점에서 볼 때 도르곤이 취한 '옹치선후'의 계책은 '큰 틈'을 봉합하기 위한 저희술의 방략에 해당한다.

도르곤은 순치 7년(1650)에 수렵여행 도중 갑자기 사망했다. 당시 나이 39세였다. 그의 죽음은 청조의 제국건설 과정에 또 한 번의 일대 변화가 빚어지는 계기로 작용했다. 순치제의 친정은 도르곤이 죽은 이듬해인 재위 8년(1651) 정월부터 시작되었다. 당시 그의 나이는 15세였다. 소년황제로 얕잡아 보일 수도 있는 나이였다. 순치제는 도르곤의 독재 치하에서 숨을 죽이고 있던 사람들이 문득 도르곤을 탄핵하고 나서자 이를 빌미로 이내 도르곤의 흔적을 지워나가기 시작했다. 황권을 강화하기 위한 조치였다.

이에 도르곤이 죽은 지 두 달도 채 되기 전에 그의 사당이 철거되고 가산이 몰수되는 등의 조치가 내려졌다. 도르곤의 후사로 들어간 도르보多爾博에게는 작위도 허락되지 않았다. 도르곤의 사당은 철거된 지 120년이 지난 건륭 38년(1773)에 복원되었다. 순치제가 친정을 하자마자 취한 이 조치는 표면상 또 다른 섭정으로 활약했던 지르갈랑이 주도하는 모습으로 진행되었다. 뒤에서 이를 조종한 사람은 소년황제 순치제였다. 그는 비록 어리다고는 하나 모든 사안에 대한 최종 결정권자였다. 더구나 중국 전래의 문화에 조예가 깊었다. 한적漢籍의 어려운 고전에서 야사에 이르기까지 애독했다.

도르곤에 대한 일련의 조치는 순치제의 친정을 계기로 내부의 '작은 틈'이 '큰 틈'으로 확대된 결과로 해석할 수 있다. 이는 건국 초기에 불가피한 점이 있다. 강신强臣의 위세를 허용한 채 천하를 다스릴 수는 없기 때문이다. 왕조와 새 정권이 들어설 때마다 '토사구팽'이 난무하는 이유다.

제5편 비겸 |飛箝| 띄우면서 마음을 얻어라

「비겸」은 상대를 띄워주는 비양술飛揚術과 상대를 손에 넣고 임의로 조종하는 겸제술箝制術을 통칭한 것이다. 이를 나눠서 고찰할 필요가 있다. 비양술은 겸제술을 구사하기 위한 전제조건에 해당한다. 비양술이 먹히지 않는 상황에서 성급하게 겸제술을 구사할 경우 오히려 역효과를 낳을 수 있다. 『귀곡자』에서 말하는 모든 유세는 비양술이 전제되어야만 주효할 수 있다. 비양술에 얼마나 능통한지 여부가 유세의 성패를 좌우한다고 해도 과언이 아니다. 사물의 정면만을 응시하며 정통론을 고집하는 유가의 관점에서 보면 비양술은 아첨으로 매도되기 십상이다. 문제는 난세의 상황이다. 난세에 비양술을 아첨으로 매도하며 직언을 일삼다가는 수많은 적을 만들어 제명에 살기조차 힘들게 된다. 비양술은 아첨과 질적으로 다르다. 상대의 심기와 실력, 재능, 주변정황 등을 두루 종합해 가장 적합한 언사를 구사하는 까닭에 그 누구도 이것이 비양술의 일종이라는 것을 눈치채지 못한다. 그만큼 세밀한 기술이 필요하다. 모든 정황을 헤아려 비양의 수위를 조절하며 절도를 지키는 게 관건이다. 비양술이 차질 없이 통해야만 상대를 손에 넣고 조종하는 겸제술을 비로소 구사할 수 있다.

5-1

凡度權量能, 所以徵遠來近. 立勢而制事, 必先察同異, 別是非之語, 見內外之辭, 知有無之數, 決安危之計, 定親疏之事. 然後乃權量之, 其有隱括. 乃可徵, 乃可求, 乃可用.

무릇 권세와 능력을 파악하고자 할 경우에는 반드시 먼저 광범위하게 원근의 모든 정보를 그러모아야 한다. 세력을 만들어 일을 성사시키고자 할 경우에는 반드시 먼저 나와 상대의 동이同異를 살피고, 시비是非의 말을 구별하고, 말의 내외內外를 살펴 함의를 찾아내고, 술수의 유무有無를 알고, 안위安危에 대한 계책을 결단하고, 앞으로의 친소親疎 여부를 정해야 한다. 연후에 다시 실천하는 과정에서 깊이 검토하고 헤아리면서 동이, 시비, 내외, 유무 등의 방법을 동원해 조종하고 수정해 나간다. 이런 과정을 거쳐 최종적으로 어떤 식으로 취사선택하고 사용할 것인지 여부를 결정한다.

비겸飛箝의 비飛는 띄워준다는 뜻의 비양飛揚, 겸箝은 통제한다는 뜻의 겸제箝制를 의미한다. 곧 상대를 크게 띄워 경계심을 없앤 뒤 속마음을 털어놓게 해 이를 토대로 상대를 조종한다는 취지이다. 도권양능度權量能은 상대의 권모술수와 재능, 즉 권능權能을 재고 헤아린다는 의미이다. 내외지사內外之辭는 상대가 밖으로 드러낸 언표言表와 속으로 감추고 있는 의도, 즉 정위情僞를 의미한다. 도홍경은 내內를 정실情實, 외外를 허무虛無로 풀이했다. 유무지수有無之數는 권모술수에 능한지 여부를 뜻한다. 은괄隱括은 활을 바로잡는 도구인 도지개를 말한다. 은괄檃括로도 쓴다.

5-2

引鉤箝之辭, 飛而箝之. 鉤箝之語, 其說辭也, 乍同乍異. 其不可善者, 或先征之而後重累, 或先重以累而後毁之, 或以重累爲毁, 或以毁爲重累. 其用或稱財貨, 琦瑋, 珠玉, 璧帛, 采色以事之. 或量能立勢以鉤之, 或伺候見㵎而箝之, 其事用抵巇.

사람은 칭찬하면 누구나 좋아하기 마련이다. 우선 칭찬으로 상대를 꼼짝 못하게 하는 구겸지사鉤箝之辭로 유인한 뒤 크게 띄워주며 단단히 옭아매는 비겸술飛箝術을 구사한다. '구겸지사'는 정세情勢에 따라 유세하는 말로 상황변화에 따라 다르게 구사해야 한다. 때로는 동조하다가 때로는 이견을 드러내는 식이다. 상대가 '비겸술'에 걸려들지 않을 경우 먼저 좋은 말로 불러들인 뒤 거듭 그의 명성과 지위를 들먹이며 띄운다. 띄우면 띄울수록 밑으로 떨어뜨리기가 쉬운 까닭에 띄우는 일이 부족하다 싶을 때는 거듭 높이 칭찬한 후 비판하는 식의 수법을 구사한다. 상대의 장점을 높이 띄워주는 식으로 오히려 결점이 드러나도록 만들거나 상대의 결점을 열거하는 식으로 오히려 상대를 띄워주는 방법도 있다. '비겸술'을 구사할 때 상대가 좋아하는 재화財貨, 아름다운 구슬인 기위琦瑋, 진기한 구슬인 진주珍珠, 둥근 구슬인 옥벽玉璧, 비단, 미인 등을 동원한다. 상대의 재능을 정확히 평가해주면서 위세로 꼼짝 못하게 하거나 상대의 언동을 살피다가 약점을 잡아 옭아매는 경우도 있다. 이때는 틈새를 봉합하는 '저희술'을 '비겸술'과 함께 구사한다.

구겸지사鉤箝之辭의 구鉤는 유인한다는 의미이다. 선정지先征之는 먼저 좋은 말로 불러들인다는 뜻이다. 정征은 멀리 떠난다는 뜻으로 여기서는 비양飛揚의 의미로 사용됐다. 이후중루而後重累는 이후에 반복하여 거듭 높이 띄운다는 의미이다. 칭재화稱財貨의 칭稱은 전면에 내세운다는 뜻으로 거擧와 통한다. 기위琦瑋는 보석이나 미옥美玉을 의미한다. 사후伺候는 때를 기다린다는 뜻이다.

5-3

將欲用之於天下, 必度權量能, 見天時之盛衰, 制地形之廣狹, 岨嶮之難易, 人民貨財之多少, 諸侯之交孰親孰疏, 孰愛孰憎, 心意之慮懷. 審其意, 知其所好惡, 乃就說其所重, 以飛箝之辭, 鉤其所好, 乃以箝求之.

'비겸술'을 천하에 구사해 군주를 보좌하고자 하면 반드시 먼저 군주의 권세와 능력이 어느 정도인지, 천시의 성쇠는 어떠한지, 지형의 광협廣狹과 산세가 막히고 험한 험조險阻의 수준이 어떠한지, 인민의 재화가 얼마나 되는지, 제후와 교류하면서 누구와 가깝고 먼지, 내심 누구를 좋아하고 증오하는지, 마음속에 품고 있는 바가 무엇인지 등을 판단해야 한다. 군주의 뜻을 잘 살펴 그가 좋아하고 싫어하는 바를 알아내 뒤 소중히 여기는 것을 화제로 삼아 유세한다. 이때 '비겸술'의 언사로 군주가 좋아하는 바를 낚아 꼼짝 못하게 옭아맨 뒤 소기의 목적을 추구한다.

제지형지광협制地形之廣狹의 제制는 판단을 의미한다. 조험岨嶮은 높고 험하다는 뜻으로 조험阻險과 같다. 세기소중說其所重의 '소중'은 군주가 가장 큰 관심을 기울이는 것으로 시급히 해결해야 할 과제를 의미한다.

5-4

用之於人, 則量智能, 權材力, 料氣勢, 爲之樞機. 以迎之隨之, 以箝和之, 以意宣之, 此飛箝之綴也. 用之於人, 則空往而實來. 綴而不失, 以究其辭. 可箝可橫, 可引而東, 可引而西, 可引而南, 可引而北, 可引而反, 可引而覆, 雖覆能復, 不失其度.

'비겸술'을 개인에게 쓰고자 하면 반드시 먼저 그의 지혜와 재능, 자질과 능력, 기세를 파악한 뒤 이를 상대방 조종의 핵심 관건으로 삼아야 한다. 상대에 영합해 따르기도 하고, 어울리면서 압박하기도 하고, 뜻을 서로 통해 상대의 마음을 열게도 만든다. 모두 '비겸술'을 순서에 맞게 차례로 구사해 상대를 옭아매는 것을 뜻한다. 이를 개인에게 사용하면 빈말의 칭찬으로도 실제에 도움이 되는 정보를 얻을 수 있다. 상대를 자신과 긴밀히 결속시킨 가운데 드러나는 언사를 통해 그 속사정을 세밀히 살핀다. 그리하면 그를 옭아매 가로 또는 세로로 갈 수도 있고, 동쪽 또는 서쪽으로 갈 수도 있고, 남쪽 또는 북쪽으로 갈 수도 있고, 되돌아가거나 되돌아 나올 수도 있다. 이를 반복해 구사할지라도 절도를 잃지 않는 까닭에 상대는 끝까지 나의 손에서 빠져나갈 수 없다.

용지어인用之於人을 도홍경은 제후에게 구사하는 경우로 풀이했으나 문의와 어긋난다. 일반인에게 유세하는 경우로 해석하는 게 타당하다. 위지추기爲之樞機의 추樞는 문지도리, 기機는 쇠뇌의 발사장치를 말한다. 곧 관건關鍵의 의미이다. 비겸지철飛箝之綴의 철綴을 고금체는 '비겸술'을 연이어 구사하는 것으로 풀이했다. 부실기도不失其

度의 '도'는 절도節度를 뜻한다.

비겸술과 게임 이론

「비겸」에서 말하는 비飛는 상대의 명성을 띄워주며 크게 표창하는 것을 말하고, 겸箝은 먼저 자신의 명성을 이용해 상대의 환심을 산 뒤 다양한 방법으로 그를 자신의 통제 하에 두는 것을 말한다. 상대의 심리를 정확히 파악할 수만 있다면 비겸술을 통해 상대를 쉽게 내 편으로 만들 수 있다는 게 골자다. 비겸술은 상대의 가려운 곳을 긁어주는 게 요체이다. 이때 자신의 의도를 철저히 숨겨야 한다. 그래야만 상대가 이를 호의로 받아들여 원하는 대로 끌려오게 된다. 비겸술이 주효하기 위해서는 먼저 상대가 가장 좋아하는 것, 가지고 싶어 하는 것, 부족한 것을 정확히 파악해 비위를 맞추는 데 있다. 이를 파악하지 못한 채 무조건 띄워주기만 하면 역효과를 낳을 수 있다.

뉴욕대학교 정치학과 석좌교수 메스키타가 지난 2009년에 펴낸 『프리딕셔니어 미래를 예측하다』(*The Predictioneer's Game*)에서 제시한 게임 이론을 통한 예측 모델은 「비겸」의 논지와 사뭇 닮아 있다. 상대의 호오好惡와 친소親疎 등에 관한 데이터를 통해 상대의 향후 행보에 관한 정확한 예측이 가능하다고 주장한 게 그렇다. 그는 이 책에서 지난 30년간 중동과 북한 등 국제정치 문제에서부터 천안문 사태, 엔론의 대규모 회계부정, 메이저리그 야구선수 파업에 이르기까지 다양한 분야의 예측을 내놓았고, 90%의 적중률을 보였다고 주장한다. '현대판 노스트라다무스'로도 불리는 그는 자신을 '미래를 과학적으로 예측하는 자'를 뜻하는 신조어 '프리딕셔니어'라고 소개한다.

원래 그는 미국 국제정치학회 회장을 역임한 정통 학자이다. 통계분석으로 유명하다. 그의 여러 논문들이 국제정치학 논문에서 매우 자주 인용되고 있으며, 지난 2007년 대한민국 정부로부터 'DMZ 평화상'을 받기도 했다. 북한 문제에 대한 정확한 예측으로 남북평화에 기여했다는 게 이유다. 그의 예측방식을 간단히 설명하면 이렇다.

예컨대 '누가 김정일의 후계자가 될 것인가'라는 주제와 관련해 우선 김 위원장을 비롯해 후계자 문제에 영향력을 미칠 수 있는 인사들의 리스트를 작성하고 그들 사이의 권력관계, 선호도, 영향력 등을 조사한다. 이어 앞으로 전개될 수 있는 경우의 수를 감안해 모델링을 한 뒤 해당 정보를 수치로 환산해 컴퓨터에 입력한다. 시뮬레이션을 하려는 것이다. 이 작업을 가능하게 하는 것은 확률과 게임 이론이다. 게임 이론은 사람들이 자신에게 가장 이로운 것을 선택할 것이라는 가정에서 출발한다. 행위자가 자신의 이익을 극대화하기 위해 벌이는 선택의 상호작용과 결과를 계산하고자 하는 것이다. 메스키타가 수행하는 이런 과정은 「비겸」의 다음 대목과 정확히 일치한다.

"무릇 권세와 능력을 파악하고자 할 경우에는 반드시 먼저 광범위하게 원근의 모든 정보를 그러모아야 한다. 세력을 만들어 일을 성사시키고자 할 경우에는 반드시 먼저 나와 상대의 동이同異를 살피고, 시비是非의 말을 구별하고, 말의 내외內外를 살펴 함의를 찾아내고, 술수의 유무有無를 알고, 안위安危에 대한 계책을 결단하고, 앞으로의 친소親疎 여부를 정해야 한다. 연후에 다시 실천하는 과정에서 깊이 검토하고 헤아리면서 동이, 시비, 내외, 유무 등의 방법을 동원해 조종하고 수정해 나간다. 이런 과정을 거쳐 최종적으로 어떤 식으로 취사선택하고 사용할 것인지 여부를 결정한다."

「비겸」이 제시한 정보 분석 요령을 방불하는 식으로 검토한 컴퓨터 시뮬레이션의 결과는 과연 어떠할까? 놀라울 정도의 예측력을 자랑한다. 메스키타는 '누가 김정일의 후계자가 될 것인가'라는 주제와 관련해 김정일이 핵무기를 개발해 끊임없이 문제를 일으키는 목적은 자신의 권좌를 지키려는 데 있다고 분석했다. 이어 김정일이 권력을 보장받는다면 문제를 일으키지 않으리라는 가설을 도출했다. 그가 내린 결론은 미국과 중국 등이 불가침을 보장하고 김정일에게 정권유지 비용 조로 연간 10억 달러만 제공하면 더 이상 문제가 악화되지 않을 것이라는 것이다. 그는 한국어판 서문에서도 천안함 사건의 배경을 분석했다. 이는 고도로 계산된 북한의 도발이고, 김정은으로의 권력 승계 문제와 맞닿아 있다는 것이다. 도발 이후 한국 정부와 주변국, 북한 내 권력층의 반응을 보면서 판세를 점검하려는 계산이 깔려 있다는 얘기다. 그의 이와 같은 분석이 사실과 정확히 일치한다는 사실은 이미 밝혀진 바와 같다.

그는 중동 문제에 대해서도 나름 명쾌한 예측을 내놓았다. 미군이 이라크에서 완전히 철수하면 이라크와 이란은 동반자 관계가 되고 이란은 이슬람 근본주의를 주창하는 강대국으로 성장할 것이라는 게 요지이다. 미군을 5만 명 가량 남겨두면 미국은 영향력을 유지할 수 있다는 조언을 덧붙였다.

주목할 것은 예측력의 정확성 여부가 아니라 다양한 정보 분석을 통해 사람들의 향후 행보를 예측할 수 있다는 메스키타의 주장이다. 비겸술과 게임 이론 모두 이익을 향해 무한질주하는 인간의 호리지성에 주목하고 있다. 경제학에서 말하는 '호모 이코노미쿠스'와 닮았다.

손익계산에 따라 이익은 늘리고 손해는 줄이는 방향으로 효용을 극대화하는 게 '호모 이코노미쿠스'의 가장 큰 특징이다. 이익의 구체적인 내용은 사람마다 다르지만 손익을 계산하는 점에서는 모든 '호모 이코노미쿠스'가 동일하다. 손익계산의 함수를 알 수 있다면 향후 행보를 정확히 예측할 수 있다는 결론이 나온다.

메스키타가 만들어낸 신조어 '프리딕셔니어'는 『귀곡자』의 책사에 해당한다. 책사를 '프리딕셔니어'로 바꿔 해석할 경우 이런 얘기가 가능해진다. 인간은 기본적으로 홀로 존재하지 않는다. 늘 주변 사람들과 상호작용하며 살아간다. 행위자의 속셈과 동기를 정확히 파악할 수 있으면 그들의 상호작용도 능히 계산해낼 수 있다. 계산이 가능하다는 것은 곧 컴퓨터 계산과 모델링도 가능하다는 얘기가 된다. 실제로 메스키타는 상호작용의 모델을 다음과 같은 4가지 정보 분석 요령의 토대 위에 세웠다.

첫째, 결과에 상당한 영향을 미칠 수 있거나 이권을 가진 개인이나 집단을 모두 알아내라. 최종결정권자에게만 관심을 쏟아서는 안 된다. 둘째, 각 행위자들이 서로 사적으로 대화할 때 각각 어떤 정책을 지지하는지, 즉 그들 자신이 무엇을 원한다고 말하는지를 최대한 정확하게 평가하라. 셋째, 행위자들 각자에게 해당 사안이 얼마나 큰 이슈인지, 즉 그들에게 이것이 얼마나 군침 도는 이슈인지를 어림잡아 계산하라. 해당 사안이 제기될 경우 그들이 하던 일을 멈추고 달려올 정도로 관심이 많은지, 아니면 다른 긴급한 문제가 생기면 이에 대한 논의는 미루고 싶어 하는지 여부를 가리는 것이다. 넷째, 행위자들에 대한 상대적 평가이다. 각 행위자들은 각기 해당 사안에 관해 다른 행위자들의 입장을 바꿀 만한 설득력을 얼마나 지니고 있는지 여부를 파악하는 것이다.

메스키타는 이들 4가지 요령만 알면 역사문화 등의 다양한 배경 차이에도 불구하고 능히 행위 방정식 모델을 만들 수 있다고 주장한다. 실제로 그는 자신의 전공인 남아시아 인도의 정치를 떠나 수많은 국제단체와 국가 및 글로벌 기업 등의 컨설팅을 해왔다. 이란의 정치지형, 북핵 문제, 중동 평화 프로그램, 기업 지배구조 등이 그것이다. 분야가 어떤 것이든 아무 문제가 없다는 게 그의 주장이다. 해당 분야의 전문가가 아닐지라도 해당 주제와 관련한 여러 당사자들이 무엇을 원하고 있는지, 그리고 그들 간의 역학관계가 어떠한지 등을 알면 능히 모델링이 가능하다는 것이다. 그의 주장이다.

"나는 결정을 내려야 할 때 모든 사람이 원하는 것은 결국 두 가지에 지나지 않는다는 가정 하에서 작업한다. 한 가지는 그들이 바라고 옹호하는 선택에 최대한 가까운 결정이다. 다른 하나는 명예, 즉 거래를 성사시키는 과정에 중요한 역할을 했다고 타인들로부터 인정받는 데서 오는 자아의 만족감이다."

첫째는 호리지성을 달리 표현한 것에 지나지 않는다. 둘째는 호리지성 못지않게 강력한 호명지심好名之心을 언급한 것이다. 법가사상가는 인성과 인정 내지 민성과 민정을 포괄하는 인심과 민심을 관통하는 이치를 크게 두 가지로 요약한 바 있다. 이익을 향해 무한질주하는 호리지성과 명예와 권력을 향해 무한질주하는 호명지심이 그것이다. 인간의 '호명지심'이 '호리지성' 못지않게 강렬하다는 사실을 통찰한 대표적인 인물로 한비자를 들 수 있다. 『한비자』「궤사」의 다음 대목이 그 증거다.

"지금 세인들은 군주의 자리를 업신여기며 권력을 우습게 여기는 자를 두고 고상하다고 말하고, 군주를 낮춰보며 벼슬을 마다하는 자를 현명하다고 말하고, 이익을 무시하며 위세를 가벼이 여기는 자를 진중하다고 말하고, 법령을 따르지 않고 하고 싶은 대로 행하는 자를 충실하다고 말하고, 명예를 숭상하며 관직에 나가지 않는 자를 정절이 뛰어난 열사라고 말하고, 법을 가벼이 여기고 형벌이나 사형의 중벌도 피하지 않는 자를 용사라고 말한다. 지금 백성들이 명성을 추구하는 것이 이익을 추구하는 것보다 그 정도가 훨씬 심하다. 상황이 이럴진대 선비 가운데 먹을 것이 없어 극도의 빈궁에 빠진 자가 어찌 도인을 흉내 내 깊은 산속으로 들어가 수행하는 방식으로 명성을 다투려 들지 않겠는가? 세상이 제대로 다스려지지 않는 것은 신하들로 인한 게 아니라 군주가 다스리는 도를 잃었기 때문이다."

인간의 '호명지심'이 얼마나 강한지를 날카롭게 지적하고 있다. 고금동서를 막론하고 출세간出世間의 세계를 추구하는 종교인과 도인을 제외할 경우 세속에 뿌리를 박고 사는 인간이 추구하는 궁극적인 가치는 크게 이익과 명예 및 권력으로 요약할 수 있다. 먹고사는 것과 직결된 이익이 제1차적인 가치에 해당하고, 명예와 권력은 먹고사는 것이 해결된 뒤에 추구하는 제2차적인 가치에 해당한다. '금강산도 식후경'이라는 우리말 속담이 이를 방증한다.

『관자』가 예의염치에 앞서 민식民食을 역설한 것도 바로 이 때문이다. 예의염치는 문화인을 지향한다. 인간답게 사는 것을 뜻한다. 사람은 먹고사는 문제가 해결되면 반드시 보다 아름다운 것을 추구하기 마련이다. 여기서 문화예술이 시작한다. 명예 및 권력과 직결된 호명지심은 먹고사는 문제와 직결된 호리지심보다 후발이기는 하나 그 강도만큼은 상황에 따라 오히려 더욱 강렬한 모습으로 나타난다. 상앙의 저서인 『상군서商君書』의 「산지散地」에서 "옛날 선비들은 옷을 입어도 몸을 따뜻이 하기를 구하지 않고, 밥을 먹어도 배부른 것을 구하지 않았다"고 언급한 게 그 증거다. 『논어』「술이」에 이를 뒷받침하는 대목이 나온다.

"거친 밥을 먹으며 물을 마시고 팔을 굽혀 베개로 삼을지라도 즐거움이 또한 그 안에 있으니, 불의한 방법으로 얻은 부귀는 나에게 뜬구름과 같다."

원문은 반소식음수飯疏食飮水이다. 여기의 식食을 두고 '사'로 읽는 경우가 많으나 밥을 뜻하는 명사일 때는 '식'으로 읽는 게 옳다. 이 대목은 학문하는 자세에 관한 공자의 자술自述 가운데 백미에 해당한다. 「산지」에서 '옛날 선비' 운운한 것은 바로 『논어』「술이」에 나오는 '반소식음수'의 장본인인 공자를 지칭한 것이나 다름없다. 그러나 이는 공자와 같은 성인에게서나 볼 수 있는 것이다. 대다수 범인은 이익 앞에 체면을 가리지 않는다. 그게 인지상정이다. 상앙과 한비자 등의 법가사상가는 이를 통찰하고 있었던 것이다.

메스키타가 말한 '프리딕셔니어'는 결국 법가가 말하는 인간의 호리지성과 호명지심을 통찰한 『귀곡자』의 책사를 달리 표현한 것이나 다름없다. 여기서 『귀곡자』가 말하는 비겸술과 메스키타의 게임 이론이 만나고 있다. 메스키타는 정치외교와 군사 및 경제경영 등의 모든 분야에서 해당 사안의 당사자가 어떤 이익과 명예를 원하는지 여부를 알면 그들의 향후 행보를 모두 예측할 수 있다고 주장한다. 그는 이를 '인센티브'로 요약했다. 호리지성과 호명지심을 하나로 요약한 용어다. 그에게 '인센티브'는 알파 오메가에 해당한다. 그의 주장이다.

"경영진에게 잘못된 인센티브를 주면 그들은 사회적으로 나쁜 결과를 가져오는 일을 할 것이다. 그러나 올바른 인센티브가 주어지면 그들은 그리하는 것이 자신들의 이익에 부합하기 때문에 옳은 일을 한다."

게임 이론 역시 법가사상가들이 주장한 것처럼 인간의 도덕심을 신뢰하지 않는다. 게임 이론에 등장하는 인간은 인센티브의 화신일 뿐이다. 메스키타의 분석이다.

"벨기에 왕이었던 레오폴드를 기억하는가? 그는 벨기에에서는 선한 인센티브를 가졌고 선정을 베풀었다. 그러나 식민지 콩고에서는 흉악한 인센티브가 있었고 악정을 행했다."

전 세계 사람들 가운데 일본인과 독일인만큼 준법정신을 철저히 구현하는 민족도 없다. 그러나 이는 어디까지나 자국 내의 자국민과 관련된 일에 한한 것이다. 국외 내지 외국인에 대한 태도에서 이들의 태도는 돌변한다. 수단과 방법을 가리지 않고 비이성적인 행위를 거리낌 없이 자행한다. 관동 대지진 때 조선인을 무차별로 학살한 만행을 위시해 중일전쟁 때 저지른 중국인에 대한 대학살, 독일군이 유럽 각지의 유태인을 집단학살한 것 등이 대표적인 실례다. 메스키타의 '인센티브' 주장은 인간의 본성에 대한 통찰과 역사적 진실을 담고 있다. 호리지성과 호명지심을 하나로 녹여낸 덕분이다.

그의 분석에 따르면 팔레스타인 분쟁은 영원히 끝날 길이 없다. 인센티브를 잘못 파악했기 때문이다. 평화 대신 땅을 주거나 정반대로 땅 대신 평화를 준다는 식의 접근은 중동에서 반드시 실패하게 되어 있다. 상대의 언명이 믿을 만한 약속이라는 확신을 주지 못하기 때문이다. 그의 분석이다.

"평화 대신 땅이든 땅 대신 평화든 게임 이론에서 볼 때 '시간의 불일치'라는 근본 문제를 해결할 길이 없다. 내일은 상대가 같은 방식으로 호응할 것이라는 기대를 품고 상대에게 철회 불가능한 이익을 줄지라도 상대는 거의 어김없이 약속을 지키기 전에 더 많은 이익을 얻으려고 이쪽을 이용한다. 평화를 준다는 약속을 믿고 땅을 포기하면 상대는 반드시 평화가 허용되기 전에 더 많은 땅을 달라고 요구할 것이다. 땅을 나중에 준다고 언명하고 평화를 약속하는 경우도 마찬가지다. 평화를 약속한 쪽에서 성실성을 보이기 위해 무기를 내려놓으면 땅을 준다던 쪽은 마음 놓고 배신할 수 있다. 아무런 거리낌 없이 상대가 이제는 무기를 내려놓은 까닭에 더 이상 방어할 길이 없는 땅을 무차별로 공격하는 것이다."

이스라엘과 팔레스타인의 관계를 평화와 땅의 관계로 분석한 것이다. 상호 믿음이 부재한 탓에 팔레스타인 분쟁은 영원히 끝날 길이 없다는 게 그의 음울한 예측이다. 이는 북핵 문제에도 그대로 적용된다. 그의 예측이다.

"북한이 무장을 해제하면 미국이 약속을 뒤엎을 위험이 있기 때문에 김정일에게 핵시설을 해체하라는 요청은 아무 소용이 없다. 다만 핵 프로그램의 기능을 억지하라는 협상은 효과가 있을 수 있다. 북한으로서는 나름 미국이 약속을 지키도록 할 위협수단을 가질 수 있기 때문이다. 동기가 무엇이든 선행은 좋은 반응을 불러올 것이라는 믿음은 인간의 본성에 대한 낙관주의에서 비롯된 것이다. 그런 낙관주의는 현실과 일치할 때도 있지만 오히려 탐욕과 공격성을 불러올 때가 많다. 게임 이론은 인간 본성을 낙관적으로 보지 않는다. 오직 '인센티브'만이 신뢰를 만들 수 있다."

신뢰를 쌓고 싶으면 신뢰가 필요 없는 '인센티브'의 신뢰관계를 만들어야 한다는 게 그의 지적이다. 게임 이론에서 볼 때 인간은 호리지성과 호명지심이 뒤섞인 '인센티브'의 화신에 해당한다. 메스키타가 해당 사안에 참여하는 당사자들의 향후 행보를 컴퓨터로 계산하고 예측할 수 있다고 주장하는 이유다. 그는 말한다.

"사람들의 행동방식을 예측하는 데 수학처럼 추상적인 것에 의지하는 것은 터무니없다는 주장이 있다. 화학자가 산소와 수소가 미국에서 혼합되는 방식이 중국에서 혼합되는 방식과 다르다고 믿는다면 우리는 터무니없다고 할 것이다. 마찬가지로 사람들은 세계 각지에서 얼마든지 상이한 원리에 입각해 유사한 결정을 내릴 수 있다고 생각한다. 사람들의 행동방식은 산소와 수소 등의 입자와 좀 다르기는 하겠지만 공통점 또한 없지 않다."

메스키타가 상대방에 관한 데이터를 통해 미래를 예측하는 게 가능하다고 주장하는 논거가 여기에 있다. 요체는 호리지성과 호명지심의 결합체인 '인센티브'이다. 고금동서를 막론하고 '인센티브' 논리에서 벗어날 수 없다는 게 그의 주장이다. 그가 말하는 게임 이론의 행위 예측 모델은 「비겸」에서 "상대의 모든 정보를 그러모은 뒤 그 내용을 수정해 나가면서 최종적으로 어떤 식으로 선택하고 사용할 것인지 여부를 결정한다"고 언급한 취지와 똑같다. 결과적으로 그는 「비겸」이 제시한 정보 분석 기법을 게임 이론에 적용해 명성을 떨치고 있는 셈이다. 이미 수천 년 전에 『귀곡자』는 현대 국제정치학 내지 행동경제학의 기본 모델을 제시한 것이나 다름없다.

초장왕의 절영 비겸술

「비겸」은 상대방의 비위를 맞추며 옭아매는 비책을 집중 검토하고 있다. 상대를 크게 띄워 경계심을 없애는 게 관건이다. 이를 뒷받침하는 「비겸」의 해당 대목이다.

"비겸술을 개인에게 쓰고자 하면 반드시 먼저 그의 지혜와 재능, 자질과 능력, 기세를 파악한 뒤 이를 상대방 조종의 핵심 관건으로 삼아야 한다. 상대에 영합해 따르기도 하고, 어울리면서 압박하기도 하고, 뜻으로 통해 상대의 마음을 열게도 만든다."

역사적으로 이런 '비겸술'을 구사해 뜻하지 않는 복을 받은 경우가 매우 많다. 대표적인 경우가 춘추시대에 세 번째로 패업을 이룬 초장왕이다. 전한시대 말기 유향이 지은 『설원』 「복은」편에 따르면 초장왕이 투초鬪椒의 난을 평정한 뒤 공을 세운 신하들을 위로하기 위하여 성대하게 연회를 베풀었다. 이때 총희로 하여금 옆에서 시중을 들도록 했다. 밤이 늦도록 주연을 즐기고 있는데 문득 큰바람이 불어 촛불이 모두 꺼져버렸다. 문득 총희의 비명소리가 들렸다. 누군가 그녀의 가슴을 더듬으며 희롱한 것이다. 총희가 그자의 갓끈을 잡아 뜯고는 초장왕에게 호소했다.

"대왕, 속히 촛불을 켜 갓끈이 없는 자를 잡아주십시오!"

그러자 초장이 문득 이같이 하령했다.

"오늘은 경들이 과인과 함께 즐겁게 술을 마시는 날이다. 갓끈을 끊어버리지 않는 자는 이 자리를 즐기지 않은 것으로 알겠다."

군신들이 모두 갓끈을 끊어버린 뒤 술을 마셨다. 3년 후 초나라가 진晉나라와 접전을 벌이게 되었다. 한 장수가 선봉에 나서 죽기를 무릅쓰고 분투한 덕분에 승리할 수 있었다. 초장왕이 그 장수를 불러 물었다.

"과인은 평소 그대를 특별히 잘 대우해 준 것도 아닌데 어찌하여 그토록 죽기를 무릅쓰고 싸운 것인가?"

"신은 이미 3년 전에 죽은 목숨이나 다름없었습니다. 당시 갓끈을 뜯긴 사람이 바로 저였습니다. 그때 대왕의 온정으로 살아날 수 있었습니다. 이후 저는 목숨을 바쳐 대왕의 은혜에 보답하고자 했을 뿐입니다."

이는 통상 절영지연絶纓之宴 내지 절영지회絶纓之會로도 불린다. 연宴과 회會 모두 연회를 의미한다. 항우와 유방의 운명을 가른 홍문지연鴻門之宴을 달리 '홍문지회'로 부르는 것과 똑같다. 초장왕이 절영지연에서 보인 일련의 행보는 「비겸」에서 말한 "상대의 지혜와 재능, 자질과 능력, 기세를 파악한 뒤 상대에 영합해 따른다"는 원칙을 좇은 것으로 볼 수 있다. 그 결과는 더 큰 충성으로 돌아왔다. 비겸술을 신하가 아닌 군주, 소국이 아닌 대국이 구사할 경우 더 큰 효과를 볼 수 있다고 하는 이유다. 높은 자리에 있는 상관이 부하 직원에게, 관원이 일반 서민에게 비겸술을 구사할 경우 역시 유사한 효과를 볼 수 있다.

초장왕이 당대의 현대부 사미士亹를 초빙해 태자 심審을 가르치게 한 것도 같은 맥락에서 이해할 수 있다. 이 일화는 『국어』 「초어」에 나온다. 초장왕은 유가에서 역설하는 이른바 현현賢賢의 덕목을 실천한 셈이다. '현현'은 현자를 현자로서 대우한다는 뜻이다. 이는 춘추시대의 패자가 되기 위해 반드시 구비해야 할 덕목이기도 했다.

원래 초장왕은 제환공 및 진문공을 뛰어넘는 당대 최고의 인물이었다. 훗날 춘추시대 말기인 '오월시대'에 오왕 부차와 월왕 구천이 등장하기는 했으나 이들은 춘추시대보다는 전국시대의 인물에 가까웠다. 수단방법을 가리지 않고 패업을 이루고자 했기 때문이다. 그런 점에서 초장왕은 존왕양이尊王攘夷를 기치로 내세운 제환공과 진문공의 패업을 뒤이은 춘추시대 최후의 패자에 해당한다.

그럼에도 후세의 성리학자들은 이를 묵살해 버렸다. 여기에는 이른바 문정問鼎 고사가 결정적인 역할을 했다. 그 진실은 무엇일까? 기원전 606 봄, 초장왕이 대군을 이끌고 가 융인을 친 뒤 내친 김에 낙수雒水를 건너 주왕실의 경계에 이르렀다. 중원의 패자를 자처한 진晉나라는 초나라 군사가 주왕실의 경계에 이르기까지 아무런 움직임도 보이지 않았다. 마찰을 피했음에 틀림없다.

초장왕은 왜 주왕실의 경계까지 쳐들어간 것일까? 융인을 친 것은 하나의 구실에 불과하고 장차 주나라 왕을 위협해 천하를 반으로 나누고자 했을 공산이 크다. 초나라 군사가 주왕실의 경내에서 무력시위를 하자 보위에 오른 지 얼마 안 된 주나라 왕이 크게 두려워했다. 곧 왕손 만滿을 초장왕에게 보냈다.

"대군을 이끌고 온 뜻이 무엇이오?"

초장왕이 대답했다.

"과인은 옛날 하나라 우왕이 구정九鼎을 만들었는데 그것이 은나라를 거쳐 지금 주나라에까지 전해졌다고 들었소. 사람들은 구정이 천자를 상징하는 것으로 세상에 으뜸가는 보물이라고 하나 과인은 그것이 어떻게 생겼는지, 얼마나 크고 무거운지 한 번도 본 적이 없소. 그래서 한번 구경하러 왔을 뿐이오."

구정의 무게를 물었다는 뜻의 문정問鼎 성어는 이 고사에서 나온 것이다. 보위를 노린다는 뜻이다. 그러나 당시 초나라가 볼 때 주왕조는 이미 천명이 끝난 것이나 다름없었다. 초나라에 복속한 수많은 장강 일대의 제후국들이 초나라의 칭왕稱王을 공인했다. 초장왕은 이런 분위기에서 생장했다. 그가 진나라의 쇠미한 상황을 틈타 중원으로 진출한 것 자체를 나무랄 수는 없는 일이다.

다만 시기적으로 너무 앞선 것이 약간 문제였다. 천하는 넓었다. 중원의 제후국들은 초나라의 패권을 인정하지 않았다. 이런 상황에서 곧바로 주왕실을 넘본 것은 득보다 실이 많았다. 주왕실은 비록 힘은 없었으나 아직 천자의 위엄이 남아 있었다. 초장왕의 '문정'에 대한 왕손 만의 통렬한 반박이 그 증거다.

"옛날 하나라는 먼 곳의 나라들이 각각 그 나라의 기이한 산천을 그림으로 그려 올리고 9주九州의 장관들이 동을 진공하자 '구정'을 만들었습니다. 하나라 걸桀 때 구정이 상왕조로 넘어갔고, 다시 은나라 주紂가 포학하자 주왕조로 넘어왔습니다. 주나라의 덕행이 아름답고 밝으면 구정이 비록 작다 하더라도 무거워서 쉽게 옮길 수 없고, 그렇지 못하면 구정이 비록 크다 하더라도 가벼워서 쉽게 옮길 수 있습니다. 주왕조의 덕이 비록 쇠미해졌다고는 하나 아직 천명이 바뀌었다는 조짐은 나타나지 않았습니다. 천자가 되는 것은 덕행에 있지 '구정'의 대소경중大小輕重에 있는 것이 아닙니다."

사서는 초장왕이 부끄러운 나머지 이내 철군한 것은 물론 이후 불측不測한 생각을 버리게 되었다고 기록해 놓았다. 이런 기록이 사실일까? 상황이 여의치 못해 부득이 철군했다고 보는 게 옳다. 중원을 제패하지 못한 상황에서 구정을 초나라로 옮기는 것은 불가능했다. 주왕실을 대신해 천하를 취하고자 했다면 굳이 구정을 옮길 이유도 없었다. 실제로 초장왕은 왕손 만에게 이같이 말했다.

"그대는 '구정'을 믿지 말라. 구정은 초나라의 부러진 창만을 녹일지라도 얼마든지 만들 수 있다!"

고철을 녹여 얼마든지 '구정'을 만들 수 있다고 일갈한 것은 무력으로 천하를 장악하겠다는 뜻을 밝힌 것이나 다름없다. 그는 배포가 크고 기개가 웅혼한 인물이었다. '구정'의 대소경중을 물은 것은 주나라가 '천명' 운운하는 것을 가소롭게 여긴 결과다. '천명'은 하늘이 내리는 게 아니라 인간이 만드는 것이다. 그가 '문정' 직전 무력시위를 벌인 사실이 이를 뒷받침한다.

오바마의 겸양 비겸술

메스키타가 비겸술을 방불하는 '인센티브' 용어를 만들어낸 데서 알 수 있듯이 『귀곡자』의 책략과 유세 이론은 동양 전래의 전유물만은 아니다. 오바마 미국 대통령이 이를 절묘하게 구사한 게 그 증거다. 지난 2009년 11월 중순 오바마는 취임 후 첫 아시아 순방 길에 올랐다. 당시 그의 중국 체류 기간은 3박 4일인 데 반해 일본 체류는 1박 2일로 잡혀 있었다. 그는 일본 측이 불쾌하게 생각할까 우려해 도쿄에 도착하자마자 일본을 가장 먼저 방문한 점을 강조했다. 대통령에 취임한 후 백악관에서 처음으로 외국 정상과 회담을 가졌던 사람도 일본 총리였고, 외교수장인 힐러리 국무장관의 아시아 순방 때도 역시 일본을 가장 먼저 찾았다고 덧붙였다.

더 중요한 것은 일본을 떠나기에 앞서 아키히토 일왕 부부를 예방해 90도로 허리를 굽혀 인사하는 모습을 보여준 것이다. 이로 인해 그는 미 의회와 언론들로부터 거센 비판을 받았다. '비굴' 내지 '굴욕외교' 등의 표현까지 등장했다. 그러나 이는 오바마의 속셈을 제대로 읽지 못한 소치다. 그는 미국 언론의 비난이 거셀수록 향후 대일외교에서 더 많은 것을 얻으리라는 것을 계산에 넣었다. 실제로 며칠 되지 않아 일본의 우파언론인 《산케이신문》은 미국과 대립각을 세우는 하토야마 정권을 한국의 과거 노무현 정권에 비교하며 강도 높게 비판하고 나섰다. 오바마는 미국을 낮춰 자신이 하고 싶은 말을 일본이 스스로 하도록 만든 것이다. 이는 「비겸」에 나오는 다음 계책을 활용한 것이나 다름없다.

"비겸술은 빈말의 칭찬으로도 실제에 도움이 되는 정보를 얻을 수 있다. 상대를 자신과 긴밀히 결속시킨 가운데 드러나는 언사를 통해 그 속사정을 세밀히 살피면 그를 옭아매 가로 또는 세로로 갈 수도 있고, 동쪽 또는 서쪽으로 갈 수도 있고, 남쪽 또는 북쪽으로 갈 수도 있고, 되돌아가거나 되돌아 나올 수도 있다."

오바마가 중국에서 보여준 행보는 일본에서 보여준 것보다 한 단계 높은 수준의 비겸술에 속한다. 그는 중국에 도착하자마자 자신을 '미국의 첫 아시아 태평양 대통령'이라고 표현했다. 좋게 해석하면 동아시아를 중시하는 첫 미국 대통령이라는 뜻이나 나쁘게 해석하면 동아시아와 미주대륙을 대표하는 슈퍼파워 대통령이라는 뜻도 된다. 그는 오해의 소지를 없애기 위해 이와 같은 주석을 달았다.

"강력하고 번영하는 중국은 국제사회의 힘의 원천이고, 미국은 중국을 제어하려 하지 않을 것이다."

비룡재천飛龍在天의 중국에 대해 이제 대영제국의 후신인 '대미제국'

과 함께 천하를 양분해 제후국들을 호령하자는 메시지를 보낸 것이다. 전국시대 말기인 기원전 288년 진시황의 증조부인 진소양왕은 스스로 서제西帝를 칭하면서 동쪽 강국인 제나라에 동제東帝를 칭할 것을 제안한 바 있다. 남쪽의 강국인 초나라를 완전히 무시한 것이다. 오바마가 중국에 대해 계속 G2를 역설하고 있는 것도 이와 같은 맥락에서 이해할 수 있다. 그의 G2 제안에는 1세기 넘게 아시아의 패권국으로 군림해 온 일본은 물론 전통적 우방지역인 유럽연합도 생략돼 있다.

미국 언론들의 나팔수 역할도 간단치 않았다. 비슷한 시기에 미국의 경제전문지 《포브스》는 오바마의 동아시아 순방에 앞서 '세계에서 가장 영향력 있는 67인'의 명단을 발표하면서 오바마를 1위, 후진타오 중국 국가주석을 2위에 올려놓았다. 《워싱턴포스트》는 순방 직전 연이틀 동안 중국 관련 기사를 특집으로 꾸며 중국을 집중 조명하면서 1면 머릿기사로 방중 사실을 대서특필했다. 이에 앞서 오바마는 달라이 라마와의 백악관 면담을 짐짓 피하는 제스처로 자신이 G2로 격상시켜 놓은 중국 수뇌부의 자부심을 한껏 부추기는 몸짓을 보여주었다. 중국을 어르고 뺨치기 위한 만반의 준비를 갖춘 셈이다. 비겸술을 우리말로 쉽게 풀이하면 '어르고 뺨친다'의 뜻이 된다.

그는 원자바오 총리와 악수할 때 고개를 45도 가량 숙였다. 반면 원자바오는 목을 꼿꼿이 세우고 그를 맞았다. 원자바오는 '제2의 저우언라이'라는 칭송을 들을 정도로 서민적이고 겸손한 사람이다. 그가 목을 세운 것은 중국인들의 자존심을 북돋워 주기 위한 몸짓이었다. 그러나 그 역시 오바마의 속셈을 제대로 읽지 못했다. 당시 오바마는 자신의 몸을 한껏 낮춰 이같이 말했다.

"미국 경제는 중국 덕분에 살아가고 있습니다!"

한때 세계를 호령했던 유일무이한 슈퍼파워 미국의 자존심은 찾을 길이 없다. 아무리 미국의 위상이 예전만 못하다 할지라도 과연 이렇게까지 자기비하적인 표현을 써가며 중국 수뇌부의 자부심을 한껏 부추기고 나설 필요가 있는 것일까? 아직도 미국을 유일무이한 슈퍼파워로 여기고 있는 미국인의 자존심에 커다란 상처를 입힌 것은 말할 것도 없다. 그러나 그의 이런 행보는 치밀한 계산 끝에 나온 고단수의 비겸술이었다.

객관적으로 볼 때 21세기에 들어와 미국이 계속 유일무이한 슈퍼파워 역할을 하는 것은 불가능하다. 역할을 분담할 그럴듯한 파트너가 필요하다. 아무리 눈을 씻고 돌아봐도 중국밖에 없다. 중국 사람들은 체면으로 불리는 소위 멘즈面子를 중시한다. 그렇다면 그들의 '멘즈'를 한껏 북돋워 실리를 챙길 필요가 있다. 원자바오와 악수하면서 고개를 한껏 낮추고 '중국 덕에 미국 경제가 살았다'는 얘기를 스스럼없이 한 속셈이 여기에 있다. 책임분담의 비용을 전가시키고자 한 게 노림수다.

뒤늦게 오바마의 속셈을 눈치챈 원자바오가 손사래를 쳤지만 이미 엎지른 물이었다. 오바마는 상하이에서 대학생들을 만나는 자리에서 "중국 덕에 미국 경제가 살았다"는 얘기를 조자룡 헌 칼 쓰듯 써먹으면서 중국과 미국이 협력해 국제 문제를 해결하는 리더십을 보여야 한다고 강조했다. 어린 학생들을 자극해 중국 수뇌부에 압박을 가하려는 속셈을 그대로 드러낸 것이다.

이 말은 곧바로 전 세계에 타전됐다. '임기제 황제'인 후진타오 주석이 처음에는 오바마의 공치사空致辭에 우쭐했지만 뒤늦게 사태가 심상치 않다는 것을 깨닫고 손사래를 쳤지만 이미 끝난 일이었다. 이제

국제사회에서 G2의 일원으로 각인된 중국의 책임은 갈수록 커질 수밖에 없게 되었다. 미국의 중국에 대한 위안화 절상 및 시장개방 압력, 인권개선 요구에 탄력이 붙게 된 배경이 여기에 있다.

당초 후진타오 정부는 출범 초기 중국의 향후 국정기조로 화평굴기和平崛起를 내세우며 이를 대대적으로 선전한 바 있다. 평화적인 행보를 지속하되 목소리를 내야 할 때는 단호하게 '대국외교'를 펼치겠다는 의지를 표명한 것이다. 그러나 이는 공연히 미국을 위시한 구미 열강만 자극함으로써 중국에 대한 경계심을 증폭시킨 악수였다. 후진타오 정부가 황급히 발톱을 감추는 도광양회韜光養晦 기조로 되돌아간 것은 바로 이 때문이었다.

오바마가 세계전략에서 후진타오를 비롯한 중국의 수뇌부보다 한 수 위에 있었다는 사실은 만리장성 위에 올라가 내뱉은 탄식에 잘 나타나 있다. 그는 만리장성에 서서 끝없이 펼쳐지는 장성 자락을 그윽이 내다보며 이같이 내뱉었다.

"과연 신비롭기 짝이 없다!"

과연 무엇이 신비롭다는 것일까? 만리장성을 쌓은 중국 문명의 위대함이? 이는 평면적인 해석에 불과하다. 그가 중국에 대해 언급한 내용들을 종합해 보면 불가사의에 가까운 장성 축조에 동원된 민초들의 고통을 연상했을 공산이 크다. 그가 바쁜 방중 일정 중에 시간을 쪼개 광둥 광저우에서 발행되는 주간지 《남방주말》과 인터뷰한 것도 이와 같은 맥락에서 이해할 수 있다.

당시 오바마가 CC-TV나 《인민일보》 등 중국을 대표하는 언론매체를 제쳐두고 일부러 조그만 지방지와 인터뷰한 데에는 나름대로 속셈이 있었다. 이 주간지는 그간 사회비리를 숱하게 파헤쳐 북경 당국의 요주의 대상이었다. 그로 인한 불이익도 많이 받았다. 오바마가 볼 때 《남방주말》이야말로 이이제이以夷制夷의 매우 중요한 도구였다. 말할 것도 없이 다음날 《남방주말》의 오바마 인터뷰 기사는 잘려 나갔다. 검열 때문이다. 그러나 이는 오바마의 속셈을 제대로 읽지 못한 소치다.

오바마는 결코 자신의 입으로 중국에 언론자유가 없다고 말하지 않았다. 대신 중국 스스로 이를 전 세계에 알리는 꼴이 되고 말았다. 종횡술의 종주국을 자처한 중국은 오바마의 현란한 종횡술로 인해 체면이 형편없이 구겨지고 만 셈이다. 21세기에 들어와 오바마가 『귀곡자』의 종횡술을 구사했다는 것은 이제 종횡술이 동양의 전유물도 아니고, 서양이 아편전쟁 이래 패권을 유지하기 위해 오히려 더욱 열심히 종횡술을 연마하고 있음을 방증한다.

제6편 오합 |忤合| 상대의 형세에 올라타라

「오합」은 상대의 비위에 맞춰 순순히 따르는 순행술順行術과 이와 정반대로 상대와 반대되는 입장을 드러내는 역행술逆行術을 통칭한 것이다. 이 또한 나눠 고찰할 필요가 있다. 순행술의 방안은 눈짓이나 고갯짓, 으쓱거림, 추임새 등 그 수가 매우 많다. 상황에 따라 적당히 선택해 구사할 필요가 있다. 역행술은 대화의 긴장감을 높이기 위해 구사하는 높은 수준의 계책이다. 함부로 구사할 경우 큰 화를 자초할 수 있다. 이는 반드시 순화술과 섞어 수위를 조절하며 구사해야만 최고의 효과를 얻을 수 있다. 복어의 독이 적당해야 최고의 복어 맛을 내는 것과 같다. 음악 연주에 비유하면 부드럽게 이어지는 멜로디 속에 간혹 튀어나오는 스타카토가 이와 유사한 기능을 한다. 스타카토의 강약과 장단에 따라 곡 전체의 멋과 맛이 달라진다. 다양한 변주變奏가 가능한 이유다. 그러기 위해서는 곡 전체의 흐름을 숙지해야 한다. 역행술이 꼭 이와 같다. 순행술로 일관할 경우 대화의 긴장감이 떨어져 유세의 효과도 절감된다. 적절한 시점에 구사되는 역행술은 대화 전체의 긴장감을 높여 의외로 커다란 반향을 불러올 수 있다. 벽합술에서 음도와 양도의 혼용을 역설한 것과 취지를 같이한다.

6-1

凡趨合倍反, 計有適合. 化轉環屬, 各有形勢. 反覆相求, 因事爲制. 是以聖人居天地之間, 立身御世施教揚聲明名也. 必因事物之會, 觀天時之宜,因知所多所少, 以此先知之, 與之轉化.

무릇 매사는 흐름을 좇아 하나로 통합되는가 하면 정반대로 등을 돌려 반대되는 쪽으로 나아가는 두 가지 추세가 존재한다. 반드시 이 두 가지 추세에 부합하는 계책이 있어야 한다. 이들 두 가지 추세는 서로 전화轉化하며 수미首尾가 맞물려 돌아가는 까닭에 마치 둥근 고리의 모습과 같다. 계책 또한 둥근 고리처럼 수시로 형세形勢에 따라 변해야 한다. 반복무상反覆無常한 시류에 상응하는 계책을 통해 반드시 해당 사안에 따라 전체 상황을 통제하는 이른바 인사위제因事爲制를 행해야 하는 이유다.

성인은 천지 사이에서 자신을 세우고, 세상을 제어하고, 가르침을 베풀고, 명성을 세상에 널리 떨치고, 명분을 분명히 밝혔다. 이때 반드시 사물이 변화하는 결정적인 시기時機를 좇아 천시의 합당한 흐름을 읽었다. 이를 토대로 자신이 하는 일이 과다한지 아니면 과소한지 여부를 판단하고, 거스르거나 좇는 오합忤合의 이치에 비춰 앞일을 예측해야 한다. 그 연후에 사물의 형세가 변전하는 것을 좇아 자신 역시 수시로 적응하여 변화할 수 있다.

오합忤合의 오忤는 서로 배치된다는 의미이고 합合은 서로 합치된다는 뜻이다. 『태평어람』 권 462의 인용문에는 오합午合으로 되어 있다. 윤동양은 상황변화에 따라 계책을 내는 우합遇合으로 풀이했다. 이게 「오합」의 문의에 부합한다. '오합술'은 곧 책사가 계책의 건의를 통해 살아남기 위한 비책의 뜻을 담고 있다. 추합배반趨合倍反이 그런 의미로 사용된 것이다. '추합'은 대세를 좇아 하나로 융합하는 것을 의미하고, '배반'은 상반되는 방향으로 진행하는 것을 뜻한다. 배倍는 배背와 통한다.

화전환속化轉環屬의 '화전'은 변화전환變化轉換의 줄임말이다. 환環은 둥근 고리로 곧 '오'와 '합'이 맞물려 변화하는 것을 상징한다. 속屬은 연접했다는 뜻이다. 인사위제因事爲制는 「내건」에서 역설한 환전인화環轉因化와 취지를 같이하는 것이다. 허부굉은 '인사위제'와 '환전인화' 모두 물극필반物極必反의 논리 위에 서 있는 것으로 해석했다. 이는 유세하는 당사자가 과연 어떤 유형의 군주를 섬길 것인지 선택하는 문제와 직결되어 있는 까닭에 오합술의 성패를 좌우하는 요체에 해당한다. 사물지회事物之會의 회會는 결정적인 계기를 뜻하는 시기時機의 의미이다. 천시지의天時之宜는 천지자연 운행의 정황과 추세를 의미한다.

6-2

世無常貴, 事無常師. 聖人無常與, 無不與, 無所聽, 無不聽. 成於事而合於計謀, 與之爲主. 合於彼而離於此, 計謀不兩忠, 必有反忤, 反於是, 忤於彼, 忤於此, 反於彼, 其術也.

세상에는 영원히 귀한 것도, 고정불변의 법칙도 없다. 성인이 일을 하면서 항구적인 지지를 보내거나 고정불변의 반대를 하지 않는 이유다. 항구적으로 좇거나 고정적으로 좇지 않는 일 또한 없다. 성인이 하는 일은 모두 해당 사안이 성사될 수 있는지, 나아가 해당 계책이 현실에 부합하는지 여부를 근본으로 삼는다. 계책은 어느 한쪽과 부합하면 반드시 다른 한쪽과 괴리되기 마련이다. 동시에 상반된 양쪽을 만족시킬 수 없는 만큼 반드시 한쪽과 부합하고 다른 한쪽과 대립하는 상황이 연출될 수밖에 없다. 이른바 오합술忤合術은 한쪽을 거스르고 다른 한쪽을 좇는 까닭에 때에 따라 이쪽과 부합하며 저쪽과 대립하는가 하면 때론 저쪽과 부합하며 이쪽에 대립하는 술수로 나타나게 된다.

사무상사事無常師의 사師는 스승으로 삼아 좇는다는 의미로 사법師法과 같다. 계모불량충計謀不兩忠은 하나의 계모로 대립하는 양측을 모두 만족시킬 수는 없다는 의미이다. 반오反忤는 '오합'과 같다.

6-3

用之於天下, 必量天下而與之. 用之於國, 必量國而與之. 用之於家, 必量家而與之. 用之於身, 必量身材能氣勢而與之. 大小進退, 其用一也. 必先謀慮計定, 而後行之以飛箝之術.

'오합술'을 천하에 사용하고자 할 때는 반드시 먼저 천하의 형세를 헤아린 뒤 시행해야 한다. 제후국에 사용하고자 할 때는 반드시 먼저 해당 제후국의 형세를 헤아린 뒤 시행해야 한다. 대부의 집안에 사용하고자 할 때 역시 반드시 먼저 해당 대부의 집안 사정부터 헤아린 뒤 시행해야 한다. 개인에게 사용하고자 할 때는 반드시 먼저 그 개인의 재능과 기질 및 권세부터 헤아린 뒤 시행해야 한다. 대소大小와 진퇴進退를 막론하고 운용원칙은 오직 상대를 칭송하는 데서 출발할 뿐이다. 반드시 먼저 '오합술'을 좇아 계책을 세운 뒤 칭찬하며 옭아매는 비겸술飛箝術을 구사해야 한다.

재능材能은 재능才能과 같다. 기세氣勢의 기氣는 기질 내지 품행, 세勢는 지위 내지 권세를 뜻한다. 기용일야其用一也를 도홍경은 상대를 칭송하는 것으로 풀이했다.

6-4

古之善背向者, 乃協四海, 包諸侯忤合之地而化轉之, 然後求合. 故伊尹五就湯, 五就桀, 而不能所明, 然後合於湯. 呂尚三就文王, 三入殷, 而不能有所明, 然後合於文王. 此知天命之箝, 故歸之不疑也.

옛날 오합술을 잘 구사한 자는 천자와 제후들을 손안에 넣고 흔들었다. 오합술로 군주를 자신이 원하는 쪽으로 변화시킨 뒤 비로소 행보를 같이한 이유다. 은나라 건국공신 이윤伊尹이 다섯 번이나 탕왕湯王을 찾아갔다가 그 곁을 떠나 다섯 번 하나라 마지막 왕 걸桀을 찾아간 이유다. 당시 그는 누구에게 몸을 맡기는 게 좋은지 확신이 서지 않아 망설이다가 마지막으로 탕왕과 손을 잡았다. 여상呂尚 역시 세 번 문왕을 찾아갔다가 그 곁을 떠나 세 번 은나라 마지막 왕 주紂를 찾아갔다. 그 역시 누구에게 몸을 맡기는 게 좋은지 확신이 서지 않아 망설이다가 마지막으로 문왕과 손을 잡은 것이다. 오합술을 누차 구사한 뒤에야 비로소 천명이 정한 바를 깨닫게 된다. 최후의 취사선택 결단이 이뤄진 후에야 비로소 회의하는 일이 없게 되는 이유다.

내협사해乃協四海의 협協은 복종의 뜻이다. 이윤伊尹은 은나라 건국공신으로 이름이 이伊이고 윤尹은 벼슬 이름이다. 탕湯은 은나라 창업주로 천을天乙 내지 성탕成湯으로도 불린다. 걸桀은 전설적인 고 대왕국인 하나라의 마지막 군주 이름이다. 여상呂尙은 주나라 건국공신으로 성은 강姜, 씨는 여呂, 이름은 상尙, 호는 태공망太公望이다. 문왕文王은 성이 희姬, 이름이 창昌이다. 은나라 마지막 왕 주紂의 견제로 유리羑里에 갇힌 뒤 은나라 토벌을 결심하게 되었다고 한다. 천명지겸天命之箝은 천명이 정한 것이라는 의미로 여기의 겸箝은 제약制約의 뜻이다.

6-5

非至聖達奧, 不能御世. 非勞心苦思, 不能原事. 不悉心見情, 不能成名. 材質不惠, 不能用兵. 忠實無眞, 不能知人. 故忤合之道, 己必自度材能知睿, 量長短遠近孰不知. 乃可以進, 乃可以退, 乃可以縱, 乃可以橫.

심오한 천지자연의 이치를 깨달은 성인의 경지에 이르지 않는 한 세상을 제대로 다스릴 수 없다. 마음을 다하고 고심하며 사려하지 않으면 사물의 근원을 알 수 없다. 정성을 다해 사물의 본질을 드러내지 못하면 명실상부하다는 칭송을 들을 수 없다. 선천적인 재능과 자질이 지혜롭지 못하면 용병할 도리가 없다. 외양상 충실할지라도 진정한 마음이 결여돼 있으면 다른 사람을 제대로 헤아릴 길이 없다. 오합술을 구사할 때는 반드시 먼저 자신의 재능과 지혜를 헤아려야 한다. 자신과 상대방의 장단점과 우열 및 친소 등에 비춰 상대방이 나보다 못한 점을 확인하며 거듭 구사한다. 이같이 하면 원하는 바대로 진퇴를 결정하고 천하를 종횡할 수 있다.

지성달오至聖達奧의 '지성'은 최고의 성인, '달오'는 가장 심오한 도리를 깨우친 사람의 뜻이다. 원사原事는 사물의 궁극적인 이치를 추구한다는 뜻이다. 원原은 원리를 탐구한다는 뜻의 동사로 사용됐다. 실심현정悉心見情은 정성을 다해 본질을 드러낸다는 뜻이다. 불능성명不能成名의 명名은 사물의 이름을 짓는다는 뜻의 동사인 명명命名으로 사용된 것이다. 재질불혜材質不惠의 혜惠를 유월은 풀이하기를, "혜惠는 총명할 혜慧와 같다. 고대에 서로 통용해 썼다"고 했다. 충실무진忠實無眞의 '충실'은 실제상황에 정성을 다한다는 뜻이다.

백리해와 진목공

「오합」에 따르면 세상에는 영원히 귀한 것도 고정불변의 법칙도 없으며, 항구적으로 좇거나 고정적으로 좇지 않는 일 또한 없다. 이는 『주역』의 변역變易 논리와 취지를 같이하는 것이다. 『귀곡자』와 『주역』이 만나는 지점이 여기에 있다. 때와 장소, 상황에 따른 응변應變이 요체이다. 다양한 상황에서 사물이 취할 수 있는 가장 바람직한 자세를 말한다. 이를 『중용』은 시중時中, 『주역』은 중정中正으로 표현해 놓았다.

그럼에도 주희는 불변의 도리인 '중정'을 고수해야 한다는 식으로 해석했다. 이는 변역의 이치와 정반대되는 것이다. 『주역』에서 말하고 있는 유일한 '불변'의 이치는 천지만물이 끊임없이 변한다는 '변역'의 이치뿐이다. 실제로 『주역』에 나오는 64괘의 괘효사는 기승전결起承轉結 형식으로 전개되는 사물의 발전과정에 대한 해석을 통해 사람들에게 분발을 촉구하는 내용으로 되어 있다. 현재 상황에 대한 정밀한 진단을 토대로 이전의 행로에 대한 주의 깊은 성찰과 이후의 전망에 대한 면밀한 고찰을 주문한 것이다. 「오합」의 다음 대목과 취지를 같이한다.

"성인이 하는 일은 모두 해당 사안이 성사될 수 있는지, 나아가 해당 계책이 현실에 부합하는지 여부를 근본으로 삼는다. 계책은 어느 한쪽과 부합하면 반드시 다른 한쪽과 괴리되기 마련이다. 동시에 상반된 양쪽을 만족시킬 수 없는 만큼 반드시 한쪽과 부합하고 다른 한쪽과 대립하는 상황이 연출될 수밖에 없다. 오합술은 한쪽을 거스르고 다른 한쪽을 좇는 까닭에 때에 따라 이쪽과 부합하며 저쪽과 대립하는가 하면 때론 저쪽과 부합하며 이쪽에 대립하는 술수로 나타나게 된다. '오합술'을 천하에 사용하고자 할 때는 반드시 먼저 천하의 형세를 헤아린 뒤 시행해야 한다. 제후국에 사용하고자 할 때는 반드시 먼저 해당 제후국의 형세를 헤아린 뒤 시행해야 한다. 대부의 집안에 사용하고자 할 때 역시 반드시 먼저 해당 대부의 집안 사정부터 헤아린 뒤 시행해야 한다. 개인에게 사용하고자 할 때는 반드시 먼저 그 개인의 자질과 능력 및 기세부터 헤아린 뒤 시행해야 한다."

「오합」이 일을 수행하면서 항구적인 지지를 보내거나 고정불변의 반대를 하지 말아야 한다고 주장한 이유다. 주의할 것은 사안의 대소大小와 진퇴進退를 막론하고 오합술을 구사할 때는 반드시 상대를 칭송하는 비겸술을 동시에 구사해야 한다는 점이다. 상대를 높이 띄워 경계심의 빗장을 열게 만든 뒤 오합술을 구사해야만 탈이 없다. 이를 지키지 않을 경우 이내 속셈이 드러나 소인배로 몰리거나 배신자 내지 첩자로 몰려 해를 입을 수 있다.

대표적인 인물로 춘추시대 중엽 진목공秦穆公의 패업을 곁에서 도운 백리해百里奚를 들 수 있다. 관중의 보필을 받아 사상 최초로 패업을 이룬 제환공齊桓公에 이어 두 번째로 패업을 이룬 인물은 진문공晉文公이다. 그러나 그는 19년간에 걸친 망명 끝에 나이 62세에 보위에 오른 까닭에 8년밖에 재위하지 못했다. 기원전 628년 진문공이 병사하자 그의 뒤를 이어 천하를 호령한 사람은 장인인 진목공이었다.

비록 서쪽에 치우쳐 있기는 했으나 그는 남방의 강국 초나라를 누르고 천하의 패권을 장악한 중원의 진나라를 궁지에 몰아넣는 등 막강한 위세를 떨쳤다. 그러나 진목공도 진문공 사후 7년 뒤에 세상을 떠난 까닭에 그의 패업도 7년을 넘지 못했다. 그의 패업은 백리해라는 뛰어난 인물이 있었기에 가능했다. 백리해는 제환공의 관중, 초성왕의 투자문, 진문공의 조최에 비견할 만한 인물이다.

기원전 656년 진목공이 진헌공晉獻公의 태자 신생申生의 누이를 부인으로 맞아들였다. 신생은 이해 겨울에 후계자 문제로 인해 자진하고 말았다. 진목공은 작위가 백작이었던 까닭에 신생의 누이는 출가한 후 진목희秦穆姬 또는 백희伯姬로 불렸다. 그가 이웃한 중원의 진나라 후사 문제에 깊숙이 개입하게 된 결정적인 계기가 여기에 있다. 당초 진헌공은 진목공으로부터 폐백이 오자 크게 기뻐하며 곧 군신들에게 물었다.

"이번에 신부를 호송할 사람은 모두 선발해두었는가?"

괵나라에서 망명한 대부 주지교舟之僑가 앞으로 나와 말했다.

"백리해는 우리 진나라에서 벼슬을 살지 않겠다고 했습니다. 그의 속마음을 도무지 알 길이 없습니다. 그를 노복으로 선발해 보내는 것이 어떻겠습니까?"

진헌공이 백리해를 노복으로 삼아 백희를 쫓아가게 했다. 원래 백리해는 자가 백년伯年으로 우虞나라 태생이다. 나이 서른이 되어 두씨杜氏라는 여인을 아내로 맞이해 아들 하나를 두었다. 백리해는 집안이 매우 가난했다. 그는 천하를 주유하며 관직을 얻을 생각이 간절했으나 처자를 버리고 떠날 수 없어 항상 주저했다. 하루는 두씨가 백리해에게 말했다.

"대장부가 천하에 뜻을 두었으면 벼슬길을 찾아 나서야지 어찌 구구히 처자만 지키고 있을 것입니까? 첩이 혼자서 어떻게 해서든 살아나갈 터이니 조금도 염려치 말고 벼슬길을 찾아 떠나십시오."

백리해는 먼저 제나라로 갔다. 제양공 밑에서 벼슬을 살기 위해 백방으로 노력했으나 아무도 그를 천거해 주지 않았다. 관직을 얻기는커녕 문전걸식하는 거지 신세가 되었다. 그의 나이는 이미 마흔이 되어 있었다. 하루는 건숙蹇叔이라는 사람의 집 문앞에서 동냥을 하게 되었다. 건숙은 백리해가 비록 행색이 남루하기는 했으나 비범한 인물이라는 것을 알고 자기 집에 머물게 하면서 의형제를 맺었다.

이때 제나라에서 공손 무지가 제양공을 죽이고 보위에 오르게 되었다. 공손 무지가 널리 어진 인재를 뽑는다는 방을 내걸자 백리해가 이에 응모하고자 했다. 건숙이 만류했다.

"죽은 제양공의 동생들이 지금 다른 나라에 있으니 장차 공손 무지의 앞날이 어찌 평탄할 수 있겠소?"

백리해는 이내 건숙과 함께 고국인 우나라로 갔다. 그러나 이미 부인 두씨는 먹고 살 길이 없어 다른 곳으로 떠난 뒤였다. 건숙이 평소 친분이 있는 우나라 대부 궁지기宮之寄에게 백리해를 소개했다. 궁지기는 백리해가 비범한 인물이라는 것을 알고 곧 그를 우공虞公에게 천거해 중대부中大夫의 벼슬을 내리게 했다. 건숙이 백리해에게 말했다.

"우공은 사람이 변변치 못해 앞으로 유망한 주인이 될 것 같지는 않소."

백리해가 대답했다.

"나는 지금 마치 물고기가 땅 위에 있는 것처럼 너무 곤궁한 상황이오. 우선 한모금의 물이라도 얻어 마셔야 살 수 있소."

건숙이 고향으로 내려간 뒤 백리해가 우나라에서 벼슬을 살던 중 우나라가 진헌공의 가도멸괵假道滅虢 계략에 넘어가 망하게 되었다. 이때 백리해는 이같이 다짐했다.

"나는 지난날 지혜가 모자라 우공을 섬겼다. 그러나 이제 와서 충성마저 다하지 않을 수 있겠는가!"

그러고는 내내 우공 곁을 떠나지 않다가 포로 신세가 된 뒤 마침내 이때에 이르러 백희의 노복이 되어 진나라로 떠나게 된 것이다. 그러나 그는 주인을 만나지 못해 백희의 노복이 된 것을 창피하게 생각해 이내 백희를 쫓아가던 중 몰래 도망쳤다. 송나라로 달아나 건숙을 찾아갈 생각이었다. 그러나 도중에 길이 막혀 초나라로 가고 말았다. 그가 완성宛城 가까이 이르렀을 때 완성 사람들이 그를 첩자로 여겨 곧바로 결박했다. 백리해가 말했다.

"나는 우나라 사람이오. 나라가 망해 도망쳐 이곳까지 온 것이오."

완성 사람들이 물었다.

"그대는 무엇을 잘 하는가?"

"소를 좀 기를 줄 아오."

완성 사람들이 그의 결박을 풀어주고 그곳에서 소를 기르게 했다. 소들이 나날이 살이 찌고 윤기가 돌자 완성 사람들이 크게 기뻐했다. 얼마 후 소를 잘 기른다는 소문이 초성왕의 귀에까지 들어가게 되었다. 초성왕이 백리해를 불렀다.

"소를 잘 기르려면 어찌해야 하오?"

"때를 어기지 않고 넉넉히 먹이를 주고 힘을 낭비하지 않도록 잘 아껴주면 됩니다. 소를 기르는 사람과 소의 마음이 늘 한결같아야 합니다."

초성왕이 이 말을 듣고 감탄했다. 이에 곧 그를 왕실의 말을 관장하는 어인御人으로 삼은 뒤 동해 가에 가서 말을 기르게 했다. 당시 진목공은 백희를 아내로 맞이하면서 진나라에서 온 비복婢僕의 명단을 보았으나 백리해를 찾아볼 수가 없었다. 탐문 결과 백리해가 초나라에 있다는 소리를 듣고는 곧 많은 폐백을 초나라에 주고 백리해를 데려오려고 했다. 좌우에서 간했다.

"지금 초나라가 백리해에게 말을 기르게 한 것을 보면 아직 백리해를 제대로 모르고 있는 것입니다. 군주가 많은 폐백을 주며 백리해를 넘겨달라고 요구하면 그들 또한 백리해가 보통 사람이 아닌 것을 알게 됩니다. 그리되면 그들이 어찌 백리해를 우리에게 넘겨줄 리 있겠습니까?"

"그렇다면 어찌하는 것이 좋겠소?"

"도망간 노복을 처벌하기 위해 그를 잡아간다고 하십시오. 지난날 관중도 그런 계책으로 노나라를 무사히 빠져나올 수 있었습니다."

진목공이 곧 사자에게 명하여 염소 가죽 5장을 들고 초나라로 가 백리해를 데려오게 했다. 초성왕이 백리해를 넘겨주었다. 백리해가 진나라에 당도해 진목공에게 절을 올리자 진목공이 물었다.

"금년 연세가 어찌되오?"

"겨우 일흔입니다."

"아깝다. 너무 늙었다!"

진목공이 탄식하자 백리해가 이같이 말했다.

"저에게 새를 쫓거나 맹수를 잡아오라고 하면 신은 아무 쓸모가 없을 것입니다. 그러나 신에게 앉아서 국정을 돌보게 한다면 신은 아직 젊습니다. 옛날 강태공은 위수 강가에서 나이 80세에 곧은 낚시를 했지만 주문왕은 그를 왕사王師로 삼아 마침내 주나라를 세웠습니다. 신이 오늘 군주를 만난 것은 상보 때와 비교하면 아직 10살이나 젊습니다."

진목공이 크게 놀라 의관을 정제하고는 정색하여 물었다.

"우리나라는 융적들 사이에 있어 아직 중원과 동맹을 맺지 못하고 있소. 노인은 과연 어떻게 과인을 지도할 생각이오?"

"무릇 옹雍과 기岐 땅은 주문왕과 주무왕이 일어난 곳입니다. 산은 개 이빨과 같고 들은 긴 뱀이 뻗은 것과 같습니다. 주왕실은 능히 이곳을 지키지 못하고 우리 진나라에게 내주었습니다. 이는 하늘이 진나라를 돕는 것입니다. 또 융적이 가까이 있으니 이는 오히려 우리 군사를 굳세게 하는 것입니다. 제후들의 결맹에 참석치 않았으니 이는 도리어 힘을 기르는 결과가 되었습니다. 서쪽으로 수십 개의 소국이 있으니 이를 합병하면 족히 농사를 지어 식량을 풍부히 할 수 있고, 그 백성들을 모으면 어떤 나라와도 싸울 수 있습니다. 이것이 바로 진나라가 중원의 어떤 나라보다 유리한 점입니다. 군주는 먼저 덕을 베풀면서 힘으로써 서쪽을 병탄하십시오. 험난한 산천을 방패로 삼은 뒤 때를 틈타 중원을 굽어보며 나아간다면 능히 패업을 성취할 수 있을 것입니다."

훗날 진시황이 천하통일을 이루게 된 기본 방략이 모두 여기서 나왔다고 해도 과언이 아니다. 진목공이 탄복했다.

"나에게 백리해가 있는 것은 마치 제환공에게 관중이 있는 것과 같다!"

진목공은 백리해와 함께 방으로 들어가 사흘 동안 흉금을 터놓고 천하사를 논했지만 조금도 피로해하지 않았다. 진목공은 백리해의 식견에 탄복한 나머지 곧 그에게 높은 벼슬을 내리고 정사를 맡겼다. 이후 진나라 사람들은 백리해를 '오고대부五羖大夫'로 칭했다. 이는 염소 5마리로 그를 얻었다는 뜻이다. 『춘추좌전』에 따르면 당시 백리해는 진목공에게 청해 건숙도 진나라로 불러들였다. 진목공이 건숙에게 물었다.

"과인이 덕을 펴고 위엄을 세우려면 어찌해야 하오?"

"먼저 교화하고 후에 형벌을 시행하면 됩니다. 교화가 실시되면 백성들은 그 윗사람을 존경할 줄 알게 되고, 그런 연후에 은혜를 베풀어야 감사할 줄 알고, 형벌을 써도 두려워할 줄 알게 됩니다. 상하가 손발처럼 서로 맞아 들어가면 무슨 일인들 어려울 게 있겠습니까?"

"선생의 말처럼 하면 과연 패업을 이룰 수 있겠소?"

백리해가 대답했다.

"그것만으로는 안 됩니다. 먼저 3가지를 지켜야 합니다. 첫째, 욕심을 버려야 합니다. 둘째, 분노를 터뜨리지 말아야 합니다. 셋째, 조급히 서둘러서는 안 됩니다. 욕심이 많으면 많을수록 잃는 것이 많고, 분노하면 분노할수록 일이 어려워지고, 서두르면 서두를수록 실패하게 됩니다. 무릇 일이란 대소경중을 살펴 추진하는 데 그 해답이 있습니다. 이 3가지를 지키면 가히 패업을 이룰 수 있을 것입니다."

진목공이 크게 기뻐하며 곧 건숙을 우서장右庶長, 백리해를 좌서장

左庶長으로 삼았다. 두 직위는 모두 다른 나라의 상경上卿에 해당하는 것이었다. 이후 진나라에서는 두 사람을 '2상二相'으로 통칭했다. '2상'은 함께 정사를 보며 법을 세워 백성들을 교화하면서 나라를 일으켰다. 진목공의 치세 때 진나라가 융성한 이유가 여기에 있다.

진목공은 춘추시대 당시 서쪽 진나라가 배출한 최고의 명군에 해당한다. 진문공이 19년간의 망명생활을 청산하고 보위를 차지하게 된 것도 따지고 보면 그의 덕분이었다. 후대 사가들 중 적잖은 사람들이 그를 춘추오패의 일원으로 간주한 것은 바로 이 때문이다.

「오합」의 관점에서 볼 때 백리해는 당초 변변치 못한 인물인 우공에 대한 의리를 고집하는 바람에 모진 고생을 해야만 했다. 당시 백리해가 실토했듯이 땅 위에 있는 물고기처럼 생활이 너무 궁핍했던 탓이다. 이후 진목공이 부를 때까지 다시는 군주 앞에서 유세할 기회가 찾아오지 않았다. 책략과 유세를 제후국에 사용하고자 할 때는 반드시 먼저 해당 제후국의 형세를 헤아린 뒤 시행해야 한다는 「오합」의 가르침을 어긴 탓이다.

그러나 이후 그가 진목공 앞에서 보여준 모습은 천하의 형세와 해당 제후국의 형세를 헤아린 뒤 유세하는 오합술의 전형에 해당한다. "진나라 도성이 있는 옹雍 땅 등은 문왕과 주무왕이 일어난 곳으로 주 왕실이 이곳을 지키지 못하고 진나라에게 내준 것은 하늘이 진나라를 도운 것이다"라며 비겸술을 동시에 구사한 게 그 증거다. 고생을 하면서 오합술의 묘리를 터득했다고 볼 수 있다. 이는 관중이 제환공을 처음으로 만났을 때 구사한 유세술과 같다. 훗날 제갈량이 유비를 처음 만났을 때 이른바 천하삼분지계天下三分之計를 설파한 것도 같은 맥락이다.

염파와 망명

오합술은 군주를 자신이 원하는 쪽으로 변화시켜야만 소기의 성과를 거둘 수 있다. 「오합」이 은나라 건국공신 이윤과 주나라 건국원훈 여상이 각각 5번과 3번씩 탕왕과 주문왕을 찾아갔다가 물러나온 사례를 언급한 이유다. 이는 물론 역사적 사실과 동떨어진 전설을 인용한 것이나 그 취지만큼은 새겨들을 필요가 있다. 주군을 선택할 때 신중에 신중을 기하라고 주문한 것이다.

『춘추좌전』「노애공 11년」조에 좋은 실례가 나온다. 기원전 484년 공자가 14년간에 걸친 유세 끝에 위衛나라로 다시 들어가자 위나라 대부 공문자孔文子가 태숙질大叔疾을 공격하기 위해 공자에게 자문을 구했다. 공자는 일언지하에 거절했다.

"호궤지사胡簋之事에 대해서는 일찍이 배운 바가 있으나 갑병지사甲兵之事에 대해서는 아직 들어보지 못했습니다."

'호궤지사'는 예에 관한 일을 의미한다. '호궤'는 고대의 예기禮器를 지칭한다. 갑병지사甲兵之事는 군사에 관한 일을 뜻한다. 당시 공자는 매몰차게 거절한 뒤 곧바로 밖으로 나와 제자들에게 명해 수레에 말을 매어 떠날 채비를 갖추게 하고는 이같이 말했다.

"새는 나무를 가려서 앉는 법인데 나무가 어찌 새를 가릴 수 있겠는가!"

이때 공문자가 황급히 뒤따라 나와 공자를 만류했다.

"내가 어찌 감히 사적인 일로 그러한 일을 도모하려 했겠습니까? 나는 위나라의 화를 막기 위해 그같이 물었던 것입니다."

공자가 가지 않고 머무르려 했으나 마침 노나라에서 사람이 예물을 갖고 와 공자를 정중히 초청했다. 공자가 이내 귀국길에 오른 이유다. 『논어』「위령공」에도 유사한 대목이 나온다. 위령공이 공자에게 진을 치는 법에 관해 묻자 공자가 이같이 대답했다.

"제사에 관한 일은 일찍이 들은 바가 있습니다. 그러나 군사에 관한 일에 대해서는 배운 바가 없습니다."

그러고는 다음날 위나라를 떠났다. 이때는 천하유세에 나선 초기이다. 공자는 시종 군사 문제에 대한 언급을 의도적으로 피한 셈이다. 여기서 양금택목良禽擇木 성어가 나왔다. 좋은 새는 나무를 가려서 둥지를 튼다는 뜻이다. 뛰어난 사람은 훌륭한 군주를 가려 섬긴다는 뜻으로 택주이사擇主而事와 같은 말이다. 「오합」에서 "최후의 취사선택 결단이 이뤄진 후에야 비로소 회의하는 일이 없게 된다"고 역설한 것과 취지를 같이한다.

「오합」은 이윤과 여상을 '최후의 취사선택 결단'에서 성공을 거둔 사례로 거론했으나 역사적으로 보면 이에 실패한 사례가 훨씬 많다. 대표적인 사례로 전국시대 말기 조나라 장수 염파廉頗를 들 수 있다.

『사기』「염파인상여열전」과 『자치통감』에 따르면 기원전 283년 조혜문왕이 화씨지벽和氏之璧을 손에 넣게 되었다. 앞서 분석한 바와 같이 사서에 나오는 화씨지벽은 진귀한 구슬을 통칭해 그같이 표현한 것으로 보는 게 옳다. 진소양왕이 이를 손에 넣고 싶어 하여 15개의 성읍과 바꾸자고 제안했다. 조혜문왕은 응하지 않자니 보복이 두려웠고 응하자니 기만당할까 걱정되었다. 이에 인상여藺相如에게 이를 묻자 인상여가 이같이 대답했다.

"진나라가 성읍을 화씨지벽과 바꾸자고 요구했는데 군주가 이를 허락지 않으면 그 허물은 우리에게 있게 됩니다. 그러나 우리가 화씨지벽을 주었는데도 진나라가 성읍을 내주지 않으면 그 허물은 진나라에 있게 됩니다. 두 계책을 비교해 볼 때 차라리 진나라에 화씨지벽을 주고 나머지 책임을 진나라에 넘기는 것이 낫습니다. 신이 화씨지벽을 갖고 진나라로 가고자 합니다. 만일 진나라가 성읍을 우리에게 주지 않으면 저는 구슬을 온건히 한 채로 돌아오도록 하겠습니다."

조혜문왕이 이를 허락했다. 여기서 완벽귀조完璧歸趙 내지 '완벽' 성어가 나왔다. 구슬을 전혀 손상시키지 않고 온전히 가져온다는 뜻이다. 이후 결함이 전혀 없을 정도로 완전한 것을 뜻하는 말로 사용됐다.

당시 인상여가 진나라에 이르렀으나 진소양왕은 조나라에 성을 줄 뜻이 없었다. 인상여가 마침내 진소양왕을 속여 다시 화씨지벽을 손에 넣은 뒤 수행원을 시켜 화씨지벽을 품속에 간직한 채 샛길로 귀국하게 했다. 이어 자신은 진나라에 머물며 조치를 기다렸다. 진소양왕은 인상여를 현명하다고 생각해 예로 대우해 돌려보냈다. 조혜문왕이 그를 상대부로 삼았다. 이듬해인 기원전 282년 진나라가 조나라를 치고 2개의 성읍을 점령했다. 그 이듬해인 기원전 281년에도 군사를 보내 지금의 하남성 임현인 조나라의 석성石城을 빼앗았다. '완벽'을 허용해 준 대가를 찾고자 한 것이다.

시간이 갈수록 그 대가가 컸다. 기원전 280년 진나라 장수 백기白起가 조나라 군사 2만 명을 참수하고 대代 땅의 광랑성光狼城을 빼앗았다. 이듬해인 기원전 279년 진소양왕이 사자를 조혜문왕에게 보내 지금의 하남성 민지澠池 일대에서 회합할 뜻을 전했다. 조혜문왕이 가지 않으려고 하자 염파와 인상여가 계책을 세운 뒤 이같이 건의했다.

"군주가 가지 않으면 조나라의 국세가 약하고 겁이 많은 것을 보여주는 셈이 됩니다."

조혜문왕이 드디어 민지로 가게 되자 인상여가 수행했다. 염파가 조나라의 국경까지 전송한 뒤 조혜문왕에게 이같이 작별 인사를 나누었다.

"군주가 민지로 가는 데 걸리는 시간과 회동하여 예를 마치고 돌아오는 데 필요한 시간을 계산해 보면 총 30일이 넘지 않을 것입니다. 30일이 되어도 돌아오지 않으면 청컨대 태자를 옹립해 진나라의 의도를 좌절시킬 수 있도록 허락해 주십시오."

조혜문왕이 이를 허락했다. 민지에서 두 나라 왕이 만났다. 술을 마시며 흡족해할 즈음 진소양왕이 문득 조혜문왕에게 비파 연주를 청했다. 조혜문왕이 이를 받아들여 비파를 탄주했다. 그러자 인상여가 진소양왕에게 흙을 구워 만든 타악기인 부缶를 쳐줄 것을 청했다. 진소양왕이 이를 허락지 않으려고 하자 인상여가 이같이 위협했다.

"다섯 걸음 안에서 제 목을 찔러 그 피를 군주에게 흩뿌리도록 하겠습니다."

진소양왕의 좌우에서 인상여를 찌르려고 하자 인상여가 눈을 부릅뜨고 꾸짖었다. 이에 좌우에서 감히 나서지 못했다. 진소양왕이 할 수 없이 부를 한 번 쳤다. 술자리가 끝난 후에도 진나라는 끝내 조나라를 어찌할 수가 없었다. 조나라 사람들 역시 경비를 철저히 했기 때문에 진나라가 감히 출동할 수 없었던 것이다. 조혜문왕이 귀국하자마자 인상여를 상경上卿으로 삼았다. 이에 그 지위가 염파보다 높게 되었다. 염파가 불만을 표했다.

"나는 조나라 장군으로 수많은 공성攻城과 야전에서 큰 공을 세웠다. 인상여는 본래 천인에 불과한데 한낱 세 치 혀로 나의 윗자리를 차지했다. 나는 수치스러워 차마 그의 아래에 있을 수 없다."

그러고는 이같이 선언했다.

"내가 인상여를 보면 반드시 욕을 보이고 말 것이다."

인상여가 이 말을 듣고 염파와 서로 조우하지 않으려고 조회가 있을 때마다 매번 병을 칭하며 우위를 다투는 일을 피했다. 밖에 나와서는 염파가 멀리서 보이기만 해도 곧바로 수레를 이끌고 숨어버렸다. 그러자 인상여의 사인舍人들이 모두 이를 수치스럽게 생각했다. 인상여가 이들에게 이같이 물었다.

"그대들이 보기에 염장군과 진나라 왕을 비교하면 누가 나은가?"

"염파가 못합니다."

인상여가 말했다.

"무릇 친왕이 위압적으로 대했을 때에도 나는 진나라 조정에서 그를 꾸짖고 군신들을 욕보였다. 내가 비록 재주가 없다 해도 어찌 염장군을 두려워하겠는가? 내가 생각건대 강한 진나라가 감히 조나라에 출병치 못하는 것은 오직 우리 두 사람이 있기 때문이다. 그런데 두 마리 호랑이가 서로 다투면 형세상 둘 다 살지 못할 것이다. 나는 이를 생각하기 때문에 먼저 국가의 급한 일을 생각한 연후에 사사로운 원한을 고려하고자 하는 것이다."

염파가 이 말을 듣고는 크게 부끄러워하며 사죄의 표시로 웃통을 벗고 가시덤불을 짊어진 채 인상여의 집 문앞에 와 사죄했다. 여기서 문경지교刎頸之交 성어가 나왔다. 목숨을 바칠 정도의 우애를 뜻한다.

기원전 270년 진나라가 조나라를 치고 이내 한나라의 알여閼與 땅을 포위했다. 알여가 진나라 수중에 떨어지면 조나라도 이내 위험해질 수밖에 없었다. 조혜문왕이 염파를 불러 상의했다.

"알여를 구해낼 수 있겠소?"

"길이 먼 데다 험하고 좁아 구하기가 어렵습니다."

이는 조혜문왕의 생각과 동떨어진 것이었다. 다시 대부 조사趙奢에게 문의하자 조사가 이같이 대답했다.

"길이 먼 데다 험하고 좁으니 굴속에서 두 마리 쥐가 싸우는 것에 비유할 수 있습니다. 장차 용감한 쪽이 이길 것입니다."

조혜문왕이 크게 기뻐하며 조사에게 군사를 이끌고 가 알여를 구원하게 했다. 조사가 한단에서 30리쯤 떨어진 곳에 멈춘 뒤 전군에 이같이 하령했다.

"군사 문제로 간하는 자는 죽을 것이다."

한편 진나라 군사들이 무안武安 서쪽에 주둔하면서 북을 치고 고함을 지르며 군사를 정돈하자 무안성 가옥의 기와가 크게 들썩였다. 이때 조사 휘하의 척후 가운데 한 사람이 급히 무안을 구할 것을 건의하자 조사가 즉각 그를 참했다. 성을 굳게 지킨 채 28일 동안 출병치 않으면서 영루를 더욱 튼튼히 쌓았다. 이때 진나라 간첩이 조나라의 군중에 들어왔다. 그러나 조사는 오히려 그를 잘 대접해 보내주었다. 간첩이 돌아가 보고하자 진나라 장수가 크게 기뻐하며 이같이 말했다.

"무릇 자국에서 30리쯤 떨어진 곳에 주둔한 뒤 더 이상 진출치 않으면서 영루만 높이 쌓고 있습니다."

조사는 진나라 간첩을 돌려보낸 뒤 갑옷을 말아 경무장을 한 채 급속히 알여 쪽으로 나아갔다. 하룻 낮과 하룻 밤을 행군해 알여에 도착한 후 알여성에서 50리쯤 떨어진 곳에 주둔했다. 영루를 완성하자 진나라 군사가 이 소식을 듣고 곧 갑사들을 출동시켰다. 조사가 진나라 군사를 산으로 유인해 격파했다. 대패한 진나라 군사가 알여의 포위를 풀고 진나라로 돌아갔다. 조혜문왕이 조사를 마복군馬服君에 봉해 염파 및 인상여와 같은 반열에 오르게 했다.

기원전 262년 진나라 장수 백기가 한나라를 치고 지금의 하남성 심양현인 야왕野王을 취했다. 이에 지금의 산서성 장자현인 상당上黨으로 가는 길이 끊어졌다. 상당태수 풍정馮亭이 백성들을 모아놓고 대책을 논의하며 이같이 말했다.

"정나라 도성인 정읍鄭邑으로 가는 길이 이미 끊어지고 진나라의 군사가 날로 가까이 진격해 오는데도 한나라는 이를 구원할 길이 없소. 그러니 상당의 땅을 들어 조나라에 귀부하느니만 못하오. 조나라가 우리를 받아주면 진나라는 반드시 조나라를 공격할 것이오. 조나라가 진나라 군사의 침공을 받게 되면 반드시 한나라와 친하게 될 것이오. 이내 두 나라가 하나가 될 것이니 그리되면 가히 진나라에 대적할 수 있을 것이오."

곧 사자를 조나라에 파견해 이같이 전했다.

"한나라가 상당을 지킬 능력이 없어 장차 상당이 진나라에 귀속될 것입니다. 상당의 관민 모두 조나라에 귀부하는 것에 안도하고 진나라에 귀속되는 것을 달가워하지 않습니다. 상당에 17개 성이 있으니 장차 이를 군주에게 바치고자 합니다."

조효성왕이 이를 평양군平陽君 조표趙豹에게 말하자 조표가 이같이 말했다.

"성인은 아무 연고도 없이 받는 이익에는 커다란 화가 뒤따른다고 보았습니다."

조효성왕이 힐난했다.

"상당의 인심이 우리의 덕의德義에 쏠려 있는데 어찌하여 아무 연고도 없다고 하는 것이오?"

조표가 대답했다.

"진나라는 한나라 땅을 잠식하기 위해 중간을 끊어 서로 통하지 못하게 했습니다. 이는 본래 앉아서 상당을 취하려는 의도에서 나온 것입니다. 한나라가 상당을 진나라에 넣지 않으려는 것은 그 화를 우리 조나라로 전가하려는 것입니다. 진나라가 상당을 취하기 위해 군사 동원의 수고를 치렀는데도 조나라가 그 이익을 챙기려 한다면 이는 불가능한 일입니다. 비록 강대국일지라도 약소국으로부터 함부로 이익을 챙길 수 없는 법인데 실로 약소국인 조나라가 강대국인 진나라로부터 이익을 취할 수 있겠습니까? 그러니 어찌 '아무 연고도 없이 이익을 얻으려 한다'고 말하지 않을 수 있겠습니까? 차라리 상당을 받지 않느니만 못합니다."

조효성왕이 평원군平原君 조승趙勝을 불러 이를 상의하자 조승은 적극 접수하고 나설 것을 권했다. 조효성왕이 마침내 평원군을 시켜 이를 접수하게 했다. 이게 전국시대 최대 참사로 기록된 장평대전長平大戰의 서곡이 되었다.

기원전 260년 4월, 진나라의 좌서장左庶長 왕흘王齕이 대군을 이끌고 와 상당을 손에 넣었다. 상당의 백성들이 모두 조나라로 달아났다. 조나라 장수 염파가 지금의 산서성 고평현 서북쪽의 장평에 주둔하면서 상당의 백성들을 수용해 안치했다. 왕흘이 조나라 군사를 쳤다. 조나라 군사는 여러 번 싸웠으나 이기지 못했다. 진나라가 여러 차례에 걸쳐 조나라의 군사를 격파하자 염파는 성을 굳게 지키며 출전하지 않았다.

당시 조효성왕은 참소하는 자들의 말을 듣고 염파가 겁이 나 싸우지 않는 것으로 생각해 여러 번 사자를 보내 나무랐다. 전장에 나가 있는 장수에게 전권을 맡겨야 한다는 병법의 기본 이치를 거스른 것이다. 조나라 패배의 근본 배경이 여기에 있다.

이 소식을 들은 진나라 승상 범수范雎가 쾌재를 불렀다. 당시 범수는 이미 몇 차례의 실책으로 징계를 받았던 까닭에 이번 전투에서마저 패하면 그의 몰락은 자명한 일이었다. 그는 두 가지 승부수를 띄웠다. 우선 당시 지휘관이었던 왕흘을 몰래 백전노장 백기로 교체했다. 그리고 이를 발설하는 자는 가차없이 처형했다. 백기가 지휘할지라도 염파와 맞설 경우 승리를 기약할 수 없었다. 이간계를 구사한 이유다. 곧 유세객들에게 명해 1천 금을 가지고 조나라로 가 이같이 선전하게 했다.

"진나라가 두려워하는 것은 오직 마복군 조사의 아들 조괄趙括이 장수가 되는 것이다. 염파는 진나라가 쉽게 대적할 수 있는 데다 곧 항복하고 말 것이다."

이를 액면 그대로 믿은 조효성왕이 드디어 조괄을 시켜 염파를 대신하도록 했다. 은퇴한 인상여가 이 소식을 듣고는 곧바로 궁궐로 들어가 간했다.

"군주가 조괄의 명성이 드높다는 이유로 그를 장수로 삼으면 이는 마치 교주고슬膠柱鼓瑟하는 것과 같은 것입니다. 조괄은 한낱 그 아비의 병서를 읽고 이야기하는 것에 불과해 임기응변의 용병 이치를 모릅니다."

'교주고슬'은 줄을 고정시켜 탄주한다는 뜻으로 융통성이 없음을 상징한다. 그러나 조효성왕은 이를 듣지 않았다. 당초 조괄은 어려서부터 병법을 배웠다. 이에 병법 이론에 관한 한 천하에 그를 당할 자가 없었다. 한번은 부친 조사와 더불어 군사 문제를 논하게 되었다. 조사는 병법논리로 조괄을 제압하지는 못했으나 그가 잘하고 있다고 말하지는 않았다. 조괄의 모친이 그 연고를 묻자 조사가 이같이 대답했다.

"용병은 사지로 들어가는 것이오. 그런데 조괄은 이를 너무 쉽게 말하고 있소. 조나라가 그를 장수로 삼지 않으면 그뿐이오. 그러나 만일 그를 장수로 삼게 되면 조나라 군사를 패하게 만들 사람은 바로 조괄일 것이오!"

이해 7월, 조괄이 장수가 되어 출병하려 할 즈음 그의 모친이 상서하여 조괄을 장수로 삼지 말 것을 간했다. 조효성왕이 불러 물었다.

"그것은 무슨 까닭이오?"

"제가 당초 그의 부친 조사를 모실 때 조사는 장령으로 있었습니다. 당시 그가 직접 밥상을 갖다 바치는 사람이 십여 명이었고 서로 왕래하는 벗은 백여 명이나 되었습니다. 그는 또 군주와 종실에서 받은 상을 모두 군리軍吏와 사대부에게 나눠주었습니다. 또 명을 받게 되면 집안일을 일절 묻지 않았습니다. 그러나 지금 조괄은 하루 만에 장군이 되자 우쭐해하며 통상 장수가 부하들을 회견할 때 하는 것처럼 벌써부터 동쪽을 향해 조회를 받고 있고, 군리들 또한 감히 그를 올려다보지 못하고 있습니다. 그는 군주가 하사한 금은과 비단을 모두 집으로 가져와 쌓아두었습니다. 또 늘 좋은 전택田宅이 어디에 있는지를 눈여겨 보았다가 살 수 있는 것은 모두 사들이고 있습니다. 군주는 그를 그 아비와 같다고 생각하나 이들 부자의 심사는 완전히 다릅니다. 원컨대 군주는 그를 보내지 마십시오."

조효성왕이 말했다.

"다시는 이를 거론치 마시오. 나는 이미 결정했소."

"만일 그가 직책을 다하지 못할 경우 청컨대 저를 죄에 연루시키지 말기 바랍니다."

조효성왕이 이를 허락했다. 당시 진소양왕은 조괄이 이미 조나라의 장수가 되었다는 이야기를 듣고 크게 기뻐했다. 곧 무안군 백기를 상장군, 왕흘을 비장裨將으로 삼았다. 그러고는 군중에 이같이 하령했다.

"무안군이 장수가 되었다는 사실을 감히 누설하는 자는 참형에 처할 것이다!"

조괄은 군중에 이르자 기존의 군내 부서와 군령을 모두 바꾼 뒤 병사들을 출동시켜 진나라 군사를 곧바로 치게 했다. 이는 백기가 기다리던 것이었다. 그는 아군을 거짓으로 패하게 한 후 복병을 배설하고 조나라의 40만 대군을 본진으로 끌어들였다. 조나라 군사가 진나라 본진으로 쇄도했다. 그러나 백기는 이에 대한 방비를 철저하게 한 상태였다. 조나라 군사가 시간을 허비하는 사이 백기는 대기하고 있던 복병에 신호를 보내 조나라 군사의 보급로를 차단했다. 조괄이 전열을 가다듬고 재차 공격을 시도했으나 전열은 이미 크게 흩어진 상태였다.

백기가 곧 기병을 출동시켰다. 기병 2만 5천 명이 조나라 군사의 퇴로를 끊고 또 나머지 기병 5천 명이 조나라 군사와 영루 사이를 끊어버렸다. 조나라 군사가 졸지에 둘로 쪼개지고 양도糧道마저 끊어지게 되었다. 무안군이 경병輕兵으로 이들을 치자 조나라 군사가 크게 불리해졌다. 부득불 영루를 쌓고 굳게 지키면서 구원군이 오기를 기다렸다.

백기가 볼 때 비록 일시 승리를 거두기는 했으나 조나라 군사는 40

만 대군이었다. 본국에 곧바로 군사 증원을 요청한 이유다. 진소양왕이 직접 하내河內로 가 15세 이상의 장정을 모두 그러모은 뒤 장평으로 급송했다. 조나라의 구원병과 군량이 오는 것을 차단하기 위한 조치였다. 이때 진소양왕은 장정들에게 작위를 1계급씩 하사했다. 본래 진나라 법은 적병의 수급을 취한 자에게만 작위를 수여하도록 되어 있었다. 이는 당시 사태를 얼마나 급박하게 여겼는지를 웅변한다. 장평대전이 총력전의 분위기로 흘러간 배경이다. 단기적으로는 조나라가 유리했다. 그러나 정교한 법체계를 갖춘 진나라는 능히 상황을 역전시킬 수 있었다. 조나라는 전 병력을 모두 동원한 상태였으나 진나라는 아직 여유가 있었다.

이해 9월, 양식이 떨어진 지 46일째가 되자 조나라 군사가 몰래 서로 잡아먹었다. 상황을 타개하기 위하여 조괄은 여러 차례 공격을 시도했으나 번번이 실패하고 말았다. 결국 정예군을 이끌고 퇴로를 뚫으려던 그는 진나라 군사가 쏜 화살에 맞아 전사하고 말았다. 조나라 군사 40만 명이 이내 항복했다. 백기가 말했다.

"진나라가 이미 상당을 취했는데 상당 사람들은 진나라 백성이 되기를 꺼려했다. 이에 조나라로 귀부했다. 조나라 군사는 반복무상하니 그들을 모두 죽이지 않으면 장차 난을 일으킬까 두렵다."

그러고는 마침내 조나라 군사를 거짓말로 속인 뒤 모두 산 채로 파묻었다. 어린아이 240명만 살아남아 조나라로 돌아갔다. 앞뒤로 참살된 자가 모두 45만 명에 달하자 조나라 백성들이 모두 크게 두려워했다. 조나라는 장평대전을 계기로 항전의지가 완전히 꺾여버리고 말았다. 농사를 지을 남자들이 거의 남지 않게 돼 다시는 예전의 힘을 회복하지 못했다. 결국 조나라는 30년 뒤인 기원전 228년 멸망하고 말았다.

염파는 장평대전으로부터 9년 뒤인 기원전 251년 재차 등용되었다. 연나라의 침공으로 인한 것이었다. 염파는 연나라 장수 율복栗腹을 지금의 하북성 백향현인 호鄗 땅에서 격파해 조나라를 위기에서 구했다. 기원전 245년 조효성왕이 염파를 임시 재상으로 삼은 뒤 위나라를 치고 번양繁陽을 취했다. 얼마 후 조효성왕이 죽자 그의 아들이 뒤를 이었다. 그가 조도양왕趙悼襄王이 되었다. 조도양왕은 염파가 늙었다는 이유로 조효성왕 때처럼 무양군武襄君 악승樂乘을 보내 염파를 대신하게 했다. 한 번도 아니고 두 번에 걸쳐 이런 꼴을 당하자 염파가 대로했다. 악승을 공격하자 악승이 황급히 달아났다. 염파도 곧 위나라로 달아났으나 위나라는 오랫동안 그를 신임하지 않았다.

『사기』「염파열전」은 당시 상황을 이같이 기록해 놓았다. 장평대전 때 권세를 잃자 식객들이 모두 떠났다. 병권을 되찾자 식객들이 다시 몰려들었다. 식객의 염량세태炎凉世態에 화가 난 염파가 소리쳤다.

"모두 물러가도록 하라!"

이때 한 식객이 말했다.

"아, 공은 어찌하여 그토록 세상 이치를 모르는 것입니까? 무릇 천하는 시장처럼 서로 교제를 합니다. 공에게 권세가 있었던 까닭에 내가 공을 따른 것이고, 권세가 사라진 까닭에 떠난 것입니다. 이는 세상의 정한 이치인데 어찌하여 이를 원망하는 것입니까?"

식객의 지적처럼 염파는 우직한 장군에 지나지 않았다. 군권을 빼앗기고 망명한 사람을 위나라가 신임할 리가 없다.

이후 조도양왕은 조나라 군사가 번번이 진나라의 공격을 받고 곤경에 처하게 되자 다시 염파를 기용하고자 했다. 염파도 내심 조나라에서 다시 기용되기를 기대했다. 조도양왕은 사자를 보내 과연 염파를 재차 기용할 수 있는지 여부를 탐문하게 했다. 염파는 조도양왕의 사자를 보자 한 말의 쌀밥과 고기 열 근을 먹은 뒤 갑옷을 입고 말에 뛰어오르며 아직도 건재함을 과시했다. 그러나 염파의 정적인 곽개郭開가 이미 사자에게 많은 금을 주고 염파를 비방하게 했다. 사자는 이같이 보고했다.

"과연 염장군은 비록 늙기는 했으나 여전히 밥을 잘 먹었습니다. 그러나 저와 앉아 있을 때 얼마 되지도 않았는데 세 차례나 대변을 보았습니다."

조도양왕은 염파가 이미 늙었다고 생각해 부르지 않았다. 이때 초나라도 염파에 눈독을 들이고 있었다. 곧 사람을 은밀히 보내 염파를 불러들였다. 염파는 이내 초나라 장수가 되었으나 결국 아무런 공도 세우지 못했다. 사서는 공을 세우지 않은 것처럼 기록해 놓았다. 그는 이같이 말했다.

"나는 조나라를 위해 마지막까지 힘을 다하고자 한다."

그는 끝내 지금의 안휘성 수현인 초나라 도성 수춘壽春에서 생을 마감했다. 용병에 뛰어났던 장수들이 대개 그랬듯이 당대의 명장 염파의 죽음은 쓸쓸했다. 크게 두 가지 이유를 들 수 있다. 첫째, 그는 주인을 잘못 만났다. '택주이사'에 실패한 것이다. 「오합」에서 "오합술을 개인에게 사용하고자 할 때는 반드시 먼저 그 개인의 자질과 능력 및 기세부터 헤아린 뒤 시행해야 한다"는 가르침을 거스른 셈이다. 둘째, 그는 변화에 제대로 적응하지 못했다. 염파는 장평대전 이후 결단해야 했다. 암군을 버리고 자신을 알아주는 새 군주를 찾아야 했다. 그러나 그는 그러지 못했다. 뒤늦게 위나라와 초나라를 전전하며 망명한 배경이다. 모양이 사납게 됐다. 「오합」에서 "사물의 형세가 변전하는 것을 좇아 자신 역시 수시로 적응하여 변화해야 한다"고 역설한 이유다. 염파와 백기 등 전국시대의 명장들은 하나같이 배신이 난무하는 전국시대의 난세상황에서 오합술을 제대로 구사하지 못해 결국 유종의 미를 거두지 못했다. 「오합」에서 사물이 변화하는 결정적인 시기時機를 좇아 천시天時의 합당한 흐름을 읽어야만 자신이 택한 최후의 결단으로 인해 회의하는 일이 없게 된다고 역설한 이유다. 난세의 신중한 '택주이사' 행보를 주문한 것이다.

제7편 췌정 |揣情| 전체 국면과 속셈을 읽어라

「췌정」은 상대방의 심사를 정확히 헤아리는 게 목적이다. 천하 대세에 대한 정확한 통찰이 필요하다. 시세時勢만큼 사람의 심기를 좌우하는 외부요인도 없기 때문이다. 천하대사를 훤히 꿰면 상관은 물론 제왕을 비롯한 그 누구라도 쉽게 만날 수 있다. 주의할 것은 아무리 췌정술에 능할지라도 상대의 마음을 속속들이 알 수는 없다는 점이다. 사람은 자신조차 자신의 속마음을 바닥까지 헤아리지 못하는 존재이다. 그만큼 가변적이다. 사람의 속마음을 일정 수준 이상으로 깊이 파고드는 것 자체가 불가능하다. "열 길 물속은 알 수 있어도 한 길 사람의 속은 모른다"는 우리말 속담이 이를 웅변한다. 나머지는 추정할 수밖에 없다. 췌정술은 바로 이를 언급한 것이다. 미루어 짐작하거나 요량한다는 췌탁揣度의 뜻인 '췌'를 사용한 이유다. 사전에 반드시 상대방의 취향과 욕망, 현황, 능력 등 여러 요소를 종합적으로 파악하고 있어야 한다. 그래야 췌탁의 정확도를 높일 수 있다. 정보의 질이 낮으면 췌탁도 수준이 떨어질 수밖에 없고, 그 경우 효과적인 계책을 마련하기가 어렵다.

7-1

古之善用天下者，必量天下之權，而揣諸侯之情. 量權不審，不知强弱輕重之稱. 揣情不審，不知隱匿變化之動靜.

옛날 천하를 대상으로 뛰어난 유세를 편 사람은 반드시 먼저 해당 국가의 국력과 천하의 권력관계를 살피는 양권量權과 각국 제후들의 심리를 미뤄 헤아리는 췌정揣情을 행했다. 국력과 권력관계 파악이 주밀하지 못하면 열국 가운데 누가 강대하고 누가 약소한지 여부를 제대로 알 길이 없다. 제후들의 심리 파악이 주밀하지 못하면 열국 군주가 내심 은밀히 추진하는 바가 무엇인지, 밖에서 일어나는 일에 어떻게 반응하는지 등에 관해 알 길이 없다.

췌정揣情의 췌揣는 미뤄 짐작하는 췌탁揣度, 정情은 속사정을 의미하는 실정實情의 뜻이다. 지금은 편목의 명칭이 「췌」이나 『태평어람』 권 462의 인용문에는 「췌정」으로 되어 있다. 이게 맞다. 「췌정」은 『귀곡자』의 요체를 담고 있다. 뒤에 나오는 「마의摩意」와 「양권量權」, 「모려謀慮」, 「결물決物」 모두 「췌정」에서 언급한 '상대의 속사정을 헤아리는 비책'의 구체적인 방안을 언급한 것이다. 「췌정」이 총론에 해당하는 셈이다. 양권불심量權不審의 '양권'은 비교한다는 뜻의 형량衡量과 같다. 권權과 형衡 모두 저울을 뜻한다.

7-2

何謂量權? 曰, 度於大小, 謀於衆寡, 稱貨財有無之數, 料人民多少, 饒乏有餘不足幾何. 辨地形之險易, 孰利孰害. 謀慮孰長孰短. 揆君臣之親疏, 孰賢孰不肖. 與賓客之智慧, 孰多孰少. 觀天時之禍福, 孰吉孰凶. 諸侯之交, 孰用孰不用. 百姓之心, 去就變化, 孰安孰危, 孰好孰憎. 反側孰辯, 能知此者, 是謂量權.

국력과 권력관계를 잰다는 양권量權은 구체적으로 무엇을 말하는 것인가? 이같이 답할 수 있다.

"영토의 크기를 계산하고, 책사의 중과衆寡를 고려하고, 산물과 재화의 수량을 저울질하고, 인구의 다소를 헤아리고, 풍요와 궁핍 내지 여유와 부족 사이의 규모와 차이가 얼마나 되는지 등을 파악한다. 지형의 험이險易가 누구에게 유리하고 불리한지 분별하고, 책사들 내에서 멀리 내다보는 전략에 강하고 누가 눈앞의 전술에 강한지 등을 안다. 군신간의 친소 관계를 헤아려 누가 지혜롭고 누가 불초한지 살핀다. 상대국 빈객의 지혜가 어느 정도인지 파악한다. 천상의 변화를 살피며 누가 길하고 흉한지 여부를 살핀다. 제후들의 교류를 주시하며 이를 토대로 어느 것을 이용하고 이용하지 않을지 여부를 결정한다. 민심의 흐름이 누구를 좇고 누구를 배척하는지 살피고, 무엇을 안정되게 생각하고 무엇을 위태롭게 생각하는지 관찰하고, 누구를 좋아하고 누구를 미워하는지 살핀다. 여러 방면에서 이런 식의 접근방법으로 그 내막을 면밀히 관찰하면 어떻게 대응하는 것이 가장 유리한지 여부를 금방 알 수 있다. 이를 일컬어 상대의 속사정을 헤아리는 '양권'이라고 한다."

탁어대소度於大小의 탁度은 남의 마음을 미뤄 짐작한다는 촌탁忖度의 뜻이다. 규군신지친소揆君臣之親疏의 규揆 역시 헤아린다는 뜻으로 상량商量과 같다. 여빈객지지혜與賓客之智慧의 여與는 예측할 예預와 통한다. 반측숙변反側孰辨의 반측反側은 뒤집어서 반복해 오간다는 뜻으로 곧 다각적인 측면에서 검토한다는 의미이다. 숙변孰辨의 숙孰은 숙련할 숙熟의 가차이고, 변辯은 변별할 변辨과 통한다.

7-3

揣情者? 必以其甚喜之時, 往而極其欲也, 其有欲也, 不能隱其情. 必以其甚懼之時, 往而極其惡也, 其有惡者, 不能隱其情. 情欲必出其變. 感動而不知其變者, 乃且錯其人勿與語, 而更問其所親, 知其所安. 夫情變於內者, 形見於外, 故常必以其者而知其隱者, 此所以謂測深揣情.

제후들의 심리를 헤아린다는 췌정揣情은 구체적으로 무엇을 말하는 것인가? 이같이 말할 수 있다.

"상대가 매우 기뻐할 때는 곁으로 다가가 그의 욕망을 극도로 부채질한다. 욕망이 있으면 속마음을 숨길 길이 없다. 상대가 크게 두려워할 때는 곁으로 다가가 그의 두려움과 증오를 극도로 자극한다. 두려움과 증오가 있으면 속마음을 숨길 길이 없다. 내면의 정서와 욕망은 반드시 그에 상응하는 변화양상을 겉으로 드러내게 된다. 자극을 주어 동요시켰는데도 감정변화를 드러내지 않는 자는 일단 옆으로 제켜둔 채 말하지 않고, 그와 친한 자에게 물어 그가 무엇에 골몰해 있는지를 파악한다. 무릇 내면에서 감정이 변하면 겉으로 그 변화양상이 드러나기 마련이다. 늘 드러난 것을 통해 감춰진 것을 알아내는 이유다. 이를 두고 깊이 숨겨진 것을 헤아리며 내면의 속사정을 파악하는 소위 측심췌정測深揣情이라고 한다."

정욕필출기변情欲必出其變을 두고 도홍경은 풀이하기를, "무릇 인성이란 크게 기쁘면 욕망하는 바가 겉으로 드러나고, 크게 두려우면 꺼리는 바가 현저하게 나타난다. 이런 상황에서는 속마음을 감출 길이 없다. 정욕이 기뻐하고 두려워하는 정서의 변화에서 빚어지는 이유다"라고 했다. 감동感動은 상대의 정감情感을 동요시키는 것을 뜻한다. 조기인錯其人의 조錯는 조치할 조措와 통한다. 측심췌정測深揣情을 두고 도홍경은 겉으로 드러나는 안색 등을 통해 속마음을 짐작하는 관색지정觀色知情으로 풀이했다.

7-4

故計國事者, 則當審權量. 說人主, 則當審揣情. 謀慮情欲, 必出於此. 乃可貴, 乃可賤, 乃可重, 乃可輕, 乃可利, 乃可害, 乃可成, 乃可敗, 其數一也. 故雖有先王之道, 聖智之謀, 非揣情隱匿, 無可索之. 此謀之大本也, 而說之法也.

국가대사에 관한 계책을 낼 때는 응당 양권量權을 통해 해당 국가의 국력을 세심히 살피고, 군주에게 유세할 때는 응당 췌정揣情을 통해 군주의 속마음을 세심히 살펴야 한다. 모든 계책과 판단은 바로 '양권췌정'에서 나온다. '양권췌정'의 수준에 따라 귀하게 되거나 천하게 되기도 하고, 존중을 받거나 경시당하기도 하고, 이익을 얻거나 해를 입기도 하고, 성공하거나 실패하기도 한다. 기본 술수는 모두 같다. 선왕의 도와 성인의 계책을 갖고 있을지라도 '양권췌정'이 없으면 은밀히 감춰진 의도를 찾아낼 길이 없다. 이것이 계책의 근본이고 유세의 법칙이다.

담심권량當審權量의 권량權量은 국가의 종합적인 국력을 평가한다는 뜻이고, 당심체정當審揣情의 '췌정'은 군주의 속마음을 미뤄 짐작한다는 뜻이다. 군주에게 유세할 때의 대전제를 언급한 것이다. 기수일야其數一也를 도홍경은 췌정술로 해석했다. 수數는 술책을 말한다.

7-5

常有事於人, 人莫能先, 先事而生, 此最難爲. 故曰, 揣情最難守司. 言必時其謀慮. 故觀蜎飛蠕動, 無不有利害, 可以生事. 美生事者, 幾之勢也. 此揣情飾言成文章, 而後論之也.

다른 사람에게 췌정술을 구사할 경우 그 누구도 이를 능가할 수 없다. 다른 사람이 일에 손을 대기도 전에 모든 실정을 파악하는 게 관건이다. 이것이 췌정술을 구사할 때 가장 어려운 일이기도 하다. 그래서 말하기를, "췌정술이야말로 가장 행하기 어렵다. 유세할 때는 반드시 상대의 움직임에 따라 수시로 계책을 달리하며 세심히 응대해야 한다"고 하는 것이다.

작은 벌레가 날거나 꿈틀거리는 것을 살피면 하찮은 벌레조차 이로움과 해로움을 따라 움직이는 것을 알 수 있다. 모든 사단事端이 여기서 일어난다. 커다란 사단도 왕왕 아주 작은 기미機微에서 비롯되는 것이다. 췌정술은 말을 잘 꾸민 뒤 완성된 문장으로 유세해야 소기의 성과를 거둘 수 있다.

최난위最難爲는 양권술을 췌정술의 일환으로 간주해 표현한 것이다. 최난수사最難守司도 같은 의미이다. 수사守司는 파악把握의 뜻이다. 연비연동蜎飛蠕動은 작은 벌레가 날거나 기어가는 것을 지칭한 것이다. 연蜎은 모기의 유충인 장구벌레를 말한다. 연蠕은 기어간다는 뜻으로 꿈틀거린다는 뜻의 준동蠢動의 의미로 사용될 때는 '유'로 읽는다. 기지세幾之勢의 기幾는 작은 조짐을 뜻하는 기미機微를 말한다. 체정식언성문장揣情飾言成文章은 유세의 순서를 언급한 것이다. 췌정, 식언, 성문장을 차례로 행하는 게 그렇다. 도홍경은 풀이하기를, '췌정을 행한 후에 언어를 수식해 유세한다. 이때 반드시 문장을 만들어야만 유세 대상을 놓고 논할 수 있다'고 했다. 문장文章은 문사文辭 내지 세사說辭로 곧 유세의 내용을 말한다.

상앙과 진효공

상앙의 생장배경 등과 관련한 사적은 거의 알려진 게 없다. 오직 『사기』「상군열전」의 짧은 기록만 있을 뿐이다. 위衛나라의 서얼 출신 공자로 이름은 공손앙公孫鞅이었고, 어렸을 때 법가사상의 뿌리를 이루고 있는 형명학刑名學을 즐겨 익혔다는 게 기록의 전부이다. '공손'은 그가 귀족의 후예임을 시사한다. 이후 위魏나라로 가 활약할 당시에는 위앙衛鞅으로 불렸다. 위나라 출신인 점을 감안한 호칭이었다. '상앙'의 호칭은 그가 훗날 진효공 밑에서 대공을 세워 상어商於 땅을 하사받은 데서 나온 것이다. 대다수 사서는 그의 이름을 '상앙'으로 기록해 놓았다.

전목錢穆은 『선진제자계년고변先秦諸子繫年考辨』「상앙고」에서 상앙이 기원전 390년에 태어났을 것으로 추정했다. 그러나 이 또한 추정에 불과하다. 그나마 믿을 만한 것은 위나라와 진나라로 가 유세를 하며 법가의 행보를 보인 이후이다.

진효공과 상앙의 만남은 마치 춘추시대 첫 패업을 이룬 제환공과 관중의 만남에 비유할 만하다. 제나라가 관중과 제환공의 만남을 계기로 춘추시대 최초의 패권국이 되었듯이 진나라 역시 두 사람의 만남을 계기로 서쪽의 변방에서 일약 최강국으로 부상했기 때문이다. 이후 진나라의 위상은 진시황이 천하통일을 이룰 때까지 조금도 변함이 없었다.

원래 진나라 도성은 진효공이 재위 12년(기원전 350)에 상앙의 변법을 채택해 지금의 섬서성 함양현咸陽縣으로 천도하기 전까지만 해도 지금의 섬서성 봉상현인 옹성雍城에 있었다. 진나라 선조의 무덤이 이곳에 있다. 「상군열전」은 진효공 때 옹성에서 함양성으로 천도한 것으로 기록해 놓았다. 그러나 진헌공秦獻公 2년(기원전 366)에 이미 옹성에서 지금의 섬서성 약양櫟陽으로 천도한 까닭에 실제로는 약양에서 함양으로 천도한 것이다.

진나라는 함양으로 천도한 비약적인 발전을 거듭했다. 진효공의 뒤를 이어 보위에 오른 진혜문왕秦惠文王은 상앙을 제거한 뒤 재위 13년 되던 해인 기원전 325년에 사상 처음으로 왕을 칭했다. 이로부터 1백년 뒤인 진시황 26년(기원전 221), 마침내 효산 이동의 산동 6국을 병탄해 사상 최초로 천하를 통일하는 위업을 이뤘다. 중국의 전 역사를 통틀어 거의 유일하면서도 가장 뛰어난 변혁으로 평가받는 상앙의 변법을 철저히 시행한 덕분이다.

진효공과 상앙의 만남은 진헌공 2년으로 거슬러 올라간다. 당시 위혜왕이 한장후韓章侯와 만나 주왕실을 없앤 뒤 영토를 반씩 나눠 갖기로 합의했다. 대경실색한 주현왕이 곧바로 진나라에 도움을 청했다. 당시 진효공의 부친인 진헌공은 동진을 꾀하다가 3진의 반격으로 좌절당한 후 활로를 모색하기 위해 부심하고 있었다. 진헌공 4년(기원전

364), 진나라 군사가 한나라와 위나라 연합군을 지금의 섬서성 한중현인 석문石門에서 격파하고 6만 명을 참수하는 대공을 세웠다. 주현왕이 크게 기뻐하며 진헌공에게 도끼 등의 무늬가 있는 예복인 보불지복黼黻之服을 내려주었다. 천하의 패자로 공식 승인한 것이다.

진헌공 6년(기원전 362), 한나라와 조나라가 위나라에 선제공격을 가했다. 위혜왕은 곧 상국으로 있는 공숙좌公叔痤를 보내 이들을 영격했다. 공숙좌는 지금의 산서성 익성현인 회수澮水 북쪽에서 연합군을 격파하고 조나라 장수까지 포로로 잡았다. 위혜왕이 친히 교외까지 나와 공숙좌를 영접하면서 1백만 전田을 상으로 내렸다. 공숙좌가 사양했다.

"무릇 병사들로 하여금 모든 어려움을 극복하는 자세로 싸움에 임하게 할 수 있었던 것은 『오자병법』의 가르침을 그대로 따랐기 때문입니다. 사전에 지형을 살피고 득실이해를 따져 치밀하게 대비하고 병사들로 하여금 미혹되지 않게 만든 것은 용사 파녕과 흔양의 공입니다. 신이 무슨 공을 세웠겠습니까."

위혜왕이 곧 오기의 후손을 찾아내 20만 전을 상으로 내리고 병사 파녕과 흔양에게는 각각 10만 전을 내렸다. 이어 전공을 부하들에 돌린 공숙좌에게는 40만 전을 더해 모두 140만 전을 상으로 내렸다. 당시 진헌공은 공숙좌가 대군을 이끌고 가 한조 연합군과 격돌하는 틈을 타 좌우에 명해 위나라 변경을 치게 했다. 3진이 서로 다투다가 피폐해진 틈을 노린 것이다.

그럼에도 위혜왕은 이를 크게 개의치 않았다. 공숙좌를 과신한 탓이다. 공숙좌가 대군을 이끌고 영격에 나서 지금의 섬서성 한성현인 소량小梁에서 격돌했다. 이번에는 위나라의 참패로 끝났다. 위나라 군사는 격전을 치른 탓에 크게 피폐해 있었다. 차분히 준비해 온 진나라 군사의 적수가 되지 못했다. 결국 '소량 싸움'에서 위나라 군사는 대패하고 공숙좌도 포로로 잡히게 됐다.

공교롭게도 이해에 진헌공이 병사했다. 그의 아들 거량渠梁이 뒤를 이어 즉위했다. 그가 바로 진나라를 천하 제일의 강대국으로 만든 진효공이다. 당시 그의 나이는 21세였다. 진나라 군사는 공숙좌를 석방하고 곧바로 철군했다. 진효공은 내심 진나라가 중원의 제후국에 끼지 못하는 사실에 커다란 불만을 품고 있었다. 그는 이듬해인 즉위 원년(기원전 361), 천하의 인재를 구하는 구현령求賢令을 내렸다.

"옛날 선군 진목공은 덕을 닦고 무력을 길러 동쪽으로 중원 진晉나라의 내란을 평정하고 황하를 경계로 삼았다. 또한 서쪽으로는 융적을 제압하고 땅을 1천 리나 더 넓혔다. 천자가 우리에게 방백方伯의 칭호를 내리자 제후들이 모두 축하했다. 후대를 위해 기업基業을 개창한 것이 참으로 빛나고 아름다웠다. 그러나 불행히도 몇 대 동안 정국이 불안정하고 국내에 우환이 있어 밖의 일을 처리할 여가가 없었다. 3진이 이 틈을 노려 하서河西를 빼앗았다. 이보다 더 큰 치욕은 없다. 선군 진헌공이 즉위한 후 도성을 역양으로 옮기고 동쪽으로 진출함으로써 진목공 때의 고지를 회복하고 당시의 정령을 실행하고자 했다. 과인은 실지를 회복하고 정령의 본의를 밝게 드러내고자 하나 늘 부끄럽고 비통한 생각뿐이다. 빈객과 군신들 중 기이한 계책을 내어 진나라를 부강하게 할 수 있는 사람이 있으면 나에게 오라. 내가 그에게 관작을 내리고 땅도 나눠줄 것이다."

진효공은 일종의 구인광고를 천하에 반포한 것이다. 진나라를 부강한 나라로 만들고자 한 진혜공의 의지는 확고했다. 진효공의 구현령이 포고되자 천하의 인재들이 구름처럼 몰려들었다.

진효공이 구현령을 포고할 당시 위나라 상국 공숙좌는 문득 병이 나 자리에 누워 있었다. 위혜왕이 문병 차 찾아와 눈물을 흘리며 물었다.

"그대가 혹여 다시 일어나지 못한다면 장차 누구에게 국사를 맡겨야 좋겠소?"

"저에게 중서자中庶子 공손앙이 있습니다. 그는 비록 나이는 어리나 천하의 기재입니다. 원컨대 군왕은 그에게 국가대사를 맡겨 처리하도록 하십시오."

중서자는 대부의 집사를 말한다. 『사기』와 『자치통감』은 '중서자'로 기록해 놓았으나 『전국책』「위책」에는 어서자御庶子로 되어 있다. 가신의 우두머리를 말한다. 같은 말이다. 당시 위혜왕은 아무 말도 하지 않았다. 상앙이 어떤 인물인지 자세히 알 길이 없었기 때문이다.

『사기』「상군열전」에 따르면 당초 그는 위魏나라로 가 위나라 상국 전문田文을 만나고자 했다. 전문은 소위 '전국사군자戰國四君子'로 활약한 제나라 상국 맹상군과 동명이인이다. 공교롭게도 그가 위나라로 갔을 때 전문은 이미 죽고 없었다. 상앙은 뒤를 이어 위나라 상국이 된 공숙좌 휘하로 들어갔다. 공숙좌는 상앙을 만나 몇 마디 말을 나누고는 그가 천하의 기재奇才인 것을 알고 곧 속관인 중서자로 삼았다. 이는 공족들을 다스리는 일을 맡은 직책이다.

당시 공숙좌는 큰일이 있을 때마다 반드시 상앙과 상의했다. 모든 일이 상앙이 말한 바대로 이뤄졌다. 그러나 공숙좌는 상앙을 위혜왕에게 적극 천거하지 않고 자신의 휘하에만 두고 그의 지략을 활용했다. 위혜왕이 상앙이라는 인물에 대해 전혀 알지 못했던 것도 무리가 아니다. 당시 공숙좌는 위혜왕이 아무 대답도 하지 않자 다시 이같이 간했다.

"만일 그를 채용치 않을 생각이면 반드시 그를 죽여 국경을 넘지 못하게 해야 합니다."

위혜왕이 마지못해 대답했다.

"그리하도록 하겠소."

위혜왕은 수레를 타고 궁으로 돌아오면서 시종에게 말했다.

"공숙좌의 병이 매우 심하다. 참으로 슬픈 일이다. 과인에게 국사를 공손앙에게 맡기라고 부탁하고는 다시 그를 죽이라고 권하니 이 어찌 사리에 어긋나는 일이 아니겠는가?"

공숙좌는 위혜왕이 환궁할 당시 병상 곁으로 상앙을 불렀다.

"나는 위나라의 신하로 먼저 위왕을 생각할 수밖에 없다. 그래서 쓰지 않을 양이면 그대를 죽이라고 한 것이다. 내가 보건대 위왕은 그대를 쓸 것 같지 않다. 속히 달아나도록 하라."

상앙이 태연히 말했다.

"위왕이 천거하는 말을 듣고도 저를 임용하지 않았는데 어찌 저를 죽일 리 있겠습니까?"

그러고는 끝내 달아나지 않았다. 이때 상앙과 가까운 위나라 공자 앙卬도 누차 진언했으나 위혜왕은 끝내 듣지 않았다. 얼마 후 공숙좌가 죽자 이내 서쪽 진나라로 갔다. 그는 진효공이 '구현령'을 내려 천하의 인재를 구하고 있다는 사실을 이미 알고 있었다. 이를 두고 사마광은 『자치통감』에서 이같이 평해놓았다.

"진나라는 진효공이 상앙을 맞아들인 이후 날로 강해지고 위나라는 날로 영토가 줄어들게 되었다. 이는 공숙좌가 어리석었기 때문이 아니라 위혜왕이 어리석었기 때문이다. 어리석은 자의 가장 큰 우환은 실로 어리석지 않은 자를 어리석은 자로 여기는 데 있다."

사마광은 공숙좌의 잘못은 제쳐놓은 채 위혜왕에게 모든 책임을 뒤집어씌운 셈이다. 이는 지나쳤다. 상앙과 같이 뛰어난 인물이 있었다는 사실을 위혜왕에게 적극 알려 중용토록 하지 못한 것은 공숙좌의 잘못이다. 진나라에 당도한 상앙은 먼저 진효공의 총신인 대부 경감景監을 찾아갔다. 경감도 상앙이 뛰어난 인물이라는 것을 곧바로 알아챘다. 이내 궁궐로 들어가 진효공에게 상앙을 천거했다. 목마른 사람처럼 천하의 기재를 구하는 데 갈증을 느끼고 있던 진효공이 크게 기뻐하며 즉시 상앙을 불렀다. 인사를 나누자마자 곧바로 치국평천하의 방략을 물었다.

「상군열전」에 따르면 상앙은 먼저 최상의 치도인 도가의 제도帝道부터 얘기했다. 진효공은 상앙의 말이 다 끝나기도 전에 꾸벅꾸벅 졸기 시작했다. 이튿날 경감이 궁궐로 들어가자 진효공이 힐난했다.

"그대가 천거한 사람은 쓸데없는 말만 하는 사람이오. 어찌하여 과인에게 그러한 사람을 천거한 것이오?"

경감이 집으로 돌아와 상앙에게 물었다.

"내가 군주에게 선생을 천거했는데 어찌하여 쓸데없는 얘기만 한 것이오?"

상앙이 대답했다.

"나는 '제도'를 설명했으나 군주는 그 뜻을 못 알아들었습니다. 청컨대 다시 한 번 군주를 배견하게 해주십시오."

'제도'는 태평천하에서 구사할 수 있는 치도이다. 난세의 시기에 보위에 올라 3진에게 잃어버린 땅을 되찾고 동쪽으로 진출해 중원의 패권을 차지하고자 한 진효공에는 아무 소용이 없었다. 실제로 당시 상황에서 '제도'의 이치를 통찰할 수 있는 군주는 거의 전무했다. 설령 진효공이 이를 이해하고 있었다 할지라도 그는 심정적으로 매우 조급했다.

닷새 뒤 경감의 주선으로 상앙이 다시 진효공을 배견하게 되었다. 이번에는 상나라 탕왕과 주나라 무왕이 덕으로써 민심을 수습해 나라를 세운 왕도王道를 자세히 설명했다. '제도'를 얘기할 때보다는 진효공의 반응이 훨씬 나아졌으나 그는 시종 시무룩한 표정을 떨치지 않았다. 상앙이 물러나오자 경감이 물었다.

"오늘은 무슨 말씀을 드렸소?"

"이번에는 왕도를 설명했습니다. 그러나 군주는 그 뜻을 못 알아들었습니다. 군주는 왕도가 마음에 들지 않는 듯합니다."

진효공의 입장에서 볼 때 '왕도' 또한 '제도'와 마찬가지로 비현실적인 방안이었다. 실제로 전국시대 중기에 왕도를 행하는 것은 자칫 송양지인宋襄之仁의 우를 범할 소지가 컸다. 더구나 마음이 바쁜 진효공이 왕도에 시큰둥한 반응을 보인 것은 당연했다. 경감이 힐난하자 상앙이 다시 한 번 청했다.

"이제는 군주가 무엇을 좋아하는지 알았으니 한 번만 더 만나게 해주십시오. 이번에는 패도覇道를 논해 틀림없이 군주의 뜻에 맞출 것입니다."

상앙이 경감의 주선으로 다시 진효공을 만날 수 있었다. 그가 패도를 자세히 설명해 주었다.

"옛날 관중은 제나라 상국이 되어 군령으로 정치를 했습니다. 당시 백성들은 크게 반발했으나 제나라가 크게 다스려지고 제후들이 순종하자 비로소 관중이 자신들을 위한 큰 계책을 세웠다는 사실을 깨닫게 되었습니다. 무릇 패도의 길은 이처럼 처음에는 민심과 역행할 수밖에 없습니다. 이는 주어진 상황이 제도와 왕도를 허용치 않기 때문에 불가피한 것이기도 합니다. 제도와 왕도는 가히 태평성세에는 쓸 수 있습니다. 그러나 난세에는 치도의 지극한 이치를 터득하기 전에는 함부로 쓸 수 없는 것이기도 합니다."

진효공이 고개를 끄덕이기는 했으나 상앙을 채용할 뜻을 밝히지는 않았다. 상앙이 밖으로 나가자 진효공이 경감에게 말했다.

"그대의 빈객은 매우 뛰어난 인물이오. 가히 더불어 얘기할 만하오."

경감이 상앙에게 이 말을 전하자 상앙이 말했다.

"제가 이번에는 패도를 논하자 군주는 이를 적극 수용할 기색을 보였습니다. 다음에는 분명히 먼저 저를 부를 것입니다."

과연 얼마 후 진효공이 상앙을 다시 불렀다. 진효공이 공손한 태도로 청했다.

"그대에게 진실로 관중과 같은 재주가 있다면 과인은 그대에게 국사를 모두 맡길 것이오. 그러나 패업을 성취하는 길이 무엇인지 정확히 알 길이 없으니 다시 한 번 자세히 말해주시오."

상앙이 대답했다.

"나라 재정이 튼튼해야 비로소 군사를 쓸 수 있습니다. 또 군사를 쓸지라도 군사가 강해야만 적을 무찌를 수 있습니다. 나라 재정을 튼튼히 하려면 증산에 온 힘을 기울여야 합니다. 군사를 강하게 하려면 후한 상을 내걸고 장병들을 독려해야 합니다. 백성들에게 나라가 추구하는 바를 정확히 일러 주고 상벌을 분명히 해야 합니다. 그래야만 정령이 차질 없이 시행되어 재정을 튼튼히 하고 강군을 육성할 수 있는 것입니다. 그러고도 부강하지 않은 나라를 신은 일찍이 보지 못했습니다."

"옳은 말이오. 과인은 감히 그대의 말을 좇도록 하겠소."

상앙이 이어 말했다.

"무릇 부강하고자 하면 반드시 먼저 그 일에 적합한 사람을 얻어야 합니다. 비록 적임자를 얻었을지라도 오로지 그에게 모든 일을 맡겨야 합니다. 비록 모든 일을 맡겼을지라도 좌우의 참언에 귀를 기울여서는 안 되고 전적으로 그를 신뢰해야만 합니다."

"그리하도록 하겠소."

「상군열전」은 이후 두 사람의 문답이 사흘 동안 계속되었으나 진효공이 조금도 피로한 기색을 보이지 않았다고 기록해 놓았다. 제환공이 관중을 만나 천하경영의 방략을 들을 때의 모습과 사뭇 닮았다. 당시 상앙이 사흘 만에 궁에서 나오자 경감이 상앙의 소매를 잡으며 물었다.

"그대는 무슨 재주가 있어 군주의 마음을 사로잡은 것이오? 군주가 그토록 기뻐하는 모습은 일찍이 본 적이 없소."

상앙이 대답했다.

"제가 군주를 만나 제도와 왕도, 패도를 차례로 언급했습니다. 그러자 군주가 말하기를, '그것은 시간이 너무 오래 걸리는 데다 과인이 좇아 할 수도 없소'라고 했습니다. 그래서 제가 부강한 나라가 될 수 있는 강도彊道를 얘기하자 군주가 마침내 크게 기뻐한 것입니다."

강도는 무력으로 상대방을 제압하는 병가의 치도이다. 병가와 법가 사상이 만나는 지점이기도 하다. 그게 바로 부국강병이다. 상앙의 변법이 일하며 싸우는 이른바 농전農戰에 맞춰진 배경이 여기에 있다.

이는 실지를 회복하고 동쪽으로 진출하고자 한 진효공의 의중과 정확히 맞아떨어졌다. 상앙으로부터 '강도'의 방략을 자세히 전해들은 진효공은 곧바로 상앙을 참모로 삼았다. 당시 상앙의 유세가 진효공에게 먹힐 수 있었던 것은 「췌정」의 다음 구절을 충실히 좇은 결과로 볼 수 있다.

"국가대사에 관한 계책을 낼 때는 응당 양권量權을 통해 해당 국가의 국력을 세심히 살피고, 군주에게 유세할 때는 응당 췌정揣情을 통해 군주의 속마음을 세심히 살펴야 한다. 모든 계책과 판단은 바로 '양권췌정'에서 나온다. 선왕의 도와 성인의 계책을 갖고 있을지라도 '양권췌정'이 없으면 은밀히 감춰진 의도를 찾아낼 길이 없다. 이것이 계책의 근본이고 유세의 법칙이다."

상앙이 행한 두 차례의 대대적인 변법이 성공리에 시행된 것도 이런 맥락에서 이해할 수 있다. 부국강병을 추구한 진효공의 속셈과 정확히 맞아떨어졌기 때문이다.

변법과 췌정술

당시 상앙이 볼 때 진나라는 대대적인 혁신을 하지 않고는 중원 진출은커녕 이내 3진의 먹이가 되기 십상이었다. 현상유지를 꾀하는 세족들의 뿌리가 그만큼 깊었다. 그가 진효공을 보필한 지 2년이 되는 해인 진효공 3년(기원전 359)에 비로소 변법을 시행하게 된 이유다. 그가 마련한 변법은 세족은 물론 일반 백성들도 크게 반발할 수밖에 없는 내용으로 구성돼 있었다. 자칫 시행도 해보기 전에 좌절할 위험성이 컸다. 상앙도 이를 잘 알고 있었다. 군주의 강력한 추진력이 뒷받침되지 않으면 실시하지 않는 것만도 못했다. 그는 이를 시행하기 직전 먼저 진효공을 만났다. 결국 진효공이 상앙의 손을 들어주었다. 당시의 일화가 상앙의 저서로 알려진 『상군서商君書』 「경법更法」에 자세히 소개돼 있다. 「경법」은 황무지 개간이 제1차 변법 때 진행된 것처럼 기록해 놓았으나 사실 이는 제2차 변법 때 시행된 것이다. 후대인이 『사기』 등을 참조해 「경법」을 편제할 때 이를 착각한 것으로 짐작된다.

이때 상앙은 곧바로 좌서장左庶長으로 승진했다. 이는 열국의 상경上卿에 해당하는 고관직이다. 변법을 성공적으로 실시하기 위한 진효공의 의중이 반영된 결과였다. 세족들을 제압하는 일은 진효공이 떠맡을 수밖에 없었다. 그가 곧 군신들을 모아놓고 이같이 분부했다.

"앞으로 나라의 모든 정사는 좌서장의 명대로 시행할 것이다. 명을 어기는 자가 있으면 추호도 용서치 않을 것이다!"

주목할 것은 상앙이 변법을 시행하기 전에 법령집행에 대한 백성들의 믿음을 확고히 한 점이다. 사실 백성들이 조정의 정령을 믿지 않으면 아무 소용이 없다. 이와 관련한 유명한 일화가 있다. 바로 남문사목南門徙木의 일화이다.

'중화제국'의 창업자 모택동은 생전에 제자백가 중 법가를 가장 숭상했다. 그의 글 중 최초의 것으로 통상 1917년 『신청년』에 발표한 「체육의 연구」로 알려져 왔다. 그러나 최근 중국공산당 문헌연구실에 따르면 호남성의 고등중학 재학시절인 1912년에 쓴 「상앙의 사목입신론徙木立信論」으로 밝혀졌다. 이는 '남문사목'의 일화를 토대로 법가사상의 특징을 논한 작품이다. 수천 년에 걸쳐 상앙의 '남문사목' 일화가 얼마나 널리 유포됐는지를 반증한다.

'남문사목' 일화에 따르면, 하루는 그가 도성의 남문에 3장丈 길이의 나무를 세운 뒤 그 옆에 이런 방을 붙였다.

"누구든지 이 나무를 북문으로 옮겨 세우는 자가 있으면 10 금의 상을 내릴 것이다."

이를 본 백성들이 고개를 갸웃거렸다.

"무슨 속뜻이 있는지 도무지 알 길이 없네. 아무튼 속지 않는 게 좋을 것일세."

아무도 그 나무를 북문으로 옮기려 하지 않았다. 며칠 후 상앙이 다시 분부했다.

"50금의 상을 주겠다고 다시 써서 내다 붙여라."

백성들이 더욱 의심했다. 이때 한 사람이 나서 말했다.

"우리 진나라는 자고로 많은 상을 주는 법이 없었다. 그런데 이런 포고문이 나붙었으니 필시 무슨 뜻이 있을 것이다. 비록 50금을 안 줄지라도 전혀 아무 상도 내리지 않을 리 않다. 설령 상을 안 줄지라도 벌을 내릴 리야 있겠는가!"

그러고는 나무를 뽑아 어깨에 메고 가 북문에 세웠다. 관원이 곧 이 사실을 보고하자 곧바로 50금을 상으로 주었다. 여기서 '남문사목'과 사목상금徙木賞金, 사목지신徙木之信, 이목지신移木之信 등의 성어가 나왔다. 모두 약속을 반드시 실천에 옮긴다는 뜻이다.

당시 '남문사목' 소문은 순식간에 급속히 퍼져나갔다. 백성들이 서로 말했다.

"좌서장은 명령만 내리면 꼭 실행하는 사람이다!"

'남문사목' 일화는 상앙이 이익을 좇는 인간의 호리지성을 정확히 통찰하고 있었음을 방증한다. 「췌정」의 관점에서 보면 그는 다음 구절을 충실히 좇은 셈이다.

"민심의 흐름이 누구를 좇고 누구를 배척하는지 살피고, 무엇을 안정되게 생각하고 무엇을 위태롭게 생각하는지 관찰하고, 누구를 좋아하고 누구를 미워하는지 살핀다."

민심의 흐름을 정확히 읽었다는 얘기다. 당시 진나라 백성들은 공족과 관원 등의 등살에 힘겨워하며 크게 착취를 당하고 있었다. 관령官令을 믿지 않은 이유다. 이런 상황에서 변법을 시행한들 제대로 주효할 리 없다. 그가 '남문사목'을 통해 민신民信을 확보한 것은 바로 이 때문이다.

당시 상앙은 '남문사목'으로 백성들의 신뢰를 확보한 뒤 곧바로 새 법령을 선포했다. 백성들은 길거리에 나붙은 새 법령을 보고 모두 긴장했다. 상앙이 선포한 제1차 변법의 시행령은 크게 4가지였다. 첫째, 천도遷都에 관한 건이다. 진나라에서 가장 뛰어난 곳은 지금의 섬서성 서안인 함양咸陽 땅이니 도읍을 역성에서 함양 땅으로 옮긴다는 내용이었다.

둘째, 관작官爵에 관한 건이다. 전장에서 적의 머리를 하나 얻을 때마다 1계급씩 승진한다. 반면 후퇴하는 자는 즉시 참형에 처한다. 존비와 관작의 등급은 전공에 따라 정해지고, 각기 차등 있게 전택田宅과 노복, 의복을 사용한다. 전공을 세운 자는 벼슬에 따라 수레와 의복을 사치하게 차려도 금하지 않는다. 반면 전공이 없는 자는 아무리 부자일지라도 법에 의해 삼베옷을 입고 소를 타고 다녀야 한다. 아무리 종실일지라도 전공이 없을 시에는 모든 종친부에서 그 이름을 삭제하여 관작을 박탈한 뒤 생산업에 종사하게 한다. 개인적인 감정으로 싸우는 자는 이유 여하를 막론하고 모두 참형에 처한다.

셋째, 십오什伍에 관한 건이다. 5호를 오伍, 10호를 십什으로 조직해 상호 연대책임을 진다. 범법자를 고발하지 않을 시에는 10호를 모두 같은 죄로 다스려 허리를 자른다. 간적奸賊을 고발하는 자는 적의 수급을 벤 것과 같은 상을 받는다. 이를 어긴 자는 전쟁에서 적에게 항복한 자와 같은 벌을 받는다. 모든 역관驛館과 민가는 통행증이 없는 자를 재우면 법에 따라 처벌한다. 가족 내에 죄를 지은 자가 있으면 집안 식구 모두를 관가의 노비로 삼는다.

넷째, 준법遵法에 관한 건이다. 법령이 공포되는 날로부터 남녀노소와 상하귀천 할 것 없이 모두 이 법령을 준수해야만 한다. 만일 이를 어기는 자가 있으면 법에 따라 엄벌에 처한다는 내용이었다.

새 법령이 반포된 지 1년이 되자 진나라 도성의 백성들 중 새 법령이 불편하다고 말하는 자가 매우 많았다. 태자 사駟도 새 법령에 대해 불평을 털어놓았다. 그러던 중 문득 태자가 법을 위반하는 일이 생겼다. 이 얘기를 전해 들은 상앙은 단호히 대처했다.

"태자가 법을 지키지 않는다면 어찌 법을 시행할 수 있겠는가? 태자를 그대로 놓아두면 법을 어기는 것이 된다."

곧 진효공을 찾아가 이를 보고하며 처리방안을 제시했다. 진효공이 이를 승낙하자 이내 이같이 하령했다.

"태자의 죄는 그 스승들이 태자를 잘못 지도했기 때문이다. 태자의 스승 공자 건虔을 코를 베는 형벌인 의형劓刑에 처하고, 태자의 교관 공손 가賈를 얼굴에 먹을 뜨는 형벌인 묵형墨刑에 처하도록 하라."

이후로는 아무도 법령을 비판하는 자가 없게 되었다. 시간이 지나자 진나라 백성들 중에는 새 법령이 이내 편하다고 말하는 자가 나오게 되었다. 그러자 상앙이 이같이 하령했다.

"이 또한 법령을 어지럽히는 자들이다."

그러고는 새 법령에 대해 비판하는 자들은 물론 칭송하는 자들까지 모두 부중으로 잡아들이게 했다. 상앙이 이들을 크게 꾸짖었다.

"새 법령을 두고 불평한 자들은 법령을 어긴 것이고 칭송한 자들은 법령에 아부한 것이다. 모두 훌륭한 백성이라 할 수 없다. 모두 변경의 수졸戍卒로 보내도록 하라."

이로써 법령에 대해 언급하는 사람이 사라지게 되었다. 법령이 그만큼 엄정하면서도 공평하게 시행된 결과다. 일각에서 법가의 효시를 상앙으로 간주하는 것도 이와 무관치 않다. 『귀곡자』가 역설하는 췌정술의 관점에서 보면 이는 다음 구절을 충실히 좇은 결과로 볼 수 있다.

"상대가 크게 두려워할 때는 곁으로 다가가 그의 두려움과 증오를 극도로 자극한다. 내면의 정서와 욕망은 반드시 그에 상응하는 변화양상을 겉으로 드러내게 된다. 무릇 내면에서 감정이 변하면 겉으로 그 변화양상이 드러나기 마련이다. 늘 드러난 것을 통해 감춰진 것을 알아내는 이유다."

엄형에 대한 두려움을 자극한 게 엄법의 시행을 가능하게 한 셈이다. 실제로 사서는 상앙이 엄법을 가차없이 시행한 후 진나라에서는 백성들이 길가에 떨어진 물건을 줍지 않는 것은 물론 분에 넘치는 물건을 함부로 주고받지 않게 되었다고 기록해 놓았다. 관기官紀가 맑아진 것은 말할 것도 없다. 사마광은 이를 높이 평가했다. 『자치통감』의 해당 대목이다.

"신의가 없으면 백성을 부릴 수 없고, 백성을 부릴 수 없으면 나라를 지킬 수 없다. 그래서 옛 왕자王者는 천하를 속이지 않았고, 패자霸者도 이웃 제후국을 속이지 않은 것이다. 나라를 잘 다스리는 자는 그 백성을 속이지 않고, 한 집안을 잘 다스리는 자는 그 친속을 속이지 않는다."

『사기』「상군열전」에서 변법의 실시 이후 도둑이 사라지자 창고마다 곡식이 가득 차게 되었다고 한 것도 같은 맥락이다. 당시 상앙이 실시한 변법은 전면적이었다. 문자와 화폐, 도량형의 통일도 상앙 때 시도됐다. 진시황이 천하를 통일한 후 실시한 일련의 개혁은 상앙의 변법을 참조한 것이다. 봉건제를 중앙집권적인 군현제郡縣制로 바꾸고 인구를 대거 늘리기 위해 부모와 장성한 자식이 한 집에 살지 못하도록 조치한 것도 그의 머리에서 나온 것이다. 상앙의 변법은 매우 가혹하기는 했으나 10년쯤 지나자 소기의 성과가 나타나자 백성들이 변법을 자연스럽게 받아들였다. 상앙의 변법은 현재까지도 중국 역사상 가장 성공적인 개혁 중 하나로 손꼽힌다.

조선통신사와 왜란

상앙과는 정반대로 췌정술에 실패해 나라를 패망의 위기로 이끈 대표적인 사례로 왜란 직전에 일본을 방문한 조선통신사를 들 수 있다. 조선은 세종 때 맺은 계해약조癸亥約條를 근거로 왜의 무역 요구를 적당한 수준에서 들어주는 방식으로 왜구의 도발을 막아왔다. 그러나 16세기에 들어와 왜인의 무역 요구가 늘어나고 삼포三浦에 거주하는 왜인의 수가 늘어나자 이에 위협을 느낀 조선 정부가 그들에 대한 통제를 강화하고 나섰다. 이에 반발한 왜인들이 자주 소요를 일으켜 정국을 불안하게 만들었다. 가장 큰 사건으로는 중종 5년(1510)의 삼포왜란三浦倭亂과 명종 10년(1555)의 을묘왜변乙卯倭變을 들 수 있다.

조선 정부는 중종 때 임시기관으로 설치되어 있던 비변사備邊司를 상설화해 군국기무를 장악하게 하는 등 나름대로 대책을 세웠다. 그러나 선조 때 붕당이 형성되면서 붕당을 초월해 다루어야 할 국방문제가 당론의 차이로 인해 제대로 추진되지 못하는 위험스런 상황이 빚어졌다. 율곡이 생전에 '십만양병설'을 내세웠을 때 유성룡이 이를 평지풍파에 비유하며 적극 반대한 게 대표적인 사례다.

당시 1백 년간에 걸친 이른바 센고쿠 시대戰國時代를 마무리지은 도요토미는 다이묘大名의 힘을 밖으로 분출시켜 대륙과 한반도를 정복해 동아시아의 패자가 되려는 야욕을 품고 있었다. 자신의 꿈이 이루어지면 더욱 좋고, 이루어지지 못할지라도 다이묘들의 힘을 소진시켜 자신의 후계체제를 확고히 할 수 있었다. 다이묘들의 힘을 소진시키기 위해서라도 조선 침공은 결코 생략할 수 없었다. 단지 시기만이 문제일 뿐이었다. 조선도 이를 읽고 있었다. 『선조수정실록』 선조 24년(1591) 5월 1일자 기록이 이를 뒷받침한다.

"풍신수길이 정병 1백만 명을 훈련시키고 이들을 다섯 부대로 나누어 먼저 조선을 점거하고 곧바로 요동으로 쳐들어가 천하를 차지하고자 하는 큰 계책을 세웠다. 나라는 작은데 군사는 많아 내란을 막을 수 없을까 염려해서였다. 그들의 서계와 사신들이 와서 하는 말이 모두가 명나라로 쳐들어가는 것을 인도해달라는 말이었다."

그는 조선의 조정을 출입하는 승려 겐소玄蘇를 첩자로 삼아 조정의 내막을 자세히 파악하는 동시에 서양의 총포를 개량한 조총으로 병사들을 무장시켰다. 도요토미는 모든 준비를 마친 뒤 여러 차례에 걸쳐 조선과 왜가 사이좋게 지내기 위한 통신사 파견을 요구하며 조선을 압박하고 나섰다. 조선의 조정은 갑론을박 끝에 마침내 일본의 실정과 도요토미의 저의를 파악할 목적으로 통신사를 파견하기로 결정했다. 서인의 황윤길黃允吉이 정사, 동인의 김성일金誠一이 부사, 동인의 허성許筬이 서장관에 임명되었다. 이들은 10달 동안 일본에 머물며 나름 도요토미의 의중을 비롯해 적정敵情 파악에 노력했으나 그 결과는 극히 실망스러웠다. 췌정술을 제대로 발휘하지 못한 탓이다. 당시의 상황을 간략히 살펴보면 이를 단박에 알 수 있다.

조선 통신사 일행은 선조 23년(1590) 3월 일본을 향해 떠났다. 일행이 대마도에 도착했을 때 대마도주가 국본사國本寺에서 연회를 베풀었다. 당시 그는 가마를 탄 채 뜰아래까지 와서 통신사 일행을 노하게 만들었다. 발끈한 김성일이 이들의 거만함을 지적하면서 1달 가량 지체한 뒤 출발했다. 한 시가 급한 상황에서 하찮은 일로 시간을 지체한 것이다. 과연 적정을 탐색하고자 하는 의도가 있었는지 의심이 가는 대목이다.

이들은 이해 4월에야 도요토미가 머물고 있는 일본 오사카로 들어갔다. 당시 도요토미는 동쪽 정벌에 나선 상태였다. 이해 9월 초에 돌아왔으나 통신사 일행을 만나주지 않았다. 진을 빼겠다는 속셈이었을까? 이때 김성일은 또 섭정에 해당하는 간빠꾸關伯 도요토미에게 예를 표하는 절차를 놓고 황윤길과 대립했다. 도요토미는 일본의 국왕이 아니므로 왕과 동일한 예를 베풀 수 없다는 주장을 펼쳐 이를 관철시켰다. 명분이 실리를 이긴 것이다.

이는 큰 문제였다. 『귀곡자』가 역설했듯이 적장의 속셈을 알아내기 위해서는 반드시 비겸술을 구사해야 한다. 적장을 크게 띄워주어도 시원찮은 마당에 사소한 예절에 얽매여 대사를 그르친 셈이다. 그럼에도 21세기 현재까지 김성일을 두고 '시종 고고한 자세를 유지했다'는 식으로 묘사하고 있다. 과거의 잘못에서 아무런 교훈도 얻지 못한 꼴이다.

도요토미가 조선 통신사를 접견한 것은 이들이 일본에 도착한 지 3달이 지나서였다. 도요토미는 이들을 푸대접했다. 『선조수정실록』 선조 24년(1591) 3월 1일조는 통신사들의 평가를 토대로 도요토미 히데요시의 첫인상을 다음과 같이 묘사해 놓았다.

"도요토미 히데요시의 용모는 왜소하고 못생겼으며, 얼굴은 검고 주름져 원숭이 형상이었다. 눈은 쑥 들어갔으나 눈동자가 빛나 사람을 쏘아 보았는데, 사모紗帽와 흑포黑袍 차림으로 방석을 포개어 앉고 신하 몇 명이 배열하여 모시고 있었다. 사신이 좌석으로 나아가니, 연회준비는 전혀 해놓지 않았고, 앞에 탁자 하나를 놓고 그 위에 떡 한 접시를 놓았으며, 옹기 사발로 술을 치는데 술도 탁주였다. 세 순배를 돌리고 끝냈는데 수작酬酌하고 읍揖하며 절하는 예는 없었다. 얼마 후 도요토미 히데요시가 안으로 들어갔다. 자리에 있는 자들은 움직이지 아니하였다. 잠시 후에 간편복 차림으로 어린아이를 안고 나와서 당상에서 서성거리다가 조선 악공을 불러서 여러 음악을 성대하게 연주하도록 하였다. 음악을 듣다가 어린아이가 옷에다 오줌을 누었다. 도요토미가 웃으면서 시녀를 불러 아이를 건네주고 다른 옷으로 갈아입었다. 모두 태연자약하여 방약무인한 행동이었다. 사신 일행이 사례하고 나온 뒤에는 다시 만나지 못했다."

황윤길과 김성일은 숙소로 돌아와 도요토미 히데요시의 답서를 기다렸다. 드디어 답서가 왔다. 답서의 내용은 충격적이었다.

"사람의 한평생이 백 년을 넘지 못하는데 어찌 답답하게 이곳에만 오래 있을 수 있겠는가? 국가가 멀고 산하가 막혀 있는 것을 상관하지 않고 곧바로 뛰어서 명나라로 들어가 우리의 풍속을 4백여 년 만에 바꿔놓고 아름다운 제도를 억만 년에 이르도록 시행하고자 하는 게 나의 마음이다. 귀국이 선구가 되어 입조하면 가까운 근심이 사라지게 되는 게 아니겠는가? 내가 명나라로 들어가는 날 사졸을 거느리고 군영에 임하면 이웃으로서의 맹약을 더욱 굳게 할 것이다. 나의 소원은 다른 게 아니라 3국에 아름다운 명성을 떨치고자 하는 것일 뿐이다. 바치는 방물方物은 목록대로 받았다."

명나라를 공격할 테니 조선이 앞장서고, 선조가 군사를 거느리고 군영에 임하라는 것이었다. 소문과 똑같았다. 황윤길은 하루빨리 일본을 떠나야 한다고 판단했다. 반면 김성일은 국서의 용어 중 예법에 맞지 않는 것을 고쳐야 한다고 주장했다. 황윤길의 생각은 달랐다. 지금 중요한 것은 용어가 아니었다. 전쟁 의도를 갖고 있는 일본을 하루빨리 떠나는 게 급선무였다. 통신사 일행의 안위조차 장담할 수 없는 상황이었다.

도요토미는 조선의 정사와 부사에게 각각 은 4백 냥을 주고 서장관 이하는 차등을 두어 주었다. 사신이 돌아가게 해줄 것을 재촉하자 도요토미는 답서를 즉시 결재하지 않고 먼저 나가도록 요구했다. 김성일이 물러서지 않고 말했다.

"국서를 가지고 왔는데 만일 답서가 없다면 이는 왕명을 버리는 것과 마찬가지입니다."

황윤길 등은 답서가 올 때까지 숙소에서 오랫동안 기다려야 했다.

이때 적정을 탐색하기 위해 어떤 일을 했는지 알 길이 없다. 무턱대고 기다린 것으로 짐작된다. 한참 만에 도착한 답서는 그 내용이 몹시 거칠고 거만했다. 김성일이 여러 차례 답서를 고치도록 요구한 뒤 수령했다.

이듬해인 선조 24년(1591) 3월, 통신사 일행을 태운 배가 부산에 도착했다. 황윤길은 그간의 실정과 형세를 치계馳啓했다. 전쟁이 있을 터이니 속히 대비해야 한다는 게 요지였다. 서울에 도착하자마자 선조가 곧바로 이들을 불렀다. 황당하게도 일본 정탐 내용이 서로 엇갈렸다. 『국조보감國朝寶鑑』 선조 24년조에 따르면 황윤길이 먼저 보고했다.

"반드시 병화兵禍가 있을 듯합니다. 항구마다 배들이 많이 정박해 있었는데 아무리 보아도 그것들이 모두 어선같이 보이지 않았습니다. 도요토미의 눈은 광채가 있고 담략이 남달라 보였습니다. 전쟁을 대비해야 할 줄로 압니다."

김성일이 반박했다.

"그의 얼굴은 원숭이 같고, 눈은 쥐와 같았으며, 생김새도 변변치 못하니 두려울 것이 못 됩니다. 황윤길이 장황하게 아뢰어 민심을 동요시키니 사리에 매우 어긋나는 일입니다."

선조가 동인 출신 허성에게 물었다. 그는 황윤길의 편에 서서 사실대로 답했다. 이 일로 인해 그는 동인들의 미움을 사 큰 곤욕을 치렀다. 집권세력인 동인은 이구동성으로 김성일을 옹호하며 선조의 판단을 계속 어지럽게 만들었다. 이들은 서인이 세력을 잃었기 때문에 민심을 동요시키는 것이라고 주장했다.

당시 서인은 정여립의 모반사건을 계기로 정철을 중심으로 잠시 세력을 만회하였으나 세자책봉 문제로 정철과 윤두수가 파직되면서 세력이 크게 위축되어 있었다. 당시 일본이 침략해 올 징후는 많았다. 일본이 보낸 답서 자체가 선전포고에 해당하는 것이었다. 이들의 상반된 보고를 들은 조정 관원들은 갑론을박 끝에 결국 조정의 주류를 이루고 있는 동인의 주장을 받아들여 왜가 침공할 가능성이 없다는 쪽으로 결론을 내고 말았다. 그리고 성을 쌓는 등 전쟁에 대한 방비를 중단시켰다. 얼마 뒤 선위사宣慰使로 일본을 다녀온 오억령吳億齡이 겐소가 말한 이른바 '가도입명假道入明'이 사실이라고 보고했는데도 조정은 오히려 이를 묵살하고 그를 파직했다.

조선의 조정은 완전히 판단력을 잃고 말았다. 아주 작은 이상 조짐이 있어도 방비에 만전을 기해야 할 상황에서 정사인 황윤길이 왜란 가능성을 그토록 역설했는데도 아무 문제가 없다는 쪽으로 결론을 내린 것이다. 조선 조정은 이후 왜관에 머물던 왜인들이 점차 본국으로 소환되어 왜관이 텅 비게 되자 비로소 사태가 심상치 않음을 직감하고 무기를 정비하고 성을 쌓기 시작했다. 그러나 이미 때는 늦었다.

전쟁의 조짐만 있어도 오히려 경계심을 갖고 대비해야 하는 상황에서 완전히 거꾸로 임한 것이다. 맹목적인 문치文治의 폐해가 그만큼 크다. 당시 황윤길은 일본에서 돌아올 때 대마도에서 조총 두 자루를 얻어가지고 돌아와 바쳤다. 조정에서 그것을 실용화할 생각조차 하지 못했다. 『징비록』에 따르면 전쟁이 일어나기 직전인 임진년 봄, 변방을 순회하고 돌아온 신립申砬에게 유성룡이 물었다.

"나라에 곧 변이 있을 듯싶소. 그때에는 그대가 군사 일을 맡아봐야 할 텐데, 오늘날 적의 형세로 보아 넉넉히 막아낼 자신이 있으시오?"

신립은 무신의 표상이었다. 그는 대수롭지 않게 답했다.

"그까짓 것쯤은 걱정할 것도 없습니다."

"왜병이 조총을 가지고 있다는데 어떻게 만만히 볼 수 있소?"

그런데도 신립은 태연하다.

"왜병들이 조총은 가졌지만 그게 쏠 적마다 맞을 수 있겠습니까?"

문신뿐만 아니라 무신도 썩어 있었다. 선조 25년(1592) 4월 13일, 마침내 왜선이 까맣게 바다를 덮은 채 부산에 밀려왔다. 15만 명의 왜군이 7백 척의 병선을 나눠 타고 침공한 것이다. 부산 첨사 정발은 절영도에 사냥을 나갔다가 이 말을 듣고 허둥지둥 성으로 돌아왔지만 삽시간에 성이 함락되었다. 왜군의 북상은 그야말로 파죽지세였다. 동인들이 당론에 발맞춰 '왜란의 조짐은 없다'며 무사태평으로 일관한 후과다. 왜란은 국가안위가 당론에 휘둘릴 경우 어떤 참사를 빚어내는지 극명하게 드러낸 사례다.

당시 조정은 왜국의 북상을 알리는 장계가 사방에서 올라오자 황급히 순변사와 좌방어사, 우방어사를 파견하기로 했다. 순변사巡邊使를 맡은 이일李鎰이 서울에 있는 정예병 3백 명을 이끌고 가게 됐다. 그러나 병조에서 뽑았다는 정예병 3백 명이 가관이었다. 모두 민가나 시정에 있는 사람들 혹은 서리나 유생들이었다. 『징비록』의 기록이다.

"유생들은 모두 관복에 책을 옆에 끼고 있었고, 서리들도 모두 평정건平頂巾을 쓰고 있었다. 그들은 모두 군사로 뽑히는 것을 꺼리는 사람들이었다."

북진을 계속한 왜군이 20여 일 만에 서울을 함락시킨 게 하등 이상할 것도 없다. 선조는 허겁지겁 비가 쏟아지는 한밤중에 피난길에 올라야 했다. 당론에 휩쓸려 엉터리 보고를 한 김성일의 책임이 크다. 적정을 탐색하러 간 사람이 선조 앞에서 보고할 때 도요토미를 두고 '원숭이' 운운한 게 그렇다. 지나치게 명분과 감정을 앞세운 후과다.

국가안위와 관련된 중차대한 사명을 띠고 간 사람이 이처럼 명분과 감정을 앞세우는 것은 있을 수 없는 일이다. 이는 「췌정」의 다음 가르침을 무시한 결과로 볼 수 있다.

"옛날 천하를 대상으로 뛰어난 유세를 편 사람은 반드시 먼저 해당 국가의 국력과 천하의 권력관계를 살피는 '양권'과 각국 제후들의 심리를 미뤄 헤아리는 '췌정'을 행했다. 국력과 권력관계 파악이 주밀하지 못하면 열국 가운데 누가 강대하고 누가 약소한지 여부를 제대로 알 길이 없다. 제후들의 심리파악이 주밀하지 못하면 열국 군주가 내심 은밀히 추진하는 바가 무엇인지, 밖에서 일어나는 일에 어떻게 반응하는지 등에 관해 알 길이 없다."

『선조수정실록』 선조 24년 3월 1일조를 보면 유성룡과 김성일의 대화가 나온다. 유성룡은 김성일에게 일본의 공격 가능성이 없냐고 묻자 김성일은 이렇게 말한다.

"나도 어찌 왜적이 나오지 않을 것이라고 단정하겠습니까? 다만 온 나라가 놀라고 의혹될까 두려워 그것을 풀어주려 그런 것입니다."

이로 인해 김성일은 이후 임진왜란에 대한 책임을 져야 하는 인물로 공격받았다. 그의 허위 보고로 인해 전란을 막지 못했다는 것이다. 왜란이 빚어진 이듬해인 선조 26년(1593) 3월, 추운 한겨울을 의주에서 보낸 선조가 가까스로 서울로 돌아올 수 있었다. 명나라 군사의 참전 덕분이다.

큰 틀에서 볼 때 왜란은 미리 대비만 했어도 전선을 경상 일대로 한정시키면서 피해를 최대한 줄일 수 있었다. 방비가 철저했으면 도요토미가 아예 침공할 생각을 하지 못했을 수도 있다. 조선이 스스로 병화를 불러일으킨 것으로 해석할 수밖에 없다.

제8편 마의 |摩意| 부드럽고 은밀하게 다독여라

「마의」는 상대의 의지와 지향하는 바를 알아내고자 할 때 사용하는 계책이다. 젖소의 젖을 짤 때 부드럽게 마사지를 한 연후에 짜듯이 부드럽게 접근하는 게 관건이다. 쓰다듬을 마摩를 사용한 이유다. 사람은 누구나 부드럽게 접근하면 경계심을 풀기 마련이다. 마의술은 여기서 한 발 더 나아갈 것을 충고하고 있다. 상대가 스스로 속셈을 털어놓게 만들고자 하는 것이다. 문제는 상대가 체제를 전복하는 등의 모반을 꾀하는 경우처럼 속셈을 마음속에 깊이 감추고 있는 경우이다. 이때는 부드럽게 대하는 것만으로는 한계가 있다. 큰 이익을 미끼로 내거는 등의 비상수단이 필요하다. 상대를 직접 접촉해 상대하기보다는 상대가 늘 편히 대하는 부인과 친구 등을 적극 활용하는 것도 한 방법이다. 『손자병법』 「반간」에서 반간계反間計를 높이 평가하면서 적의 첩자를 회유하기 위해 모든 수단을 동원하라고 주문한 이유다. 마의술은 상황에 따라 부드러움의 수위를 임의로 조절할 줄 알아야 주효할 수 있다. 상대의 심경이 수시로 바뀌기 때문이다.

8-1

摩者, 符也. 內符者, 揣之主也. 用之有道, 其道必隱. 微摩之, 以其索欲, 測而探之, 內符必應. 其索應也, 必有爲之. 故微而去之, 是謂塞窌匿端隱貌逃情, 而人不知, 故能成其事而無患. 摩之在此, 符應在彼, 從而用之, 事無不可.

마의摩意는 췌정揣情의 일종이다. 내면의 진심은 반드시 밖으로 드러나기 마련이다. 상대의 마음을 부드럽게 어루만지는 마의술로 상대의 심리를 자극해 속셈을 털어놓도록 유도한다. 마의술의 목적이다. 마의술을 구사할 때는 일정한 법칙이 있다. 반드시 상대가 눈치채지 못하게 은밀히 진행하는 게 그것이다. 은밀히 상대의 욕망을 자극하면서 본심을 탐지해 나가면 반드시 그에 상응하는 반응이 밖으로 드러나기 마련이다. 일단 반응하면 상대는 반드시 그것을 하려 든다. 이때 모른 척하며 상대 곁을 떠난다. 이를 두고 '비밀이 새는 것을 막기 위해 굴의 입구를 막는 색교塞窌, 단서를 숨기는 익단匿端, 나의 모습을 감추는 은모隱貌, 나의 속셈이 드러나는 것을 피하는 도정逃情' 등으로 표현한다. 상대가 전혀 알지 못하는 까닭에 일이 성사된 후에도 후환이 없다. 여기서 자극해 유도하면 저기서 반응하며 속셈을 드러내는 까닭에 이에 부응해 화답하면 이루지 못할 일이 없게 된다.

마의摩意의 마摩는 옥을 갈아서 반짝거리게 만든다는 뜻의 절차切磋와 통한다. 지금은 편목의 명칭이 「마」이나 『태평어람』 권 462의 인용문에는 「마의」로 되어 있다. 통상 '췌정'과 '마의'를 합쳐 췌마揣摩로 칭한다. 일부 주석서는 「췌정」과 「마의」를 하나로 묶기도 했으나 나눠 보는 게 합당하다. 「췌정」이 총론이라면 「마의」는 각론의 일부에 해당한다. 「췌정」에서는 상대가 극히 기뻐하거나 혐오하는 등의 심리상태에 있을 때 이를 토대로 그 속마음을 헤아리는 술책을 논하고 있다. 통상적인 상황에 있는 상대를 '췌정'하는 방안이 없다. 그 해법이 「마의」에 나온다. 「췌정」과 「마의」를 나눠야 하는 이유다.

'내부자內符者, 췌지주揣之主'는 '마의'의 주요 목적은 상대의 속마음을 파악하는 데 있다는 뜻이다. 유세의 어려움을 언급한 것이다. 『한비자』「세난」에 이를 뒷받침하는 대목이 나온다.

"무릇 다른 사람에게 유세하는 것은 어려운 일이다. 그러나 이는 내가 알고 있는 바를 납득시키는 게 어렵다는 뜻도 아니고, 내 말주변이 나의 의중을 제대로 드러내는 게 어렵다는 뜻도 아니고, 대담한 행보로 내 뜻을 모두 펼치는 게 어렵다는 뜻도 아니다. 무릇 유세의 어려움은 설득 대상의 마음을 헤아려 내가 말하고자 하는 바를 그에게 맞추는 게 쉽지 않은 데 있다."

내부內符를 두고 윤동양은 풀이하기를, "마의술을 동원해 상대의 내정內情을 추론할 수 있다. 이것이 상대의 속마음과 부절符節처럼 맞아떨어지는 것을 언급한 것이다"라고 했다. 미마지微摩之의 미微는 은밀히 행한다는 뜻이다. 색교塞窌의 교窌는 원래 지하에 판 움집 창고를 뜻하나 여기서는 비밀이 새어나가는 것을 지칭한다.

8-2

古之善摩者, 如操鉤而臨深淵, 餌而投之, 必得魚焉. 故曰, 主事日成而人不知, 主兵日勝而人不畏也. 聖人謀之于陰, 故曰神. 成之于陽, 故曰明. 所謂主事日成者, 積德也. 而民安之不知其所以利. 積善也. 而民道之不知其所以然, 而天下比之神明也. 主兵日勝者, 常戰於不爭不費, 而民不知所以服, 不知所以畏, 而天下比之神明.

옛날 마의술에 뛰어난 자는 마치 낚싯대를 들고 가 깊은 연못 앞에서 물고기를 낚듯 했다. 미끼를 던져넣기만 하면 반드시 물고기를 낚았다. 그래서 말하기를, "국가대사를 다루면 매번 공을 이루지만 사람들은 그 이유를 모르고, 군사를 지휘하면 매번 이기는 까닭에 병사들은 적을 두려워하지 않는다"고 하는 것이다. 성인은 은밀히 일을 도모하는 까닭에 신묘神妙하다는 칭송을 듣는다. 또한 밝은 곳에서 공을 드러내는 까닭에 명민明敏하다는 칭송을 듣는다.

'정사를 다루면 매번 공을 이룬다'는 것은 곧 성인의 적덕積德을 말한다. 백성들은 그 혜택을 누리면서도 그 이유를 모른다. 성인은 백성들을 바르게 이끄는 적선積善을 행한다. 백성들은 덕분에 교화되었는데도 그 이유를 모른다. 천하가 성인을 두고 신명神明하다고 칭송하는 이유가 여기에 있다.

'군사를 지휘하면 매번 이긴다'는 것은 늘 다툼이 일어나지 않게 하면서도 이기고, 재정을 낭비하지 않고도 이기는 것을 말한다. 병사들은 어떻게 해서 적을 제압하고 두렵게 만들었는지 알지 못한다. 천하 사람들이 입을 모아 '신명'하다고 칭송하는 이유다.

주사일성主事日成의 '주사'는 국가를 지탱하는 데 필요한 정치경제와 외교군사 등의 군국대사를 의미한다. 고왈신故曰神의 신神은 사리가 신묘한 것을 지칭한다. 신명神明은 신처럼 모르는 게 없는 무소부지無所不知의 경지를 말한다.

8-3

其摩者, 有以平, 有以正, 有以喜, 有以怒, 有以名, 有以行, 有以廉, 有以信, 有以利, 有以卑. 平者, 靜也. 正者, 宜也. 喜者, 悅也. 怒者, 動也. 名者, 發也. 行者, 成也. 廉者, 潔也. 信者, 期也. 利者, 求也. 卑者, 諂也. 故聖人所以獨用者, 衆人皆有之, 然無成功者, 其用之非也.

마의술은 매우 다종다양하다. 크게 10가지로 첫째 평상심의 평平, 둘째 솔직한 모습의 정正, 셋째 즐겁게 말하는 희喜, 넷째 분노를 드러내는 노怒, 다섯째 명예심을 자극하는 명名, 여섯째 솔선수범하여 실천하는 행行, 일곱째 청렴한 모습을 드러내는 렴廉, 여덟째 믿음을 안겨주는 신信, 아홉째 실리적인 모습을 취하는 리利, 열째 스스로를 낮추는 비卑 등의 방안이 그것이다. '평'으로 유세하면 상대가 마음을 안정시키고, '정'으로 유세하면 상대가 정직하게 말하고, '희'로 유세하면 상대가 기쁜 감정을 드러내고, '노'로 유세하면 상대가 분노를 터뜨리고, '명'으로 유세하면 상대가 공명심을 일으키고, '행'으로 유세하면 상대가 일을 성취하고자 하고, '렴'으로 유세하면 상대가 결백을 추구하고, '신'으로 유세하면 상대가 세인의 기대에 부응하고자 하고, '리'로 유세하면 상대가 내심 바라던 바를 추구하려 들고, '비'로 유세하면 상대가 뭔가를 은밀히 감추려 든다. 성인이 사용하는 이와 같은 10가지 마의술은 원래 모든 사람이 사용하는 것이다. 그럼에도 성공하지 못하는 것은 그 방식이 잘못됐기 때문이다.

'비자卑者, 도야諂也'의 도諂는 의심하거나 숨긴다는 뜻으로 도광양회韜光養晦의 도韜와 통한다. 독용獨用은 성인만이 홀로 사용하는 것이라는 의미이다.

8-4

故謀莫難於周密, 說莫難於悉聽, 事莫難於必成, 此三者唯聖人然後能任之. 故謀必欲周密, 必擇其所與通者說也, 故曰, 或結而無隙也. 夫事成必合於數, 故曰, 道數與時相偶者也.

계책은 주밀하게 하는 것이 가장 어렵고, 유세는 상대가 자신의 말을 모두 듣도록 만드는 것이 가장 어렵고, 일은 반드시 성사시키는 것이 가장 어렵다. 이들 3가지는 이치를 통달한 성인만이 능히 감당할 수 있다. 계책이 주밀하기를 바라면 반드시 뜻이 통하는 상대를 택해 사안을 논의해야 한다. "밧줄로 꽁꽁 묶어 틈새가 전혀 없다"고 말하는 이유다. 무릇 일을 성취하려면 반드시 유세에 필요한 술수를 익혀야 한다. "도리道理와 술수術數, 시기時機 3자가 서로 만나 일을 이룬다"고 말하는 이유다.

능임지能任之의 임任은 부담負擔의 뜻이다. 필택기소여통자설야必擇其所與通者說也의 설說은 계책을 논의한다는 뜻으로 의議와 통한다. 도수여시상우道數與時相偶의 우偶는 일치할 합合의 뜻이다.

8-5

說者聽, 必合於情. 故曰, 情合者聽. 故物歸類, 抱薪趨火, 燥者先燃, 平地注水, 濕者先濡, 此物類相應, 於勢譬猶是也. 此言內符之應外摩也如是, 故曰, 摩之以其類, 焉有不相應者, 乃摩之以其欲, 焉有不聽者. 故曰, 獨行之道. 夫幾者不晩, 成而不拘, 久而化成.

유세할 때 상대방으로 하여금 자신의 말을 경청하게 만들려면 반드시 유세의 내용이 진정眞情에 부합해야 한다. "진정에 부합하면 경청한다"고 말하는 이유다. 무릇 사물은 같은 부류끼리 모이기 마련이다. 땔나무를 껴안고 불속으로 들어가면 마른 장작이 먼저 불타고, 땅에 물을 부으면 음습한 낮은 곳이 먼저 젖는다. 사물 모두 같은 부류끼리 호응하기 때문이다. 형세가 호응하는 것도 이와 같다. 이는 사람의 진정이 마의술의 외부 자극에 호응해 밖으로 드러나는 것이 꼭 이와 같음을 언급한 것이다. "같은 부류를 예로 들어 어루만져 자극하면 그에 호응하는 반응이 어찌 없을 수 있고, 같은 욕망으로 어루만져 자극하면 어찌 경청하지 않는 자가 있을 수 있는가?"라고 말하는 이유다. 그래서 말하기를, "마의술은 오직 성인만이 행할 수 있는 독행지도獨行之道다"라고 하는 것이다. 무릇 이 술책은 사물이 미세한 조짐을 보일 때 곧바로 실천에 옮겨야 한다. 시기를 놓치지 않는 게 관건이다. 성공을 거뒀을 경우에는 짐짓 뒤로 물러나며 공을 자신의 것으로 삼지 말아야 한다. 인내심을 갖고 이런 식으로 계속 행하면 능히 자신이 바라는 최종적인 성공과 최후의 승리를 거둘 수 있다.

포신추화抱薪趨火는 땔나무를 껴안고 불속으로 들어간다는 뜻이다. 『한비자』「유도」에는 땔나무를 지고 불을 끈다는 뜻의 부신구화負薪救火 구절이 나온다. 비슷한 의미이다. 『사기』「위세가」에는 포신구화抱薪救火로 나온다. 조자선연燥者先燃의 연燃은 먼저 불이 붙는 것을 뜻하고, 습자선유濕者先濡의 유濡는 먼저 물에 젖는 것을 뜻한다. 『주역』「건괘」의 풀이에 이와 유사한 내용이 나온다. 해당 대목이다.

"같은 소리는 서로 응하고, 같은 기운은 서로 구한다. 또한 물은 젖은 데로 흐르고, 불은 마른 데로 나아간다. 구름은 용을 따르고, 바람은 범을 따른다. 성인이 일어나 세상을 밝고 맑게 다스리자 만물도 지니고 있는 지극한 이치를 훤히 드러낸다. 하늘에 근본을 둔 자는 위를 친애하고, 땅에 근본을 둔 자는 아래를 친애한다. 만물이 각기 그 무리를 따르는 이유다."

기자불만幾者不晩은 작은 조짐이 나타났을 때 곧바로 시기를 놓치지 않고 대처해야 한다는 의미이다. 기幾는 기미幾微의 뜻이다. 성이불구成而不拘는 공성신퇴功成身退와 취지를 같이한다. 『도덕경』 제9장은 공수신퇴功遂身退로 표현해 놓았다. 해당 대목이다.

"공이 이뤄지면 뒤로 물러나는 것이 천도天道에 부합한다."

『도덕경』 제2장에는 공성불거功成弗居로 표현돼 있다. '성이불구'의 불구不拘는 '공성불거'의 불거弗居와 같은 뜻이다. 여기의 구拘는 안주하며 구애받는다는 의미이다. 구이화성久而化成은 오랫동안 '기자불만'과 '성이불구'의 자세를 견지하면 마침내 천하를 교화시킬 수 있다는 의미이다.

묵자의 마의술

전국시대 초기 묵적墨翟은 유학을 공부하다 도중에 독자적인 학파를 개척했다. 사람들은 그를 '묵자'로 높여 불렀다. 그의 언행을 기록해 놓은 것이 『묵자』이다. 그는 전쟁 자체를 거부하는 이른바 비전론非戰論을 전개하고 공자가 말한 인仁에 '의'를 덧붙인 인의仁義 개념을 만들어낸 것 등으로 명성을 떨쳤다. 훗날 맹자는 묵자의 '인의' 개념을 그대로 수용해 자신의 전유물처럼 사용했다. 『논어』에 '인의' 표현이 단 한 번도 나오지 않는 데 반해 『묵자』에 무려 29번이나 나오고 있는 사실이 이를 뒷받침한다. 표절한 셈이다.

맹자의 반전론反戰論 역시 묵자의 '비전론'을 살짝 돌려 표현한 것에 지나지 않는다. 맹자가 말한 천도天道 또한 묵자가 인격신의 개념과 유사한 취지로 언급한 천지天志와 통한다. 맹자가 덕치를 뜻하는 왕도王道를 사상 최초로 언급한 것도 이런 맥락에서 이해할 수 있다. 왕도는 묵자가 언급한 천지를 살짝 포장해 마치 새로운 얘기인 양 언급한 것이나 다름없다

묵자를 사상적 효시로 삼은 묵가는 여타 제자백가와 달리 유신론의 성격을 띠고 있는 게 가장 큰 특징이다. '천지' 개념이 그렇다. 이는 절대적이며 종교적인 하늘의 의지를 전제로 한다. 천지를 좇으면 보상이 있으나 거역하면 벌이 따른다는 논리 위에 서 있다. 아랫사람은 윗사람에게 순종해야 한다는 상동론尙同論의 정치 이론도 여기에 기초한다. 각자의 주장을 방치하면 사회질서를 유지할 수 없다는 게 그 논거다. 상동론의 정점에는 최고의 현자로서 하늘의 뜻을 받드는 천자가 있다.

그의 이런 주장은 철기의 사용으로 생산력이 증대하고 농민과 수공업자 및 상인 등이 신흥세력으로 급성장한 데 따른 것이다. 묵가는 전국시대 말까지 유가와 사상계를 이분할 정도로 세력을 떨쳤다. 그러나 진한의 통일시대에 들어오면서 급속하게 쇠퇴했다. 종교가이자 정치이론가인 묵자의 사상은 청대 말기까지 2000년 동안 완전히 단절돼 있었다. 사대부 계층의 이익과 배치되었기 때문이다.

전국시대 말기에 활약한 맹자는 비록 겉으로는 공자사상의 수호자를 자처하며 묵자의 무리를 신랄하게 비판했지만 그 내막을 보면 공자가 아닌 묵자의 사상적 후계자였다. '인의'는 비록 '인'을 접두사처럼 앞에 붙여 놓았지만 방점은 어디까지나 '의'에 찍혀 있다. 요즘 말로 바꿔 표현하면 정의正義를 뜻한다. '정의' 개념은 불의不義로 판단되는 모든 것을 가차없이 깨뜨릴 때 진면목을 발휘한다.

맹자가 불의한 군주를 제거하는 것은 시해弑害가 아니라 일개 용부庸夫를 제거하는 것이나 다름없다고 주장한 이유가 여기에 있다. 묵자의 '비전론'은 공격 대신 수비에 초점을 맞춘 게 특징이다. 「노문」에 이를 상징적으로 보여주는 일화가 나온다.

하루는 노나라 사람 가운데 자식을 묵자에게 보내 공부시킨 자가 있었다. 그 아들이 전쟁에 나가 죽게 되자 그 아비가 묵자를 책망했다. 묵자가 이같이 말했다.

"그대는 자식을 공부시키고자 하여 나름 뜻을 이뤘소. 지금 그대의 자식이 전쟁에 나가 죽게 되자 당신은 성을 내고 있소. 이는 마치 곡식을 팔려고 하다가 곡식이 팔리자 성을 내는 것이나 다름없소. 어찌 그릇된 일이 아니겠소!"

도가와 유가, 법가, 병가 등이 비록 부득이용병不得已用兵을 얘기하고는 있으나 전쟁을 적극 수긍하는 바람에 천하가 온통 전쟁으로 날을 새우게 됐다고 지적한 것이다. 그가 수비를 역설하며 이른바 묵수墨守를 언급한 이유다. 그러나 '묵수'는 '부득이용병'의 취지를 제대로 헤아리지 못한 것이다. 삼국시대 당시 조조는 현재 우리가 보고 있는 『손자병법』의 원본인 『손자약해』를 펴내면서 서문에 이같이 썼다.

"예로부터 칼의 힘에만 의지하는 시무자恃武者도 패망하고, 붓의 힘에만 의지하는 시문자恃文者도 패망했다. 오왕 부차夫差와 서언왕徐偃王이 바로 그런 자들이다. 성인의 용병은 평소 무기를 거두었다가 필요한 때에만 움직이는 집이시동戢而時動에 그 요체가 있다. 『도덕경』에 나오듯이 부득이할 때에 한해 용병하는 부득이용병不得已用兵이 그것이다."

조조가 말한 '집이시동'은 노자사상의 키워드인 무위지치無爲之治를 병가의 입장에서 재해석한 것에 해당한다. 이를 뒷받침하는 『도덕경』 제32장의 해당 대목이다.

"병기는 상서롭지 못한 기물로 군자가 사용하는 기물이 아니다. '부득이용병'이 필요한 이유다. 용병은 담백한 마음을 높이 친다. 이겨도 이를 좋게 여기지 않는 이유다. 이를 좋게 여기는 자는 살인을 즐기는 자이다. 무릇 살인을 즐기는 자는 천하에 뜻을 얻을 길이 없다."

노자는 비록 반전反戰의 입장에 서 있기는 했지만 부득이한 경우에 한해 전쟁을 용인했다. 『도덕경』에 나오는 '부득이용병'이 그 증거다. 조조가 정립한 병가사상과 노자의 도가사상이 가장 높은 수준에서 서로 만나는 지점이 바로 여기에 있다. 이는 병가와 법가가 만나는 지점이기도 하다. 『한비자』 「팔설」의 다음 대목이 이를 뒷받침한다.

"어진 사람은 인자하고 관후한 까닭에 재물을 아끼지 않고 널리 베푸는 사람을 말하고, 난폭한 사람은 잔인한 까닭에 경솔하게 형벌을 시행하는 사람을 말한다. 마음이 자애롭고 동정심이 많으면 잔인한 짓을 못하고, 재물을 가벼이 여기면 남에게 주기를 좋아한다. 마음이 잔인하면 증오심이 신하에게 드러나고, 형벌을 경솔하게 시행하면 사람을 함부로 죽이게 된다. 동정심이 많아 잔인하지 못하면 처벌받을 사람이 용서받는 경우가 많고, 베풀기를 좋아하면 공이 없는 사람이 상을 받는 경우가 많고, 증오심이 쉽게 드러나면 신하가 군주를 원망하게 되고, 함부로 사람을 죽이면 백성들이 장차 군주를 배반할 것이다. 어진 사람이 보위에 앉아 있으면 신하들이 아무 거리낌 없이 금령과 법률을 쉽게 범하고, 요행을 바라며 군주로부터 과분한 포상을 바라게 된다. 난폭한 자가 보위에 앉아 있으면 법령을 아무렇게나 시행해 군주와 신하 사이가 벌어지고, 백성이 군주를 원망하며 모반할 마음을 먹게 된다. '어질거나 난폭한 인자仁者와 폭자暴者 모두 나라를 망칠 자들이다'라는 얘기가 나온 이유다."

한비자가 말한 '인자'와 '폭자'는 조조가 『손자약해』「서문」에서 지적한 '시문자'와 '시무자'를 달리 표현한 것이다. 법가와 병가 모두 노자가 말한 '부득이용병'의 취지에 크게 공명하고 있음을 알 수 있다. 이는 묵자가 역설한 '묵수'가 높은 이상에도 불구하고 비현실적임을 반증한다. 전국시대 말기에 이르러 묵가가 흔적도 없이 사라지고 이후 '묵수' 자신의 의견이나 생각 또는 옛날 습관 따위를 고집스럽게 지킨다는 뜻의 부정적인 의미를 내포하게 된 배경이 여기에 있다.

그럼에도 '묵수'의 기본 취지만큼은 나름 평가할 만하다. 전국시대 중기까지 '묵수'의 취지가 널리 통용된 것은 묵자가 나름 종횡술을 발휘한 결과다. 『묵자』의 「노문魯問」과 「공수公輸」 등에 나오는 일화가 이를 방증한다. 여기에 나오는 묵자의 상대역은 전쟁용 기계를 잘 만드는 공수반公輸般이다. 그는 당대 최고의 장인이었다. 요즘으로 치면 최첨단 신무기 개발의 선구자에 해당한다. 노나라 출신인데다 반般과 반班이 서로 통용되어 사용된 까닭에 흔히 노반魯班으로도 불렸다.

「노문」에 따르면 당초 초혜왕楚惠王은 공수반이 재주가 많다는 말을 듣고는 그에게 전함의 건조를 청했다. 공수반이 이내 구鉤와 거拒 등의 최신무기를 고안해냈다. '구'는 도주하는 적선을 걸어서 멈추게 하고, '거'는 적선이 가까이 오지 못하도록 막는 장치였다. 초나라 군사가 이 최신무기를 갖고 월나라 군사를 여러 차례 격파했다. 초혜왕이 크게 기뻐하며 공수반에게 큰 상을 내렸다.

하루는 공수반이 묵자를 만나게 됐다. 그는 묵자가 '비전론'을 설파하고 다닌다는 사실을 익히 알고 있었다. 그가 득의양양하게 말했다.

"내가 '구'와 '거'를 발명한 덕분에 초나라의 수군이 백전백승하게 되었습니다. 선생이 강조하는 의로움 속에도 끌어당기거나 막고 밀어내는 것이 있는지 모르겠습니다."

묵자도 공수반이 자신의 '비전론'을 비웃고 있다는 사실을 익히 알고 있었다. 그가 웃으면서 말했다.

"나는 사람을 사랑하는 겸애兼愛를 '구'로 삼고 공경을 '거'로 삼소. 겸애는 사람들이 서로를 끌어당겨 친근해지도록 만들고, 공경은 사람들이 삼가며 서로 거리를 유지할 수 있도록 도와주오. 만일 오늘 그대가 '구'를 가지고 남을 걸려 한다면 그 사람도 '구'로 그대를 걸 것이오. 그대가 '거'를 가지고 남을 멈춰 세우려 한다면 그 사람도 '거'로 그대를 멈춰 세울 것이오. 이같이 되면 서로 피해를 입게 되오. 내가 주장하는 '의'를 그대의 구거와 비교하면 어느 것이 강한지 쉽게 알 수 있소."

공수반이 탄복했다. 「노문」의 뒤에 나오는 「공수」의 일화는 바로 이 일화와 연결된 것이다. 이에 따르면, 하루는 묵자가 제나라에 갔는데 공수반이 운제雲梯를 만들어 혜왕이 송나라를 치도록 도왔다는 말을 들었다. 전쟁을 줄곧 반대해 온 묵자는 열흘 밤을 쉬지 않고 걸어 초나라 영도에 이르렀다. 묵자를 본 공수반이 크게 놀라서 물었다.

"선생이 황급히 저를 찾아 무엇을 가르치려는 것입니까?"

묵자가 말했다.

"제나라에서 어떤 사람이 나를 모욕하고 있으니 선생이 저를 도와 그 사람을 제거해 주십시오."

공수반이 의아해하며 말했다.

"저는 도의를 지키지 않는 살인을 원치 않습니다."

묵자가 웃으면서 말했다.

"선생이 운제를 발명해 송나라를 치는 데 쓴다고 들었습니다. 초나라는 땅은 넓으나 인구가 부족한데 지금 사람을 희생시켜 땅을 탈취하는 것은 지혜롭지 못합니다. 폭력으로 약한 자를 얕보는 불인不仁입니다. 선생은 불인이라는 것을 똑똑히 알면서도 도리어 제지하려고 권고하지 않으니 이는 불충不忠입니다. 선행이 권고했는데도 성공하지 못했다면 이는 무능함을 의미합니다. 지금 선생이 마음속에 인의를 품고 있기에 무고한 사람을 죽이기 위한 것이 아니고 무엇입니까? 더는 운제를 만들지 마십시오."

공수반은 이미 초혜왕에게 약속한 일이어서 아주 난처해했다. 그러자 묵자가 그의 손을 잡고 말했다.

"저를 초왕에게 데려다 주시오."

묵자가 공수반의 소개로 초혜왕을 면회하게 되자 부자와 빈자의 비유를 들어 물었다.

"지금 어떤 사람이 화려한 수레를 버리고 이웃의 헌 수레를 욕심내 훔치려 하며, 자기의 좋은 옷을 놔두고 이웃의 헌 적삼을 욕심내 훔치려 하고, 자기의 좋은 밥과 고기를 놔두고 이웃의 채소껍질과 지게미를 훔치려 합니다. 대왕은 이 사람의 행동을 어떻게 보십니까?"

초혜왕이 대답했다.

"그 사람이 도둑질하는 병에 걸렸구려!"

묵자는 말했다.

"초나라 땅은 5천 리이고 송나라 땅은 5백 리에 불과합니다. 바로 화려한 수레와 헌 수레라고 할 수 있습니다. 초나라는 운몽택雲夢澤이 있고 서우犀牛와 사향노루가 들에 차고 넘칩니다. 또 장강長江, 한수漢

水에 물고기와 자라가 그득해 천하의 부유한 곳이라 할 수 있습니다. 그러나 송나라는 들꿩, 산토끼도 찾아보기 어렵습니다. 이것은 좋은 밥과 고기를 먹으면서 채소껍질과 지게미를 훔치는 것이 아니고 무엇이겠습니까? 초나라는 높고 큰 소나무가 있고 질 좋은 가래나무, 느릅나무, 녹나무, 장뇌나무가 있지만 송나라는 손꼽을 만한 나무들이 없습니다. 이는 비단옷과 헌 적삼에 비유할 수 있습니다. 대왕은 어찌하여 송나라를 치려는 것입니까? 이것이 도둑질하는 병에 걸린 것과 무슨 차이가 있습니까?"

초혜왕은 비록 고개를 끄덕이긴 했으나 내심 달갑지 않았다.

"선생의 말이 그럴듯하기는 합니다. 한데 공수반이 이미 운제를 다 만들었으니 본래 계획을 어찌 바꿀 수 있겠소?"

묵자는 초혜왕이 송나라를 치려는 계획을 버리려 하지 않는다는 것을 알았다. 곧 허리띠를 풀어 상위에 놓아 성으로 삼고 막대기를 방어무기로 삼은 뒤 공수반에게 성을 공격해 보라고 했다. 공수반이 여러 가지 방법으로 9번이나 공성 기계를 써봤지만 번번이 묵자의 수비에 막혔다. 이른바 '묵수'가 위력을 발휘한 것이다. 공수반이 의미심장한 말을 했다.

"저는 선생의 수비를 깨뜨리는 방법을 알고 있으나 말하지 않겠습니다."

묵자가 곧바로 응수했다.

"나도 선생의 생각을 알고 있으나 말하지 않겠습니다."

곁에서 싸움 구경을 하던 초혜왕은 이들이 무슨 얘기를 하는지 종잡을 수 없었다. 묵자가 설명해 주었다.

"공수반의 생각은 나를 죽이려는 것입니다. 하지만 나를 죽여도 소용이 없습니다. 그는 나에게 금활리禽滑厘 등 3백 명의 제자가 있다는 것을 모르고 있습니다. 그들은 벌써 내가 만든 성을 지키는 기계를 가지고 송나라에서 초나라 군사를 기다리고 있습니다. 그러니 나를 죽인들 무슨 소용이 있겠습니까?"

그제야 초혜왕이 말귀를 알아들었다.

"알겠소. 과인은 송나라를 치지 않겠소."

묵자가 초혜왕을 설득할 수 있었던 것은 부자와 빈자의 비유를 들어 초혜왕의 자부심을 만족시키면서 송나라 공벌에 따른 이익득실을 조리 있게 설명한 데 있다. 초혜왕이 자신의 말을 경청하도록 만든 게 비결이다. 「마의」는 이같이 말한다.

"유세할 때 상대방으로 하여금 자신의 말을 경청하게 만들려면 반드시 유세의 내용이 진정眞情에 부합해야 한다. '진정에 부합하면 경청한다'고 말하는 이유다. 무릇 사물은 같은 부류끼리 모이기 마련이다. 형세가 호응하는 것도 이와 같다. '같은 부류를 예로 들어 어루만져 자극하면 그에 호응하는 반응이 어찌 없을 수 있고, 같은 욕망으로 어루만져 자극하면 어찌 경청하지 않는 자가 있을 수 있는가?'라고 말하는 이유다."

경청은 기본적으로 상대의 관심을 끌었기에 가능하다. 「마의」가 '진정' 운운한 이유다. 그러나 무턱대고 '진정'을 얘기한다고 상대가 경청하는 것은 아니다. 묵자의 예를 통해 알 수 있듯이 우선 상대를 띄워야 한다. 비양술飛揚術이 전제되어야 한다는 얘기다. '부자와 빈자'의 비유가 그렇다. 비양술은 『귀곡자』가 역설하는 모든 유세술의 대원칙에 해당한다.

정윤론과 민란

비양술을 비롯해 『귀곡자』에서 얘기하는 모든 종횡술은 명분을 중시하며 왕도를 역설한 성리학의 관점에서 볼 때 사론邪論에 해당한다. 정통과 거리가 멀다는 게 이유다. 그러나 정통을 역설하는 성리학의 가장 큰 병폐는 지나치게 정통을 강조하는 바람에 스스로 발목이 잡혀 나라를 위기로 몰아가는 데 있다. 대표적인 사례로 황통皇統과 왕통王統 등의 대통大統을 둘러싼 논란이다.

성리학을 통치이념으로 삼은 명나라와 조선조는 정통을 극단적으로 중시한 나머지 선왕이 자식을 두지 못하거나 자식을 둘지라도 적장자가 없을 때 화를 자초했다. 비슷한 시기에 재위한 조선조의 선조와 명나라 만력제 때 '대통' 문제로 국론이 양분돼 패망의 위기에 몰린 게 대표적인 실례다. 선왕의 직계 자손이 아닌 자가 대통을 잇는 것을 두고 성리학에서는 정위正位가 아닌 윤위閏位로 간주한다. '윤위'는 윤월閏月이 사계의 시차를 보정하기 위해 덤으로 들어가는 것과 같이 적자가 아닌 서출이 덤으로 후사가 된 경우를 말한다. 정윤론正閏論의 관점에서 볼 때 '윤위'는 곧 대통의 정통성이 훼손되었음을 의미한다.

성리학에서는 대통이 끊어지는 것을 막기 위해 양자를 들이는 편법을 구사했다. 선왕과 가장 가까운 방계의 혈통에서 보위에 오를 자를 선왕의 아들 내지 친동생으로 삼아 보위에 앉힘으로써 마치 적통嫡統을 이은 것처럼 간주하는 것이다. 인위적으로 '윤위'를 '정위'로 만드는 셈이다. 대통과 관련한 '정윤론'은 성리학이 얼마나 명분론에 치우쳐 있었는지를 반증한다.

명제국은 홍치제弘治帝 주우탱朱祐樘 때 일시 중흥을 맞이했다. 사가들은 17년 동안 이어진 이 시기를 홍치중흥弘治中興이라고 한다. 일부 사가는 홍치제를 명제국 최고의 성군으로 꼽는다. 이에 반해 홍치제의 뒤를 이은 정덕제正德帝 주후조朱厚照는 16명에 달하는 명의 역대 황제 중 가장 방탕한 황제로 꼽히고 있다. 이는 이들과 비슷한 시기에 재위했던 성종과 연산군을 두고 성종은 세종에 버금하는 성군인 데 반해 그의 아들 연산군은 조선조 최악의 폭군으로 평가하는 것과 닮아 있다.

원래 홍치제는 문무 측면뿐만 아니라 기예에도 뛰어난 자질을 보였다. 시화는 물론 악기연주까지 뛰어났다. 그러나 불행하게도 그는 단명했다. 홍치 18년(1505) 5월에 병사했다. 향년 36세였다. 야사에 따르면 우연히 감기에 걸린 그는 어의가 진맥도 하지 않고 처방한 약을 먹고 계속 코피를 흘리다 죽었다고 한다. 홍치제는 아들이 하나밖에 없었다. 바로 주후조였다. 주후조는 명나라의 16명의 황제 중 적장자 신분으로 황위를 계승한 3명 중 한 명이다. 그 가운데서도 출생 당시 생모가 황후의 신분을 가지고 있었던 경우는 주후조가 유일했다. 주후조는 태어난 지 5달 만에 황태자에 봉해졌다.

홍치제가 외아들을 갖게 된 데에는 후궁을 전혀 들이지 않은 채 장황후張皇后와 해로한 사실과 무관치 않다. 그는 중국의 역대 황대 중 일부일처제를 실행한 유일한 황제에 속한다. 중국의 전 역사를 통틀어 전무후무한 일이었다. 유사한 사례로 수나라의 창업주인 수문제 양견楊堅이 독고황후獨孤皇后가 죽을 때까지 해로한 경우가 있기는 하나 수문제의 경우는 자발적인 것이 아니었다. 독고황후는 시집을 오면서 남편인 수문제로부터 자신 이외의 다른 어떤 여자에게서도 아이를 갖지 않겠다는 맹서를 받았다. '엄처시하'에 시달리던 수문제가 독고황후가 죽자 매우 방탕한 모습을 보인 이유다. 오직 장황후만을 사랑한 홍치제의 행보와는 여러 면에서 차이가 있다.

원래 장황후는 하북의 평범한 선비집안 출신이었다. 아름답고 총명하며 활발했던 그녀는 홍치제로부터 커다란 총애를 받았다. 홍치제는 후궁을 둘 필요성을 전혀 느끼지 못했다. 그는 대소신료를 비롯해 환관들이 후궁을 둘 것을 간청할 때마다 웃음으로 답하며 귓등으로 흘려들었다. 주후조가 4세가 되었을 때 대신 마문승馬文升이 홍치제에게 건의했다.

"궁 안에서 거행되는 연회와 연극 등은 보지 못하게 하십시오. 불교와 도교도 접하지 못하게 하여 그의 마음을 산란하게 만들지 마십시오."

주후조는 8세 때부터 엄격한 황실교육을 받았다. 그는 첫날 배운 과목을 다음날이면 모두 외우는 탁월한 재능을 보였다. 기사騎射에도 뛰어났다. 홍치제는 물론 대소신료들 모두 그에게 큰 기대를 걸었다. 그러나 그는 오전의 학과수업을 따분해 하면서 기사를 즐기는 오후의 자유시간만 되면 활기가 넘치는 모습을 보였다. 홍치제는 몸이 약한 태자의 이런 모습을 오히려 흡족해 했다.

그러나 주후조는 점차 시간이 지나면서 기사보다 훨씬 재미있는 놀이가 있다는 것을 알게 되었다. 주후조는 잡기에 빠지면서 점차 강론을 빼먹는 횟수가 늘어났다. 이는 부황 홍치제의 외아들인 자신이 태자의 자리에서 쫓겨나는 일은 결코 없을 것이라는 점을 익히 알고 있었던 사실과 무관치 않을 것이다. 주후조가 수업을 빼먹는 일이 빈번해지자 동궁을 총괄하는 첨사부의 장관 오관吳寬이 이를 크게 걱정했다. 당시 주후조를 모시는 태감 유근劉瑾은 매일 여러 놀이로 주후조를 유혹했다. 첨사 오관이 첨사부 관원들과 함께 상서를 올렸다.

"동궁의 강학은 폭염과 혹한이 오거나 폭풍우가 몰아칠 때 중단하고, 매월 초하루와 보름 및 명절에 쉬게 되어 있어 1년 동안 강학하는 날이 얼마 되지 않습니다. 어찌 다른 잡다한 일로 공부를 쉴 수 있겠습니까. 유학의 소양을 지닌 신하와 가깝게 지내고 바른 이치를 배우면 얻는 것이 많을 것입니다."

홍치제도 오관의 주장에 크게 공감했으나 외아들의 장난스런 행동을 엄하게 대할 생각은 전혀 없었다. 이후 구속을 싫어하며 통상적인 의례를 무시하는 주후조의 행동은 바로 홍치제가 외아들이라는 이유로 자식에 대한 훈계를 삼간 사실과 무관할 수 없다. 홍치 18년(1505) 5월, 홍치제는 병세가 위급해지자 황태자 주후조의 앞날이 걱정스러워 마음을 놓을 수 없었다. 당시 주후조의 나이는 15세였다. 내각수보內閣首輔 유건劉健의 손을 잡고 후일을 당부했다.

"동궁은 나이가 어리고 놀기를 좋아하오. 경들이 잘 가르쳐 덕성 있는 군주로 만들어 주시오."

내각수보는 대개 내각대학사로 구성된 각신의 우두머리로 사실상의 재상에 해당하는 수보대학사首輔大學士를 말한다. 영락제 때 내각 관리가 황태자 교육을 담당한 것을 계기로 내각의 위상이 크게 올라갔다. 내각의 위상과 권한이 강화된 결과 내각대학사가 황제를 단독으로 만나 정책결정을 논의하는 일이 잦아지면서 자연스럽게 내각의 우두머리격인 수보首輔가 출현하게 되었다. 재상제도를 폐지한 명나라에서 비록 편법이기는 하나 재상에 준하는 '내각수보'가 등장하게 된 배경이다. 당시 내각수보는 거의 예외 없이 내각에 관한 전권을 장악했다. 후대로 갈수록 내각수보의 자리를 둘러싼 쟁탈전이 치열하게 전개된 것은 불가피했다.

그러나 수보를 위시해 내각의 각신은 명목상 어디까지나 황제의 비서관에 불과했다. 황제의 비호가 사라질 경우 존립의 근거가 사라지게 된다. 이로 인해 만일 내각수보가 동료 관원들의 중론을 내세워 황권과 대립할 경우 황제의 견제를 자초할 수밖에 없었다. 홍치제 때만 해도 내각수보는 홍치제의 덕정으로 인해 사실상 과거의 재상과 하등 다름없는 위상을 누릴 수 있었다. 홍치제가 임종을 앞두고 내각수보 유건을 불러 후사를 당부한 이유다. 홍치제가 '탁고유명'을 한 뒤 얼마 안 돼 건청궁에서 병사했다. 당시 그의 나이 36세였다. 황후 장씨는 이후 50년 가까이 더 장수했다.

주후조는 부황 홍치제가 사망하자 16세의 나이로 보위에 오른 뒤 연호를 정덕正德으로 바꿨다. 금욕주의자인 부황과 정반대로 그는 일종의 탐미주의자耽美主義者에 가까웠다. 그는 즉위한 지 얼마 안 돼 자금성의 서화문西華門 서북쪽의 지금의 중남해 일대와 북해공원 서쪽 일대에 표방豹房을 만들었다. 표방의 외관은 이슬람의 모스크 식으로 하고, 내부는 티베트의 라마사원 풍으로 꾸몄다. 복잡한 2층 구조로 이뤄진 표방은 상하의 밀실이 서로 연결되어 있었다. 정덕제 주후조는 여기에 천하의 미녀와 악사, 승려, 도사 등을 불러들여 함께 즐겼다. 표방에 틀어박혀 수십 일에서 수개월 동안 황궁으로 돌아오지 않은 적도 많았다. 그는 그곳에서 티베트어로 불경을 읽고 가무음곡이나 연극을 즐기곤 했다. 후대의 사가들로부터 명의 역대 황제 중 가장 방탕한 황제라는 비난을 받게 된 배경이다.

원래 태조 주원장과 성조 영락제를 비롯해 명의 역대 황제는 모두 불교를 숭상했다. 정덕제는 특히 티베트 불교를 좋아했다. '표방'의 설립은 그의 이런 취향과 무관할 수 없다. 표방도 원래는 그가 처음으로 만든 곳도 아니다. 이곳은 원나라 때 몽골 귀족들이 호랑이와 표범 등의 맹수를 기르며 보고 즐기던 곳이다. 실제로 표방은 정덕제가 호랑이나 표범 등의 맹수와 싸우며 체력을 단련하는 곳이기도 했다.

정덕제는 15년의 재위기간 중 여느 황제에게서는 찾아보기 힘든 파격적인 일을 벌였다. 1년 내내 표방에 거주하고 수차례 북경을 떠나 오랫동안 사냥한 것 등이 그것이다. 유가의 논리에서 볼 때 제왕의 기본 업무를 팽개친 것으로 비난받을 만한 일이었다. 실제로 이는 그가 명의 역대 황제 중 가장 방탕한 황제로 지목되는 논거로 언급되고 있다.

당시 정덕제 자신은 모든 정무를 환관 유근에게 맡겼다. 태자 시절에 자신을 가까이서 모시던 환관 유근을 비롯해 마영성馬永成과 장영張永 등 8명의 환관을 총애했다. 이들은 정덕제의 신임을 배경으로 전횡했다. 세간에서는 이들을 8마리 여우라는 뜻의 8호八狐로 불렀다. 유근이 환관의 우두머리인 사례태감이 된 것은 정덕 원년(1506) 10월이다. 그는 매사냥과 투견, 가무 등 모든 잡기에 밝았다. 그가 사례태감에 임명되자 위기감을 느낀 대신 내각수보 유건 등은 각신들과 연합해 궐문 앞에서 '8호'에 대한 탄핵을 촉구하는 복궐상소伏闕上訴를 전개했다. 이때 이부상서 초방焦芳에 의해 계획을 사전에 보고받은 8호가 군대를 장악하고 정덕제에게 호소하는 등 반격에 나섰다. 유건 등은 당일로 사직해야 했고, 8호 타도 계획에 참여한 55인은 붕당을 결성한 죄로 처벌받았다. '8호 타도' 실패 이후 관료집단 내에서는 시세에 영합하는 무사안일주의가 만연했다. 내각과 예부를 제외한 6부가 모두 환관의 무리인 엄당閹黨에 의해 장악되었다. 유근은 곧 서창과 내행창內行廠을 새로이 창설해 휘하에 두고 특무기관끼리 서로 감시하도록 하는 정보정치를 시작했다. 그는 자신의 집에서 황제의 교지를 행하는 등 전횡했다. 당시 세간의 풍자가 그의 전횡을 웅변하고 있다.

"주황제朱皇帝가 하나, 유황제劉皇帝가 하나라네!"

유근이 전횡한 시기에 각지에서 농민반란이 일어났다. 정덕 5년(1510) 초부터 2년간에 걸쳐 화북을 중심으로 산동과 산서, 하남 등지로 파급된 소위 '유육유칠劉六劉七의 난'이 가장 컸다. 이는 유근을 비롯한 중앙 환관들의 뇌물수뢰 및 부패에서 비롯된 것이었다. 유육유칠의 난을 두고 흔히 '뇌물의 난'으로 부르는 이유이다. 이에 호응해 강서와 사천 등지에서도 반란이 일어났다. 사천의 남정서藍廷瑞는 10만 명의 무리를 모아 순천왕順天王을 칭했다. 그는 휘하에 48명의 총관總管을 두어 무리를 지휘하게 했다. 시간이 갈수록 반란군의 규모가 커지며 화북과 장강 상류 일대를 휩쓸자 이들을 진압하기 위한 군사동원으로 명나라 재정이 고갈될 지경이 되었다. 명나라 조정은 2년간에 걸쳐 힘겨운 토벌작전을 펼친 끝에 정덕 7년(1512) 8월에 가서야 반란군을 간신히 진압할 수 있었다. 당시 유육은 한구漢口에서 전투 중 익사했고, 동생 유칠은 장강 하구의 진강鎭江까지 배를 타고 도주했다가 이내 산속으로 들어가 자진했다.

'유육유칠의 난'은 단순히 민란으로 그치지 않았다. 이해 4월에 영하寧夏의 안화왕安化王이 유근의 죄상을 들어 간신 제거를 구실로 반기를 들었다. 안화왕의 반란은 이내 토벌되었으나 이를 계기로 유근에 대한 조야의 비난 여론이 비등했다. 당시 이부상서 장채張綵는 유근과 결탁해 자신의 지위를 확보하고 있었다. 황제가 교체되면 몰락

할 것을 우려한 유근이 장채에게 뒷일을 걱정하자 장채가 이같이 말했다.

"금상은 아무래도 후사가 없을 듯하오. 황족 중에서 다음 황제를 세우게 될 것이니 그때 유약한 황족을 고르면 앞날이 편안할 것이오."

야사에 따르면 당시 유근은 자신의 형제 손자인 종손從孫이 귀인이 될 것이라는 방사의 말을 믿고 스스로 천자가 되는 망상을 했다고 한다. 이를 액면 그대로 믿기는 어려우나 실제로 그가 자신의 형의 장례식을 이용해 거사하고자 한 것만은 확실하다. 관원들이 대거 장례식에 참여하는 시점을 택해 유근이 일거에 거사하는 계책을 수립했을 때 이를 밀고한 사람은 바로 동료 환관인 장영이었다. 장영이 유근의 모반을 상주했을 때 정덕제는 술에 취해 있었다. 비몽사몽간에 이같이 말했다.

"모반하고 싶으면 하라고 해라!"

유근은 이해 10월에 처형되었다. 몰수된 재산은 황금이 250만 냥, 은이 5천만 냥, 그 외에 주옥 등의 보물과 진귀한 물건이 헤아릴 수 없이 많았다. 당시 조정의 1년 세입이 은으로 환산해 2천만 냥 가량이었던 점을 감안하면 그가 얼마나 전횡했는지를 짐작할 수 있다. 이는 주로 관직알선에 대한 사례비 조로 받은 뇌물이었다.

정덕제는 유근이 처형된 후 '8호'의 일원인 장영을 신임하면서 명궁名弓으로 소문난 군관 전녕錢寧 및 강빈江彬 등과 어울렸다. 놀이 상대가 군관인 까닭에 군사행동이 많아졌다. 자금성 금원禁苑 안에서 연병하는 병사들의 함성이 북경 시내에 울려 퍼졌다. 그는 마침내 정덕 12년(1517)에 덕승문德勝門을 통해 거용관居龍關을 빠져나가 선부宣府까지 갔다. 선부는 수년 전에 몽골족의 수장인 다얀 칸의 습격을 받았던 곳이었다.

정덕제는 그곳에서 다시 양화陽和로 진군하면서 스스로 총독군무總督軍務, 위무대장군威武大將軍, 총병관태사總兵官太師, 진국공鎭國公을 칭했다. 그곳에서 다시 동쪽의 순성천順聖川을 빠져나와 대동으로 향했다. 정덕 13년(1518) 새해 아침을 선부에서 맞았다. 이를 두고 친정이 아니라 유흥을 위한 것이라는 설이 유력하다. 강빈이 자신의 고향인 선부에 미인이 많다고 자랑하자 미인을 노략하기 위해 이런 친정을 했다는 것이다. 일각에서 정덕제를 명나라 역대 황제 가운데 가장 방탕한 군주로 꼽는 이유다.

그러나 정반대의 해석도 있다. 진제국 이래 중국의 역대 황제 가운데 자질이 뛰어났을 뿐만 아니라 개성이 가장 뚜렷한 황제였다는 식의 평가가 그렇다. 그의 방탕한 행보를 자유를 추구하고자 한 밝은 성격의 표출로 해석하는 것도 같은 맥락이다. 이들은 정덕제가 변방을 지키는 부대를 불러들여 군사훈련을 실시한 점 등을 논거로 들고 있다. 이는 폭군으로 간주하는 기존의 해석을 완전히 뒤집는 것이다.

최근 필자를 비롯한 일부 학자들이 연산군에 대한 재평가를 시도한 것도 중국 학계에서 정덕제에 대한 재평가를 시도하고 있는 것과 맥을 같이한다. 필자는 이미 지난 2003년 『연산군을 위한 변명』을 통해 연산군은 결코 황음무도한 미치광이 폭군도 아니었고, 중종반정은 기득권 세력인 사대부 집권세력의 반역에 불과했다는 견해를 피력한 바 있다. 연산군을 폭군으로 매도하는 데 결정적 배경이 된 무오사화와 갑자사화의 근본 원인을 왕권에 대한 신권의 도전에서 찾은 결과다.

지난 2008년 초 재독사학자 변원림은 필자의 이런 주장에 호응해 『연산군, 그 허상과 실상』을 통해 학계의 안이한 사료 인용을 질타하면서 연산군을 당대의 성군으로 평가해야 한다고 주장한 바 있다. 필자의 주장보다 한 발 더 나아간 것이다. 사실 연산군은 재위 초기 성리학에 함몰된 신권세력의 군왕에 대한 능멸을 차단하며 힘없는 백성을 위해 애쓴 바 있다. 후기에 들어와 갑자기 폐위된 것은 신권세력의 기습적인 반격을 예상치 못한 데 따른 것으로 보는 게 옳다. 연산군이 흥청興淸 등의 여악女樂을 설치하고 사냥터 확보를 위해 이른바 금표禁標를 설치한 것을 두고 필자는 왕권강화 행보로 파악했다. 이는 중국에서 정덕제가 설치한 '표방'을 두고 군왕이 친림한 가운데 사냥을 통한 군사훈련을 실시하는 강무講武로 보아야 한다는 주장과 맥을 같이 하는 것이다. 기왕의 성리학적 잣대에 의한 도식적인 평가와 대비된다.

정덕 14년(1519) 초 정덕제 주후조는 선부에서 서쪽으로 태원까지 갔다가 이듬해에 환궁했다. 천하순행에 맛을 들인 그는 북순北巡을 마치고 환궁하자마자 곧바로 남순南巡에 나설 뜻을 내비쳤다. 조정 대신들이 잇달아 상소해 만류했다. 정덕제는 만류하는 상소를 올린 107명의 관원을 오문午門 밖에 5일간 무릎을 꿇게 하는 등의 강압조치를 취했다. 그러나 남순의 명목이 없어 크게 고민했다.

이해 6월, 공교롭게도 영왕寧王 주신호朱宸濠가 봉지인 지금의 강서성 남창南昌에서 반기를 들었다. 정덕제가 환호했다. 남순의 구실을 찾았다고 생각했기 때문이다. 그러나 영왕의 반란은 남공순무南贛巡撫 왕수인王守仁이 순식간에 평정하고 말았다. 왕수인은 주자학에 대칭되는 양명학陽明學을 창도한 인물이다. '양명'은 그의 아호다. 정덕제가 크게 실망한 것은 말할 것도 없다. 중국의 전 역사를 통틀어 반란이 평정된 것을 두고 낙담한 유일한 사례에 해당한다.

당시 정덕제는 영왕의 반란이 왕양명에 의해 이미 평정되었다는 첩보가 도착하자 남순의 기회를 잃을까 우려한 나머지 이를 비밀로 한 채 남순에 올랐다. 그는 이해 11월에 양주揚州에 이른 뒤 장강을 도강해 지금의 남경인 응천부應天府로 들어갔다. 이듬해인 정덕 15년(1520) 8월, 정덕제는 남경을 출발해 1달 뒤 적수지積水池에 도착했다. 총신인 전녕 및 강빈 등과 어울려 놀던 중 배가 이내 뒤집히고 말았다. 정덕제는 곧바로 구조된 뒤 북경으로 귀경했으나 이것이 원인이 되어 이내 자리에 눕게 되었다. 이듬해인 정덕 16년(1521) 3월에 표방에서 숨을 거두었다. 당시 나이 32세였다.

정덕제의 기행은 유례가 없는 것이어서 보는 관점에 따라 평가가 크게 엇갈릴 수 있다. 그러나 무엇보다 그가 친히 군사를 이끌고 몽골군의 침입을 격퇴한 점 등을 평가할 필요가 있다. 그가 군사를 이끌고 친정에 나서 번왕의 모반을 평정한 것도 같은 맥락에서 이해할 수 있다. 그의 유조遺詔도 이를 뒷받침한다.

"앞에 행한 모든 일은 짐의 잘못에서 비롯된 것이다."

정덕제를 무턱대고 방탕한 군주로 매도할 수 없는 논거로 원용될 만한 언급이다. 그가 만일 통설과 같이 음락淫樂을 목적으로 한 방탕한 군주로 일관했다면 이런 '유조'가 나오기가 어려웠다고 보아야 한다. 비판 일색으로 이뤄졌던 그에 대한 기존의 평가에 일정 부분 수정을 요하는 대목이다.

대명군신 왕양명

원래 주신호는 주원장의 5대손이다. 당시 대신들은 '정윤론'에 입각해 주후조와 촌수가 가장 가까운 황족을 택해 세자로 세우기로 했다. 혈연관계로 볼 때 주신호는 주후조와 촌수가 한참 멀었다. 그러나 보위에 눈이 뒤집힌 주신호는 정덕제의 총신에게 대대적인 뇌물공세를 펼치며 자신의 아들을 태자로 만들고자 했다. 중앙에서 내려오는 각급 관원에게 뇌물공세를 펴고 남경유수인 태감 유랑을 비롯해 정덕제의 총애를 받는 전녕과 강빈 등을 매수한 이유다. 그는 토착 이민족 관원인 토관土官을 위시해 남창 주변 토착 이민족의 추장인 토사土司 등과 결탁해 유사시를 대비했다. 양청楊淸과 능십일淩十一, 민입사閔廿四 등의 무뢰배 수백 명을 심복으로 둔 것도 같은 맥락이다.

정덕 9년(1514) 3월, 주신호는 상황이 여의치 않자 내부적으로 결속한 병부상서 등과 긴밀히 교신하며 반란 준비를 서둘렀다. 당시 그는 주변에 명해 자신을 국주國主로 부르게 하고, 자신을 호위하는 부대를 황제의 근위병을 뜻하는 시위侍衛로 고쳐 불렀다. 심지어 왕부王府와 별개로 자신이 사적으로 머무는 저택을 이궁離宮으로 부르게 했다. 모반 의도를 그대로 드러낸 것이다. 일단 모반을 꾀하기로 했으면 건곤일척의 승부로 간주해 주도면밀한 계책을 마련한 뒤 속셈을 감춘 채 최대한 신중한 행보를 보이는 게 상례다. 그러나 그는 정반대로 움직였다. 「모의」의 관점에서 볼 때 최하의 계책을 골라서 행한 꼴이다. 이는 「마의」의 다음 가르침을 정면으로 거스른 것이나 다름없다.

"마의술을 구사할 때 법칙이 있다. 반드시 상대가 눈치채지 못하게 은밀히 진행하는 게 그것이다. 이는 비밀이 새는 것을 막기 위해 굴 입구를 막는 색교塞窌, 단서를 숨기는 익단匿端, 나의 모습을 감추는 은모隱貌, 나의 속셈이 드러나는 것을 피하는 도정逃情 등으로 표현한다. 상대가 전혀 알지 못하는 까닭에 일이 성사된 후에도 후환이 없다."

주신호의 역모행각이 만천하에 그대로 드러난 배경이다. 당시 대학사 비굉費宏 등이 이런 사실을 정덕제에게 보고했으나 그의 대응은 의외였다. 주신호의 모반행각을 치계馳啓한 관원을 모두 강직시키거나 하옥시킨 게 그렇다. 중국의 역대 황제 가운데 모반의 조짐을 치계한 관원을 하옥시킨 유일한 사례다. 말할 것도 없이 짐짓 모른 척하며 일을 크게 키운 뒤 토벌을 구실로 내세워 남순하고자 하는 의도에서 나온 것이다.

그러나 그가 전혀 생각지 못한 게 있다. 왕양명이 그토록 짧은 시간 내에 난을 평정하리라고는 생각지도 못했다. 무장 대신 문관 출신인 왕양명을 파견한 것은 왕양명이 패하거나 전선이 교착될 것을 염두에 둔 조치였다. 이런 예상이 보기 좋게 어긋난 셈이다.

왕양명은 비록 문과에 급제해 출사한 전형적인 문관이지만 이는 겉모습에 지나지 않았다. 그는 어렸을 때부터 문무를 겸비한 명나라 최고의 지장智將에 해당한다. 원래 그는 성화 8년(1472) 고관의 아들로 태어났다. 뜻하는 바가 있어 15세 때 변방의 진鎭인 용삼관庸三關으로 가 궁술을 익혔다. 혼인식 날 불로장생을 떠드는 도사와 토론하는 바람에 결혼 초야를 도교 사원에서 보내기도 했다. 어렸을 때부터 특이한 면모를 보인 셈이다.

홍치 5년(1492) 성시省試에 합격해 거인擧人이 되었다. 시험을 치르기 위해 북경에 있던 부친을 찾아갔을 때 주희의 가르침대로 대나무 앞에 조용히 앉아서 그 이치를 찾아내려 했다. 그러나 1주일간에 걸친 명상 끝에 병만 얻었다. 이후 잇달아 전시殿試에 떨어진 그는 『손자병법』을 비롯한 병서를 자세히 읽으면서 문무겸전에 심혈을 기울였다.

홍치 12년(1499) 마침내 전시에 합격하여 진사가 되었다. 공부주사工

部主事에 임명되자 곧 홍치제에게 국경수비의 전략 등에 관한 8개 항의 시무책時務策을 올렸다. 문무를 겸비했기에 이런 상소가 가능했다. 이듬해인 홍치 15년(1502) 건강이 나빠져 양명陽明 계곡에서 정양했다. 이때 도가의 도인술導引術을 수련해 건강을 되찾았다. 홍치 18년(1505) 경부터 많은 학자들이 그의 가르침을 받기 위해 문하로 몰려들었다. 이해에 홍치제가 병사하고 정덕제가 즉위했다.

이듬해인 정덕 원년(1506)에 그에게 커다란 시련이 닥쳤다. 탐오한 환관의 상징인 유근을 탄핵하다가 투옥된 검열관을 옹호한 탓에 40대의 곤장을 맞고 여러 달 동안 옥에 갇혔다. 이후 지금의 귀주성 용장龍場의 역승驛丞으로 좌천되었다. 질병과 고독 속에서 37세가 되던 정덕 3년(1508)의 어느 날 밤 큰 깨달음을 얻게 되었다. 주희의 가르침처럼 사물 속에서 이理를 찾는 게 아니라 자기 자신의 마음속에서 그 이치를 찾아야 한다는 깨달음이었다. 이를 '용장오도龍場悟道'라고 한다. 학자들은 '용장오도'를 두고 주희와 논쟁을 벌인 육구연陸九淵이 처음 주장한 심성론을 완성의 경지로 끌어올렸다고 평했다. 그의 학문을 양명학 또는 육왕학陸王學으로 부르는 이유다.

주목할 것은 그의 군사적 능력이다. 정덕 5년(1510) 그는 강서의 지방관이 되자 10가구씩 묶어 서로의 행위에 대해 연대책임을 지게 하는 십가패법十家牌法을 실시하는 등 많은 개혁안을 시행했다. 이는 『손자병법』을 비롯한 많은 병서가 하나같이 말하는 대오隊伍의 편제법을 그대로 원용한 것이다. 덕분에 형부와 도찰원 등에서 근무한 후 정덕 11년(1516) 강서의 지사知事가 되었다. 병학兵學에 대한 식견을 높이 산 결과다.

당시 강서 지방에는 수십 년 동안 비적과 반도叛徒들이 들끓고 있었다. 왕양명은 강서 지사가 된 이듬해부터 2년 동안 모두 4차례에 걸쳐 대대적인 토벌작전을 펼쳐 이들을 소탕했다. 정덕 14년(1519) 초 주신호가 반기를 들자 왕양명을 견제하는 북경의 정적들이 왕양명이 주신호와 모반을 꾀했다는 식으로 모함했다. 일찍이 왕양명은 조정의 부름을 받고 북경으로 올라오던 중 주신호가 머무는 남창에 들른 적이 있다. 주신호가 그를 위해 크게 연회를 베풀었다. 두 사람이 서로 이런저런 얘기를 나누던 중 문득 주신호가 한숨을 내쉬었다.

"세상이 이처럼 어지러우니 참으로 탕왕과 무왕의 정사가 더욱 그립구나!"

왕양명이 덧붙였다.

"탕왕과 무왕이 나타날지라도 반드시 이윤伊尹과 여상呂尙 같은 인물이 있어야 할 것입니다."

이윤과 여상은 탕왕과 무왕을 도와 은나라와 주나라를 건립한 창업공신이다. 주신호가 말했다.

"탕왕과 무왕이 나타나면 이윤과 여상은 반드시 나오게 돼 있소."

왕양명이 반박했다.

"이윤과 여상이 나오면 반드시 백이伯夷와 숙제叔弟가 나오기 마련입니다."

백이와 숙제는 주무왕의 은나라 토벌을 만류하다 실패한 뒤 수양산에 들어가 고사리를 캐 먹다가 아사한 전설적인 인물이다. 흥이 깨져 주연이 이내 파한 것은 말할 것도 없다. 이로부터 얼마 안 돼 주신호의 모반사건이 빚어졌다.

일설에 따르면 주신호는 모반을 일으킬 당시 왕양명이 자신을 좇지 않을 것을 미리 알고 그의 체포를 명하는 현상을 내걸었다고 한다. 왕양명이 황급히 밤을 새워 임강臨江으로 달려갔다. 임강의 지부 대덕유戴德儒가 군사를 물려 반군을 저지하는 방안을 건의했다. 왕양명이 반대했다.

"영왕의 입장에서 볼 때 상책은 출기불의出其不意로 곧바로 북경으로 쳐들어가는 것이다. 황제 주변의 수많은 신하들이 이미 그에게 매수됐기 때문에 불가능한 게 아니다. 그가 밤을 새워 북경으로 진격하면 천하는 바로 그의 것이 된다. 중책은 우선 남경을 손에 넣은 뒤 천하를 둘로 쪼개는 것이다. 상황을 좇아 장강을 건너 진공하거나 지키면 된다. 하책은 남창에 머무는 것이다. 이는 독안의 쥐를 자처하는 게 되어 반드시 패하게 돼 있다. 우리는 그가 하책을 취하도록 만들어야 한다."

이는 왕수인이 주신호를 토벌한 뒤 만들어진 것으로 보인다. 그러나 당시 왕수인이 병법에서 말하는 허장성세虛張聲勢와 이간계離間計에 입각해 거짓 정보를 흘리면서 주변에 격문을 돌리는 식으로 미리 승세勝勢를 굳힌 것은 사실이다. 당시 왕양명은 주신호를 속이기 위해 격문에서 이같이 말했다.

"조정에서는 이미 오래전에 영왕이 반기를 들 것을 알고 16만 명의 대군을 준비해두고 있었다. 지금 진압군이 남창으로 내려오는 중이다. 이들이 이르는 곳마다 군량을 넉넉히 제공하도록 하라. 이를 어길 경우 그 죄를 엄히 물을 것이다."

실제로 주신호는 왕수인의 계책에 넘어가 남창에 머물며 감히 밖으로 나갈 생각을 하지 못했다. 당시 주신호 주변에 두 명의 지낭智囊이 있었다. 이사실李士實과 유양정劉養正이 그들이다. 두 사람 모두 주신호에게 속히 거병해 남경을 접수할 것을 권했다. 주신호가 머뭇거리며 결단하지 못할 때 왕양명이 이간계를 구사했다. 이사실과 유양정이 주신호를 사주해 동쪽으로 가면 토벌군이 도중에서 영왕을 잡아 죽인 뒤 두 사람이 세운 공을 크게 기린다는 내용이었다. 주신호가 두 지낭의 남경공략 방안에 의구심을 품은 배경이다. 주신호가 반달 가까이 머뭇거리는 사이 왕양명은 남경의 방비를 튼튼히 할 수 있었다.

이해 7월, 영왕이 6만 명의 반군을 이끌고 구강九江과 남강南康 등을 공략한 뒤 장강을 넘어 안경安慶으로 진공했다. 당시 왕양명은 일대의 토민과 농민들로 구성된 8만 명의 군사를 이끌면서 대외적으로는 30만 대군이라고 떠들었다. 사람들이 급히 안경을 구해야 한다고 건의하자 왕양명이 반대했다.

"지금 구강과 남강은 이미 반군의 손에 넘어갔다. 만일 우리가 남창을 지난 뒤 도강해 안경을 구하려 들 경우 앞뒤로 적을 맞게 된다. 지금 남창의 방비가 소홀하고 우리 군사의 예기가 성하니 가히 남창을 깨뜨릴 만하다. 반군이 이 소식을 들으면 틀림없이 남창을 구하기 위해 회군할 것이다. 이때 파양호鄱陽湖 일대에 매복하고 있다가 기습을 가하면 능히 승리할 수 있다."

과연 왕양명이 군사를 이끌고 가 순식간에 남창을 손에 넣자 주신호가 크게 놀란 나머지 군사를 돌려 남창 탈환에 나서고자 했다. 꾀주머니 이사실이 황급히 간했다.

"안 됩니다. 이미 남창을 구할 길이 없습니다. 차라리 안경을 손에 넣은 뒤 남경으로 진공하는 게 낫습니다. 남경은 이후에 구할지라도 늦지 않습니다."

주신호가 듣지 않았다. 이 소식을 들은 왕양명이 내심 쾌재를 불렀다. 곧 휘하 장수들에게 명해 속히 군사를 이끌고 가 예정된 지역에 매복하도록 했다. 결국 주신호의 반군은 협격에 걸려 대패하고 말았다. 황급히 몸을 피한 주신호가 구강과 남강 일대의 정예군을 출격시켰다. 왕양명은 대군을 집결시켜 남강 일대에서 일대 격전을 펼치고자 했다. 싸움이 벌어지기 전에 왕양명은 금은과 주옥 등 모든 재물을 털어 휘하 장병들에게 나눠주면서 격려했다. 공교롭게도 싸움이 벌어지기 직전 주신호가 휘하 장수들과 함께 배 위에서 작전회의를 펼쳤다. 이 사실을 안 왕양명이 풍향을 가늠한 뒤 작은 배에 마른 풀을 잔뜩 싣고 가 적선을 향해 돌진하는 화공火攻을 펼쳤다. 적벽대전을 방불케 하는 상황이 빚어졌다. 영왕 주신호의 왕비와 대신들이 분분히 물속으로 뛰어들어 자진했다. 주신호와 측근들 모두 포로가 됐다. 이로써 주신호의 반란은 앞뒤로 35일 만에 평정됐다. 왕수인이 명나라 최고의 귀신 같은 장수라는 뜻의 대명군신大明軍神의 칭호를 얻게 된 배경이다. 이는 「마의」의 다음 가르침을 좇은 덕분이다.

"무릇 마의술은 사물이 미세한 조짐을 보일 때 곧바로 실천에 옮겨야 한다. 시기를 놓치지 않는 게 관건이다. 성공을 거뒀을 경우에는 짐짓 뒤로 물러나며 공을 자신의 것으로 삼지 말아야 한다."

정덕제가 남순할 속셈으로 주신호 반군 토벌을 묵살했을 때 이를 묵묵히 수용한 게 그렇다. 일설에는 정덕제가 주신호를 방면하라는 명까지 내렸다고 하나 이는 믿기 어렵다. 정덕 16년(1521) 마침내 정덕제 주후조가 숨을 거두고 태자가 즉위했다. 그가 가정제嘉靖帝이다. 가정제는 왕양명의 무략武略을 높이 사 병부상서兵部尙書에 임명하면서 신건백新建伯에 봉했다. 왕양명은 뒤늦게 공을 인정받은 셈이다.

가정 원년(1522) 왕양명은 부친상을 당해 고향으로 돌아가 3년 동안 상중에 있었다. 그는 5년 이상을 고향에 머물면서 중국 각지에서 찾아온 수백 명의 문하생들과 함께 양명학에 관해 토론했다. 이때에 나눈 대화와 그 이전의 대화들을 하나로 엮은 것이 『전습록傳習錄』이다. 여기에 양명학의 논지와 그의 사적이 실려 있다. '전습'은 『논어』「학이」에 나오는 '배운 것을 익히지 못했는가?'라는 뜻의 전불습호傳不習乎에서 따온 것이다.

가정 6년(1527) 6월 왕양명은 광동과 광서 일대의 묘족苗族 반란을 진압하라는 명을 받고 6개월 만에 그 반란을 평정했다. 그러나 수년 동안 고통받아 온 천식이 도져 중태에 빠졌다. 그는 가정 8년(1529) 개선하여 돌아오던 중 과로와 고열로 숨을 거뒀다. 그는 출정 전야에 양명학의 진수를 논한 것으로 일컬어지는 사구결四句訣을 남겼다.

마음의 본체는 본래 선악이 없는 것으로	無善無惡是心之體
선악의 출현은 오직 뜻의 작용 때문이지	有善有惡是意之動
드러난 선악을 구별하여 아는 게 양지고	知善知惡是良知
선을 행하고 악을 버리는 것이 격물이지	爲善去惡是格物

그의 정적들이 그를 무함해 작위와 세습봉록을 박탈했다. 이에 항의한 사람들 모두 파면되거나 유배당했다. 그의 가르침을 전파하는 것도 금지되었다. 38년 뒤 가정제의 뒤를 이은 융경제隆慶帝가 즉위 원년(1567)에 그에게 신건후新建侯의 작위와 문성文成 시호를 내렸다. 만력제 12년(1584) 초 마침내 공자묘에 배향되는 최고의 영예를 얻었다. 이후 양명학은 중국 전역에 널리 퍼져 성리학과 쌍벽을 이루게 되었다. 유학사에서 성리학을 집대성한 주희와 더불어 늘 함께 거론되는 이유다.

양명학은 도리를 역설한 성리학과 달리 마음의 이치를 더 강조한 게 특징이다. 사물의 이치를 깨달아야 한다는 주자학의 성즉리性卽理 주장과 달리 마음이 이치이고 마음 밖의 이치가 없다는 심즉리心卽理를 주장한 게 그렇다. "앎은 실천의 시작이고, 실천은 앎의 완성이다"라는 지행합일知行合一도 여기서 나왔다. '심즉리'의 논리를 인식과 행위라는 도덕의 영역에 적용한 게 바로 '지행합일'이다. 이는 사물의 이치를 안 후 실천에 들어가야 한다는 주희의 선지후행先知後行과 반대된다.

왕양명은 성리학에서 말하는 이理의 근거를 마음속에 존재하는 양지良知에서 찾았다. 구체적으로 발현된 것이 바로 진지眞知이다. '진지'가 드러나지 않고 '지'와 '행'이 나뉜 것은 사욕私欲 때문이다. '지'는 마음속에 내재하고 있는 까닭에 '행'은 그 표현에 지나지 않고, 양자는 별개가 아니라 처음부터 하나다. 성리학과 비교할 때 만물제동萬物齊同을 설파한 장자사상에 불가의 옷을 입힌 선가禪家의 논리에 훨씬 가깝다.

모든 사상이 그렇듯이 양명학도 시대적 산물이다. 명나라가 쇠퇴하고 민란이 잇달아 터지는 와중에서 난세의 논리를 받아들인 결과다. 물질적 풍요가 절정에 달한 남송 때 출현한 성리학과 다를 수밖에 없다. 왕양명 자신은 자신의 학문을 어떠한 범주에 넣고 정의하는 것을 거부했다. 형식보다 실질을 중시했기 때문이다. 그가 생각할 때 주자학은 지나치게 형식에 얽매여 있었다. 진리는 논리나 제도를 넘어서야 한다는 게 그의 생각이었다. 슬픈 장면을 보고 슬퍼할 줄 알고 곤경에 처한 사람을 보면 달려가서 도와주는 마음 자체가 그 어떤 도덕적 이념보다 중요하다고 본 이유다.

양명학의 등장은 기본적으로 문무를 겸비한 왕양명이라는 출중한 인물이 있었기에 가능했다. 그는 나라의 도적을 물리친다는 파산중적破山中賊의 업적이나 마음의 도적을 물리치는 파심중적破心中賊을 동일시했다. 그가 '지행합일'을 역설한 이유다. 『손자병법』을 비롯한 병서를 탐독한 게 이를 가능하게 했다. 『귀곡자』도 읽었을 공산이 크다. 『손자병법』의 전술전략과 『귀곡자』의 종횡술은 동전의 앞뒤 관계와 같다. 그가 영왕 주신호를 격파할 때 구사한 일체의 책략이 이를 뒷받침한다.

제9편 양권 |量權| 경청하는 모습을 보여라

「양권」은 대국적인 관점에서 전체 국면을 읽는 것을 말한다. 권權에 대한 해석에 따라 크게 두 가지 경우로 나눠볼 수 있다. 하나는 '권'을 본래 의미인 저울 내지 저울질한다는 뜻의 권형權衡으로 풀이하는 경우다. 이는 상대의 능력과 자질 등을 파악하는 것을 의미한다. 미시적인 접근이다. 다른 하나는 권세權勢와 권변權變, 권모權謀 등의 명사로 풀이하는 경우다. 거시적인 접근에 해당한다. 이해관계의 득실을 헤아리는 게 요체다. 조리 있게 설득할 수 있는 언변을 지녔을 경우 유세의 효과가 크다. 평소 사물을 대할 때 평정한 마음을 지니고 객관적으로 바라보는 훈련을 할 필요가 있다. 그래야만 사적인 호오의 감정에 휩쓸려 자신이 보고 싶은 바대로 사물을 해석하는 오류를 최소화할 수 있기 때문이다. 바둑에 비유하면 입신의 경지에 오른 고수가 사소한 국지전의 승패에 연연하지 않고 늘 전체의 국면을 바라보며 상대의 응수에 따라 전략을 수시로 바꾸는 이유다. 비즈니스도 하등 다를 게 없다. 작은 싸움에 이길지라도 대국을 제대로 읽지 못하면 결코 최후의 승리자가 될 수 없다.

9-1

說者, 說之也. 說之者, 資之也. 飾言者, 假之也, 假之者, 益損也. 應對者, 利辭也. 利辭者, 輕論也. 成義者, 明之也, 明之者, 符驗也. 言或反覆, 欲相卻也. 難言者, 卻論也, 卻論者, 釣幾也.

유세游說는 상대를 설복시키는 것을 말한다. 설복은 반드시 상대에게 도움이 되는 쪽으로 이뤄져야 한다. 말을 꾸미는 것은 상대의 말을 이용하는 것이고, 이용하는 것은 상대의 말 가운에 일부를 덧붙여 겉으로 드러내거나 일부를 생략해 감추는 식으로 수식하는 것을 뜻한다. 상대의 돌연한 질문에는 재치 있는 말로 응대한다. 이는 간결하면서도 명쾌한 논의를 뜻한다. 의리에 관한 얘기를 할 때는 반드시 상대방이 그런 도리를 명확히 알도록 설명하고, 상대방이 그런 도리를 명확히 알도록 하려면 반드시 사례를 들어 논증해야 한다. 논의과정에서 서로 의견이 일치하지 않을 경우 전에 한 말로 거슬러 올라가거나 뒤집어 보는 식의 반복反覆화법을 구사할 수 있다. 이는 상대를 논리적으로 제압하기 위한 것이다. 논란이 빚어졌을 때 상대의 논리를 접수하지 않을 수 있다. 이는 상대가 감추고 있는 사실을 드러내기 위한 것이다.

현존 판본은 「권」으로 되어 있으나 『태평어람』 권 462에 인용된 편명은 「양권量權」이다. 여기의 권權은 원래 저울추를 말한다. 저울대를 뜻하는 형衡과 결합해 흔히 '권형'으로 사용되었다. 양권量權은 곧 상대의 능력 등을 저울로 재듯이 자세히 살펴본다는 뜻이다. 『도덕경』 제57장에 이런 구절이 나온다.

"백성에게 사리를 꾀하는 이기利器가 많아지면 나라는 더욱 혼란스러워진다."

사리사욕을 꾀하는 '이기'는 곧 공인된 저울인 공권公權이 아니라 사사로운 저울인 사권私權을 지칭한다. 삼국시대 위나라의 왕필王弼이 그같이 해석했다. 이에 앞서 전국시대 말기의 명장인 악의樂毅의 스승으로 알려진 전설적인 도인 하상공河上公은 이같이 주석해 놓았다.

"사리를 꾀하는 '이기'는 곧 저울추인 권權을 말한다. 천하가 다권多權이면 보는 자들의 눈이 어지러워지고 듣는 자들의 귀가 미혹된다. 상하가 서로 반목해 이내 나라가 혼란스러워지는 이유이다."

'다권'은 여러 개의 도량형이 난립해 있다는 뜻으로 천하가 통일되지 못하고 분열되어 있음을 의미한다. 이는 통일권력을 상징하는 국가 공인의 도량형인 공권의 부재를 지적한 것이다. 필연적으로 수많은 사권이 난립할 수밖에 없다. 역사상 국가 혼란의 원인을 공권의 부재와 사권의 난립에서 찾은 것은 이것이 처음이다.

최고통치권자인 제왕은 곧 권형의 핵심인 저울추를 거머쥔 자에 해당한다. 저울의 성패는 정확한 눈금 및 저울추를 전제로 한 공평한 '저울질'에 있다. 인재를 발탁하는 기준이 천하의 공의公義에 부합하고 정책 및 권력의 집행이 천하의 공론公論에 부합해야 하는 이유다. 전한제국 초기 가의賈誼는 「과진론過秦論」에서 성군과 폭군의 판별 기준으로 '공권의 사권화私權化'를 든 바 있다. '사권화'는 저울의 눈금과 저울추가 제왕 및 주변 인물들의 입맛에 따라 멋대로 정해지는 '자의적인 저울질'을 의미한다. 상인이 눈금과 저울추를 속이면 이내 소비자들의 불신이 높아져 시장이 혼란스럽게 된다. 치국평천하에 나타나는 '사권화'는 군주가 사람의 됨됨이나 능력과 무관하게 사적으로 가까운 자들을 고위직에 기용하는 데서 시작된다. 공자가 『논어』「자로」편에서 치국평천하의 대전제로 명분을 바로세우는 정명正名을 든 것은 바로 이 때문이다.

'세지자說之者, 자지야資之也'는 설복을 받는 입장에서 볼 때 반드시 도움이 되는 쪽으로 유세가 진행되어야 한다는 뜻이다. 자資는 도와줄

조助의 의미이다. 이사자利辭者는 재치 있는 언사를 뜻한다. 경론輕論은 가벼이 대답하는 것을 말한다. 성의자成義者는 의리에 관한 언급을 의미한다. 각론卻論은 상대의 말을 배척하는 것을 뜻한다. 각卻은 각却의 본래 글자이다. 조기釣幾는 상대가 은밀히 감추고 있는 내용을 '각론' 등의 유세술을 통해 밖으로 끄집어내는 것을 말한다.

9-2

佞言者, 諂而干忠, 諛言者, 博而干智, 平言者, 決而干勇, 戚言者, 權而干信, 靜言者, 反而干勝. 先意承欲者, 諂也, 繁稱文辭者, 博也, 縱舍不疑者, 決也, 策選進謀者, 權也, 先分不足以窒非者, 反也.

교묘히 포장한 영언佞言은 상대의 비위를 맞추는 언사를 구사한다. 덕분에 자신의 속마음을 감춘 채 널리 충직하다는 호평을 얻을 수 있다. 아부하는 유언諛言은 박식하고 화려한 표현을 사용하는 까닭에 지혜롭다는 평을 얻는다. 수식이 없는 평언平言은 곧으면서도 단호한 직절直截의 표현을 사용하는 까닭에 용맹하다는 평을 얻는다. 우려를 담은 척언戚言은 심금을 울리는 애절한 표현을 사용하는 까닭에 믿음직스럽다는 평을 얻는다. 모략적인 정언靜言은 자신의 약점은 감춘 채 상대의 약점을 집중 거론하면서 공박하는 까닭에 논쟁에서 승리를 거둔다는 평을 얻는다.

미리 상대의 욕망을 간파한 뒤 그 욕망에 부합하는 말을 하는 것은 첨언諂言이다. 명구를 대거 인용해 화려한 언사를 구사하는 것은 박언博言이다. 단도직입적으로 말하며 의심하지 않는 듯이 말하는 것은 결언決言이다. 형세의 변화를 좇아 임기응변의 책략을 올리듯 말하는 것은 권언權言이다. 논거가 약한데도 상대의 실수를 들춰내 논박하는 것은 반언反言이다.

도이간충諂而干忠의 도諂는 아첨할 첨諂과 통한다. 간충干忠은 충성忠誠의 명성을 구한다는 뜻이다. 간干을 『이아爾雅』「석언釋言」은 구求로 풀이했다. 정언靜言의 정靜을 유염은 능언能言으로 풀이했으나 허부굉은 평정할 정靖과 같은 뜻으로 간주해 모략謀略으로 풀이했다. 반이간승反而干勝의 반反은 자신도 약점을 갖고 있으면서 오히려 상대의 약점을 집요하게 공박한다는 뜻을 담고 있다. '선의승욕先意承欲, 도야諂也' 구절의 '선의승욕'은 상대의 욕망을 미리 헤아려 그에 맞춰 유세하는 것을 말한다. 여기의 '도야'는 첨야諂也의 뜻이다. 번칭문사繁稱文辭는 널리 고전 등의 전거典據를 인용해 유세하는 것을 말한다. 선분부족이질비先分不足以窒非는 논거가 부족한데도 상대의 실수를 집요하게 공박하는 것을 말한다. 적반하장賊反荷杖의 취지와 같다. 여기의 질窒은 공박攻駁의 뜻이다.

9-3

故口者, 機關也, 所以關閉情意也. 耳目者, 心之佐助也, 所以窺覸姦邪. 故曰, 參調而應, 利道而動. 故繁言而不亂, 翱翔而不迷, 變易而不危者, 覩要得理. 故無目者不可示以五色, 無耳者不可告以五音. 故不可以往者, 無所開之也. 不可以來者, 無所受之也. 物有不通者, 聖人故不事也. 古人有言曰口可以食, 不可以言言者, 有諱忌也. 衆口爍金, 言有曲故也.

입은 말이 드나드는 핵심적인 기관機關으로 실정과 의도를 감추는 역할을 한다. 귀와 눈은 마음을 보좌하는 기관으로서 간사함을 가려내는 역할을 한다. 그래서 말하기를, "입과 귀 및 눈 3가지가 조화를 이뤄 상응해야만 가장 유리한 노선을 택해 움직일 수 있다"고 하는 것이다. 번다한 말을 들어도 혼란스럽지 않고, 자유롭게 행동해도 길을 잃지 않고, 상황이 급변해도 사기를 당하지 않는 것도 이 때문이다. 모두 상대의 말 속에서 요점을 읽고 대응 이치를 찾은 덕분이다.

눈이 없는 사람에게 5색五色을 보여줄 수 없고, 귀가 없는 사람에게 5음五音을 들려줄 수 없다. 상대에게 유세할 수 없다는 것은 곧 상대의 마음을 열고 그 속사정을 파악하는 일을 못했기 때문이다. 누군가 다가와 유세하지 않는 것은 유세자의 생각을 수용할 여지가 없기 때문이다. 꽉 막혀 서로 교신할 수 없는 자는 성인조차 함께 일을 도모할 길이 없었다. 옛사람의 말 가운데 "입은 음식을 먹을 수 있지만 마음대로 말할 수는 없다"는 말이 있다. 말에는 꺼리고 피해야 할 게 많다는 뜻이다. "여러 사람이 입을 맞추면 쇠도 녹일 수 있다"는 뜻의 중구삭금衆口爍金이 그 실례다. 이구동성으로 떠들면 능히 있는 것도 없는 것으로, 없는 것도 있는 것으로 왜곡할 수 있기 때문이다.

기관機關은 사물의 핵심인 추요樞要 내지 관건關鍵의 뜻이다. 심지좌조心之佐助는 눈과 귀를 마음의 보조기관으로 상정한 데서 나온 것으로 옛사람들은 생각이 머리가 아닌 마음에 있다고 간주했다. 규간窺覵은 엿보고 살핀다는 뜻이다. 참조이응參調而應의 참參은 입과 귀, 눈을 지칭한다. '조이응'은 조화를 이루어 응한다는 의미이다. 고상翱翔은 새가 천공을 날듯이 행동이 자유롭다는 뜻이다. 변역이불궤變易而不危의 궤危는 사기를 당한다는 뜻의 피동사 궤詭의 가차이다. '구가 이식口可以食, 불가이언不可以言' 구절 뒤에 오는 언자言者의 '언'은 원문에 없는 것이나 도장본道藏本과 건륭본乾隆本 등에 의거해 보완했다. 언유곡고言有曲故의 '곡고'는 사실의 왜곡을 뜻한다.

9-4

人之情, 出言則欲聽, 擧事則欲成. 是故智者不用其所短, 而用愚人之所長. 不用其所拙, 而用愚人之所工. 故不困也. 言其有利者, 從其所長也. 言其有害者, 避其所短也. 故介蟲之捍也, 必以堅厚. 螫蟲之動也, 必以毒螫. 故禽獸知用其長, 而談者亦知其用而用也.

인지상정人之常情을 보면 사람이란 늘 상대가 자신의 말을 들어주기를 바라고, 무슨 일이든 하면 반드시 성공을 기약하기 마련이다. 그래서 지혜로운 자는 자신의 단점을 쓰지 않고 어리석은 자의 장점을 이용한다. 자신의 서투름을 쓰지 않고 어리석은 자의 정교함을 쓴다. 어떤 경우든 곤경에 빠지지 않는 이유다. 어떤 사물의 유리한 점을 말하는 것은 그 장점을 따르려는 것이고, 해로운 점을 말하는 것은 그 단점을 피하려는 것이다. 딱딱한 껍질을 가진 곤충이 스스로를 보호하고자 하면 반드시 견고하고 두꺼운 껍질로 자신을 보호해야 한다. 독을 가진 벌레가 활발히 움직이고자 하면 반드시 맹독으로 자신을 보호해야 한다. 금수가 자신의 장점을 알고 사용하듯이 유세하는 자 또한 자신의 장점을 적극 활용할 줄 알아야 한다.

인지정人之情의 정情은 통상적인 정서인 상정常情을 뜻한다. 개충介蟲은 딱정벌레 등의 갑충甲蟲을 말하고 석충螫蟲은 지네처럼 독을 가진 곤충을 말한다.

9-5

故曰,“辭 言有五. 曰病曰恐曰憂曰怒曰喜.”病者, 感衰氣而不神也. 恐者, 腸絶而無主也. 憂者, 閉塞而不泄也. 怒者, 妄動而不治也. 喜者, 宣散而無要也. 此五者, 精則用之, 利則行之. 故與智者言, 依於博. 與博者言, 依於辨. 與辨者言, 依於要. 與貴者言, 依於勢. 與富者言, 依於高. 與貧者言, 依於利. 與賤者言, 依于謙. 與勇者言, 依於敢. 與愚者言, 依於銳. 此其術也, 而人常反之.

그래서 말하기를, “유세하는 사람이 함부로 구사해서는 안 되는 5종의 언사가 있다. 병든 느낌을 주는 병언病言, 두려움에 떠는 공언恐言, 근심이 가득한 우언憂言, 분노에 찬 노언怒言, 기쁨에 들뜬 희언喜言 등이 그것이다”라고 하는 것이다. ‘병언’은 듣는 사람에게 쇠락한 느낌을 주며 생기가 없다. ‘공언’은 내장이 끊긴 듯해 말에 주견이 없다. ‘우언’은 꽉 막힌 느낌을 주며 상대와 교류하고 싶지 않은 듯이 들린다. ‘노언’은 감정을 통제 못해 무슨 큰일을 일으킬 듯이 들린다. ‘희언’은 마음을 산란하게 만들어 요점이 없는 듯 들린다. 이들 5종의 언사는 정신이 맑은 자만이 상황을 좇아 적절히 활용할 수 있는 것으로 이익이 있을 때만 제한적으로 구사한다.

대상에 따라 9가지 유세방안이 있다. 첫째, 지혜로운 자와 말할 때는 박식博識에 기댄다. 둘째, 박식한 자와 말할 때는 사물의 이치에 밝은 변석辨析에 기댄다. 셋째, 변석에 밝은 자와 말할 때는 간명하고 핵심적인 간요簡要에 기댄다. 넷째, 신분이 높은 자와 말할 때는 권세權

勢에 기댄다. 다섯째, 돈이 많은 자와 말할 때는 고상高尙에 기댄다. 여섯째, 가난한 자와 말할 때는 이득利得에 기댄다. 일곱째, 신분이 낮은 자와 말할 때는 겸허謙虛에 기댄다. 여덟째, 용맹한 자와 말할 때는 과감果敢에 기댄다. 아홉째, 어리석은 자와 말할 때는 예리한 지적인 예봉銳鋒에 기댄다. 이것이 유세술이다. 사람들은 통상 이와 정반대로 유세한다.

병언病言과 공언恐言 등을 두고 도홍경은 중화中和와 평창平暢을 잃은 결과로 해석했다. 선산이무요宣散而無要의 '선산'은 널리 흩어진다는 뜻이다. 정즉용지精則用之의 정精은 정기精氣 내지 정신을 의미한다. 이즉행지利則行之는 오직 이익이 있을 때만 유세술을 구사한다는 의미이다.

9-6

是故與智者言, 將以此明之. 與不智者言, 將以此教之, 而甚難爲也. 故言多類, 事多變. 故終日言, 不失其類, 而事不亂. 終日不變而不失其主, 故智貴不妄. 聽貴聰, 智貴明, 辭貴奇.

지혜로운 자와 말할 때 '박식'에 기대면 매우 쉽게 이해하고, 지혜롭지 못한 자와 말할 때 '박식'에 기대 가르치려 들면 큰 어려움에 처하게 된다. 유세하는 방식은 여러 가지이고 상황 또한 다양하게 변화한다. 종일토록 말할지라도 실정에 기초한 유세방식을 택하면 일이 혼란스럽지 않고, 유세방식을 종일토록 사물에 따라 변화시킬지라도 중심을 잃지 않는다. 지혜는 상대의 말에 따라 적절히 대응하며 경거

망동하지 않는 것을 귀하게 여긴다. 청언聽言은 명백히 듣는 것을 중시하고, 지혜는 사리의 명백한 분별을 중시하고, 언사는 기책으로 얻는 승리를 중시한다.

부실기주不失其主의 주主는 논지論旨 내지 취지趣旨를 말한다. 지귀불망智貴不妄의 망妄은 경거망동을 뜻한다. 청귀총聽貴聰 이하 세 구절을 두고 도홍경은 풀이하기를, "청총聽聰은 진위眞僞가 섞이지 않게 하고, 지명智明은 가부可否가 저절로 분명해지게 만들고, 사기辭奇는 시비是非가 완전히 갖춰지게 한다. 이들 3가지를 제대로 행하면 능히 공을 세우고 일을 성사시킬 수 있다"고 했다. 여기의 기奇는 다른 사람이 전혀 예상치 못하는 기책奇策을 뜻한다.

추기와 제위왕

전국시대는 중원의 진晉나라가 3분되는 기원전 403년을 기점으로 시작되었다. 서쪽 진秦나라를 당대 최고의 부강한 나라로 만든 상앙商鞅이 죽음을 맞이하는 기원전 338년을 기점으로 전기와 후기로 나눌 수 있다. 전기가 농업을 위주로 한 병가의 전성시대라면 후기는 상업을 위주로 한 종횡가의 전성시대에 해당한다. 이는 전쟁양상의 변화와 밀접한 관련이 있다. 춘추시대는 전차전 위주로 싸움이 전개되었다. 춘추시대 후기에 들어와 보병전이 각광을 받기 시작했으나 여전히 전차전이 주류를 이루었다.

그러나 전국시대에 들어서면서 전쟁양상이 일변했다. 싸움이 총력전으로 치달았다. 여기에는 무기의 발달이 크게 작용했다. 야금술의 발달로 철제무기가 널리 보급되면서 농민 출신의 일반 병사도 전쟁을 전문으로 하는 무사武士 못지않은 전투력을 보유했다. 이로 인해 보병이 주력군을 형성하고 전차병은 이를 보조하는 역할을 맡게 되었다. 상앙이 일면 농사를 지으면서 일면 용감한 전사로 활약하는 이른바 농전農戰을 부국강병의 기본 강령으로 채택해 강력한 변법을 실시한 이유다. 상앙과 비슷한 시기에 활약한 손빈이 『손빈병법』에서 방진方陣과 원진圓陣 등의 진법을 자세히 소개해 놓은 것도 이와 무관할 수 없다. 이들 진법 모두 농민 출신으로 구성된 보병의 밀집전법을 전제로 한 것이다.

전국시대 후기에 들어오면서 전쟁양상이 다시 한 번 일변했다. 보병전이 기병전 위주로 바뀐 것이다. 쇠뇌 등의 첨단무기가 등장하면서 기동타격이 중시되었다. 여기에는 상업의 발달이 크게 기여했다. 잉여 농산물과 수공업 제품의 교역이 활발해지고 총력전 양상이 격화되면서 무기와 군량의 이송을 담당하는 전문 무역상의 등장을 재촉한 결과였다. 이들은 전쟁특수를 틈타 거만의 재산을 모았다. 『사기』「화식열전」에 등장하는 부상대고富商大賈가 거의 예외 없이 전국시대 후기에 등장한 이유다.

주목할 것은 전국시대 후기에 들어오면서 전국칠웅 간의 싸움이 서쪽 진나라가 강력한 무력을 배경으로 동진하려 하고 동쪽의 나머지 6개국이 합세해 이를 저지하는 양상으로 전개된 점이다. 서쪽 진나라는 당시 최대 농업대국이자 최강의 군사대국이었다. 상앙이 추구한 '농전'의 정책기조를 계속 견지한 덕분이었다. 이에 반해 동쪽 6개국은 상업을 진흥시켜 상인들로부터 거두어들인 세금을 전비로 충당하는 방식으로 이에 맞섰다. 싸움이 시종 서쪽 진나라의 승리로 귀결된 이유다. 당시의 농업대국은 요즘으로 치면 제2차 산업인 제조업 강국에 해당한다. 첨단무기의 차이가 그리 크지 않았던 까닭에 군량의 확보가 싸움의 승패를 갈랐기 때문이다.

전국시대 후기에 들어와 동쪽 6국내에서 지금의 외교관에 해당하는 종횡가들이 횡행한 이유가 여기에 있다. 이들은 변화무쌍한 시변時變에 재빨리 적응해 주어진 상황 속에서 가장 유리한 선택지를 찾아내는 데 탁월한 재능을 발휘했다. 춘추시대 당시 싸움을 전문으로 한 무사와 대비되는 문사文士가 종횡가의 주류를 이루었다. 이들은 춘추시대의 무사와 마찬가지로 신분적으로는 귀족의 최하급에 속했지만 신분세습의 봉건질서가 무너진 시대상황 덕분에 일약 재상의 반열에 오를 수도 있었다. 소진과 장의를 비롯해 진진陳軫, 범수范雎, 채택蔡澤 등이 대표적인 인물이다.

종횡가들은 능란한 변설로 제후들을 설득할 경우 일거에 재상으로 입신할 수도 있었으나 자칫 말 한마디라도 실수할 경우 목숨을 내놓아야만 하는 위험부담을 안고 있었다. 나아가 아무리 뛰어난 지략을 지녔다 할지라도 군주를 직접 만나 유세하기가 그리 쉬운 일은 아니었다. 그들은 중개인 역할을 해줄 세가勢家에 몸을 의탁하며 기회를 엿보는 방법을 택했다. 이는 세객을 이용해 권력을 탈취 내지 유지하려는 세가의 이해와 맞아떨어졌다. 전국칠웅이 다투어 식객을 둔 이유다. 전국시대 후기에 양사養士를 통해 숱한 일화를 남긴 인물로 이른바 전국사공자戰國四公子를 들 수 있다.

맹상군孟嘗君 전문田文은 제위왕의 후손으로 3천 명의 식객을 거느리며 계명구도鷄鳴狗盜와 같은 숱한 일화를 남겼다. 평원군平原君 조승

趙勝은 조혜문왕의 동생으로 모수자천毛遂自薦 고사의 주인공이기도 하다. 신릉군信陵君 무기無忌는 위소왕의 아들로 조나라의 수도 한단이 진나라에 포위되었을 때 이를 구해줌으로써 절부구조竊符救趙의 고사를 남겼다. 초나라의 춘신군春申君 황헐黃歇은 초경양왕을 섬기며 능란한 외교술로 초나라를 합종의 맹주로 끌어올리면서 25년 동안이나 초나라의 재상을 역임했다. 그러나 그는 초고열왕이 죽자 자신의 휘하에 있던 이원李園의 암수에 걸려 멸족의 화를 입었다.

이들 모두 왕족의 서얼庶孼이다. 비록 왕위를 차지하지는 못했으나 세객들을 식객으로 거느리며 이들의 지략을 이용해 작게는 자신들의 세력을 공고히 하고 크게는 국난 타개의 선봉을 자처했다. 세객과 세가의 결합은 여불위와 진시황의 부친인 자초子楚의 만남에서 절정을 이루었다. 여불위는 비록 세객은 아니었으나 신분상의 한계를 뛰어넘기 위해 세객과 똑같은 심경을 지니고 있었다. 자초 또한 세가는 아니었으나 유사시 보위를 거머쥐고자 하는 야심을 품고 있었다. 두 사람의 절묘한 만남은 진시황의 탄생을 가능하게 했고 마침내는 진나라의 천하통일로 귀결되었다.

중원의 제후국들로부터 오랑캐 취급을 받았던 서쪽 진나라가 천하통일을 이루게 된 1차적인 계기는 진효공秦孝公이 상앙의 변법을 과감히 도입한 데 있다. 진나라는 두 차례에 걸쳐 상앙의 변법을 전면적으로 실시했다. 덕분에 상벌제도를 바로 세우고, 토지를 대량 개간하고, 병력을 강화하고, 군현제를 도입하는 등 강력한 중앙집권체제를 구축할 수 있었다. 당시 진나라의 막강한 무위를 상대할 수 있는 나라로는 오직 동쪽의 제나라밖에 없었다. 이는 제위왕齊威王이 진나라와 마찬가지로 제나라를 천하제일의 강국으로 만들기 위해 일련의 부국강병책을 간단없이 시행한 데 따른 것이었다. 그 제위왕도 또한 진효공과 마찬가지로 부국강병책의 첫 단계로 천하의 인재를 모으는 일부터 시작했다.

진나라에서 제1차 변법을 시행한 지 1년 뒤에 제위왕도 천하의 인재를 모으기 시작했다. 이에 진효공의 구현령에 응하지 않았던 수많은 인재들이 제나라로 몰려들었다. 그들 중에는 순우곤淳于髡과 추기鄒忌 등과 같은 뛰어난 인물들이 있었다. 순우곤 및 추기와 같은 인물들은 비록 법가는 아니었으나 진나라의 위앙에 버금할 정도로 뛰어난 인재들이었다. 사서에는 이들에 관한 일화가 많이 수록되어 있다. 가장 대표적인 것으로는 제위왕과 추기가 만나게 된 일화를 들 수 있다.

당시 제위왕과 추기는 모두 거문고를 잘 탔다. 하루는 추기가 제나라 궁문 앞으로 와 알현을 청했다.

"나는 원래 제나라 사람으로 가진 재주라고는 거문고를 타는 것뿐이오. 군왕이 특히 음악을 좋아한다기에 찾아왔소."

제위왕은 보고를 받고 곧 알현을 수락했다. 추기가 제위왕을 배견하자 제위왕이 곧 좌우에 명해 추기에게 거문고를 갖다주게 했다. 추기가 곧 줄을 고르더니 거문고를 타기 시작했다. 소리가 끊어질 듯 이어지는 것이 상당한 경지에 달한 솜씨였다. 추기의 연주가 끝나자 제위왕이 크게 기뻐하며 궁내의 우실右室에 머물게 했다. 얼마 후 제위왕이 거문고를 타게 되었다. 이때 추기가 문을 열고 들어와 말했다.

"탄주 솜씨가 참으로 놀랍습니다!"

제위왕이 추기의 돌연한 출현에 발끈 화를 냈다. 대검을 손으로 어루만지며 목소리를 높였다.

"그대는 들어온 지 얼마 되지도 않았는데 나의 탄주가 좋은지 어찌 안다고 그러는 것인가?"

그러자 추기가 대답했다.

"무릇 큰 현의 소리는 둔탁하면서도 봄과 같이 온화하여 군주에 비유되고, 작은 현의 소리는 맑고 깨끗해 상국에 비유됩니다. 음을 다잡을 때는 깊게 하고 풀을 때는 서서히 하니 정령政令에 비유되고, 모두 함께 소리를 내지만 크고 작은 소리가 서로 보완되어 굴곡을 이루면서도 서로의 소리를 해치지 않습니다. 이는 사계절의 운행과 같습니다. 이로써 탄주가 훌륭하다는 것을 알 수 있는 것입니다."

제위왕이 물었다.

"그대는 참으로 음률에 뛰어나오?"

추기가 말했다.

"어찌 음률뿐이겠습니까! 무릇 국가를 다스리고 백성을 안정시키는 것도 모두 그 안에 있습니다."

제위왕이 다시 화를 냈다.

"그렇다면 과인이 5음을 다스리는 것이 그대만 못하다는 것인가? 나라를 다스리고 백성들을 안정시키는 것을 어찌하여 거문고 탄주에 비유하는 것인가?"

추기가 말했다.

"무릇 큰 현의 소리는 둔탁하면서도 봄과 같이 온화해 군주에 비유되고, 작은 현은 맑고 깨끗해 상국에 비유됩니다. 음을 다잡을 때는 깊게 하고 풀을 때는 서서히 하니 정령에 비유되고, 모두 함께 소리를 내지만 크고 작은 소리가 서로 보완되어 굴곡을 이루면서도 서로의 소리를 해치지 않으니 사계절과 같습니다. 무릇 반복하면서도 어지럽지 않으니 나라가 잘 다스려져 창성하고, 상하좌우가 잘 이어지니 나라가 패망치 않는 것입니다. 그래서 거문고 소리가 조화를 이루면 천하가 다스려진다고 말하는 것입니다. 무릇 나라가 다스려지고 백성들이 무고한 것이 어찌 5음을 다스리는 이치와 같지 않겠습니까."

제위왕이 고개를 끄덕였다.

"참으로 옳은 말이오."

제위왕은 지혜로운 군왕이었다. 추기의 비유가 무엇을 말하는지 금방 깨달은 이유다. 추기가 제위왕의 신임을 얻게 된 것은 「양권」의 다음 가르침을 좇은 것으로 볼 수 있다.

"지혜로운 자와 말할 때 박식博識에 기대면 매우 쉽게 이해하고, 지혜롭지 못한 자와 말할 때 '박식'에 기대 가르치려 들면 큰 어려움에 처하게 된다. 유세하는 방식은 여러 가지이고 상황 또한 다양하게 변화한다. 종일토록 말할지라도 실정에 기초한 유세방식을 택하면 일이 혼란스럽지 않고, 유세방식을 종일토록 사물에 따라 변화시킬지라도 중심을 잃지 않는다."

추기가 제위왕을 만난 지 3달이 지나자 제위왕이 추기를 불러 국사를 논했다. 추기가 이같이 말했다.

"대왕은 술을 절제하고, 여색을 멀리 하고, 모든 일을 명실상부하게 하고, 충간을 구별하고, 백성을 잘 보살펴야 합니다. 그래야 패왕의 대업을 이룰 수 있습니다."

제위왕이 크게 기뻐하며 그날로 추기를 상국에 임명했다. 당시 제위왕을 찾아온 순우곤 역시 추기에 버금할 만한 인재였다. 전한제국 말기의 유향劉向이 쓴 『설원說苑』에는 순우곤과 관련한 일화가 실려 있다. 하루는 제위왕이 군사를 일으켜 위나라를 치려고 하자 순우곤이 이같이 간했다.

"한자로韓子盧는 천하에 발이 빠르기로 소문난 사냥개이고, 동곽준東郭逡은 천하에 교활하기로 소문난 토끼입니다. 한자로가 동곽준을 잡으려면 산을 3번이나 돌고, 다시 산을 5번이나 오르내려야 합니다. 토끼는 앞에서 뛰어가느라 마침내 힘이 다하고, 사냥개는 뒤에서 쫓느라 피로를 이기지 못하게 됩니다. 이에 개와 토끼 모두 함께 지쳐 그 자리에서 죽게 되면 농부는 수고 한 번 하지 않고 그 공을 독차지할 수 있습니다. 지금 제·위 두 나라가 오랫동안 대치한 결과 서로 병력이 쇠약해지고 백성 또한 지쳐 있습니다. 저는 강국 진나라나 대국 초나라가 제나라와 위나라가 서로 지쳐 있는 틈을 타 전부지공田父之功을 차지하지나 않을까 염려됩니다."

여기서 나온 성어가 견토지쟁犬免之爭이다. 개와 토끼의 쓸데없는 싸움을 말한다. 제3자가 이익을 본다는 취지를 담고 있다. '전부지공' 내지 어부지리漁父之利와 같은 뜻이다. '전부'는 농부를 말한다. 이 일화는 『전국책』 「제책」에도 나온다.

당시 제위왕이 순우곤의 '견토지쟁' 비유를 듣고는 크게 두려워한 나머지 곧 군사를 해산시키고는 장병들로 하여금 휴식을 취하게 했다. 제위왕은 추기를 성후成侯에 봉하면서 순우곤을 대부로 삼았다. 추기는 순우곤의 조언을 받으며 나라를 크게 다스렸다. 제나라가 크게 융성하자 제후들이 제위왕을 크게 두려워하며 제나라에 복종하게 되었다.

추기는 세 치 혀로 포의지사布衣之士에서 단번에 대국의 재상이 되어 자신의 포부와 기량을 유감없이 발휘했던 셈이다. 가문보다 개인의 능력을 중시한 전국시대의 특징이 약여하게 드러나는 대목이다. 전국시대는 암흑시대가 아니었다. 오히려 관직을 비롯한 모든 문호가 가장 널리 개방되어 있었다. 능력만 있으면 단시간 내에 최고위직에 올라가 마음껏 뜻하는 바를 펼칠 수 있었던 시기가 바로 전국시대였다. 중국의 전 역사를 통틀어 이때처럼 문호가 활짝 개방된 적은 전무후무했다. 추기는 바로 이러한 시대적 특징을 온몸으로 보여준 셈이다.

본래 추기는 키가 8척이나 되는 거구로 모습 또한 수려했다. 하루는 아침 일찍 의관을 갖춰 입고 거울을 바라보면서 아내에게 이같이 물었다.

"나와 성북城北의 서공徐公 중 누가 더 미남이오?"

'서공'은 도성 임치성 내의 북쪽에 사는 대부 서군평徐君平을 지칭했다. 추기와 서군평 모두 제나라에서 최고의 양대 미남으로 정평이 나 있었다. 추기의 아내가 대답했다.

"당신이 훨씬 빼어납니다. 서공이 어찌 감히 당신에 미칠 수 있겠습니까!"

그러나 추기는 아무래도 자신이 없어 이번에는 다시 첩에게 물었다.

"나와 서공 중 누가 더 미남이오?"

첩이 대답했다.

"서공 따위가 어찌 당신에게 미칠 수 있겠습니까!"

이튿날 한 문객이 찾아와 추기와 얘기를 나누게 되었다. 추기가 문객에게 물었다.

"나와 서공자 중 누가 더 미남이오?"

문객이 대답했다.

"서공은 공의 아름다움만 못합니다!"

다음날 서공이 추기의 집에 오게 되었다. 추기는 그를 여러모로 자세히 뜯어보면서 아무리 생각해도 자신이 없었다. 거울을 보며 마음속으로 비교해 보았지만 역시 서공과 너무 차이가 났다. 추기는 잠자리에 들어서도 잠을 이루지 못했다.

"아내가 나를 아름답다고 한 것은 나를 사랑하기 때문이고, 측실이 나를 아름답다고 한 것은 두려워하기 때문이고, 문객이 나를 아름답다고 한 것은 내게 바라는 바가 있기 때문이다."

추기는 입조하자마자 제위왕을 알현하면서 이같이 말했다.

"저는 실로 서공만한 미남이 아니라는 사실을 알고 있습니다. 그런데도 저의 처는 저에 대한 애정에서, 첩은 저에 대한 두려움에서, 문객은 저로부터 무엇인가 얻고자 하는 기대에서 모두 신이 서공보다 낫다고 했습니다. 지금 제나라는 사방 1천 리에 성읍이 120개나 되는 대국입니다. 그러니 비빈과 근신치고 대왕을 좋아하지 않는 자가 없고, 조정의 신하치고 대왕을 두려워하지 않는 자가 없고, 나라 안의 백성치고 대왕으로부터 이익을 얻고자 하는 기대를 품지 않은 자가 없습니다. 이로써 보면 대왕의 시야는 이러한 일로 인해 심하게 가려져 있다고 하겠습니다."

제위왕이 고개를 끄덕였다.

"과연 그 말이 옳소!"

그러고는 이내 군신들을 불러놓고 이같이 말했다.

"앞으로 과인의 잘못을 면전에서 지적하는 자에게는 상상上賞, 글로써 간하는 자에게는 중상中賞, 능히 시정에서 과인을 비방하여 그 소문을 과인의 귀에 들어오게 하는 자에게는 하상下賞을 내릴 것이다."

처음에는 간언하려는 군신들로 인해 궁정 안팎이 저자를 이뤘다. 그러나 몇 달 뒤에는 가끔 간언하러 오는 자만이 있게 되었고, 1년 후에는 비록 간하고 싶어도 간할 것이 없게 되었다. 이에 열국 군주들이 이 소문을 듣고 모두 제나라를 두려워하게 되었다. 이는 추기의 공이다. '서공'과 자신을 비교한 미남의 비유가 절묘했다. 「양권」의 다음 대목을 열심히 추종한 결과로 볼 수 있다.

"유세는 상대를 설복시키는 것을 말한다. 설복은 반드시 상대에게 도움이 되는 쪽으로 이뤄져야 한다. 말을 꾸미는 것은 상대의 말을 이용하는 것이고, 이용하는 것은 상대의 말 가운데 일부를 덧붙여 겉으로 드러내거나 일부를 생략해 감추는 식으로 말을 만드는 것을 뜻한다."

『전국책』「제책」에 실려 있는 이 일화는 추기가 당대의 현신이었음을 짐작하게 한다. 결과적으로 볼 때 당시 추기는 무력을 동원하지 않고도 정사를 밝게 함으로써 열국을 굴복시킨 셈이다. 상앙이 무력을 동원한 부국강병을 추구한 것과 대비된다. 상앙이 『상군서』에서 지적했듯이 법가가 종횡가를 꺼린 것도 이런 차이와 무관치 않을 것이다. 실천보다 말이 앞선다고 판단한 결과다. 그러나 제왕의 입장에서 볼 때는 법가의 부국강병 못지않게 종횡가의 책략과 유세 또한 필요하다. 비용을 훨씬 적게 들이고도 큰 효과를 볼 수 있기 때문이다. 실제로 진시황은 부국강병과 종횡술을 동시에 구사해 한나라 공략을 시작으로 불과 10년 만에 천하를 사상 최초로 통일하는 대업을 이뤘다.

모수자천과 양권술

기원전 260년 7월에 벌어진 장평대전長平大戰은 전국시대의 판도를 일변시킨 싸움이다. 이를 계기로 진나라는 천하통일의 결정적인 기반을 마련했고, 패전국 조나라는 급속히 몰락했다. 2년 뒤인 기원전 258

년 정월, 진소양왕이 장평대전 승리의 여세를 몰아 조나라를 일거에 제압하고자 했다. 곧 장수 왕릉王陵에게 명해 10만 대군을 이끌고 가 조나라 도성 한단성을 치게 했다. 조효성왕은 황급히 장평대전 직전 파직했던 염파廉頗를 대장으로 재차 기용했다. 염파는 굳게 성을 지키면서 사재를 털어 결사대를 모집했다. 조나라의 결사대가 한밤중에 성을 넘어가 진나라 군영을 기습하자 진나라 군사가 크게 혼란스러워졌다. 이때 장평대전을 승리로 이끈 백기白起의 병이 나았다. 진소양왕이 백기를 보내고 왕릉을 소환하고자 했다. 백기가 사양했다.

"한단은 사실 공격하기가 쉽지 않습니다. 게다가 제후들의 구원병이 매일 도착할 것입니다. 제후들이 진나라를 원망한 지 이미 오래되었습니다. 진나라가 비록 장평에서 대승했다고는 하나 죽은 병사가 전체의 절반을 넘어 국내가 텅 비어 있습니다. 우리는 먼 곳에서 산과 강을 넘어 다른 사람의 도성을 가지고 다투고 있습니다. 그러나 조나라는 안에서 제후들의 원군에 호응하고 제후들의 원군은 한단의 외곽에 있는 진나라 군사를 치려 합니다. 그리되면 진나라 군사는 패할 수밖에 없습니다."

진소양왕이 범수范雎를 보내 백기를 설득하게 했으나 백기가 끝내 칭병하며 이를 사양했다. 할 수 없이 장수 왕흘王齕을 보내 왕릉을 대신하도록 했다. 왕릉은 모든 관직을 삭탈당했다. 그러나 왕흘 역시 한단을 포위한 지 5달이 넘도록 함락시키지 못했다. 화가 난 진소양왕은 범수를 천거한 바 있는 정안평鄭安平을 부장군으로 삼은 뒤 그에게 군사 5만 명을 내주며 이같이 당부했다.

"속히 군사를 이끌고 가 왕흘을 돕도록 하시오. 과인은 무슨 수를 써서라도 반드시 조나라를 무찌르고 말 것이오."

『사기』「평원군열전」에 따르면 당시 조효성왕은 또다시 진나라 증원군이 몰려온다는 보고를 받고 크게 놀랐다. 곧 사자를 모든 나라에 보내 구원을 청했다. 상국으로 있는 평원군平原君 조승趙勝이 간했다.

"위나라는 우리나라와 인척간이므로 반드시 원군을 보낼 것입니다. 그러나 초나라는 너무 멀리 떨어져 있는데다 대국인 까닭에 단시 사자만 보내서는 소용없을 것입니다. 신이 직접 가서 초나라를 움직여 보겠습니다."

조효성왕이 승낙하자 평원군은 곧 집으로 돌아가 식객 중 문무를 겸비한 20명의 인재를 선발하고자 했다. 가까스로 19명을 얻었으나 나머지 한 사람은 당장 찾을 길이 없었다. 평원군이 탄식했다.

"수십 년 동안 선비를 기른 결과가 겨우 이것이란 말인가?"

맨 아래쪽 자리에 앉아 있던 선비들 중 한 사람이 일어섰다.

"저도 20명 속에 낄 수 있겠습니까? 저의 이름은 모수毛遂라고 합니다. 원래는 위魏나라 대량 출신입니다. 대군의 문하에 있은 지 3년이 되었습니다."

평원군이 말했다.

"무릇 현사賢士의 처세를 보면 마치 송곳이 주머니 속에 있는 것과 같소. 만일 그 끝을 세우게 되면 드러나기 마련이오. 지금 선생은 나의 문하에 있은 지 이미 3년이나 되었으나 나는 아직까지 선생에 관한 얘기를 들은 적이 없소. 이는 선생이 별로 칭찬할 만한 점이 없다는 것을 뜻하오."

"저는 오늘에야 비로소 주머니 속에 넣어주기를 청한 것입니다. 저를 일찍이 주머니에 넣었다면 벌써 끝이 밖으로 튀어나왔을 것입니다. 겨우 그 끝만 보이는 차원이 아니었을 것입니다."

평원군이 마침내 그를 데리고 가기로 작정했다. 스스로를 천거한다는 뜻을 지닌 모수자천毛遂自薦을 비롯해 뛰어난 재주를 뜻하는 탈영지재脫穎之材 및 영탈穎脫 등의 성어가 바로 여기서 나왔다. 당시 19명의 문객은 '모수자천'에 서로 눈짓을 하며 크게 비웃었으나 모수는 전혀 개의치 않았다. 평원군이 20명의 문객을 이끌고 먼저 친교가 있는 춘신군 황헐을 찾아갔다. 평원군이 춘신군과 함께 궁으로 들어가 초고열왕을 조현하고 자리에 앉자 모수를 비롯한 평원군의 문객은 계하에 나란히 늘어섰다. 이윽고 평원군이 입을 열었다.

"진나라의 횡포가 이미 극에 달했습니다. 이제 천하의 모든 나라가 합세해 진나라를 물리쳐야 할 때입니다."

초고열왕이 반문했다.

"지난날 우리 선왕인 초회왕이 합종의 맹주가 되어 진나라를 쳤지만 실패했소. 이후 제민왕이 맹주가 되어 진나라를 치고자 했으나 열국이 등을 돌려 이내 실패하고 말았소. 이렇듯이 합종은 어려운 것이오. 언제 누가 불쑥 맹세를 깰지 모르는 상황에서 과연 어느 나라가 선뜻 합종에 동참하려 하겠소?"

평원군이 대답했다.

"그렇지 않습니다. 지난날 소진이 합종을 이루자 진나라는 15년 동안이나 함곡관 밖으로 나오지 못했습니다. 이후 제·위 두 나라가 공손연의 꼬임에 넘어가 조나라를 치고 초회왕이 장의의 사주에 넘어가 제나라와 적대했기 때문에 합종이 무너졌던 것입니다. 당시 제, 위, 초 3국이 진나라의 꼬임에 넘어가지 않고 굳건히 단결했으면 진나라는 결코 함곡관 밖으로 나오지 못했을 것입니다. 제민왕의 경우는 명색만 맹주였지 자신의 손아귀에 모든 나라를 넣을 생각으로 합종을 이용했던 것입니다. 지난날의 실패 사례는 몇 나라 군왕의 잘못으로 인한 것이지 결코 합종 자체가 초래한 것은 아닙니다."

"그러나 오늘날 대세로 말하면 진나라는 강하고 다른 나라들은 모두 약하오. 스스로 자기 나라를 굳건히 지키는 길밖에 없소. 모든 나라가 위험을 무릅쓰고 합종하기는 어려울 것이오."

평원군이 반박했다.

"그것이야말로 강한 진나라가 바라는 바입니다. 진나라는 가장 약한 나라부터 병탄해 마침내는 천하의 모든 나라를 집어삼키고야 말 것입니다. 비록 6국이 약하기는 하나 만일 합종해 힘을 하나로 합치기만 하면 능히 진나라를 제압할 수 있습니다."

"지난번에 진나라 군사는 단 한 번의 출병으로 상당 땅을 함몰시키고 조나라 군사 40여만 명을 생매장해 죽였소. 멀리 떨어진 우리 초나라가 원군을 보낸들 과연 귀국에 얼마나 도움이 되겠소?"

평원군이 설득했다.

"장평의 패전은 과군이 잘못해 조괄을 장수로 삼았기 때문에 빚어진 것입니다. 지금 진나라 장수 왕릉과 왕흘이 서로 교대해 가며 한단성을 공격하고 있지만 우리 조나라 군사는 털끝만큼도 상하지 않았습니다. 만일 모든 나라가 원군을 보내주기만 하면 우리 조나라는 일거에 진나라 군사를 무찌를 수 있습니다."

그러나 초고열왕은 완강했다.

"우리 초나라는 요즘 진나라와 새로 우호관계를 맺고 있는 중이오. 우리가 조나라를 돕게 되면 반드시 진나라의 원한을 사고 말 것이오."

"진나라가 초나라와 우호를 맺고자 하는 것은 오로지 3진을 없애고자 하는 심모원려에서 나온 것입니다. 만일 3진이 망하면 그 다음 차례는 틀림없이 초나라가 될 것입니다."

그러나 초고열왕은 끝내 합종 제의를 받아들이지 않았다. 동이 틀 무렵부터 시작한 논의가 해가 중천에 오르도록 계속되었으나 결론이 나지 않았다. 이때 모수가 칼을 어루만지면서 전상殿上으로 뛰어 올라가 평원군에게 물었다.

"합종의 이해득실은 단 두 마디면 결단할 수 있습니다. 동이 틀 때부터 시작한 논의가 해가 중천에 올라올 때까지 결론이 나지 않고 있으니 이는 무슨 연고입니까?"

초고열왕이 화를 냈다.

"과인이 지금 그대의 주인과 대사를 논의하고 있는 중인데 어찌해서 끼어드는 것인가?"

모수가 칼을 어루만지며 초고열왕 앞으로 다가갔다.

"지금 군왕이 저 모수를 꾸짖는 것은 주변에 초나라 군사가 많기 때문입니다. 그러나 지금 10보 안에서는 이들 군사를 믿을 수가 없습니다. 군왕의 명운은 이 모수의 손안에 있습니다. 저의 주군이 앞에 있는데도 저를 꾸짖는 것은 무슨 경우입니까?"

"무슨 할 말이 있는가?"

"천하의 모든 나라가 합종하는 것은 천하 대사입니다. 천하 대사는 천하의 모든 사람이 의견을 말할 수 있는 것입니다."

"할 말이 있으면 해보도록 하라."

"지금 초나라는 영토가 사방 5천 리이고 손에 무기를 쥔 무사가 1백만 명이나 됩니다. 이는 패왕을 칭할 만한 자산입니다. 초나라의 강대함은 천하의 어떤 나라도 당할 수 없습니다. 그런데도 일개 용부에 불과한 백기가 겨우 수만 명의 군사로 초나라를 짓밟고 말았습니다. 합종은 초나라를 위한 것이지 우리 조나라를 위한 것이 아닙니다. 저의 주군이 앞에 있는데도 저를 꾸짖어 장차 무엇을 어찌하겠다는 것입니까?"

초고열왕이 탄식했다.

"장차 조나라를 좇도록 하겠소."

"그렇다면 합종의 일은 결정된 것입니까?"

"결정되었소."

이로써 반나절이 지나도 결말이 나지 않았던 합종의 맹약이 확정되었다. 초고열왕이 하령했다.

"춘신군 황헐은 군사 8만 명을 이끌고 가 조나라를 구하도록 하라!"

이튿날 평원군 조승은 초고열왕에게 하직하고 조나라를 향했다. 평원군이 돌아오는 도중 모수에게 말했다.

"선생의 세 치 혀가 백만 대군보다 강했소. 나는 많은 사람을 겪어 보았소. 이에 어느 정도 사람을 알아본다고 자부했는데 이번에 선생을 보고서야 비로소 사람을 보는 나의 식견이 얼마나 천박했는지를 새삼 깨닫게 되었소. 3년 동안이나 함께 있으면서도 선생을 못 알아본 내가 어찌 천하의 선비를 알아본다고 말할 수 있겠소? 나 조승은 두 번 다시 감히 천하의 선비를 품평하겠다는 말을 하지 않을 것이오."

그러고는 드디어 조나라로 돌아오자마자 모수를 상객上客으로 높이고 극진히 대접했다. 모수의 유세가 통할 수 있었던 것은 「양권」의 다음 가르침을 충실히 좇은 결과로 볼 수 있다.

"수식이 없는 평언平言은 곧으면서도 단호한 직절直截의 표현을 사용하는 까닭에 용맹하다는 평을 얻는다. 책략적인 정언靜言은 자신의 약점은 감춘 채 상대의 약점을 집중 거론하면서 공박하는 까닭에 논쟁에서 승리를 거둔다는 평을 얻는다."

고금을 막론하고 '자천'보다는 타천他薦이 여러모로 모양도 좋고 효과도 크다. 그러나 이 세상에는 모수처럼 뛰어난 재주를 가지고 있는데도 '타천'을 기대하기 힘들어 부득불 '자천'을 해야만 하는 경우가 매우 많다. 난세의 시기에 '타천'을 기다릴 길이 없는 사람은 '자천'을 해도 상관없다. 문제는 실력이다. 실력만 갖추고 있으면 어디에 가더라도 상사에게 인정받을 수 있다. 상황에 따라서는 '타천'을 기다리기보다는 '자천'을 하는 게 더 나을 수 있다. 모수가 바로 그런 경우다.

제10편 모려 |謀慮| 은밀하게 계책을 세워라

「모려」는 양권과 불가분의 관계에 있다. 양권이 한쪽으로 치우치지 않게 천하 대세의 흐름 속에서 책략의 균형을 취하는 것이라면 모려는 구체적으로 책략의 기본 줄거리를 획책劃策하는 것을 말한다. 통상 모략謀略으로 풀이하는 이유다. 말 그대로 책략의 큰 줄거리인 대략大略을 도모한다는 뜻이다. 주의할 점은 상대의 심리상태 변화에 따라 계책도 수시로 바뀌어야 한다는 점이다. '모려'의 려慮가 바로 이를 지칭한 것이다. 변화하는 정황 전체에 대한 사려 내지 고려를 의미한다. 상황이 급변할수록 '모려'의 필요성이 커진다. 당초의 계책과 정반대되는 책략을 구사해야 하는 경우도 생긴다. 행보의 일관성 측면에서 보면 모순이지만 이에 얽매일 필요는 없다. 요체는 병법에서 역설하듯이 시기時機에 따른 변신, 즉 임기응변臨機應變이다. 『귀곡자』는 크게 사안에 따라 모정謀政, 모병謀兵, 모교謀交, 모인謀人 등 4가지로 나눠 구체적인 방안을 논하고 있다. 관통하는 논리는 똑같다. 『손자병법』「모공」에서 역설했듯이 최고의 '모려술'은 계책을 세우는 것만으로도 상대를 꼼짝 못하게 제압하는 것이다. 군사동원을 하지 않은 채 상대방을 제압하는 '부전승'과 취지를 같이한다.

10-1

凡謀有道, 必得其所因, 以求其情, 審得其情, 乃立三儀. 三儀者, 曰上, 曰中, 曰下. 參以立焉, 以生奇. 奇不知其所壅, 始于古之所從. 故鄭人之取玉也, 載司南之車, 爲其不惑也. 夫度材量能, 揣情者, 亦事之司南也.

무릇 계책에는 일정한 규칙이 있다. 그 규칙을 알려면 반드시 먼저 해당 사안이 빚어지게 된 근본 배경과 현재의 실정 등에 대해 깊이 알아야 한다. 실정을 안 연후에 비로소 3가지 기준을 세울 수 있다. 3가지 기준은 상급, 중급, 하급의 계책이다. 3가지 기준을 서로 비교해 조사하는 참험參驗을 실시한 뒤 보완을 거쳐 현실에 가장 적합한 기발한 전략을 세운다. 현실에 가장 적합한 까닭에 기발한 전략은 어떤 장애를 만날지라도 결코 막히는 법이 없다. 이는 원래 수천 년 전 고대부터 실천해 온 것이다. 옛날 정나라 사람들은 옥을 채취하러 갈 때 수레에 나침반을 실었다. 길을 잃지 않으려고 그런 것이다. 무릇 상대의 재주를 재는 도재度材와 능력을 헤아리는 양능量能, 실정을 파악하는 췌정揣情은 일을 처리하고 계책을 세울 때 나침반 역할을 한다.

현재의 「모」는 『태평어람』에 따르면 원래 「모려謀慮」였다. 모謀는 계모計謀, 려慮는 사려思慮를 뜻한다. 「양권」과 자매편이다. 일부 해설서는 「양권」과 「모려」를 합쳐 「권모」로 통합해 놓았다. 그러나 「모려」는 계책의 수립과 방법, 원칙 등 계모에 초점을 맞춰 이를 깊숙이 논의하고 있는 점에서 「양권」과 구분하는 게 옳다.

범모유도凡謀有道의 도道는 방안 내지 규칙을 뜻한다. 참이립언參以立焉의 참參은 참고하여 조사하고 비교한다는 의미의 참험參驗을 말한다. 사남지거司南之車는 나침반을 실은 수레를 말한다. 『한비자』「유도」에 이와 관련한 언급이 나온다.

"무릇 신하된 자가 군주의 권한을 침범하는 것은 마치 지형과 같은 것이다. 지형이 조금씩 변하면 군주는 방향감각을 잃어 동서의 방향이 바뀌어도 스스로는 이를 알지 못하게 된다. 선왕이 남쪽을 기준으로 하는 사남司南을 통해 방향을 정확히 잡은 이유다."

유염은 여기의 '사남'을 지남거指南車로 풀이했다. 도재度材와 양능量能은 상대의 재능을 도량度量한다는 점에서 같은 말을 나눠 표현한 것이다. 이는 췌정揣情의 일환이기도 하다.

10-2

故同情而相親者, 其俱成者也. 同欲而相疏者, 其偏害者也. 同惡而相親者, 其俱害者也. 同惡而相疏者, 偏害者也. 故相益則親, 相損則疏. 其數行也, 此所以察異同之分也. 故牆壞於其隙, 木毀於其節, 斯蓋其分也. 故變生事, 事生謀, 謀生計, 計生儀, 儀生說, 說生進, 進生退, 退生制. 因以制於事, 故百事一道而百度一數也.

동일한 심정을 지닌 양측이 서로 친하게 지내면 추진력이 배가 되어 모두 성공을 거두게 된다. 반면 동일한 욕망을 지닌 양측이 서로를 멀리하면 한쪽만 피해를 입게 된다. 동일한 증오를 품은 양측이 서로 친하게 지내면 증오심이 배가 되어 모두 피해를 입게 된다. 동일한 증오를 품은 양측이 서로를 멀리하면 한쪽만 피해를 입게 된다. 서로 이득이 되면 친하게 지내고, 서로 피해를 보면 멀리하는 게 인지상정이다. 계책을 세워 시행하고자 할 때 반드시 먼저 양측의 이동異同을 세밀히 구분해 살피는 이유가 여기에 있다. 담장은 작은 틈새부터 무너지기 시작하고, 나무는 마디부터 부러지기 시작한다. 틈새와 마디는 사물이 나뉘는 분계分界의 시작이다.

새로운 상황은 늘 과거 상황이 변화하는 과정에서 빚어진다. 새로운 상황을 해결하기 위해서는 계책이 필요하고, 계책은 깊이 있는 모려謀慮를 요구하고, 모려는 새로운 언론을 일으키고, 새로운 언론은 유세를 필요로 하고, 유세는 문제해결을 촉진해 논의를 집중시키고, 논의의 집중은 뒤를 돌아보게 만드는 반작용을 낳고, 반작용은 사안을 상황에 맞춰 종합적으로 처리하는 절제를 낳는다. 어떤 사안이든 마지막 단계에서는 반드시 상황변화에 따라 종합적으로 절제해 처리하는 인변제사因變制事로 귀결되는 이유가 여기에 있다. 모든 사안과 각종 제도가 그렇다. 근본 이치는 오직 '인변제사' 하나뿐이다.

동정同情을 도홍경은 함께 모의하며 일을 추진하는 공모입사共謀立事로 풀이했다. 기수행야其數行也는 계책을 실행에 옮긴다는 뜻이다. 인이제어사因以制於事는 시변을 좇아 종합적으로 사안을 처리한다는 뜻으로 곧 인변제사因變制事를 뜻한다. 유염은 『손자병법』「시계」에 나오는 인리제권因利制權과 취지를 같이하는 것으로 풀이했다. 해당 대목이다.

"뛰어난 장수는 전황의 유리함과 불리함을 잘 따져 형세를 좇아 임기응변한다. 뜻밖의 상황에서도 제대로 대처하는 이유다. 전쟁터의 형세는 유리하게 돌아가는 상황변화를 적극 활용해 싸움의 주도권을 장악하는 '인리제권'을 뜻한다."

'인리제권'은 아군에게 유리한 쪽으로 구사하는 변화무쌍한 전략전술을 말한다. 권權은 임기응변을 뜻하는 말로 권도權道를 달리 표현한 것이다. 권도는 정도正道와 대칭된다. 매복전과 기습전 등 정병正兵과 반대되는 기병奇兵이 바로 권도의 핵심이다. 이를 두고 삼국시대의 조조는 풀이하기를, "변화무쌍한 전쟁터에서 교범을 좇아 곧이곧대로 행하면 승리를 거둘 수 없다. 주도권은 임기응변에서 나온다. 인리제권, 즉 임기응변은 상황변화를 좇아 재빨리 그에 부응하는 전략전술을 구사해 계속 주도권을 쥐는 것을 말한다"고 했다. '인변제사'와 '인리제권'은 종횡가와 병가의 논리가 불가분의 관계를 맺고 있음을 보여준다.

10-3

夫仁人輕貨, 不可誘以利, 可使出費. 勇士輕難, 不可懼以患, 可使據危. 智者達於數, 明於理, 不可欺以不誠, 可示以道理, 可使立功, 是三才也. 故愚者易蔽也, 不肖者易懼也, 貪者易誘也, 是因事而裁之. 故爲强者, 積於弱也, 爲直者, 積於曲也, 有餘者, 積於不足也, 此其道術行也.

무릇 인자仁者는 재물을 가벼이 여기는 까닭에 재화와 이득으로는 유인할 수 없지만 그의 어진 성격을 이용해 재물을 쓰도록 유도할 수는 있다. 용자勇者는 재난을 가볍게 여기는 까닭에 재난으로 겁을 줄 수는 없으나 그의 용기를 이용해 위험한 일을 제거할 수는 있다. 지자智者는 술수에 통달하고 이치에 밝은 까닭에 기만적인 수법으로 속일 수는 없으나 도리를 내세워 공을 세우도록 유인할 수는 있다. 이것이 인재를 사용하는 3가지 방법이다. 어리석은 우자愚者는 쉽게 속임수에 넘어가고, 미욱한 불초자不肖者는 쉽게 겁을 먹고, 탐욕스런 탐자貪者는 쉽게 유혹에 넘어간다. 이것이 실제상황에 맞춰 다양한 방법으로 여러 유형의 사람을 다루는 인사재인因事裁人의 용인술이다. 무릇 강한 것도 원래는 약한 것이 쌓여 이뤄진 것이고, 곧은 것도 원래는 구부러진 것이 쌓여 이뤄진 것이고, 여유가 있는 것도 원래는 부족한 것이 쌓여 이뤄진 것이다. 이와 같은 이치를 알아야만 비로소 유세의 도술을 실행할 수 있다.

경화輕貨는 재물을 가벼이 여기는 것을 뜻한다. 가사거위可使據危는 위험한 곳으로 보내 우환을 없애는 일 등을 지칭한다. 인사이재지因事而裁之를 두고 도홍경은 풀이하기를, "인자와 용자 및 지자에 대한 용인술을 통해 가히 공을 세울 수 있다. 계책을 내는 사람은 사안에 따라 이들을 부리면서 통제하면 된다. 그래서 '인사재지'라고 하는 것이다"라고 했다.

10-4

故外親而內疏者, 說內. 內親而外疏者, 說外. 故因其疑以變之, 因其見以然之, 因其說以要之, 因其勢以成之, 因其惡以權之, 因其患以斥之. 摩而恐之, 高而動之, 微而正之, 符而應之, 擁而塞之, 亂而惑之, 是謂計謀.

유세 대상이 겉으로 친한 척하며 속으로 멀리하면 그의 속마음을 공략해야 한다. 속으로 친하고자 하면서도 겉으로는 소원한 척하면 외적인 이해관계로 설득해 속마음을 표출하게 만든다. 상대가 의심을 품고 있으면 다양한 책략으로 이를 풀어주고, 주견을 강하게 내세우면 이에 동조하고, 얘기를 하면 상대의 입장에 서서 화답하고, 유리한 형세를 이뤘으면 완벽한 형세를 위해 보완해 주고, 혐오하는 것이 있으면 그에 대처하는 법을 알려주고, 근심을 갖고 있으면 화난을 물리치는 계책을 일러준다. 이같이 한 연후에 비로소 어루만져 주며 겁을 먹게 만들고, 높이 치켜세우며 처신을 불안하게 만들고, 쇠패衰敗하게 만든 뒤 바로잡는 역할을 맡아 의지하게 만들고, 상서로운 징조가 응험하는 것처럼 조작해 믿게 만들고, 눈과 귀를 막아 어둡게 만들고, 시비를 뒤섞어 미혹케 만든다. 이를 일컬어 계책과 모략을 뜻하는 계모計謀라고 한다.

인기설이요지因其說以要之의 요要는 상대의 주장에 동조하며 응대해 주는 응화應和를 뜻한다. 인기오이권지因其惡以權之의 권權은 임기응변의 계책을 내는 것을 말한다. 옹이색지擁而塞之의 옹擁을 소등복蕭登福은 『귀곡자연구』에서 옹壅의 가차로 보았다. 문의에 부합한다. 여기에 나온 계모는 『손자병법』「시계」의 내용과 취지를 같이한다. 해당 대목이다.

"용병의 요체는 적을 속이는 궤도詭道에 있다. 적이 이익을 탐하면 이익을 주어 유인하고, 적이 혼란스러우면 기회를 틈타 공략하고, 적의 내실이 충실하면 더욱 든든하게 대비해야 한다. 적이 강하면 정면충돌을 피하고 빈틈을 노려야 한다. 적이 기세등등하면 노하게 만들어 냉정히 판단하지 못하도록 유도한다. 적이 조심하고 신중하면 자만심을 부추겨 교만하게 만들고, 적이 충분히 쉬어 안정돼 있으면 계책을 통해 사방으로 뛰어다니며 지치도록 만든다. 적이 단합돼 있으면 이간하여 분열시킨다."

『귀곡자』에서 말하는 '모려술'이 궤도에 입각해 적을 유인하는 『손자병법』의 전술과 하등 차이가 없음을 알 수 있다. 외교와 군사 문제가 동전의 양면관계를 이루고 있는 점에 비춰 당연한 결과이기도 하다.

10-5

計謀之用, 公不如私, 私不如結, 結比而無隙者也. 正不如奇, 奇流而不止者也. 故說人主者, 必與之言奇. 說人臣者, 必與之言私. 其身內, 其言外者, 疏. 其身外, 其言深者, 危. 無以人之所不欲而强之於人, 無以人之所不知而教之於人. 人之有好也, 學而順之. 人之有惡也, 避而諱之. 故陰道而陽取之.

계모를 구사할 때는 공개적으로 행하는 공모公謀보다 사적으로 은밀히 행하는 사모私謀가 낫고, 사모보다 상대방과 결속해 모의하는 결모結謀가 낫다. 상호 신뢰의 틈새가 벌어질 여지가 거의 없기 때문이다. 통상적인 수준의 계모인 정모正謀는 기발한 방안으로 구성된 기모奇謀만 못하다. 기모는 마치 물 흐르듯 시변時變을 좇아 다양하게 변화하는 까닭에 당해낼 길이 없다. 군주에게 유세할 때는 반드시 현실에 기초한 기모를 토대로 유세해야 관심을 끌 수 있다. 권신에게 유세할 때는 사적인 이해관계를 토대로 유세해야 받아들여진다.

자신이 어떤 집단에 속해 있고 상대가 외부인으로 간주하지 않는 상황에서 외부에 관한 얘기를 집중 거론하면 이내 의심을 사 신뢰를 잃고 해당 집단으로부터 배척을 당한다. 집단 밖에 있으면서 집단 내부의 은밀한 얘기를 마구 떠벌이면 이내 위태로워진다. 상대가 원치 않는 것을 강요하지 말고, 알지 못하는 것을 억지로 가르치려 들지 말아야 한다. 상대가 좋아하는 것이 있으면 그것을 배워서 따르고, 싫어하는 것이 있으면 그것을 피해 말하지 않아야 한다. 어떤 일이든 은밀한 방식으로 계모를 구사해야만 공개적으로 명성을 떨치는 이른바 음도양취陰道陽取를 이룰 수 있다.

공불여사公不如私는 공개적인 계모인 공모公謀는 사적으로 은밀히 행하는 사모私謀보다 못하다는 뜻이다. 계모는 은밀할수록 좋다는 취지를 담고 있다. 정불여기正不如奇 역시 정모正謀는 기모奇謀만 못하다는 의미이다. 도홍경은 그 이유를 '기모'의 인사기발因事機發에서 찾았다. 사안에 따라 시기를 놓치지 않고 다양한 계책을 즉각 제시한다는 뜻이다. 병법에서 어려운 상황에 처할수록 정병正兵보다 기병奇兵을 중시하는 것과 하등 다를 바가 없다. 음도이양취지陰道而陽取之를 두고 도홍경은 풀이하기를, "상대가 좋아하는 것이 있으면 그것을 배워서 따르고, 싫어하는 것이 있으면 그것을 피해 말하지 않는 것은 모두 스스로 은밀히 행하는 것이다. 그래야 상대가 감복해 드러내놓고 이를 칭송하게 된다. 그래서 '음도양취'라고 한 것이다"라고 했다.

10-6

故去之者從之, 從之者乘之. 貌者不美又不惡, 故至情托焉. 可知者, 可用也, 不可知者, 謀者所不用也. 故曰, 事貴制人, 而不貴見制於人. 制人者, 握權也. 見制於人者, 制命也. 故聖人之道陰, 愚人之道陽. 智者事易, 而不智者事難. 以此觀之, 亡不可以爲存, 而危不可以爲安. 然而無爲而貴智矣.

누군가를 제거하려면 반드시 먼저 그가 하고 싶은 대로 하도록 내버려두었다가 방종이 극에 이를 때 일거에 제거한다. 얼굴에 능히 호오好惡의 기색을 전혀 드러내지 않는 사람은 가히 속내를 드러내며 부탁할 만하다. 사람을 부릴 때는 당사자가 어떤 사람인지 확실히 안 경우에 한해 사용할 수 있다. 확실히 알 길이 없으면 계책을 만들 때 불러서는 안 된다. 그래서 말하기를, "거사할 때는 사람을 제어하는 것을 귀하게 여기고, 제어당하는 것을 멀리한다"고 하는 것이다. 사람을 제어한다는 것은 곧 권력의 장악을 뜻한다. 제어당하는 것은 곧 명운까지 제압당하는 것을 의미한다.

성인의 계모는 은밀하고, 어리석은 자의 계모는 공개적이다. 지혜로운 자는 일을 간명하게 처리하고, 지혜롭지 못한 자는 일을 복잡하게 처리한다. 이로써 보건대 이미 사라진 것은 다시 살릴 수 없고, 위험에 처한 것은 다시 안정시킬 수 없다. 위기를 오히려 안정의 계기로 삼는 전위위안轉危爲安을 만들어내지 못하면 어찌 이를 지혜롭다고 할 수 있겠는가.

'거지자종지去之者從之, 종지자승지從之者乘之'의 종從은 방종할 종縱과 통한다. 상대를 우쭐하게 만든 뒤 때를 노리고 있다가 결정적인 시기가 왔을 때 일거에 뒤엎는 계책을 말한다. 이는 『도덕경』 제36장과 취지를 같이한다. 해당 대목이다.

"상대를 자신에게 가까이 끌어들이고자 하면 반드시 먼저 상대가 날개를 활짝 펴게 해주고, 상대를 약하게 만들고자 하면 반드시 먼저 상대를 강하게 해주고, 상대를 폐하고자 하면 반드시 먼저 상대를 흥하게 해주고, 상대를 빼앗고자 하면 반드시 먼저 내가 상대에게 주어야 한다."

사귀제인事貴制人은 병법에서 말하는 주도권을 뜻한다. 『손자병법』 「허실」은 이를 치인致人으로 표현해 놓았다. 내가 상대방을 임의로 조종한다는 뜻이다. 「모려」에서 말하는 '제인'과 같은 뜻이다. '치인'과 반대되는 것이 치어인致於人이다. 같은 치致인데도 '치인'에서는 능동사, '치어인'에서는 피동사로 사용됐다. 「모려」에 나오는 견제어인見制於人과 같은 뜻이다. 피동조동사 견見을 빼고 제어인制於人으로 표현해도 뜻은 같다. 동사 뒤에 어於가 나오면 예외 없이 피동사가 되기 때문이다. 『맹자』는 백성을 다스리는 위정자를 치인治人, 위정자의 다스림을 받는 일반 백성을 치어인治於人으로 표현해 놓았다. 『순자』「왕패」는 「모려」처럼 '제인'의 표현을 썼다. 해당 대목이다.

"왕패王霸와 안위安危 등에 대해 잘 선택한 자는 '제인'하고, 그렇지 못한 자는 남이 그를 제압한다. '제인'하는 자는 왕자王者가 되고, 남에게 제압당하는 자는 망자亡者가 된다."

「왕패」는 '제어인' 대신 인제지人制之 표현을 썼다. 피동사 대신 능동사로 표현한 것이다. 뜻은 같다. 이를 통해 짐작할 수 있듯이 주도권은 생사를 가르는 전장은 말할 것도 없고 유세와 협상 등에서도 성패를 좌우하는 관건에 해당한다.

고금을 막론하고 전쟁이든 협상이든 상승과 하강의 사이클을 그리기 마련이다. 도전과 응전, 작용과 반작용이 상호작용을 불러일으킨 결과다. 사람이 기계가 아닌 이상 아무리 열심히 일할지라도 노동과 휴식의 적절한 배합이 필요한 것과 같다. 일시 주도권을 놓쳐 피동적인 입장에 처할지라도 실망할 필요가 없다. 밤과 낮이 교차하듯이 시종 주도권을 장악하기가 쉽지 않기 때문이다. 중요한 것은 피동적인 위치에 서는 기간을 줄이고 주도적인 입장에 서는 시간을 점차 늘려나가면서 전체의 판세를 장악하는 일이다.

주의할 것은 공격이 반드시 주도적이고 방어가 반드시 피동적인 것만은 아니라는 점이다. 공격 속에 방어가 있고 방어 속에 공격이 있다. 마치 창과 방패의 관계와 같다. 아무리 날카로운 창일지라도 방패를 뚫지 못할 경우 이내 무뎌지기 마련이다. 사자가 아무리 날카로운 이빨과 발톱을 자랑할지라도 사냥감을 두세 차례 연거푸 놓치면 이내 힘이 빠져 오히려 하이에나의 공격 대상이 될 수 있다. 많은 지휘관이 먼저 수비하고 나중에 공격하는 선수후공先守後攻의 원칙을 좇는 것도 이 때문이다. 공격이 수비보다 몇 배나 많은 전력을 소진하기 때문이다. 이를 감안하지 않은 채 병사들의 높은 사기만 믿고 무턱대고 공세를 취할 경우 이내 주도권을 놓치고 수세에 몰려 참패할 수 있다. 「허실」의 다음 대목은 바로 이를 경계한 것이다.

"적의 실상을 드러나게 하고 아군의 실상이 드러나지 않게 하면 아군의 병력은 한곳으로 집중되고 적은 10곳으로 분산된다. 아군의 병력이 한곳으로 집중되고 적이 10곳으로 분산되면 곧 10명이 1명을 공격하는 것과 같다. 월나라 군사가 우리 오나라 군사에 비해 아무리 많다 할지라도 그것이 승부에 무슨 도움이 되겠는가? 그래서 말하기를 '승리는 능히 만들어낼 수 있다'고 하는 것이다. 적의 병력이 아무리 많을지라도 그들로 하여금 모든 역량을 기울여 아군과 싸우지 못하도록 만들면 된다."

힘을 비축한 뒤 적의 빈틈을 집중적으로 공략해 승세를 잡으라고 충고한 것이다. 병력이 많은 것이 싸움에 유리하다. 그 자체가 하나의 군세로 작용하기 때문이다. 그러나 문제는 운용이다. 병력을 사방으로 나눠 배치하다 보면 아무리 많은 병력을 보유하고 있을지라도 결과적으로 아무 곳도 제대로 방비하지 못한 것이나 다름없게 된다. 「허실」이 아군 병력의 집중과 적군 병력의 분산을 역설한 이유다. 「모려」에서 '제인자制人者, 악권握權'이라고 표현한 것도 바로 이 때문이다. 임기응변의 주도권을 놓쳐서는 안 된다고 경고한 것이다.

이를 제대로 이행하지 못하면 곧 '견제어인자見制於人者, 제명制命'의 신세가 된다. '제명'은 자신의 운명이 남에게 맡겨진 것을 뜻한다. 「모려」는 이를 성인의 음도道陰와 우인愚人의 양도道陽로 대비시켰다. 도홍경은 성인의 음도를 내양외음內陽外陰, 우인의 양도를 내음외양內陰外陽으로 풀이했다. '내양외음'은 속으로 쉬지 않고 노력하면서 겉으로 태연한 척하는 도광양회韜光養晦를 뜻한다. '내음외양'은 속으로 계책만 많고 결단하지 못하면서 겉으로 떠벌이는 것을 말한다. 이는 패망의 길이다. 윤동양은 '음'을 깊이 감추는 심장深藏, '양'을 겉으로 촐랑대는 천로淺露로 풀이했다. 문의에 부합한다.

연이무위이귀지然而無爲而貴智를 두고 도홍경은 풀이하기를, "지혜로운 자는 너그러운 까닭에 일을 쉽게 만들고, 어리석은 자는 시기심으로 인해 일을 어렵게 만든다. 지혜롭지 못한 자가 필히 위망危亡의 화를 입는 이유다. 일이 어렵게 될지라도 현자는 그 계책을 쓸 길이 없다. 망할 자는 망하고 위기에 처할 자는 위기에 빠지는 것은 이 때문이다. 아무리 패망의 위기를 벗어나고자 해도 그것이 과연 가능하겠는가? 지금 패망의 위기를 벗어나고자 해도 그리하지 못하니 오직 지혜로운 자만이 그리할 수 있다. 그래서 '무위이귀지'라고 한 것이다"라고 했다. 나름 일리 있는 해석이기는 하나 전체 문맥과 동떨어져 있다. 유염은 『국어』에 나오는 무위귀지無爲貴智 구절을 근거로 「모려」에 나오는 '연이무위이귀지然而無爲而貴智' 구절 가운데 연이然而와 이而를 연자衍字로 보았다. 『국어』 「오어」의 해당 대목이다.

"위기를 맞아 전위위안轉危爲安하지 못하고 죽음을 맞아 전사위생轉死爲生하지 못하면 결코 뛰어난 지혜라 할 수 없다."

이같이 해석하는 게 간명하면서도 문맥에 부합한다. 허부굉 등은

"설령 전위위안이 불가능할지라도 그 과정에서 규율을 준수하는 지혜만큼은 여전히 중시할 필요가 있다"고 풀이했다. 문맥상 자연스럽지 못하다. 나라가 패망하는 상황에서 규율을 준수하는 지혜를 중시하는 것은 사후약방문에 지나지 않는다. 모두 '연이무위이귀지' 구절을 억지 해석한 데서 비롯된 것이다. 유염의 주장을 좇아 연이然而와 이而를 연자로 간주해 『국어』「오어」처럼 해석하면 문맥이 순통順通한다.

10-7

智用於衆人之所不能知, 而能用於衆人之所不能見. 旣用, 見可, 否擇事而爲之, 所以自爲也. 見不可, 擇事而爲之, 所以爲人也. 故先王之道陰. 言有之曰, 天地之化, 在高在深, 聖人之制道, 在隱於匿. 非獨忠信仁義也, 中正而已矣. 道理達於此之義, 則可與語. 由能得此, 則可以穀遠近之誘.

지모의 활용은 중인衆人이 모르는 방법으로 이뤄져야 한다. 그래야 중인이 볼 수 없는 곳에서 제대로 작동한다. 일단 지모를 구사한 뒤 계속 은밀히 진행할지라도 성공할 가능성이 높으면 사안을 드러내 놓고 추진할 이유가 없다. 스스로 능히 할 수 있기 때문이다. 만일 은밀히 진행하는 것이 어렵다고 판단될 경우는 공개적으로 드러내 놓고 추진한다. 사안 자체가 상대를 위한 것이기도 하기 때문이다.

선왕의 세상을 다스리는 치도治道는 은밀하다. 옛말에 "천지의 변화는 높고 깊어 헤아릴 길이 없다. 성인의 치도 또한 깊숙이 감춰진 까닭에 겉으로 드러나지 않는다"고 했다. 지모는 은밀히 활용돼야 하지만 충신忠信과 인의仁義를 잃을 수는 없다. 그러나 무엇보다 중요한 것은 현실에 기초해 가장 적절하면서도 불편부당不偏不黨하게 대응하는 중정中正이다. 중정이 깊숙이 감춰진 의도 속에 있다는 사실을 깨달은 사람만이 비로소 함께 계책을 논의할 만하다. 중정의 이런 이치를 깨우치고 계책을 내는 사람은 원근의 모든 사람을 불러 모으며 천하의 민심을 얻을 수 있다.

중인지소불능지衆人之所不能知와 중인지소불능견衆人之所不能見은 병법에서 말하는 보안엄수의 논리와 꼭 같다. 요체는 주변에 있는 사람조차 모르게 은밀히 행하는 데 있다. 이를 뒷받침하는 『손자병법』「허실」의 해당 구절이다.

"작전의 극치는 적이 아군의 행적을 전혀 모르게 하는 데 있다. 그리되면 설령 아군에 깊숙이 잠입한 간첩일지라도 아군의 허실을 알아낼 수 없고, 지모가 뛰어난 적군의 책사일지라도 뾰족한 계책을 내지 못할 것이다. 적의 내부 사정 변화에 따른 전술로 승리를 거두는 까닭에 승리를 거둔 정황을 사람들 앞에 자세히 드러내 보일지라도 사람들은 그 오묘한 이치를 알지 못한다. 세인들은 적에게 승리를 거둔 정황만 알 뿐 승리를 거둔 임기응변의 배경에 대해서는 전혀 알 길이 없다."

비독충신인의非獨忠信仁義를 두고 도홍경은 풀이하기를, "성인이 깊이 감추고 있는 의도 속에 중정이 들어 있다. 이는 자연과 합치되는 것을 말한다. 충신과 인의에 지나치게 얽매여서는 안 되는 이유다"라고 풀이했다. 문의에 부합한다. 허부굉은 충신과 인의를 중정과 같은 수준으로 격상시켜 해석했으나 이는 『귀곡자』가 역설하는 유세술의 기본 취지와 동떨어져 있다. 가이곡원근지유可以穀遠近之誘의 곡穀에 대한 해석이 분분하다. 윤동양은 녹祿으로 새겼으나 유월은 『제자평의諸子平議』「보록」에서 곡轂의 잘못으로 보았다. 고대에는 수레바퀴 곡轂과 서로 통용되었다는 것이다. 문맥상 천하의 민심이 수레바퀴살처럼 한곳으로 몰린다는 의미로 사용된 점에 비춰볼 때 이같이 해석하는 게 타당하다.

안영의 모려술

춘추시대 말기에 활약한 제나라 재상 안영晏嬰은 관중 사후 1백여 년 뒤에 태어난 공자와 거의 비슷한 시기에 살았다. 자가 중仲이고 시호가 평平이다. 시호와 자를 합친 '평중'을 이름 '영' 대신 사용해 흔히 '안평중'으로 불린다. 『춘추좌전』에도 '안평중'으로 기록되어 있다. 『열국지』는 공자와 안영이 몇 차례 만난 것으로 묘사해 놓았으나 이는 허구이다. 두 사람은 한 번도 조우한 적이 없다. 『논어』에는 안영에 대한 공자의 언급이 딱 한 번 나온다. 「공야장」편의 해당 대목이다.

"안평중晏平仲은 사람과 더불어 사귀기를 잘하여 사람들이 오래도록 그를 공경했다."

칭송이기는 하나 매우 뜨뜻미지근하다. 공자가 안영을 그다지 높게 평가하지 않았음을 알 수 있다. 정나라 재상 자산子產을 극찬한 것과 사뭇 대비된다. 『논어』를 보면 자산에 대한 평은 모두 4곳에 걸쳐 나오고 그 내용 또한 칭송 일색으로 되어 있다. 안영이 지은 것으로 알려진 『안자춘추晏子春秋』에는 공자와 안영에 관한 일화가 모두 6번 나온다. 그러나 여기서는 공자가 안영에게 누차 굴복당하는 것으로 묘사되어 있다. 공자가 안영을 그다지 높게 평가하지 않은 데 따른 '보복'인지도 모른다. 『안자춘추』에 나오는 공자 관련 일화는 대부분 역사적 사실과 동떨어진 것이기는 하나 당시 일각에서는 공자보다 안영을 더 높이 평가하는 흐름이 존재했음을 보여준다. 사마천이 안영을 높이 평가한 것도 같은 맥락이다. 『사기』「관안열전」의 해당 대목이다.

"관중을 두고 세인들이 흔히 현신賢臣이라고 말하지만 공자는 그의 그릇이 작다고 지적했다. 주나라의 왕도가 쇠미한 가운데 제환공이 현명한 제후였는데도 불구하고 그에게 왕도를 적극 권하는 대신 패도를 추구한 것을 지적한 게 아니겠는가? 안자는 제장공이 대부 최저에게 죽임을 당하자 시신 위에 엎드려 곡을 하고 예를 다한 후 떠났다. 이것이 어찌 '의를 보면 용기를 드러내지 않은 적이 없다'고 말하는 사례가 아니겠는가? 간언을 할 때는 군주의 면전에서 심기를 거스르며 시비를 가리는 범안犯顔을 행했으니 이 어찌 '나아가면 군주에게 충성을 다할 것을 생각하고 물러나면 군주의 과실을 보완한다'는 취지에 부합한 게 아니겠는가? 안자가 다시 살아난다면 나는 비록 말채찍을 들어 그의 마부 노릇을 할지라도 이를 크게 기뻐하며 기꺼이 할 것이다."

사마천이 안영을 얼마나 사모했는지를 능히 짐작하게 해준다. 관중을 '관자'로 칭하지 않고 굳이 '관중'으로 표현한 데 반해 안영을 높여 '안자'로 표현한 것 자체가 두 사람에 대한 그의 기본 입장을 그대로 반영하고 있다. 공자와 사마천이 패도를 행한 자산 및 관중과 왕도를 행한 안영을 두고 이처럼 극명하게 엇갈린 행보를 보인 것은 말할 것도 없이 난세에 대한 기본 인식의 차이에서 비롯된 것이다.

공자는 군주에게 간언을 할지라도 조정에서 '범안'을 하는 식의 면절정쟁面折廷爭을 그다지 높이 평가하지 않았다. 자칫 역린逆鱗으로 인해 무고하게 목숨을 잃을까 우려한 것이다. 이에 반해 사마천은 안영의 '면절정쟁'을 높이 평가했다. 제장공이 시해당했을 당시 안영의 행보를 두고 "의를 보면 용기를 드러내지 않은 적이 없다"고 평한 게 그렇다. 죽는 것보다 더욱 수치스런 궁형宮刑을 당하고도 선친의 유업인 『사기』의 집필을 끝내 완수한 사마천은 죽음을 무릅쓰고 신하의 도리를 다한 자들을 보고 '동병상련'의 느낌을 받았을 공산이 크다. 『안자춘추』의 논지는 「관안열전」에 나오는 안영에 대한 호평과 궤를 같이한다.

대표적인 일화를 간략히 살펴보자. 기원전 552년 진나라에 내분이 일어났다. 권력다툼에서 패한 난씨欒氏의 일족인 난영欒盈이 초나라로 망명했다가 이듬해 가을에 제나라로 망명해 왔다. 제나라에는 이미 난씨의 무리인 지기知起와 중항희中行喜, 주작州綽, 형괴邢蒯 등이 망명해 와 있었다. 제장공齊莊公이 난영의 망명 소식을 듣고 크게 기뻐했다. 안영이 간했다.

"우리는 진나라와 결맹했습니다. 신의를 잃으면 자립할 수 없습니다. 그런데 이제 난씨를 받아들여 장차 어디에 쓰려는 것입니까?"

제장공이 크게 웃었다.

"우리 제나라는 진나라와 필적할 만한 나라요. 그러니 우리가 그들보다 약하다고 말할 수는 없는 일이오. 과인이 어찌 진나라를 섬길 수 있겠소?"

난영이 제장공을 배견하면서 눈물로 도움을 청하자 제장공이 위로했다.

"너무 심려치 마시오. 경이 다시 진나라로 돌아갈 수 있도록 도와주겠소."

제장공은 내심 난영을 이용해 진나라를 친 뒤 중원의 패권을 차지할 속셈이었다. 제장공의 이런 야심을 무턱대고 탓할 수는 없다. 문제는 실력이었다. 객관적으로 볼 때 제나라는 여러모로 진나라와 비교가 되지 않았다. 그러나 그는 이를 무시했다. 얼마 후 진나라가 오나라와 국혼國婚을 맺으려 한다는 말을 듣고는 곧 난영을 불렀다.

"이번에 진나라 군주의 딸이 오나라로 출가한다고 하니 우리나라도 예의 차원에서 잉첩媵妾 한 사람을 진나라로 들여보낼 생각이오. 듣건대 그대는 곡옥 땅의 장수 서오胥午와 가까운 친구 사이라고 하니 이번 기회에 그와 손잡고 진나라를 치는 것이 어떻겠소?"

"곡옥 땅 사람들이 비록 저를 좋아할지라도 진나라 도성을 치기는 어렵습니다. 반드시 군주가 군사를 이끌고 와 후원해 주어야만 합니다. 제가 먼저 곡옥 땅을 출발해 진나라 도성으로 쳐들어갈 터이니 군주는 위나라를 친다는 소문을 낸 뒤 복양濮陽 땅을 경유해 북향하여 진나라를 치도록 하십시오. 양면으로 협공하면 능히 진나라 도성을 깨뜨릴 수 있습니다."

이듬해인 기원전 550년 가을, 제장공이 대군을 이끌고 가 위나라를 친 뒤 곧바로 여세를 몰아 진나라를 치려고 했다. 안영이 주변 사람에게 말했다.

"군주는 힘만 믿고 중원의 맹주인 진나라를 치고자 하니 만일 성공하지 못하면 나라의 복이지만 덕행도 없으면서 전공을 세우게 되면 반드시 우환이 군주의 몸 위에 떨어질 것이다."

권신 최저崔杼도 제장공에게 간했다.

"진나라를 쳐서는 안 됩니다. 신이 듣건대 '소국이 대국의 화란을 틈타 해를 가하면 반드시 재앙을 입는다'고 했습니다. 군주는 이를 깊이 헤아리십시오."

제장공이 듣지 않았다. 이때 진수무陳須無가 최저에게 물었다.

"장차 군주를 어찌할 생각이오?"

"나는 이미 군주에게 진언했으나 군주가 들어주지 않았소. 만일 군신들이 위급해지면 군주가 어찌 존재할 수 있겠소. 그대는 당분간 이에 개입하지 마시오."

시해할 뜻을 밝힌 것이다. 진수무는 훗날 전국시대 초기 강씨의 제나라를 탈취한 전씨田氏의 조상이 된 인물이다. 이들은 제나라를 탈취할 즈음 성씨를 '진씨'에서 '전씨'로 바꿨다. 당시 제장공은 진나라로 쳐들어가 처음에는 큰 성공을 거뒀다. 파죽지세로 진공한 뒤 지금의 산서성 심수沁水 부근에서 진나라 군사의 시체로 커다란 봉분을 만들어 전승을 기념한 게 그 증거다.

그러나 곧바로 진나라 군사의 반격이 이어졌다. 제장공의 지원을 믿고 곡옥에서 반기를 든 난영 일당이 패주하자 제장공은 오히려 진나라 군사의 침공을 걱정해야 하는 신세가 되고 말았다. 게다가 그는 이 와중에 대부 최저의 아내와 사통하다가 참변을 당했다. 기원전 548년 여름 5월, 최저가 제장공을 자신의 집으로 유인해 살해했다. 제나라 대부들은 이 소식을 듣고는 크게 놀라 두문불출한 채 조정에서 명이 내리기를 기다렸다. 안영만은 변란 소식을 듣자마자 즉시 최저의 집을 향해 달려갔다. 시종이 물었다.

"순사殉死할 생각입니까?"

"죽은 군주가 오직 나만의 군주이겠는가? 순사할 이유가 없다."

"그럼 망명할 것입니까?"

"그것이 내 죄인가? 망명할 이유가 없다."

"그렇다면 귀가할 것입니까?"

"군주가 세상을 떠났는데 내가 어찌 집으로 돌아갈 수 있겠는가? 오직 사직을 지킬 뿐이다. 군주가 사직을 위해 죽으면 따라 죽을 수 있고, 사직을 위해 망명하면 따라서 망명할 수 있다. 그러나 군주가 자신을 위해 죽거나 망명할 경우 그의 총신이 아니라면 누가 감히 같이 죽거나 망명하겠는가? 하물며 신하가 모시던 군주를 시해한 상황에서 내가 어찌 그를 위해 죽거나 망명할 수 있겠는가?"

최저의 집으로 들어가 시신의 허벅지 위에 이마를 대고 호곡했다. 이 광경을 보고 한 사람이 최저에게 말했다.

"반드시 안영을 죽여야만 우리가 비난을 면할 수 있습니다."

"안영은 뛰어난 현자로 백성들의 신망을 받고 있다. 그를 죽였다가는 인심을 잃게 될 것이다. 그를 살려두어야 민심을 얻을 수 있을 것이다."

안영이 곧 백성들의 신임을 얻고 있는 대부 진수무를 찾아가 물었다.

"새 군주를 모셔야 하지 않겠소?"

"명망은 상경上卿인 고지高止와 국하國夏에게 있고, 실제 권력은 이제 최저와 경봉慶封의 손에 장악되었으니 나에게 무슨 힘이 있겠소?"

안영이 돌아가자 진수무는 이내 수레를 타고 송나라로 달아났다. 안영이 고지와 국하를 찾아가 묻자 이들 역시 진수무처럼 대답했다.

"최저가 장차 이 나라 실권을 잡고 일당인 경봉이 그를 도울 터이니 우리가 무엇을 주장할 수 있겠소?"

안영이 크게 탄식하며 집으로 돌아갔다. 사실 후사를 세우는 일은 안영의 능력 밖이었다. 쿠데타를 일으킨 최저와 경봉이 곧 고지와 국하를 불러들여 새 군주의 옹립 문제를 논의했다. 고지와 국하가 사양하자 경봉도 이 일을 최저에게 일임했다. 최저가 말했다.

"제영공의 아들 공자 저구杵臼가 장성했으니 새 군주로 옹립하는 것이 어떻겠소? 더구나 공자 저구의 생모는 바로 노나라 대부 숙손교여叔孫僑如의 딸이니 장차 노나라와의 관계도 좋아질 것이오."

모든 대부들이 찬동했다. 이에 공자 저구가 제장공의 뒤를 이어 보위에 올랐다. 그가 바로 춘추시대 말기에 제나라의 중흥을 이룬 제경공齊景公이다. 제경공이 즉위하자 최저가 우상右相, 경봉이 좌상左相이 되었다. 당시에는 '좌'가 '우'보다 높았다. 그런데도 실권자인 최저는 우상이 되었다. 경봉을 전면에 내세워 이용할 속셈이었던 것으로 보인다. 최저가 태공망 여상의 사당으로 가 삽혈歃血하면서 대부들 앞에서 이같이 맹서했다.

"대부들 중 최저 및 경봉과 함께 뜻을 같이하지 않는 자가 있으면 큰 벌을 받을 것이다. 이는 하늘이 증명할 것이다."

뒤이어 경봉과 고지 및 국하 등이 차례로 맹세한 뒤 마침내 안영의 차례가 되었다. 그는 하늘을 우러러 크게 탄식한 뒤 이같이 맹세문을 고쳐 읽었다.

"내가 만일 군주에게 충성하고 사직을 이롭게 하는 자와 가까이 하지 않으면 큰 벌을 받을 것이다. 이는 하늘이 증명할 것이다."

최저 등이 무력을 배경으로 대부들에게 맹서를 강요하는 험악한 상황에서 안영은 나름 신하가 나아가야 할 길을 명확히 제시한 것이다. 극도로 어지러운 상황에서 이를 행하는 것은 그리 쉬운 일이 아니다. 기개와 소신이 있기에 가능했던 일이다.

당초 제나라의 공자들은 최저의 난이 일어났을 때 대거 망명했다. 최저와 경봉이 망하자 제경공이 그들을 모두 불러들여 식읍을 돌려주었다. 이때 안영에게도 지금의 산동성 창읍현인 패전邶殿과 패전에 딸려 있는 60개 성읍을 하사했다. 안영이 받지 않았다. 대부 고채가 의아해하며 물었다.

"부富는 모든 사람들이 바라는 것인데 어찌하여 그대 홀로 그렇지 않은 것이오?"

"경봉은 식읍을 탐하다가 끝내 망명하게 됐소. 지금 내가 보유하고 있는 고을에 패전의 땅을 더하게 되면 사람의 욕심을 꽉 채우게 되오. 욕심을 꽉 채우면 망명할 날이 얼마 남지 않을 것이고, 망명하면 결국 한 고을도 소유할 수 없게 되오. 내가 패전의 땅을 받지 않은 것은 부를 싫어해서가 아니고 내가 지니고 있는 부를 잃게 될까 두려워하기 때문이오."

이 말을 들은 고채도 일단 식읍을 받아들였다가 이후 모두 제경공에게 돌려주었다. 안영의 얘기를 듣고 느낀 바가 있었던 것이다. 이를 통해 알 수 있듯이 『안자춘추』와 『사기』「관안열전」 등에 실려 있는 일화는 대부분 안영의 뛰어난 지혜를 보여주는 내용으로 채워져 있다.

가장 대표적인 게 이도살삼사二桃殺三士 일화이다. 『설원』에도 이 일화가 실려 있다. 오랫동안 인구에 회자했음을 반증한다. 이 일화는 제경공 휘하에 있던 3명의 용장에 관한 것이다. 안영이 구사한 책략은 「모려」와 깊은 관련이 있다.

이 일화에 따르면 당시 제경공 밑에 3명의 용사가 있었다. 서徐나라를 칠 때 수훈을 세운 제나라의 장수는 전개강田開疆이었다. 또 한 사람은 전개강이 천거한 사람으로 제경공과 함께 사냥을 나갔다가 호랑이를 맨손으로 때려잡아 제경공의 찬탄을 자아낸 공손 첩捷이다. 다른 한 사람으로는 제경공이 진소공을 만나기 위해 황하를 건널 때 제경공의 말을 집어삼킨 거대한 자라의 목을 벤 고야자古冶子이다. 이들 세 사람은 곧 의형제를 맺었다. 제나라 사람들은 이들을 '3걸三傑'로 불렀다. 이들 3걸은 서로의 공로와 용기만 믿고 방자하게 굴었다. 제경공은 이들의 용맹을 가상히 여겨 이를 방치했다. 안영이 이를 크게 걱정했다. 마침내 그는 이들을 제거하기로 결심했다.

하루는 노소공이 화친을 위해 제경공을 찾아왔다. 제경공이 노소공을 위해 잔치를 베풀었다. 주흥이 무르익자 안영이 말했다.

"후원에 금도金桃가 익었을 터이니 두 군주는 이를 맛보고 장수하도록 하십시오."

이윽고 안영이 후원을 지키는 관원과 함께 돌아와 쟁반 위에 금도 6개를 놓아 바쳤다. 복숭아는 크기가 주발만 하고 빛이 숯불 같고 향기가 코를 찔렀다. 제경공과 노소공이 각각 1개씩을 먹고 2개를 각각 안영과 노소공을 수행한 노나라 대부에게 주었다. 쟁반 위에는 금도 2개가 남아 있었다. 안영이 말했다.

"아직 금도 2개가 남아 있으니 군주는 공을 많이 세운 신하에게 이를 하사해 그 공을 표창하십시오."

제경공이 분부했다.

"대부들은 각기 스스로의 공적을 말하도록 하라. 대부 안영이 이를 평가해 복숭아를 상으로 내릴 것이다."

공손 첩이 나섰다.

"지난날 군주가 사냥할 때 신이 맹호를 때려눕혔습니다."

안영이 그 공을 평가했다.

"하늘을 받들다시피 어가를 보호했으니 그 공로가 매우 크다."

공손 첩에게 금도를 내리자 이번에는 고야자가 나섰다.

"범을 죽인 것은 크게 기이할 것이 없습니다. 신은 지난날 황하에서 천년 묵은 자라의 목을 끊어 군주를 보호했습니다."

제경공이 말했다.

"장군이 그 요사스런 자라의 목을 끊지 않았다면 과인이 어찌 목숨을 부지했겠는가. 그대의 공은 보기 드문 것이니 어찌 금도를 먹지 않을 수 있겠는가?"

이번에는 전개강이 성큼 앞으로 나와 말했다.

"내가 일찍이 군명을 받들어 서나라를 치자 서나라 군주가 겁을 먹고 강화를 청했습니다. 이에 담나라와 거나라도 겁을 먹고 군주를 맹주로 모시게 된 것입니다."

안영이 제경공에게 말했다.

"전개강의 공적은 두 장수보다 10배나 큽니다. 그러나 이제 복숭아가 없으니 어찌하면 좋겠습니까? 술이나 한 잔 하사하고 복숭아는 내년에 하사하도록 하십시오."

제경공이 말했다.

"경의 공이 가장 큰데 왜 진작 말하지 않은 것이오? 이제 복숭아가 없으니 경의 공로를 표창할 수 없소."

전개강이 분을 참지 못했다.

"저는 1천 리 먼 곳까지 가 피를 뿌리며 대공을 세웠으나 도리어 복숭아를 받지 못하고 두 나라 군신 앞에서 비웃음을 당했습니다. 제가 이제 무슨 면목으로 조정에 서겠습니까?"

그러고는 곧바로 칼로 목을 찌르고 죽었다. 공손 첩도 크게 놀라 칼을 뽑았다.

"우리는 보잘것없는 공을 세우고도 복숭아를 먹었다. 내가 그에게 복숭아를 사양치 않은 것은 몰염치한 짓이다. 사람이 죽은 것을 보고 따라 죽지 않는다면 이는 용기가 없다는 증거이다."

공손 첩이 자진하자 고야자가 큰소리로 말했다.

"우리 3인은 일찍이 의형제를 맺으면서 생사를 함께하기로 했다. 두 사람이 죽었는데 내가 어찌 혼자 살아남을 수 있는가?"

고야자도 이내 자진했다. 제경공이 급히 사람을 시켜 말렸으나 이미 늦었다. 안영이 말했다.

"그들은 그저 용기가 있었을 뿐입니다. 비록 약간의 공은 있었으나 족히 화제에 올릴 만한 인물들이 못 됩니다."

노소공이 물었다.

"그럼 귀국에는 이런 용사들이 얼마나 되오?"

안영이 대답했다.

"묘당廟堂 깊이 앉아 계책을 세워 국위를 1만 리 밖까지 떨치게 할 장상將相만 해도 수십 명이 있습니다. 저런 혈기 방자한 용사는 과군이 매질이나 해서 부리는 축에 불과합니다."

'묘당'은 원래 종묘와 명당을 통칭한 말이나 통상 조정의 뜻으로 사용된다. 안영이 '이도살삼사' 일화에서 구사한 책략은 「모려」의 다음 가르침을 충실히 좇는 결과로 볼 수 있다.

"동일한 심정을 지닌 양측이 서로 친하게 지내면 추진력이 배가 되어 모두 성공을 거두게 된다. 반면 동일한 욕망을 지닌 양측이 서로를 멀리하면 한쪽만 피해를 입게 된다. 동일한 증오를 품은 양측이 서로 친하게 지내면 증오심이 배가 되어 모두 피해를 입게 된다. 동일한 증오를 품은 양측이 서로를 멀리하면 한쪽만 피해를 입게 된다. 서로 이득이 되면 친하게 지내고 서로 피해를 보면 멀리하는 게 인지상정이다. 계책을 세워 시행하고자 할 때 반드시 먼저 양측의 이동異同을 세밀히 구분해 살피는 이유가 여기에 있다."

'이도살삼사' 일화는 역사적 사실과 동떨어져 있다. 이 일화는『춘추좌전』과『사기』등의 사서에 전혀 나오지 않는다. 후대인이 만들어낸 게 거의 확실하다. 그럼에도 불구하고 이를 역사적 사실로 믿은 사람이 적지 않았다. 삼국시대의 제갈량 역시 그들 중 한 사람이다. 그는 '양보음梁父吟'에서 이같이 읊었다.

> 하루아침에 음모에 걸렸네, 복숭아 두 개가 3걸을 죽였네
>
> 一朝中陰謀, 二桃殺三士
>
> 누가 그들을 죽게 했나, 바로 제나라 상국 안자라고 하네
>
> 誰能爲此者, 相國齊晏子

삼국시대 당시에도 이들 '3걸'에 관한 얘기가 전설처럼 전해졌음을 짐작할 수 있다. 그럼에도 당시 제경공이 무력을 배경으로 나름 진나라와 더불어 중원의 패권을 다툰 사실史實을 일정 부분 뒷받침하고 있다.

효친과 충국

조조는 유가에서 내세우는 예양禮讓을 대단히 중시했다. 이는 그가 내린「예양령禮讓令」에서 순임금의 보위 선양을 거절한 전설적인 인물 허유許由의 겸양을 크게 칭송하며 이같이 언급한 대목을 보면 쉽게 알 수 있다.

"속담에 이르기를, '양보하는 예절이 일촌一寸이면 얻는 예절은 일척一尺이다'라고 했다. 이는 참으로 경전에서 말하는 내용의 핵심과 부합한다."

조조는 예양의 효용과 가치를 깊이 인식하고 있었던 것이다. 그가 한헌제로부터 관작을 수여받을 때마다 3번 사양하는 모습을 갖춘 것은 바로 이 때문이었다. 이는 그가 「예양령」에서 '예양'의 의미를 풀이한 다음과 같은 대목을 보면 확연히 파악할 수 있다.

"작록을 사양하며 받아들이지 않고, 이익을 탐해 명성에 누가 되는 일이 없도록 하고, 자리를 탐해 덕에 손상을 가하는 일이 없도록 하는 것이 곧 예양이다."

건안 8년(203) 조조가 「수학령修學令」을 내려 선비들이 예양의 정신을 잃고 있는 것을 매우 개탄스럽게 생각한 사실을 보면 이를 더욱 명확히 알 수 있다. 「수학령」의 골자이다.

"상란喪亂이 일어난 이래 15년이 지났다. 이로 인해 후생後生들이 인의와 예양의 풍도를 제대로 알지 못하고 있다. 나는 이 점을 매우 우려하고 있다. 이제 명하노니 각 군국은 각기 문학을 닦고, 각 현은 5백 호당 학교를 관장하는 교관校官 한 명을 두어 마을의 뛰어난 사람을 선발해 후생들을 가르치도록 하라. 그리하면 거의 선왕의 도가 폐해지는 일이 없고 천하에 크게 도움 되는 바가 있을 것이다."

조조가 얼마나 백성들에게 유가에서 강조하는 예교禮教를 가르치기 위해 부심했는지를 짐작할 수 있다. 조조는 평소 덕을 쌓고 인을 행하는 적덕수인積德垂仁의 선현들을 높이 기렸다. 그가 임용한 현인군자는 기본적으로 '적덕수인'을 이룬 인물들이었다. 『삼국지』 「노육전盧毓傳」을 보면 조조가 후한의 명신 노식盧植을 기린 대목이 나온다.

"그의 이름이 해내에 널리 퍼지고 그의 학문이 유가의 으뜸이 되어 선비들이 모방하는 바가 되었으니 가히 나라의 기둥이라 하겠다."

노식은 유비의 스승이기도 하다. 조조의 휘하에서 사공연司空掾을 지낸 양무涼茂는 늘 자식들에게 어렸을 때부터 경전에 근거해 논의할 줄 알아야 한다며 독서를 강조했다. 조조의 부름을 받고 사공연이 된 후 자주 조조 곁에서 통치자의 덕성에 관해 언급했다. 「원환전袁渙傳」에 이를 뒷받침하는 대목이 나온다.

"양무가 조조에게 이르기를, '도덕으로써 고취하고 인의로써 군웅을 정벌해야 합니다. 겸하여 백성들을 안무하면서 그들을 괴롭히는 해악들을 제거해야만 합니다'라고 건의하자 조조가 이를 깊이 받아들였다."

조조가 유학에 조예가 깊은 학자들을 대거 발탁해 자신의 자식들을 가르치도록 한 것도 이런 맥락에서 이해할 수 있다. 대표적인 인물이 바로 조비의 스승으로 발탁된 최염崔琰이다. 최염은 후한 말기의 명유 정현鄭玄 밑에서 수학한 당대 최고의 유학자였다. 최염은 조비에게 『서경』과 『춘추』, 『시경』, 『예기』 등을 가르쳤다.

그럼에도 『삼국연의』는 조조가 유비의 책사로 있던 서서徐庶의 모친을 인질로 삼아 서서를 불러들인 것으로 묘사해 놓았다. 인재를 얻기 위해 '효'를 악용한 셈이다. 그러나 이는 역사적 사실과 동떨어진 허구이다.

서서의 본명은 서복徐福이다. 명문 출신은 아니지만 어려서부터 임협을 좋아하고 칼싸움인 격검擊劍에 뛰어났다. 『삼국연의』는 서서가 유비를 모시고 있을 때 선복單福이라는 이름을 사용했다고 기술해 놓았는데, 이는 사료를 잘못 해독한 데 따른 것이다. 『삼국지』 「제갈량전」의 배송지 주에 인용된 『위략』에 다음과 같은 기록이 나온다.

"서서의 원래 이름은 복福으로 원래 단가單家의 자식이었다."

'단가'는 원래 의지할 데 없이 가난한 집안이라는 뜻이다. 단單이 성으로 쓰일 때는 '선'으로 읽는다. 나관중은 '단가'를 '선가單家'로 잘못 해독했던 것이다. 이로 인해 『삼국연의』에 나오는 서서는 졸지에 '선씨'가 되고 어렸을 때 이름 역시 '선복'이 되어 버렸다.

서서는 젊었을 때 아는 사람을 위해 대신 원수를 갚고 관원들에게 쫓긴 일이 있었다. 이때 흰색 흙을 얼굴에 칠하고 머리를 흐트러뜨리고 도주했지만 곧 관리에게 체포당했다. 관원이 그의 이름을 묻자 입을 다문 채 아무 말도 하지 않았다. 수레 위에 나무기둥을 세워 그를 묶은 뒤 북을 울리며 거리로 끌고 다녔다. 그러나 그를 안다고 자처하는 자가 나오지 않았다. 도중에 그의 동지였던 자들이 그를 풀어주어 달아날 수 있었다.

이후 그는 칼과 창을 버리고 학문에 정진하게 되었다. 이때 자가 광원廣元인 동향 출신 석도石韜와 친하게 지냈다. 이어 초평 연간에 천하가 소란스럽게 되자 석도 등과 함께 남쪽의 형주로 갔다. 석도는 후에 조조가 형주를 점령하자 그의 휘하로 들어가 태수와 전농교위典農校尉 등을 역임했다. 당시 서서는 자가 공위公威인 맹건孟建 및 제갈량 등과 특별히 친하게 지냈다. 맹건도 훗날 위나라로 가 양주凉州자사를 역임한 인물이다.

사서의 기록에 따르면 서서는 처음에 제갈량과 함께 유비를 섬기다가 중도에 조조에게 귀의했다. 자발적인 선택이었다. 제갈량이 가까운 친구였던 석도 및 서서 등과 전혀 다른 길을 걷게 된 배경이다. 『삼국지』 「제갈량전」의 배송지 주에 인용된 『위략』에 따르면 당시 서서와 석도, 맹위 등은 학문의 정밀함을 추구한 데 반해 제갈량은 유독 대략적인 내용을 중시했다. 『위략』에 이에 관한 일화가 나온다.

이에 따르면 하루는 서서 등은 아침부터 저녁까지 항상 무릎을 끌어안고 경전의 주소注疏 등을 열심히 암송하자 제갈량이 이같이 핀잔했다.

"그대 세 사람은 관직에 몸을 담으면 자사와 군수까지는 오를 수 있을 것이오."

이에 서서 등 세 사람이 제갈량에게 물었다.

"그러면 공명은 어디까지 오를 수 있다는 말이오?"

제갈량은 단지 웃기만 할 뿐 아무 대답도 하지 않았다.

이후 맹건이 북쪽으로 돌아가려고 하자 제갈량이 말했다.

"중원에는 사대부가 많소. 즐기는 것을 하필 고향에서만 하려고 하는 것이오!"

이상이 『위략』에 나온 일화의 골자다. 삼국시대 당시부터 제갈량이 북쪽의 조조에게 갔을 경우 크게 주목받지 못할 것을 스스로 알았기 때문에 맹건에게 이런 충고를 했다는 주장이 있다. 배송지가 다음과 같이 구구한 해설을 덧붙여 놓은 사실이 이를 방증한다.

"제갈량이 맹건을 위해 그런 얘기를 했다고 말하는 것은 가하나 자신의 입장 또한 마찬가지였기 때문에 그런 말을 했다고 말하는 것은 그가 말한 취지를 제대로 이해하지 못한 탓이다. 제갈량이 만일 조조 밑에 가서 그 재능을 발휘했다면 실로 진군陳群이나 사마의도 당해낼 수 없었을 터인데 나머지 사람들이야 이를 바가 있었겠는가? 비록 흉중에 우주를 감싸는 웅지를 품고도 북쪽으로 가지 않은 것은 한실이 장차 무너지려는 상황에서 종친의 영걸을 도와 왕실의 뒤를 잇게 하는 공업을 이루는 것을 그 임무로 삼았기 때문이다. 어찌 구차하게 궁벽한 변경에서 자그마한 이익을 구하려고 그러했겠는가!"

당시 천하의 인재들은 거의 모두가 조조의 휘하로 들어가 있었다. 제갈량이 언급한 것처럼 경전의 주소나 열심히 읽었던 맹건이 조조에게 몸을 의탁한들 순욱이나 순유, 가후, 정욱 등과 같이 두각을 나타낼 수 없는 것은 자명한 일이다. 실제로 맹건은 조조에게 간 후 양주자사가 되는 데 그쳤다.

그렇다면 서서는 어떠했을까? 그는 삼국시대에 활약한 책사 가운데 처음으로 유비의 모신이 된 인물이다. 『삼국연의』는 유비가 그의 계책을 써 번성樊城을 취하는 것으로 묘사해 놓았다. 물론 사서에는 전혀 나오지 않는 내용이다. 이 대목에서 조인이 번성의 함락이 서서의 계책에 따른 것이라고 말하자 조조가 좌우를 둘러보며 묻는다.

"서서가 어떤 사람이오?"

정욱이 나서 설명한다.

"그는 일찍이 널리 이름 있는 선생들을 찾아다니며 학문에 힘을 썼는데 양양의 사마휘 등과도 상종하여 그의 명성이 널리 알려지게 되었습니다."

"서서의 재간이 공과 비교해 어떻소?"

"저보다 10배는 낫습니다."

"유능한 선비가 유비한테 간 것이 아깝구려. 이제 유비에게 날개가 달렸으니 이를 어찌하면 좋겠소?"

조조가 크게 탄식하자 정욱이 건의한다.

"서서가 비록 유비에게 가 있기는 하지만 승상께서 쓰려고만 하면 불러올 수도 있습니다."

"무슨 수로 그를 오게 한단 말이오."

"서서는 효성이 지극한 사람입니다. 어려서부터 부친을 여의고 집에는 노모밖에 없는데 지금은 아우마저 죽어 노모를 봉양할 사람이 없습니다. 승상께서 사람을 시켜 그 모친을 허도로 모셔다 놓으시고 편지로 그 아들을 불러오게 하면 반드시 이리로 올 것입니다."

조조가 크게 기뻐하며 곧 사람을 시켜 속히 영주로 가서 서서의 모친을 데려오게 한다. 조조가 서서의 모친에게 후하게 대접하며 이같이 청한다.

"듣자 하니 아드님 원직이 천하의 기재라고 하는데 지금 신야에서 역신 유비를 섬겨 조정을 배반하고 있으니 이는 바로 아름다운 옥이 더러운 진흙 속에 떨어진 것 같아 실로 안타까운 일입니다. 이제 노부인께서 수고스럽지만 한 통의 글을 써 아드님을 허도로 불러주신다면 천자께 여쭈어 후한 상을 내리도록 하겠습니다."

그러고는 좌우에 분부해 붓과 종이 등을 가져오게 하고 서서의 모친에게 편지를 쓰라고 하자 서서의 모친이 조조에게 한마디 묻는다.

"유비가 대체 어떠한 사람이오?"

"시골 마을의 보잘것없는 인간이 외람되게도 황숙皇叔이라고 칭하고 있으나 전혀 신의가 없는 자입니다. 겉은 군자이나 속은 소인배입니다."

그러자 서서의 모친이 날카로운 목소리로 조조를 꾸짖는다.

"내가 들으니 그는 중산정왕의 후예로 몸을 굽혀 선비를 맞이하고 예를 공손히 하여 사람을 대접하는 까닭에 그 이름이 널리 알려졌다고 합디다. 세상의 철부지 아이나 백발 늙은이나 소치는 아이나 나무하는 머슴들도 다 그의 이름을 알고 있으니 참으로 당대의 영웅이오.

내 아들이 그를 돕는다니 그건 바로 제 주인을 만났다고 할 것이오. 당신이야말로 천하의 역적인데 도리어 현덕을 역신이라고 하면서 내 아들로 하여금 명군을 버리고 암군한테 오게 하려 하다니 부끄럽지도 않단 말이오!"

서서의 모친이 말을 마치자마자 벼루를 집어들어 조조를 치자 조조가 크게 노해 좌우에 명해 서서의 모친을 참하라고 명하자 정욱이 급히 제지하고 안으로 들어가 조조에게 이같이 간한다.

"서서의 모친이 승상을 노엽게 해드린 것은 자진해 죽음을 청하는 것입니다. 서서의 모친이 죽게 되면 서서가 더욱 힘써 유비를 도와 원수를 갚으려 들 것이니 그러기보다는 살려두는 것이 나을 것입니다. 그러면 서서가 몸과 마음이 둘로 나뉘어 설사 유비를 돕는대도 제 힘을 다하지 못하게 될 것입니다. 서서의 모친을 살려두시면 제가 서서를 속여 이리로 불러들일 계책이 있습니다."

조조가 그 말을 옳게 여겨 서서의 모친을 죽이지 않고 별실에 두고 공양하게 했다. 정욱이 서서의 모친을 찾아가 전에 서서와 의형제를 맺은 일이 있다고 꾸며댄 후 날마다 찾아가 마치 생모를 대하듯 정중히 모셨다. 때때로 선물을 보낼 때 반드시 자필로 편지를 써서 함께 보내자 서서의 모친도 역시 친필로 답서를 써서 보냈다. 정욱이 서서 모친의 글씨체를 본떠 서서에게 가짜 편지를 보내 마침내 서서를 불러들였다.

이상이 『삼국연의』에 나오는 개괄적인 내용이다. 유비가 번성을 차지했다는 것 자체가 허구이다. 당시 번성은 유표의 관할 하에 있었다. 정욱이 서서의 모친을 모셔다가 필체를 본떠 서서를 유인하려 했다고 묘사해 놓은 것 역시 조조를 폄하하기 위한 허구일 뿐이다. 조조는 앞서 언급한 것처럼 '효'를 매우 중시했다. 필심畢諶에 관한 일화가 이를 뒷받침한다.

『삼국지』「무제기」에 따르면 조조가 연주목으로 있을 때 동평 출신 필심이 별가別駕로 일하고 있다가 조조의 양해로 귀가한 바 있다. 장막張邈이 조조에게 반기를 든 뒤 필심의 어머니와 동생, 아내 등을 위협했다. 조조가 부득불 필심을 떠나보내게 됐다. 필심이 눈물을 흘리며 다짐했다.

"제가 비록 부득이하게 가지만 결코 두 마음을 품지 않을 것입니다."

조조가 필심의 손을 잡고 석별의 눈물을 흘렸다. 훗날 여포의 군사가 패하고 필심이 사로잡혀 조조 앞으로 끌려왔을 때 사람들 모두 필심이 어찌될까 두려워했다. 그러나 조조는 이같이 말했다.

"무릇 부모에게 효도하는 사람이 어찌 주군에게 충성하지 않겠는가. 그는 바로 내가 찾고자 하는 사람이다."

그러고는 곧바로 노국魯國의 재상으로 임명했다. 그가 얼마나 '효'를 중시했는지를 여실히 보여주는 대목이다. 여기서 주목할 것은 조조가 필심의 '효'를 높이 평가하며 너그러운 모습을 보인 것이 사실은 「모려」에 나오는 다음 대목을 충실히 좇은 것이라는 점이다.

"무릇 계책을 세우는 데는 일정한 규칙이 있다. 그 규칙을 알려면 반드시 먼저 해당 사안이 빚어지게 된 근본 배경과 현재의 실정 등에 대해 자세히 알고 있어야 한다. 실정을 안 연후에 비로소 3가지 기준을 세울 수 있다. 3가지 기준은 상급, 중급, 하급의 계책을 말한다. 3가지 기준을 서로 비교해 조사하는 참험參驗을 실시한 뒤 보완을 거쳐 현실에 가장 적합한 기발한 전략을 세운다. 상대의 재주를 재는 도재

度材와 능력을 헤아리는 양능量能, 실정을 파악하는 췌정揣情은 일을 처리하고 계책을 세울 때 나침반 역할을 한다."

크게 3가지 이유를 들 수 있다. 첫째, 조조는 해당 사안이 빚어지게 된 근본 배경과 현재의 실정 등을 정확히 꿰고 있었다. 필심이 장막에게 간 것은 장막이 필심의 모친을 미끼로 삼은 결과다. 필심이 제 발로 간 게 아닌 만큼 그간 장막과 여포를 위해 일한 것은 충분히 면책할 만한 사유가 된다. 나아가 현재 여포가 이미 제압된 상황에서 과거의 잘못을 들먹이며 그 죄를 논하는 것은 너무 고식적이다. 오히려 너그러운 모습을 보여 당사자를 비롯해 주변 사람들을 감복시키는 게 훨씬 이익이다. 서서와 관련한 『삼국연의』 대목은 필심의 사례에서 힌트를 얻어 서서를 끼워 넣어 정반대로 각색해 놓은 것이다.

둘째, 조조는 '참험'을 통해 상급, 중급, 하급의 계책 가운데 최상의 방안을 택했다. 조조는 천하의 인재를 불러들일 때 '효'를 전면에 내세웠다. 이는 '효'가 충忠으로 직결된다는 유가의 가르침을 깊이 받아들인 결과다. 그는 '효'의 효과가 매우 크다는 사실을 숙지하고 있었다. 스스로 천자가 되고자 한 원소와 달리 천자를 끼고 천하를 호령하는 방안을 택한 것과 같은 맥락이다. 해당 사안을 처리할 때 어떻게 하는 것이 최상의 방안인지 그는 훤히 꿰고 있었다. 관우가 원소 측에 가담한 유비를 찾아갈 때 추격을 촉구하는 제장들을 만류한 사실이 이를 뒷받침한다. 『삼국지』 「관우전」의 배송지 주에 인용된 『부자傅子』에 당시 조조가 한 말이 나온다.

"주군을 모시며 그 기본 뜻을 잊지 않는 자는 천하의 의사義士이다. 그가 주군을 찾아가도록 놓아두라!"

원담이 죽었을 때 왕수王修가 울면서 그 시신을 거두고 지습脂習이

공융의 시신 앞에서 대성통곡하며 조조의 엄명을 따르지 않았음에도 모두 사면한 것 역시 같은 맥락에서 이해할 수 있다.

셋째, 조조는 필심의 재주를 재는 도재度材와 능력을 헤아리는 양능量能, 실정을 파악하는 췌정揣情을 모두 행했다. 당시 사람들 모두 필심이 크게 다칠까 우려했다. 만일 이들이 예상한 것처럼 필심을 다뤘을 경우 조조는 '효'를 행한 사람을 처벌한 데 이어 뛰어난 인재를 내치는 꼴이 된다. 이는 조조가 능력만 있으면 신분 고하를 막론하고 발탁하는 이른바 유재시거惟才是擧의 행보와 어긋나게 된다. 천하의 인재들이 조조에게 의심을 품을 게 뻔하다. 조조가 자신의 평판과 관련한 고비 때마다 얼마나 사안을 신중히 처리했는지를 방증하는 대목이다.

제11편 결물 |決物| 이로우면 속히 결단하라

「결물」은 인사를 비롯해 해당 사안을 처리할 때 최종적으로 과연 어떤 결단을 내리는 게 좋은지를 논하고 있다. 올바른 결단을 내리기 위해서는 해당 사안의 성격과 특징, 현황 등을 훤히 알아야만 한다. 사안의 비중이 크고 위기의 정도가 심하면 심할수록 결단의 중요성은 더욱 높아질 수밖에 없다. 결단은 잘못된 상황판단에 기초할 경우 기대한 것과는 정반대의 결과를 초래할 수 있다. 그만큼 신중해야 한다. 그러나 결코 시기時機를 놓쳐서는 안 된다. 지나치게 신중한 나머지 머뭇거리며 결단을 늦출 경우 이는 최악의 상황을 자초하는 길이다. 사안이 곪은 것을 급속히 도려내는 것이거나 새로운 접근이 절실히 필요한 경우에는 지체하지 말고 과감히 결단해야 한다. 결단의 시간이 늦으면 늦을수록 근원적인 해결이 어려워지기 때문이다. 대공大功을 세울 수 있는지 여부가 여기에 달려 있다고 해도 과언이 아니다. 모든 것이 급변하는 21세기 경제전쟁 시대에 그대로 적용되는 논리다. 『귀곡자』에서 말하고 있는 모든 책략과 유세의 화룡점정이 '결물'에 있다고 해도 과언이 아니다.

11-1

凡決物, 必托於疑者. 善其用福, 惡其用患. 善至於誘也, 終無惑偏. 有利焉, 去其利, 則不受也, 奇之所託. 若有利於善者, 隱托於惡, 則不受矣, 致疏遠. 故其有使失利者, 有使離害者, 此事之失.

무릇 사안을 결단하여 처리하는 결물決物은 반드시 사람들이 유예猶豫하며 의심하는 까닭에 더욱 필요하다. 결단을 잘 하는 자는 복을 부르고, 그렇지 못한 자는 화를 부른다. 결단을 잘 하는 사람은 상대를 잘 유인해 실정을 정확히 파악한 연후에 결단하는 까닭에 미혹되거나 편견을 갖는 일이 없다. 결단은 이익을 동반해야만 한다. 이익을 동반하지 못하면 사람들은 이를 받아들이지 않는다. 결단할 때마다 이익을 동반하기 위해서는 반드시 남들이 예상치 못한 상황에서 기이한 결단을 할 줄 알아야 한다. 그러나 아무리 총체적으로 유리할지라도 그 안에 불리한 내용이 들어 있으면 사람들은 잘 받아들이지 않는다. 결단으로 인해 사람들과 소원해지는 이유다. 결단이 실리失利 차원을 넘어 심지어 해를 끼치는 경우도 있다. 이는 일을 망치는 것이다.

현재의 편명은 「결」편이다. 『태평어람』에 편명이 보이지 않는다. 「결」편 역시 원래는 두 자로 되어 있었을 것으로 보는 게 옳다. 첫머리에 결물決物이 나오고 있는 점에 비춰 원래의 편명이 '결물'이었을 공산이 크다. '결물'은 인사를 포함한 모든 사안 및 일체의 사물에 대한 결단을 뜻한다. 뒷구절에서 마음을 결정하고 의심을 해소한다는 뜻의 결정정의決情定疑 표현이 나오는 데서 알 수 있듯이 '결물'은 참모로 활약하는 책사의 결단決斷과 군주의 결단을 통칭한 것이다. 군주의 결단을 뜻하는 군단君斷 내지 독제獨制 등의 용어를 사용한 『상군서』 및 『한비자』의 취지와 상통하는 대목이다. 유사리해有使離害의 리離는 병 따위에 걸린다는 뜻의 리罹와 통한다. 사지실事之失의 '실'은 실책 내지 과오를 뜻한다.

11-2

聖人所以能成其事者有五. 有以陽德之者, 有以陰賊之者, 有以信誠之者, 有以蔽匿之者, 有以平素之者. 陽勵於一言, 陰勵於二言, 平素樞機以用, 四者微而施之. 於事度之往事, 驗之來事, 參之平素, 可則決之. 王公大人之事也, 危而美名者, 可則決之. 不用費力而易成者, 可則決之. 用力犯勤苦, 然不得已而爲之者, 可則決之. 去患者, 可則決之. 從福者, 可則決之.

옛날 성인이 일을 성사시킨 방안은 모두 5가지이다. 첫째 드러나게 덕을 베푸는 양덕陽德, 둘째 은밀히 해치는 음적陰賊, 셋째 믿음으로 진실한 관계를 맺는 신성信誠, 넷째 거짓으로 미혹케 만드는 폐익蔽匿, 다섯째 평상시처럼 대하는 평소平素가 그것이다. 이들 5가지 방안은 크게 드러내놓고 행하는 양술陽術과 은밀히 행하는 음술陰術로 대별할 수 있다. '양술'로 일을 처리할 때는 언사가 한결같아야 하고 앞뒤 행보가 일치해야 한다. '음술'로 일을 처리할 때는 진위眞僞 구별이 안 되는 모호한 화법을 구사해야 한다.

결단할 때는 '양술'과 '음술' 이외에도 통상적인 상황에서 구사하는 정술正術과 존망의 위기상황에서 구사하는 기이한 술책인 기술奇術 등의 두 가지 술책이 더해져야 한다. 이들 4가지 술책은 당사자 스스로 깨닫지 못하는 부지불각不知不覺 중에 구사되어야 주효할 수 있다. 결단할 사안을 마주할 때는 우선 과거의 사례를 참조하고, 미래의 일에 대입해 효험을 시험하는 증험證驗을 행하고, 다시 통상적으로 일어나는 사안을 세밀히 검토한 뒤 이치에 맞다 싶으면 결단한다.

제왕에서 공경대부에 이르는 왕공대인王公大人을 위해 결단할 때는 5가지 정황을 감안해야 한다. 첫째, 왕공대인이 비록 위기에 처해 있기는 하나 결단으로 인해 아름다운 명성을 이룰 수 있는 위이미명危而美名의 경우 이치에 맞다 싶으면 결단을 촉구한다. 둘째, 힘과 비용을 많이 들이지 않고도 쉽게 이룰 수 있는 불비이성不費易成의 경우 이치에 맞다 싶으면 결단을 촉구한다. 셋째, 비록 힘과 비용이 많이 들고 괴로움을 당할지라도 부득이 행하지 않을 수 없는 부득불위不得不爲의 경우 이치에 맞다 싶으면 결단을 촉구한다. 넷째, 백성들을 위해 우환을 없애는 위민거환爲民去患의 경우 이치에 맞다 싶으면 결단을 촉구한다. 다섯째, 백성들에게 복지를 가져오는 위민종복爲民從福의 경우 이치에 맞다 싶으면 결단을 촉구한다.

위이미명危而美名을 포함해 불비이성不費易成과 부득불위不得不爲, 위민거환爲民去患, 위민종복爲民從福 등 5가지 정황은 왕공대인을 위해 대신 결단하는 대결代決 내지 결단을 촉구하는 경우로 거론된 것이다. 거환去患과 종복從福의 '환'과 '복'을 두고 허부굉은 군주의 우환과 복지로 풀이했으나 문맥상 백성의 우환과 복지로 풀이하는 게 자연스럽다.

11-3

故夫決情定疑, 萬事之基, 以正治亂, 決成敗, 難爲者. 故先王乃用蓍龜者, 以自決也.

무릇 마음을 결정하고 의심을 해소하는 결정정의決情定疑는 모든 사안을 처리하는 대전제에 해당한다. 제왕의 결단은 나라의 어지러움을 바로잡고 나라의 성패를 좌우하는 까닭에 매우 어려운 일이다. 옛 선왕들이 시초蓍草와 거북점 등을 행하며 조언을 얻고자 한 이유다. 제왕은 국가대사의 최종 결재자인 만큼 반드시 해당 사안을 다각도로 면밀히 검토한 뒤 이치에 맞다 싶으면 시기時機를 놓치지 않고 과감히 스스로 결단해야 한다.

결정정의決情定疑는 의혹을 떨쳐버리고 과감히 결단하는 것을 말한다. 『순자』는 「의병」에서 기의棄疑, 「해폐」에서 결의決疑로 표현해 놓았다. 난위難爲는 국가대사와 관련한 결단이 어렵다는 뜻이다. 도홍경은 풀이하기를, "결단을 잘못했을 경우 티끌 같은 작은 실수가 이내 1천 리에 달할 정도의 큰 차이를 가져온다. 그래서 '난위'라고 표현한 것이다"라고 했다. 시구蓍龜는 톱풀을 이용한 시초점蓍草占과 거북등을 불에 태워 균열을 보고 점을 치는 구점龜占을 뜻한다. 자결自決은 군주 스스로 최종 결단해야 한다는 의미이다.

궁중암투와 결단

「결물」의 내용은 크게 두 가지로 나뉜다. 책사가 군주를 대신해 결단하는 경우와 군주 자신이 결단하는 경우가 그렇다. 요체는 머뭇거리지 않고 과감히 결행하는 데 있다. 책사는 아니지만 군주의 결단을 촉구한 대표적인 사례로 한무제의 총희 이부인李夫人을 들 수 있다.

이부인은 천하절색의 미인이었으나 태어날 때부터 몸이 좋지 못했다. 아들을 출산한 후 이내 병이 든 이유다. 그녀가 임종할 때 한무제가 찾아갔다. 이부인은 머리 끝까지 이불을 뒤집어 쓴 채 얼굴을 보이지 않고 오직 소생인 창읍왕昌邑王 유박劉髆과 자신의 형제들을 잘 보살펴달라는 간곡한 부탁을 할 뿐이었다. 한무제는 사랑하는 이부인의 얼굴을 단 한번만이라도 더 보고 싶어 했으나 이부인은 끝내 얼굴을 내놓지 않았다.

"부인은 얼굴에 화장하지 않고는 군부君父에게 나타나지 않는다고 합니다. 오랜 병고로 소첩은 화장을 전혀 하지 못했습니다."

한무제는 하릴없이 병실을 나갔다. 그 병석을 지키던 이부인의 자녀와 형제들의 아내들이 원망했다.

"잠깐 얼굴을 보여주고 친척들의 일을 부탁해도 좋았을 터인데 황제께서는 기분이 나빴던 모양입니다."

이부인이 말했다.

"친척들을 생각했기 때문입니다. 나는 용모가 아름답다는 것만으로 천한 신분으로 폐하께 총애를 받았습니다. 미모로 총애를 입은 사람은 미모가 사라지면 총애도 사라지는 법입니다. 폐하께서 그처럼 열심히 보고 싶어 하시는 것은 옛날의 나의 얼굴입니다. 지금 병으로 인해 이처럼 보기 싫은 얼굴을 보셨다면 분명 기분이 상해 형제들을 돌봐줄 마음이 없어질 것입니다."

이 이야기를 들은 친인척 여인들이 통곡했다. 이부인이 죽자 과연 한무제는 이부인을 잊지 못해 황후의 예로 장사지낸 뒤 이부인의 초상을 그려 침실에 걸어놓고 그녀의 일족을 애틋하게 돌보았다. 이부인은 잠깐만이라도 얼굴을 보고자 하는 한무제의 소원을 단호히 거절하며 이전의 좋은 인상만을 갖고 살도록 결단을 촉구한 셈이다. 그녀 소생의 창읍왕과 일족을 보호하려는 고육책인 것임은 말할 것도 없다. 이는 「결물」의 다음 가르침을 좇은 것으로 평할 수 있다.

"양술陽術로 일을 처리할 때는 언사가 한결같아야 하고 앞뒤 행보가 일치해야 한다. 음술陰術로 일을 처리할 때는 진위 구별이 안 되는 모호한 화법을 구사해야 한다. 결단할 때는 '양술'과 '음술' 이외에도 통상적인 상황에서 구사하는 정술正術과 존망의 위기상황에서 구사하는 기이한 술책인 기술奇術 등의 두 가지 술책이 더해져야 한다."

이부인이 자신의 얼굴을 끝내 보여주지 않은 것은 통상적인 상황에서는 볼 수 없는 음술 및 기술에 해당한다. 황제의 총애 여부에 따라 부귀와 생사 여부가 엇갈리는 궁중암투 속에서 나름 생존비법을 터득한 결과로 볼 수 있다. 그러나 한무제 사후 그녀의 이런 책략도 이내 효력을 다하고 말았다.

한무제는 재위 55년째 되는 후원 2년(기원전 87)에 70세의 나이로 오작궁五柞宮에서 숨을 거두었다. 그의 뒤를 이어 태자 유불릉劉弗陵이 즉위했다. 그가 바로 한소제漢昭帝이다. 한소제의 생모 조첩여趙婕妤는 기구한 여인이었다. 궁호는 구익부인鉤弋夫人, 작위는 '첩여'였다. '구익부인'은 구익궁鉤弋宮에 머문 데서 나왔다. 한무제는 늘 유블릉이 자신을 닮았다며 총애했다. 정화 6년(기원전 87) 구익부인은 역모의 주모자로 고변되자 한무제가 자결을 명했다. 건국 초기 유방의 부인 여씨 일족의 폐해를 익히 알고 있던 한무제는 어린 아들 뒤에 젊은 어미가 있으면 외척의 발호와 폐단이 있을까 우려해 역모로 몰아 미리 제거한 것이다.

이듬해인 정화 7년(기원전 88) 장성한 이부인 소생 창읍왕 유박마저 죽게 되자 한무제는 조첩여 소생 유불릉을 태자로 세웠다. 태자의 생모를 미리 제거한 것에 혼란스러워한 대신들이 그 이유를 몰라서 크게 혼란스러워했다. 일설에 따르면 어떤 사람이 한무제에게 유불릉을 태자로 세우면서 왜 그 생모를 죽인 것인지 묻자 이같이 책망했다고 한다.

"나라에 혼란이 빚어지는 것은 황제가 무능하거나 어린 게 원인이다. 유불릉의 어미는 젊고 힘이 넘친다. 내가 죽은 뒤 교만하고 자긍심이 큰 여인이 태후라는 이름으로 음란한 일을 멋대로 저지를 경우 누가 이를 제어할 수 있겠는가? 경들은 여씨 일족의 폐해를 잊어버린 것인가?"

한무제는 구익부인이 자결한 뒤 이내 복권시켜 주었다. 모든 게 의도적이었다. 유불릉은 즉위 당시 8세에 지나지 않았다. 한무제는 죽기 직전 유불릉을 황태자로 세운 후 곽거병의 동생 봉거도위奉車都尉 곽광霍光을 불러 주공이 성왕을 업고 있는 그림을 보여주면서 부디 주공이 되어 태자를 보필해달라고 부탁했다. 원평 원년(기원전 74) 6월, 한소제가 아들을 낳지 못하자 곽광이 앞장서 유하劉賀를 옹립했다. 유하는 5살 때 부친 유박으로부터 창읍왕의 봉작을 이어받았다. 그러나 태자의 자리에 오른 지 3달 만에 음란한 생활이 문제가 되어 태자의 자리에서 폐위되었다. 대신 태자로 있다가 무함에 걸려 억울하게 죽은 위황후 소생 폐태자 유거劉據의 손자인 유병이劉病已가 옹립됐다. 그가 바로 전한 최고의 성군으로 꼽히는 한선제漢宣帝이다.

크게 보아 유거의 죽음과 위황후의 자진에서 시작해 한소제의 생모인 구익부인의 자진, 이부인 소생 창읍왕 유박 아들 유하의 폐위, 유거의 손자 한선제의 등극 등은 모두 궁중암투에서 비롯된 것이다. 황후를 비롯해 후궁 모두 황제 한 사람을 놓고 '만인의 만인에 대한 투쟁'을 전개했다. 여인들만 탓할 수도 없다. 자신의 소생이 보위를 잇지 못할 경우 생사를 장담할 수 없었기 때문이다. 궁중에서 난세의 책사를 방불하는 온갖 책략이 난무한 이유다.

현무문의 난과 결단

「결물」은 신하가 군주를 대신해 결단하는 경우를 언급하고 있으나 군주의 결단을 중시하는 법가는 이를 금기시하고 있다. 대권이 자칫 신하에게 넘어갈 것을 우려한 탓이다. 이를 뒷받침하는 『한비자』「팔설」의 해당 대목이다.

"시고 달고 짜고 싱거운 맛을 군주 자신의 입으로 판단하지 않고 요리 담당관인 재윤宰尹에게 맡기면 주장의 요리사들은 군주를 가볍게 여기고 재윤을 소중히 여길 것이다. 높고 낮고 맑고 둔탁한 소리를 군주 자신의 귀로 판단하지 않고 음악 담당관인 악정樂正에게 맡기면 악대의 맹인 악사들은 군주를 가볍게 여기고 악정을 소중히 여길 것이다. 치국 과정의 시비를 군주 자신의 법술로 결단하지 않고 총신寵臣에게 맡기면 조정의 다른 신하들이 군주를 가볍게 여기고 총신을 더 소중이 여길 것이다. 군주가 친히 정사를 관장하지 않고 재결의 대권을 신하들에게 넘기면 군주는 곧 더부살이하는 꼭두각시 신세가 되고 만다."

중국의 역대 제왕 가운데 뛰어난 결단으로 새 왕조를 창업한 대표적인 인물로 당태종 이세민李世民을 들 수 있다. 그는 사실상의 창업주에 해당한다. 대업 13년(617) 7월, 수나라가 벼랑 끝으로 몰리자 외척인 태원유수太原留守 이연李淵이 마침내 반기를 들었다. 차남 이세민이 결행을 촉구한 게 결정적인 배경이 되었다. 장남 이건성李建成은 좌로삼군左路三軍, 차자인 이세민은 우로삼군右路三軍을 이끌었다. 이들은 분수汾水와 위수渭水를 따라 진격했다. 이해 11월, 장안성에 맹공을 퍼부었다. 그러나 장안성의 함락은 결코 쉽지 않았다.

이듬해인 대업 14년(618) 수양제가 강도에서 우문화급에 의해 시해되었다. 이연이 마침내 장안성에 입성해 수나라를 멸하고 새 왕조를 세웠다. 이연이 장안성을 점령했을 때는 아직도 각지에 군웅이 할거하며 서로 왕이나 황제를 자처하는 혼란의 시기였다. 누가 최후의 승리를 얻을지도 예측하기가 어려웠다. 군웅할거의 국면은 무덕 원년(618)부터 무덕 7년(624)까지 7년 동안 조성되었다. 당제국은 6차례의 커다란 전투를 치르고 나서야 천하를 손에 넣을 수 있었다.

당시 이연은 건국 직후 성급하게도 가장 큰 공을 세운 차자 이세민을 진왕秦王에 봉했다. 장남 이건성을 태자로 봉한 결과다. 4남 이원길은 제왕齊王에 봉해졌다. 3남은 일찍 세상을 떠났다. 이건성은 냉정하고 침착하며 어질고 관대한 성품을 지녔다. 이와 정반대로 이원길은 모든 것을 곧바로 행동에 옮기는 다급한 성격의 소유자였다. 오직 이세민만이 용맹과 과단성을 지닌 데다 상황에 따라 지혜롭게 행보할 줄 알았다. 그가 천하를 거머쥔 근본 배경은 바로 과감한 결단에 있었다.

이들은 원래 선비족이다. 선비족의 전통에 따르면 장유유서의 서열은 그다지 중요하지 않다. 능력이 우선이었다. 군웅을 모두 제압한 뒤 그 공에 따라 태자를 선정하는 게 순리였다. 어렸을 때부터 무예를 좋아한 데다 배짱도 크고 결단도 빨랐던 이세민은 후사가 되어 보위에 앉고자 하는 집념이 강했다. 이건성을 태자로 책봉한 현실을 용납할 리 없다. 이게 결국 형제간의 피를 부른 이른바 '현무문玄武門의 변'을 일으키는 배경이 되었다.

이세민은 20세가 채 되기도 전에 이미 재력을 기울여 각지의 호걸들과 교분을 쌓은 바 있다. 천하를 얻기 위한 수순이었다. 기병단계에서도 이연은 시종 신중한 모습을 보였지만 이세민은 부친을 거듭 설득하며 봉기를 재촉하는 등 천하를 장악하기 위해 조바심을 냈다. 군웅을 제압하는 과정에서 물불 가리지 않고 사방의 전장을 누비고 다닌 것도 이와 같은 맥락에서 이해할 수 있다. 천하의 절반은 그가 탈환한 것이라고 해도 과언이 아니다. 그만큼 그가 세운 무공이 뛰어났다. 당시 그가 세운 무공은 크게 4가지로 요약할 수 있다.

첫째, 설거薛擧와 설인과薛仁果 부자의 평정이다. 설씨는 수나라 때 감숙 일대에서 세력을 갖고 있던 대부호 집안 출신이다. 대업 13년(617) 7월, 이들 부자가 수나라에 반기를 든 뒤 칭제稱帝를 선언했다. 이연이 태원에서 봉기할 당시 이들도 농서隴西에서 장안성을 향해 진격해 왔다. 30만 명에 이르는 대군이었다. 양측 모두 먼저 장안을 점령해 천하통일의 교두보를 확보하고자 한 것이다.

불행하게도 설거 부자는 이연보다 한 발 늦게 장안성에 도착했다. 이들은 부득이 뒤로 물러나 진을 치고 이연과 맞섰다. 밀리고 밀리는 공방전이 연일 계속되었다. 서토원수西討元帥에 임명된 이세민은 1년여에 걸쳐 이들과 악전고투를 치른 끝에 마침내 승리를 거둘 수 있었다. 일부 사가는 이 전투를 한제국 때 대장군 한신이 한고조 유방을 도와 한중漢中을 돌파하고 삼진三秦을 평정한 일에 비유하고 있다.

둘째, 유무주劉武周의 평정이다. 지금의 산서성 삭현인 마읍馬邑 일대의 호족 출신 유무주는 원래 북방 돌궐족과 가까웠다. 대업 13년(617) 2월, 돌궐의 지지를 배경으로 유무주가 마침내 기병했다. 2년 뒤인 무덕 2년(619) 9월, 이연의 주력군이 장안성 주변으로 이동한 틈을 노려 이연의 근거지인 태원을 공격했다. 중원의 사방으로 통하는 곳에 위치한 태원을 잃을 경우 장안성 함락은 그 의미가 퇴색할 수밖에 없었다. 이해 11월, 이세민이 곧바로 반격에 나섰다. 그는 이듬해 4월까지 대다수 지역을 수복했다. 이후 당나라가 공격의 방향을 동쪽과 남쪽으로 돌리며 천하통일을 앞당길 수 있었던 배경이 여기에 있다.

셋째, 왕세충과 두건덕의 평정이다. 이는 이세민에게 가장 힘든 전투였다. 그러나 이때의 평정이 주변으로부터 가장 높은 평가를 받았다. 원래 왕세충은 수나라의 최고 용장 중 한 사람이다. 무덕 원년(618) 왕세충이 가장 큰 규모의 농민봉기군인 와강군瓦崗軍을 격파했다. 이듬해 4월, 마침내 자립을 결단한 그는 동도 낙양에서 황제를 칭했다. 국호는 '정鄭'이었다. 왕세충과 달리 두건덕은 하북과 산동 일대에서 봉기한 농민군의 우두머리 출신이다. 그는 황제보다 한 급 낮은 왕을 칭했다. 국호는 하夏였다.

무덕 3년(620) 7월, 이세민이 유무주를 평정하자마자 이연이 내친김에 왕세충이 있는 낙양을 치게 했다. 이세민은 먼저 낙양성 주변의 도시를 하나씩 함락시켰다. 낙양으로 통하는 보급로를 끊어 성을 고립시키려는 속셈이었다. 왕세충과 이세민은 몇 달간 대치했다. 이런 상태가 지속될 경우 승리는 이세민의 몫이었다. 이듬해 3월, 하왕 두건덕이 왕세충의 지원 요청을 받고 하북의 10만 대군을 이끌고 와 이세민의 배후를 쳤다. 왕세충이 무너질 경우 두건덕 자신도 이내 위기에 처할 수밖에 없다고 판단한 결과다.

이세민은 이미 이를 예상하고 있었다. 먼저 최고의 정예병을 차출한 뒤 호뢰虎牢(하남 형양현 사수진)에서 두건덕과 생사를 건 결전을 치렀다. 비록 소수이기는 했으나 정예병으로 구성된 이세민의 군사가 기습을 가해 대승을 거뒀다. 왕세충의 부대 역시 이내 고립무원의 상태에 빠지자 이내 투항했다. 10달 동안 전개된 이 전투에서 승리를 거둠으로써 당나라는 하남, 하북, 산동을 평정하고 중원의 중추를 장악하게 되었다. 이는 천하통일을 앞당기는 결정적인 전기로 작용했다.

넷째, 두건덕의 부장 출신인 유흑달劉黑闥의 평정이다. 무덕 4년(621) 7월, 호뢰전투에서 패한 뒤 잔여부대를 이끌며 항전하던 유흑달이 하북 남부에서 재차 거병했다. 이해 12월, 이세민이 이원길과 함께 토벌군을 이끌고 가 3달 만에 토벌을 마쳤으나 끝내 유흑달을 포획하지는 못했다. 얼마 후 이건성이 군대를 이끌고 와 이 지역을 다스렸다. 그는 진압과 회유의 양면작전을 구사해 유흑달의 잔여부대를 대부분 귀순시키는 데 성공했다. 나름 이세민에 버금하는 군사적인 능력과 정치적 수완을 보여준 셈이다. 그러나 이건성의 공은 이세민과 비교할 때 극히 제한적이었다. 이게 이후 그의 발목을 잡는 빌미로 작용했다. 당시 중앙의 병권은 태자와 기타 황자가 분할해 통솔했다. 선비족의 전통에 비춰볼 때 태자의 공훈이 적으면 한족의 적자계승 원칙은 이내 흔들릴 수밖에 없다. 실제로 역사는 그렇게 전개되었다.

이세민은 확실히 정치군사적 능력이 뛰어난 데다 야심 또한 컸다. 그가 갖은 위험을 무릅쓰고 모든 전투에 참전해 악전고투 속에 승리를 낚은 것도 태자의 자리를 차지하기 위한 책략의 일환이었다. 여기에는 당대 최고의 책사로 평가받는 방현령房玄齡 등의 도움이 컸다.

무덕 4년(621) 7월, 23세의 이세민이 황금갑옷을 입고 왕세충과 두건덕을 압송한 채 위풍당당하게 장안문 안으로 들어섰다. 1만 기에 달하는 기병이 앞장서고, 25명의 장군들이 이세민을 호위하고, 앞뒤로 취타대가 개선악을 연주했다. 전례 없는 장관을 구경하기 위해 주작

대로에 몰려든 백성들은 그를 우러러보며 환호했다. 개선군이 태묘太廟 앞에 이르자 이연이 성대한 주연을 베풀며 옛 제도를 좇아 소위 '음지飮至'의 예를 행했다. 이는 개선한 장군이 황제에게 전과를 보고하고 황제가 술잔을 내려 전공을 치하하는 의식을 말한다. 태자 이건성이 친동생인 이세민에게 다정하게 말했다.

"둘째의 공훈은 천하를 덮고도 남는다!"

이때까지만 해도 둘 사이의 갈등은 표면화되지 않았다. 이해 10월, 이연이 이세민의 전공을 치하하기 위해 천책상장天策上將의 작호를 내렸다. 이는 이세민을 위해 특별히 새로 만든 것이었다. 이연이 판단할 때 이세민의 공훈을 제대로 드러낼 만한 작호가 없었다. 모든 장수들의 우두머리에 해당한다는 뜻의 '천책상장' 작호를 새로이 만들어낸 이유다.

당시 이세민은 득의양양했다. 장차 태자의 자리를 넘볼 수 있다고 생각했다. 이는 부황 이연의 생각과 동떨어진 것이었다. 후사가 되기 위해서는 불가불 친형을 밀어내야만 했다. 여기서 형제간의 갈등이 싹트기 시작했다. 이세민 휘하에는 뛰어난 인재들이 매우 많았다. 무관으로는 울지경덕尉遲敬德을 비롯해 진숙보秦叔寶와 서세적徐世勣 및 이정李靖 등 기라성 같은 명장이 즐비했고, 문관으로도 방현령과 두여회杜如晦 등 소위 '십팔학사十八學士'가 포진해 있었다. '18학사'는 단순한 학자가 아니라 이세민을 보위에 올려놓기 위한 정예 참모집단이었다.

이들은 이세민이 자신의 관부인 천책부天策府에 이른바 문학관文學館을 설치한 뒤 그러모은 천하의 인재들이었다. 이들의 임무는 천하 대세의 흐름을 분석하고 대안을 마련하는 데 있었다. 3개 반으로 나뉘어 서로 돌아가며 부중에 남아 있다가 이세민이 궁중에서 돌아오면 함께 시국을 논했다. 일종의 '집권책략자문단'에 해당했다. 이세민이 태자 이건성과 치열한 보위쟁탈전을 전개할 수 있었던 배경이다.

당시 객관적으로 볼 때 태자 이건성이 여러모로 유리했다. 부황 이연의 신임도 두터웠을 뿐만 아니라 그의 휘하에도 당대의 내로라하는 많은 인재가 포진해 있었기 때문이다. 당대 최고의 현사로 불리는 위징魏徵을 비롯해 왕규王珪와 위정韋挺 등이 그들이다. 종친들도 태자 이건성을 지지했다.

문제는 이세민의 전공이 너무 휘황한 데 있었다. 이를 방치할 경우 자칫 태자의 자리가 위험해질 수 있었다. 무덕 5년(622) 말 하북에서 유흑달이 제2차 기병을 하면서 이건성에게도 기회가 왔다. 위징이 이건성에게 건의했다.

"진왕의 기세가 천하를 덮고 있습니다. 태자는 그동안 궁중에 있었기에 백성의 신망을 아직 받지 못하고 있습니다. 이 기회를 이용해 출정하십시오. 하북을 평정하고 그곳의 인재와 교분을 맺어서 후방의 교두보를 확보해야 합니다."

이건성이 곧 부황의 재가를 받아 위징과 함께 토벌에 나섰다. 위징의 예상대로 이건성은 유흑달을 성공적으로 제압했다. 비록 아우 이세민의 공훈을 능가할 만한 전공은 아니었지만 나름 군사적 재능을 세상에 떨치기에는 충분했다. 더구나 당시 그는 동생 이원길과 함께 토벌에 나섬으로써 이세민을 견제할 수 있는 막강한 후원세력을 얻었다.

당시 이연은 말년에 이르러 수많은 후궁을 가까이 한 까닭에 무려 20여 명에 가까운 자식을 두고 있었다. 어린 황자의 생모인 후궁들은 자식의 앞날을 위해 여러 면에서 우세를 점하고 있는 태자에게 기댔다. 이연이 총애한 장첩여張婕妤와 윤덕비尹德妃가 대표적인 인물이다. 이건성은 황위를 순조롭게 잇기 위해 이들을 친어머니처럼 받들면서 진귀한 선물을 자주 보내 환심을 샀다. 이연에게 수시로 자신에 관해 좋게 말해줄 것을 기대한 것이다.

이세민도 나름 다른 방법을 통해 궁중에 선을 댔다. 전장에서 얻은 많은 보물을 적극 활용해 뇌물공세를 폈다. 부인 장손씨長孫氏가 그 책임을 맡았다. 정치적 감각이 뛰어난 그녀는 남편을 위해 주로 궁중에서 생활하며 늘 공손하고 선량한 태도로 궁녀와 비빈을 대했다. 이세민도 이내 궁중에 적잖은 후원세력을 확보할 수 있었다. 여인들의 치열한 로비전이 전개된 이유다. 양측 모두 「결물」의 다음 가르침을 좇은 셈이다.

"왕공대인王公大人이 비록 위기에 처해 있기는 하나 결단으로 인해 아름다운 명성을 이룰 수 있을 경우 이치에 맞다 싶으면 결단을 촉구하고, 비록 힘과 비용이 많이 들고 괴로움을 당할지라도 부득이 행하지 않을 수 없을 경우 이치에 맞다 싶으면 결단을 촉구한다."

이건성과 이세민이 전개한 로비전을 여기에 대입하면 '아름다운 명성'은 보위, '힘과 비용'은 궁중 로비에 해당하는 셈이다. 결국 우열은 책사집단과 휘하 군사의 실력에 의해 판가름날 수밖에 없는 구도였다. 양측 모두 실력이 비슷했다. 이세민과 이건성 역시 뛰어난 재능을 지니고 있었다. 두 사람 모두 정성을 기울여 인재를 초청하고 양성하는 데 주력했다. 양측의 차이는 백지 한 장 차이에 지나지 않았다. 조정대신과 각 지역의 장수들이 두 파로 갈린 이유다.

시간이 지나면서 양측의 대립은 점차 직접적인 충돌로 나타나기 시작했다. 상대방을 제거하기 위한 음해공작이 본격화한 결과다. 당시 양측 모두 상대방의 인재를 매수하는 데 발 벗고 나섰다. 이건성은 먼저 거금을 들여 이세민의 핵심 무장인 울지경덕을 매수하려 했으나 이내 실패했다. 울지경덕이 이 사실을 보고하자 이세민은 안타깝다는 표정으로 이같이 말했다.

"장군은 어찌하여 제의를 받아들이지 않은 것이오? 나는 장군의 집에 보물이 가득해도 결코 장군을 의심하지 않았을 것이오. 선물을 받고 교분을 맺었다면 그쪽의 의도나 움직임을 많이 알 수 있었을 터인데 참으로 절호의 기회를 놓치고 말았소!"

이세민의 배포가 훨씬 컸다. 그 역시 곧바로 이건성의 수하를 매수하는 작업을 서둘렀다. 그의 이런 시도는 그대로 적중했다. 그가 최후의 승리를 거머쥘 수 있었던 이유다. 이건성은 최후의 순간까지 자신이 믿었던 수많은 장수들이 이세민 측에 넘어간 사실을 전혀 눈치채지 못했다. 이것이 두 사람의 운명을 갈랐다. 통상 양측의 세력이 엇비슷한 상황에서 승패를 결정짓는 것은 늘 선제공격의 결단이다. 실제로 배짱이 두둑하고 결단력이 있는 이세민이 선제공격을 가해 대세를 결정지었다. 이건성에게도 몇 번의 기회가 있었다. 그러나 그는 결단하지 못하고 주춤했다. 최상의 방안을 찾느라 머뭇거린 게 결정적 패인이다. 이세민은 「결물」의 다음 가르침을 좇아 승리를 거머쥔 셈이다.

"제왕의 결단은 나라의 어지러움을 바로잡고 나라의 성패를 좌우하는 까닭에 매우 어려운 일이다. 제왕은 국가대사의 최종 결재자인 만큼 반드시 해당 사안을 다각도로 면밀히 검토한 뒤 이치에 맞다 싶으면 시기時機를 놓치지 않고 과감히 스스로 결단해야 한다."

'시기'에 올라탄 것이 바로 '현무문의 변'으로 나타났다고 해도 과언이 아니다. 『구당서』나 『신당서』 등은 이건성과 이원길이 온갖 수단을 동원한 내용만 실어놓았다. 이세민이 형제를 공격한 사실은 단 하나도 기록돼 있지 않다. 객관적으로 볼 때 당시 태자인 이건성 측이 모든 면에서 우세했다. 음험한 수단을 구사할 필요성을 절감한 쪽은 오히려 이세민 측이다. 실제로 그는 최후의 수단을 동원해 뜻을 이뤘다. 사서에 그런 기록이 전혀 나타나지 않는 것은 이세민이 승리를 거두었기 때문이다. 동서고금을 막론하고 역사는 승자의 기록일 수밖에 없다. 아이러니하게도 결단을 촉구한 것은 이건성 측이었다.

무덕 7년(624) 말 이원길이 부황인 이연의 면전에서 이세민의 참모인 울지경덕을 무함했다. 이연이 곧바로 울지경덕의 하옥을 명했다. 이원길 등이 곧바로 처형할 것을 주장했으나 이세민이 강력 반발했다. 울지경덕은 간신히 목숨을 구했다. 이후 이건성 측의 공세수위가 더욱 높아졌다. 대세를 일거에 확정짓기 위한 조바심의 반영이었다. 이는 나름 일정한 효과를 거뒀다. 이세민의 핵심 참모인 정지절程知節을 강주자사康州刺史로 쫓아낸 게 그 증거다. 일찍이 이원길에게 이같이 말한 바 있다.을

"진왕부에서 가장 무서운 사람은 방현령과 두여회이니 늘 조심하라."

당시 화가 난 정지절은 이세민을 찾아가 이를 강력하게 항의했다.

"지금 태자는 노골적으로 진왕부의 날개를 꺾으려고 합니다. 제가 이런 상황에서 어떻게 강주로 떠날 수 있겠습니까? 이제는 결단해야 할 때입니다."

그러나 때가 아직 이르지 않았다고 생각한 이세민은 정지절을 달래 강주로 내려보낸 뒤 핵심 참모 방현령 및 두여회 등을 불러 대책을 숙의했다. 같은 시각 정지절을 이세민 곁에서 떼어내는 데 성공한 이

건성과 이원길은 여세를 몰아 방현령과 두여회마저 이세민 곁에서 떼어내기 위한 작업에 들어갔다. 곧바로 이연에게 이같이 상서했다.

"우리 삼형제 사이를 이간질하는 자는 바로 진왕부에 있는 방현령과 두여회입니다. 이들에게 응당 무거운 벌을 내려 형제간의 반목을 미연에 막아야 합니다."

이연이 이를 좇아 두 사람에게 속히 진왕부를 떠날 것을 명했다. 이들의 행적이 한동안 사서에 나타나지 않은 이유다. 객관적으로 볼 때 대세는 이건성에게 기울어졌다. 그러나 또다시 극적인 반전이 빚어졌다. 무덕 9년(626) 5월, 돌궐의 군사가 문득 변경을 침공했다. 전공을 세울 수 있는 절호의 기회가 왔다고 판단한 이건성은 곧 부황에게 상서했다. 이원길을 총사령관에 임명해 줄 것을 청하는 내용이었다.

부황의 승낙을 받아 총사령관에 임명된 이원길은 출정에 앞서 이세민의 핵심 참모이자 진왕부의 용장으로 소문난 울지경덕과 정지절, 진숙보, 단지현段志玄 등을 부장部將으로 데려가도록 허락해 줄 것을 요구했다. 장차 이세민의 병권을 박탈한 뒤 제거할 속셈이었다. 이연이 이를 수락했다. 그는 이세민을 희생시켜 제국의 기반을 탄탄히 할 심산이었다.

이로 인해 이세민은 깊은 고민에 빠졌다. 명을 거부할 경우 이내 조정의 의심을 받을 수밖에 없고, 받아들이면 진왕부는 껍데기만 남게 된다. 더 이상 물러날 곳이 없었다. 생사를 가르는 선택의 순간이 다가온 것이다.

당초 방현령은 진왕부에서 축출되기 이전에 이런 사태가 조만간 올 것을 예견하고 이세민의 처남인 장손무기長孫無忌에게 이런 계책을 일러준 바 있다.

"지금 시기적으로 커다란 위기입니다. 돌연 사태가 벌어지면 진왕부는 화를 피할 수 없습니다. 생사존망의 가능성이 각기 반반이니 늘 때를 준비하고 있어야 합니다."

비상수단을 준비해 두라고 조언한 것이다. 두여회도 같은 주문을 했다.

"사태가 위급하면 가장 빠른 시기에 기병하여 일거에 동궁과 주상의 세력을 제거해야만 주도권을 잡을 수 있습니다."

객관적으로 볼 때 진왕부의 선택은 하나밖에 없었다. 무력으로 상대방을 제압하는 게 그것이다. 울지경덕과 장손무기가 이세민에게 간청했다.

"이번에 기병하지 않으면 많은 장수들이 진왕부를 이탈할 것입니다. 속히 결단해야 합니다."

이세민이 머뭇거렸다.

"아무래도 형제끼리 서로 죽이는 것은 좋지 않소. 저들이 먼저 손을 쓰면 그때 반격을 가하는 것이 좋겠소."

"지금 손을 쓰지 않으면 저들이 가만히 앉아서 죽음을 기다리지는 않을 것입니다. 속히 결단해야 합니다."

이세민이 장손무기를 방현령과 두여회에게 보냈다. 두 사람의 의견을 듣고자 한 것이다.

"대왕을 만나서 무엇하겠는가? 결단하지 못하는 한 명을 따를 수 없다."

보고를 받은 이세민이 대로했다. 울지경덕에게 칼을 건넸다.

"두 사람이 끝내 오지 않는다면 단칼에 목을 베어도 좋다."

이날 저녁 방현령과 두여회가 도사로 가장해 진왕부로 잠입했다.

이튿날인 이해 6월 3일, 이세민이 참모들의 건의를 좇아 이연에게 이건성과 이원길의 죄상을 고발하는 내용의 상서를 보냈다. 거사 명분을 확보하기 위한 사전조치였다.

사서는 이세민이 다음날인 6월 4일에 손을 썼다고 기록해 놓았다. 이원길이 출정하는 그날 저녁 연회 장소에서 이세민과 진왕부의 부장을 일거에 살해한다는 계획이 사전에 누설되었기 때문에 부득이 손을 쓸 수밖에 없었다는 것이다. 이건성과 이원길의 음모는 이세민 측에 포섭된 이건성의 부하인 왕질王晊에 의해 들통이 났다고 덧붙여 놓았다. 그러나 이는 완전 허구이다.

정반대로 해석할 필요가 있다. 당시 이건성은 이세민의 세력을 점진적으로 약화시키는 쪽에 초점을 맞추고 있었다. 진왕부의 병력과 장군을 차출한 뒤 이세민을 무력화無力化하는 게 골자였다. 여러모로 우위에 있는 이건성의 입장에서는 굳이 주연을 베풀어 이세민 세력을 제거할 필요가 없었다. 위험부담도 컸다.

원래 유리한 위치에 서게 되면 모험을 피하기 마련이다. 사생결단의 승부수는 대개 궁지에 몰린 측에서 던진다. 이세민이 거사 직전 먼저 부황에게 밀소密疏를 올린 사실이 이를 뒷받침한다. 참모들과 숙의를 거친 치밀한 공작의 일환이었다. 밀소의 골자는 이렇다.

"저는 결코 형제를 업신여기지 않았는데 그들은 도리어 저를 해하려고 합니다. 마치 왕세충과 두건덕이 복수하려는 태도와 같습니다. 저는 지금 죽어 부황과 이별한 뒤 저승에서 왕세충과 두건덕을 만날지라도 결코 부끄러움이나 두려움을 느끼지 않을 것입니다."

이연이 곧 이세민에게 이튿날 아침 입궁할 것을 통보했다. 이건성과 이원길에게도 똑같이 사람을 보내 입궁을 명했다. 당시 이연은 배적裴寂과 소우蕭瑀 등 원로대신도 입궁시켜 세 아들의 불화를 근원적으로 해소할 심산이었다.

이튿날인 6월 4일 새벽, 이세민이 장손무기 등과 함께 가 황궁의 북문인 현무문玄武門 주위에 자객을 매복시켰다. 현무문의 수문장 상하常何는 원래 이건성의 심복이었으나 이미 이세민 측에 매수돼 있었다. 당시 이건성이 이원길과 함께 대책을 숙의하자 궁지에 몰린 이세민이 필경 병란을 일으킬 것으로 판단한 이원길이 이같이 건의했다.

"병을 핑계로 등청하지 말고 일단 사태를 관망하다가 다시 의논합시다."

이건성이 반대했다.

"그렇게 되면 잘못을 시인하는 꼴이 된다. 궁 안에서는 장첩여와 윤덕비가 호응하고 밖에서는 나의 군사가 현무문을 지키고 있다. 이세민이 감히 나를 어찌하겠는가? 이미 도성의 주요한 지역에 병력을 파견해 방비하도록 했으니 크게 걱정할 필요가 없다. 내일 폐하를 만나 진상을 밝히도록 하겠다."

결국 이건성과 이원길은 몇 명의 측근만 이끌고 현무문을 향해 나아갔다. 당시 그의 참모들은 만일의 사태에 대비해 많은 수의 호위병을 데리고 갈 것을 권했으나 이건성은 이를 일축했다. 이건성의 이런 판단이 전혀 틀린 것은 아니었다. 장안성에는 이세민이 지휘할 수 있는 병력이 결코 많지 않았다. 병력이라야 진왕부에 있는 호위대와 은밀히 양성한 무사를 합쳐서 8백여 명에 불과했다.

동궁부는 이와 달리 시위대가 수천 명에 달했다. 여기에 제왕부의 시위대까지 합치면 숫자 면에서 진왕부를 압도하고도 남았다. 더구나 동궁의 시위대는 최고의 정예병으로 구성되어 있었다. 이건성은 오랫동안 장안성의 수비를 담당한 덕분에 수만 명의 금위군을 즉각 지휘할 수 있었다. 금위군의 장군 대부분이 그의 측근이었다. 그가 병력상의 절대적인 우세를 확신한 것은 일리가 있다.

문제는 허를 찌르는 기습공격에 대한 대비책이 없었다는 데 있다. 이건성이 이원길과 함께 말을 타고 현무문으로 들어갈 당시 주변이 너무 조용했다. 문을 지키는 수명의 병사만이 대문 양쪽에 늘어서 있을 뿐이었다. 현무문을 지나면 바로 임호전臨湖殿이 나온다. 이건성이 아무런 의심도 하지 않고 현무문을 통과할 당시 문득 문 주위에 사람들의 그림자가 어른거렸다. 뒤늦게 사태를 깨달은 이건성이 크게 놀라 곧바로 이원길에게 소리쳤다.

"위험하다, 말을 돌려라!"

이때 갑자기 임해전에서 누군가 말을 타고 뛰쳐나오며 소리쳤다.

"태자 전하, 어째서 등청하지 않는 것입니까?"

이세민이었다. 이원길이 급히 활을 연속으로 세 발 쏘았으나 맞히지 못했다. 그러나 이세민은 단 한 발로 이건성을 적중시켜 말에서 쓰러뜨렸다. 이건성이 즉사하자 크게 놀란 이원길이 서쪽 방향으로 달려갔다. 울지경덕이 70여 기를 이끌고 임해전에서 달려나오면서 화살을 날렸다. 허벅지에 화살을 맞고 말에서 떨어진 이원길이 땅바닥에 무릎을 꿇고 이세민을 겨냥해 화살을 날렸다. 이세민도 화살을 피하려다가 말에서 굴러 떨어졌다. 이원길이 앞으로 달려나가 허리에 찬 검을 뽑았다.

이때 울지경덕이 말에서 뛰어내리며 이원길에게 달려들자 이원길이 재빨리 부황이 있는 무덕전武德殿 쪽으로 몸을 돌려 달아났다. 울지경덕의 부하들이 이원길을 향해 화살을 난사했다. 고슴도치처럼 온

몸에 화살을 맞은 이원길은 그 자리에서 즉사했다. 이로써 사실상 모든 일이 순식간에 끝나고 말았다.

당시 이건성의 측근 부장은 혼란을 틈타 동궁으로 황급히 달려가 동궁부 시위대장 풍립馮立에게 변고를 알렸다. 풍립이 즉각 동궁부 시위대에게 무장을 명하면서 이같이 말했다.

"대장부로 태어나 생전에 주군의 은혜를 입었으면 죽음으로써 은혜에 보답해야 한다."

곧바로 이건성의 동궁부와 이원길의 제왕부 시위대 2천여 명을 이끌고 현무문으로 달려갔다. 그러나 이미 때가 늦었다. 시위대가 밀어닥치자 이세민의 부장 장공근張公瑾이 10여 명이 달라붙어도 닫기 힘든 현무문을 홀로 닫아버렸다. 힘이 장사였다. 풍립이 궁성의 성벽에 나무를 걸치고 진입을 시도했다. 현무문에 포진한 이세민의 병력은 1백여 명에 불과했다. 현무문이 돌파되면 이세민의 세력은 일거에 궤멸될 수밖에 없었다.

마침 현무문 옆에는 위사들의 군영이 있었다. 장령 경군홍敬君弘과 여시형呂時衡은 현무문 책임자 상하와 마찬가지로 이세민에게 매수된 자들이었다. 이들이 위사 1백여 명을 이끌고 동궁부의 병력을 측면에서 공격했다. 기습을 받은 동궁부의 시위대가 혼란에 빠진 사이 이세민의 부인 장손씨가 친히 진왕부의 병력을 이끌고 현무문으로 달려왔다.

이에 놀란 동궁부의 시위대가 공격의 방향을 황궁의 서쪽에 있는 진왕부로 돌렸다. 주력부대가 빠져나간 진왕부에는 방현령과 수십 명의 시위대밖에 없었다. 동궁의 시위대가 일거에 진왕부를 포위했다. 이때 궁중에 있던 울지경덕이 재빨리 이건성과 이원길의 머리를 갖고 동궁부의 시위대 앞에 모습을 나타냈다.

"태자와 제왕이 모반을 꾀한 까닭에 진왕이 폐하의 명을 받들어 반란을 진압한 것이다. 너희들은 죄가 없으니 속히 물러가도록 하라. 수괴가 이미 죽었으니 죄를 묻지 않을 것이다!"

동궁부의 시위대가 무기를 버리고 사방으로 달아나면서 상황이 완전히 끝났다. 뒤늦게 이 소식을 들은 이건성과 이원길의 휘하들이 황급히 말을 타고 장안성을 빠져나갔다. 이세민이 곧바로 울지경덕을 궁안으로 들여보냈다.

당시 이연은 참변이 일어난 사실을 전혀 모르고 있었다. 그는 궁 안의 연못에 배를 띄워놓고 원로대신과 세 아들이 오기를 기다렸다. 약속한 시간이 지나도 세 아들은 나타나지 않았다. 위사가 황급히 달려와 보고했다.

"현무문에서 변고가 발생했는데 자세한 사정은 잘 모르겠습니다."

이연이 급히 황궁의 시위대에 명해 사태를 파악하도록 명했다. 이때 울지경덕이 갑옷을 걸친 채 손에 긴 창을 들고 무덕전으로 뛰어들어왔다. 이연이 물었다.

"누가 현무문에서 변고를 일으켰는가?"

"동궁부와 제왕부에서 반란을 일으켰습니다만 진왕이 이미 섬멸했습니다. 폐하가 놀라실까 두려워 진왕의 명을 받고 먼저 보고 차 찾아왔습니다."

이미 일이 끝난 것을 안 이연이 체념한 듯 배적에게 물었다.

"사태가 이 지경이 되었으니 어찌하면 좋겠소?"

배적은 이건성을 적극 지지한 인물이다. 이건성이 죽은 마당에 달리 할 말이 없었다. 이세민을 지지하던 재상 소우蕭瑀가 말했다.

"진왕은 총명하고 담대한데다 천하인의 인심을 얻고 있습니다. 기왕에 사태가 이리되었으니 진왕에게 태자의 지위를 물려주는 게 좋을 듯합니다."

이연이 이를 허락했다. '현무문의 변'이 일어난 지 사흘 뒤인 이해 6월 7일, 이연이 조서를 내려 이세민을 황태자로 삼았다. 얼마 후 다시 조서를 내려 양위를 선언했다. 이로써 비록 즉위 과정에 적잖은 문제가 있기는 했으나 훗날 최고의 명군으로 손꼽히는 당태종 이세민의 시대가 활짝 열리게 되었다.

원래 '현무문의 변'은 이세민과 이건성 등의 황자들이 보위 승계를 놓고 전개한 골육간의 참극에 해당한다. 도덕의 잣대를 들이댈 경우 비난을 받을 소지가 너무 많다. 그러나 역사를 도덕의 잣대로 평가할 수는 없는 일이다. 역사적 현실은 동기보다 결과를 중시하기 때문이다. 고금을 막론하고 천하의 강산과 역사는 승리자의 몫이다. 사가들이 이건성과 이원길을 포악하고 음란한 인간으로 묘사하고 창업주 이연마저 무능하고 줏대 없는 황제로 묘사해 놓은 것도 이런 맥락에서 이해할 수 있다.

정치와 도덕을 완전히 분리시켜 생각할 수는 없으나 그 간격은 매우 크다. 통상 정치 사안을 도덕의 잣대로 재서는 안 되는 이유다. 당태종 이세민이 성세를 구현해 후대인들로부터 소위 '정관지치貞觀之治'를 이룬 성군으로 칭송받게 된 사실이 이를 뒷받침한다. '현무문의 변'과 같은 결정적 순간에 그는 부자형제의 인정과 의리를 저버리는 '패륜'의 길을 택했다. 대업을 이루고자 했기 때문이다. 동기보다 결과를 중시한 것이다.

실제로 정치는 동기를 중시하는 도덕과 달리 결과를 중시한다. 최고의 성군이라는 칭송을 받게 만든 '정관지치'와 패륜을 자행한 '현무문의 변'이 불가분의 관계를 맺고 있는 것은 수천 년 동안 지속되고 있는 정치와 도덕의 상호관계를 웅변한다. 이세민은 비록 '현무문의 변' 등으로 인해 후대인에게 지탄을 받았으나 그 인물됨은 실로 매우 출중했다. 한고조 유방과 위무제 조조의 기량을 한몸에 갖췄다는 평이 이를 뒷받침한다. 그는 수나라의 패망을 거울로 삼았다. 나아가 '현무문의 변'에 따른 비난을 만회하기 위해 혼신의 노력을 기울여 정사에 매진했다. 그가 입버릇처럼 "천하는 한 사람을 위한 것이 아니며, 만인의 것이다"라고 역설한 이유다. 그의 치세 때 각종 제도가 정비되고 문화도 최고조에 달한 것도 바로 이 때문이다. 배경을 따지면 '현무문의 변'을 성사시킨 덕분으로 볼 수 있다. 선제공격의 결단이 승패를 갈랐다고 해도 과언이 아니다. 「결물」의 다음 구절이 이를 웅변한다. "결단을 잘 하는 자는 복을 부르고, 그렇지 못한 자는 화를 부른다."

비상한 상황에서는 비상한 결단이 필요하다. 「결물」이 "반드시 남들이 예상치 못한 상황에서 기이한 결단을 할 줄 알아야 한다"고 역설한 이유다. 21세기 스마트 시대는 변화의 속도가 워낙 빠른 까닭에 유연한 사고와 과감한 결단이 그 어느 때보다 필요하다. 유연한 사고는 해당 사안의 반면反面을 읽을 줄 아는 식견과 비전, 포부 등을 뜻한다. 과감한 결단은 주밀한 검토 끝에 해답이 나왔을 경우 머뭇거리지 않고 바로 결단해 강력히 밀어붙이는 것을 의미한다. 장수가 명을 받고 출정할 때 가족과 자신을 잊고 온몸을 내던지는 것과 같다. 국가총력전으로 전개되고 있는 경제전쟁에서 승리할 수 있는 요체가 바로 여기에 있다.

치도와 결단

상앙은 결단의 문제를 치도와 연결시킨 최초의 인물이다. 「거강」에서 간략히 언급한 뒤 「설민」이 이 문제를 종합적으로 정리해 놓았다. 이를 정확히 이해하기 위해서는 먼저 전제專制와 독재獨裁의 의미부터 명확히 할 필요가 있다. 21세기 현재 전제와 독재 모두 최고통치권자인 군주나 대통령에 의해 자행되는 퇴행적인 통치로 간주하고 있다. 모두 군주정을 민주정과 대립되는 것으로 파악한 서양의 역사문화 영향 때문이다. 『상군서』와 『한비자』를 비롯한 법가 사상서와 『손자병법』을 위시한 동양 전래의 병서는 군주의 독재와 전쟁터에 용병하는 장수의 전제를 역설하고 있다. 난세이기 때문이다. 서양과 정반대이다.

『한비자』는 독재와 전제를 엄격히 분리했다. 군주를 허수아비로 만든 붕당세력의 우두머리인 권신의 전횡專橫을 '전제', 군주의 고독한 결단을 '독재'로 표현한 게 그렇다. 한비자는 무엇을 근거로 권신의 전제와 군주의 독재를 구분한 것일까? 『한비자』 「망징」에 설명이 나온다.

"신하들이 붕당을 결성해 군주의 눈과 귀를 가리면서 권력을 휘두르면 그 나라는 패망한다. 변경을 지키는 장수의 직위가 너무 높아 멋대로 명을 내리면 그 나라는 패망한다. 나라의 창고는 텅 비어 있는데도 대신의 창고만 가득 차 있으면 그 나라는 패망한다."

한비자가 좌우의 의견에 흔들리지 않고 독자적으로 결단하는 군주 독재를 역설한 이유가 여기에 있다. 군주의 결단이 국가존망과 직결된다고 판단한 데 따른 것이다. 그는 「외저설 우상」에서 상앙과 비슷한 시기에 활약한 신불해申不害의 말을 인용해 군주의 고독한 결단을 이같이 설명해 놓았다.

"일을 처리할 때 남의 눈치를 보지 않고 홀로 진상을 파악하는 것을 명明, 어떤 일이 일어나도 남의 말에 귀 기울이지 않고 홀로 판단하는 것을 총聰이라고 한다. 이처럼 남의 말과 뜻에 흔들리지 않고 '총'과 '명'에 따라 홀로 결단하는 사람은 가히 천하의 제왕이 될 수 있다."

『한비자』는 군주의 고독한 결단을 독단獨斷으로 표현해 놓았다. 서구의 정치사상사에서 말하는 '딕테이터십', 즉 독재와 유사한 개념이다. '독재'라는 용어가 유행하게 된 것은 메이지유신 당시 일본인들이 '딕테이터십'을 '독단' 대신 '독재'로 번역한 뒤이다. 원래 재裁와 단斷 모두 옷감이나 재목 따위를 치수에 맞도록 재거나 자르는 마름질을 의미한다. 독재 대신 독단으로 번역했을지라도 결국 같은 뜻이다.

그러나 그 내막을 보면 상앙과 한비자가 말하는 독단 내지 독재는 서구의 '딕테이터십'과 적잖은 차이가 있다. 『상군서』「수권」에는 독재가 독제獨制로 나온다. 독단과 독제를 「거강」과 「설민」 및 「근령」 등에서는 군주의 고독한 결단을 뜻하는 군단君斷으로 표현해 놓았다. 난세가 극에 달했을 때 반드시 필요한 결단의 유형으로 언급한 것이다.

「거강」과 「설민」 및 「근령」의 풀이에 따르면 태평성대에는 모든 문제를 백성들 스스로 판단해 처결하게 된다. 이를 가단家斷이라고 한다. 그보다 약간 못한 치세에는 분쟁을 마을 단위에서 처결한다. 곡단曲斷이다. '곡'은 향곡鄕曲을 뜻한다. 가단과 곡단을 합쳐 하단下斷이라고 한다. 하단과 대비되는 것이 상단上斷이다. 이는 크게 관단官斷과 군단君斷으로 나뉜다. 쟁송이 많아져 관아에서 처결하는 것이 관단이다. 나라가 그만큼 어지러워졌음을 뜻한다. 관아에서도 처결하지 못해 마침내 모든 사람이 최고통치권자인 군주의 결단을 요구하는 최악의 상황이 도래한다. 이때 필요한 게 바로 군단이다. 난세의 심도가 그만큼 깊어졌음을 의미한다.

상앙은 자신이 활약하던 전국시대 중기의 상황을 난세의 절정으로 파악했다. 군주의 고독한 결단을 촉구한 이유다. 한비자는 상앙의 이런 주장에 공명했다. 『한비자』「칙령」에서 엄정한 법치의 확립을 역설한 것도 이와 같은 맥락에서 이해할 수 있다. 해당 대목이다.

"군주는 자신의 명령을 공정하고 불편부당하게 시행하여 법제에 부합하도록 해야 한다. 법제가 공평하면 관원이 간사한 짓을 못 하게 된다. 공적에 따라 인재를 임용하면 백성들의 말이 적고, 공허한 인의도덕을 떠벌이는 자를 임용하면 백성들의 말이 많아진다. 법치는 향촌에서부터 엄히 시행될 필요가 있다. 곧바로 5리 범위 안에서 엄히 시행할 수 있으면 왕자王者, 9리 범위 내에서 엄히 시행할 수 있으면 강자强者가 된다. 지척대며 시행을 늦추는 나라는 영토가 깎이고 쇠약해진다."

「칙령」에서는 비록 왕자와 강자 사이에 위치한 패자를 구체적으로 언급하지는 않았으나 논리상 5리와 9리 중간 부근의 곡단에 패자가 존재한다고 본 것이나 다름없다. 「칙령」은 『상군서』에 나오는 여러 수준의 결단을 종합적으로 정리해 놓은 것이다. 원조는 상앙이다. 문제가 되는 것은 곡단이다. 「설민」에는 '오리단자강五里斷者彊, 십리단자약十里斷者弱'으로 되어 있다. 『한비자』「칙령」의 '오리단자왕五里斷者王, 십리단자강'과 커다란 차이가 있다. 또 「거강」에는 '구리단자강, 십리단자약', 「근령」에는 '오리단자왕, 십리단자강'으로 되어 있다. 5리와 9리, 10리에 대한 해석이 제각각이다. 『상군서』와 『한비자』의 해당 대목을 도표로 정리하면 다음과 같다.

〈상군서와 한비자에 나오는 결단과 치도의 상호관계표〉

	「설민」	「거강」	「근령」	「칙령」
심단 또는 가단	(제자)	(제자)	(제자)	(제자)
5리 범위 곡단	강자	(왕자)	왕자	왕자
(7리 범위 곡단)		(패자)	(패자)	(패자)
9리 범위 곡단		강자		강자
10리 범위 곡단	약자	약자	강자	

「설민」을 제외하면 「거강」과 「근령」 및 「칙령」은 대략 '오리단자'와 '구리단자' 및 '십리단자'를 단계적으로 언급한 셈이다. 이는 왕자와 강자 및 약자의 순서에 해당한다. 「칙령」이 『상군서』의 헷갈리는 내용을 가장 체계적으로 정리해 놓았다. 이들 모두 비록 심단 내지 가단과 '칠리단자'의 곡단을 언급하지는 않았으나 논리상 심단 및 가단은 가장 높은 단계의 제자帝者, '칠리단자'는 패자에 해당한다. 왕자와 강자 사이에 존재하는 패자는 대략 '오리단자'와 '구리단자'의 중간인 '칠리단자' 정도로 간주할 수 있다. 이 경우 '십리단자'는 근근이 명맥을 유지하는 약자弱者 내지 영토가 깎이는 위자危者가 된다. 구리단자와 십리단자의 차이가 매우 큰 셈이다. 원래 십진법에서 사용하는 십은 만수滿數를 뜻한다. 단순히 10개를 가리키는 게 아니라 매우 많은 숫자를 통칭해 '10'이라고 한 것이다. '구리단자'와 '십리단자'의 차이도 이런 관점에서 해석할 필요가 있다.

고금을 막론하고 법치가 확립돼 있지 못하면 백성들은 시비판단의 근거가 없어 사안을 속히 처리할 수 없게 된다. 쟁송이 많아지는 이유다. 이를 방치하면 나라가 이내 어지러워질 수밖에 없다. 상앙과 한비가 법치가 확립되면 향촌 단위에서 조속히 시비를 결단해 문제를 미연에 방지할 수 있다고 역설했다. 「설민」이 하단과 상단이 등장하는 배경을 치세와 난세의 틀 속에서 일치日治와 야치夜治, 숙치宿治로 바꿔 표현한 이유다.

원래 가단은 다스리는 데 여유가 있는 상황이다. 업무시간인 낮에 결단해 사안을 처리하는 '일치'가 이뤄지면 왕자가 된다고 말하는 이유다. 관단은 다스리는 데 다소 부족한 상황이다. 밤늦게 결단해 사안을 처리하는 '야치'가 이뤄지면 강자가 된다고 말하는 이유다. 군단은 다스리는 데 큰 어려움을 겪을 정도로 매우 어지러운 상황이다. 머뭇거린 탓에 하룻밤을 묵혀 다음날 결단해 사안을 처리하는 '숙치'가 이뤄지면 나라의 영토가 깎인다고 말하는 이유다.

『한비자』와 『상군서』는 비록 가장 높은 수준의 제도帝道에 관해서는 언급하지 않았으나 기본 취지를 토대로 추론하면 가단을 바로 '제도'로 상정했음을 알 수 있다. 『상군서』와 『한비자』에 나오는 '치세 및 난세에 적용되는 결단의 차원'을 종합하면 대략 다음과 같이 정리할 수 있다.

〈치세 및 난세에 적용되는 결단의 차원〉

상황	필요한 결단의 종류		결단의 완급	결단주체	치자
치세	하단	가단家斷	즉치卽治	가	제자帝者
		곡단曲斷	일치日治	5리	왕자王者
난세	하단	곡단曲斷	일후치日後治	7리	패자霸者
		곡단曲斷	석치夕治	9리	강자强者
		곡단曲斷	석후치夕後治	10리	약자弱者
	상단	관단官斷	야치夜治	관아	삭자削者
		군단君斷	숙치宿治	군주	위자危者
		무단無斷	불치不治	무	망자亡者

공평무사한 법집행이 제대로 이뤄지는 순서로 말하면 가단의 수준이 가장 높다. 일정한 기준이 없어 멋대로 법집행이 이뤄지는 무단無斷과 정반대된다. '무단'은 결단의 주체가 없는 상황을 말한다. 『한비자』와 『상군서』는 이를 구체적으로 언급하지 않았으나 권신들이 발호해 백성들을 그물질해 사복을 채우는 최악의 단계를 상정한 것이다. 이 단계에서는 군주가 허수아비로 전락한 까닭에 결단의 주체가 없고 오직 권신들이 자신들의 입맛에 따라 멋대로 정책을 결정하고 법령을 집행할 뿐이다. 후한 말기에 등장한 환관의 발호와 조선조의 세도정치 등이 '무단'의 대표적인 사례에 해당한다. 난세일수록 강력한 군권君權에 기초한 단호한 결단이 필요한 이유다.

상앙은 군주가 허수아비로 전락한 상황이 바로 '무단'에 해당한다고 판단했다. 그는 이를 군약신강君弱臣强으로 표현했다. '군약신강'을 언급한 최초의 사례에 해당한다. 그는 '군약신강'을 패망의 지름길로 간주했다. 『상군서』「신법」의 해당 대목이다.

"군주가 '군약신강'의 배경을 제대로 살피지 못하면 설령 열국 제후들의 침공을 받지 않을지라도 반드시 백성들의 겁박劫迫을 받게 된다. 붕당세력의 교묘한 언설이 횡행하면 현자나 불초한 자나 모두 이를 따라 배울 것이다. 선비들이 언변에 뛰어난 사람에게서 배우면 일반 백성은 실질적인 일을 팽개친 채 허황된 언설을 낭송하고 다닐 것이다. 국력이 줄어들고 서로를 비난하는 얘기가 난무하는 이유다. 군주가 이를 제대로 살피지 못하면 전쟁이 일어났을 때 반드시 장병을 모두 잃을 것이고, 성을 지키려고 해도 오히려 성을 팔아먹는 자가 나타날 것이다."

'군약신강'의 상황은 국가공동체 차원에서 빚어지는 '무단'에 해당한다. 최소 단위의 부부공동체의 경우에도 '무단'의 상황이 존재한다. 기업공동체도 예외가 아니다. 『한비자』가 역설했듯이 금슬 좋았던 부부 사이도 먹고사는 일이 심각한 문제로 부상하면 이내 다툼이 잦아진다. 풍요로울 때는 사소한 문제에 지나지 않았던 것이 자칫 심각한 문제로 번질 수 있다. 이때 양측이 서로 이해하고 타협하면 아무 문제가 없다. 이는 '가단'에 비유할 수 있다.

만일 갈등이 누적돼 다툼이 격화되면 중재인이 등장한다. 양측 가족과 친지가 이에 해당한다. 이는 5리 이내의 '곡단'에 비유할 수 있다. 이들의 중재가 실패하면 사회 원로 등에게 중재를 부탁할 수 있다. 10리 이내의 '곡단'에 이에 해당한다. 만일 이마저 실패해 다툼이 격화되면 결국 법정으로 갈 수밖에 없다. '관단'이 개입하는 상황이다.

일단 '관단'이 개입하면 비용도 많이 들 뿐만 아니라 사안을 원만하게 해결하기도 어렵게 된다. '관단'은 기본적으로 정해진 규정에 의해 획일적으로 판단하는 까닭에 위자료 등을 둘러싸고 양측 간에 첨예한 공방전이 펼쳐지게 된다. 모양이 좋을 리 없다. 비록 다툼이 격화되기는 했으나 그나마 이 단계에서라도 조정 등의 다양한 형식을 통해 사안이 해결되면 다행이다.

만일 '관단'에 의해서도 해결되지 않고 양측이 서로 삿대질을 하며 치고받는 상황으로 치닫게 되면 어찌되는 것일까? 이때는 법원의 조정 차원을 넘어 국가 공권력이 발동하게 된다. 이를 방치할 경우 국가공동체에 심각한 폐해를 줄 수 있기 때문이다. 이혼과 함께 강제력에 의한 상호 접근금지 등의 명령이 내려지는 게 이에 해당한다. 그야말로 난세가 절정에 달한 셈이다. 여기서 한 발 더 나아가 법원의 결정에 불복하고 제3자가 개입해 권모술수를 동원한 난타전으로 진행되면 그야말로 최악의 단계인 ‘무단’에 해당한다.

『한비자』「외저설 우하」에서 군주통치의 요체를 백성을 직접 다스리는 치민治民이 아니라 관원을 대상으로 한 치리治吏에서 찾은 것도 이런 관점에서 접근할 필요가 있다. 이는 권신의 발호를 미연에 방지해 보위를 튼튼히 하고 군주가 의도한 바대로 신하를 부리고자 하는 제신술制臣術의 일환으로 나온 것이다.

큰 틀에서 볼 때 한비자의 ‘제신술’은 상앙의 군단 개념을 확장한 것으로 볼 수 있다. 기업공동체의 패망도 같은 맥락에서 풀이할 수 있다. 2세대가 등장해 창업주와 고락을 같이했던 임원과의 갈등이 폭발할 경우 이와 유사한 양태를 보인다. 국가공동체 역시 말기에 들어와 군주가 암약暗弱하고 권신이 발호할 때 예외 없이 이런 양상이 나타난다. 춘추전국시대와 삼국시대 등 난세 때마다 권신이 군주를 시해하고 나라를 빼앗는 시군찬위弑君簒位가 나타난 게 그렇다. 모두 집안이나 기업의 형편이 극도로 어려워지거나 내란 및 외우 등의 환란으로 인해 나라가 휘청거릴 때 이런 양상이 빚어진다.

민주경영과 결단경영

서구의 경영 이론은 하나같이 전문경영인이 주축이 된 기업 CEO의 민주 리더십을 강조한다. 호황일 때는 일리가 있다. 문제는 2008년에 터져나온 미국발 금융대란과 2011년의 유럽발 재정대란과 같은 위기 상황이다. 과감히 도려낼 것은 도려내고 새로운 상황에 맞춰 즉시 변신하는 것이 절대 필요한 상황에서 민주 리더십으로는 결단이 늦어질 수밖에 없다. 위기상황에서 결단을 미루면 미룰수록 사안은 위중해진다. 이는 패망의 길이다. 전쟁터에서 지휘관이 임기응변의 즉각적인 명을 내리지 못하고 우물쭈물하며 연일 구수회의만 열다가 몰살을 자초하는 것과 같다.

위기상항에서는 전문경영인 CEO의 민주 리더십보다는 오너 CEO의 제왕 리더십이 더욱 빛을 발한다. 2010년의 아이폰 공습 당시 삼성이 총수의 복귀를 계기로 반격의 계기를 마련한 데 반해 민주 리더십을 고집한 LG가 대응을 늦추는 바람에 고전한 게 그 증거다. 창업주와 그 후손인 오너는 주인의식이 강할 수밖에 없다. 전문경영인과는 질적으로 다르다. 일부 악덕 기업주를 제외하고는 기업에 강한 애착을 가질 수밖에 없다. 역대 왕조의 창업주와 그 후손인 군주가 사직의 안녕을 위해 애쓰는 것과 닮았다. 『상군서』와 『한비자』가 '군단'으로 표현되는 군주의 고독한 결단을 촉구한 이유다.

뉴욕대학 정치학과 석좌교수 메스키타가 지난 2011년 동료 교수 스미스와 함께 펴낸 『독재자의 핸드북』은 권력의 획득 및 유지 차원에서 독재 문제를 집중 거론하고 있다. 2009년 《포린 폴리시》에 의해 '100대 글로벌 사상가' 가운데 한 명으로 선정된 바 있는 메스키타는 이 책에서 "정치란 권력을 확보하고 유지하는 일에 지나지 않는다"고 단언하며 민주와 독재의 구분을 거부했다. 독재자들은 '정치가 곧 돈이다'라는 기본 원칙을 극단적으로 드러내 보여준 사람에 지나지 않는다는 것이다. 북한의 김정일과 이라크의 사담 후세인 등의 무자비한 독재자는 물론 로마의 카이사르, 짐바브웨의 무가베, 미국의 오마바에 이르기까지 고금동서의 모든 통치자에게 이 원칙이 그대로 적용된다. 마피아의 두목과 월스트리트 경영자, 국제올림픽위원회와 국제

축구연맹의 스포츠 권력도 예외가 아니다.

이들의 분석에 따르면 "짐이 곧 국가다"라고 언급한 루이 14세는 독재를 행한 것으로 알려져 있지만 실상은 달랐다. 23세에 실권을 잡은 그는 기성귀족 대신 법복귀족이라 불리는 새로운 인재집단을 등용하고 이들에게 집중적으로 보상함으로써 충성심을 얻고, 이를 토대로 막강한 왕권을 확립했다. 고금동서를 막론하고 통치권력은 홀로 행사할 수 없는 만큼 당연한 해석이기도 하다.

주목할 것은 이들이 찾아낸 독재자의 권력 획득 및 유지 비결이다. 핵심 집단을 최소 규모로 유지하라, 대체 가능 집단은 최대 규모로 유지하라, 수입의 흐름을 통제하라, 지지자들에게 충성심을 유지할 정도만 보상하라, 국민을 잘 살게 해주겠다며 지지자의 주머니를 터는 짓을 하지 말라 등 모두 5가지이다. 이 지침은 독재자들에게만 적용되는 게 아니다. 1864년 재선에 나선 링컨 미국 대통령은 당선 가능성이 희박했다. 그는 군인들을 위한 부재자 투표 제도를 도입해 대체 가능 집단을 확대하는 전략을 택했다. 그 결과 뉴욕에 큰 영향을 미쳐 인기가 높던 매클러라는 장군을 물리치고 재선에 성공했다.

지지자들에게 충성심을 유지할 정도로만 보상하라는 지침도 현실정치에서 막강한 위력을 발휘한다. 짐바브웨의 무가베는 쿠데타 위협에 직면할 때마다 군대에 보상하는 식으로 장기집권에 성공했다. 국민을 잘 살게 해주겠다고 지지자의 주머니를 털지 말라는 지침도 암시하는 바가 크다. 카이사르는 퇴역 군인들에게 무상으로 토지를 제공하고 시민의 부채를 약 25% 감면해 주는 등의 조치를 취했다. 시민들은 열광했지만 유력 집단의 일원인 핵심 집단이 반발했다. 카이사르 암살의 배경을 여기서 찾았다. 이들은 대다수 국민을 굶기면서 얻은 돈으로 선택된 소수의 지지자에게 뿌리면서 충성심을 얻어낸 대표적인 사례로 파키스탄의 자르다리를 꼽았다. 그는 1인당 소득이 세계 최하위에 가까운 나라를 통치하면서 40억 달러에 이르는 막대한 부를 축적했다. 독재자가 비밀계좌를 만드는 이유다.

일단 권력을 쟁취한 뒤에는 측근들을 늘 긴장시켜야 한다. 언제든 제거될 수 있다는 걸 알 때 그들은 더욱 충성한다. 히틀러는 돌격대의 도움으로 권력을 얻었지만 친위대를 창설해 돌격대를 제거했다. 싱가포르의 리콴유는 선거에서 자신의 정당을 지지하지 않는 지역에는 주택공급과 임대를 축소했다. 북한의 김정일은 잠재적 지지자들이 많으니 충성을 다하지 않으면 언제든 쫓겨날 수 있다는 메시지를 측근에게 던지는 데 능했다. 레닌은 조작된 보통선거 제도를 도입해 방대한 대체 가능 집단을 창조한 이 방면의 달인으로 꼽혔다.

민주국가의 독재 통치술은 독재국가보다 훨씬 정교하다. 통상 위정자들은 공익과 공공복지를 내세운다. 오바마의 아프카니스탄 파병 철수 정책이 그 실례다. 그러나 속셈은 민주당의 선거 승리, 곧 자신의 재선에 있다. 정치권만 그런 것이 아니다. 휴렛패커드의 CEO 피오리나가 경쟁업체인 컴팩의 인수라는 충격적 발표를 내놓은 것은 자신의 측근 집단을 확대하려는 시도로 분석되었다. 이들 5가지 지침은 독재국가뿐만 아니라 모든 권력 시스템에서 예외 없이 나타나는 현상이라는 게 이들의 주장이다.

이들은 자신들의 이런 주장을 학술적으로 뒷받침하기 위해 몇 가지 분석 개념을 만들어냈다. 명목 선출인단, 실제 선출인단, 승리 연합 등 3종의 지지집단 개념이다. 명목 선출인단은 투표권을 가진 모든 사람을 뜻한다. 곧 전체 유권자를 가리킨다. 정치권력의 문 밖에 서 있는 집단이다. 투표할 때 살짝 발만 담그는 격이다. 이들의 분석에 따르면 여론조작 등에 휘둘리는 거수기 집단에 가깝다. 보다 중요한 역할을 하는 것은 실제 선출인단이다. 승리에 영향을 미치는 사람들을 말한다. 사우디아라비아의 원로 왕족들이 이에 해당한다. 가장 중요한 집단은 실제 선출인단의 일부로 구성되는 승리 연합이다. 권력자는 이들의 지지를 등에 업어야만 권력을 유지할 수 있다. 핵심 집단을 뜻한다.

이런 구분은 민주국가든 독재국가든 하등 차이가 없다. 이들은 대체 가능 집단, 유력 집단, 핵심 집단 등 3개의 집단 개념을 통해 독재와 민주의 차이를 양적인 차이에 불과한 것으로 파악했다. 이들 3개 집단의 규모와 역할이 민주국가와 독재국가를 구분하는 결정적인 배경이 된다는 것이다. 이들의 분석에 따르면 민주국가는 대체 가능 집단과 유력 집단이 다수를 형성해 소수의 핵심 집단과 대립한 정부이고, 독재국가는 극소수의 핵심 집단과 소수의 유력 집단이 대규모 대체 가능 집단을 압도하는 정부에 지나지 않는다. 질적인 차이가 아니라 양적인 차이에 불과하다는 것이다.

21세기의 경제전쟁 상황에서 민주국가든 독재국가든 어느 나라를 막론하고 최대의 화두로 등장해 있는 '리더십 위기'는 빈부의 양극화에 있다. 메스키타는 2011년 '재스민 혁명'의 시발점이 되었던 이집트 시민혁명을 대표적인 사례로 꼽았다. 많은 사람들이 SNS를 주요 성공요인으로 보고 있지만 그의 해석은 다르다. 1979년 이집트-이스라엘 평화조약 체결 후 무바라크 정부를 지원해 온 미국의 원조가 끊기자 청년실업률이 20%가 넘는 등 심각한 경제위기가 닥쳤다. 핵심 집단에 대한 보상이 줄어들면서 군부가 등을 돌렸다. 시민군을 진압할 만한 인센티브가 없어지자 군부가 이내 시민혁명을 방치했다는 게 그의 설명이다.

21세기에 들어와 지구촌 곳곳에 보편적인 모습으로 나타나고 있는 '리더십 위기'는 기본적으로 특혜와 부정비리로 인한 시장질서의 교란에서 비롯된 것이다. 공정한 거래질서가 실종된 곳에서는 약육강식이 난무한다. 급전이 필요한 서민들이 사금융의 먹이가 되어 천문학적인 이자에 신음하고 있는 현실이 그렇다. '동반성장'이 여야를 막론하고 2012년 총선 및 대선의 최대 화두로 부상한 것도 이 때문이다. '리더십 위기'는 결국 민생해결의 실패를 달리 표현한 것에 지나지 않는다.

고금을 막론하고 민생이 도탄에 빠져 있는 한 '리더십 위기'에서 벗어날 길은 없다. 이 덫에서 벗어날 수 있는 유일한 길은 공정한 법집행을 전제로 한 최고통치권자의 과감한 결단이다. 민생의 현장인 시장의 교란을 막는 게 요체이다. 『상군서』가 난세의 심도가 깊을수록 군주의 신속하고도 고독한 결단이 필요하다고 역설한 이유다. 그게 바로 '군단'이다. 이를 21세기 경제경영 용어로 바꿔 풀이하면 '결단경영'이다. 경제전쟁의 양상이 격화되면 격화될수록 '결단경영'의 필요성은 더욱 커진다. 『귀곡자』가 유세의 마지막 책략으로 '결단술'을 거론한 것도 바로 이 때문이다.

제2부 본경 외편

제1편 부언 |符言| 명실이 서로 부합케 하라

「부언」은 제왕이 구사하는 책략을 논하고 있는 점에서 앞서 나온 11가지 술책과 성격을 달리하고 있다. 일종의 제신술制臣術 내지 제민술制民術에 해당한다. 치국평천하가 궁극적인 목적이다. 「부언」이 군주 스스로 주의하며 반드시 지켜야 할 필수사항들을 차례로 열거한 이유다.

1-1

安徐正靜, 其被節無不肉. 善與而不靜, 虛心平意以待傾損. 右主位.

보위에 앉아 있는 군주는 9가지 지켜야 할 원칙이 있다.

첫째, 주위主位이다. 우선 얼굴이 안온하고 부드러우며 공정하고 조용해야 한다. 마치 뼈마디에 살이 붙어 있지 않은 경우가 없는 듯해야 하는 것이다. 스스로 고요한 모습을 취하면서 상대가 방종하도록 놓아둔다. 허심虛心하고 평온한 자세로 상황을 관조하며 상대가 무너지고 훼손되는 시기를 기다리는 것이다. 이상은 군주가 보위에 앉아 있을 때 어찌해야 하는지를 언급한 것이다.

부언符言의 부符는 군사동원용 신표인 부절符節의 뜻이다. 여기서는 표정이나 언행 등이 군주의 속마음과 일치하는 신표, 즉 내부內符의 뜻으로 사용되었다. 언言은 격언의 의미이다. 「부언」의 요지는 군주가 다른 사람들에게 자신의 속마음을 내보이지 않는 데 있다. 앞서 나온 11편은 신하, 즉 책사가 군주의 마음을 읽는 데 초점을 맞췄다면 「부언」은 이와 정반대로 군주가 아랫사람들에게 자신의 속마음을 읽히지 않는 방안을 논하고 있는 점에서 적잖은 차이가 있다.

주목할 것은 「부언」의 내용이 모두 『관자』 「구수九守」에 나오고 있는 점이다. 후대인이 끼워 넣었을 공산이 크다. 일부 내용은 『등석자鄧析子』와 『육도六韜』 등에도 나오고 있다. 「구수」의 내용이 전국시대 말기에 널리 유포되었을 가능성을 보여준다. 「구수」의 '수'는 수칙 또는 원칙을 뜻한다. 군주가 정사를 펼치면서 반드시 지켜야 할 수칙을 9가지로 요약해 제시하고 있다. 첫째 자리에 거처하는 문제를 다룬 거위居位, 둘째 밝게 살피는 문제를 다룬 찰사察事, 셋째 정사를 처리하는 원칙인 청정聽政, 넷째 상벌을 다룬 형상刑賞, 다섯째 자문하는 계책을 논한 자순咨詢, 여섯째 까닭과 이치의 중요성을 언급한 인도引導, 일곱째 기밀 보호 문제를 다룬 신밀愼密, 여덟째 사찰 문제를 다룬 참험參驗, 아홉째 명칭을 감독하는 문제를 다룬 독책督責이 그것이다. 「부언」 모두 이를 주위主位, 주명主明, 주덕主德, 주상主賞, 주문主問, 주인主因, 주주主周, 주공主恭, 주명主名 등으로 표현해 놓았다. 「구수」는 '주덕'을 주청主聽, '주공'을 주참主參, '주명'을 독명督名으로 표현해 놓았다.

기피절무불육其被節無不肉의 피被는 수사학의 점층법으로 '~에 이르기까지'의 뜻을 지닌 급及과 같다. '무불육'이 일부 판본에는 선육先肉으로 되어 있다. 도장본과 건륭본 등을 좇아 바꿨다. 「구수」에는 유절선정柔節先定으로 되어 있다. 허심평의이대경손虛心平意以待傾損은 마음을 비우고 평온한 자세로 상황을 관조하며 상대가 무너지고 훼손되는 시기를 기다린다는 뜻이다. 「구수」에는 허심평의이대수虛心平意以待須로 되어 있다. 뜻은 같다.

1-2

目貴明, 耳貴聰, 心貴智. 以天下之目視者, 則無不見, 以天下之耳聽者, 則無不聞, 以天下之心思慮者, 則無不知. 輻輳幷進, 則明不可塞. 右主明.

둘째, 주명主明이다. 눈은 밝은 것을 귀하게 여기고, 귀는 영민한 것을 귀하게 여기고, 마음은 지혜로운 것을 귀하게 여겨야 한다. 천하인의 눈으로 보면 보이지 않는 게 없고, 천하인의 귀로 들으면 들리지 않는 게 없고, 천하인의 마음으로 생각하면 알지 못하는 게 없다. 널리 보고 듣고 생각하는 것은 마치 수레의 바퀴살이 살통으로 모여드는 폭주輻輳와 닮았다. 군주의 영명한 행보는 가로막을 길이 없다. 이상은 군주가 어찌해야 영명할 수 있는지를 언급한 것이다.

이는 군주의 밝은 행보인 주명主明을 언급한 것이다. 내용은 「구수」와 일치한다. 다만 폭주병진輻輳幷進이 「구수」에는 폭주병진輻湊竝進으로 되어 있는 게 다르다. 주輳는 바퀴살이 모인다는 뜻이고, 주湊는 물이 모인다는 의미이다. 결국 같은 말이다. 병진幷進도 일부 판본에는 병진竝進으로 되어 있다. 똑같은 뜻이다. '폭주병진'은 수레의 바퀴통에 바퀴살이 모이듯 한다는 뜻으로 한곳으로 많이 몰려드는 것을 지칭한다. 여기서는 천하의 모든 실정이 군주에게 모두 보고된다는 의미로 사용되었다.

1-3

德之術, 曰, 勿堅而拒之, 許之則防守. 拒之則閉塞. 高山仰之可極, 深淵度之可測. 神明之德術正靜, 其莫之極. 右主德.

셋째, 주덕主德이다. 숭덕崇德의 술책을 구사해야 한다. 흔히 말하기를, "자신에게 귀부하려는 자가 있을 때 그가 누구일지라도 거절해서는 안 된다. 성심으로 영접하면 성원을 한 명 더 늘리는 것으로 곧 자신의 진영을 더욱 튼튼히 지키는 셈이 된다"고 한다. 귀부하려는 자를 막는 것은 자신의 실력을 깎아내는 것이고, 동시에 다른 사람이 귀부하는 길을 막는 짓이다. 산이 아무리 높을지라도 한 발짝씩 오르면 결국 정상에 오를 수 있고, 물이 아무리 깊을지라도 줄을 계속 내려뜨리는 식으로 측량하면 결국 그 깊이를 잴 수 있다. 덕은 신명神明이 그렇듯이 매우 신성한 까닭에 숭덕의 술책 역시 공정하면서도 허정虛靜한 마음자세가 필요하다. 이같이 하면 그 어떤 것도 이에 비할 길이 없게 된다. 이상은 군주가 어떻게 덕행을 추숭해야 하는지를 언급한 것이다.

여기서는 군주의 덕인 주덕主德을 논하고 있다. 「구수」가 군주의 정무처리를 뜻하는 주청主聽을 언급한 것과 약간의 차이가 있다. 그러나 겉으로만 「구수」의 청지술聽之術을 덕지술德之術로 바꿔놓았을 뿐 그 내용은 사실상 일치하고 있다. 경청傾聽이 곧 군덕君德의 요체에 해당한다고 본 결과다. 「구수」에 나오는 '경청'의 다음 내용을 보면 이를 쉽게 확인할 수 있다.

"셋째 청정聽政의 술책을 구사해야 한다. 흔히 말하기를, '자세히 살피지 않은 채 남의 의견을 거절해서는 안 된다. 성심으로 들으면 곧 자신의 자리를 더 튼튼히 지키는 셈이 된다'고 한다. 가볍게 거절하면 언로가 막힌다. 군주는 마치 높은 산과 같아 우러러도 그 끝을 볼 수 없고, 깊은 못과 같아 측량해도 그 바닥을 헤아릴 길이 없다. 군주의 신명한 덕은 이와 같아야 한다. 공정하면서도 허정한 군주의 덕이 그 무엇에 비길 바 없이 지극한 이유다. 이상은 군주가 어떻게 정사를 처리하는지를 언급한 것이다."

「부언」에서는 고산高山과 심연深淵도 능히 오르거나 측량할 수 있다고 했다. 귀부하려는 자를 감싸는 군주의 덕을 논한 데 따른 결론이다. 이에 반해 「구수」에서는 고산과 심연은 일반 신민臣民이 감히 올려다보거나 측량할 길이 없다고 언급해 놓았다. 경청을 잘하는 군주의 덕을 고산과 심연에 비유한 데 따른 결론이다. 결국 같은 내용이다.

1-4

用賞貴信, 用刑貴正. 賞賜貴信, 必驗而目之所聞見. 其所不聞見者, 莫不闇化矣. 誠暢於天下神明, 而況姦者干君. 右主賞.

넷째, 주상主賞이다. 상사賞賜를 행할 때는 믿음을 귀하게 여기고, 행형行刑을 할 때는 공정을 귀하게 여긴다. "상사를 행할 때는 믿음을 귀하게 여긴다"고 한 것은 반드시 사람들로 하여금 자신의 눈과 귀로 직접 보고 듣도록 해야 한다는 뜻이다. 자신의 눈과 귀로 직접 보고 듣지 못한 자들 또한 신상필벌에 대한 확신이 있는 까닭에 은연중 감화되지 않는 자가 없게 된다. 신상필벌의 원칙이 천하 사람들의 믿음을 얻어 천지신명과 통하는 상황에서 하물며 간교한 수법으로 군주의 상사를 구하려는 자이겠는가? 이상은 군주가 상벌을 어찌 행해야 하는지를 언급한 것이다.

용상귀신用賞貴信이 「구수」에는 용상귀성用賞貴誠, 용형귀정用刑貴正이 「구수」에는 용형귀필用刑貴必로 나온다. 신信과 성誠, 정正, 필必 모두 "반드시 성신誠信한 자세로 상형賞刑을 행한다"는 뜻이 동사로 된 것이다. 결국 신상필벌을 언급한 것으로 같은 의미이다. 황간자간군견간위況姦者干君見姦僞는 "하물며 간교한 수법으로 군주의 상사를 구하려는 자이겠는가?"의 반어법으로 사용된 것이다. 「구수」는 직설법을 사용해 견간위見姦僞로 표현해 놓았다. 간사한 자의 거짓된 행보가 이내 백일하에 드러난다는 뜻이다.

1-5

一曰天之, 二曰地之, 三曰人之. 四方上下, 左右前後, 熒惑之處安在. 右主問.

다섯째, 주문主問이다. 군주는 천시天時와 지리地利, 인화人和를 위해 두루 자문을 구해야 한다. 천지상하와 동서남북 사방, 좌우전후를 막론하고 자문을 구하는데 어찌 미혹될 일이 조금이라도 있을 리 있겠는가? 이상은 군주가 자문을 하는 원칙을 언급한 것이다.

천天, 지地, 인人을 두고 도홍경은 풀이하기를, "하늘에는 역순逆順의 시기가 있고, 땅에는 고허孤虛의 형세가 있고, 사람에게는 막힌 것을 뚫는 본분이 있다. 천하를 다스리는 자는 응당 이런 이치를 잘 알아야 한다"고 했다. 천시에는 역시逆時와 순시順時, 땅에는 고세孤勢와 허세虛勢, 사람에게는 현량賢良과 불초不肖가 있다고 파악한 것이다. 곧 음양으로 양분한 셈이다. 사방상하四方上下와 좌우전후左右前後는 곧 음양으로 구분되는 천시와 지리 및 인화의 모든 부문에 대해 자문을 구할 경우 한 점의 의혹도 있을 리 없다는 취지에서 나온 것이다. 여기의 형혹熒惑은 화성火星을 뜻하는 것으로 고대에는 '형혹'이 밝게 빛날 경우 재난이 일어나는 것으로 여겼다. 미혹迷惑의 의미로 사용된 것이다.

1-6

心爲九竅之治, 君爲五官之長. 爲善者, 君與之賞. 爲非者, 君與之罰. 君因其所以求, 因與之, 則不勞. 聖人用之, 故能賞之. 因之循理, 故能長久. 右主因.

여섯째, 주인主因이다. 마음이 이목구비 등의 9규九竅를 주재하듯이 군주 또한 인사와 재정 등을 총괄하는 5관五官을 주재한다. 관원 가운데 공무를 잘 수행하는 자에게는 상을 내리고 잘못하는 사람에게는 벌을 내린다. 관원의 공과에 따라 상벌을 내리면 군주가 수고로울 일이 전혀 없다. 성인은 그같이 한 까닭에 상벌이 주효할 수 있었다. 군주가 이런 이치를 좇아 나라를 다스리면 능히 하늘이 내린 천명인 이른바 국조國祚를 오래도록 이어지게 할 수 있다. 이상은 군주가 순리를 좇아 상벌을 행하는 이치를 언급한 것이다.

9규九竅는 몸의 9가지 구멍이 난 기관으로 옛사람들은 이들 모두 마음의 지배를 받는 것으로 생각했다. 쌍이雙耳, 쌍목雙目, 쌍비雙鼻, 구口, 요도尿道, 항문肛門이 그것이다. 구혈九穴로 표현하기도 한다. 5관五官은 은나라 때의 사도司徒와 사마司馬, 사공司空, 사사司士, 사구司寇를 말한다. 주나라 때의 사도와 사마, 사구, 사공, 종백宗伯을 들기도 한다. 여기서는 백관百官의 의미로 사용되었다. 인지순리因之循理를 도홍경은 신상필벌로 풀이했다. 이에 대해 윤동양은 『논어』「요왈」에 나오는 '인민지소리이리지因民之所利而利之'를 들었다. 백성들에게 이로운 것으로써 백성들을 모두 이롭게 해준다는 뜻이다. 윤동양의 해석도 그럴듯하기는 하나 문맥상 도홍경의 해석이 옳다.

1-7

人主不可不周, 人主不周, 則群臣生亂. 家于其無常也, 內外不通, 安知所開. 開閉不善, 不見原也. 右主周.

일곱째, 주주主周이다. 군주는 매사에 여러 사람의 이익을 두루 고려하는 등 주밀하지 않으면 안 된다. 군주가 주밀하지 못하면 불만을 품은 신하들이 아래에서 난을 일으킨다. 신하들은 늘 무상無常의 처지에 놓여 있기 마련인데 군주와 신하 사이의 교신이 두절되면 군주가 과연 어디서 문제가 터져나오는지 알 길이 있겠는가? 군주가 군신들과 교신을 제대로 하지 못하면 문제의 근원을 알 길이 없다. 이상은 군주가 국사를 처리하는 원칙을 언급한 것이다.

불가부주不可不周의 주周는 주의가 두루 미쳐서 빈틈없이 찬찬하다는 뜻의 주도周到 내지 주도면밀周到綿密과 같다. 가우기무상家于其無常의 가家를 도홍경은 업業, 윤동양은 대부大夫, 소등복은 거居, 허부굉은 안거安居로 풀이했다. 어느 쪽으로 해석하든 뜻이 통한다. 안지소개安知所開가 「구수」에는 '백성들의 원망을 어찌 알겠는가?'라는 뜻의 안지소원安知所怨으로 되어 있다. 개폐불선開閉不善을 도홍경은 벽합술捭闔術에 능하지 못한 경우로 새겼다. 불견원不見原의 원原을 도홍경은 위선지원爲善之源으로 새겼으나 문맥상 '문제의 근원'으로 풀이하는 게 낫다.

1-8

一曰長目, 二曰飛耳, 三曰樹明. 明知千里之外, 隱微之中. 是謂洞天下姦, 莫不闇變更. 右主恭.

여덟째, 주공主恭이다. 군주는 눈을 크게 떠 멀리까지 내다보고, 귀를 크게 열어 먼 곳의 얘기까지 두루 듣고, 사방의 모든 소식을 총괄하는 제도를 마련해야 한다. 그래야 1천 리 밖의 은밀히 가려진 일까지 밝게 알 수 있다. 이를 일컬어 천하의 모든 간사한 움직임을 두루 통찰하는 이른바 통천하간洞天下姦이라고 한다. 이리하면 천하의 간사한 자들 모두 스스로 바뀌지 않을 수 없다. 이상은 군주가 공손한 자세로 천하와 교신하는 것을 언급한 것이다.

통천하간洞天下姦은 천하의 모든 간사한 움직임을 두루 통찰한다는 뜻으로 「구수」에는 동간動姦으로 되어 있다. 여기의 동動은 꿰뚫을 통洞과 통한다. 주공主恭의 공恭은 군주의 숙정肅靜한 표정을 상징한 것이다. 「구수」에는 '주공'이 주참主參으로 되어 있다.

1-9

循名而爲貴, 安而完. 名實相生, 反相爲情. 故曰, 名當則生於實, 實生於理, 理生於名實之德, 德生於和, 和生於當. 右主名.

아홉째, 주명主名이다. 군주는 명분과 실질이 부합하는 것을 귀하게 여긴다. 명분에 의거해 실질을 살피고, 실질에 비춰 명분을 확정하는 식으로 명실상부名實相符를 추구하는 게 그것이다. 명분과 실질은 서로 의존적인 동시에 서로의 근본이 되는 것이다. 그래서 말하기를, "타당한 명분은 실질에 부합한 데서 비롯된다. 실질은 사물의 이치에서 나오고, 사물의 이치는 명실의 덕에서 나오고, 명실의 덕은 명분과 실질이 부합하는 데서 나오고, 명실상부는 현실적용의 타당성에서 나온다"고 하는 것이다. 이상은 군주가 명실상부를 중시해야 하는 이유를 언급한 것이다.

명실상생名實相生은 명실상부名實相符와 같은 뜻이다. 「부언」에서는 명실상부의 상호관계를 〈명名←실實←리理←덕德←화和←당當〉의 도식으로 풀이해 놓았다. 이에 대해 「구수」는 〈명←실←덕←리←지智←당〉으로 되어 있다. '덕'과 '리'의 순서가 바뀌어 있고 '화' 대신 '지'를 언급한 게 다르다. '주명'의 명칭도 명실상부를 감독한다는 뜻의 독명督名으로 되어 있다.

제2편 전환 |轉丸| (내용 실전)

남북조시대 남조 양나라의 유협劉勰은 문학 이론서인 『문심조룡文心雕龍』에서 "『귀곡자』의 「전환」편은 매우 교묘한 언사를 구사하고 있다. 「비겸」편은 그 정수를 담고 있다"고 했다. 당시까지만 해도 「전환」이 산일散逸되지 않았음을 알 수 있다.

제3편 거란 |胠亂| (내용 실전)

당나라 때 조유趙蕤는 『장단경長短經』「반경反經」에서 『귀곡자』의 「거란」에 나오는 대목을 인용해 놓았다. 『장자』「거협」의 내용과 사뭇 닮아 있다. 후대인이 끼워 넣었을 공산이 크다. 「전환」과 「거란」 모두 당나라 초기에 사라진 것으로 보고 있다.

제3부 잡편

제1편 본경음부칠술 |本經陰符七術|

제1술 성신법오룡 |盛神法五龍|

1-1-1

盛神中有五氣，神爲之長，心爲之舍，德爲之大，養神之所歸諸道. 道者，天地之始，一其紀也. 物之所造，天之所生. 包宏無形，化氣先天地而成，莫見其形，莫知其名，謂之神靈. 故道者，神明之源，一其化端. 是以德養五氣，心能得一，乃有其術. 術者，心氣之道，所由舍者，神乃爲之使. 九竅十二舍者，氣之門戶，心之總攝也. 生受之天，謂之眞人，眞人者與天爲一.

정신을 왕성하게 만드는 성신술盛神術은 오장五臟에 붙어 있는 신기神氣, 혼기魂氣, 백기魄氣, 정기精氣, 지기志氣 등 5가지 기운을 바탕으로 한다. 신기는 5기를 주재하고, 마음은 5기가 머무는 거소이다. 덕은 정신을 장대하게 만든다. 신기를 기르는 양신養神은 곧 마음이 대도大道와 합치하는 것을 뜻한다. 도는 천지의 시작으로 하나로 되어 있다. 만물이 여기서 만들어졌고 천지 또한 여기서 나왔다. 도는 광대하고 형적이 없다. 기氣로 바뀌어 천지자연을 이룬다. 천지에 앞서 존재한 까닭에 그 형태를 볼 수도 없고 그 이름도 알 길이 없다. 신령神靈으로 불리는 이유다.

도는 신명神明의 본원으로 도가 변화하는 단초가 된다. 덕德이 5기를 기르고 마음이 대도에 부합해야만 능히 도에 이르는 도술을 얻을 수 있다. 도술은 마음의 기를 머무는 곳에서 이끌어내는 것으로 여기서 신기가 나온다. 인체의 구규九竅와 십이사十二舍는 기가 드나드는 문으로 마음이 총괄한다. 태어날 때부터 하늘에서 천부적인 품성을 부여받은 사람을 진인眞人이라고 한다. 진인과 천지만물은 원래 하나이다.

성신법오룡盛神法五龍의 오룡은 몸 안의 5가지 기운으로 신기神氣, 혼기魂氣, 백기魄氣, 정기精氣, 지기志氣를 말하다. 오행설을 좇아 예측하기 어려운 기운의 변화를 용의 변화무쌍한 모습에 비유해 '5룡'으로 표현한 것이다. 위지신령謂之神靈은 『도덕경』에서 천지만물의 근원을 '도'로 표현한 것과 취지를 같이한다. 십이사十二舍는 몸 안의 기가 머무는 곳을 말한다. 심心, 간肝, 비脾, 폐肺, 신腎, 위胃, 방광膀胱, 대장大腸, 소장小腸, 담膽, 단중膻中, 삼초三焦가 그것이다. 총섭總攝은 총괄의 뜻으로 통섭統攝과 같다. 진인眞人은 도가에서 말하는 도인을 뜻한다.

1-1-2

內修煉而知之, 謂之聖人. 聖人者, 以類知之. 故人與生一, 出於化物. 知類在竅, 有所疑惑, 通於心術, 心無其術, 必有不通. 其通也, 五氣得養, 務在舍神, 此謂之化. 化有五氣者, 志也, 思也, 神也, 德也. 神其一長也. 靜和者養氣, 氣得其和. 四者不衰, 四邊威勢, 無不爲存而舍之, 是謂神化. 歸於身, 謂之眞人. 眞人者, 同天而合道, 執一而養產萬類, 懷天心, 施德養, 無爲以包志慮思意, 而行威勢者也. 士者通達之, 神盛乃能養志.

안으로 수련을 거듭하면 도를 알 수 있다. 이를 이룬 사람을 성인聖人이라고 한다. 성인은 사물의 유사한 품성에 근거해 만물의 이치를 깨닫는 이른바 유지類知를 통해 도를 이해한 사람이다. '진인'처럼 자연과 하나가 되어 태어나지 않은 까닭에 비록 본성은 같으나 외물外物의 변화를 좇게 된다. '유지'가 구규를 통해 이뤄진 만큼 감관感官이 직접 접촉하지 못할 경우 사유를 가능하게 하는 심술心術의 도움이 필요하다. 마음과 구규를 오가는 기가 잘 통하지 않을 경우 사유의 통로가 막히게 되고, 사물을 인식할 도리가 없게 된다. 사유의 통로가 훤히 뚫려야만 5기가 제대로 발현된다. 늘 정신이 마음에 깃들도록 노력해야 하는 이유다. 이를 일컬어 화변化變이라고 한다.

'화변'의 대상은 5기이다. 5기가 '화변'하면 지기志氣, 사기思氣, 신기神氣, 덕기德氣 등의 4가지 기운이 생성된다. '신기'가 이들 가운데 으뜸이다. 허정虛靜하고 화평和平해야 능히 심기를 기를 수 있고, 심기를 길러야 모든 기를 하나로 융화融和시킬 수 있다. 지기와 사기, 신기, 덕기 등 4가지 기운이 고루 왕성해야만 위세를 떨칠 수 있다. 위세가 사방으로 발산되면 이루지 못할 일이 없다.

이런 위세가 마음속에 내재하는 것을 신화神化, 몸에 체화된 사람을 '진인'이라고 한다. 진인은 천지와 함께 대도에 부합하는 까닭에 오직 '하나'인 도를 견지한다. 만물을 생육하고, 천심을 가슴에 품고, 덕혜德惠를 베풀고, 무위로 사려思慮를 지도하는 이유다. 진인은 이런 방법을 통해 위세를 떨친다. 사인士人들은 이를 통달해야만 한다. 정신이 왕성해야만 지기를 크게 키우는 양지養志가 가능하다.

이류지지以類知之는 유사한 사물의 품성을 토대로 만물의 이치를 깨닫는 것을 말한다. 이는 전국시대에 널리 통용된 사물 인식방법이기도 했다. 『여씨춘추』「소류」의 다음 구절이 이를 뒷받침한다.

"부류가 같으면 서로 부르고, 기운이 같으면 서로 합치고, 소리가 비슷하면 서로 응한다. 궁조宮調를 울리면 궁조가 응하고, 각조角調를 울리면 각조가 응하고, 용이 나타나면 비가 내리고, 형체가 있으면 그림자가 따라오는 것과 같다."

지류재규知類在竅의 규竅는 눈과 귀, 코 등처럼 몸 안의 9가지 구멍으로 된 기관인 구규를 뜻한다. 구규를 통해 동류同類 여부와 자연을 인식한다는 의미이다. 집일이양산만류執一而養産萬類를 두고 도홍경은 일一을 무위지도無爲之道로 간주하면서 "진인眞人이 무위를 통해 만물을 만들었다"고 풀이했다.

제2술 양지법영구 |養志法靈龜|

1-2-1

養志者, 心氣之思不達也. 有所欲志, 存而思之. 志者, 欲之使也. 欲多志則心散, 心散則志衰, 志衰則思不達也. 故心氣一, 則欲不徨, 欲不徨, 則志意不衰, 志意不衰, 則思理達矣. 理達則和通, 和通則亂氣不煩於胸中. 故內以養志, 外以知人. 養志則心通矣, 知人則職分明矣.

지기志氣를 기르는 양지술養志術은 심기心氣가 만들어내는 사로思路가 여의치 않을 때 구사한다. 사람은 바라는 바가 있으면 지기를 갖게 되고, 지기는 욕망의 통제를 받게 된다. 사람이 욕망을 많이 가지면 심기가 집중되지 않고, 심기가 분산되면 지기가 쇠미해지고, 이는 사로를 막는 결과를 낳는다. 심기가 한 가지 일에 집중하는 전일專一이 필요한 이유다.

심기가 전일하면 욕망이 심신을 어지럽게 만드는 일이 없고, 그리하면 지기가 뜻하는 이른바 지의志意가 쇠미해지지 않고, 지의가 쇠미해지지 않으면 사유의 이치인 사리思理가 창달하게 된다. 사리가 창달하면 심기가 조화롭게 통하는 화통和通이 이뤄진다. 화통이 이뤄지면 어지러운 기운이 마음을 혼란하게 만드는 일이 없게 된다. 마음속으로 '양지술'을 행하는 자는 사람의 그릇을 단박에 아는 지인술知人術이 밖으로 드러난다. '양지술'은 마음이 화통하는 심통心通, '지인술'은 사람마다 맡은 바 직분職分을 다하는 것으로 실현된다.

양지법영구養志法靈龜를 두고 도홍경은 거북이 능히 길흉을 알 수 있는 까닭에 양지술養志術을 '영구'로 표현했다고 풀이했다. '영구'는 전쟁처럼 국가대사와 관련한 점을 칠 때 사용하는 신령스런 거북을 말한다. 여기서는 뜻을 집중集中한다는 의미로 사용되었다. 욕欲은 생리상의 요구인 데 반해 지志는 생리상의 요구가 심리적으로 표현된 것인 점에서 차이가 있다. '양지술'은 사로思路를 통달하게 만드는 술책을 말한다. 화통和通은 화기和氣가 통창通暢한 것으로 난기亂氣와 대비된다.

1-2-2

將欲用之於人, 必先知其養氣志, 知人氣盛衰, 而養其氣志, 察其所安, 以知其所能. 志不養, 心氣不固. 心氣不固, 則思慮不達. 思慮不達, 則志意不實. 志意不實, 則應對不猛. 應對不猛, 則失志而心氣虛. 志失而心氣虛, 則喪其神矣. 神喪則髣髴, 髣髴則參會不一. 養志之始, 務在安己. 己安則志意實堅, 志意實堅則威勢不分, 神明常固守, 乃能分之.

'양지술'을 이용해 사람을 고찰하고자 할 경우 반드시 먼저 상대가 지기志氣를 얼마나 키웠는지부터 살펴야 한다. 이어 상대 심기의 성쇠盛衰를 토대로 자신의 지기를 육성한 뒤 상대의 반응을 살펴보고 상대의 사로思路를 관찰하면 그 재능의 수준을 알 수 있다. '양지술'이 제대로 구사되지 않으면 심기가 불안정하고, 심기가 불안정하면 사려가 모자라고, 사려가 모자라면 지기가 뜻하는 지의志意가 충실하지 못하고, 지의가 충실하지 못하면 사물의 실정에 대한 응대應對가 민첩하지 못하게 된다. 응대가 민첩하지 못하면 의지 상실과 심기 허약을 초래하고, 의지 상실과 심기 허약은 정신을 잃게 만들고, 정신을 잃으면 이내 사물에 대한 인식이 흐릿해지는 심신心神의 방불彷彿로 이어지고, 심신의 방불은 마침내 의지와 심신이 따로 노는 상황을 빚어낸다. '양지술'은 반드시 스스로를 안정시키는 데서 시작해야 한다. 스스로 안정되면 지의가 견실해진다. 지의가 견실하면 위세가 응집돼 흩어지지 않고, 신명神明 또한 늘 몸속에서 굳건히 자리를 잡을 수 있다. 그래야만 능히 다른 사람의 위세를 흐트러뜨릴 수 있다.

응대불맹應對不猛은 임기응변의 대처가 신속하지 못한 것을 지칭한다. 맹猛은 민첩하다는 뜻이다. 방불髣髴은 흐릿하거나 어렴풋하다는 뜻으로 방불彷彿 내지 방불仿佛과 같다. 삼회불일參會不一은 지志와 심心, 신神 등 3자가 서로 통하지 못해 따로 노는 상황을 말한다. 신명神明은 사람의 정신을 달리 표현한 것이다.

제3술 실의법등사 | 實意法螣蛇

1-3-1

實意者, 氣之慮也. 心欲安靜, 慮欲深遠. 心安靜則神策生, 慮深遠則計謀成. 神策生則志不可亂, 計謀成則功不可間. 意慮定則心遂安, 則其所行不錯, 神自得矣, 得則凝. 識氣寄, 姦邪而倚之, 詐謀得而惑之, 言無由心矣. 故信心術, 守眞一而不化, 待人意慮之交會, 聽之候之也.

의도를 분명히 하는 실의술實意術은 마음이 행하는 사려思慮의 수준을 제고하는 것으로 사유능력의 배양을 뜻한다. 마음은 사려할 때 안정돼야 하고, 마음의 안정이 전제돼야 심원深遠한 사려가 가능하다. 마음이 안정돼야 신책神策이 나오고, 사려가 심원해야 계모計謀가 원숙해진다. 신책이 나와야 의지가 어지러워지지 않고, 계모가 원숙해야 성공을 기할 수 있다. 의도와 사려가 안정돼야 마음도 비로소 안정될 수 있다. 그래야 행보에 착오가 없게 되고, 정신도 충만해지고, 정력 또한 한곳에 집중시킬 수 있다.

마음에 염려하는 바가 있으면 마음을 한곳에 집중시키는 전일專一이 불가능해지고, 그러면 간사한 계책이 구사되는 배경을 제공하게 돼 스스로 상대의 거짓된 계책인 사모詐謀에 휘둘려 미혹되고, 말 또한 마음에서 걸러지지 않은 채 마음속의 생각을 그대로 털어놓게 된다. 심술心術을 구사하고자 하면 몸 안의 진기眞氣를 꼭 붙들어 밖으로 유출되지 않게 하고 심신을 안정시켜야 한다. 이어 사람들이 의도와 사려를 다해 건의하는 것을 기다려 '실의술'을 구사한다. 그러면 사물이 그 어떤 변화를 일으킬지라도 능히 모든 제의를 다 듣고 때를 기다리며 적절히 대응할 수 있다.

실의법등사實意法螣蛇의 의意는 지志가 겉으로 표출된 의도를 말한다. 등사螣蛇는 하늘을 날아다니는 전설상의 신사神蛇를 지칭한다. 신책神策은 신묘한 계책을 뜻한다. 수진일守眞一의 '진일'은 진기眞氣의 의미이다. 청지후지聽之候之는 남의 제의를 귀담아 듣는 청임聽任과 때가 오기를 기다리는 등대等待를 행한다는 뜻이다. 여기의 '후지'가 일부 판본에 후候로 되어 있으나 도장본과 건륭본 등을 좇아 바꿨다.

1-3-2

計謀者, 存亡樞機. 慮不會, 則聽不審矣, 候之不得. 計謀失矣, 則意無所信, 虛而無實. 故計謀之慮, 務在實意, 實意必從心術始. 無爲而求安靜五臟, 和通六腑, 精神魂魄固守不動, 乃能內視反聽定志. 慮之大虛, 待神往來. 以觀天地開闢, 知萬物所造化, 見陰陽之終始, 原人事之政理, 不出戶而知天下, 不窺牖而見天道, 不見而命, 不行而至. 是謂道知, 以通神明,應於無方，而神宿矣.

계모計謀는 생사존망의 관건이다. 마음속에서 사려와 의도가 일치하지 못하면 상대의 말을 듣는 청언聽言이 부실해지고, 상대의 실정을 파악하는 것 또한 불가능해진다. 계모가 실패하면 의도가 허망해지고, 의도가 허망해지면 의도를 분명히 하는 실의實意가 불가능해진다. 계모를 낼 때 반드시 '실의술'이 전제돼야 하는 이유다. '실의술'은 마음을 안정시키는 심술心術에서 시작한다. 마음을 안정시키려면 무위無爲에 기초해 오장五臟을 편안하게 하고, 육부六腑를 화통하게 하고, 정신과 혼백魂魄을 굳건히 지키며 움직이지 않게 한다. 그러면 능히 눈이 아닌 마음으로 보는 내시內視와 귀가 아닌 마음으로 듣는 반청反聽이 가능해져 심지心志가 안정된다. 사려할 때 약간의 잡념도 없는 태허太虛의 경지에 들어가야 정신이 능히 자유롭게 천지를 왕래할 수 있다. 이같이 하면 천지개벽을 볼 수 있고, 만물이 만들어지고 변화하는 규율을 알 수 있고, 음양의 조화를 볼 수 있다.

이를 토대로 국가대사를 처리할 때 인사의 이치를 꿸 수 있고, 문밖에 나서지 않을지라도 능히 천하사를 알 수 있고, 창호를 통해 밖을 내다보지 않을지라도 천하 만물의 변역 이치를 읽을 수 있고, 일이 빚어지기 이전에 명령이 내려질 것을 예견할 수 있고, 특별히 일을 추진하지 않을지라도 저절로 일이 이뤄진다. 이를 일컬어 무위를 통해 천지 변역의 이치를 아는 도지道知라고 한다. '도지'의 상태에 이르면 신명과 하나로 통해 이루지 못할 게 없게 된다. 이곳에 신명이 머무는 이유다.

심술心術은 마음을 안정시키는 정심지술靜心之術을 뜻한다. 태허大虛는 여기서 잡념이 전혀 존재하지 않는 세계의 의미로 사용되었다. 인사지정리人事之政理는 국가대사를 처리하고 인민을 다스리는 통치의 기본 도리를 뜻한다. 규유窺牖는 창문을 통해 밖을 내다본다는 의미이다.

제4술 분위법복태 |分威法伏熊|

1-4-1

分威者, 神之覆也. 故靜固志意, 神歸其舍, 則威覆盛矣. 威覆盛, 則內實堅. 內實堅, 則莫當. 莫當, 則能以分人之威, 而動其勢, 如其天. 以實取虛, 以有取無, 若以鎰稱銖.

위세를 떨치는 분위술分威術을 발휘하기 위해서는 먼저 힘을 안으로 축적한 뒤 그 안에 정신이 깃들도록 만들어야 한다. 의지意志를 조용히 다지면서 전일專一하면 정신이 마음의 중심에 자리 잡게 된다. 위세가 웅장하면서도 극성해지는 이유다. 위세가 장성壯盛하면 내심이 견실해지고, 내심이 견실하면 그 무엇도 이를 당할 수 없다. 당할 게 없게 되면 상대의 위세를 흐트러뜨리고 세력을 동요시킬 수 있다. 그러면 만물이 경외하도록 만드는 것이 마치 천신天神과 같다. 자신의 충실한 실력으로 상대의 허술한 곳을 치는 것은 곧 자신의 우세로 상대의 열세를 공격하는 것이다. 이는 일鎰처럼 무거운 무게를 드는 저울로 수銖처럼 가벼운 물건을 재는 것처럼 쉬운 일이다.

분위分威는 자신의 위세를 발산한다는 뜻이다. 도홍경은 복태伏熊를 곰이 습격하기 전에 최대한 몸을 웅크리고 있다가 벌떡 떨치고 일어나는 것에 비유했다. 윤동양은 분分을 떨칠 분奮으로 간주해 분기지위奮己之威로 풀이했다. 허부굉도 이를 좇았다. 신지복神之覆의 복覆은 엎드릴 복伏과 통한다. 막당莫當의 당當은 막거나 저항할 당擋의 뜻이다. 이일칭수以鎰稱銖의 '일'은 20량兩이다. 24량으로 보기도 한다. '수'는 24분의 1량이다. 본문의 "일鎰처럼 무거운 무게를 드는 저울로 수銖처럼 가벼운 물건을 재는 것처럼 쉬운 일이다" 구절과 유사한 내용이 『손자병법』「군형」에 나온다. "이기는 군사는 일鎰의 저울추로 수銖의 무게를 저울질하는 것과 같고, 지는 군사는 가벼운 '수'의 저울추로 무거운 '일'의 무게를 저울질하는 것과 같다."

1-4-2

故動者必隨, 唱者必和. 撓其一指, 觀其餘次. 動變見形, 無能間者. 審於唱和, 以間見間, 動變明而威可分. 將欲動變, 必先養志伏意以視間. 知其固實者, 自養也. 讓己者, 養人也. 故神存兵亡, 乃爲之形勢.

자신이 일단 움직이면 상대는 반드시 이를 좇고, 자신이 먼저 부르면 상대는 반드시 이에 호응한다. 상대의 한곳을 자극하면 상대는 반드시 반응하는 까닭에 상대의 나머지 실정도 훤히 알 수 있다. 상대의 거동과 반응이 모두 드러나는 까닭에 단 하나도 빠뜨리는 게 없다. 부르면 호응하는 창화唱和의 이치는 단서를 이용해 상대의 결함을 찾는 것과 같다. 상대의 거동과 변화를 훤히 꿰어야 '분위술'이 주효할 수 있다.

스스로 움직이며 응변하기 전에 반드시 먼저 '양지술'을 구사한 뒤 의도를 감춘 채 기회가 오기를 기다려야 한다. 자신의 생각과 인식을 견고하고 충실히 할 수 있는 사람은 스스로 수양할 줄 아는 사람이다. 자신이 지닌 것을 능히 남에게 줄 수 있는 자는 사람을 덕으로 굴복시키는 자이다. 안으로 정신을 온전히 해 위세를 스스로 떨치게 되면 무력을 쓸 일이 자연스레 사라지게 된다. 병가에서 통상 압도적인 형세를 이용해 정신적으로 상대를 제압하는 이유가 여기에 있다.

창자필화唱者必和의 창唱은 창도唱導의 뜻이다. 창도倡導와 같다. 동변현형動變見形의 현見은 나타낼 현現의 뜻이다. 복의伏意는 마음과 의도를 감춘 채 기다린다는 의미로 정의靜意와 같다. 신존병망神存兵亡을 두고 윤동양은 풀이하기를, "위세를 떨치면 용병하는 식의 형세를 취할 이유가 없다"고 했다. 형세形勢를 병가의 무력시위로 풀이한 이유다. 허부굉도 이를 좇았다.

제5술 산세법지조 |散勢法鷙鳥|

1-5-1

散勢者, 神之使也. 用之必循間而動. 威肅內盛, 推間而行之, 則勢散. 夫散勢者, 心虛志溢. 意衰威失, 精神不專, 其言外而多變. 故觀其志意爲度數, 乃以揣說圖事, 盡圓方, 齊短長.

상대의 위세를 흐트러뜨리는 산세술散勢術은 축적된 자신의 정신이 밖으로 드러난 결과이다. '산세술'은 상대의 허점을 찾아낸 뒤 구사해야 주효할 수 있다. 자신의 정신을 안으로 축적한 뒤 그 위세가 안에서 극성해졌을 때 상대의 허점을 찾아내는 식이다. 그러면 상대는 반드시 그 위세를 잃어버리기 마련이다. '산세술'을 구사하면 상대는 마음이 허해지고 안에 있던 지의志意가 밖으로 드러난다. 지의가 쇠해지면 곧 위세를 잃게 되고 정신 또한 전일專一할 수 없게 된다. 상대가 언사를 통해 내심의 진실한 실정을 밖으로 드러내는 이유다. 이때 상대가 자신의 말을 꾸미고자 하면 왕왕 앞뒤가 맞지 않게 되어 그 뜻을 제대로 전달할 길이 없다. 이런 정황을 관찰하면 상대의 진실한 지의가 어떤 것인지 파악할 수 있다. 이를 토대로 췌마술揣摩術을 이용해 유세하거나 계책을 꾸민다. 이는 상대의 말에 전적으로 동조하거나 규정을 좇아 일을 하는 원방술圓方術과 의도하는 바를 좇아 말을 하거나 각종 계책을 구사하는 단장술短長術을 언급한 것이다.

산세散勢는 상대의 위세를 떨어뜨리는 것으로 자신의 위세를 발산하는 분위分威와 상대되는 술책이다. 그 속도가 매우 흉맹한 까닭에 맹금을 뜻하는 지조鷙鳥로 표현했다. 신지사神之使는 '분위'를 신지복神之伏으로 표현한 것과 대비된다. 사使는 출出의 뜻이다. 순간循間은 상대의 결점과 허점을 틈타 '산세술'을 구사한다는 뜻을 담고 있다. 추간推間과 같다. 진원방盡圓方의 원圓은 상대의 의중에 영합하는 것을 뜻하고, 방方은 규정을 좇아 일을 처리하는 것을 의미한다. 제단장齊短長의 '단장'은 종횡술의 유세술을 말한다.

1-5-2

無間則不散勢. 散勢者, 待間而動, 動而勢分矣. 故善思間者, 必內精五氣, 外視虛實, 動而不失分散之實. 動則隨其志意, 知其計謀. 勢者, 利害之決, 權變之威. 勢敗者, 不以神肅察也.

상대가 허점을 드러내지 않을 경우 산세술散勢術은 쓸모가 없다. '산세술'은 반드시 상대가 허점을 드러낼 때까지 기다린 후 움직여야 주효할 수 있다. 그래야만 움직이는 즉시 상대의 위세가 일거에 허물어진다. 상대의 허점을 잘 찾아내는 자는 반드시 자신의 오장육부에 감춰진 정기를 잘 축적한 뒤 밖으로 상대방의 허실을 면밀히 살핀다. 그래야 한번 움직였을 때 '산세술'의 효과를 극대화할 수 있다. 움직임을 상대의 의도에 맞춘 까닭에 상대의 계모를 훤히 꿸 수 있다. 무릇 세勢란 사람 간의 모든 이해관계를 결정하는 관건으로 권모술수의 위엄을 뜻한다. 세가 분산되면 정신을 집중시켜 상대를 세심히 관찰하는 일이 불가능해진다.

무간無間의 간間은 극隙의 뜻이다. 정오기精五氣는 오장五臟의 정기를 말한다. 권변지위權變之威의 '권변'은 때와 형편에 따라 둘러대어 일을 처리하는 술수로 곧 권모술수를 의미한다. 허부굉은 권모술수의 운용으로 풀이했다.

제6술 전원법맹수 |轉圓法猛獸|

1-6-1

轉圓者, 無窮之計. 無窮者, 必有聖人之心, 以原不測之智而通心術. 而神道混沌爲一, 以變論萬類, 說義無窮. 智略計謀, 各有形容. 或圓或方, 或陰或陽, 或吉或凶, 事類不同. 故聖人懷此用, 轉圓而求其合. 故與造化者爲始, 動作無不包大道, 以觀神明之域.

상황에 따라 다양한 계모計謀를 활용하는 전원술轉圓術은 마치 둥근 물체를 굴리는 것처럼 무궁무진하다. 무궁한 계모를 가능하게 하려면 반드시 성인의 마음을 지니고 있어야 한다. 계모는 예측이 불가능할 정도로 심오한 지혜의 근원을 탐구하고 심기를 안으로 응축하는 심술心術의 방안이다. 비록 천지만물의 이치가 신묘하기 그지없고 그 변전이 무궁할지라도 '도'라는 하나의 이치에서 벗어나지 않는다. 이런 근본 이치를 꼭 붙들고 있으면 책사의 유세와 논의는 무궁무진해진다.

지략과 계모는 객관적인 상황에 따라 다양하게 변화한다. 때로는 둥근가 하면 모나고, 때로는 은밀한가 하면 겉으로 두드러지고, 때로는 길사吉事를 말하는가 하면 흉사凶事를 언급하기도 하는 식이다. 사안과 정황에 따라 부단히 변화한 결과다. 성인은 마음에 이런 이치를 깊이 간직하고 있는 까닭에 마치 둥근 물체를 굴리듯 늘 가장 적합한 계모를 찾아내 합리적으로 일을 처리한다. 성인과 더불어 일을 하면 움직이고 일을 추진하는 이른바 동작動作이 천지자연의 기본 이치인 대도大道에 부합하지 않는 게 없고, 다른 사람이 보지 못하는 신명한 경지까지 보게 된다.

전원轉圓은 원형의 물체를 굴리는 것을 말한다. 원형의 물체는 한번 구르기 시작하면 관성에 의해 계속 나아간다. '전원술'을 맹수猛獸로 비유한 이유다. 여기서는 맹수가 사냥감을 포식捕食하듯 맹렬한 기세를 떨치며 이익을 얻는 것을 말한다. 조화자造化者는 성인을 지칭한다.

1-6-2

天地無極, 人事無窮. 各以成其類, 見其計謀, 必知其吉凶成敗之所終. 轉圓者, 或轉而吉, 或轉而凶. 聖人以道先知存亡, 乃知轉圓而從方. 圓者, 所以合語. 方者, 所以錯事. 轉化者, 所以觀計謀. 接物者, 所以觀進退之意. 皆見其會, 乃爲要結以接其說也.

천지는 그 끝이 없고 인사의 변화 역시 무궁하다. 세상만물 모두 각기 그 유형에 따라 적용되는 해법이 다르다. 유형별로 계모를 찾아내면 반드시 그 길흉과 성패의 결과를 미리 내다볼 수 있다. 둥근 물체를 굴리듯 '전원술'도 잘 구사하면 좋은 결과를 얻을 수 있으나 잘못 운용하면 오히려 해로울 수 있다. 성인은 '전원술'을 통해 길흉의 흐름을 읽고, 상황에 따라서는 위기상황에서 빠져나오기 위해 원칙대로 행하는 종방술從方術을 구사한다. 무릇 원圓은 무궁한 유세의 계책으로 상대의 속에서 기회를 포착하고, 방方은 안정되고 침착한 자세로 해당 사안을 구체적으로 처리하는 것을 뜻한다. '전원술'과 '종방술' 모두 변화가 무궁한 까닭에 상대의 계모를 헤아리는 데 유용하고, 안정되고 침착한 까닭에 일을 처리할 때 진퇴와 시비를 결정하는 데 유용하다. 사안의 요체를 파악한 뒤 그 관건을 틀어쥐고 상대의 의도를 좇아 유세하는 덕분이다.

'혹전이길或轉而吉, 혹전이흉或轉而凶'은 유세의 어려움을 언급한 것이다. 『회남자』「인간훈」에 이르기를, "혹자는 사람을 칭송하고도 오히려 실패하는가 하면 혹자는 사람을 비방했는데도 오히려 성공을 거둔다"고 했다. 선지존망先知存亡의 '존망'은 길흉의 뜻이다. 종방從方을 도홍경은 길한 쪽을 택하는 것으로 풀이했다. '종방술' 역시 '전원술'의 일종에 해당한다. 전화자轉化者는 '전원술'과 '종방술'을 상황에 따라 섞어 쓰는 것을 말한다. 도홍경은 개화위복改禍爲福으로 풀이했다. 접물자接物者는 정사의 처리를 뜻한다. 요결要結은 관건關鍵과 같다.

제7술 손태법영시 |損兌法靈蓍|

1-7-1

損兌者, 機危之決也. 事有適然, 物有成敗. 機危之動, 不可不察. 故聖人以無爲待有德, 言察辭合於事. 兌者知之也, 損者行之也. 損之說之, 物有不可者, 聖人不爲之辭. 故智者不以言失人之言, 故辭不煩而心不虛, 志不亂而意不邪.

솔직한 모습을 그대로 보이거나 그런 모습을 줄여서 유세하는 이른바 손태술損兌術은 위기상황에서 문제를 해결하는 관건에 해당한다. 어떤 일이든 진행하는 과정에 우연처럼 보이는 작은 일이 빚어진다. 위험한 조짐이 여기서 드러나는 까닭에 자세히 살피지 않을 수 없다. 성인은 일을 처리할 때 천지자연의 변역 이치를 좇아 때가 무르익기를 기다리고, 상대의 언사가 실제의 일과 부합하는지 여부를 살핀다. 상대가 어떤 상황에 처해 있는지 즉각 파악하는 이유다. 솔직한 자세로 유세하는 태술兌術을 구사해 상대의 언사를 자세히 관찰하고, 솔직한 모습을 줄인 손술損術을 구사해 일의 성공을 꾀할 수 있다. 그러나 '손술'과 '태술'을 모두 구사해도 문제를 해결하기 어려울 경우 성인은 함부로 입을 열지 않았다. 지자智者는 자신의 언사로 인해 상대의 언사에서 그 실정을 파악할 수 있는 기회를 놓친 적이 없다. 유세할 때 언사가 번잡하지 않고, 심기가 허망하지 않고, 지기가 산란하지 않고, 의도가 단정한 이유다.

손태법영시損兌法靈蓍의 '손태'를 도홍경은 마음을 다해 관찰하는 심찰心察로 풀이했으나 문맥상 직설적인 자세를 줄이는 것으로 풀이하는 게 낫다. 여기의 태兌는 지름길을 의미한다. '영시'는 시초점蓍草占을 높여 부른 것이다. 기위機危는 위험한 징조를 뜻한다. 사유적연事有適然의 '적연'을 도홍경은 때가 되면 자연히 그리되는 유시이연有時而然으로 풀이했다. '손지세지損之說之'의 세說를 소등복은 태兌와 통하는 것으로 간주해 '손술'과 '태술'을 모두 구사해도 문제를 해결하기 어려운 경우로 풀이했다. 문맥상 이게 타당하다. '손술'은 전원술轉圓術, '태술'은 종방술從方術에 해당한다.

1-7-2

當其難易而後爲之謀, 自然之道以爲實. 圓者不行, 方者不止, 是謂大功. 益之損之, 皆爲之辭. 用分威散勢之權, 以見其兌威其機危, 乃爲之決. 故善損兌者, 譬若決水於千仞之堤, 轉圓石於萬仞之谿. 而能行此者, 形勢不得不然也.

사안의 난이難易를 막론하고 어떤 일을 접했을 때 해당 사안에 부합하는 대책은 반드시 천지자연의 변역 이치에 맞춰 결정하고 시행해야 한다. 상대가 시변을 좇아 전원술轉圓術을 행하려고 하면 이를 못하게 하고, 관행을 좇아 종방술從方術을 행하면 이를 그치지 않도록 조치한다. 이같이 하고도 어찌 '대공'을 세우지 못하겠는가!

더하거나 더는 술책 모두 언사로 가능한 것이다. 분위술分威術과 산세술散勢術의 권모술수를 동원하면 상대가 구사하는 위력과 장차 도래할 위기의 조짐 등을 미리 읽고 그에 따른 대책도 즉각 결단할 수 있다. 손태술損兌術에 능한 자는 비유컨대 1천 길 높이의 제방 위에서 둑을 무너뜨리는 것처럼 일을 쉽게 처리할 수 있다. 이 경우 1만 길 깊이의 계곡에 있는 커다란 돌조차 쉽게 굴릴 수 있다. 유약한 물이 이처럼 할 수 있는 것은 오직 물의 형세가 그리 만든 것일 뿐이다.

'원자불행圓者不行, 방자부지方者不止' 구절을 두고 해석이 분분하다. 도홍경은 상대가 시변을 좇은 전원술을 구사하지 못하도록 하는 것으로 풀이했다. 허부굉은 상대가 천지자연의 기본 이치인 상리常理에 어긋나도록 만드는 것으로 해석했다. '상리'는 곧 변역지리變易之理를 뜻한다. 병법에서 말하는 궤도詭道와 취지를 같이한다. 종횡가의 유세술이 병가의 전술과 같은 맥락에 있음을 뒷받침한다. 천인千仞의 인仞은 길이 단위로 시대마다 기준이 달랐다. 주나라 때는 8척尺, 전한 때는 7척, 후한 말기에는 5척 6촌이었다.

제2편 지추 |持樞|

2-1

持樞, 謂春生, 夏長, 秋收, 冬藏. 天之正也. 不可干而逆之. 逆之者, 雖成必敗. 故人君亦有天樞, 生養成藏, 亦復不可干而逆之. 逆之者, 雖盛必衰. 此天道, 人君之大綱也.

관건을 장악하는 지추持樞를 두고 봄에 만물이 소생하고, 여름에 생장하고, 가을에 거두고, 겨울에 저장하는 것에 비유하곤 한다. 이는 자연운행의 기본 법칙으로 그 어떤 것으로도 이를 저촉하거나 흐름을 거스를 수 없다. 이를 거스르면 설령 일시 성공을 거둘지라도 결국 실패하게 된다. 군주가 나라를 다스리는 것도 이와 같다. 사계절이 만물을 생산生産하고, 양육養育하고, 성장成長시키고, 보장保藏하는 이치인 천도天道를 좇아야 한다. 이는 간여해 거스르거나 할 수 없는 것으로 이를 거스를 경우 일시 흥할지라도 결국 쇠망하게 된다. 이것이 천도이자 군주가 좇아야 할 기본 강령이다.

지추持樞의 추樞를 도홍경은 전동轉動의 주축으로 파악하며 북두칠성을 천추天樞, 지게문의 지도리를 호추戶樞로 부르는 것을 논거로 제시했다. 「지추」의 내용은 대부분 사라졌다. 남아 있는 대목에 비춰 대략 치국의 요체는 천지만물의 변역 이치를 좇아 백성을 다스리는 데 있다는 내용으로 꾸며졌을 것으로 보인다. 불가간이역不可干而逆의 간干은 저촉한다는 뜻의 범犯과 통한다. 천추天樞가 여기서는 천도

天道의 의미로 사용되었다.

제3편 중경 |中經|

3-1

「中經」, 謂振窮趨急, 施之能言厚德之人. 救拘執, 窮者不忘恩也. 能言者, 儔善博惠. 施德者, 依道. 而救拘執者, 養使小人. 蓋士遭世異時危, 或當因免闐坑, 或當伐害能言, 或當破德爲雄, 或當抑拘成罪, 或當戚戚自善, 或當敗敗自立. 故道貴制人, 不貴制於人也. 制人者握權, 制於人者失命. 是以見形爲容象體爲貌, 聞聲和音, 解仇鬪郄, 綴去, 卻語, 攝心, 守義. 「本經」記事者, 紀道數, 其變要在「持樞」「中經」.

「중경」은 궁지에 빠져 있거나 급난急難에 처한 사람을 구하는 책략을 담고 있다. 능언선변能言善辯의 책사와 후덕한 사람만이 이를 행할 수 있다. 곤경에 처해 있다가 구제된 사람은 그 은혜를 잊지 않을 것이다. '능언선변'의 책사는 선한 일을 무수히 행하며 널리 은혜를 베풀 수 있다. 덕을 베푸는 자는 늘 도에 의거한다. 곤경에 처한 사람을 구하는 것은 그들을 기르고자 하는 것이다. 무릇 선비는 난세에 왕왕 불우不遇한 시기로 인해 위기에 처하곤 한다. 혹자는 구렁텅이에 빠지는 화를 면하기도 하고, 혹자는 소인배에 의해 '능언선변'으로 인해 화를 입기도 하고, 혹자는 인의도덕을 버리고 무력을 숭상해 일세의 웅걸이 되기도 하고, 혹자는 죄에 연루되어 죄인이 되기도 하고, 혹자는 명철보신明哲保身하기도 하고, 혹자는 위기상황에서 책략을 써 스스로 우뚝 서기도 한다.

세상을 살아가는 이치는 남을 제어하는 제인制人을 귀하게 여기고,

남에게 제어당하는 제어인制於人을 멀리한다. '제인'은 권력을 장악하는 것을 말한다. '제어인'은 아까운 성명을 잃을 공산이 크다. '제인'을 위한 7가지 술책이 있다. 첫째 견형위용見形爲容과 상체위모象體爲貌, 둘째 문성화음聞聲和音, 셋째 해구투극解仇鬪郄, 넷째 철거綴去, 다섯째 각어卻語, 여섯째 섭심攝心, 일곱째 수의守義가 그것이다. 「본경」에서는 이들 7술의 근본 이치에 관해 언급했다. 시변에 따른 운용의 요체는 「지추」와 「중경」에 실려 있다.

「중경中經」은 「본경本經」에 대칭된 편명이다. 『귀곡자』가 당초 「본경」과 「중경」 등으로 편제되었음을 짐작하게 해준다. 책사의 유세를 돕기 위해 구체적인 책략과 기교 등을 제시해 놓은 게 특징이다. 모두 7가지다. 주선박혜儔善博惠의 주儔는 책사의 무리를 말한다. 도홍경은 능언지사能言之士로 풀이했다. 양사소인養使小人의 '소인'은 일반 서민을 지칭한다. 전갱闐坑은 싸움에 패한 병사들이 구덩이에 묻혀 생매장당하는 것을 말한다. 여기의 전闐은 찰 만滿 내지 메울 전塡과 통한다. 척척자선戚戚自善을 도홍경은 죽음을 무릅쓰고 선행을 하는 수사선도守死善道의 현자로 풀이했다. 명철보신의 뜻에 가깝다. 패패자립敗敗自立의 구체적인 실례로 도홍경은 춘추시대 첫 패업을 이룬 관중管仲을 들었다. 제환공과 대립했다가 죽게 되었을 때 죽마고우인 포숙아鮑叔牙의 도움으로 생환해 재상이 된 뒤 제환공을 도와 춘추시대 첫 패업을 이뤘다. 해구투극解仇鬪郄의 극郄은 틈 극隙과 같은 뜻이다. 여기서는 모순의 뜻으로 사용됐다.

3-2

見形爲容象體爲貌者, 謂爻爲之生也. 可以影響形容象貌而得之也. 有守之人, 目不視非, 耳不聽邪, 言必詩書, 行不淫僻, 以道爲形, 以聽爲容, 貌莊色溫, 不可象貌而得之. 如是, 隱情塞郄而去之.

첫째, 용모술容貌術로 용모를 통해 상대를 파악하는 견형위용見形爲容과 상체위모象體爲貌를 말한다. 『주역』에서 괘효卦爻와 괘상卦象으로 사물의 길흉과 조짐을 읽는 것과 같다. 음효陰爻와 양효陽爻의 위치 및 괘상의 이치를 통해 길흉을 판단하는 것처럼 상대의 행동과 목소리, 태도, 용모 등을 통해 내심의 세계를 추찰하는 것을 말한다. 인의도덕을 엄수하는 자는 눈을 옆으로 굴리지 않고, 옆사람 말을 엿듣지 않고, 말을 할 때면 늘 『시경』과 『서경』의 문구를 인용하고, 행동은 음란하거나 편벽되지 않고, 도덕규범을 좇아 행동에 신중하고, 용모가 장중하면서도 표정은 온화하다. 겉으로 드러난 모습만으로는 그 내심을 알 길이 없다. 이때는 자신의 속마음을 숨기고, 빈틈을 보이지 않도록 주의하고, 그 곁을 떠나는 게 낫다.

견형위용見形爲容과 상체위모象體爲貌를 도홍경은 『주역』에서 말하는 음효陰爻와 양효陽爻의 변화로 풀이했다. 영향影響은 원래 그림자와 메아리를 뜻하나 여기서는 언행을 뜻한다. 행불음벽行不淫僻의 '음벽'은 도에 넘치고 편벽된 것을 말한다.

3-3

聞聲知音者, 謂聲氣不同, 恩愛不接. 故商角不二合, 徵羽不相配. 能爲四聲主者, 其唯宮乎. 故音不和則悲, 是以聲散傷醜害者, 言必逆於耳也. 雖有美行盛譽, 不可比目合翼相須也. 此乃氣不合, 音不調者也.

둘째, 성음술聲音術로 곧 목소리로 상대를 파악하는 문성지음聞聲知音을 말한다. 이는 양측의 의기意氣가 부합하지 않고, 은혜와 우애를 서로 나눌 길이 없을 때 구사한다. 마치 음악에서 상조商調와 각조角調가 서로 합치하지 않고, 치조徵調와 우조羽調가 서로 조화되지 않는 것과 같다. 이들 4가지 성조를 조절할 수 있는 것은 궁조宮調밖에 없다. 성조가 조화를 이루지 못하면 듣는 사람이 큰 고통을 받는다. 사람의 유세도 마찬가지다. 주제가 흩어진 산散, 사람에게 상처를 입히는 상傷, 언사가 아름답지 못한 추醜, 말 속에 화단禍端이 숨겨져 있는 해害 등이 그렇다. 이들 모두 사람의 귀를 거스르는 것이다. 유세내용 등이 아름답지 못하면 아름다운 품행으로 사람들의 칭송을 받을지라도 비목어比目魚 내지 비익조比翼鳥처럼 두 가지 모두 칭송받는 일은 불가능하게 된다. 이들 모두 의기가 합치되지 않고 언사가 조화를 이루지 못한 탓이다.

오음五音은 오행설에 따른 것으로 상商은 금金, 각角은 목木, 치徵는 화火, 우羽는 수水, 궁宮은 토土에 해당한다. 합익合翼은 암컷과 수컷의 눈과 날개가 하나씩이어서 짝을 짓지 아니하면 날지 못한다는 전설적인 비익조比翼鳥를 말한다.

3-4

解仇鬪郄, 謂解羸微之仇. 鬪郄者, 鬪强也. 强郄既鬪, 稱勝者高其功, 盛其勢也. 弱者衰其負, 傷其卑, 汙其名, 恥其宗. 故勝者鬪其功勢, 苟進而不知退. 弱者聞哀其負, 見其傷, 則强大力倍, 死而是也. 郄無强大, 御無强大, 則皆可脅而幷.

셋째, 해투술解鬪術로 곧 해구투극解仇鬪郄을 말한다. 약자를 단결시키고 강자들을 서로 다투게 만드는 것을 의미한다. 여기의 '투극'은 강자들의 쟁투를 뜻한다. 강자들이 서로 다투면 승리한 쪽은 그 공이 크게 떠받들어지고 성세聲勢 또한 드높아진다. 그러나 패자와 약자는 비애 속에서 상심하게 되고, 명성에 먹칠을 하고, 조종祖宗의 명예에 치욕을 안겨주게 된다. 이는 약자를 떨쳐 일어나게 만드는 배경으로 작용한다. 승자는 승리에 도취한 나머지 자신의 공과 세력을 자랑하며 오직 전진만 할 뿐 후퇴할 줄 모른다. 약자와 패자는 자신의 패배를 비통해하며 뼈를 깎는 노력 끝에 실력을 키워 마침내 죽기 살기식으로 반격에 나선다. 이로써 마침내 상황이 역전된다. 상대의 실력이 강해질수록 이쪽 또한 방어력을 극대화한다. 양자 모두 무력으로 상대를 병탄하고자 하는 것이다. '해구투극'의 유세가 필요한 이유다.

해구투극解仇鬪郄의 '해구'는 약자들을 구해낸다는 뜻이고, '투극'은 강자들을 서로 다투게 만든다는 의미이다. 여기의 구仇는 서로 짝할 반伴과 같다. 상기비傷其卑의 비卑는 쇠락衰落의 뜻이다. 오기명汙其名의 오汙는 오汚와 같은 글자이다. 협이병脅而幷은 협박하여 병탄한다는 뜻이다.

3-5

綴去者, 謂綴己之繫言, 使有餘思也. 故接貞信者, 稱其行, 厲其志, 言爲可復, 會之期喜. 以他人庶引驗以結往, 明款款而去之.

넷째, 철거술綴去術이다. 이는 말로 상대방을 자신에게 묶어버리는 것으로 상대가 자신을 떠날지라도 마음속에서 끝내 자신을 잊지 못하도록 만드는 방법이다. 성신誠信한 사람을 만날 때 그의 언행을 칭송하고, 그 의지를 격려하고, 훗날 다시 돌아올 것을 바라며 재회를 약속하는 언사를 구사한다. 또한 유사한 사례를 인용하며 굳은 결속을 다짐하고, 아쉬움으로 인해 발걸음이 떨어지지 않는 모습을 보여준다.

철기지계언綴己之繫言은 유세를 통해 상대의 마음을 옭아맨다는 의미이다. 서인험이결왕庶引驗以結往의 서庶는 '거의'의 뜻을 지닌 부사로 가능성이 매우 높은 경우를 지칭한다. 관관款款은 성신誠信의 뜻이다.

3-6

卻語者, 察伺短也. 故言多必有數短之處, 識其短, 驗之. 動以忌諱, 示以時禁. 其人恐畏, 然後結信, 以安其心, 收語蓋藏而卻之. 無見己之所不能於多方之人.

다섯째, 각어술卻語術이다. 다른 사람의 단점 등을 찾아내는 데 능한 사람이 구사한다. 말이 많으면 반드시 단점이 드러나기 마련이다. 상대의 단점을 발견했을 때는 이를 잘 기억해야 한다. 예컨대 상대가 기휘忌諱를 범했을 때 이를 지적하며 자극하는 식이다. 당시의 금령禁令 위반을 명확히 지적하는 것도 같은 맥락이다. 상대가 두려워할 때를 기다렸다가 진지한 자세로 결속하며 안심시킨다. 화제를 거둬들일 때 '각어술'을 깊숙이 감추고 다시는 사용하지 않는다. '각어술'을 구사할 때는 주의할 점이 있다. 자신이 할 수 없는 것을 식견이 높은 사람 앞에 내보이지 않는 게 그것이다.

각어卻語는 허점이나 결함이 있는 말을 의미한다. 찰사察伺는 관찰의 뜻이다. 시금時禁은 당시에 통용되는 금령禁令을 말하고 수어收語는 화제를 거둬들이는 것을 뜻한다. 다방지인多方之人은 여러 면에서 식견이 높은 사람을 말한다.

3-7

攝心者, 謂逢好學伎術者, 則爲之稱遠. 方驗之道, 驚以奇怪, 人繫其心於己. 效之於人, 驗去, 亂其前, 吾歸誠於己. 遭淫色酒者, 爲之術. 音樂動之, 以爲必死, 生日少之憂. 喜以自所不見之事, 終可以觀漫瀾之命, 使有後會.

여섯째, 섭심술攝心術이다. 이는 상대의 마음을 사고자 할 때 구사한다. 뛰어난 기예와 학술 및 도술을 지닌 자를 만났을 때 그의 재주를 높이 칭송하고 이를 널리 알린다. 자신이 알고 있는 지식과 재주를 토대로 상대가 아는 바를 검토하면서 상대의 특장特長에 대해 찬사를 아끼지 않는다. 이같이 하면 상대의 마음을 자신에게 묶어둘 수 있다. 이후 그의 특장을 다른 사람의 면전에서 거론하며 자신의 칭찬을 증명한다. 상대가 과거에 거둔 성공을 예로 들어 중인들 앞에서 칭송하면 상대는 더욱 자신에게 얽매이게 된다. 주색酒色을 크게 밝히는 자를 만났을 때는 그의 마음을 동요시키는 술책을 구사한다. 주악奏樂으로 동요시킴으로써 스스로 방탕한 생활을 지속할 경우 이내 죽음과 마주쳐 살 날이 얼마 되지 않으리라는 생각이 들도록 만든다. 이어 상대가 모르는 일로 기쁘게 만들어 현생에서 소중하고 찬란한 삶을 살고 있다는 감동을 준다. 그리하면 상대는 크게 깨닫는 바가 있을 것이다.

기술伎術은 기예技藝와 도술道術을 말한다. 칭원稱遠은 널리 그 이름을 전파한다는 뜻이다. 경이기괴驚以奇怪의 '기괴'는 상대방이 지니고 있는 특이한 재능을 지칭한다. 난만지명漫瀾之命은 찬란한 삶의 가치를 의미한다. 후회後會의 회會는 스스로 체득하며 깨닫는 체오體悟를 뜻한다.

3-8

守義者, 謂守以人義, 探其在內以合也. 探心, 深得其主也. 從外制內, 事有繫曲而隨之. 故小人比人, 則左道而用之, 至能敗家奪國. 非賢智, 不能守家以義, 不能守國以道. 聖人所貴道微妙者, 誠以其可以轉危爲安, 救亡使存也.

일곱째, 수의술守義術이다. 인의仁義를 삼가 지키는 술책을 말한다. 상대의 내심을 파악해 거듭 영합하는 게 그것이다. 상대의 내심을 탐사해 진의를 파악한 후 그가 좋아하는 외사外事로 그의 환심을 제어한다. 상대가 외사로 인해 나에게 도움을 청하면 자세한 사정과 곡절을 털어놓게 하면서 적극 따르도록 조종한다.

소인은 이익을 앞세워 사람들과 결속하는 까닭에 인의 대신 삿된 좌도左道로 상대의 내심에 영합한다. 소인의 유세에 넘어간 자의 나라나 가문이 패망의 화를 당하는 것은 바로 이 때문이다. 원래 현자와 지자가 아니면 인의로 가문을 지키거나 치도治道로 나라를 다스리는 일이 불가능하다. 성인이 천지만물의 변역 이치에 입각한 치도治道를 귀하게 여기는 이유다. 성심을 다해 위기를 안정으로 바꾸는 전위위안轉危爲安과 패망하는 나라를 구해내 존속하게 하는 구망사존救亡使存을 행하는 것도 같은 맥락이다.

수의守義의 의義를 도홍경은 마땅할 의宜로 새겼다. 수이인의守以人義의 인의人義는 인의仁義와 같다. 패가탈국敗家奪國의 '탈국'은 망국亡國의 뜻이다. 귀도貴道의 '도'를 도홍경은 「중경」에 나오는 7가지 술책으로 풀이했다. 그러나 종횡가 역시 병가 및 법가와 마찬가지로 도가의 치도를 최상의 치도로 간주한 점에 비춰 무위지치無爲之治의 치도를 언급한 것으로 보는 게 옳다. 문맥상으로 볼지라도 전위위안轉危爲安과 구망사존救亡使存은 '무위지치'에 입각한 성인의 치국평천하 방략으로 보는 게 합리적이다.

|부록편|

|부록 1|

들어가는 글 : 『귀곡자』는 어떤 책인가?

귀곡자는 실존인물인가?

귀곡자는 전국시대 중기 천하를 풍미한 종횡가縱橫家의 시조로 알려진 인물이다. 민국시대의 저명한 사학자 전목錢穆은 『선진제자계년先秦諸子繫年』에서 귀곡자의 활약 시기를 대략 기원전 390년에서 320년 사이인 것으로 추정했다. 송대 이방李昉의 『태평광기太平廣記』와 청대 가경제 때 중수된 『일통지一統志』 등은 귀곡자의 이름을 왕훈王訓, 왕선王禪, 왕후王栩, 왕후王詡 등으로 기록해 놓았다.

전설에 따르면 지금의 하남성 기현淇縣 일대인 초나라의 운몽산雲夢山에 들어가 약초를 캐면서 수도했고, 하남성 영천潁川과 양성陽城 부근인 귀곡鬼谷에 은거한 까닭에 '귀곡선생'으로 불렸다고 한다. 귀곡의 귀鬼는 귀歸와 통한다. 귀곡歸谷으로도 불리는 이유다.

현존 문헌 가운데 귀곡자를 최초로 언급한 것은 『사기』「소진열전」과 「장의열전」이다. 후대의 문헌에 나오는 모든 얘기는 여기서 비롯된 것이다. 주목할 것은 두 열전 모두 귀곡자에 관해 스쳐가듯 언급하고 있는 점이다. 「소진열전」의 해당 대목이다.

"소진蘇秦은 동주東周 낙양 출신으로 동쪽 제나라로 가 스승을 찾아 섬기면서 귀곡선생 밑에서 배웠다."

이게 귀곡자에 관한 언급의 전부이다. 소진은 전국시대 중기에 진秦나라와 대항하는 6국의 합종책合縱策을 이뤄낸 인물이다. 이런 인물의 스승에 관한 기록치고는 너무 황량하다. 「장의열전」도 별반 다를 게 없다.

"장의張儀는 위나라 출신으로 일찍이 소진과 함께 귀곡선생을 섬기며 종횡술을 배웠다."

장의는 6국을 진나라와 결합시키는 연횡책連橫策을 주도한 인물이다. 소진 못지않게 명성을 떨친 인물이다. 사마천은 이런 훌륭한 인물들을 제자로 둔 종횡가의 시조 귀곡자에 대해 마치 바람이 호수 위를 스쳐가듯 한마디 툭 던져놓고는 완전히 입을 다물었다.

원래 『사기』의 '열전'은 사마천이 발품을 팔아가며 자료를 수집한 것으로 유명하다. 소진과 장의가 일세를 풍미한 당대의 종횡가인 점에 비춰 그런 사람의 스승인 귀곡자에 대해서도 나름 관련 자료를 모으기 위해 애썼다고 보아야 한다. 그런데도 『사기』에 나오는 기록은 이게 전부다. 『사기』가 출현하는 전한 초기까지만 해도 귀곡자는 그저 전설상의 인물에 지나지 않았음을 반증한다.

후대에 그가 과연 실존인물인지 여부를 둘러싸고 커다란 논란이 빚어진 것도 이와 무관치 않다. 이는 시간이 갈수록 그가 신비화된 데 따른 것이었다. 소진과 장의보다 약간 앞서 활약했던 전국시대 초기의 병법가 손빈孫臏과 방연龐涓도 그의 제자였다는 전설이 나온 게 대표적인 실례다. 사마천은 「손자오기열전」에서 손빈이 위魏나라의 아阿

와 견鄄 땅 사이에서 태어나 훗날 방연과 함께 병법을 공부했다고 기록해 놓았다. 귀곡자 밑에서 공부했다는 얘기는 없다. 그런데도 북송의 사마광은 『자치통감』에 이같이 기록해 놓았다.

"제나라의 손빈은 위나라의 방연과 함께 귀곡자 밑에서 병법을 배운 적이 있다."

후대로 내려오면서 귀곡자에 관한 전설이 더욱 부풀려졌음을 방증한다. 명나라 때 나온 연의체 소설 『손방연의孫龐演義』는 손빈과 방연이 귀곡자 밑에서 공부했다는 전설을 토대로 한 것이다. 21세기라고 크게 달라진 게 없다. 현재 『귀곡자』 관련 서적을 펴낸 사람들 모두 하나같이 귀곡자를 실존인물로 보고 있다.

대표적인 인물로 중국 남통대南通大 교수 허부굉許富宏을 들 수 있다. 그는 『귀곡자』로 박사학위를 받은 후 지난 2008년 상해고적출판사에서 『귀곡자연구』를 펴냈다. 얼마 후 다시 내용을 보완해 펴낸 것이 2010년 중화서국에서 나온 『귀곡자집교집주鬼谷子集校集注』이다. 중국의 역대 주석은 물론 일본과 대만의 주석본까지 총망라해 높은 평가를 받고 있다. 그는 2012년 초 다시 일반인을 위한 대중용 『귀곡자』를 중화서국에서 펴냈다.

허부굉이 귀곡자를 실존인물로 간주한 논거는 간단하다. 「소진열전」과 「장의열전」에 나오는 소략하기 짝이 없는 기록을 전한 말기 양웅揚雄의 『법언法言』과 후한 초기 왕충王充의 『논형論衡』 등이 그대로 인용했고, 많은 학자들이 이를 사실로 받아들였다는 것이다. 다른 학자들도 유사한 입장이다. 국내에서 나온 『귀곡자』 해설서들도 마찬가지다.

그러나 『사기』에서 스치듯 언급해 놓은 "소진과 장의가 귀곡선생에게서 배웠다"는 단 한 구절을 토대로 귀곡자를 실존인물로 간주하는 것은 적잖은 문제가 있다. 사마천은 손무를 실존인물로 간주해 「손자오기열전」을 편제했으나 손무는 가공의 인물에 지나지 않는다. 춘추시대와 관련해 가장 믿을 만한 사서인 『춘추좌전』에는 오자서의 이름만 나올 뿐 손무의 이름은 단 한 글자도 나오지 않는다. 가공의 인물로 봐야 하는 이유다. 사마천이 '열전'의 대상으로 삼지도 않은 귀곡자의 경우는 더 말할 것도 없다. 당나라 때의 유종원柳宗元을 비롯해 후대의 많은 학자들이 귀곡자를 가공인물로 간주한 것은 나름 일리가 있다. 손무와 귀곡자를 가공의 인물로 볼지라도 『손자병법』과 『귀곡자』의 가치가 떨어지는 것은 아니다.

삼국시대 당시 조조는 82편에 달하는 기존의 난삽한 『손자병법』을 원래의 모습에 가깝게 13편으로 대폭 손질하면서 세밀한 주석을 가해 놓았다. 그게 현존 『손자병법』인 『손자약해孫子略解』이다. 『손자병법』은 조조의 대대적인 손질 덕분에 21세기 현재까지 불후의 명저로 남을 수 있었다. '손무'가 실존인물인지 여부는 작은 문제에 지나지 않는다.

객관적으로 볼 때 귀곡자를 실존인물로 간주하는 것은 적잖은 문제가 있다. 사서에는 병가의 사실상의 시조에 해당하는 손빈이 종횡가의 시조격인 장의 및 소진과 함께 공부했다는 얘기가 전혀 나오지 않고 있다. 오직 『동주열국지』와 『손방연의』 등에만 손빈과 방연을 포함해 장의와 소진 모두 귀곡자 밑에서 공부했다는 밑도 끝도 없는 얘기가 실려 있을 뿐이다. 후대인이 만들어낸 가공의 인물임을 뒷받침하는 대목이다.

중국의 역사를 보면 귀곡자처럼 각 분야의 저명한 인물이 여러 시대에 걸쳐 복수적으로 존재했음을 쉽게 알 수 있다. 대표적인 인물로 의성醫聖으로 일컬어지는 편작扁鵲을 들 수 있다. 『사기』「편작창공열전」은 기원전 7세기에서 기원전 3세기까지 민간에 유행한 편작의 일화를 여러 편 수록해 놓았다. 이는 무당의 마술魔術에서 경험을 중시하는 의醫가 분리되는 과정에 등장한 여러 일화가 '편작'이라는 이름으로 집대성된 결과로 볼 수 있다.

말을 감정하는 데 뛰어난 전설적인 상마가相馬家 백락伯樂도 유사한 경우다. 백락은 원래 춘추시대 중기인 진목공 때 활약한 것으로 나온다. 『사기』「굴원가생열전」에는 굴원이 멱라수에 투신하기 전에 스쳐가듯 언급해 놓았으나 『회남자』「도응훈」과 『열자』「설부」 등에는 그에 관한 일화가 나온다. 그러나 『한비자』에는 춘추시대 말기 중원 진晉나라의 권신 조간자趙簡子의 어자御者로 등장한다.

춘추시대 중기 진목공 때 활약한 원래의 백락은 이름이 손양孫陽이다. 춘추시대 말기 조간자의 수레를 몰던 『한비자』의 '백락'은 원래 이름이 왕량王良이다. 삼국시대 위나라의 두예는 『춘추좌전』「노애공 2년」조를 주석하면서 왕량을 '백락'이라고 했다. 손양과 왕량 모두 '백락'으로 불린 셈이다. 원래 말을 잘 모는 사람은 말을 감정하는 데도 뛰어나다. 그 반대의 경우도 마찬가지다. 후대인들이 손량과 왕량을 모두 '백락'으로 부른 것을 이상하게 생각할 이유가 없다.

서주西周시대의 전설적인 말몰이꾼인 조보造父도 예외가 아니다. 그는 원래 전설적인 여신 서왕모西王母 로맨스로 유명한 주목왕周穆王의 말을 몰던 인물이다. 전국시대 조나라를 세운 조씨의 조상으로 조보趙父라고도 한다. 『전국책』「진책」에는 조보와 왕량의 제자가 서로 만나 대화하는 내용이 나온다.

"왕량의 제자가 말을 몰며 1천 리를 갈 수 있다고 장담하다가 조보의 제자와 만나게 되었다. 조보의 제자가 '이 말은 1천 리를 갈 수 없다'고 하자 왕량의 제자가 묻기를, '이 말은 틀림없는 천리마이다. 수레를 비롯한 모든 물건도 천리마용으로 준비된 것이다. 그런데도 1천 리를 가지 못한다고 하니 그게 무슨 말인가?'라고 했다. 조보의 제자가 대답하기를, '그 말고삐가 길기 때문이다'라고 했다."

'조보'가 손양과 더불어 '백락'으로 불린 왕량 못지않게 뛰어난 말몰이꾼의 대명사로 일컬어져 왔음을 시사한다. 『한비자』「우저설 우하」에는 조보가 전국시대 중기의 인물로 나온다. 해당 대목이다.

"일설에 따르면 조보는 제나라 왕을 위해 수레를 몰게 되자 말에게 물을 마시지 못하도록 훈련을 시켰다. 한번은 원림 안에서 시험 삼아 수레를 끌게 했다. 목이 말랐던 말이 원림 안의 연못을 보자 곧 수레를 팽개치고 연못으로 달려가는 바람에 수레가 망가지고 말았다."

일각에서는 주목왕의 말을 몰던 조보와는 다른 별개의 조보가 춘추시대 말기에 존재했을 것으로 보고 있다. 일리 있는 추론이다. 그러나 그보다는 '조보' 역시 백락과 마찬가지로 말을 잘 모는 사람의 대명사로 사용된 것으로 보는 게 나을 것이다.

귀곡자도 같은 경우다. 남북조시대 동진 때에도 귀곡자라는 인물이 등장한다. 편작과 조보, 백락 등의 경우와 하등 다를 게 없다. '귀곡자'라는 명칭이 전국시대 이래 오랫동안 종횡술 및 병법 등에 관해 비술을 지닌 사람의 의미로 사용됐음을 시사한다. 고유명사가 아니라 뛰어난 인물에 대한 대명사에 가까웠다고 보는 게 합리적이다.

『귀곡자』는 위서인가?

귀곡자를 가공의 인물로 간주하는 사람들은 대부분 『귀곡자』도 후대인의 위서僞書로 간주한다. 내용도 천박할 뿐만 아니라 문장 자체도 전국시대의 것이 아니라는 지적이 그렇다. 대표적인 인물이 당나라 때의 문인 유종원劉宗元이다. 그는 「귀곡자변鬼谷子辨」에서 이같이 비판했다.

"『귀곡자』의 내용이 매우 험하고 기괴한 데다 도리 또한 매우 좁아터져 장차 망령된 말로 세상을 어지럽힐까 두려울 뿐이다. 그 내용을 믿기 어려우니 학자들은 의당 이를 좇아서는 안 될 것이다."

사실 유종원의 지적처럼 잡편에 있는 「본경음부칠술」은 미신적인 오행설이 섞여 있어 점복서의 성격을 띠고 있는 데다 문체 자체도 잡스럽다. 후대의 음양가가 삽입해 놓았을 공산이 크다. 많은 사람들이 내편과 외편 등을 구분해 보는 이유다.

그러나 이는 『귀곡자』가 많은 사람들의 손에 의해 만들어졌음을 암시하는 것이기도 하다. 일각에서는 소진이 『귀곡자』를 만든 뒤 자신의 스승인 귀곡자에게 가탁假託했다고 주장하고 있으나 믿을 바가 못된다. 『전국책』 「진책」에 나오는 다음 대목이 이를 뒷받침한다.

"소진은 처음으로 연횡連橫을 꾀하려고 진혜문왕에게 서신을 10통이나 올렸으나 채택되지 않았다. 입고 있던 담비 갖옷은 온통 해지고 1백 근의 황금도 모두 비용으로 없어졌다. 생활비를 댈 길이 없어 진나라를 떠나 고향인 낙양으로 돌아갔다. 각반을 치고 짚신을 신은 채 등에 책 꾸러미를 이고 어깨에 짐을 멘 모습이 수척하기 그지없었다.

얼굴은 까맣게 그을려 부끄러운 기색이 완연했다. 집에 돌아왔으나 아내는 베틀작업을 계속한 채 거들떠보지도 않고, 형수는 밥 지을 준비도 하지 않고, 부모 역시 말조차 건네려 하지 않았다. 소진이 크게 한숨을 쉬며 탄식하기를, '아내는 나를 남편으로 생각지도 않고, 형수는 시동생으로 생각지도 않고, 부모님은 자식으로 생각지도 않는구나. 이 모든 것이 진나라 때문이 아닌가?'라고 했다. 이에 이날 저녁 책을 찾기 위해 10개의 책 상자를 모두 뒤적인 끝에 마침내 태공망 여상呂尙이 지은 병서 『음부陰符』를 찾아냈다. 머리를 싸매고 이 책을 숙지할 때까지 끊임없이 읽고는 마침내 췌마술揣摩術의 이치를 깨우쳤다. 잠이 오면 송곳으로 넓적다리를 찔러 피가 발까지 흘러내릴 정도로 책을 열심히 읽었다. 이때 그는 자신에게 다짐하기를, '제후들을 설득해 금옥금수金玉錦繡를 내놓게 하지도 못하면서 어찌 경상卿相의 높은 자리를 얻어낼 수 있단 말인가?'라고 했다. 1년 뒤 췌마술의 오묘한 이치를 터득하자 큰소리로 외치기를, '이야말로 참으로 당세의 군왕을 설득시킬 만한 것이다!'라고 했다. 이내 조나라 왕을 찾아가 손바닥을 쳐가며 통쾌하게 그를 설득했다. 조나라 왕이 크게 기뻐하며 곧 그에게 무안武安 땅을 봉지로 내리면서 무안군武安君에 봉하고 상국의 인수印綬까지 건네주었다. 이에 소진은 외출할 때 병거 1백 승乘과 금수錦繡 1천 돈純, 백벽白璧 1백 쌍, 황금 1만 일鎰을 손에 넣은 고귀한 신분이 되었다. 소진은 제후들 사이를 오가며 마침내 합종合從을 성사시켜 연횡을 깨뜨림으로써 강국인 진나라를 고립시켰다. 소진이 조나라의 상국이 된 후로는 진나라에서 조나라로 가는 함곡관函谷關의 통행이 뚝 그치게 되었다."

소진과 장의가 귀곡자 밑에서 함께 공부했는지 여부는 확인할 길이 없으나 「진책」에 따르면 소진은 홀로 『음부』로 명명된 어떤 종횡가의 글을 읽으며 췌마술을 독학했을 공산이 크다. 췌마술은 남의 속마음을 헤아려 짐작하는 술책을 말한다. 『귀곡자』의 「체정揣情」과 「마의摩意」편이 바로 이를 집중 분석해 놓은 것이다. 태공망 여상은 주나라의 건국공신이다. 그는 『육도六韜』와 『음부』 등 많은 병서를 남긴 것으로 알려졌다. 후대의 병가가 그의 이름을 가탁한 것으로 보는 게 옳다. 『육도』는 현존하고 있으나 『음부』는 전해지지 않는다. 다만 『귀곡자』에 후대인이 끼워 넣은 것이 확실한 「본경음부칠술」이 실려 있다. 이것이 소진이 본 『음부』의 잔본殘本인지 여부는 알 길이 없다.

『한서』 「예문지」의 '종횡가류'에 소진의 저서로 알려진 『소자蘇子』 31편이 기록돼 있다. 소진과 그의 동생인 소대蘇代 및 소려蘇厲의 유세 일화를 포함해 여러 종횡가의 일화를 수록한 『소자』는 종횡가 관련 문헌 가운데 매우 두꺼운 편에 속했다. 그러나 남북조시대의 혼란기에 실전되고 말았다. 지난 1973년 호남성 장사長沙의 마왕퇴馬王堆 3호 묘에서 현존 『전국책』과 유사한 내용을 담은 백서帛書가 출토됐다. 이른바 『백서전국책帛書戰國策』이다. 이는 아무런 표제도 없이 소진과 장의 등 종횡가의 행적이 시대별로 편제되어 있어 『전국종횡가서戰國縱橫家書』로 불리기도 한다. 모두 27편 325행으로 글자 수는 17,000여 자이다. 일부 학자는 『전국종횡가서』 내용 중 일부가 『소자』의 일부분일 것으로 추정하고 있으나 무슨 뚜렷한 논거가 있는 것은 아니다.

현재 『전국종횡가서』 가운데 11편은 소진이 연나라와 제나라 및 조나라 왕에게 올린 상서로 꾸며져 있다. 현존 『전국책』이나 『사기』에 나오지 않는 것이다. 이 밖에 2개 편의 일부 내용은 현존 『전국책』과 같다. 이들 13편은 소진의 사적을 이해하는 데 결정적인 역할을 하고 있다. 전국시대의 역사적 사실을 연구하는 데 없어서는 안 될 매우 귀중한 사료에 속한다.

일부 학자는 『전국종횡가서』의 내용을 『사기』의 해당 대목과 정밀하게 비교 검토한 뒤 『사기』의 많은 기록은 과장되고 일부는 허구로 꾸며졌을 뿐만 아니라 모순이 너무 많다고 지적했다. 믿을 만한 내용은 열에 한둘에 불과하다는 평까지 내놓았다. 원래 『사기』의 분량은 사마천이 「태사공자서」에서 밝혔듯이 130편, 합계 526,500이다. 그러나 현존 『사기』는 555,600자이다. 3만 자가 늘어난 것이다. 후대인들이 보완한 것임을 알 수 있다. 청대 말기 강유위는 『신학위경고新學僞經考』에서 이같이 말한 바 있다.

"『사기』는 전한 말기 유흠劉歆이 대거 손질하면서 크게 훼손됐고 장과 구절이 찢어발겨졌다. 더구나 후대인들이 함부로 글을 끼워 넣어 원형을 알기 어렵게 됐다."

『사기』「위세가」는 장의가 연소왕 3년(기원전 309)에 병사했다고 기록해 놓았다. 이는 소진이 장의보다 먼저 죽었다는 것을 전제로 한 것이다. 『자치통감』도 이를 좇아 기원전 317년에 죽은 것으로 기록해 놓았다. 그렇다면 소진은 정확히 언제 죽은 것일까? 이에 대한 논란이 많다.

『전국종횡가서』에는 장의가 소진보다 대략 반세기 가량 앞선 인물로 기록돼 있다. 기록을 토대로 연대를 추정한 결과 장의는 기원전 309년에 병사하고, 소진은 기원전 284년에 연나라를 위해 첩자 노릇을 한 사실이 폭로되어 거열형에 처해졌다는 사실이 드러났다. 이는 소진이 장의에 앞서 명성을 떨친 것으로 묘사한 『사기』의 기록을 완전히 뒤집는 것이다. 『사기』「연소공세가」와 「소진열전」은 연왕 쾌噲

의 치세 때 소진이 죽은 것으로 기록해 놓았다. 『자치통감』도 이를 좇았다.

『전국책』에는 소진이 죽기 직전까지 활약한 일화가 나온다. 『전국종횡가서』가 발굴되기 이전에 『전국책』은 이미 장의가 소진보다 먼저 죽었다는 사실을 전하는 일화를 실어놓은 셈이다. 소진이 말년에 연나라의 첩자로 활약한 것만은 확실하다. 사망 시점과 관련해 『사기』와 『자치통감』을 좇아 '317년설'을 취할 경우 장의에 앞서 연왕 쾌 때 죽은 셈이 되고, 『전국종횡가서』를 좇아 '284년설'을 취하면 장의가 병사한 뒤인 연소왕 때 죽은 셈이 된다. 중국 학계에서는 『전국종횡가서』를 좇은 설이 주류를 이루고 있다.

기원전 286년 소진이 제민왕齊閔王에게 송나라 토벌을 권한 대목이 나온다. 이를 계기로 제나라의 국력이 점차 쇠락하기 시작했다. 기원전 284년 소진이 거열형에 처해지기 직전 조혜문왕趙惠文王에게 올린 서신이 『전국책』「조책」에 실려 있다. 이해에 연나라 장수 악의樂毅가 연燕, 조趙, 위魏, 진秦, 한韓 등 5국 군사를 이끌고 제나라로 진공했다. 소진은 연나라를 위해 간첩 역할을 한 사실이 드러나 이내 거열형에 처해졌다. 소진이 막후 인물이었다. 이런 사실이 『전국종횡가서』가 출토되기 전에는 제대로 알려지지 않았다. 당시 그의 나이는 50여 세로 추정되고 있다. 소진의 간첩 행위를 뒤늦게 알고 거열형에 처한 제민왕 또한 구원 차 달려온 초나라 장수 요치淖齒에게 배신을 당해 비참한 최후를 맞고 말았다. 이후 제나라는 전단田單의 분전에 힘입어 간신히 패망을 면할 수 있었다. 이 모든 것이 소진의 활동으로 인한 것이었다.

이를 토대로 보면 장의와 소진이 함께 귀곡자 밑에서 공부했다는 현존 『전국책』과 『사기』의 기록은 신빙성이 없다. 항간에 떠도는 얘기까지 마구 그러모은 결과로 볼 수 있다. 실제로 『전국책』에는 『사기』 등에 나오는 소진의 동생 소대와 소려의 일화까지 소진의 일화로 나오고 있는 게 제법 많다.

『전국종횡가서』에 따르면 소진의 합종책과 장의의 연횡책은 『사기』의 기록처럼 같은 시기에 구사된 외교전략이 아니라는 얘기가 된다. 그렇다면 누가 장의의 적수였을까? 주인공은 바로 공손연公孫衍이다. 원래 공손연은 전국시대 때 소진과 장의 못지않게 종횡가로 명성을 떨친 인물이다. 『맹자』 「등문공 하」에 나오는 일화가 이를 뒷받침한다. 이에 따르면 하루는 종횡가 경춘景春이 맹자에게 이같이 말했다.

"공손연과 장의가 어찌 대장부大丈夫가 아니겠습니까? 한번 화를 내자 천하의 제후들이 두려워하고 평안히 지내자 천하가 잠잠해졌습니다!"

맹자가 반박했다.

"공손연과 장의를 어찌 대장부로 부를 수 있겠는가? 천하의 넓은 집에 거처하고, 천하의 바른 자리를 세우고, 천하의 대도를 행해야 한다. 뜻을 얻으면 백성들과 함께 도를 행하고, 그렇지 못했을 때는 홀로 도를 행한다. 부귀해져도 마음을 방탕하게 하지 않고, 빈천한 상황에도 의지가 변치 않고, 위엄에도 굴하지 않아야 한다. 이런 사람이 진정한 대장부이다!"

장의를 소진과 묶어 기술한 『사기』와 『전국책』의 기록과 배치된다. 『전국종횡가서』의 기록에 비춰 공손연을 장의의 적수로 기록한 「등문공 하」의 기록이 역사적 사실에 가깝다. 장의는 기원전 329년에 진나라로 와 진혜문왕에게 뛰어난 언변으로 진나라의 향후 진로를 유세한 덕분에 객경客卿에 임명됐다. 이때 공손연은 진나라의 대량조大良造로 있었다. 진혜문왕이 장의를 재상으로 발탁하면서 공손연의 역할을 대신토록 하자 공손연은 진나라를 떠나 위나라로 갔다. 그러나 이후 또 한 번의 반전이 일어난다.

기원전 309년, 진혜문왕의 뒤를 이은 진무왕秦武王이 승상丞相제도를 사상 처음으로 도입했다. 승상을 포함해 태재太宰와 영윤令尹, 상국相國 등의 명칭은 대개 신하들의 우두머리 직책을 뜻하는 말로 사용됐다. 문관과 무관의 체계가 분화하기 시작한 것은 전국시대 초기 각국이 군주 아래 상相과 장將을 따로 둔 데 따른 것이었다. 이런 분화가 가장 먼저 일어난 나라는 초나라였다. 초나라는 이미 춘추시대에 후대의 승상에 해당하는 자리를 영윤으로 부르면서 영윤 밑에 최고의 무관직인 상주국上柱國을 설치한 바 있다. 진나라가 진무왕 때 승상제도를 둔 것은 6국에서 사용하는 '상국'의 호칭을 꺼린 결과다.

진무왕은 태자로 있을 때부터 장의를 탐탁지 않게 여겼다. 진무왕이 즉위하자마자 장의가 위나라로 망명한 이유다. 『사기』「초세가」는 이때 진무왕이 진혜문왕의 이복동생이자 자신의 숙부뻘인 저리질樗里疾과 공손연을 발탁한 것으로 기록해 놓았다. 그러나 「저리자감무열전」에는 진무왕이 저리질을 우승상, 대부 공손석公孫奭을 좌승상으로 삼았다고 기록해 놓았다. 공손연과 공손석은 같은 사람이다. 『전국책』「진책」도 공손석이 바로 위나라 상국으로 있다가 재차 진나라로 들어간 공손연이라고 기록해 놓았다. 그러나 사마광은 『자치통감』을 쓰면서 공손석과 공손연을 다른 사람으로 간주했다. 해당 기록이다.

"장의가 위나라 재상이 된 지 1년 만에 죽었다. 당시 장의와 소진이 모두 종횡술로 제후들에게 유세하여 부귀를 얻자 천하의 모든 사람들이 이를 흠모하여 이들을 다투어 본받고자 했다. 위나라 출신 공손연은 호를 서수犀首라고 했는데 그 역시 유세로 명성을 떨쳤다. 그 나머지로는 소진과 소대蘇代 및 소려蘇厲 등의 소씨 형제를 비롯해 주최周最와 누완樓緩 등을 들 수 있다. 이들은 천하를 주유하며 그럴듯한 거짓말로 우위를 다퉜다. 이들 가운데 장의와 소진, 공손연이 가장 유명했다."

'서수'는 신하들의 우두머리라는 뜻을 내포하고 있는 위나라 관직명이다. 종횡가인 공손연이 '서수'의 직책을 맡은 데서 그의 이름처럼 사용됐다. '주최'는 제나라에서 벼슬한 종횡가이고, '누완'은 진소양왕 때 승상을 지내기도 했다. 「저리자감무열전」에는 감무甘茂가 우승상 저리질과 함께 좌승상을 맡게 되었다고 기록해 놓았으나 『자치통감』에 따르면 저리질이 먼저 우승상으로 임명된 뒤 공손석이 비로소 좌승상에 임명됐다. 우승상 저리질과 함께 좌승상으로 임명된 감무가 한나라 공벌 때 대장으로 임명되자 공손석이 감무의 뒤를 이어 좌승상이 된 것으로 짐작된다. 「저리자감무열전」과 『자치통감』의 기록을 좇을 경우 진나라 좌승상 공손석과 위나라 출신 종횡가 공손연은 별개의 인물이 된다. 그러나 「초세가」와 『전국책』을 좇으면 위나라 재상으로 활약하던 공손연은 장의 사후 진나라로 들어가 좌승상에 임명된 셈이 된다.

이런 사실 등을 종합해 볼 때 『전국책종횡가서』의 기록을 좇아 장의는 기원전 309년에 병사했고, 소진은 기원전 284년에 간첩혐의를 받고 제나라에서 살해된 것으로 보는 게 타당할 듯하다. 『자치통감』이 소진의 사망 시기를 기원전 317년으로 잡은 것은 『전국책종횡가서』를 접하지 못한 까닭에 불가피한 면이 있다. 그럼에도 『자치통감』의 내용은 대부분 역사적 사실에 가깝다. 『자치통감』은 장의와 소진이 죽었을 당시의 상황을 이같이 기록해 놓았다.

"당시 천하의 많은 선비들은 소진과 장의가 종횡술을 이용해 부귀를 얻자 이를 흠모하여 다투어 종횡술을 익혔다."

종횡가가 소진과 장의가 활약하는 전국시대 중기 전성기를 누렸음을 방증한다. 소진과 장의가 귀곡자 밑에서 함께 공부했다는 전설이 만들어진 것도 이런 사실과 무관치 않을 것이다. 소진과 장의보다 약간 앞선 시기에 활약한 손빈과 방연이 귀곡자 밑에서 함께 공부했다는 전설도 이때 만들어진 것으로 보인다. 그러나 『사기』「손자오기열전」에는 손빈과 방연이 함께 병법을 배웠다는 내용만 있을 뿐 귀곡자 밑에서 공부했다는 얘기는 없다. 소진과 장의가 귀곡자 밑에서 함께 공부했다는 전설이 만들어지면서 뒤이어 손빈과 방연도 귀곡자 밑에서 함께 공부했다는 식으로 살이 덧붙여졌을 공산이 크다.

손빈이 귀곡자 밑에서 동문수학한 방연의 속임수에 넘어가 정강이 뼈를 발라내는 형벌인 빈형臏刑을 받고 '손빈'이라는 이름을 갖게 됐다는 일화도 이와 같은 맥락에서 이해할 수 있다. 스토리를 보다 극적으로 꾸미기 위해 항간에 나도는 온갖 일화를 마구 덧붙인 결과로 보인다. 그럼에도 후대인들은 이를 사실로 간주했다. 북송대의 사마광도 예외가 아니었다. 그는 『자치통감』을 편제하면서 이같이 기록해 놓았다.

"손빈과 함께 귀곡자 밑에서 동문수학한 방연은 먼저 위나라로 가 장군이 되었으나 스스로 손빈을 따라 갈 수 없다고 생각했다. 이에 손빈을 제거할 심산으로 위나라로 초청했다. 손빈이 오자 곧 법으로 얽어매어 그의 두 발을 자르고 경형黥刑에 처한 뒤 종신토록 폐기하고자 했다. 이때 마침 제나라의 사자가 위나라에 도착했다. 손빈이 은밀히 제나라 사신을 만나 그를 설득했다. 이에 제나라 사자가 몰래 수레에 싣고 제나라로 갔다. 손빈이 제나라에 도착하자 대부 전기田忌가 곧 그를 상객으로 후대하면서 제위왕에게 천거했다. 제위왕이 손빈에게 병법에 대해 물어보고는 곧바로 장수로 삼았다. 얼마 후 조나라가 구원을 청하자 손빈을 대장으로 삼고자 했다. 손빈이 형을 받은 것을 이유로 사양하자 전기를 장수로 삼고 손빈을 군사로 삼았다. 손빈은 덮개가 있는 수레인 치거輜車 속에 앉아 계책을 내며 위나라 군사를 대파했다."

당시의 상황을 나름 간략히 요약해 놓기는 했으나 방연이 손빈을 제거하기 위해 취한 과정이 쉽게 납득되지 않는다. 크게 3가지 이유다. 첫째, 방연은 왜 그토록 철두철미하게 악질이고 손빈은 왜 그토록 순진한 것일까? 후대인의 위작 가능성을 시사한다. 둘째, 온갖 궤계로 이뤄진 병법을 터득한 손빈은 왜 방연의 속셈을 전혀 눈치채지 못한 것일까? 손빈이 위나라로 가 출세할 요량으로 선뜻 초청을 승낙한 것 자체가 상식과 동떨어져 있다. 서로 다른 나라로 가서 각기 출세할 생각을 갖는 게 상식에 부합한다. 셋째, 손빈을 제거하고자 한 방연은 왜 손빈을 제거하지 않고 살려둔 것일까? 부록에 그 진실을 밝혀놓았지만 진시황의 신임을 받은 이사가 순자 밑에서 동문수학한 한비자를 옥사하게 만든 일화와 너무 대비된다.

궤계를 구사하는 차원에서 보면 병가는 법가보다 한 수 위다. 방연이 손빈을 제거하기로 했다면 얼마든지 구실을 만들어 저세상으로 보낼 수 있었다. 그런데도 구차하게 '빈형'을 가해 불구로 만든 뒤 이를 감시하는 선에서 그쳤다. 방연은 당대 최고의 병법가인 손빈의 보복을 전혀 두려워하지 않은 것일까? 병법의 기본 이론에도 부합치 않는 행보다. 후대인이 제나라와 위나라의 격돌을 극적으로 묘사하기 위해 꾸며낸 것일 가능성이 높다. 구전되는 와중에 자연스레 부풀려졌을 것이다. 방연과 손빈은 독자적으로 병법을 연마한 후 각기 위나라와 제나라에서 군사軍師로 일하다가 충돌하게 됐다고 보는 게 역사적 사실에 가깝다. 손빈은 결코 '빈형'을 당한 적이 없다는 얘기다.

이같이 볼 경우 극적인 재미는 떨어질지 모르나 두 사람이 격돌한 마릉馬陵전투는 그것 자체로 흥미진진하다. 이 전투는 전술 면에서 볼 때 전국시대 말기에 '전국사군자戰國四君子'인 위나라 신릉군이 병부兵符를 훔쳐 조나라를 구한 절부구조竊符救趙 일화와 궤를 같이한다. 삼국시대 당시 조조가 원소에게 승리를 거둔 백마白馬전투도 마찬가지다. 이들 전투 모두 『삼십육계』에 나오듯이 동쪽에서 소리친 후 서쪽을 치는 성동격서聲東擊西 계책에 해당한다. 『귀곡자』에 나오는 여러 유형의 종횡술 취지와 부합한다.

현존 『귀곡자』가 「내편」에서 『음부』를 연상시키는 췌마술을 깊이 다루면서 동시에 잡편에 「본경음부칠술」이 편제돼 있는 점에 주목할 필요가 있다. 이는 소진이 전설적인 병서 『음부』를 밤낮으로 연구한 뒤 췌마술의 묘리를 찾아냈다는 『전국책』 「진책」의 기록을 뒷받침한다. 소진이 홀로 췌마술을 연마했다면 장의 또한 유사한 행보를 보였을 공산이 크다. 손빈과 방연의 경우도 마찬가지다. 소진과 장의, 손빈과 방연이 엇갈린 삶을 산 것은 역사적 사실이다. 내용 또한 여러모로 극적이다. 후대인들이 이를 흥미진진해한 나머지 전설적인 인물인 귀곡자와 연결시켜 그럴듯한 스토리텔링을 만들어냈을 공산이 크다.

이는 이들이 활약하는 전국시대 중기 이전에 이미 『귀곡자』와 유사한 종횡가의 기본 텍스트가 존재했음을 반증한다. 소진과 장의를 포함해 손빈과 방연 등이 과연 귀곡자 밑에서 종횡술과 병법을 배웠는지 여부에 얽매이지 말자는 얘기다. 귀곡자를 가공의 인물로 간주할지라도 『귀곡자』를 후대인이 멋대로 지어낸 위서로 단정할 이유가 없다. 손무를 가공의 인물로 간주할지라도 『손자병법』까지 후대인의 위서로 낙인찍지 않는 것과 같다.

『귀곡자』와 『손자병법』은 여러 뛰어난 종횡가 및 병법가가 텍스트의 원형을 만들고 뒤이어 계속 첨삭添削이 이뤄지면서 지금과 같은 정본定本이 만들어졌을 공산이 크다. 후대의 어떤 인물이 불쑥 뛰쳐나와 『귀곡자』와 『손자병법』을 만들어낸 뒤 전설적 인물인 귀곡자 및 손무에 가탁했을 가능성이 희박하다는 얘기다. 노자를 두고 실존인물인지 여부가 21세기 현재까지 계속 논란거리로 남아 있는 것과 상관없이 『도덕경』을 제자백가의 문헌 가운데 최고의 고전으로 칭송받는 것과 같은 맥락이다. 중요한 것은 노자와 귀곡자 및 손무 등과 같이 뛰어난 인물이 연이어 출현해 『도덕경』과 『귀곡자』 및 『손자병법』이라는 텍스트를 만들어낸 데 있다. 인류의 큰 자산이다.

『귀곡자』는 병서인가?

역대 사서 가운데 『귀곡자』를 최초로 언급해 놓은 것은 『수서』「경적지經籍志」이다. 종횡가 항목에 분류했다. 『구당서』「경적지」, 『신당서』「예문지藝文志」, 『송사』「예문지」, 조공무晁公武의 『군재독서지郡齋讀書志』, 정초鄭樵의 『통지通志』「예문략藝文略」, 마단림馬端臨의 『문헌

통고文獻通考』「경적고經籍考」, 진진손陳振孫의 『직재서록해제直齋書錄解題』 모두 종횡가로 분류해 놓았다. 이에 앞서 전한 말기 양웅揚雄의 『법언』과 후한 초기 왕충王充의 『논형』, 후한 말기 응소應劭의 『풍속통의風俗通義』 모두 종횡가로 분류했다.

홍매洪邁의 『용재사필容齋四筆』도 "『귀곡자』는 귀곡자와 소진장의 등이 쓴 것이다"라고 했다. 『태평어람』 권 463도 "소진은 당초 장의와 함께 귀곡선생 밑에서 11년 동안 공부했다. 육예를 통달하고, 백가의 이론을 모두 통했다"고 했다. 또 권 726에서는 『춘추후어春秋後語』를 인용해 "소진은 귀곡자의 학문을 배웠다"고 했다. 이런 기록은 모두 귀곡선생이 소진과 장의의 스승이었음을 뒷받침한다.

주목할 것은 남북조 때 남조 양나라 유협의 『문심조룡文心雕龍』이다. 여기서는 두 번에 걸쳐 귀곡자를 언급하고 있다. 『문심조룡』 「제자諸子」의 해당 대목이다.

"법가인 신불해와 상앙은 죄인을 칼로 베거나 톱으로 켜는 형구인 도거刀鉅로 다스릴 것을 주장했고, 귀곡자는 입술로 공훈을 세울 것을 주장했다."

종횡가의 책략과 유세술이 등장하게 된 배경을 적확히 집어낸 셈이다. 『문심조룡』 「논설論說」에서는 더 절묘하게 표현해 놓았다.

"전국시대 쟁웅爭雄 과정에서 변사辯士들이 구름처럼 일어났다. 이들은 열국 군주의 참모로 참여해 피아 쌍방의 장단을 논하며 세력을 다퉜다. 종횡가 한 사람의 변설이 구정九鼎의 보물만큼 중했고, 세 치 혀가 백만 대군보다 강했다!"

『귀곡자』의 요체가 책략과 유세술에 있음을 지적한 것이다. 오랫동안 귀곡자를 종횡가의 책략서로 간주한 배경이다. 그러나 일부는 『귀곡자』를 병서의 일종으로 보았다. 손빈과 방연에게 병법을 전했다는 전설이 결정적인 공헌을 했다. 남송 효종 때 재상을 지낸 홍적洪適이 『한사종병서漢四種兵書』 서문에서 "귀곡선생은 방연의 스승이다"라고 기록한 게 그 증거다. 귀곡자를 병가로 분류한 결과다. 명대의 풍몽룡도 『동주열국지』에서 이를 그대로 좇아 "귀곡자에게는 병가의 학문이 있었다"고 했다. 청대의 왕희손王喜孫 역시 『상우기尙友記』에서 "손빈과 방연은 함께 귀곡자 밑에서 병법을 배웠다"고 했다. 후대에 귀곡자를 가탁한 병법 관련 저서가 무수히 나온 배경이다. 이를 두고 일각에서는 『손자병법』이 『귀곡자』의 주요한 사상적 연원이었을 것으로 추정하고 있다.

일각에서는 『귀곡자』를 명리命理에 관한 점술서의 일환으로 보기도 한다. 민간에 전해진 귀곡자의 전설 가운데 이와 관련된 것이 매우 많다. 진시황이 서복徐福에게 명해 귀곡자를 찾아가 묻도록 했다는 얘기를 비롯해 서진시대의 곽박郭璞이 귀곡자를 방문했고, 당나라 때 재상 이필李泌이 귀곡자를 찾았다는 얘기 등이 그것이다. 이런 전설이 『태평광기太平廣記』 등에 수록돼 있다. 『수서』「경적지」에는 『귀곡선생점기鬼谷先生占氣』가 수록되어 있다. 음양가로 분류된 것이다.

가장 대표적인 사례로 점복서 『명서命書』의 편찬자가 귀곡자로 되어 있는 점이다. 『영락대전永樂大典』의 「명서류命書類」도 귀곡자가 『분정경分定經』이라는 명리학 서적을 저술한 것으로 기록해 놓았다. 21세기 현재 중국의 명리학계 역시 귀곡자를 명리학의 비조로 삼고 있다. 시간이 지날수록 종횡가의 비조에서 병가의 시조를 거쳐 명리학의 원조로까지 떠받들어지는 등 귀곡자에 대한 명성이 날로 확산되었음을 알 수 있다.

귀곡자가 명리학의 원조로 숭앙된 것은 병가 이론에 음양가의 이론이 깊숙이 침투한 결과다. 그런 조짐은 이미 한나라 때부터 드러나기 시작했다. 『한서』「예문지」에 『귀곡구鬼谷區』처럼 병가와 음양가 이론을 하나로 녹인 '병음양가兵陰陽家'의 서적 분류가 나온 게 그 증거다. 이는 객관성과 과학성을 자랑한 병학兵學의 타락에 해당한다. 조조가 잡다한 내용의 『손자병법』에 대대적인 손질을 가한 것도 바로 이 때문이다. 『한서』「예문지」에는 손무가 쓴 것으로 전해진 『오손자병법吳孫子兵法』이 82편, 손빈이 쓴 『제손자병법齊孫子兵法』이 19편인 것으로 되어 있다.

현존 『귀곡자』는 본경本經에 해당하는 내편과 외편이 총 14편이다. 외편의 제12편 「부언」은 본문이 남아 있으나 제13편과 제14편은 제목만 남아 있는 상황이다. 잡편은 「본경음부칠술」 등으로 구성되어 있다. 현재 『귀곡자』를 귀곡자 본인이 직접 쓴 것으로 보는 사람들조차 「본경음부칠술」에 대해서는 말이 많다. 음양가의 잡스러운 오행설이 끼어든 탓이다. 『음부』를 쓴 것으로 알려진 태공망 여상의 병서 『육도』에도 오행설과 관련한 내용이 제법 많다. 모두 후대의 음양가가 미신적인 내용을 끼워 넣은 것이다.

『귀곡자』에 주석을 가한 남북조시대 남조 양나라의 도홍경陶弘景은 근본부터 지엽까지 모두 언급해 놓았다는 뜻에서 '본경'의 명칭이 나왔고, 외물外物에 응해 내심內心을 수양하는 것이 마치 부합符合하는 것과 같아 '음부'의 명칭이 나왔다고 했다. 도홍경은 유가와 불가 및 도가 사상에 두루 해박했던 인물로 그의 주석은 현존하는 유일한 구주舊注에 해당한다. 북송의 건립을 전후로 여타 주석이 모두 사라진 결과다.

도홍경의 '구주'를 제외한 나머지 주석은 청대 말기에서 민국시대 이후의 신주新注이다. 신주의 대표적인 인물이 호북의 지현知縣으로 있다가 신해혁명 이후 하북대 교수를 지낸 윤동양尹桐陽이다. 그는 잡편에 나오는 「중경」 등과 구분하기 위해 '본경'이라는 명칭을 붙였을 뿐이고, 「본경음부칠술」의 '음부' 명칭을 후대인이 이를 끼워 넣으면서 태공망 여상의 병서 『음부』의 명칭을 차용한 것에 지나지 않는다고 했다. 이에 대해 허부굉은 애초부터 「본경음부칠술」이 『귀곡자』에 편제되어 있었을 것으로 보았다. 『전국책』 「진책」에 소진이 『음부』를 읽었다는 내용이 나오고, 『태평어람』 권 271에 인용된 『주서周書』 「음부陰符」에 여러 종의 『음부』가 전해져 내려 왔음을 암시하는 대목이 나오는 점 등을 논거로 내세웠다.

사서의 기록 등을 기준으로 판단할 때 「본경음부칠술」은 후대인이 끼워 넣은 것에 지나지 않는다. 윤동양의 주장이 타당하다. 허부굉을 비롯한 많은 중국 학자들은 대부분 귀곡자가 직접 쓴 것으로 보고 있으나 이 또한 지나치다. 현재 귀곡자와 그의 제자를 포함해 후대의 종횡가와 도가 및 음양가 등 다양한 사람들이 편제에 참여한 것으로 보는 게 통설이다. 실제로 제12편인 외편 「부언」의 경우는 『관자』 「구수」의 내용을 그대로 따온 것이다. 제목만 남아 있는 외편 제13편과 제14편도 제목에 비춰 『장자』 등에서 따온 것일 공산이 크다. 많은 사람들이 『귀곡자』의 원래 판본을 제1편에서 제11편까지로 한정해 보면서 '본경 내편'으로 칭하는 이유다.

『귀곡자』의 편제는 어떠한가?

『귀곡자』는 내용 면에서 볼 때 크게 세 부분으로 나눌 수 있다. 제1편 「벽합」에서 제11편 「결물」까지가 이른바 본경 내편內篇으로 제1부에 해당한다. 대략 처음 만들어질 당시의 모습을 그대로 지닌 게 특징이다. 제12편 「부언」과 제13편 「전환」 및 제14편 「거란」은 이른바 본경 외편外篇으로 제2부에 속한다. 후대의 종횡가가 끼워 넣은 것이다. 「본경음부칠술」과 「지추」 및 「중경」은 이른바 잡편雜篇으로 제3부에 해당한다. 본경 외편인 제2부와 마찬가지로 후대인이 삽입시킨 것이지만 『관자』와 『장자』 등에서 발췌한 제2부와 달리 제3부 잡편의 「본경음부칠술」은 미신적인 오행설을 추종하는 내용이어서 적잖은 문제가 있다. 문체와 내용도 조잡하다.

제1부 본경 내편은 『귀곡자』가 텍스트로 편제될 때부터 존재했던 것이 확실하다. 이전부터 내려온 여러 종횡가들의 이론과 주장을 나름 체계적으로 정리해 놓았다는 점에서 제2부 및 제3부와 근본적인 차이가 있다. 문체도 세련되어 있고 논리도 통일돼 있다. 제2부 본경 외편은 관중과 노자를 추종하는 후대의 법가 및 도가가 『관자』와 『장자』 등에서 해당 구절을 따온 것으로 짐작된다. 내용 면에서 종횡가서 및 병서의 성격을 지닌 『귀곡자』의 기본 취지와 부합한다. 제3부 잡편은 나름 취할 만한 내용이 전혀 없는 것은 아니나 「본경음부칠설」만큼은 음양가의 오행설이 뒤섞여 있어 취할 바가 못 된다. 다만 「지추」와 「중경」은 총 11편으로 구성된 본경 내편이 만들어질 당시부터 존재한 것이 아니라는 게 중론이나 내용만큼은 일정 부분 취할 만하다.

현존 『귀곡자』의 편명은 전한 말 유향劉向이 기존의 『귀곡자』를 정리해 펴내면서 처음으로 붙인 것이다. 제1편 「벽합」, 제2편 「반응」, 제3편 「내건」, 제4편 「저희」, 제5편 「비겸」, 제6편 「오합」, 제7편 「췌」, 제8편 「마」, 제9편 「권」, 제10편 「모」, 제11편 「결」, 제12편 「부언」, 제13편 「전환」, 제14편 「거란」으로 되어 있다. 『태평어람』에는 「췌」가 「췌정揣情」, 「마」가 「마의摩意」, 「권」이 「양권量權」, 「모」가 「모려謀慮」로 되어 있다. 「결」은 『태평어람』에 원래 편명이 나와 있지는 않으나 내용상 「결물決物」일 공산이 크다. 본서는 『태평어람』에 나오는 원래 편명을 좇았다.

내용이 거의 그대로 전해지는 본경 내편의 11개편은 유세를 성공시키기 위한 여러 요건을 다각도로 살피고 있다. 「벽합」은 천하 대세를 잘 살펴 유세 대상을 신중히 선정할 것을 권하고 있다. 「반응」은 상대방의 반응을 정확히 알아내는 방법을 집중 논하고 있다. 「내건」은 효과적인 유세를 위한 사전준비와 유세 실패에 대비한 방안 등을 검토하고 있다. 「저희」는 유세 대상과 이견이 생길 경우 이를 미연에 막기 위한 방안을 거론하고 있다. 「비겸」은 상대방의 비위를 맞추며 옭아매는 비책을 집중 검토하고 있다. 「오합」은 천하 대세에 추종하는 방법을 논하고 있다. 「췌정」은 유세 대상의 속마음을 헤아리는 비법, 「마의」는 유세 대상이 스스로 말하게 하는 방안을 언급하고 있다. 「양권」은 유세 대상에 따라 유세 방안을 달리할 것을 주문하고 있다. 「모려」는 유세가 받아들여질 경우에 대비한 치국평천하 계책의 종류와 성질 등을 언급하고 있다. 「결물」은 유리하다고 판단되면 머뭇거리지 말고 즉각 결단할 것을 촉구하고 있다.

제12편 「부언」은 앞에 나온 11개편과 달리 유세 대상으로 거론된

군주가 천하를 제패하기 위해 지녀야 할 덕목을 다루고 있다. 부국강병의 패업霸業을 역설한 『관자』「구수」의 내용을 그대로 따온 결과다. 제13편 「전환」과 제14편 「거란」은 내용이 유실돼 전하지 않는다. 제목에 비춰 대략 『장자』에서 따왔을 것으로 추정되고 있다. 이는 『귀곡자』의 정본으로 오랫동안 도장본道藏本이 널리 채택된 사실과 무관치 않다. '도장'은 도교의 모든 경전을 집대성한 것을 말한다. 통상 도장경道藏經이라고 부른다. 불교의 대장경大藏經에 대응한다. 중국의 역대 황제 후원 아래 도사들이 모여서 편찬한 것이 '도장본'이다. 도경道經, 도가서道家書, 방서方書, 전기傳記의 4대 부분으로 이뤄져 있다. 도경은 『노자』와 『장자』, 『열자』 등을 말한다. 도가서는 도경에 준하는 도가의 서적을 총칭한다. 방서는 의학과 점복, 관상, 천문 등과 관련된 책이다. 전기에는 『산해경山海經』과 『목천자전穆天子傳』, 『열선전列仙傳』 등이 있다. 『귀곡자』는 '도장본' 내에서 방서의 부류에 속한다.

도장본은 정통 도장본 이외에도 횡추각본橫秋閣本, 고금체본高金體本, 사고전서본四庫全書本 등 여러 판본이 있다. 이들 도장본의 가장 큰 문제는 결문缺文이 많고 주석이 빠져 있는 점이다. 제3편 「내건」의 결문이 가장 심하다. 무려 450여 자에 이른다. 본경 외편 가운데 제13편 「전환」과 제14편 「거란」의 내용이 송두리째 사라진 것은 제12편 「부언」을 포함한 외편의 3개편이 후대의 도가 내지 종횡가에 의해 뒤늦게 삽입된 게 결정적인 배경으로 작용했다. 내용이 종횡술을 집중 논의한 앞의 본경 내편의 11개편과 다른 점 등도 적잖은 영향을 미쳤을 것으로 짐작된다.

도장본의 이런 결점을 보완할 수 있었던 것은 전적으로 청대 전준왕錢遵王이 송대 판본을 채록한 명대 가정 24년(1545) 초본抄本을 저본으로 삼아 술고당述古堂에서 펴낸 소위 전본錢本 덕분이다. 전본은 "도홍경이 『귀곡자』 3권을 주석했다"며 도홍경의 이름을 처음으로 언급해 놓은 게 특징이다. 청대의 강도江都 출신 진은복秦恩復은 가경嘉慶 10년(1805)에 이를 판각하면서 여러 책을 비교해 차이 나는 점을 바로잡는 교감校勘작업을 수행했다. 현존 『귀곡자』는 바로 진은복이 교감한 가경본을 말한다. 가경본은 질과 양 두 측면에서 도장본을 압도한다. 그러나 가경본도 완전한 것은 아니다. 「췌정」, 「마의」, 「양권」 3편에 대한 주석이 빠져 있는 게 그렇다.

사서의 기록에 따르면 『귀곡자』에 사상 최초로 주석을 가한 사람은 서진 때의 황보밀皇甫謐이다. 당시 『귀곡자』는 3권으로 구성되어 있었다. 지금의 형태와 유사하다. 황보밀의 주석은 도중에 사라졌다. 이후 남북조시대 남조 동진의 도홍경이 전면적인 주석을 가했다. 얼마 후 남조 양나라의 악일樂壹이 주석을 가했다. 『신당서』와 『구당서』에 그의 주석본 목록이 실려 있다. 북송 때까지 존재했으나 이후 사라졌다. 이후 당나라 때 윤지장尹知章이 주석을 가했다. 5대의 혼란한 시기를 거치면서 윤지장과 도홍경의 주석이 헷갈리게 됐다.

남송 초기 당대의 장서가藏書家 조공무晁公武는 『군재독서지郡齋讀書志』에서 당시에 전해진 『귀곡자』 주석본은 도홍경의 주석이라고 명기했다. 얼마 후 또 다른 장서가 진진손陳振孫은 『직재서록해제直齋書錄解題』에서 이같이 말했다.

"『수서』 「경적지」에는 황보밀과 악일의 주석본만 기록해 놓았다. 지금 통용되는 금본今本의 주석은 도홍경의 주석이라고 한다."

현재 중국 학계에서는 '금본'이 윤지장의 주석본인지 아니면 도홍경의 주석본인지 여부를 놓고 논쟁이 벌어지고 있다. 명대 가정 24년

(1545)의 을사초본乙巳抄本과 만력 30년(1602)의 면묘각본緜眇閣本, 천계 5년(1625)의 횡추각본 모두 도홍경이 주석한 사실을 명기해 놓은 점에 비춰 남송대에 유행한 판본은 도홍경의 주석본일 공산이 크다.

주목할 것은 건륭 39년(1774)에 나온 일본의 미나가와 네가이皆川願의 『귀곡자고열鬼谷子考閱』 판본이다. 이는 송대의 판본을 채록한 명대 을사초본을 저본으로 삼은 것이다. 『귀곡자고열』은 을사초본보다 230년 뒤에 나온 것이기는 하나 도홍경의 주석본을 토대로 일본 최초로 독자적인 주석을 가했다는 점에서 특기할 만하다.

중국에서 『귀곡자』에 대한 주석작업이 가장 활발하게 벌어진 것은 명대이다. 정자룡鄭子龍과 방의方疑의 『귀곡자비점鬼谷子批点』, 종성鍾惺의 『귀곡자집평鬼谷子輯評』, 이원진李元珍의 『귀곡자유편鬼谷子類編』, 진인석陳仁錫의 『귀곡자기상鬼谷子奇賞』, 이운상李云翔의 『귀곡자발췌鬼谷子拔萃』, 고금체高金體의 『귀곡자평점鬼谷子評點』 등이 대표적이다.

청대 말기에서 민국시대에 걸쳐서도 여러 주석본이 나왔다. 대표적인 인물이 광동성 광주廣州 출신인 유염兪棪이다. 1937년 상해의 상무인서관에서 『귀곡자신주』를 펴냈다. 이는 청대 진은복의 가경본을 저본으로 삼아 역대 주석을 망라한 역저에 해당한다. 이 밖에도 윤동양의 『귀곡자신석鬼谷子新釋』을 비롯해 유월兪樾의 『제자평의보록諸子平議補錄』, 대만 소등복蕭登福의 『귀곡자연구鬼谷子研究』 등이 유명하다. 21세기에 들어와서는 중화서국에서 펴낸 허부굉許富宏의 『귀곡자집교집주鬼谷子集校集注』가 널리 인용되고 있다. 지난 2011년 청화대 출판사에서 출간된 양가평梁佳平의 『귀곡자지영지도鬼穀子智贏之道』도 나름 정밀한 주석을 가한 위에 풍부한 사례를 포함하고 있어 각광을 받고 있다.

『귀곡자』의 특징은 무엇인가?

『귀곡자』의 내용은 21세기의 관점에서 볼 때 정치학, 외교학, 군사학, 정략학, 심리학, 정보학 등 여러 학문분야에서 두루 참조할 만한 내용이 매우 많다. 그러나 성리학이 만연한 시절에는 이런 내용들이 모두 '잡설'로 간주됐다. 덕치에 기초한 유가의 왕도王道와 배치된다는 게 그 이유였다. 대표적인 인물로 명대 초기의 송렴宋濂을 들 수 있다. 그는 「제자변諸子辨」에서 이같이 혹평했다.

"『귀곡자』에 나오는 내용은 모두 소인들이 사용하는 뱀과 쥐새끼의 지혜에 지나지 않는다. 이를 집안에서 쓰면 집안이 망하고, 나라에서 쓰면 나라가 망하고, 천하에서 쓰면 천하가 망한다. 사대부들은 의당 침을 뱉듯이 이를 내던지며 좇지 말아야 할 것이다."

송렴은 원나라 때 한림원 편수를 제의받았으나 노부모를 모셔야 한다는 이유로 관직에 나서지 않고 산에 은거하며 학문에 몰두한 당대의 명유였다. 그는 천하의 현자를 초빙한다는 명태조 주원장의 부름을 받고 남경으로 올라갔다. 곧 강남유학제거江南儒學提擧에 임명돼 수만 권의 책을 소장한 문화당文華堂에서 태자인 주표朱標를 가르쳤다. 주원장은 수시로 문화당에 들러 주표에게 이같이 경계했다.

"창업주는 늘 여러 어려움을 겪기 마련이다. 어려움은 사람을 생각게 만들고, 생각은 지혜를 낳는다. 그러나 뒤를 잇는 후사는 안정된 상황에서 태어난다. 안정은 생각을 막고, 생각이 막히면 무너지게 된다. 현명해야 유혹을 당하지 않고, 근면해야 안일하지 않고, 과감해야 끌려다니지 않게 된다."

아직 난세가 끝나지 않았음을 주표에게 경계한 것이다. 그러나 송렴의 생각은 달랐다. 이미 새 제국이 출범해 치세가 시작된 만큼 패도霸道가 아닌 왕도王道로 천하를 다스려야 한다는 게 그의 판단이었다. 송렴은 나이가 들자 이내 은퇴한 후 고향에 머물렀다. 얼마 후 송렴의 손자가 좌승상 호유용胡惟庸의 반란 사건에 연루되는 일이 빚어졌다. 대로한 주원장이 송렴을 남경으로 압송해 처형할 것을 명하자 주표가 무릎을 꿇고 사면해 줄 것을 간청했다. 마황후馬皇后도 적극 간하고 나섰다.

"일반 백성도 자제의 스승을 초빙할 때는 시종 예를 갖춥니다. 천자는 더 말할 것도 없습니다. 송렴은 자리에서 물러나 줄곧 고향에 있었으니 손자의 일을 제대로 알 리도 없습니다."

그러나 주원장은 들으려고 하지 않았다. 그는 바닥에 꿇어앉은 주표를 보고 이같이 일갈했다.

"네가 황제가 되면 그를 용서할 수 있을 것이다!"

충격을 받은 주표는 황궁을 나와 강가로 간 후 물속으로 걸어 들어갔다. 환관들이 황급히 물속으로 뛰어들어가 간신히 구해냈다. 크게 놀란 주원장이 송렴의 죄를 한 등급 낮춰 유배형에 처했다. 송렴은 유배를 가던 중 세상을 떠나고 말았다. 주원장이 손을 써 제거했을지도 모를 일이다.

송렴이 『귀곡자』를 두고 '뱀과 쥐새끼의 지혜' 운운한 것은 난세지략亂世之略에 어두웠다고 해석할 수밖에 없다. 『귀곡자』의 특징은 상대를 어르고 띄워주거나 때로는 은근히 위협을 가하며 자신의 의중을 은밀히 관철하는 다양한 책략과 유세의 기술을 논한 데 있다. 충신忠信을 중시한 송렴의 눈에는 술수와 모략을 일삼는 소인배용 잡서로 보였을 수 있다. 그러나 국가총력전 양상을 보이고 있는 21세기의 경제전쟁 시대의 관점에서 보면 정반대의 해석이 가능하다. 최근 종횡가 학설을 체계화함으로써 선진시대 제자백가의 학문발전에 지대한 공헌을 했다는 평을 받는 이유가 그렇다.

『귀곡자』의 두 축은 기본적으로 「벽합」과 「내건」, 「비겸」, 「오합」, 「췌마」 등의 편명이 암시하듯이 책략과 유세에 있다. 이를 통상 종횡술이라고 한다. 『귀곡자』가 역설하고 있는 종횡술의 특징은 크게 5가지로 요약할 수 있다.

첫째, 『귀곡자』가 말하는 종횡학 이론은 도가의 도치道治 이론 위에서 있다. 도치는 무위로 다스리는 무위지치無爲之治를 말한다. 원래 유세와 책략은 종횡학의 두 축에 해당한다. 유세는 유세객 자신의 책략이고, 책략은 유세를 통해 실현된다. 희곡 대본이 책략이라면 무대 위 배우의 연기가 바로 유세에 해당하는 셈이다. 이론과 실제, 내용과 형식, 실질과 형식의 관계와 같다. 종횡학은 도치 개념을 도입해 유세와 책략을 이론적으로 정립한 덕분에 제자백가의 일원이 될 수 있었다.

선진시대 문헌은 책략을 통상 방략方略과 계략計略, 모략謀略 등으로 지칭했다. 이를 정치적으로 활용하면 정략政略, 군사적으로 활용하면 전략戰略, 외교협상 내지 유세 책략으로 활용하면 세략說略이 된다. 국가총력전 양상으로 치닫고 있는 21세기의 경제전쟁에서 기업의 생존 및 발전전략으로 구사하면 상략商略이 된다.

도치는 도가의 핵심 개념이다. 『도덕경』 제42장은 "도가 만물을 낳는다"고 했다. 『귀곡자』는 도가의 이런 도치 개념을 도입해 종횡학 이론을 완성한 셈이다. 『한비자』와 『손자병법』이 도치 이론을 도입해 각각 법가 및 병가 이론을 완성한 것과 닮았다. 『귀곡자』는 도치 이론에 입각한 유세술을 도술道術로 표현해 놓았다. 제1편 「벽합」에서 제11편 「결물」에 이르기까지 본경 내편에 나오는 총 11개의 책략 및 유세의 기술은 곧 종횡가가 말하는 도술에 해당한다. 이를 뒷받침하는 「벽합」의 해당 대목이다.

"세상사가 종횡출입縱橫出入하는 식으로 변화무쌍하고 반복이합反覆離合하는 식으로 뒤집힐지라도 이 모든 것은 결국 음양의 조화를 뜻하는 벽합捭闔에서 비롯된 것이다. 벽합은 도의 위대한 변화로 유세의 변화를 뜻하는 것이기도 하다. 반드시 상대의 변화를 세심히 살펴야 하는 이유다."

음양론에 입각한 노자의 도치 이론이 종횡학의 이론 정립에 지대한 공헌을 했음을 보여준다. 『귀곡자』에 나오는 책략과 유세술 모두 도치 이론에 의해 해석할 수 있다는 얘기다. 종횡가가 제자백가의 일원으로 우뚝 선 배경이 여기에 있다.

둘째, 『귀곡자』가 역설하는 유세의 기본 이치는 부드러움을 숭상하는 귀유貴柔 사상에 뿌리를 두고 있다. '귀유'는 노자사상의 핵심이기도 하다. 이는 종횡가 이론의 요체에 해당한다. 『도덕경』 제8장은 상선약수上善若水로 표현해 놓았다. 해당 대목이다.

"최상의 선은 물과 같다. 물은 능히 만물을 이롭게 하면서도 공을 다투지 않는다. 중인衆人이 싫어하는 곳에 머무는 이유다."

여기의 '물'은 음유陰柔를 뜻한다. 『주역』의 음양론에 나오는 양강陽剛과 대립되는 개념이다. 『도덕경』은 제78장에서 음유의 상징인 물의 위대함을 이같이 표현해 놓았다.

"천하에 물보다 부드럽고 약한 게 없다. 그러나 굳세고 강한 자를 공격해 능히 이길 수 있는 것으로 물만한 것도 없다. 세상의 그 어느 것도 물이 부드럽고 약한 것을 활용하는 힘과 바꿀 수 없다. 약한 것이 강한 것을 이기고 부드러운 것이 단단한 것을 이긴다는 사실을 천하에 모르는 자가 없으나 막상 이를 실행하지는 못한다."

음유에 굳세고 강한 견강자堅强者를 제압하는 힘이 내장돼 있다는 얘기다. 제36장에서는 유약승강강柔弱勝剛强으로 표현해 놓았다. 흔히 이유제강以柔制强으로 줄여서 표현하고 있으나 이는 잘못이다. 이유극강以柔克剛 내지 이약제강以弱制强으로 표현해야 '유약승강강'의 의미를 살릴 수 있다.

셋째, 『귀곡자』는 반드시 음모陰謀를 통해서만 책략과 유세의 성공을 기할 수 있다고 주장했다. 이는 상대의 실정을 은밀히 파악하는 동시에 자신의 속셈 또한 철저히 숨기는 것을 말한다. 이를 뒷받침하는 「마의」의 해당 대목이다.

"성인은 은밀히 일을 도모하는 까닭에 신묘神妙하다는 칭송을 듣고, 밝은 곳에서 그 공을 드러내는 까닭에 명민明敏하다는 칭송을 듣는다. '정사를 다루면 매번 공을 이룬다'는 것은 곧 성인의 적덕積德을 말한다. 백성들은 그 혜택을 누리면서도 그 이유를 모른다. '군사를 지휘하면 매번 이긴다'는 것은 늘 다툼이 일어나지 않게 하면서도 이기고, 재정을 낭비하지 않고도 이기는 것을 말한다. 병사들은 어떻게 해서 적을 제압하고 두렵게 만들었는지 알지 못한다. 천하 사람들이 성인의 정사와 군사지휘를 두고 입을 모아 '신명'하다고 칭송하는 이유다."

나라를 다스리거나 군사를 지휘할 때 반드시 자신을 철저히 숨기는 음도陰道를 행해야만 공을 이룰 수 있다고 지적한 것이다. 『귀곡자』의 관점에서 볼 때 음도를 지키지 못하면 결코 책략이 될 수 없다. 음도가 곧 책략과 유세의 본질임을 시사한 것이다.

크게 보면 이 또한 노자사상에서 나온 것이다. 『도덕경』은 부드러움을 숭상하는 '귀유'만 역설하고 '음도'에 대해서는 깊이 논하지 않고 있다. 그러나 그 이면을 보면 '귀유'가 '음도'를 전제로 한 것임을 쉽게 알 수 있다. 이를 뒷받침하는 『도덕경』 제66장의 해당 대목이다.

"강해江海는 능히 모든 골짜기의 왕이 될 수 있다. 자신을 잘 낮추기 때문에 능히 백곡왕百谷王이 된 것이다. 백성 위에 서고자 하면 반드시 말을 낮춰야 하고, 백성 앞에 나서고자 하면 반드시 몸을 뒤로 물려야 한다."

강해선하江海善下는 제8장의 상선약수上善若水와 같은 뜻이다. 강과 바다가 모든 골짜기의 왕이 될 수 있는 것은 자신을 잘 낮추기 때문이다. 노자가 위정자에게 통치를 잘 하고자 하면 반드시 말을 낮추고 뒤로 물러서라고 충고한 것은 바로 이 때문이다. 그래야만 백성들이 통치자의 존재를 부담스러워하지 않고 통치자를 추대하는 것을 싫증내지 않게 된다. 이는 곧 천하의 제왕이 되고자 하는 자일수록 더욱 더 겸허한 자세를 견지해야 한다는 주장이라고 할 수 있다. 『귀곡자』도 같은 논리 위에 서 있다. 음도양취陰道陽取가 그것이다. 「모려」의 해당 대목이다.

"계모를 구사할 때는 공개적으로 행하는 공모公謀보다 사적으로 은밀히 행하는 사모私謀가 낫고, 사모보다 상대방과 결속해 모의하는 결모結謀가 낫다. 상호 신뢰의 틈새가 벌어질 여지가 거의 없기 때문이다. 통상적인 수준의 계모인 정모正謀는 기발한 방안으로 구성된 기모奇謀만 못하다. 기모는 마치 물 흐르듯 시변時變을 좇아 다양하게 변화하는 까닭에 당해낼 길이 없다. 어떤 일이든 은밀한 방식으로 계모를 구사해야만 공개적으로 명성을 떨치는 이른바 '음도양취'를 이룰 수 있다."

음도양취는 곧 『도덕경』의 '강해선하' 내지 '상선약수'를 종횡가의 관점에서 풀이한 것으로 볼 수 있다. 음도양취의 기본 취지는 『도덕경』 제7장의 다음 대목에 잘 나타나 있다.

"성인은 자신을 뒤로 하여 오히려 앞서고, 자신을 돌보지 않아 오히려 보존된다. 이 어찌 사사로움이 없는 것으로 인한 게 아니겠는가? 그래서 오히려 능히 사적인 일을 이룰 수 있는 것이다."

노자는 성인들이 행하는 사私는 무위지치無爲之治에 입각한 까닭에 세인들의 '사'와 달리 오히려 지극한 공公에 해당한다고 본 것이다. 이는 『한비자』에서 군주는 무사무편無私無偏의 법치를 통해 자신의 사리私利를 최고의 공리公利로 만들 수 있다고 주장한 것과 맥을 같이한다. 종횡가의 이론이 병가와 법가의 이론과 궤를 같이하는 이유가 여기에 있다.

넷째, 『귀곡자』의 책략과 유세 이론은 도가에서 역설하는 물극필반物極必反의 변증법 위에 서 있다. '물극필반'은 사물의 발전이 어느 정도에 이르면 정반대로 흐르는 것을 말한다. 이를 뒷받침하는 『도덕경』 제40장의 해당 대목이다.

"근원으로 돌아가는 것은 도의 움직임이고, 유약한 모습을 지니는 것은 도의 운용이다. 천하 만물은 유有에서 생겨나고, '유'는 무無에서 생겨난다."

모든 사물의 형세는 고정불변인 것이 아니고, 흥망성쇠를 반복하게 마련이다. '물극필반'은 통상 세강필약勢强必弱과 함께 쓰인다. 세력이 일단 강성하면 언젠가는 반드시 약해지기 마련이라는 뜻이다. 『도덕경』 제55장은 물장즉로物壯則老로 표현해 놓았다. 모든 사물은 장성하면 이내 노쇠하게 된다는 뜻이다. 우리말의 '달도 차면 기운다'는 속담과 같은 의미이다.

'물극필반'의 출전은 『신당서』와 『구당서』에 공히 나오는 「소안환전」이다. 주희도 『근사록近思彔』에서 '물극필반'으로 표현해 놓았다. 이 개념은 매우 연원이 깊다. 『여씨춘추』 「박지博志」가 극즉필반極則必反, 『갈관자鶡冠子』 「환류環流」가 물극즉반物極則反으로 표현해 놓은 게 그렇다. 모두 같은 뜻이다. 「소안환전」에 따르면 유일무이한 여제女帝 측천무후는 원래 당태종의 후궁으로 있다가 고종의 황후가 되었다. 고종이 죽은 뒤 중종이 어린 나이에 즉위하자 섭정을 했다. 중종이 친정親政을 할 수 있는 나이가 되었는데도 여전히 섭정의 자리에서 물러나려 하지 않았다. 대신 소안환蘇安桓이 상소를 올려 간언했다.

"하늘의 뜻과 백성의 마음은 모두 이씨에게 향하고 있습니다. 사물이 극에 달하면 반드시 반전하고, 그릇도 가득 차면 넘친다는 이치를 아셔야 합니다."

원문은 '물극필반, 기만즉경器滿則傾'이다. 측천무후의 퇴진을 간접적으로 권유한 것이다. '물극필반'은 『도덕경』 제40장에서 역설한 '반자도지동反者道之動, 유무상생有無相生'의 논리 위에서 나온 것이다. 『도덕경』은 제2장에서 이를 보다 상세히 설명해 놓았다.

"천하 사람들은 모두 아름답게 보이는 것만 아름다운 것으로 알지만 사실 이는 보기 흉한 것을 그같이 본 것일 뿐이고, 선하게 보이는 것만 선한 것으로 알지만 사실 이는 선하지 않은 것을 그같이 본 것일 뿐이다. 유무有無가 서로 생겨나고, 난이難易가 서로 이뤄지고, 장단長短이 서로 형성되고, 고하高下가 서로 드러나고, 음성音聲이 서로 어울리고, 전후前後가 서로 따르는 이유다. 성인은 무위로 천하를 다스리는 무위지사無爲之事로 임하고, 말없는 가르침인 불언지교不言之教를 행한다. 만물이 일어날 때 일을 일으키지 않고, 생산하면서도 소유하지 않고, 베풀고도 보답을 기대치 않고, 공을 이루고도 거기에 안주하지 않는 것은 이 때문이다. 무릇 성인은 현실에 안주하지 않기에 그 공이 시종 떠나지 않는다."

어떤 사물이든 그와 대립되는 현상이 늘 있게 마련이고, 사물의 모습은 늘 이로 인해 대립해 존재하는 것처럼 보인다는 것이다. 낮과 밤, 남과 여 등의 모습이 그렇다. 삼국시대 위나라의 왕필이 『도덕경』과 『주역』을 관통하는 이치를 무無에서 찾은 것은 외견상 대립하는 음양이 사실은 음 속에 양이 있고 양 속에 음이 있다는 근본 이치를 깨달은 결과다. 유有를 '무'로 용해시킨 셈이다. 사물을 관찰할 때 정면正面만 보지 말고 반면反面을 읽어야 하는 이유가 여기에 있다. 모택동은 자신의 주저인 「모순론」에 입각해 인간관계와 세상사를 이같이 풀이했다.

"군자의 사귐은 물처럼 담담하고, 술로 사귄 친구는 믿음직하지 못하다. 세상사는 언제나 두 측면을 갖고 있게 마련이다. 염결廉潔이 있으면 반드시 탐오貪汚가 있고, 탐오가 있으면 염결이 있기 마련이다. 한 손은 염결이고 다른 한 손은 탐오이다. 이게 바로 '대립물의 통일'이라는 것이다. 세상사 역시 모두 대립물의 통일이다."

세상사는 늘 양면성이 있게 마련이라는 취지의 '대립물의 통일'은 곧 고전에서 역설한 '물극필반'을 달리 표현한 것이다. 이는 매사에 정면과 더불어 반면을 읽을 줄 알아야 가능하다. 『귀곡자』는 정면보다 반면의 작용에 주목했다. 유세와 책략 이론 가운데 창조적으로 만들어낸 이른바 반복술反覆術이 바로 그것이다. 이를 뒷받침하는 「반응」의 해당 대목이다.

"옛날 성인은 모두 무형의 도를 갖추고 있었던 까닭에 되돌아가 지난 일을 살필 줄 알았고, 되돌아와 다가올 일을 증험해낼 수 있었다. 상대방이 뭔가 말하는 것은 동動이다. 내가 침묵하며 말하지 않는 것은 정靜이다. 언사言辭와 모순되는 점이 있을 때 반문해 구하면 반드시 상대의 반응이 있게 마련이다. 통상 말은 상징, 일은 비유로 나타난다. 상징은 어떤 사물을 비유한 것이고, 비유는 같은 부류의 언사로 맞대어 비교한 것이다. 나를 전혀 드러내지 않는 가운데 상대가 말하는 바의 속셈을 파악해야 한다. 이는 그물을 만들어 짐승을 잡는 이치와 꼭 같다. 짐승들이 자주 출몰하는 길에 그물을 설치해 놓고 기회를 엿보다가 때가 왔을 때 포획하는 식이다. 그 대책이 상대방이 사용하는 방법과 관련해 나름 사리에 부합하면 상대는 자신도 모르는 사이 자연스럽게 그 속셈을 드러내게 마련이다. 이것이 바로 사람의 마음을 낚는 그물인 이른바 조인지망釣人之網이다."

'조인지망'은 흔히 동정과 허실로 나타나는 '물극필반'의 이치를 유세와 책략에 도입한 것이다. 사물은 모두 모택동이 「모순론」에서 역설했듯이 상대적인 존재일 뿐이다. 사물의 반면을 읽을 줄 알아야만 상대의 입장에 서서 유세할 수 있고, 상대를 조정할 수 있는 책략을 낼 수 있다. 『귀곡자』가 「반응」에서 반복술을 역설하고 「내건」에서 이른바 환전인화環轉因化를 강조한 이유가 여기에 있다. '환전인화'는 사물이 극한에 달하면 반대로 전화轉化해 원래의 모습으로 변하는 것을 말한다. '물극필반'의 취지와 꼭 같다. 「내건」의 해당 구절이다.

"군주가 군신의 직분을 명확히 세우고 백성들을 다스리는 것을 돕고자 할 경우 먼저 백성들이 일정한 산업에 종사하는 풍토를 조성한다. 이를 일컬어 군주의 마음 깊은 곳에서 결속한 건이내합揵而內合이라고 한다. 윗사람이 크게 어두워 제대로 다스리지 못하면 아랫사람이 전횡하는데도 깨닫지 못한다. 이때는 뒤로 물러나 두 번 다시 계책을 내지 않는 이른바 건이반지揵而反之 방안을 적극 고려해야 한다. 군주가 스스로 옳다고 자만하며 주변의 말을 듣지 않을 경우 칭찬하는 말로 띄워주며 환심을 사는 수밖에 없다. 만일 자신을 부르는 명이 내려지면 먼저 받아들인 뒤 자신의 의중을 구체화하는 방안을 강구한다. 군주 곁을 떠나고자 할 경우에는 자신이 계속 곁에 남아 있으면 군주에게 해가 될 수 있다는 얘기를 늘어놓아 군주 스스로 보내주도록 만든다. 남거나 떠나는 것 모두 굴렁쇠가 땅 위를 굴러갈 때처럼 주어진 상황에 따라 자연스럽게 변화하는 모습을 띠어야 한다. 환전인화環轉因化를 행하면 아무도 그 행하는 바를 알 수 없다. 이런 경지에 오르면 가히 몸을 온전히 보전하며 물러나는 유세의 대원칙을 안다고 할 만하다."

'환전인화'의 '환전'은 굴렁쇠가 굴러가는 것을 뜻하고, '인화'는 주어진 상황에 따라 자연스럽게 변화하는 임기응변을 의미한다. 『손자병법』「형세」에서 말하는 '지천지지知天知地'와 취지를 같이한다. 모두 '물극필반'의 이치에서 나온 것이다. 『귀곡자』는 '물극필반'을 굴렁쇠가 굴러가는 '환전인화'로 바꿔 표현했다. 사람을 낚는 '조인지망'의 조釣 개념도 이런 관점에서 풀이해야 한다. 유세와 책략은 곧 사람을 낚는 게 근본 목적이고, 이는 '물극필반' 이치에 입각한 '환전인화'의 술책을 통해서만 가능하다고 주장한 것이나 다름없다.

『도덕경』은 단지 음양의 상호 전화하는 것에 대해서만 언급했을 뿐 음양의 모습이 원환圓環의 모습을 이루고 있는 점에 대해서는 언급하지 않았다. 『귀곡자』는 음양의 관계를 '원환'으로 형상화한 게 특징이다. 『손자병법』「군형」에도 이와 유사한 대목이 나온다.

"전세戰勢는 기병奇兵과 정병正兵 두 가지에 불과하나 그 변화가 만들어내는 전략전술은 실로 다 헤아릴 수 없다. 기병과 정병이 서로 뒤섞여 만들어내는 변화가 마치 둥근 고리처럼 끝이 없으니 과연 누가 능히 이를 다 헤아릴 수 있겠는가?"

정병은 양, 기병은 음에 해당한다. 기병과 정병을 섞어 쓰는 '기정병용'은 '원환'을 달리 표현한 것이기도 하다. 북송 때 성리학의 이론적 기초를 제시한 주돈이도 흑백의 태극 문양이 서로 휘감아 도는 이른바 음양어도陰陽魚圖를 그린 바 있다. 이는 『귀곡자』에서 힌트를 얻은 것이다. 고리는 원의 모습을 하고 있다. 시작과 끝이 없다. 동서남북과 중앙 등의 방향이 없다. 사람을 낚는 '조인지망'의 일차 대상은 군주이다. 『귀곡자』가 특정한 군주에게 얽매이지 말 것을 역설한 이유가 여기에 있다. 음양의 상호 전화를 원환으로 파악한 결과다.

다섯째, 『귀곡자』는 틈새의 봉합이 불가능할 때는 아예 새로운 물건으로 바꿀 것을 주장했다. 해석하기에 따라서는 맹자의 폭군방벌론暴君放伐論을 방불하는 매우 과격한 이론으로 여겨질 소지가 크다. 「저희」의 해당 대목이다.

"희巇는 작은 틈새이고, 작은 틈새는 중간 크기의 틈새로 커지고, 이는 마침내 커다란 틈새로 변한다. 틈새가 생기기 전에 미세한 조짐이 있기 마련이다. 대처방법은 모두 5가지이다. 첫째, 틈새의 조짐이 안에서 비롯된 것이면 곧바로 봉합하는 저희술抵巇術로 틀어막는다. 둘째, 만일 외부로부터 비롯된 것이면 저희술로 제거한다. 셋째, 공개적으로 드러나면 저희술로 그 싹을 없앤다. 넷째, 아직 맹아 단계면

희술로 은폐한다. 다섯째, 이미 커져 어쩔 수 없는 단계면 아예 저희술로 새로운 대체물을 찾는다. 이를 일러 틈새를 봉합하는 이치인 저희지리抵巇之理라고 한다."

'저희술로 아예 새로운 대체물을 찾는다'는 구절의 원문은 가저이득可抵而得이다. 여기의 득得은 옛 군주를 버리고 새로운 군주를 찾아 나서는 것을 의미한다. 이는 공자의 주장과 부합한다. 『논어』「위령공」의 해당 대목이다.

"군자로구나, 거백옥蘧伯玉이여! 나라에 도가 있으면 벼슬자리에 나아가 뜻을 펼치고, 나라에 도가 없으면 조용히 물러나 스스로를 감추었구나!"

'거백옥'은 위衛나라의 현대부로 이름은 원瑗이다. 그는 권신 손림보孫林父와 영식寗殖이 군주를 추방하려고 모의할 때 대답도 하지 않고 밖으로 나갔다. 거백옥의 행보를 취해야만 난세에도 화를 면할 수 있다는 취지를 담고 있다. 『맹자』는 해당국의 대부들에게 무력을 동원해 폭군을 쫓아낼 것을 주장했다. 이에 반해 『귀곡자』는 해당 군주 곁을 떠날 것을 주문했다.

해당 군주 곁을 떠나는 것은 『논어』의 취지와 동일하다. 그러나 이후의 행보는 다르다. 『논어』는 은둔隱遁을 권했으나 『귀곡자』는 새로운 군주를 찾을 것을 요구하고 있다. 해석하기에 따라서는 새 군주를 부추겨 이전에 섬기던 군주의 나라를 뒤엎을 것을 주문한 것으로 볼 수 있다. 맹자가 역설한 '폭군방벌론'과 별반 차이가 없게 된다. 실제로 역대 왕조는 『귀곡자』의 '가저이득' 구절을 그런 식으로 해석했다. 한때 명태조 주원장이 『맹자』의 '폭군방벌론'에 반발해 해당 대목의 삭제를 명한 것처럼 『귀곡자』가 오랫동안 금서로 간주된 이유가 여기에 있다.

여기에는 후대 유가의 의도적인 왜곡이 결정적인 배경으로 작용했다. 종횡가를 두고 아침에 진나라를 섬기다가 저녁에 초나라를 섬긴다는 뜻의 이른바 조진모초朝秦暮楚의 간신배로 비난한 게 그 실례다. 종횡을 '조진모초'의 행보로 왜곡한 것이다. 유가가 종횡가의 행보를 '조진모초'로 간주한 것은 나름 일리가 있다. 『귀곡자』의 책략과 유세 모두 유세 당사자를 기준으로 하여 과연 최종적인 성공을 거둘 수 있는지 여부에 초점을 맞춘 결과다. 인의와 충절을 기초로 한 유가의 살신성인殺身成仁과 극명한 대조를 이룬다.

유가의 충군忠君 개념을 전면에 내세우며 천하를 통치한 역대 왕조가 종횡가의 이런 행보를 달가워할 리 만무하다. 어제의 동지였던 책사들이 적국으로 넘어가 활약할 경우 그 폐해는 상상을 초월한다. 이쪽의 실정과 정보가 고스란히 적국으로 넘어갈 수밖에 없기 때문이다. 한무제 때 유학을 유일무이한 관학으로 인정하는 독존유술獨尊儒術을 선포한 이래 『귀곡자』가 청조 말까지 수천 년 동안 금서의 대상이 된 근본 배경이 여기에 있다.

그러나 국가총력전 양상을 보이고 있는 21세기의 경제전쟁 시기에는 새로운 해석을 요한다. 안방과 문밖의 경계가 사라진 까닭에 말 그대로 천하의 인재를 그러모아야 세계시장을 석권할 수 있기 때문이다. 우리말에 '구더기 무서워 장 못 담글까?'라는 속담이 있다. 국적을 가리는 것은 곧 패망을 자초하는 길이다. 오히려 국경에 아랑곳하지 않고 천하를 종횡으로 누비는 특급인재를 더 많이 그러모아야 한다. 요체는 특별대우를 통해 그들이 떠나지 않도록 붙잡아 두는 데 있다.

『귀곡자』에 나오는 종횡술은 단순히 책사들의 책략과 유세에만 초점을 맞춘 게 아니다. 본경 외편인 「부언」에서 『관자』 「구사」에 나오는 군주의 제신술制臣術을 그대로 인용해 놓은 게 그 증거다. 「부언」은 후대의 종횡가가 덧붙여 놓은 것이다. 아무리 뛰어난 군주와 기업 CEO일지라도 천하를 다스리고 평정하는 일을 홀로 할 수는 없는 일이다. 반드시 뛰어난 책사가 곁에 있어야만 한다. 후대의 종횡가가 「부언」을 덧붙인 배경도 여기서 찾을 수 있다.

책략의 구체적 표현인 정치적 정략과 군사적 전략, 국제정치의 외교책략, 기업경영의 상략 등이 청와대 참모진과 국방 스태프, 외교관, 비즈니스맨 등의 전유물일 수만은 없다. 오히려 최고통치권자와 기업 CEO 등이 이를 숙지해야만 휘하 장상將相을 제대로 부릴 수 있다. 『귀곡자』를 단순히 책사들을 위한 텍스트로만 해석해서는 안 되는 이유다.

|**부록** 2|

법가와 종횡가의 충돌 : 한비자 독살옥사 사건을 중심으로*

전국시대 말기에 활약한 한비자는 법가사상을 집대성한 장본인이다. 그러나 그의 최후는 비참했다. 스승인 순자 밑에서 동문수학한 이사의 암수에 걸려 이사가 건네준 독약을 먹고 옥중 자진한 것으로 알려진 게 그렇다. 이른바 '독살옥사' 사건이다. 사마천의 『사기』「노자한비열전」 관련 기록이 논거이다. 수천 년 동안 아무도 이 문제에 관해 의문을 제기한 사람이 없었다. 과연 「노자한비열전」의 이 기록을 액면 그대로 믿어도 좋은 것일까? 이에 대해 의문을 제기한 거의 유일한 인물로 『사기』에 주석을 가한 남북조시대 남조 송나라 때의 배인裵駰을 들 수 있다. 그는 『사기집해』를 펴내면서 「노자한비열전」과 배치되는 『전국책』「진책」의 기록을 각주에 특서해 놓은 바 있다. 이후 1천여 년 동안 대다수 사람들이 그의 이런 문제제기에도 불구하고 큰 관심을 기울이지 않았다. 본서는 배인의 이런 문제제기에 착안해 그 내막을 철저히 뒤진 첫 번째 사례에 해당한다.

* 부록 2는 지난 2012년 12월 7일 국립외교원에서 열린 한국정치학회 연례학술대회에서 발표한 논문을 그대로 옮긴 것이다.

논자는 최근 『한비자』(인간사랑, 2012)를 펴내면서 한비자의 죽음과 관련한 관련 기록을 샅샅이 뒤진 바 있다. 그 결과 적잖은 의문점을 발견할 수 있었다. 그의 죽음은 결코 동문수학한 이사의 암수로 인한 게 아니라 당대의 종횡가로 활약한 요가姚賈를 비판했다가 역공을 받고, 진시황의 명에 의해 죽음을 당했다는 게 논자의 결론이다. 한비자는 왜 당대의 종횡가인 요가와 정면으로 맞붙은 것일까? 크게 두 가지를 생각할 수 있다. 첫째, 일거에 진시황의 총애를 얻고자 했을 가능성이다. 한비자가 볼 때 종횡가는 비전과 식견도 없이 단지 세 치 혀를 놀려 부귀를 누리는 비루한 자들에 불과했다. 『한비자』 전편을 통해 거듭 확인할 수 있듯이 한비자의 종횡가에 대한 질시는 그 정도가 매우 심했다. 동문수학한 같은 법가사상가 이사李斯가 일면 종횡가로 활약한 것과 극명한 대조를 이루는 대목이다. 둘째, 이사가 한비자를 시기한 것이 아니라 오히려 한비자가 이사의 출세를 시기했을 가능성이다. 당시 열국의 왕족은 후사로 낙점된 자를 빼놓고는 신분만 높았을 뿐 실속이 없었다. 오히려 각국에 인질로 끌려가 서민만도 못한 삶을 살았다. 말 그대로 속빈 강정에 지나지 않았다. 이와 정반대로 능력만 있으면 설령 '문지기 아들' 요가와 '아전' 출신 이사처럼 비천한 신분에 있던 자일지라도 일거에 재상이 될 수 있었다. 이사가 대표적인 인물이다. 이사가 상경으로 있을 때 한비자는 망해가는 조국 한나라를 구하기 위해 겉모습만 사자였을 뿐 사실은 진시황의 자비를 구하는 망국민의 모습이나 다름없었다. 객관적으로 볼 때 한비자는 결코 이사의 경쟁 대상이 될 수 없었다. 오히려 한비자가 이사를 경쟁 대상으로 삼았다고 보는 게 합리적이다. 이사가 한비자를 독살할 이유가 하등 없었다는 얘기다.

사서 및 제자백가서의 여러 기록을 종합해 볼 때 한비자의 죽음은 스스로 울분을 참지 못해 화를 자초한 결과로 보는 게 옳다. 논자가 한비자의 죽음을 둘러싼 사상적 배경을 당대의 종횡가인 요가와 법가 사상의 집대성자인 한비자의 정면충돌에서 찾은 이유다. 20세기 말의 문화대혁명 당시 진시황은 '만고의 폭군'이라는 누명을 벗고 천고일제千古一帝라는 칭송까지 받았다. 21세기 현재 대다수 중국인들은 그같이 생각한다. 그럼에도 이사는 아직까지 누명을 벗지 못하고 있다. 장차 이 문제에 관해 활발한 토론이 이어지기를 기대해 본다.

Ⅰ. 서론_「노자한비열전」 관련 기록

한비자는 한나라 왕족 출신으로 성이 한韓, 이름이 비非이다. 자子는 공구孔丘와 맹가孟軻를 후대인이 공자와 맹자로 부르듯이 존경의 취지로 덧붙인 것이다. 춘추전국시대에 활약한 제자백가 가운데 한비자처럼 가장 방대한 기록을 남긴 사람은 없다. 전한 초기 사마천이 『한비자』를 접했을 때 이미 10여 만 자에 달했다. 현존 『한비자』와 별 차이가 없다. 제자백가서는 거의 예외 없이 후대인의 가필이 있었음에도 『한비자』만큼은 시작부터 끝까지 본인의 작품이라는 게 중론이다. 방대한 내용에도 불구하고 그만큼 짜임새가 있고 논리적이다.

그럼에도 정작 그의 삶에 관한 기록은 빈약하기 짝이 없다. 신뢰할 만한 것으로는 사마천의 『사기』「노자한비열전」 기록만 있을 뿐이다. 「노자한비열전」의 경우 비록 사마천이 한비자에게 가장 많은 지면을 할애하기는 했으나 노자와 장자, 신불해 등과 함께 실려 있어 전체의 절반 가량에 그치고 있다. 이 또한 대부분 『한비자』「세난」의 기록을 인용해 놓은 것이어서 한비자의 삶을 추론할 수 있는 내용은 극히 일부분에 지나지 않는다. 다음은 「세난」을 인용한 대목을 제외한 가운데 한비자의 사적事迹을 추론하는 데 도움이 될 만한 「노자한비열전」의 기록을 모두 그러모은 것이다.

"한비자는 한나라의 여러 공자 가운데 한 사람이었다. 형명법술刑名法術의 학문을 좋아했으나 학설의 근본은 황로학黃老學이었다. 그는 심한 말더듬이여서 입으로 자신의 학설을 잘 말하지 못했다. 그러나 저술만큼은 매우 뛰어났다. 그는 젊었을 때 이사李斯와 함께 순경荀卿을 스승으로 모시고 학문을 익혔다. 당시 이사는 스스로 한비자만 못하다고 여겼다. 한비자는 조국인 한나라가 영토가 깎이고 국력이 쇠약해지는 것을 보고 한왕 안安에게 여러 차례 글을 올려 간했으나 한왕은 이를 받아들이지 않았다. 그는 한왕이 나라를 다스리면서 법제를 정비해 밝히지 않고, 권세를 확고히 해 신하들을 제어하지 못하고, 부국강병을 이루기 위해 인재를 구하고 현명한 자에게 일을 맡기는 데 힘쓰지 않고, 도리어 경박하고 음흉한 좀벌레 같은 자들을 공로와 실적이 있는 인재들의 윗자리에 올려놓는 것을 보고 크게 애석해했다. 그는 유자儒者들이 글로 법을 어지럽히고 협객들이 무용武勇으로 금령을 위반하는 것으로 생각했다. 나라가 편할 때는 명예를 중시하는 인물들을 총애하고 나라가 위급할 때는 갑옷과 투구로 무장한 무사들을 기용한다. 그가 볼 때 한나라가 양성하는 자들은 나라가 위급할 때 쓸 수 있는 자들이 아니었고, 위급할 때 쓸모 있는 자들은 평소에 양성하는 자들이 아니었다. 그는 청렴하고 정직한 사람들이 사악하고 바르지 않은 사람들에게 용납되지 않는 상황을 슬퍼했다. 이에 과거 역사에서 빚어졌던 득실의 변천을 살펴보고 「고분」과 「오두」, 「내저설」, 「외저설」, 「설림」, 「세난」 등 10여 만 자에 달하는 글을 지었다. 그는 유세의 어려움을 안 까닭에 「세난說難」을 매우 상세하게 기술했지만 오히려 진나라에서 죽게 되었으니 스스로 유세의 덫에서 벗어나지 못한 셈이다. (중략) 당초 어떤 사람이 그가 지은 책을 진나라로 가지고 갔다. 진시황은 「고분」과 「오두」를 읽고는 탄식해 마지않기를, "아, 과인은 이 사람을 만나 함께 노닐었으면 죽어도 여한이 없겠다"고 했다. 곁에 있던 이사가 대답하기를, "이는 한비자가 지은 책입니다"라고 했다. 이에 진나라 군사가 한나라를 급하게 공격했다. 한왕은 당초 한비자를 등용치 않다가 이때에 이르러 상황이 위급해지자 곧 그를 진나라에 사자로 보냈다. 진시황이 그를 만나보고는 크게 기뻐했으나 끝내 신용하지는 않았다. 이때 이사와 요가姚賈가 그를 해칠 의도로 무함하기를, "한비자는 한나라의 공자 출신입니다. 지금 대왕이 제후국들을 병탄하고자 하는 마당에 그는 끝내 한나라를 위해 일할 뿐 진나라를 위해 일하지는 않을 것입니다. 그게 인지상정입니다. 지금 대왕이 그를 등용치 않은 채 오래 머물게 했다가 돌려보내면 이는 스스로 우환을 남기는 것입니다. 허물을 물어 법으로 그를 주살하느니만 못합니다"라고 했다. 진시황이 과연 그렇겠다고 생각해 곧 사법관에게 그의 죄를 다스리게 했다. 이사가 사람을 시켜 독약을 한비자에게 건네주어 자진케 했다. 한비자는 자진하기에 앞서 진시황을 만나 자신의 뜻을 개진코자 했으나 도무지 만날 길이 없었다. 진시황이 뒤늦게 후회하며 사람을 보내 사면코자 했으나 이미 죽은 뒤였다. 신불해와 한비자의 저서는 후세에 전해져 이를 보유한 학자들이 매우 많다.

나는 다만 한비자가 유세의 어려움에 관한 「세난」을 쓰고도 정작 본인은 그 덫에서 빠져나오지 못해 허망하게 죽은 사실을 슬퍼할 따름이다."[1)]

이를 통해 한비자는 『한비자』를 저술한 뒤 진나라에 사자로 갔다가 이내 옥사했음을 알 수 있다. 사마천은 한비자가 한나라의 여러 공자 가운데 한 사람이라고 말했다. 한비자가 활약할 당시 한나라 왕은 마지막 왕인 한안韓安이다. 기원전 273년에 즉위한 부왕 한환혜왕韓桓惠王이 재위 34년 만인 기원전 239년에 병사하자 그 뒤를 이어 보위에 올랐으나 재위 9년 만인 기원전 230년에 진나라에 병탄되는 바람에 시호가 없다. 『사기』 「유후세가」에는 한환혜왕이 한도혜왕韓悼惠王으로 기록돼 있다. 애도한다는 뜻의 도悼가 붙은 것은 그의 치세 때 이미 패망한 것이나 다름없다는 취지를 담고 있다.

한비자가 누구의 소생인지 여부는 확실치 않다. 한왕 안의 아들이라는 주장도 있으나 기원전 280년에 태어났다는 일부 주장을 감안할 때 한환혜왕의 소생일 공산이 크다. 부왕의 뒤를 이어 보위에 오르지

---

1) 『사기』 「노자한비열전」 韓非者, 韓之諸公子也. 喜刑名法術之學, 而其歸本於黃老. 非爲人口吃, 不能道說, 而善著書. 與李斯俱事荀卿, 斯自以爲不如非. 非見韓之削弱, 數以書諫韓王, 韓王不能用. 於是韓非疾治國不務脩明其法制, 執勢以御其臣下, 富國彊兵而以求人任賢, 反擧浮淫之蠹而加之於功實之上. 以爲儒者用文亂法, 而俠者以武犯禁. 寬則寵名譽之人, 急則用介冑之士. 今者所養非所用, 所用非所養. 悲廉直不容於邪枉之臣, 觀往者得失之變, 故作「孤憤」·「五蠹」·「內外儲」·「說林」·「說難」十餘萬言. 然韓非知說之難, 爲「說難」書甚具, 終死於秦, 不能自脫. … 或傳其書至秦. 秦王見『孤憤』·『五蠹』之書, 曰, "嗟乎, 寡人得見此人與之游, 死不恨矣!" 李斯曰, "此韓非之所著書也." 秦因急攻韓. 韓王始不用非, 及急, 迺遣非使秦. 秦王悅之, 未信用. 李斯·姚賈害之, 毁之曰, "韓非, 韓之諸公子也. 今王欲幷諸侯, 非終爲韓不爲秦, 此人之情也. 今王不用, 久留而歸之, 此自遺患也, 不如以過法誅之." 秦王以爲然, 下吏治非. 李斯使人遺非藥, 使自殺. 韓非欲自陳, 不得見. 秦王後悔之, 使人赦之, 非已死矣. 申子·韓子皆著書, 傳於後世, 學者多有. 余獨悲韓子爲『說難』而不能自脫耳.

못한 점에 비춰 서자 출신으로 보는 게 합리적이다. 사마천은 그가 순자 밑에서 공부했다고 기록해 놓았으나 언제 순자의 문하로 들어갔는지 여부에 대해서는 아무런 언급도 해놓지 않았다. 한비자가 일찍부터 학문연구에 눈을 돌렸을 가능성을 암시한다.

한비자의 스승 순자는 생전에 모두 3번에 걸쳐 당대 최고의 학술연구 센터인 제나라 직하학당稷下學堂의 좨주祭酒가 되었다. 좨주는 직하학궁 최고의 직책이다. 순자가 직하학궁의 두 번째 좨주가 되어 제자들을 가르치다가 진소양왕의 초청을 받아 진나라를 방문한 것은 그의 나이 48세 때인 진소양왕 41년(기원전 266)이다. 그는 다음해에 제나라로 돌아오던 중 조나라로 가 임무군臨武君 등과 군사문제를 논한 뒤 그곳에 머물다가 이듬해인 진소양왕 43년(기원전 264)에 제나라 수도 임치臨淄로 돌아와 다시 제자들을 가르쳤다. 일각에서는 이때 한비자가 순자를 찾아가 학문을 배웠을 것으로 보고 있다. 그랬을 가능성을 전혀 배제할 수는 없으나 한비자의 나이는 겨우 16세에 불과했다. 순자의 명망에 비춰 너무 어렸다. 나아가 초나라의 하급관원 출신인 이사가 임치로 가 배웠을 가능성은 더욱 희박하다.

그렇다면 한비자는 언제 순자를 찾아간 것일까? 순자의 행보를 면밀히 추적하는 수밖에 없다. 순자는 진소양왕 52년(기원전 255)에 무함을 받고 제나라를 떠나 초나라로 가 재상인 춘신군春申君 황헐黃歇의 천거로 난릉령蘭陵令이 되었다. 그러나 이듬해인 진소양왕 53년(기원전 254)에 다시 초나라에서 무함을 받게 되자 초나라를 떠나 조나라의 평원군平原君 조승趙勝을 찾아갔다. 이때 춘신군이 거듭 그를 불렀으나 이에 응하지 않았다.

이로부터 3년 뒤인 진소양왕 56년(기원전 251)에 평원군이 사망하자 순자는 문득 오갈 데가 없는 신세가 되었다. 이듬해인 진효문왕秦孝文王 원년(기원전 250)에 춘신군이 거듭 그를 부르자 마침내 이를 받아들여 다시 초나라로 가 난릉령이 되었다. 당시 순자의 나이는 64세였고 한비자는 25세였다. 대략 한비자는 이 어간에 순자를 찾아간 것으로 짐작된다. 숱한 우여곡절을 겪었던 순자로서도 이제는 차분히 정착해 제자 육성에 전념할 시기가 되었고, 한비자 역시 당대 최고의 학자 밑에서 학문을 배우기에 가장 적당한 나이가 되었기 때문이다.

특히 「이사열전」의 기록에 비춰볼 때 한비자와 이사가 순자 밑에서 '제왕지술帝王之術'을 연마한 시점을 이 어간으로 추정하는 게 합리적이다. 이사가 진나라로 가 객경客卿이 된 시점이 부왕인 진장양왕秦莊襄王의 뒤를 이어 13세의 어린 진시황이 보위에 오르는 기원전 247년인 점이 그렇다. 이사가 속히 출세하기 위해 서둘러 스승에게 하직인사를 하고 진나라로 향했다는 「이사열전」의 기록이 당시의 여러 정황과 맞아떨어진다.

이를 기준으로 추론하면 이사는 순자 밑에서 대략 2, 3년 가량 수학하다가 학업을 중단한 채 진나라로 가 객경이 된 셈이다. 한비자가 진시황을 처음으로 만났을 때의 일화를 수록한 『한비자』의 첫편인 「초견진初見秦」의 기록에 비춰볼 때 한비자는 이사가 떠난 이후에도 몇 년 동안 더 공부했던 것으로 보인다. 순자는 재차 난릉령을 맡은 지 9년 뒤인 진시황 9년(기원전 238)에 후원자였던 춘신군이 피살되자 이내 파면되고 말았다. 한비자는 그 이전에 조국인 한나라로 돌아왔을 것으로 짐작된다. 순자는 한비자가 진나라에서 옥사하기 2년 전인 진시황 12년(기원전 235)에 난릉에서 세상을 떠났다.

II. 본론_한비자 독살옥사 사건의 의문점

한비자가 태어났을 당시 한나라는 매우 어지러웠다. 전국칠웅 가운데 가장 약한 나라인 한나라의 권신들은 이웃한 진나라 등과 선을 대며 보신에 급급했다. 한비자가 「오두」에서 이런 자들을 싸잡아 좀벌레로 비난한 이유다. 당시 한나라는 패망의 기색이 완연했다. 진소양왕 53년(기원전 254)에 한환혜왕이 진나라로 조현을 가 신하의 예를 올린 사실이 이를 뒷받침한다. 그는 3년 뒤인 진소양왕 56년(기원전 251)에도 진소양왕이 죽고 진시황의 조부인 진효문왕秦孝文王이 즉위했을 때 3년 상복의 최질衰絰을 입고 가 조문했다. 진나라 신하와 하등 다를 바가 없었다. '최질'은 부친이 사망했을 때 입는 참최斬衰와 모친이 사망했을 때 입는 재최齋衰의 3년 상복을 통칭한 말이다. 한나라는 사실상 진나라에 복속된 것이나 다름없었다. 한비자가 이로부터 18년 뒤인 진시황 14년(기원전 233)에 진나라에 사자로 갔다가 옥사한 것도 당시의 이런 정황과 무관치 않았을 것이다.

문제는 21세기 현재까지도 「노자한비열전」의 기록에 근거해 한비자가 동문수학한 이사에 의해 억울하게 옥사했다는 주장이 정설로 통하고 있는 점이다. 동문수학한 한비자와 이사의 악연에 관한 이 일화는 관중과 포숙아의 '관포지교' 일화와 대비돼 이사를 악인으로 낙인찍는 데 결정적인 역할을 하고 있다.

원래 간언을 하다 한무제의 노여움을 사 궁형宮刑을 받은 사마천이 죽음보다 못한 수치를 무릅쓰고 『사기』의 저술을 끝낸 것은 부친의 유업을 잇기 위한 것이었다. 죽음을 두려워하지 않고 간언을 한 오자서伍子胥 등을 극도로 미화하고 반대편에 섰던 백비伯嚭를 만고의 간신으로 매도해 놓은 이유가 여기에 있다. 동병상련으로 해석할 수밖에 없다.

아직까지 구체적으로 거론한 사람이 없으나 한비자와 이사의 경우도 유사한 경우로 보인다. 진시황에게 유세를 하다 죽음에 몰리게 된 한비자를 크게 동정한 나머지 의도적으로 이사를 매도했을 가능성이 농후하다는 얘기다. 「노자한비열전」의 마지막 대목에서 "나는 다만 한비자가 유세의 어려움에 관한 「세난」을 쓰고도 정작 본인은 그 덫에서 빠져나오지 못해 허망하게 죽은 사실을 슬퍼할 따름이다"라고 한탄한 대목이 이를 뒷받침한다. 만일 사마천이 직접 이런 식의 교묘한 '역사왜곡'을 자행한 게 아니라면 『사기』가 후대로 전해지는 와중에 한비자를 동정한 후대인의 가필 가능성을 상정할 수 있다. 그 이유는 다음에 논하는 바와 같다.

1. 백비에 대한 왜곡과 한비자에 대한 왜곡 가능성

「진시황본기」를 보면 사마천이 한무제에 대한 원망을 진시황에게 투영시켰다는 의구심을 떨치기 힘들다. 진시황 관련 대목이 일반상식과 완전히 동떨어져 있는 게 그 증거다. 진시황을 여불위呂不韋의 자식으로 못 박은 것 등은 문학적인 윤색의 차원을 넘는다.[2] 『사기』의

2) 『사기』 「진시황본기」에서 진시황의 정사를 '여정잔학呂政殘虐'으로 표현해 놓은 게 그 실례이다. 여불위 소생의 진왕 정政이 잔학했다는 뜻이다.

일부 대목에 보이는 교묘한 '역사왜곡'은 『춘추좌전』의 기록처럼 명백한 근거가 있는데도 일부 대목을 빼놓거나 아예 뒤집어 표현한 데서 극명하게 드러나고 있다. 대표적인 사례가 바로 오자서와 백비에 관한 일화이다. 「오자서열전」은 백비의 최후를 이같이 기록해 놓았다.

"월왕 구천句踐은 오나라를 멸할 때 부차夫差를 죽이고 이어 태재太宰 백비도 주살했다. 주군에게 불충했고, 다른 나라로부터 많은 뇌물을 받아먹고, 무리를 만들어 사복을 채웠기 때문이다."[3)]

그러나 이는 『춘추좌전』의 기록과 정면으로 배치된다. 『춘추좌전』에 따르면 백비는 오왕 부차가 죽은 뒤에도 엄연히 살아남아 월나라의 태재가 되었다. 『춘추좌전』「노애공 24년」조는 부차가 자진한 지 2년이 지난 뒤의 상황을 이같이 기록해 놓았다.

"(기원전 471년 4월) 윤달, 노애공魯哀公이 월나라로 갔다. 노애공은 월나라 태자 적영適郢과 매우 가깝게 지냈다. 적영이 노애공에게 자신의 딸을 보내고 또 많은 땅까지 떼어주려고 했다. 노나라 대부 공손 유산有山이 이 사실을 집정대부 계강자季康子에게 알렸다. 계강자는 장차 노애공이 월나라에 기대어 자신을 공격할까 크게 두려워했다. 이에 곧 사람을 시켜 월나라 태재로 있는 백비에게 뇌물을 전했다. 이로써 이 일은 중지되었다."[4)]

「오자서열전」에는 매수당한 백비가 부차의 야심을 자극하며 속히 제나라 공벌에 나설 것을 부추겨 오나라의 패망을 유도한 것으로 되

---

3) 『사기』「오자서열전」越王句踐遂滅吳, 殺王夫差, 而誅太宰嚭, 以不忠於其君, 而外受重賂, 與己比周也.

4) 『춘추좌전』「노애공 24년」조 閏月, 公如越, 得大子適郢, 將妻公而多與之地. 公孫有山使告于季孫. 季孫懼, 使因大宰嚭以納賂焉, 乃止.

어 있다. 그러나 『춘추좌전』에는 그런 내용이 전혀 나오지 않고 있고 오직 월나라 태재로 있을 때 계강자의 청탁용 뇌물을 받은 사실만 기록돼 있다. 「오자서열전」의 기록과 정면으로 배치된다.

이는 사마천 또는 후대인이 마치 진시황을 여불위의 자식으로 낙인찍은 것과 똑같은 차원에서 역사적 사실을 교묘히 조작해 이사를 한비자 옥사의 주범으로 몰아갔을 가능성을 시사한다. 이사는 진시황의 천하통일에 결정적인 공헌을 한 인물이다. 이사를 한비자 옥사의 원흉으로 몰 경우 진시황 역시 '간교하기 짝이 없는 이사'를 중용한 '폭군'이 될 수밖에 없다. 사마천이 쓴 원래의 『사기』에 이런 내용이 없었다면 사찬私撰의 형식으로 저술된 『사기』가 후대로 전해지는 와중에 누군가가 가필했을 공산이 매우 크다.

2. 한비자 독살옥사 사건에 관한 몇 가지 모순점

『사기』의 관련 기록을 종합해 볼 때 이사를 한비자 독살의 원흉으로 몰아간 근거로 크게 5가지 사항을 들 수 있다.

첫째, "이사는 스스로 한비자만 못하다고 여겼다"고 언급한 점이다. 이는 사마천이 「열전」에 나오는 인물을 묘사할 때 흔히 사용한 복선伏線 기법이다. 사마천은 인물을 보다 생생히 묘사하기 위해 현대 문학에서 흔히 사용하는 복선 기법을 자주 구사했다. 『사기』를 '문학적 사서'로 부르는 이유다. 이는 「열전」에 그치는 게 아니다. 「본기」와 「세가」도 예외가 아니다. 논찬論贊 형식으로 사실을 포폄褒貶하고 성패의 원인을 분석하는 과정에서 객관성을 잃었다는 지적이 나오는 이유다.

「노자한비열전」의 해당 대목 역시 이사를 폄훼할 의도로 복선을 미리 깔아둔 것이라는 의심을 받을 만하다. 이는 『사기』의 내용을 액면 그대로 받아들일 수 없다는 것을 의미한다.

둘째, 진시황이 한비자와 만나 함께 노닐었으면 죽어도 여한이 없겠다고 찬탄할 때 곁에 있던 이사가 진시황에게 당사자가 바로 한비자라고 밝힌 점이다. 왜 그랬을까? 이사는 진시황이 찬탄한 인물이 바로 자신과 함께 수학한 한비자였다고 자랑스럽게 말했을까, 아니면 장차 그를 함정에 끌어들이기 위해 그같이 말했을까? 복선과 연관시켜 생각하면 후자로 해석할 수밖에 없다.

이사가 한 말은 사마천이 꾸며낸 말이라고 보기는 어렵다. 역사가가 어떤 사실을 기술할 때 해당 인물의 언급을 멋대로 조작하는 것은 금기 중의 금기이다. 사마천은 결코 그처럼 형편없는 사가는 아니다. 이를 액면 그대로 받아들일 경우 이사는 진시황이 감복한 사실에 크게 고무된 나머지 한비자를 자신의 동문으로 소개하며 우쭐했을 공산이 크다. 진나라 군사가 공격을 가하자 한왕 안이 황급히 그를 진나라에 사자로 보냈다는 후속 대목이 이를 뒷받침한다.

그러나 여기에 의문이 생긴다. 당시 진시황의 입장에서 볼 때 한비자를 만나기 위해 굳이 속국이나 다름없는 한나라에 군사를 동원할 필요가 있었을까? 납득이 가지 않는다. 사마광도 마찬가지였다. 그는 이사의 얘기를 들은 진시황이 한비자를 만나기 위해 한나라를 공격했다는 「노자한비열전」의 이 대목에 커다란 의문을 표시하며 『자치통감』에 이같이 기록해 놓았다.

"진시황 14년, 진나라 장수가 다시 군사를 이끌고 가 조나라를 치고 의안宜安, 평양平陽, 무성武城 등을 취했다. 한왕이 땅과 옥새를 진나라에 바치면서 번신이 되기를 청했다. 한비자가 한왕의 사자가 되어 진나라로 왔다."[5]

사마광은 당시 한왕 안이 진나라의 공격에 놀란 나머지 옥새 등을 바치며 속국이 되는 식으로 나라의 잔명을 잇기 위해 한비자를 사자로 보낸 것으로 본 것이다. 이게 역사적 사실에 가까울 것이다.

셋째, 진시황이 막상 한비자를 만나보고는 끝내 중용하지 않은 점이다. 한비자를 만나 함께 노닐었으면 죽어도 여한이 없다고 한 진시황은 왜 막상 한비자를 만나 일면 크게 기뻐하면서도 끝내 발탁하지 않은 것일까? 「노자한비열전」은 이 대목 뒤에 곧바로 이사가 한비자를 무함했다고 기록해 놓았다. 독자들은 이사가 처음부터 한비자를 제거할 요량으로 그같이 한 것으로 여길 수밖에 없다. 그러나 과연 그랬을까?

진시황과 한비자의 만남은 최강국의 군주인 진시황이 적극 바랐던 것인 만큼 당시 세인들의 관심도 매우 컸을 것이다. 그런데도 「노자한비열전」은 당시 진시황이 한비자와 무슨 얘기를 나눴는지 단 한마디도 소개해 놓지 않는다. 의도적인 누락일 공산이 크다. 『한비자』 「초견진」에 당시 한비자가 진시황에게 올린 상서 내용이 그대로 수록돼 있다. 사마광은 『자치통감』에서 그 내용을 이같이 요약해 놓았다.

"지금 진나라는 영토가 사방 수천 리이고 군사는 1백만 명에 달합니다. 호령과 상벌 또한 천하의 어느 나라도 이와 같지 못합니다. 저는 죽음을 무릅쓰고 대왕을 배견하여 합종책을 깨뜨리는 계책을 바치고자 합니다. 대왕이 실로 저의 말을 들은 후 일거에 천하의 합종책이

---

5) 『자치통감』 「진소양왕 14년(기원전 233)」조 桓齮伐趙, 取宜安·平陽·武城. 韓王納地效璽, 請爲藩臣, 使韓非來聘.

격파되지 않거나, 조나라를 공략하고 한나라를 멸망시키며 초나라와 위나라가 신하를 칭하는 일이 없거나, 제나라와 연나라가 진나라와 가까워지지 않거나, 패왕의 명성이 이뤄지지 않거나, 사방의 제후국들이 조현하지 않거나 하면 곧바로 저를 참수한 뒤 시체를 전국에 돌려 대왕을 위한 계책이 불충했음을 경계하도록 하십시오."[6]

『자치통감』은 "진시황이 이를 보고 크게 기뻐했으나 임용하지는 않았다"고 기록해 놓았다. 주목할 것은 상서 내용 가운데 '한나라를 멸망시키며' 운운한 대목이다. 한비자는 조국 한나라를 살리기 위해 진나라에 사자로 왔는데 어떻게 이런 말을 할 수 있는 것일까? 사마광은 「초견진」의 내용을 요약한 뒤 이같이 비판해 놓았다.

"내가 듣건대 '군자는 자신과 가까운 사람을 친하기 시작해 다른 사람의 친한 사람에까지 이르고, 그 자신의 나라를 사랑하기 시작해 다른 나라에까지 이르니 이에 비로소 공명을 크게 이뤄 백복百福을 누리게 된다'고 했다. 당시 한비자는 진나라를 위해 계책을 내면서 먼저 자신의 조국을 복멸覆滅케 할 생각으로 그러한 주장을 폈으니 그 죄는 죽어도 용서받지 못할 만한 것이었다. 그러니 어찌 그의 죽음을 가련히 생각할 필요가 있겠는가?"[7]

---

6) 『자치통감』 「진소양왕 13년(기원전 233)」조 "今秦地方數千里, 師名百萬, 號令賞罰, 天下不如. 臣昧死願望見大王, 言所以破天下從之計. 大王誠聽臣說, 一擧而天下之從不破, 趙不擧, 韓不亡, 荊·魏不臣, 齊·燕不親, 覇王之名不成, 四鄰諸侯不朝, 大王斬臣以徇國, 以戒爲王謀不忠者也." 王悅之, 未任用. 李斯嫉之, 曰, "韓非, 韓之諸公子也. 今欲並諸侯, 非終爲韓不爲秦, 此人情也. 今王不用, 又留而歸之, 此自遺患也. 不如以法誅之." 王以爲然, 下吏治非. 李斯使人遺非藥, 令早自殺. 韓非欲自陳, 不得見. 王后悔, 使赦之, 非已死矣.

7) 『자치통감』 「진소양왕 13년(기원전 233)」조 "臣聞君子親其親以及人之親, 愛其國以及人之國, 是以功大名美而享有百福也. 今非爲秦畫謀, 而首欲覆其宗國, 以售其言, 罪固不容於死矣, 烏足愍哉!"

나름 일리 있는 지적이기는 하나 사실 이는 한비자의 속셈을 제대로 읽지 못한 데 따른 것이다. 당시 한비자가 진시황에게 한나라를 보전코자 하는 속셈을 섣불리 드러냈다면 얘기조차 제대로 꺼내지 못했을 공산이 컸다. 한비자는 진시황의 의중에 부합할 필요가 있다고 판단해 그같이 말했다고 보는 게 합리적이다. 한비자의 이런 발언을 문제 삼아 '조국을 복멸코자 한 자'로 매도한 것은 지나쳤다.

그렇다면 당시 진시황이 한비자의 상소를 읽고 내심 기뻐했음에도 한비자를 등용치 않은 것일까? 사마광처럼 '조국을 복멸코자 한 자'로 간주해 믿을 수 없는 자라고 판단한 것일까? 사마천은 그같이 판단했다. 「노자한비열전」에 '미신용未信用'이라고 표현해 놓은 게 그렇다. 그러나 『자치통감』에는 '미임용未任用'으로 되어 있다.[8] 양자는 커다란 뉘앙스 차이가 있다.

당시 상황에 비춰볼 때 진시황이 천하통일 작업을 가시화할 경우 한나라부터 시작하지 않을 수 없다. 실제로 그렇게 진행됐다. 이런 상황에서 한비자를 중용할 경우 한비자는 말할 것도 없고 진시황의 입장도 묘해진다. 객관적으로 볼 때 진시황은 천하통일 작업이 어느 정도 진행됐을 때 비로소 한비자를 등용코자 했을 공산이 크다. 사마광이 「노자한비열전」을 거의 그대로 인용하면서도 '미신용'을 '미임용'으로 바꿔 표현한 배경이 여기에 있다. 결코 진시황이 이사 때문에 한비자를 등용하지 않은 게 아니라는 얘기다.

넷째, 이사가 한비자에게 독약을 전했다는 「노자한비열전」 기록은 앞뒤 문맥과 맞지 않는다. 해당 기록은 이사가 요가와 더불어 한비자

---

8) 『사기』 「노자한비열전」 秦王悅之, 未信用 ; 『자치통감』 「진소양왕 13년(기원전 233)」조 王悅之, 未任用.

를 음해한 뒤 이내 감옥에 있는 한비자에게 독약을 보낸 것으로 기술해 놓았다. 이사를 주범으로 몰아가려는 의도가 배어난다.

후술하는 바와 같이 한비자가 옥에 갇히게 된 것은 전적으로 요가와 정면충돌한 데 따른 것이다. 이사와는 아무런 관련이 없다. 옥에 갇힌 한비자에게 독약을 보낼 이유가 전혀 없다는 얘기다. 사마천이 후대인에 의해 부풀려진 항간의 얘기를 마치 역사적 사실인 양 끼워 넣었을지도 모르겠다.

백 보 양보해 「노자한비열전」의 기록처럼 설령 이사가 요가와 함께 한비자를 무함하는 데 가담했다고 가정할지라도 주범은 어디까지나 요가였다. 이사의 역할은 '심정적인' 종범에 불과했다. 그 이유는 다음에 기술하는 바와 같다.

3. 한비자와 당대의 종횡가 요가의 정면충돌 가능성

한비자 독살옥사 사건을 추적하는 과정에서 특히 주목할 것은 사마천이 「노자한비열전」에서 한비자를 무함한 인물로 이사를 주범, 요가姚賈를 종범으로 언급해 놓은 점이다.[9] '요가'라는 사람의 이름은 『사기』 전편을 통해 여기에만 유일무이하게 등장한다. 배경설명도 없다. 오직 '요가'라는 이름만 달랑 등장할 뿐이다. 요가는 과연 어떤 인물이었기에 사마천은 이처럼 밑도 끝도 없이 이사 뒤에 '요가'라는 사람

9) 『사기』 「노자한비열전」에서 이사를 앞세우며 요가를 뒤에 기술해 놓은 게 그렇다. 〈李斯·姚賈害之, 毁之曰, "韓非, 韓之諸公子也. 今王欲幷諸侯, 非終爲韓不爲秦, 此人之情也. 今王不用, 久留而歸之, 此自遺患也, 不如以過法誅之."〉 대목이 그 실례다.

의 이름만 달랑 기록해 놓은 것일까? 독자들이 볼 때 문맥상 한비자를 무함한 주범은 이사가 될 수밖에 없다.

그러나 『전국책』을 보면 요가는 결코 간단한 인물이 아니다. 그는 전국시대 말기를 화려하게 수놓은 당대 최고의 종횡가였다. 수완 면에서 진소양왕 때 활약한 장의張儀를 빰치고 있다. 한비자의 독살옥사 사건과 관련해 필자와 유사한 생각을 가진 인물로 남북조시대 남조 송나라 때의 배인裴駰을 들 수 있다.

배인은 부친 배송지裴松之와 함께 각기 『사기』와 『삼국지』의 주석을 단 데서 알 수 있듯이 비록 사서를 편찬하지는 않았지만 사마천 및 진수와 어깨를 나란히 하는 최고의 사가에 속한다. 『사기』 「노자한비열전」의 한비자 관련 대목의 주석을 보면 온통 당나라 때 활약한 장수절張守節의 『사기정의史記正義』와 사마정司馬貞의 『사기색은史記索隱』 주석뿐이다. 배인의 『사기집해』 주석은 모두 3개 나온다. 2개는 사마천의 사평에 대한 주석으로 글자 해석에 그치고 있어 특이할 것도 없다. 주목을 끄는 것은 한비자의 '독살옥사' 기사에 대한 나머지 1개의 주석이다. 배인은 한비자의 죽음과 관련해 『사기』의 내용과 충돌하는 『전국책』 「진책」의 해당기사를 거론해 놓은 것으로 주석을 대신했다. 그는 『전국책』 「진책」의 해당 대목을 간략히 거론해 놓은 것에 그치고, 사평을 덧붙이지 않았다. 이는 진시황과 조조를 천하의 폭군 내지 간웅으로 간주한 남조 정권의 성격과 무관치 않을 듯싶다.

당나라 측천무후와 현종 때 활약한 장수절과 사마정은 경쟁의식이 남달라 논란이 되는 대목에서 '팩트'를 놓고 배인의 『사기집해』를 자주 인용하며 공방을 펼쳤음에도 사가로서 응당 주목해야 할 이 대목에 대해서만큼은 아예 입을 다물고 있다. 이들 역시 진시황을 미화한다는 비난을 받을까 우려했을 것으로 짐작된다. 객관적으로 볼 때 그는 『사기』의 한비자 '독살옥사' 사건에 관해 최초로 문제제기를 한 장본인에 해당한다.

배인이 사상 최초로 문제제기를 한 '한비자 독살' 사건에 관한 후대인들의 관심을 알아보기 위해 관련 서적을 포함해 바이두, 야후, 구글 등을 뒤졌다. 이 문제에 관심을 표명한 사람은 가이즈카 시게키貝塚茂樹가 거의 유일하다. 그는 지난 2003년 코단샤講談社 학술문고본으로 펴낸 『한비韓非』에서 한비자가 동문수학한 이사의 시기심에 의해 죽음을 당했다는 「노자한비열전」의 기록에 강한 의구심을 표명하면서 한비자가 순자의 제자였다는 사실까지 의심했다. 이는 아무래도 지나치다. 그런 점에서 본고는 배인의 문제제기 이후 한비자가 이사와 함께 순자의 제자로 있었다는 사실을 전제로 한비자 독살옥사 사건의 내막을 파헤친 최초의 논문에 해당할 듯싶다.

그렇다면 『전국책』 「직책」의 관련 내용은 과연 어떤 것이기에 배인은 이를 특별히 언급해 놓은 것일까?10) 「진책」에 따르면 진시황 11년

---

10) 『전국책』 「진책」에 소개된 한비자와 요가의 충돌 대목 전문은 다음과 같다. 〈四國爲一, 將以攻秦. 秦王召群臣・賓客六十人而問焉曰, "四國爲一, 將以圖秦, 寡人屈於內, 而百姓靡於外, 爲之奈何." 群臣莫對. 姚賈對曰, "賈願出使四國, 必絕其謀, 而安其兵." 乃資車百乘, 金千斤, 衣以王衣, 冠以往觀, 帶以王劍. 姚賈辭行. 絕其謀, 止其兵, 與之爲交以報秦. 秦王大悅. 封賈千戶, 以爲上卿. 韓非短之曰, "賈以珍珠重寶, 南使荊吳, 北使燕代, 出問三年, 四國之交未必合也, 而珍珠重寶盡於乃. 是賈以王之權・國之寶, 外自交於諸侯, 願王察之. 且梁監門子, 嘗盜於梁, 臣於趙而逐. 取世監門子・梁之大盜・趙之逐臣, 與同知社稷之計, 非所以厲群臣也." 王召姚賈而問曰, "吾聞子以寡人財交於諸侯, 有諸." 對曰, "有之." 王曰, "有何面目復見寡人." 對曰, "曾參孝其親, 天下願以爲子. 子胥忠於君, 天下願以爲臣. 貞女工巧, 天下願以爲妃. 今賈忠王, 而王不知也. 可不歸4國, 尙焉之. 使賈不忠於君, 四國之王尙焉用賈之身. 桀聽讒而誅其良將, 紂聞讒而殺其忠臣, 至身死國亡. 今王聽讒, 則無忠臣矣." 王曰, "子監門子, 梁之大盜, 趙之逐臣." 姚賈曰, "太公望齊之逐夫, 朝歌之廢屠, 子良之逐臣, 棘津之不讎庸, 文王用之而王. 管仲其鄙人之賈人也, 南陽之弊幽, 魯而免囚, 桓公用之而伯. 百里奚虞之乞人, 傳賣以五

(기원전 236), 연과 조, 위, 초 등 4국이 하나가 되어 진나라를 치려고 했다. 진시황이 군신들과 빈객 60여 명을 불러놓고 물었다.

"4국이 하나가 되어 장차 우리 진나라를 치려고 하니 걱정이오. 안으로 군수물자를 조달할 재정이 궁핍치는 않으나 잇단 전쟁으로 인해 병사들이 크게 지쳐 있소. 이 일을 어찌하면 좋겠소?"

군신들이 아무 대답도 못 하고 있을 때 요가가 문득 나서 이같이 대답했다.

"원컨대 신이 4국에 사자로 가 반드시 그 모의를 철회시키고 출병을 저지토록 하겠습니다."

진시황이 기뻐하며 병거 1백 승乘과 금 1천 근斤을 내주면서 자신의 의관과 칼까지 착용케 했다. 진시황에게 하직인사를 올리고 유세에 나선 요가는 곧바로 자신의 약속이 허언이 아니었음을 증명했다. 4국이 이내 모의를 철회한 게 그렇다. 그는 여기서 한 발 더 나아가 아예 4국과 우호관계까지 맺고 돌아왔다. 장의를 뺨치는 종횡술이다. 진시황이 요가를 '기특'하게 생각했을 공산이 크다.

진시황 14년(기원전 233), 요가가 4국과 우호관계까지 맺은 뒤 진나라로 돌아와 복명復命하자 진시황이 크게 기뻐하며 그에게 식읍 1천 호를 상으로 내리고 상경上卿으로 삼았다. 객경 출신으로서는 거의 최고의 자리에 오른 셈이다. 공교롭게도 마침 이때 한비자가 한나라의 사자로 함양에 와 있었다. 그는 진시황에게 이같이 충고했다.

羊之皮, 穆公相之而朝西戎. 文公用中山盜, 而勝於城濮. 此四士者, 皆有詬醜, 大誹於天下, 明主用之, 知其可與立功. 使若卞隨・務光・申徒狄, 人主豈得其用哉. 故明主不取其汚, 不聽其非, 察其爲己用. 故可以存社稷者, 雖有外誹者不聽. 雖有高世之名無咫尺之功者不賞. 是以群臣莫敢以虛願望於上." 秦王曰, "然." 乃可復使姚賈而誅韓非.〉

"요가는 3년간에 걸쳐 귀한 보물을 모두 풀어 유세에 나섰습니다. 남으로는 초와 오, 북으로는 연과 조나라에 사자로 돌아다니며 애썼으나 4국이 진정으로 진나라와 국교를 맺으려 한 게 아닌데도 국내의 귀한 보물만 모두 바닥내고 말았습니다. 이는 요가가 대왕의 권세와 나라의 보물을 이용해 밖으로 제후들과 사사로이 교분을 맺은 탓입니다. 원컨대 대왕은 실체를 잘 살피시기 바랍니다. 원래 요가는 위나라 문지기의 아들로 태어난 자입니다. 일찍이 위나라에서 도둑질을 하고, 조나라에서 벼슬을 살다가 쫓겨난 바 있습니다. 조상 대대로 문지기를 한 집안의 아들로 태어나 위나라의 큰 도둑으로 있다가 조나라에서 쫓겨난 그런 자와 더불어 국가대사를 논의하니 이는 군신들을 격려하는 계책이 아닙니다."

화가 난 진시황이 곧 요가를 불러내 물었다.

"내가 듣건대 그대는 과인의 재물을 이용해 제후들과 사사로이 교분을 맺었다고 하는데 과연 그런 일이 있었소?"

"있습니다."

"그렇다면 무슨 낯으로 또 과인을 만난 것이오?"

요가가 대답했다.

"증자가 효성이 지극하자 천하의 부모들이 모두 그를 자신의 아들로 삼고 싶어 했고, 오자서가 충성을 지극히 하자 천하의 군주들이 모두 그를 자신의 신하로 삼고 싶어 했습니다. 행실이 곧고 솜씨가 뛰어난 여인은 천하의 장부들이 모두 아내로 삼고 싶어 하는 법입니다. 신은 대왕에게 충성을 다했지만 대왕은 이를 잘 모르고 있습니다. 신이 4국을 돌아다니며 진나라의 보물만 축내다가 달아나고자 했다면 과연 어디로 갈 수 있었겠습니까? 신이 불충했다면 4국의 제후인들 어찌 저를 쓸 리 있겠습니까? 하나라 걸桀은 참언을 듣고 자신의 뛰어난 장수를 주살했고, 은나라 주紂는 참언을 듣고 충신을 죽였습니다. 그 결과 자신의 몸을 망치고 나라까지 망하게 만들었습니다. 지금 대왕이 참언을 곧이들으면 충신은 사라지고 말 것입니다!"

진시황이 재차 물었다.

"그대는 문지기의 아들로 태어나 위나라에서 도둑질을 한 적도 있고 조나라에서는 신하로 있다가 쫓겨났다고 하는데 그게 사실이오?"

요가가 대답했다.

"태공망太公望 여상呂尙은 제나라에 있을 때 늙은 아내에게 쫓겨난 필부로 원래 썩은 고기나 팔다가 문을 닫은 백정 출신입니다. 이후 낚시로 생계를 꾸리려 했으나 고기가 미끼를 물지 않자 결국 호구지책으로 품팔이에 나섰으나 이 또한 여의치 못해 호구지책을 걱정해야 했던 극히 쓸모없던 자였습니다. 그런데도 주문왕은 그를 등용해 왕자王者가 되었습니다. 관중은 제나라의 장사꾼 출신으로 원래 가난한 처사로 지내다가 제환공을 죽이려 한 죄로 노나라에서 붙잡힌 후 간신히 석방된 죄수에 불과했습니다. 그러나 제환공은 그를 등용해 패자霸者가 되었습니다. 백리해는 우虞나라의 걸인으로 양가죽 5장 값에 팔려가는 신세였습니다. 그러나 진목공은 그를 구해내 상국으로 삼음으로써 서쪽 오랑캐의 조공을 받게 되었습니다. 진문공은 중산中山 땅의 도적을 군사로 활용해 성복城濮의 싸움에서 초나라 군사를 대파하고 패업을 이뤘습니다. 여상을 비롯한 이들 4인 모두 비천한 출신으로 천하의 놀림거리였으나 주문왕 등은 이들을 과감히 등용했습니다. 이는 이들과 함께 공을 세울 수 있다는 사실을 알았기 때문입니다. 만일 신이 도인들처럼 굴속에 숨어 살았으면 대왕이 어찌 저를 등용할 수 있었겠습니까? 명군은 신하의 미천함을 따지지 않고, 과거의 비행을 따지지 않고 오직 자신을 위해 쓸 만한 인물인지 여부만을 살필 뿐입니다. 사직을 보전하려는 군주는 비록 밖에서 비방하는 말이 들릴지라도 듣지 않고, 비록 뛰어난 명성이 있을지라도 최소한의 공조차 세우지 못한 자에게는 상을 내리지 않는 법입니다. 그래야만 군신들이 헛되이 군주에게 분에 넘치는 요구를 하지 않게 됩니다."

이상이 「진책」에 소개된 관련 대목 전문이다.

「진책」은 진시황이 '다시' 요가의 지위를 회복시켜 주면서 한비자를 주살케 했다고 기록해 놓았다. 원문은 '가부사요가이주한비可復使姚賈而誅韓非'이다. 요가의 복귀와 한비자의 주살이 앞뒤로 맞물려 있다. 진시황이 한비자의 말을 듣고 요가의 관작을 박탈했다가 요가의 조리 있는 해명을 들은 뒤 크게 놀라 요가를 다시 복직시키면서 한비자를 곧바로 주살했음을 보여준다. 진시황의 노여움이 얼마나 컸는지 대략 짐작할 수 있다.

「진책」의 이 대목은 동시에 한비자가 자신의 출신성분에 대해 커다란 자부심을 갖고 있었음을 반증한다. 요가를 두고 '조상 대대로 문지기를 한 집안의 아들' 운운한 게 그 증거다. 그러나 당시는 능력만 있으면 포의지사布衣之士에서 일약 재상의 반열에 오를 수 있는 극히 개방적인 시대였다. 이런 시기에 한비자처럼 조상을 들먹이며 상대방을 공격하는 것은 매우 고루한 짓이다. 더구나 요가는 당대의 종횡가였다. 종횡가는 자신을 알아주는 주군을 위해 그 어떤 협상이든 주도적으로 나서는 말 그대로 유세 전문가이다. 요즘의 '엘리트 외교관'에 해당한다. 한비자가 '엘리트 외교관'인 요가를 두고 조나라에서 쫓겨난 신하로 매도한 것은 아무래도 지나쳤다. 『전국책』 「조책」에 한비자의 종횡가에 대한 과민한 반응이 얼마나 잘못된 것인지를 보여주는 일화가 나온다.

요가가 조도양왕趙悼襄王을 섬길 때의 일이다. 조도양왕은 조나라가 패망하기 직전의 군주로 재위기간은 기원전 245년에서 기원전 236년까지 총 9년간이다. 진시황이 30세 전후가 되던 해에 보위에 앉아 있었던 셈이다. 당시 조나라는 매우 어지러웠다. 조도양왕이 요가에게 한나라 및 위나라와 결맹하는 일에 나서줄 것을 부탁했다. 요가의 설득에 넘어간 두 나라가 요가를 정중히 대접했다. 그러나 의심이 많은 조도양왕은 두 나라와 요가 사이에 무슨 밀약이 있는 것이나 아닌지 크게 의심했다. 이때 요가의 동료인 유세객 거모擧茅가 요가를 위해 조도양왕에게 이같이 말했다.

"요가는 대왕의 충신입니다. 한, 위 두 나라는 요가가 탐이 난 나머지 그를 후대함으로써 대왕이 그를 의심해 쫓아내도록 만든 뒤 이내 받아들이려 하는 것입니다. 지금 대왕이 그를 내쫓으면 두 나라의 소원은 이뤄지고 대왕의 충신은 죄를 얻는 셈이 됩니다. 오히려 그를 내쫓지 않음으로써 대왕의 현명함을 분명히 하고 그를 얻으려는 두 나라의 음모를 와해시키는 게 현명합니다."[11]

요가가 얼마나 탁월한 '엘리트 외교관'이었는지를 짐작케 해주는 대목이다. 그가 진시황을 위해 유세에 나선 시점은 기원전 236년으로 조나라를 위해 유세에 나선 때로부터 9년 뒤이다. 조도양왕이 의심하자 이내 조나라를 떠나 진나라로 넘어온 것으로 보인다. 「조책」의 이

11) 『전국책』「조책」 趙使姚賈若韓魏, 韓魏以友之. 擧茅爲姚賈謂趙王曰, "賈也, 王之忠臣也, 韓魏欲得之, 故友之, 將使王逐之, 而己因受之. 今王逐之, 是韓魏之欲得, 而王之忠臣有罪也. 故王不如勿逐, 以明王之賢, 而折韓魏之招."

일화를 토대로 볼 때 한비자가 요가를 두고 '조나라에서 쫓겨난 신하'라고 비난한 것은 사실을 왜곡했다는 지적을 받을 만하다.

객관적으로 볼 때 요가는 쫓겨난 게 아니라 자발적으로 빠져나온 것에 가깝다. 한비자의 비난을 거꾸로 해석하면 당시 요가는 진소양왕 때 천하를 진동시킨 당대의 종횡가 장의가 그랬던 것처럼 한나라와 위나라를 손에 넣고 뜻하는 바대로 주무른 셈이다. 요가의 이런 현란한 유세행보를 두고 한비자가 '위나라의 큰 도둑'으로 비난한 것은 자신의 조국인 한나라의 입장에서 요가를 비판한 것으로 비춰질 소지가 크다.

이런 식의 접근은 천하통일의 준비작업에 박차를 가하고 있던 진시황의 입장과 정면으로 충돌한다. 진시황의 입장에서 볼 때 증조부 진소양왕은 장의의 활약 덕분에 남방의 강국 초나라를 결정적으로 굴복시킨 바 있다. 진시황은 한때 서제西帝를 칭하며 천하통일 행보를 서둘렀던 증조부 진소양왕의 유지를 잇고자 했다. 종횡가를 높이 평가했을 공산이 크다. 실제로 그는 천하통일 과정에서 강력한 무력과 더불어 종횡가의 유세술을 대거 활용했다.

진시황으로서는 한비자의 말만 믿고 요가의 관작을 박탈한 자신의 '성급한' 조치에 스스로 화를 냈을 공산이 크다. 사실상 요가를 내쫓은 '암군' 조도양왕의 전철을 밟은 꼴이 됐기 때문이다. 자존심이 크게 상했을 것이다. "진시황이 다시 요가의 지위를 회복시켜 주면서 좌우에 명해 한비자를 주살케 했다"는 「진책」의 기록이 이를 뒷받침한다. 결과적으로 한비자는 한나라 귀족가문 출신으로서의 자만심과 법가사상을 집대성했다는 자부심 등으로 인해 섣불리 당대의 종횡가인 요가를 공격했다가 오히려 부메랑을 맞은 셈이다. 한비자를 궁지로 몰아넣은 것은 이사가 아닌 요가였음을 뒷받침해 주는 대목이다. 이는 '아전' 출신 이사의 종횡가 행보를 살펴보면 더욱 명확해진다.

4. 이사의 법가 행보에 대한 재해석 필요성

먼저 이사와 요가가 한비자를 무함했다는 「노자한비열전」의 해당 대목부터 자세히 살펴볼 필요가 있다. 「노자한비열전」의 기록과 같이 당시 두 사람이 진시황 앞에서 "한비자가 진나라보다는 한나라를 위해 일할 것이고, 그게 인지상정이다"라고 지적한 대목은 사실 무함이라고 보기도 어렵다. 너무나 당연한 얘기이기 때문이다. 나아가 "한비자를 등용치 않은 채 오래 머물게 했다가 돌려보낼 경우 이 또한 스스로 우환을 남기는 것이다"라고 지적한 대목 역시 인간의 통상적인 심리를 언급한 것으로 크게 틀린 것도 아니다.

문제는 "한비자의 허물을 물어 법으로 주살하느니만 못하다"고 주청한 마지막 대목이다. 「노자한비열전」의 원문은 불여이과법주지不如以過法誅之, 『자치통감』은 과過가 생략된 불여이법주지不如以法誅之로 되어 있다.[12] 뜻은 별 차이가 없다.

객관적으로 볼 때 아무리 속국에 해당하는 한나라일지라도 일단 일국의 사자로 온 한비자를 법으로 다스린다는 것은 매우 중대한 문제이다. 누구나 수긍할 만한 명백한 죄과罪過가 없는 한 일국의 사자를 법으로 다스리는 것은 열국의 비판을 받을 소지가 컸다. 그렇다면 구

12) 『사기』「노자한비열전」 今王不用, 久留而歸之, 此自遺患也, 不如以過法誅之 ; 『자치통감』「진 소양왕 14년」조 今王不用, 叉留而歸之, 此自遺患也. 不如以法誅之.

체적으로 당시 한비자에게 덧씌워진 죄과는 어떤 것이었을까?

「진책」의 기록을 토대로 추론하면 대공을 세워 상경에 임명된 요가의 관작을 박탈하게 만든 점에서 '간첩죄'로 논죄論罪되었을 공산이 크다. 진나라의 엄한 법제에 따르면 이는 목이 잘리는 참수형斬首刑의 차원을 넘어 온 몸이 우마가 이끄는 수레에 의해 사정없이 찢겨나가는 거열형車裂刑에 해당한다. 한비자의 '간첩죄'를 다루는 과정에서 자백을 받아내기 위해 혹형이 가해졌을지도 모른다. 이 와중에 「노자한비열전」의 기록처럼 한비자가 이사에게 진시황과 만나게 해줄 것을 간청했을 수도 있다.

이사는 이런 상황에서 과연 어떤 처신을 하는 게 옳았을까? 그는 기본적으로 이런 청을 들어줄 수 있는 입장에 서 있기나 했던 것일까? 전후맥락에 비춰볼 때 이사는 그런 입장에 서 있지 못했다. 진나라의 법제에 비춰볼 때 자칫 섣불리 나섰다가는 오히려 한비자와 같은 무리로 매도돼 문죄問罪당할 공산이 컸다.

그렇다면 이사가 친구 한비자에게 해줄 수 있는 최상의 방안은 무엇이었을까? 객관적으로 볼 때 진시황으로 하여금 요가를 파면시키는 실책을 범하도록 만들어 '간첩죄'로 몰린 상황에서 이를 번복시킬 묘책은 전무했다고 보아야 한다. 그렇다고 동문수학한 입장에서 한비자가 거열형을 당하도록 방치할 수도 없는 일이다. 독약을 보내 스스로 목숨을 끊도록 돕는 게 최상의 방안이 아니었을까? 「진시황본기」에 이를 뒷받침하는 기록이 나온다.

이 일이 있기 6년 전인 진시황 8년(기원전 239), 진시황의 동생인 장안군長安君 성교成蟜가 군사를 이끌고 조나라를 공격하던 중 문득 반기를 들었다가 군졸들과 함께 주살을 당한 바 있다. 1년 뒤인 진시황

9년(기원전 238), 노애嫪毐가 반란을 일으켰다가 실패하자 이에 동조했던 무리들 모두 거열형에 처해졌다. 진시황은 비록 뒤에 후회할지라도 일단 결단할 때는 단호했다. 불같은 성미의 소유자였다.

주목할 것은 노애의 반란이 일어난 이듬해인 진시황 10년(기원전 237)에 빚어진 '정국鄭國 간첩사건'이다. 이는 한나라 출신의 관개수로 전문가인 정국의 간첩행위를 말한다. 당시 한왕 안은 진나라의 동정東征이 시작되면 한나라가 가장 먼저 희생될 것을 우려한 나머지 수리관개 기술이 뛰어난 정국을 진나라로 보내 거대한 토목사업을 벌이도록 했다. 진나라의 인력과 자원을 고갈시켜 동정을 포기하게 만들려는 속셈이었다. 도중에 이 계책이 드러나는 바람에 정국은 '간첩죄'로 몰려 이내 거열형을 당하게 되었다. 이때 정국이 진시황에게 관개수로의 이로움을 역설하며 계속 토목사업을 벌일 것을 설득했다. 진시황이 이를 받아들인 덕분에 정국은 이후 10여 년에 걸쳐 공사를 지휘하며 거대한 프로젝트를 완성시켰다.

『사기』「하거서河渠書」에 따르면 이 프로젝트는 함양 인근의 경수涇水에서 물을 끌어들여 중산의 서쪽을 지나게 한 뒤 다시 북산을 따라 동쪽으로 3백여 리를 연장해 낙수洛水에 이르게 하는 대규모 공사였다. 진나라는 정국의 공을 높이 사 운하의 이름을 정국거鄭國渠로 칭했다. '정국거'의 건설로 관중關中 일대가 옥토로 변했다. 이것이 이후 진나라의 천하통일에 지대한 공헌을 한 것은 말할 것도 없다. 진시황은 자신의 죄를 자백하며 충성을 다짐한 정국을 사면하는 아량을 보였다.

한비자의 '간첩죄'는 이로부터 4년 뒤에 빚어진 일이다. 그렇다면 진시황은 왜 당대의 법가사상가인 한비자에게는 그런 아량을 베풀지 못한 것일까? 가장 큰 이유로 두 사람의 '간첩죄'가 죄질을 달리했던 점을 들 수 있다.

한비자의 간첩죄는 대공을 세운 진시황의 핵심 참모 요가를 무함하여 제거하고자 한 것이고, 정국의 간첩죄는 진나라의 국력을 피폐하게 만드는 것이었다. 죄질로 보면 정국이 더 엄한 벌을 받을 만했다. 그러나 그 내용이 문제다. 정국의 계책은 충성을 다짐받을 수만 있다면 오히려 진나라에 막대한 이익을 안겨줄 수 있었다. 반면 한비자의 계책은 이와 정반대였다. 비록 한비자가 당대 최고의 '제왕지술'을 자랑한다고는 하나 그의 계책은 이미 책으로 나와 있었다. 또한 한비자에 버금하는 뛰어난 책사 이사가 이미 진시황 곁에 있었다. 더구나 한비자는 진시황을 졸지에 조도양왕과 유사한 '암군'으로 만들어 버렸다.

정황상 자존심과 자부심이 강했던 진시황의 입장에서 볼 때 사면할 이유를 찾기가 거의 힘들었다. 요가를 복직시키면서 곧바로 한비자를 주살케 했다는 「진책」의 기록이 그 증거다. 모든 게 진시황의 결단에 따른 것임을 뒷받침하는 대목이다. 「노자한비열전」의 해당 대목에 대한 전면적인 재검토가 필요한 이유다. 객관적으로 볼 때 「노자한비열전」의 해당 대목은 진시황을 이사와 요가의 무함에 휘둘리는 어리석은 암군으로 몰아간 것이나 다름없다.

그렇다면 "진시황이 뒤늦게 후회하며 사람을 보내 사면코자 했으나 한비자는 이미 죽은 뒤였다"는 구절은 어떻게 해석하는 게 좋은 것일까? 이사가 독약을 보냈는지 여부와 상관없이 이 대목은 역사적 사실일 공산이 크다. 「진시황본기」에 따르면 노애의 반란 당시 사건에 연루된 진시황의 생모 조태후趙太后가 옛 도성인 옹성雍城의 부양궁萯陽

宮에 유폐된 적이 있다. 얼마 후 진시황은 유세객 모초茅焦의 설득을 받아들여 직접 수레를 몰고 가 조태후를 함양으로 모셔왔다. 불같은 성미를 지닌 자들이 흔히 보이는 모습이다. 불행하게도 한비자는 이런 행운을 만나지 못한 셈이다. 사실 진시황의 생모 조태후와 속국이나 다름없는 한나라의 사자로 온 한비자는 같은 차원에서 논할 수 있는 것도 아니다.

여기서 백 보 양보해 「노자한비열전」의 기록을 토대로 이사의 '독살설'을 끝까지 주장하는 경우를 상정해 보기로 하자. 해당 기록을 역사적 사실로 가정할 경우 당시 이사는 왜 진시황의 화가 풀어질 때까지 기다리지 않고 성급하게 독약을 보낸 것일까? 이는 이사 자신이 유사한 경우를 당해 죽을 고비를 넘긴 사실을 감안해 판단할 필요가 있다.

'정국 간첩사건'이 빚어지던 진시황 10년(기원전 237) 겨울 10월, 여불위가 한 해 전의 '노애의 반란사건'에 연루돼 정승의 자리에서 쫓겨나 봉지인 낙양으로 가게 됐을 때의 일이다. 당시 종실의 대신들이 진시황에게 타국 출신 대신들이 그들의 군주를 위해 유세하면서 진나라 군신들을 이간하고 있다고 무함했다. 진시황이 곧 '축객령逐客令'을 발포해 다른 나라에서 온 유세객들을 모두 축출했다. 쫓겨난 객경 중에 초나라에서 온 이사도 있었다. 그는 쫓겨나는 와중에 「간축객서諫逐客書」로 불리는 유명한 상서를 올렸다.

"전에 진목공은 선비를 구하면서 서쪽으로 융인의 땅에서 유여由余를 얻고, 동쪽으로 완宛 땅에서 백리해百里奚를 얻고, 송나라에서 건숙蹇叔을 영접했습니다. 이로써 20개국을 합병해 드디어 서쪽의 패자를 칭하게 됐습니다. 진효공은 상앙商鞅의 변법을 채택해 제후국들로 하여금 진나라에 가까이 하며 복종하게 만들었고, 오늘까지 진나라가 잘 다스려지고 강하게 되는 근원이 되었습니다. 진혜문왕은 장의의 계책을 채택해 6국의 합종책을 무산시켜 이들로 하여금 진나라를 섬기게 만들었습니다. 진소양왕은 범수范雎를 얻어 공실을 강하게 만들고 권귀權貴가 발을 붙이지 못하게 만들었습니다. 진목공과 진효공, 진혜문왕, 진소양왕 모두 외부 인재를 거둬들여 성공을 거둔 분들입니다. 이로 보건대 다른 나라에서 온 빈객들이 어찌 진나라에 해를 끼칠 리 있겠습니까? (중략) 제가 듣건대 '태산은 모든 토양을 가리지 않고 받아들여 그렇게 크게 되고, 강과 바다는 작은 시냇물도 가리지 않고 받아들여 그렇게 깊게 되었다'고 했습니다. 왕자王者는 사람을 가리지 않고 받아들임으로써 그 덕과 은혜를 널리 밝힐 수 있는 것입니다. 지금 대왕은 백성을 버려도 적국에 도움을 줄 터인데 하물며 빈객을 물리쳐 다른 제후들이 업적을 쌓도록 도와주고 있습니다. '도적에게 군사를 빌려주고 도적에게 양식을 집어준다'는 말은 바로 이를 두고 말한 것입니다."[13]

「간축객서」의 논리는 요가가 진시황을 설득할 때 편 논리와 같다. 「간축객서」의 효력은 곧바로 나타났다. 진시황이 황급히 축객령을 철

---

13) 『사기』「이사열전」昔繆公求士, 西取由余於戎, 東得百里奚於宛, 迎蹇叔於宋, 來丕豹·公孫支於晉. 此五子者, 不産於秦, 而繆公用之, 幷國二十, 遂霸西戎. 孝公用商鞅之法, 移風易俗, 民以殷盛, 國以富彊, 百姓樂用, 諸侯親服, 獲楚·魏之師, 擧地千里, 至今治彊. 惠王用張儀之計, 拔三川之地, 西幷巴·蜀, 北收上郡, 南取漢中, 包九夷, 制鄢·郢, 東據成皐之險, 割膏腴之壤, 遂散六國之從, 使之西面事秦, 功施到今. 昭王得范雎, 廢穰侯, 逐華陽, 彊公室, 杜私門, 蠶食諸侯, 使秦成帝業. 此四君者, 皆以客之功. 由此觀之, 客何負於秦哉! 臣聞地廣者粟多, 國大者人衆, 兵彊則士勇. 是以太山不讓土壤, 故能成其大, 河海不擇細流, 故能就其深, 王者不卻衆庶, 故能明其德. 是以地無四方, 民無異國, 四時充美, 鬼神降福, 此五帝·三王之所以無敵也. 今乃弃黔首以資敵國, 卻賓客以業諸侯, 使天下之士退而不敢西向, 裹足不入秦, 此所謂"藉寇兵而齎盜糧"者也.

회하면서 사람을 시켜 이사를 부른 뒤 관직을 회복시켜 준 게 그렇다. 진시황이 법가 못지않게 종횡가를 중시했음을 반증하는 대목이다. 당시 진시황을 지근거리에서 모시지 못했던 이사는 법가보다 종횡가로 활약했다. 축객령이 나왔을 때 곧바로 쫓겨난 게 이를 뒷받침한다.

한비자가 진나라에 사자로 간 것은 축객령 소동이 일어난 지 4년 뒤의 일이다. 「간축객서」를 통해 진시황의 마음을 되돌린 바 있는 이사로서는 종횡가를 극도로 폄훼하는 한비자를 무턱대고 옹호할 수만도 없는 입장이었다. 실제로 당시 진시황이 펼친 일련의 행보를 보면 부국강병으로 상징되는 내정內政에서는 비록 법가의 책략을 좇았지만 연횡책連衡策으로 요약되는 외정外政에서만큼은 종횡가의 책략에 크게 의존했다. 『자치통감』의 다음 기록이 이를 뒷받침한다.

"진시황이 이사의 계책을 받아들여 은밀히 유세객들에게 명해 각 제후국에 금옥金玉을 갖고 가 유세토록 했다. 제후국의 명사들 중 금전으로 매수할 수 있는 자들에게는 재물을 후하게 주어 친교를 맺게 하고, 매수를 거부하는 자는 자객을 시켜 제거하게 했다. 각 제후국의 군신 사이를 이간한 뒤 뛰어난 장수와 정예병을 파병해 치게 하자 불과 몇 년 만에 마침내 천하를 겸병케 되었다."[14]

이사를 법가로 분류하고 있는 기존의 견해에 일정부분 수정을 요하는 대목이다. 한비자가 요가의 종횡가 횡보를 평가절하한 것은 나름 일리가 있다. 실제로 요가가 3년 동안 진나라의 보물을 사정없이 풀어 4국과 친교를 맺은 것은 일시적인 것에 지나지 않았다. 이들 4국이 진

14) 『자치통감』 「진소양왕 10년(기원전 237)」조 王卒用李斯之謀, 陰遣辯士賫金玉游說諸侯, 諸侯名士可下以財者厚遺結之, 不肯者利劍刺之, 離其君臣之計, 然後使良將隨其後, 數年之中, 卒兼天下.

정으로 진나라와 국교를 맺으려 한 게 아니라는 한비자의 지적은 종횡가의 한계를 통찰한 결과다. 그러나 종횡가를 싸잡아 간당奸黨으로 몰아간 것은 지나쳤다. 왜 그랬을까? 한비자는 생래적으로 종횡가를 극도로 혐오했다. 『한비자』「팔간八姦」의 다음 대목이 그 증거다.

"군주란 본래 궐 밖의 얘기를 듣기 힘들다. 유세객의 말주변에 넘어가기 쉬운 이유다. 신하들은 제후국의 여러 유세객을 불러들이고 나라 안에 언변이 좋은 자를 양성한 뒤 이들을 군주 앞에 내세워 자신에게 유리하게 말하도록 한다. 교묘한 언변으로 자신들의 말을 따르면 모든 것이 유리하게 진행될 것처럼 착각하게 만들고, 걱정스런 일을 들춰내 겁을 주기도 하고, 헛된 말로 군주의 마음을 허문다."[15]

권신들 모두 유세객을 고용해 헛된 말로 군주를 허수아비로 만들어 사리를 챙기는 만큼 이들의 대변인 역할을 하는 유세객들의 말에 속아 넘어가지 말라는 게 요지이다. 타당한 지적이다. 그러나 진시황의 입장에서 볼 때 이들 유세객이 충성스럽기만 하다면 오히려 피를 덜 흘리며 천하통일을 앞당기는 데 도움이 된다. 여기서 진시황과 한비자의 입장이 극명하게 갈리고 있다. 한비자의 간언은 충분히 받아들일 만하나 요가의 관작을 박탈케 만든 행보만큼은 진시황으로서도 용납할 수 없었을 것이다.

---

15) 『한비자』「팔간」人主者，固壅其言談，希於聽論議，易移以辯說. 爲人臣者求諸侯之辯士，養國中之能說者，使之以語其私. 爲巧文之言，流行之辭，示之以利勢，懼之以患害，施屬虛辭以壞其主，此之謂流行.

Ⅲ. 결론_한비자 독살옥사 사건의 실체와 과제

1. 한비자는 진시황에 의해 주살당했다

결론을 맺기에 앞서 당시 한비자가 왜 당대의 종횡가인 요가와 정면으로 맞붙게 된 것인지 살펴보지 않을 수 없다. 당시의 정황을 종합해 볼 때 크게 두 가지를 생각할 수 있다.

첫째, 일거에 진시황의 총애를 얻고자 했을 가능성이다. 한비자가 볼 때 종횡가는 비전과 식견도 없이 세 치 혀로 군주를 미혹케 만들어 부귀를 누리는 비루한 자들에 불과했다. 객관적으로 볼 때 요가가 진나라의 진귀한 보물을 모두 바닥낼 정도의 엄청난 비용을 들여 얻어낸 성과는 미미했다. 진시황이 천하통일을 이룬 뒤 '장생불사'를 떠드는 서복徐福과 같이 엉터리 도사에게 속아 거만의 재물을 축낸 사실을 감안할 때 한비자의 지적은 정곡을 찌른 것이었다. 진시황은 서복에게 사취詐取를 당한 뒤 '장생불사'의 허망한 꿈을 깨게 됐다. 전화위복이 된 셈이다. 훗날 한무제도 유사한 덫에 걸린 점에 비춰보면 진시황만 탓할 수도 없는 일이다.

한비자의 요가에 대한 탄핵은 나름 타당했다. 그러나 진시황의 입장에서 볼 때는 다르다. 사안을 지나치게 과장해 진시황으로 하여금 핵심 참모를 쫓아내는 '실책'을 유인했기 때문이다. 요가가 탕진한 자금은 비록 규모가 크기는 하나 천하통일의 기반을 다지기 위한 전초작업으로 보면 폭포수의 물방울과 같은 것이다. 문제의 핵심은 진시황으로 하여금 조도양왕처럼 암군의 행보를 취하도록 만든 데 있다. 치명적인 실수였다. 진시황의 신임을 일거에 얻고자 하는 욕심이 이런 무리수를 두게 했을 공산이 크다.

둘째, 이사의 출세를 시기했을 가능성이다. 「노자한비열전」은 이사가 한비자를 시기해 죽음으로 몰아넣은 것으로 기록해 놓았다. 그러나 당시 이사는 상경의 자리에 올라 진시황으로부터 돈독한 신임을 얻고 있었다. 천하통일 직후 진시황은 봉건제를 부활해야 한다는 백관들의 건의를 모두 물리친 후 이사의 건의를 좇아 중앙집권적 관료체제인 군현제郡縣制를 실시하면서 일인지하 만인지상의 승상으로 삼았다. 천하통일을 전후해 이사를 얼마나 신임하고 있었는지를 반증한다. 한비자를 시기할 이유가 하등 없었다는 얘기다.

한비자가 사자로 온 기원전 233년 당시 두 사람은 15년 만에 해후한 셈이다. 한비자의 눈에 스승 순자에게 하직할 당시의 이사는 조속한 출세를 위해 학업을 도중에 그만둔 '소인배'처럼 보였을 공산이 크다. 「이사열전」에 따르면 이사는 어렸을 때 집안이 어려워 군郡의 소리小吏로 있었던 전형적인 아전衙前이다. 왕족 출신인 한비자와 비교할 때 하늘과 땅만큼의 차이가 있다. 그럼에도 두 사람은 공자 문하의 안연顔淵 및 자공子貢처럼 순자 문하에서 함께 열심히 학업을 연마했다. 학문을 연마하는 이유 가운데 하나는 생장과정에 작용하는 편견을 극복해 사물과 세상을 보다 객관적으로 바라볼 수 있는 안목을 키우려는 데 있다. 당시 이사는 비천한 신분에서 벗어나기 위한 급속한 신분상승의 열망에 휩싸여 있었다. 「이사열전」의 다음 대목이 그 증거다.

"당초 이사는 소리로 있을 때 우연히 변소에 갔다가 오물을 먹던 쥐가 사람과 개가 다가가면 크게 놀라 황급히 달아나는 것을 보게 됐다. 또 이내 창고로 갔다가 쥐가 넓은 건물 안에서 사람과 개가 지나가는데도 전혀 겁내지 않고 곡식을 여유 있게 먹는 것을 보고는 크게 놀라 이같이 소리쳤다. '아, 사람의 잘나고 못난 것은 비유하면 쥐와 같다. 오직 스스로 어떤 상황에 처하는가에 달렸을 뿐이다' 이에 곧 순자를 찾아가 제왕의 제왕지술을 배우게 됐다."[16)]

당시는 능력만 뛰어나면 얼마든지 일거에 재상의 자리에 오를 수 있는 시기였다. 이사는 순자 밑에서 공부하는 동안 늘 한비자와 자신을 비교하며 신분상승에 대한 욕구를 더욱 키웠을 것이다. 학문이 어느 정도 완성되자 곧바로 스승을 찾아가 하직인사를 올렸다는 「이사열전」의 기록이 이를 뒷받침한다.

"제가 듣건대, '때를 얻으면 태만하지 말라'고 했습니다. 지금 제후들이 바야흐로 서로 치열하게 다투자 유세객들이 정사를 주도하고 있고 진나라 왕은 천하를 병탄하여 황제를 칭하려 하고 있습니다. 지금이 바로 포의지사가 유세하기 좋은 시기인 듯합니다. 비천한 처지에 있으면서 그냥 있는 것은 굶주린 짐승처럼 고깃덩이를 보면 바로 집어삼켜야 하는 처지에 있는데도 사람의 얼굴을 한 까닭에 억지로 참는 것에 불과합니다. 치욕으로 말하면 비천보다 더 큰 게 없고, 슬픔으로 말하면 빈궁보다 더 심한 게 없습니다. 오랫동안 비천한 지위와 곤궁한 처지에 놓여 있는데도 부귀를 비판하며 스스로 실행하지 않는 것은 선비의 진심이 아닐 것입니다. 저는 장차 서쪽 진나라로 가 유세

16) 『사기』「이사열전」年少時, 爲郡小吏, 見吏舍廁中鼠食不絜, 近人犬, 數驚恐之. 斯入倉, 觀倉中鼠, 食積粟, 居大廡之下, 不見人犬之憂. 於是李斯乃歎曰, "人之賢不肖譬如鼠矣, 在所自處耳!"

할 생각입니다."[17]

신분상승에 대한 이사의 욕망이 얼마나 간절했는지 능히 짐작할 수 있다. 이런 여러 정황을 감안할 때 이사가 중도에 학업을 중단한 것을 두고 무턱대고 출세에 눈이 먼 '소인배'의 행보로 몰아가는 것은 지나쳤다. 그럼에도 이사와 전혀 다른 생장배경을 지닌 한비자는 그같이 생각했을 공산이 크다. 진시황 앞에서 요가를 두고 '문지기' 운운한 게 그렇다.

그러나 정작 문제는 그 다음이다. 당시 왕족은 후사後嗣로 낙점된 자를 빼놓고는 신분만 높았을 뿐 실속이 없었다. 오히려 각국에 인질로 끌려가 서민만도 못한 삶을 살다가 교전이라도 빚어지면 성난 백성에 의해 죽임을 당하는 경우가 비일비재했다. 말 그대로 속 빈 강정에 지나지 않았다. 이와 정반대로 능력만 있으면 설령 '문지기 아들' 요가와 '아전' 출신 이사처럼 비천한 신분에 있던 자일지라도 일거에 재상이 될 수 있었다. 진소양왕 때 이미 위나라의 일개 대부 밑에서 일하던 가신 출신 범수가 일약 최강대국 진나라의 정승 자리에 올라 천하 사람들을 놀라게 한 바 있다.

이사가 상경으로 있을 때 한비자는 망해가는 조국 한나라를 구하기 위해 진시황의 자비를 구하는 '걸인'의 모습으로 진나라를 찾아왔다. 겉모습만 사자였을 뿐이다. 한비자는 결코 이사의 경쟁 대상이 될 수 없었다. 오히려 한비자가 이사를 경쟁 대상으로 삼았다고 보는 게 합

---

17) 『사기』「이사열전」"斯聞得時無怠, 今萬乘方爭時, 游者主事. 今秦王欲呑天下, 稱帝而治, 此布衣馳騖之時而游說者之秋也. 處卑賤之位而計不爲者, 此禽鹿視肉, 人面而能彊行者耳. 故詬莫大於卑賤, 而悲莫甚於窮困. 久處卑賤之位, 困苦之地, 非世而惡利, 自託於無爲, 此非士之情也. 故斯將西說秦王矣."

리적이다.

한비자는 자신의 비참한 모습을 보고 내심 분통이 터졌을지도 모른다. 그는 진시황 못지않게 불같은 성정을 지니고 있었다. '간신이 날뛰는 현실을 외롭게 고민한 데 따른 울분'과 '나라를 좀먹는 다섯 부류의 좀벌레 같은 간신배'의 뜻을 지닌 『한비자』의 「고분孤憤」과 「오두五蠹」편의 제목이 이를 뒷받침한다.

2. 이사에게 덧씌워진 누명을 벗겨줄 때가 됐다

진시황 평가에 대한 극적인 반전은 1960년대 중반부터 근 10년간에 걸쳐 전개된 중국의 문화대혁명 운동 기간 중에 일어났다. 문화대혁명은 중국이 수천 년 동안 중국의 정신세계를 지배해 온 유가사상을 뿌리째 뽑아버린 엄청난 사태였다. 물론 문화대혁명은 모택동 이후를 겨냥한 권력투쟁이 그 본질이었다.

당시 강청을 필두로 요문원, 왕홍문, 장춘교 등 소장 극좌파 인사들로 구성된 사인방四人幇은 모택동의 지지를 배경으로 〈진보주의자=진시황, 조조〉, 〈보수반동분자=공자〉 도식을 만들어냈다. 주은래와 등소평을 정점으로 한 반대파 인사를 일거에 제거하고자 한 것이다. 마르크스의 유물사관을 동원해 인류의 역사는 춘추전국시대에 전개된 유가와 법가 간의 사상논쟁이 반복됐다는 이른바 '유법투쟁사儒法鬪爭史' 이론이 그 결과물이다. 이로 인해 2천 년 넘게 최고의 성인으로 일컬어진 공자는 일거에 보수반동의 괴수로 낙인찍히고 진시황과 조조는 미래지향적인 진보주의자로 칭송받게 되었다. 모택동 사후 곧바로 사인방이 체포되어 거세됨으로써 이들의 이런 주장이 그대로 수용되지는 않았으나 진시황과 조조에 대한 새로운 평가는 21세기 현재까지 거의 그대로 수용되고 있다. 학자들의 꾸준한 연구가 뒷받침되었기에 가능한 일이었다.

당초 성리학자들을 비롯해 진시황을 폭군으로 매도한 자들은 이른바 분서갱유焚書坑儒를 결정적인 근거로 제시하곤 한다. 기원전 213년에 빚어진 분서사건은 당시 진나라 역사책 이외의 역사서와 유가경전을 몰수해 불태울 것을 건의한 이사의 주청에 따른 것이었다. 이사는 불온서적을 소지한 사람이 분서령焚書令이 내려진 후 30일 내에 책을 불태우지 않을 경우 몸에 문신을 한 뒤 성을 쌓는 노역형에 처할 것을 건의했다. 이사가 볼 때 제국체제에 불만을 털어놓는 유가의 행보는 극히 위험했다. 이를 뒷받침하는 『사기』「진시황본기」의 해당 기록이다.

"어리석은 유생들이 천하통일의 의미도 모른 채 법을 배워 관리로 나설 것은 생각지도 않고 사사로운 주장으로 비방을 일삼으며 백성들을 미혹케 하고 있으니 장차 커다란 무리를 이룰 조짐이 있습니다."

이사는 제국체제를 비난하는 유생들을 방치할 경우 황제의 권위가 실추되는 것은 물론 제국체제가 뿌리째 흔들릴 것으로 판단했다. 이로 인해 훗날 이사와 진시황 모두 문화를 말살한 반문화주의자로 매도되었으나 이는 지나쳤다. 두 사람 모두 제자백가서와 통일 이전의 각국의 사서를 결코 '모조리' 불태우라고 명령한 적이 없다. 유가서적을 포함해 분서의 대상이 된 모든 책은 당시 수도였던 함양의 황실 서고와 함양에 거주하고 있던 70명의 박사들 개인 서고에 고스란히 보관되어 있었다. 이들 박사들이 분서의 대상이 된 서적을 보유할 수 있었다는 사실은 당시 학자들의 연구작업만큼은 자유롭게 보장되었음을 의미한다. 정작 이런 책들이 실전되게 된 원인은 진시황 사후 항우가 함양에 쳐들어와 분탕질을 하면서 옥석을 가리지 않고 모두 불태워 버린 데 있다.

분서사건 이듬해에 벌어진 갱유사건도 역사적 사실이 왜곡되기는 마찬가지였다. 유생들을 산 채로 매장했다는 갱유사건은 분서사건과는 전혀 다른 차원에서 이뤄진 것이다. 결코 유생들만 생매장한 것도 아니다. 공교롭게도 유생들이 다수 연루된 까닭에 마치 유생들을 탄압하기 위해 이런 일을 저지른 것처럼 오해를 불러일으켰을 뿐이다.

문제의 발단은 진시황이 도가의 신선사상에 현혹되어 영원히 늙지도 죽지도 않는 불로장생의 진인眞人이 될 수 있다고 믿은 데 있었다. 현실주의적인 법가사상을 신봉한 진시황이 이같이 황당무계한 미신에 현혹됐다는 것이 쉽게 이해가 가지 않는다. 그러나 당시 민간에서는 미신적인 오행설과 신선술이 유행했다. 진시황도 이런 속류에 휩쓸린 것이다. 대표적인 인물이 제나라 출신의 서복徐福과 연나라 출신 노생盧生이다. 서복은 신선이 사는 동쪽 봉래산에서 불사약을 구해오겠다고 거짓말로 천문학적인 자금을 얻어낸 뒤 곧바로 달아났다. 그의 행방을 놓고 후대인은 한반도 제주도 또는 일본에 정착한 것으로 보았으나 근거가 희박하다. 노생 역시 진시황을 속여 엄청난 재화를 사취했다. 사기행각이 드러날 것을 우려한 그는 '진시황은 불사약을 얻을 자격이 없다'고 비난한 뒤 달아났다. 이 사실을 안 진시황은 대로했다. 「진시황본기」에 나오는 진시황의 언급을 보면 이들이 진시황을 얼마나 우롱했는지 쉽게 짐작할 수 있다.

"서복은 거만금을 받고도 종내 불사약을 얻지 못했고, 노생은 짐이 하사한 것이 심히 많은데도 지금 오히려 짐을 비방하는 지경에 이르렀다. 이로써 짐의 부덕이 더욱 깊어졌다. 짐은 이제 함양에 있는 제생諸生들 중 요사스런 말로 백성들을 미혹케 하는 자가 있는지 어사들을 보내 조사하려고 한다."

기록에 따르면 진시황의 이런 하명이 있은 후 이들 스스로 서로 밀고한 나머지 총 460명이 검거돼 모두 산 채로 땅에 묻히는 형벌을 받았다. 이것이 바로 갱유 사건의 전말이다. 갱유사건은 유생들 책임이 컸다. 제국체제에 대해 가장 불만스런 얘기를 털어놓고 다녔기 때문이다. 당시 진시황의 명령은 '유생'을 잡아넣으라는 게 아니라 백성들을 미혹케 하는 '제생'들을 잡아들이라는 것이었다. '제생'은 명청시대 때 오직 유생만을 뜻하는 것으로 의미가 축소되었으나 진한시대만 하더라도 유생뿐만 아니라 제자백가의 사상을 공부하는 모든 학생을 의미했다. 유생들이 진시황의 제국체제를 큰 소리로 비판하고 다니지만 않았어도 일부 방사方士들만 처벌받았을 것이다.

진나라 이후 중국의 역대 왕조는 진시황이 이룩한 황제 중심의 중앙집권적 관료체제의 틀에서 한 치도 벗어나지 않았다. 공화국을 채택한 현대 중국 역시 그 본질을 보면 진시황이 만든 제국체제와 별반 차이가 없다. 현대 중국을 '신 중화제국'으로 부르는 이유다. 한때 대만 정권이 '현대판 진시황'으로 매도한 모택동이 죽은 지도 벌써 40년 가까이 된다. 그 사이 중국은 소위 '사회주의 시장경제'라는 독특한 경제 모델을 통해 G1 미국에 필적하는 G2로 발돋움했다. 현재 모택동은 중국 인민들로부터 '신 중화제국'의 창업주로 추앙받고 있다. 중국이 오늘날의 발전을 이룩한 것도 따지고 보면 진시황이 결코 단순한 폭군이 아니었다는 사실을 재확인한 데서 비롯되었는지도 모를 일이다.

'분서갱유 사건'을 통해 알 수 있듯이 진시황과 이사에 대한 평가는 불가분의 관계에 있다. 이제는 진시황이 그랬듯이 이사의 누명도 풀어줄 때가 됐다. 억울하게도 그는 수천 년 동안 동문수학한 절친한 친구이자 당대의 인재인 한비자를 죽음으로 몰아간 '만고의 간흉'으로 매도됐다. 한때 진시황은 '만고의 폭군'이라는 누명을 벗고 천고일제千古一帝라는 칭송까지 받았다. '만고의 간웅'으로 불린 조조도 누명을 벗고 역대 제왕 가운데 당태종 등과 어깨를 나란히 하는 명군으로 칭송받았다.

문화대혁명의 광풍이 휩쓸고 지나간 지 40년 가까이 됐지만 진시황과 조조에 대한 칭송은 그대로 이어지고 있다. 문화대혁명 때와는 달리 모두 중국인들의 자체 판단에 따른 것이다. 그럼에도 이사만큼은 아직까지 누명을 벗지 못하고 있다. 이것이 균형을 잃은 것임은 두말할 것도 없다. 한비자의 독살옥사 사건에 대한 올바른 이해가 절실한 이유다. 논자가 앞서 언급한 바와 같이 한비자는 당대의 종횡가인 요가를 비판했다가 그 부메랑으로 진시황에 의해 주살을 당한 게 역사적 사실에 가깝다. 그를 죽음으로 몰아넣은 장본인은 요가였다. 이사와는 아무 관련이 없다.

|**부록** 3|

『귀곡자』와 난세지략

G2 시대와 본본주의

『귀곡자』「비겸」에서 말하는 비飛는 상대의 명성을 띄워주는 것을 말하고, 겸箝은 자신의 명성을 이용해 상대의 환심을 산 뒤 다양한 방법으로 상대를 주무르는 것을 말한다. 비겸술은 신하보다는 군주가, 소국보다는 대국이 구사할 때 더 효과적이다. 명나라가 조선을 '동방예의지국'으로 띄워주며 말을 잘 듣는 오랑캐인 이른바 순이順夷로 부린 게 대표적인 예다.

그런 의미에서 G1 미국이 과거 부시 정부 때 보여준 일련의 완력외교는 '대국의 비겸술'과 동떨어진 것이다. 주목할 것은 기독교보다 불교가 더 인기를 끌고 있는 유럽과 달리 유독 미국만 기독교 천국으로 존재하고 있는 점이다. 통계에 따르면 21세기 현재 미국 국민 가운데 전체의 절반에 가까운 40%가 개신교 신자, 25%가 가톨릭 신자다. 매주 교회 참석률이 40%에 달한다. 영국의 2%와 대비된다. 부시가 공화당 후보로 나왔을 당시 매주 두 번 이상 교회에 가는 사람들 가운데

63%가 그를 찍었다. 주류는 남부, 백인, 중장년층이었다. 부시 표의 절반 가량이 이들에게서 나왔다. 9·11테러도 부시 정부의 편향된 종교성향으로 인한 것이라는 분석이 나온 이유다.

현재 미국의 개신교 신자 가운데 4분의 1이 기독교 근본주의, 5분의 1이 복음주의다. 부시 정권 출범과 9·11테러 후 미국 사회가 보수화하고 근본주의와 복음주의 사이의 경계가 희미해지면서 복음주의 신자들 가운데 많은 수가 근본주의 쪽으로 이동했다. 양자는 과거 동양의 성리학 및 양명학의 관계와 같다. 양명학은 성리학의 지파에 해당한다. 이같이 볼 경우 미국 국민 5명 가운데 1명이 기독교 근본주의자인 셈이다.

9·11테러 당시 적잖은 미국인들은 부시가 선언한 '테러와의 전쟁'과 이라크 전쟁을 '21세기 십자군 원정'으로 불렀다. 개인의 종교적 신념을 국가 이데올로기로 혼동한 결과다. 당초 1620년 메이플라워호를 타고 대서양을 건너 미국에 온 영국 청교도들은 미국 땅에 하나님의 나라를 세우겠다고 다짐했다. 이들이 미국 독립을 주도하면서 백인과 앵글로색슨, 개신교도가 결합된 와스프WASP가 미국의 핵심 세력이 됐다. 청교도주의와 복음주의가 결합한 미국 특유의 복음주의가 와스프의 기본 신념으로 정착한 배경이다. 미국이 서부개척을 통해 태평양 진출에 나설 때 기치로 내건 '백인의 명백한 운명'과 '미국 승리주의' 구호는 미국 복음주의가 미국의 이데올로기로 승화한 경우에 속한다.

독립전쟁 당시 워싱턴과 제퍼슨을 비롯한 미국 '건국의 아버지들'은 종교가 정치에 개입하는 것을 크게 경계했다. 정교분리 원칙을 확고히 한 이유다. "의회는 특정 종교를 국교로 정하는 법을 만들 수 없다"는 이른바 국교조항을 규정한 미국 수정헌법 제1조가 그것이다. 국가는 종교에 중립이므로 특정 종교에 특혜를 줄 수 없고, 종교를 믿지 않는 자를 차별해서는 안 된다는 의미다.

20세기 초 유럽과 아시아에서 대거 이민자들이 들어오면서 미국은 점차 인종·문화·종교적으로 다원화해 갔다. 와스프는 대처방법을 놓고 분열했다. 한쪽은 변화하는 세상에 맞춰 온건 노선을 택했다. 그러나 다른 한쪽은 이런 변화를 종교적 타락으로 간주해 상실한 주도권을 되찾고자 했다. 남북전쟁에서 패배한 남부에서 특히 그런 경향이 강했다. 남부는 북부, 중서부, 서부 연안과 달리 이민자들이 많지 않았다. 그들은 자신들만이 참된 기독교도라고 주장하면서 스스로를 '기독교 근본주의자'라고 불렀다.

통상 복음주의와 근본주의는 비슷한 뜻으로 사용되나 원래는 적잖은 차이가 있었다. 복음주의는 본질적인 사안에 대해서는 절대적인 헌신을, 비본질적인 사안에는 다양성과 관용을 추구한다. 이에 반해 근본주의는 사회와 문화에 대해 배타적이거나 도피적인 태도를 취한다. 비본질적인 사안에서조차 지나치게 독선적인 게 근본주의의 특징이다. 이게 많은 사람들에게 거부감을 자아내고 있는 것이다.

근본주의는 성경의 무오류, 예수의 처녀 탄생, 대속적代贖的 죽음, 부활, 재림 등 이른바 '근본주의의 5대 진리'를 수호하는 것을 목표로 삼고 있다. 근본주의가 처음 등장했을 때만 해도 복음주의와 별 차이가 없었다. 그러다가 1940년대로 넘어오면서 새로운 경향이 나타나기 시작했다. 이들은 주로 종말론을 지나치게 강조하거나 창조설을 강조하는 등 반과학주의로 치달렸다. 기독교 근본주의는 크게 좌파, 중도파, 우파로 나뉜다. 우파에 속한 근본주의가 가장 과격하다. 1950년대까지만 해도 근본주의의 상징적 인물이었던 빌리 그레이엄 목사가 결국 근본주의와 등을 돌린 것은 관점의 차이를 극복하기가 어려웠기 때문이라는 게 중론이다.

우파 근본주의는 서구의 진화론, 독일의 성서비평학, 진보주의 신학에 맞선 교리수호 운동에서 출발했지만 1960년대 이후 정치적 목소리를 높이기 시작했다. 대법원이 공공학교에서 기도와 성경읽기를 잇따라 금지한 게 빌미를 제공했다. 1970년대부터 이들은 공화당 등 우파정치와 결합하면서 더욱 과격한 방향으로 진행했다.

이 와중에 부시 정부가 탄생했다. 부시는 기독교 근본주의에 가까운 복음주의 감리교 신자로 미국 역대 대통령 가운데 가장 종교적이다. "내게 가장 큰 영향을 미친 철학자는 예수이다"라고 말할 정도다. 자신은 하나님의 사자이며, 대통령이 된 것도 하나님의 뜻이라고 믿었다. 일종의 대권신수설大權神授說이다. 부시가 백악관에 들어와 가장 먼저 한 일 가운데 하나가 성서연구회를 조직한 것이다. 당시 백악관 아침회의는 기도로 시작했다.

이런 일도 있었다. 한번은 중미 에콰도르를 방문하고 돌아오는 길에 부시의 심기가 불편해 보였다. 일정상 워싱턴에서 주일예배에 참석할 수 없었기 때문이다. 참모들 가운데 한 사람이 대통령 전용기인 미 공군 제1호기에서 예배 보는 방안을 제시했다. 곧바로 전용기 회의실에 40여 명이 모여 '천공예배'가 진행됐다.

신앙심이 깊다는 것은 개인적으로 문제될 게 없으나 G1의 수장이 종교적으로 편향돼 있는 것은 심각한 문제이다. 부시 정부 때 9·11테러가 빚어진 것도 결코 우연으로만 볼 수 없다. 실제로 당시 기독교 근본주의 세력은 부시 정권의 가장 강력한 지지기반으로 활약하면서 내정은 물론 대외정책에도 막대한 영향을 미쳤다. 세계에서 가장 강력한 권력을 가진 나라의 대통령으로서 그가 그간 보여준 종교적 편향성이 이런 참사를 자극했다는 지적이 전혀 틀린 말이 아니다.

근본주의는 교회를 중심으로 선교하는 여타 개신교 교회와 달리 TV와 라디오, 출판, 인터넷 등을 통한 선교에 집중한다. TV를 통한 선교는 '텔레밴절리즘'이라는 신조어를 낳을 정도로 폭발적 인기를 끌고 있다. 근본주의 목사들 대부분 자체의 TV와 라디오 방송국을 운영한다. 출판을 통한 선교도 놀랄 만하다. 지난 1996년 종말론을 소설 형태로 펴낸 『뒤에 남은 사람』 시리즈는 베스트셀러 1위에 올라 수년만에 총 5,800만 권이 팔렸다.

오바마 정권 하에서도 이들의 입김은 여전하다. 한 설문조사에서 이들 가운데 3분의 2 가량이 「요한묵시록」에 나오는 아마겟돈 전쟁을 믿는다고 응답했다. 광신적인 종교적 열정이 현실정치를 좌우할 경우 이는 인류의 종말을 뜻한다. 미국 신학자 피터슨은 『신탁』에서 "종교는 인류의 가장 위험한 에너지원이다"라고 쓴 바 있다. G1 미국을 휘감고 있는 기독교 근본주의의 위험성은 뇌관이 제거되지 않은 폭탄과 같다. 9·11테러 직후 '도덕적 다수'를 이끈 팔웰 목사는 이슬람교와 테러리스트들을 이같이 공격했다.

"이는 이교도와 낙태론자, 동성애자, 미국시민자유연합 등과 같은 단체들이 미국을 세속화하려 했기에 생긴 사건들이다. 나는 그들의 면전에 '이런 일이 발생한 것은 바로 당신들 탓이다'라고 말하고 싶다. 이들 때문에 하나님이 미국을 보호하던 장막을 걷고 계신다. 이번 사건은 앞으로 일어날 더 무시무시한 일들의 전조일 뿐이다."

'도덕적 다수'는 로버트슨 목사가 이끄는 '기독교도 연합'과 함께 기독교 근본주의 세력의 양대 산맥을 이루고 있다. 과학과의 타협을 거부하며 다윈의 진화론을 결사적으로 반대한다. 진화론은 진리를 훼손하기 위해 사탄이 벌이는 수작에 불과하다는 것이다. 21세기 현재 공화당원의 33%가 기독교 근본주의 세력이라고 한다. 부시 정부가 이스라엘–팔레스타인 문제에서 이스라엘을 일방적으로 지지한 것도 이런 맥락에서 이해할 수 있다.

공화당 하원 원내대표를 지낸 들레이는 "기독교만이 이 세상에서 우리가 발견하는 실체들에 응답하는 삶을 사는 길을 제시한다"는 주장을 편 바 있다. 이명박 정부도 유사한 모습을 보였다. 서울시장으로 있던 지난 2004년 한 기독교 행사에 참석해 "수도 서울을 하나님께 봉헌한다"는 내용의 봉헌사를 낭독해 나라를 시끄럽게 만든 바 있다. 대통령에 당선된 이후에도 유사한 행보가 이어졌다. 출범 당시 보건복지가족부 장관은 이같이 말했다.

"신이 우리를 돌볼 것이라는 확고한 신앙심이 부족하기 때문에 복지에 관한 적극적인 실천력을 찾아볼 수 없다."

노무현 정부가 국민을 가진 자와 못 가진 자로 나눠 국론을 양분화시켰다면 이명박 정부는 국민을 근본주의에 입각해 기독교도와 비기독교도로 양분화시킨 셈이다. 특정 지역 및 특정 학교 출신과 결합된 까닭에 더 악성이었다. '고소영 내각' 풍자어가 나돈 이유다.

동서고금의 역사가 증언하듯이 종교와 정치의 영역은 반드시 엄격히 분리해야 한다. 이를 제대로 하지 못하면 무산자와 유산자의 착취관계로 역사를 해석한 마르크시즘의 해악보다 더 큰 해악을 자초할 수 있다. 1세기 가까이 지속되고 있는 중동 문제가 그 증거다. 끝없는 유혈보복이 이를 상징한다. 이를 방치하면 근본주의자들이 떠드는

'아마겟돈'이 현실화할지도 모른다. 이는 인류의 공멸을 뜻한다.

마르크시즘이든 근본주의든 가장 큰 문제는 사회공동체 및 국가공동체의 결속보다는 분열 내지 해체를 촉진하는 데 있다. 타협과 협상 내지 유세의 여지가 전혀 없다. 정치 영역에 도그마가 끼어들면 모든 게 끝이다. 이는 중세 암흑기로의 퇴행을 의미한다. 『귀곡자』의 종횡술은 마르크시즘이나 근본주의와 정반대 관점에서 세상을 바라본다. 타협과 협상이 생명이다. 인간의 본성을 선악이 아닌 호리지성과 호명지심으로 파악한 덕분이다.

인간세상을 유산자와 무산자, 기독교와 비기독교도, '고소영'과 '비고소용' 등으로 나룰 경우 남는 것은 분열과 대립, 증오밖에 없다. 정치와 종교의 공멸을 포함해 국가의 해체와 인류의 종말을 자초하는 길이다. 마르크시즘과 근본주의의 가장 큰 잘못은 '무오류의 확신'에 있다. 그것이 바로 도그마이다. 성리학자들이 『주자어류朱子語類』를 금과옥조로 여기고 마르크스주의자들이 『자본론』을 철의 법칙이 작동하는 무오류의 사회과학서로 여기는 것과 같다.

『성경』과 『주자어류』 및 『자본론』 등의 내용을 무조건적으로 신뢰하며 글자 한 자조차 오류가 있을 수 없다는 식으로 접근하는 것을 본본주의本本主義라고 한다. '텍스트 근본위주의'라는 뜻이다. 모택동은 이같이 일갈한 바 있다.

"인간과 세계를 탐구할 때 본본주의에 입각한 접근방법이 가장 위험하다."

그가 중국혁명을 추진하는 과정에서 '본본주의'에 함몰되어 오직 노동자만이 공산혁명의 주역이 될 수 있다고 주장한 소련유학파 공산주의자들과 대립한 이유다. 그는 공산주의 역사에서 마르크스와 레닌의 주장과 달리 농민을 동원한 공산혁명을 사상 최초로 성사시킨 인물이다.

'본본주의'에 빠지면 스스로의 마음을 닫는 까닭에 외부와 접촉도 거부하며 일절 남과 타협하지 않게 된다. 사상의 화석화化石化가 나타나는 이유다. 정치 이데올로기의 도그마화가 구체적인 사례다. 이는 『주역』을 관통하는 우주만물의 변역變易 이치를 거스르는 것이다. 변역 이치를 거부하면 인간의 사고도 시체가 딱딱하게 굳는 것처럼 시강屍僵현상이 나타난다. '본본주의' 함몰은 곧 유연한 사고의 종언을 뜻한다.

『귀곡자』가 시종 다양한 유형의 책략과 유세의 필요성을 역설한 것은 바로 이 때문이다. 병법이 주어진 상황에 부응하는 임기응변을 강조한 것과 같다. 그래야 중과부적 등의 불리한 상황에서도 난관을 타개해 나갈 수 있다. 『귀곡자』가 다양한 책략과 유세를 통해 피를 흘리지 않고 문제를 해결하는 것을 치상의 종횡술로 간주하는 것도 바로 이 때문이다. 병법에서 말하는 '부전승'의 취지와 꼭 같다. 『손자병법』「모공」은 '부전승'의 의미를 이같이 설명해 놓았다.

"전쟁에서 최상의 용병은 싸우지 않고도 지략으로 적을 굴복시키는 부전굴인不戰屈人이다. 차선은 외교수단으로 적을 굴복시키는 것이다. 차차선의 계책은 무력으로 적을 굴복시키는 것이다. 최하의 계책은 적의 성을 직접 공격하는 것이다. 최상의 용병을 벌모伐謀라고 한다. '벌모'는 책략을 통한 용병을 말한다. 벌교伐交는 적의 동맹외교를 차단한다는 뜻이다. 적을 고립시켜 굴복시키는 것을 의미한다. 벌병伐兵은 무력을 동원해 굴복시킨다는 뜻이다. 공성攻城은 적의 도성을 포위 공격하는 식의 직접적인 타격을 의미한다. 공성은 부득이할 경우에 한해야 한다."

'부전굴인'이 바로 부전승이다. 책략으로 적을 굴복시키는 것을 말한다. '벌모'가 그것이다. 이는 『귀곡자』가 말하는 책략과 똑같은 뜻이다. 차선의 용병인 '벌교'는 『귀곡자』에 나오는 다양한 유형의 유세술을 달리 표현한 것이다. 『손자병법』과 『귀곡자』 모두 같은 곡을 달리 연주한 셈이다. 종횡가와 병가가 만나는 지점이다. 고금을 막론하고 외교와 군사가 동전의 양면과 같다. 유연한 사고가 최상의 용병인 부전승, 즉 벌모를 이룰 수 있는 핵심이다. 이와 정반대되는 게 도그마에 입각한 마르크시즘과 근본주의이다. 병법으로 치면 유혈이 낭자한 최하의 공성에 해당한다. 성 안의 인민을 도륙하는 섬멸전이 그 실례다.

후흑학과 음모학

중국은 예로부터 땅이 넓고 물산이 많은 이른바 지대물박地大物博을 자랑해 왔다. 21세기 경제경영의 차원에서 재해석하면 15억 인구가 상징하듯이 자체적으로 생산과 유통 및 소비가 완벽하게 이뤄진다는 의미이다. 하나의 세계에 해당한다.

역사도 특이하다. 제왕이 일사불란하게 천하를 다스린 역사 또한 매우 긴 데다 2, 3백 년 단위로 왕조가 교체된 까닭에 그 어떤 나라보다 책략과 음모가 난무했다. 21세기 현재까지 세계 최고의 책사가 중국에 다 모여 있다고 해도 과언이 아니다. 실제로 중국인이 열광하는 경극이 대부분 권모술수를 다룬 것도 이와 같은 맥락에서 이해할 수 있다. 상대의 권모술수로 인해 궁지에 몰린 주인공이 온갖 고초를 겪은 뒤 새로운 책략을 써 상대를 거꾸러뜨리는 이야기에 중국의 노인들은 손수건을 적셔가며 열광한다.

춘추전국시대 이래 병서를 포함해 수많은 종류의 책략 관련 서적이 쏟아져 나온 이유다. 이들 서적 가운데 3대 기서奇書를 들라면 당나라 중엽 조유趙蕤가 쓴 『장단경長短經』과 명나라 말기의 이탁오李卓吾가 쓴 『장서藏書』와 『분서焚書』, 청나라 말기 이종오李宗吾가 쓴 『후흑학厚黑學』을 들 수 있다. 3대 기서의 특징은 하나같이 전래의 기본 통치이념인 성리학의 왕도王道 대신 병가와 법가 및 종횡가가 역설하는 패도覇道의 관점에서 역사를 재단하고 인물을 평한 점이다. 성리학의 관점에서 보면 일종의 사문난적斯文亂賊에 해당한다. 실제로 이들 서적 모두 이단서로 몰려 불태워지는 수모를 당했다. 당사자 역시 세간의 비난으로 인해 은둔생활을 하거나 자진하는 등의 굴절된 삶을 살아야만 했다.

'탁월한 나 자신'을 뜻하는 '탁오'라는 이름에 감동한 나머지 자신의 이름을 '스스로를 교주로 삼는다'는 뜻의 '종오'로 개명한 이종오는 중화민국이 등장하는 20세기 초의 격변기에 살았다. 이때는 예수의 동생을 자처하며 공자묘를 파괴한 태평천국의 난이 일어난 지 수십 년이 지난 까닭에 성리학을 신랄하게 비판한 이종오는 이탁오처럼 스스로 목숨을 끊는 지경에 이르지는 않았다. 여기에는 그가 중국의 인민들에게 이른바 후흑구국厚黑救國을 설파하며 '후흑'으로 무장해 서구열강의 침략을 저지하자고 호소한 게 커다란 영향을 미쳤다. 미국과 비견되는 G2의 일원으로 성장한 현재의 중국과 비교할 때 금석지감이 있다.

그의 이런 주장은 G2로 우뚝 선 21세기 현재에도 유효하다. 오히려 그 의미가 더욱 부각되는 역설적인 상황이 전개되고 있다. 기존의 화평굴기和平崛起 노선이 이웃한 인도를 자극하며 미국의 대중국 포위전략에 도움을 주고 있는 현실이 이를 뒷받침한다. 공연히 미국을 위시한 구미 열강을 자극한 결과다. 일부 학자들은 향후 등소평이 제시한 도광양회韜光養晦 전략을 1백 년간 더 견지해야 한다는 주장마저 내놓고 있다. 등소평의 트레이드마크에 해당하는 '도광양회'의 책략은 이종오가 『후흑학』에서 역설한 '후흑구국'의 취지를 그대로 승계한 것이다. 이는 지금도 변함없는 중국의 국정지표이기도 하다.

한국의 학계와 외교가에서는 노무현 정부 이래 이명박 정부에 이르기까지 친미와 친중 노선을 놓고 아직도 설전이 계속되고 있다. 최대 교역국이자 북한 정권의 존망과 한반도 통일의 최대 관건으로 부상한 중국과의 친교는 선택이 아니라 필수의 문제이다. 전 세계적인 불황 속에서 중국이 거둔 경제발전의 속도는 눈이 부실 정도이다. 실제로 '보시라이 부패 사건' 등 최고 권력층 일각의 부패에도 불구하고 자금성의 대다수 수뇌부는 바짝 긴장하며 G2시대의 전개를 조심스럽게 대하고 있다. 일본이 한때 메이지유신 이래 1백여 년 동안 지속된 탈아입구脫亞入歐 대신 탈미입아脫美入亞를 공공연히 내세운 것도 이런 흐름과 무관치 않다고 봐야 한다. 아시아의 패자를 자처했던 일본도 내부적으로는 150여 년 만에 중국의 우위를 인정하는 쪽으로 방향을 틀고 있는 것이다.

정작 문제는 천안함과 연평도 사태가 보여주듯이 주변 4강이 한반도를 둘러싸고 물밑에서 치열하게 접전하고 있는데도 불구하고 '동북아 허브' 운운하며 자고자대自高自大하고 있는 한국이다. 이런 안이한 자세로는 중국 내에서 왜 '도광양회'를 1백 년간 더 유지해야 한다는 목소리가 나오고 있는지를 제대로 알기 어렵다. 통일시대를 앞두고 보다 치밀하면서도 심도 있는 대응이 절실히 요구되는 시점이다.

필자가 이번에 국내 최초로 『귀곡자』 완역본을 펴낸 것도 바로 이 때문이다. 국내외의 『귀곡자』 관련 서적을 두루 구입해 탐독한 뒤 필자가 내린 결론은 이렇다.

"『후흑학』이 말 그대로 두꺼운 얼굴과 시커먼 마음으로 천하를 움켜쥐는 비술을 논한 후흑학厚黑學이라면, 『귀곡자』는 은밀한 계책을 들고 천하를 종횡으로 누비며 유세하는 비술을 논한 음모학陰謀學이다!"

음모는 흔히 은밀히 흉악한 일을 꾸미는 잔꾀의 의미로 통용되고 있으나 『귀곡자』가 말하는 '음모'는 그런 뜻이 아니다. 처자식과 직장 상사와 부하 등 주변 사람들이 전혀 눈치채지 못할 정도로 은밀하게 일을 추진하는 것을 말한다. 말할 것도 없이 여기에는 국가대사와 같이 큰일도 포함된다. 최고통치권자가 '음모'의 대가가 되어야 한다는 얘기다. 『귀곡자』가 「마의」에서 오직 성인만이 음모를 행할 수 있다고 주장한 게 그렇다. 해당 대목이다.

"성인은 은밀히 일을 도모하는 까닭에 신묘하다는 칭송을 듣고 밝은 곳에서 그 공을 드러내는 까닭에 명민하다는 칭송을 듣는다. 사람들이 성인의 정치와 용병을 신명하다고 칭송하는 이유다."

나라를 다스리거나 군사를 지휘할 때 반드시 속마음을 철저히 숨기는 음도陰道를 행해야만 대공을 이룰 수 있다고 지적한 것이다. 속셈과 계책을 겉으로 드러내는 양도陽道와 대비된다. 이종오는 『후흑학』에서 주희를 겨냥해 흔히 한 푼어치도 안 되는 속 좁은 자들이 대롱으로 하늘을 보는 식의 한 줌도 안 되는 알량한 관견管見을 마치 진리를 꿴 양 남들 앞에서 핏대를 올린다고 비판했다. 듣기 좋은 얘기를 떠벌이는 것은 양도의 전형에 해당한다. 이게 통할 리 없다. 오히려 반발만 사고 자칫 큰 낭패를 볼 수도 있다. 맹자와 같은 시대를 산 장자는 속유俗儒의 이런 모습을 소위 일곡지사一曲之士로 표현했다. 『장자』「천하」의 해당 대목이다.

"천하가 크게 어지러워지자 현인과 성인이 모습을 감췄고, 도덕이 하나로 통일되지 못해 천하 사람들이 그 일부만 알고 스스로 만족해 하는 경우가 많아졌다. 제자백가의 학술이 서로 소통하지 못하는 이유다. 제자백가의 학술은 각기 장점이 있어 때에 따라 그 학술을 쓸 때가 있다. 그런데도 전부를 포괄하거나 두루 미치지 못해 한쪽에 치우친 소위 '일곡지사'가 되고 말았다. 천지의 아름다움을 멋대로 가르고, 본래 하나인 만물의 이치를 이리저리 쪼개고, 옛 사람이 체득한 도술의 전체를 산산조각 낸 결과다. 천지의 아름다움을 두루 갖추고, 신명의 모습을 지녔다고 이를 만한 자가 드문 것도 이 때문이다."

'일곡지사'는 진리에 대한 확신이 지나치게 강한 까닭에 앞도 뒤도 돌아보지 않은 채 직설적으로 말을 내뱉는다. 맹자가 열국의 군주들 앞에서 왕도를 설파할 때의 모습이다. 말할 것도 없이 그의 천하유세는 철저히 실패했다. 『귀곡자』의 가르침과 정반대로 나간 게 근본 배경이다.

고금을 막론하고 군주나 최고통치권자를 설득할 때는 반드시 군주 자신이 설득당하고 있다는 사실을 알지 못하도록 해야만 효과를 볼 수 있다. 군권君權에 개입하면서도 겉으로는 전혀 개입하지 않는 것처럼 보이는 게 관건이다. 『귀곡자』가 다양한 종횡술을 체계적으로 정리해 놓은 것도 바로 이 때문이다.

그런 점에서 『후흑학』은 법가, 『귀곡자』는 종횡가, 『손자병법』은 병가의 관점에서 바라본 난세지략亂世之略에 해당한다. 이들 책의 공통점은 크게 3가지다. 첫째, 초점을 치세가 아닌 난세에 맞추고 있다. 『맹자』를 위시한 유가경전이 치세에 방점을 찍고 있는 것과 대비된다. 21세기 경제전쟁 시대에는 난세에 초점을 맞춘 제자백가서가 훨씬 유용한 것임은 말할 것도 없다. 둘째, 강력한 무력과 궤계詭計를 토대로 한 패도覇道를 주문한 점이다. 이는 난세에 초점을 맞춘 까닭에 당연한 주문이기도 하다. 유가경전이 인의도덕에 기초한 왕도王道를 역설한 것과 대비된다. 셋째, 최종 목표를 노자가 역설한 무위지치無爲之治에서 찾고 있는 점이다. 무위지치의 가장 큰 특징은 통치의 기본 범주를 한 나라가 아닌 천하로 잡은 데 있다. 『도덕경』이 나라마다 다를 수밖에 없는 인위적인 도덕규범과 법제의 폐기를 역설한 이유다.

주목할 점은 법가와 종횡가 및 병가 모두 왕도보다 수준이 떨어지는 패도를 추종하면서도 궁극적인 목표만큼은 왕도보다 훨씬 수준이 높은 노자사상의 제도帝道를 추구하고 있는 점이다. 얼핏 모순처럼 보이지만 난세에는 이게 정답이다. 목표만큼은 천하통일처럼 높게 잡아야 하나 그 출발만큼은 어디까지나 현실에 뿌리를 내리고 있어야 한다는 취지다. 안방과 문 밖의 구별이 사라진 21세기 경제전쟁 시대의 경제경영 이치와 맞아 떨어진다.

실제로 애플제국의 창업자 스티브 잡스는 어렸을 때부터 '우주를 놀라게 하자'는 거창한 목표를 세운 덕분에 이후 온갖 좌절과 어려움을 이겨내고 애플제국을 세울 수 있었다. 제2의 잡스 출현의 관건도 목표는 평천하 차원의 세계시장 석권에 두고 추진과정만큼은 치국 차원의 사업보국事業報國에 두는 데 있다.

하드웨어와 소프트웨어를 하나로 녹인 21세기의 '스마트 시대'는 외견상 부드럽기는 하나 그 이면을 보면 살벌하기 짝이 없다. 과거와 달리 최신예 무기 대신 세계 최고 수준의 신제품을 전면에 내세운 것만이 다를 뿐이다. 모든 것이 급변하는 까닭에 잠시라도 방심했다가는 해당 기업은 물론 나라마저 휘청거리게 된다. 노키아가 패퇴하면서 핀란드 경제가 휘청거리고 소니와 파나소닉 등 일본의 글로벌 전자업체가 삼성과 LG 등에게 밀리면서 일본이 사상 초유의 경상수지 적자를 기록한 게 그렇다.

우리도 결코 안심할 수 없다. 이웃 중국이 기술 면에서 턱밑까지 쫓아왔기 때문이다. 가공할 것은 21세기에 들어와 중국의 고위 간부와 기업 CEO들이 '책략의 바이블'로 일컬어지는 『후흑학』과 『손자병법』 및 『귀곡자』를 탐독하고 있는 점이다. 법가와 병가 및 종횡가의 난세지략을 남김없이 구사해 천하를 평정하려는 속셈으로 해석할 수밖에 없다. 특파원들의 보고에 따르면 중국의 '책략학습'은 거의 광적이다. 메이지유신 당시 일본 지사志士들을 방불하고 있다.

일본의 '책략학습' 연원은 매우 깊다. 8세기 초 견당유학생 기비노 마키비吉備眞備가 『손자병법』을 들고 18년 만에 귀국하면서 일본의 『손자병법』 연구가 시작됐다. 17세기까지 주해서가 무려 170여 종이나 나왔다. 종횡가 책략의 각론 격인 『전국책』도 이미 오래전에 주석작업이 끝났다. 19세기 초 중국의 역대 주석서를 압도하는 요코다 고레다까橫田惟孝의 『전국책정해戰國策正解』의 출현이 그것이다. 『귀곡자』도 18세기 말 미나가와 네가이皆川願의 주석서 『귀곡자고열鬼谷子考閱』의 등장이 암시하듯 일찍부터 커다란 관심을 기울였다. 병법경영으로

유명한 오하시 다케오大橋武夫는 지난 1982년 『귀곡자, 국제모략의 원전을 읽다鬼谷子-國際謀略の原典を讀む』를 펴내 큰 인기를 끈 바 있다.

일본은 법가사상을 집대성한 『한비자』 주석의 역사도 매우 연원이 깊다. 18세기 초 '일본 제왕학'의 효시로 일컬어지는 오규 소라이荻生徂徠가 『독한비讀韓非』를 펴낸 게 대표적이다. 메이지유신 이후 쯔다 고코津田梧岡의 『한비자해고韓非子解詁』, 오오다 가타太田方의 『한비자익취韓非子翼毳』, 후지사와 난가쿠藤澤南岳의 『평역한비자전서評譯韓非子全書』 등도 독창적인 견해가 가득하다. 이들 서적에 대한 검토 없이는 주석서를 펴내기 어려울 지경이다. 『후흑학』도 중국에서 붐을 일으키기 훨씬 전인 1980년대 초에 이미 오까모토 마나부岡本學가 재해석을 시도한 『후흑학』 해설서가 일본에 등장한 바 있다.

그러나 21세기에 들어와 상황이 바뀌었다. 중국의 폭발적인 경제성장 덕분에 이제는 중국이 일본을 대신해 '책략학습'의 본거지로 변신하고 있다. 북경의 왕푸징 서점가의 책방 앞 특설 판매대를 가득 채운 게 바로 『후흑학』과 『귀곡자』 등의 난세지략 관련서다. 그 종류와 수가 일일이 거론하기도 어려울 정도로 매우 많다. 한무제의 독존유술獨尊儒術 선언 이래 20세기 초까지 2천여 년 동안 오직 유가경전만 읽던 중국인들에게 혁명적인 변화가 일고 있다는 방증이다.

중국은 세계 각지에 공자학원이 우후죽순처럼 들어선 20세기 후반까지만 해도 유가경전 관련서가 주류를 이뤘다. 그러나 21세기로 들어온 후 난세지략 관련 서적의 열풍이 훨씬 강하게 불고 있다. 경제전쟁의 일선에 나서는 전사戰士가 그만큼 많아졌음을 반증한다. 과거 일본에서 1970년대를 기점으로 비약적인 경제성장을 거듭할 당시 난세지략 관련서가 날개 돋친 듯이 팔려나간 적이 있다. 비약적인 경제성장과 난세지략 관련서의 고공행진이 어떤 상관관계가 있는지는 알 길이 없으나 밀접한 관계가 있는 것만은 확실하다.

그런 점에서 최근 우리나라에도 인문학 열풍이 크게 불고 있는 것은 매우 고무적이다. 그러나 아직도 『논어』와 『맹자』 등의 유가경전 해설서가 압도적인 우위를 점하고 있다. 기우이기는 하나 자칫 과거처럼 사서삼경 등의 유가경전에만 코를 박고 있다가 패망한 전철을 밟을까 우려된다. 일부 법가서 및 병가서 해설서가 나름 커다란 인기를 얻고 있으나 그 내용을 보면 대부분 유가의 관점에서 크게 벗어나지 못하고 있어 아쉬움이 있다. 조선조 때처럼 유가의 관점에서 노자사상을 해석하는 식의 이유석로以儒釋老 한계를 넘지 못하고 있는 셈이다.

가장 안타까운 것은 21세기 현재까지 유교경전을 해석하면서 조선조 정약용의 관점에 머물고 있는 점이다. 나아가 그를 지나치게 미화하는 것은 적잖은 문제가 있다. 그는 『목민심서』「호전」에서 이같이 말한 바 있다.

"세상에는 백성들보다 더 어리석은 자가 없기 때문에 그들은 농사나 지을 수밖에 없다."

이는 지난 2011년 한국정치학회가 수여하는 인재저술상의 수상자인 건국대 명예교수 신복룡이 수상작인 『한국정치사상사』에서 지적한 것이기도 하다. 그의 지적처럼 정약용은 박지원 등 북학파와 달리 중상을 거부하며 중농에 목을 매는 모습을 보였다. 천하를 읽는 눈이 협소했다고 평할 수밖에 없다.

조선의 실학자들 저서 가운데 남녀평등을 주장하며 맹자보다 순자를 높이 평가한 이탁오의 『분서』와 『장서』를 비롯해 제왕학의 요체를 치국평천하에서 찾은 오규 소라이의 『논어징論語徵』 같은 책을 찾아보기 힘들다. 조선 최고의 논어 주석서로 평가받는 정약용의 『논어고금주論語古今註』가 그 실례다. 『논어징』을 대거 참조했음에도 이런 통쾌한 주장이 없다. 스스로 일정한 기준을 정해놓은 뒤 그 이상을 넘는 주장을 폐기한 탓이다. 조선조 실학의 한계가 여기에 있다. 오규 소라이는 『태평책太平策』에서 이같이 역설한 바 있다.

"성왕의 길은 오로지 치국평천하에 있을 뿐이다. 그럼에도 유학자들은 천리天理와 인욕人欲, 이기理氣, 음양오행陰陽五行 등과 같은 주장을 내세워 성왕의 길이 마치 격물치지格物致知와 성의정심誠意正心처럼 절간의 중들에게나 어울리는 덕목에 있는 것으로 생각하고 있다. 이로 인해 시비를 가리는 논의만 번거롭게 되어 마침내 성왕의 길은 마치 치도와 완전히 다른 것처럼 여겨지게끔 되어버렸다. 이는 과연 누구의 잘못인가?"

18세기 당시 주자학 및 양명학에 통렬한 비판을 가하면서 제왕학의 진수가 치국평천하에 있다고 설파한 인물로는 베트남을 포함한 동아 4국에서 오직 오규 소라이가 유일하다. 일본의 제왕학은 바로 그의 등장을 계기로 시작됐다고 해도 과언이 아니다. 춘추전국시대에 유행한 제자백가 학문에서 그 진수를 찾아낸 게 비결이다. 이는 군주의 역할을 논한 『태평책』의 관련 대목을 보면 보다 쉽게 확인할 수 있다.

"군주는 설령 도리에서 벗어나 사람들의 비웃음을 살 만한 일이라 할지라도 백성들을 편하게 할 수 있는 일이라면 그 어떤 것이라도 기꺼이 하겠다는 생각을 가져야만 한다. 그런 마음을 가진 자만이 진정한 백성의 부모가 될 수 있다."

서양의 마키아벨리가 『군주론』에서 주장한 내용과 꼭 닮아 있다.

그가 강조한 '성왕의 길'은 공자가 역설한 치국평천하의 길을 말한다. 그는 이를 성인의 작위作爲를 통해 얻을 수 있다고 주장했다. 이는 원래 순자가 말한 것이다. 20세기 들어와 '일본 학계의 천황'으로 불린 전 동경대 교수 마루야마 마사오丸山眞男는 이같이 말했다.

"오규 소라이야말로 동양 역사를 통틀어 사상 최초로 도덕에 대한 '정치성의 우위'를 주장한 인물이다."

'정치성의 우위'는 치국평천하의 정치 논리를 이기론 등의 도덕윤리 이론에서 분리시켜 정치가 도덕을 압도하게 되었다는 의미이다. 마루야마의 주장은 비록 순자와 이탁오 등을 빼놓은 점 등에서 약간 과장되기는 했으나 전혀 틀린 말도 아니다. 일본이 동아 4국 가운데 유일하게 메이지유신에 성공한 게 그 증거다. 메이지유신의 사상적 스승인 요시다 쇼인吉田松蔭을 비롯해 서구 사상을 최초로 일본에 소개한 후쿠자와 유기치福澤諭吉 등은 오규 소라이의 사상적 후계자에 해당한다.

21세기에 들어와서까지 유가경전에 대한 해석이 정약용 수준에 그칠 경우 조선조 때보다 별반 나을 게 없다. 조선조 사대부들이 오규 소라이의 등장을 계기로 사상사적으로 일본에 크게 뒤떨어진 것과 마찬가지로 난세지략에 열광하는 중국에 뒤떨어질 공산이 크다. 이는 21세기의 살벌한 경제전쟁에서 패퇴하는 것을 의미한다.

실제로 그런 우려가 현실로 나타나고 있다. 젊은이들이 눈을 밖으로 돌려 세계무대에서 포효할 생각을 하지 않고 '88만 원 세대'를 자조하며 주변의 값싼 동정에 열광하고 있는 게 그렇다. 구한말까지 조선의 사대부들이 사서삼경에 코를 박고 있다가 패망한 전례를 연상시키는 대목이다.

성리학의 왕도 논리는 치세와 난세를 막론하고 인의도덕으로 통치에 임해야 한다고 주장하는 결정적인 오류를 범하고 있다. 이는 나라를 패망의 수렁으로 밀어넣고 백성들을 어육魚肉으로 만드는 참사로 이어졌다. 고루한 성리학자들이 벌떼처럼 들고 일어나 전개한 위정척사衛正斥邪 운동이 그 실례다. 인의도덕을 역설한 성인의 말씀만으로도 능히 도이島夷 사무라이들을 설복시킬 수 있다고 '헛소리'를 하다가 사무라이들의 칼에 맥없이 주저앉고 말았다. 일국의 왕비가 심야에 낭인들에게 무참히 난자를 당한 근본 배경이 여기에 있다. 『귀곡자』의 논리에 따르면 스스로 속셈을 모두 드러내며 틈을 보인 후과다.

『귀곡자』는 「췌정」에서 "국력과 권력관계의 파악이 주밀하지 못하면 열국 가운데 누가 강대하고 누가 약소한지 여부를 제대로 알 길이 없다"고 역설했다. 칼을 들고 오는 도적은 칼로 물리쳐야 한다. 부국강병이 중요한 이유다. 난세는 난세의 책략으로 대응하는 게 정답이다. 필자가 이번에 『귀곡자』 완역본을 국내 최초로 펴낸 것도 바로 이 때문이다. 위정자를 위시한 기업 CEO들이 살벌한 경제전쟁에서 최후의 승리를 거두는 데 일조하고자 한 것이다.

|부록 4|

종횡가 연표

기원전	전국연대	사건
403	23년	진晋나라가 나뉘어 조, 한, 위 3진三晋이 성립함. 전국시대 개막.
396	주안왕 6년	위문후가 죽고 아들 위무후가 즉위함.
386	16년	주왕실이 제나라의 전화田和를 제후로 봉함.
379	23년	제강공 사망. 전씨田氏가 강씨姜氏의 제나라를 찬탈함.
361	주현왕 8년	진나라가 상앙을 기용함.
351	18년	신불해가 한나라의 재상이 됨.
338	31년	진효공이 죽고 상앙이 피살됨.
337	32년	신불해가 병사함.
334	35년	위나라와 제나라가 서주徐州에서 만나 왕을 칭하기로 합의.
328	41년	진나라가 처음으로 상국相國제도를 두고 장의를 상국으로 삼음.
325	44년	진나라가 처음으로 왕을 칭함.
323	46년	장의가 제나라 및 초나라와 회맹함. 연나라와 한나라가 왕을 칭함.
313	주난왕 2년	장의가 초나라의 재상이 되어 제나라와 단교함.

312	3년	초회왕이 진나라를 치다가 대패함.
311	4년	장의가 각국에 유세함.
309	6년	장의가 위나라에서 병사함.
308	7년	소진이 연나라에서 중용됨.
307	8년	진나라가 한나라의 의양宜陽과 무수武遂를 빼앗음.
299	16년	맹상군이 진나라 승상이 됨. 진나라가 초나라 8개성을 점거함.
298	17년	맹상군이 제나라로 도망쳐 옴. 한위제 3국이 진나라의 함곡관을 침.
296	19년	초회왕이 진나라에서 횡사함.
293	22년	진나라 장수 백기가 한위 연합군을 이궐伊闕에서 대파함.
289	26년	소진이 제민왕에 의해 제나라의 상국에 임명됨.
288	27년	진소양왕이 서제西帝를 칭하며 제나라 왕에게 동제東帝를 권함.
287	28년	조혜문왕이 소진을 무안군武安君에 봉함.
286	30년	제나라가 송나라를 멸한 뒤 제나라에 편입시킴.
284	31년	연나라 장수 악의가 제나라를 침공함. 소진이 거열형에 처해짐.
279	36년	악의가 조나라로 달아남.
278	37년	진나라가 초나라 도성 영성郢城을 함락시킴.
277	38년	진나라가 초나라의 무巫와 검중黔中을 점령함. 굴원이 투신함.
263	52년	초고열왕이 즉위하자 춘신군이 재상이 됨.
260	55년	진나라 장수 백기가 장평長平에서 조나라 군사를 대파함.
259	56년	진시황이 탄생함. 진나라가 한조 양국과 강화함.
257	58년	진나라 장수 백기가 자살함. 위나라가 진나라 군사를 한단에서 격파함.
250	진효문왕 원년	진효문왕이 즉위 이틀 후 죽고 아들 진장양왕이 뒤를 이음.
249	진장양왕 원년	여불위가 한나라를 치고 삼천군三川郡을 둠. 노나라가 멸망함.
247	3년	위나라 신릉군이 진나라 군사를 격퇴함. 진시황이 즉위함.
238	진시황 9년	노애의 반란이 일어남. 초나라 춘신군이 피살됨.

237	10년	진시황이 여불위를 파면함.
235	12년	여불위가 자살함.
233	14년	한비자가 자진함.
227	20년	형가가 진시황 암살에 실패함.
223	24년	초나라가 멸망함.
221	26년	진시황이 제나라를 멸하고 천하를 통일함. 전국시대 종료됨.

참고문헌

1. 기본서

『논어』, 『맹자』, 『관자』, 『순자』, 『열자』, 『한비자』, 『윤문자』, 『도덕경』, 『장자』, 『묵자』, 『양자』, 『상군서』, 『안자춘추』, 『춘추좌전』, 『춘추공양전』, 『춘추곡량전』, 『여씨춘추』, 『회남자』, 『춘추번로』, 『오월춘추』, 『신어』, 『세설신어』, 『잠부론』, 『염철론』, 『국어』, 『설원』, 『전국책』, 『논형』, 『공자가어』, 『정관정요』, 『자치통감』, 『독통감론』, 『일지록』, 『명이대방록』, 『근사록』, 『송명신언행록』, 『설문해자』, 『사기』, 『한서』, 『후한서』, 『삼국지』.

2. 저서 및 논문

1 한국

가나야 사다무 외, 『중국사상사』(조성을 역, 이론과 실천, 1988).
가리노 나오키, 『중국철학사』(오이환 역, 을유문화사, 1995).
가이즈카 시게키, 『한비자교양강의』(이목 역, 돌베개, 2012).
곽말약, 『중국고대사상사』(조성을 역, 도서출판 까치, 1991).
귀곡자, 『귀곡자』(박용훈 역, 학민사, 2007).
귀곡자, 『귀곡자』(김영식 역, 지만지, 2009).

김덕삼, 『중국도가사 서설』(경인문화사, 2004).
김승혜, 『원시유교』(민음사, 1990).
김예호, 『한비자, 법치로 세상을 바로 세운다』(한길사, 2010).
김원중, 『한비자, 제왕학의 영원한 성전』(글항아리, 2010).
김충열, 『노장철학 강의』(예문서원, 1995).
김학주, 『장자』(연암서가, 2010).
나카지마 다카시, 『한비자의 제왕학』(오상현 역, 동방미디어, 2004).
니담, 『중국의 과학과 문명』(이석호 역, 을유문화사, 1988).
니시지마 사다이끼, 『중국고대사회경제사』(변인석 편역, 한울아카데미, 1996).
동광벽, 『도가를 찾아가는 과학자들』(이석명 역, 예문서원, 1994).
류예, 『헬로우 귀곡자』(김인지 역, 미래사, 2008).
마쓰시마 다까히로 외, 『동아시아사상사』(조성을 역, 한울아카데미, 1991).
모리모토 준이치로, 『동양정치사상사 연구』(김수길 역, 동녘, 1985).
모리야 히로시, 『한비자, 관계의 지략』(고정아 역, 이끌리오, 2008).
미조구치 유조, 『중국 사상문화 사전』(김석근 외 역, 책과 함께, 2011).
민경서, 『한비자 인간경영』(일송미디어, 2001).
박찬철 외, 『귀곡자』(위즈덤하우스, 2008).
북경대중국철학사연구실 편, 『중국철학사』(박원재 역, 자작아카데미, 1994).
샤오꿍취엔, 『중국정치사상사』(최명 역, 서울대출판부, 2004).
서복관, 『중국예술정신』(이건환 역, 이화문화사, 2001).
서울대동양사학연구실 편, 『강좌 중국사』 1-7(지식산업사, 1989).
소공권, 『중국정치사상사』(최명 역, 서울대출판부, 2004).
송영배, 『제자백가의 사상』(현암사, 1994).
송원옥, 『한비자, 전국책의 지혜』(큰산, 2008).
슈월츠, 『중국 고대사상의 세계』(나성 역, 살림출판사, 1996).
신동준, 『후흑학』(인간사랑, 2010).
심의용, 『귀곡자 교양강의』(돌베개, 2011).

오오하마 아끼라, 『노자의 철학』(임헌규 역, 인간사랑, 1993).
오카모토 류조, 『한비자 제왕학』(배효용 역, 예맥, 1985).
유필화, 『역사에서 리더를 만나다』(흐름출판, 2010).
윤재근, 『학의 다리가 길다고 자르지 마라』(둥지, 1990).
이상수, 『한비자, 권력의 기술』(웅진지식하우스, 2007).
이성규 외, 『동아사상의 왕권』(한울아카데미, 1993).
이철, 『가슴에는 논어를, 머리에는 한비자를 담아라』(원앤원북스, 2011).
이치카와 히로시, 『영웅의 역사, 제자백가』(이재정 역, 솔, 2000).
이택후 외, 『중국미학사』(권덕주 역, 대한교과서 주식회사, 1992).
전목, 『중국사의 새로운 이해』(권중달 역, 집문당, 1990).
전일환, 『난세를 다스리는 정치철학』(자유문고, 1990).
전해종 외, 『중국의 천하사상』(민음사, 1988).
진고응, 『노장신론』(최진석 역, 소나무, 1997).
초굉익후, 『노자익』(이현주 역, 두레, 2000).
최명, 『춘추전국의 정치사상』(박영사, 2004).
최웅빈, 『소설 한비자』(선비, 1992).
최윤재, 『한비자가 나라를 살린다』(청년사, 2000).
최태웅, 『한비자, 옛 선인들에게서 배우는 지혜로운 이야기』(새벽이슬, 2011).
풍우란, 『중국철학사』(정인재 역, 형설출판사, 1995).
한국동양철학회 편, 『동양철학의 본체론과 인성론』(연세대출판부, 1990).
한무희 외 편, 『선진제자문선』(성신여대출판부, 1991).
황원구, 『중국사상의 원류』(연세대출판부, 1988).
후쿠나가 미쓰지, 『장자, 고대중국의 실존주의』(이동철 외 역, 청계, 1999).

2 중국

高懷民, 「中國先秦道德哲學之發展」, 『華岡文科學報』 14(1982).
顧頡剛 外, 『古史辨』 1926-1941(上海古籍出版社).

郭沂,『郭店竹簡與先秦學術思想』(上海教育出版社, 2001).
郭末若,『十批判書』(古楓出版社, 1986).
金德建,『先秦諸子雜考』(中州書畫社, 1982).
冀昀,『韓非子』(線裝書局, 2008).
羅世烈,「先秦諸子的義利觀」,『四川大學學報(哲學社會科學)』1988-1(1988).
戴維,『帛書老子校釋』(岳麓書社, 1998).
童書業,『先秦七子思想研究』(齊魯書社, 1982).
樓宇烈,『王弼集校釋』(中華書局, 1999).
牟宗三,『中國哲學的特質』(臺灣學生書局, 1980).
方立天,『中國古代哲學問題發展史(上·下)』(中華書局, 1990).
傅樂成,「漢法與漢儒」,『食貨月刊』 復刊 5-10(1976).
徐復觀,『中國思想史論集』(臺中印刷社, 1951).
蕭公權,『中國政治思想史』(蕭公權先生全集 4)(臺北聯經出版事業公司, 1980).
蘇誠鑑,『漢武帝 "獨尊儒術" 考實』,『中國哲學史研究』 1(1985).
蘇俊良,『論戰國時期儒家理想君王構想的產生』,『首都師範大學學報』 2(1993).
孫謙,「儒法法理學異同論」,『人文雜誌』 6(1989).
宋洪兵,『新韓非子解讀』(人民大學出版社, 2010).
梁佳平,『鬼穀子智贏之道』(清華大出版社, 2011).
梁啓超,『先秦政治思想史』(商務印書館, 1926).
楊寬,『戰國史』(上海人民出版社, 1973).
楊榮國 編,『中國古代思想史』(三聯書店, 1954).
楊幼炯,『中國政治思想史』(商務印書館, 1937).
楊義,『韓非子還原』(中華書局, 2011).
楊鴻烈,『中國法律思想史(上·下)』(商務印書館, 1937).
余培林,『老子讀本』(三民書局, 1985).
呂思勉,『秦學術概論』(中國大百科全書, 1985).
吳光,『黃老之學通論』(浙江人民出版社, 1985).

吳辰佰,『皇權與紳權』(儲安平, 1997).
王明,『道家和道教思想硏究』(中國社會科學出版社, 1990).
王文亮,『中國聖人論』(中國社會科學院出版社, 1993).
王先愼,『新韓非子集解』(中華書局, 2011).
饒宗頤,『老子想爾注校證』(上海古籍出版社, 1991).
于霞,『千古帝王術, 韓非子』(江西敎育, 2007).
熊十力,『新唯識論-原儒』(山東友誼書社, 1989).
劉澤華,『先秦政治思想史』(南開大學出版社, 1984).
游喚民,『先秦民本思想』(湖南師範大學出版社, 1991).
李錦全 外,『春秋戰國時期的儒法鬪爭』(人民出版社, 1974).
李宗吾,『厚黑學』(求實出版社, 1990).
李澤厚,『中國古代思想史論』(人民出版社, 1985).
人民出版社編輯部 編,『論法家和儒法鬪爭』(人民出版社, 1974).
任繼愈,『老子新譯』(中華書局, 1987).
林聿時·關 峰,『春秋哲學史論集』(人民出版社, 1963).
張寬,『韓非子譯注』(上海古籍出版社, 2007).
張君勱,『中國專制君主政制之評議』(弘文館出版社, 1984).
張岱年,『中國倫理思想硏究』(上海人民出版社, 1989).
蔣重躍,『韓非子的政治思想』(北京師範大出版社, 2010)
錢穆,『先秦諸子繫年』(中華書局, 1985).
趙沛,『韓非子』(河南大學, 2008).
鍾肇鵬,「董仲舒的儒法合流的政治思想」,『歷史硏究』3(1977).
周立升 編,『春秋哲學』(山東大學出版社, 1988).
周燕謀 編,『治學通鑑』(精益書局, 1976).
陳鼓應,『老子注譯及評價』(中華書局, 1984).
陳奇猷,『韓非子新校注』(上海古籍出版社, 2009).
陳秉才,『韓非子』(中華書局, 2007).

馮友蘭, 『中國哲學史』(商務印書館, 1926).
許富宏, 『鬼谷子』(中華書局, 2012).
______, 『鬼谷子集校集注』(中華書局, 2010).
許抗生, 『帛書老子注譯與硏究』(浙江人民出版社, 1985).
胡適, 『中國古代哲學史』(商務印書館, 1974).
侯外廬, 『中國思想通史』(人民出版社, 1974).
侯才, 『郭店楚墓竹簡校讀』(大連出版社, 1999).

3 일본

加藤常賢, 『中國古代倫理學の發達』(二松學舍大學出版部, 1992).
角田幸吉, 「儒家と法家」, 『東洋法學』 12-1(1968).
岡田武彦, 『中國思想における理想と現實』(木耳社, 1983).
鎌田　正, 『左傳の成立と其の展開』(大修館書店, 1972).
高文堂出版社 編, 『中國思想史(上·下)』(高文堂出版社, 1986).
高須芳次郎, 『東洋思想十六講』(新潮社, 1924).
顧頡剛, 『中國古代の學術と政治』(小倉芳彦 等 譯, 大修館書店, 1978).
館野正美, 『中國古代思想管見』(汲古書院, 1993).
溝口雄三, 『中國の公と私』(硏文出版, 1995).
宮崎市定, 『アジア史硏究(I-V)』(同朋社, 1984).
金谷治, 『秦漢思想史硏究』(平樂寺書店, 1981).
大橋武夫, 『鬼谷子-國際謀略の原典を讀む』(德間書店, 1982).
大久保隆郎也, 『中國思想史(上)-古代·中世-』(高文堂出版社, 1985).
大濱晧, 『中國古代思想論』(勁草書房, 1977).
渡邊信一郎, 『中國古代國家の思想構造』(校倉書房, 1994).
服部武, 『論語の人間學』(富山房, 1986).
上野直明, 『中國古代思想史論』(成文堂, 1980).
西野廣祥, 『中國の思想 韓非子』(德間文庫, 2008).

西川靖二,『韓非子 中國の古典』(角川文庫, 2005).
小倉芳彦,『中國古代政治思想研究』(青木書店, 1975).
守本順一郎,『東洋政治思想史研究』(未來社, 1967).
守屋洋,『右手に論語 左手に韓非子』(角川マガジンズ, 2008).
______,『韓非子, 强者の人間學』(PHP研究所, 2009).
安岡正篤,『東洋學發掘』(明德出版社, 1986).
安居香山 編,『讖緯思想の綜合的研究』(國書刊行會, 1993).
宇野茂彦,『韓非子のことば』(斯文會, 2003).
宇野精一 外,『講座東洋思想』(東京大出版會, 1980).
栗田直躬,『中國古代思想の研究』(岩波書店, 1986).
伊藤道治,『中國古代王朝の形成』(創文社, 1985).
日原利國,『中國思想史(上·下)』(ぺりカン社, 1987).
酒井洋,『鬼谷子の人間學』(太陽企劃出版, 1993).
竹內照夫,『韓非子』(明治書院, 2002).
中島孝志,『人を動かす「韓非子」の帝王學』(太陽企畵出版, 2003).
中村哲,「韓非子の專制君主論」,『法學志林』 74-4(1977).
中村俊也,「孟荀二者の思想と'公羊傳'の思想」,『國文學漢文學論叢』 20(1975).
紙屋敦之,『大君外交と東アジア』(吉川弘文館, 1997).
貝塚茂樹 編,『諸子百家』(筑摩書房, 1982).
戶山芳郎,『古代中國の思想』(放送大教育振興會, 1994).
丸山松幸,『異端と正統』(每日新聞社, 1975).
丸山眞男,『日本政治思想史研究』(東京大出版會, 1993).
荒木見悟,『中國思想史の諸相』(中國書店, 1989).

4 서양

Ahern, E. M., *Chinese Ritual and Politics*(London : Cambridge Univ. Press, 1981).
Allinson, R.(ed.), *Understanding the Chinese Mind : The Philosophical Roots*(Hong Kong

: Oxford Univ. Press, 1989).

Aristotle, *The Politics*(London : Oxford Univ. Press, 1969).

Barker, E., *The Political Thought of Plato and Aristotle*(New York : Dover Publications, 1959).

Bell, D. A., "Democracy in Confucian Societies-The Challenge of Justification," in Daniel Bell et. al., *Towards Illiberal Democracy in Pacific Asia*(Oxford : St. Martin's Press, 1995).

Carr, E. H., *What is History*(London : Macmillan Co., 1961).

Cohen, P. A., *Between Tradition and Modernity–Wang T'ao and Reform in Late Ch'ing China*(Cambridge : Harvard Univ. Press, 1974).

Creel, H. G., *Shen Pu–hai. A Chinese Political Philosopher of The Fourth Century B.C.*(Chicago : Univ. of Chicago Press, 1975).

Cua, A. S., *Ethical Argumentation–A study in Hsün Tzu's Moral Epistemology* (Honolulu : Univ. Press of Hawaii, 1985).

De Bary, W. T., *The Trouble with Confucianism*(Cambridge, Mass./London : Harvard Univ. Press, 1991).

Fukuyama, F., *The End of History and the Last Man*(London : Hamish Hamilton, 1993).

Hsü, L. S., *Political Philosophy of Confucianism*(London : George Routledge & Sons, 1932).

Moritz, R., *Die Philosophie im alten China*(Berlin : Deutscher Verl. der Wissenschaften, 1990).

Munro, D. J., *The Concept of Man in Early China*(Stanford : Stanford Univ. Press, 1969).

Peerenboom, R. P., *Law and Morality in Ancient China–The Silk Manuscripts of Huang–Lao*(Albany, New York–State Univ. of New York Press, 1993).

Plato, *The Republic* (London : Oxford Univ. Press, 1964).

Pott, W. S., *A Chinese Political Philosophy*(New York : Alfred. A. Knopf, 1925).

Rubin, V. A., *Individual and State in Ancient China-Essays on Four Chinese Philosophers*(New York : Columbia Univ. Press, 1976).

Schwartz, B. I., *The World of Thought in Ancient China*(Cambridge : Harvard Univ. Press, 1985).

Stewart, M., *The Management Myth*(New York : W. W. Norton & Company, 2009).

Taylor, R. L., *The Religious Dimensions of Confucianism*(Albany : New York-State Univ. of New York Press, 1990).

Tomas, E. D., *Chinese Political Thought*(New York : Prentice-Hall, 1927).

Tu, Wei-ming, Way, Learning and Politics-Essays on the Confucian Intellectual(Albany : New York-State Univ. of New York Press, 1993).

Waley, A., *Three Ways of Thought in Ancient China*(New York : Doubleday & Company, 1956).

Wu, Geng, *Die Staatslehre des Han Fei-Ein Beitrag zur chinesischen Idee der Staatsräson*(Wien & New York : Springer-Verl., 1978).

귀곡자鬼谷子

발행일 1쇄 2013년 1월 20일
8쇄 2024년 4월 30일

옮긴이 신동준
펴낸이 여국동
펴낸곳 도서출판 인간사랑
출판등록 1983. 1. 26. 제일-3호
주소 경기도 고양시 일산동구 백석로 108번길 60-5 2층
물류센타 경기도 고양시 일산동구 문원길 13-34(문봉동)
전화 031)901-8144(대표) | 031)907-2003(영업부)
팩스 031)905-5815
전자우편 igsr@naver.com
페이스북 http://www.facebook.com/igsrpub
블로그 http://blog.naver.com/igsr
인쇄 하정인쇄 **출력** 현대미디어 **종이** 세원지업사

값 23,000원
ISBN 978-89-7418-735-4 03100